EMPREENDEDORISMO
TEORIA, PROCESSO e PRÁTICA

Tradução da 10ª edição norte-americana

Dados Internacionais de Catalogação na Publicação (CIP)

K96e Kuratko, Donald F.
       Empreendedorismo : teoria, processo, prática / Donald F. Kuratko; tradução Noveritis do Brasil ; revisão técnica Mariana Paes da Fonseca Maia. – 10. ed. – São Paulo, SP : Cengage Learning, 2016.
       488 p. : il. ; 28 cm.

       Inclui bibliografia, glossário e apêndice.
       Tradução de: Entrepreneurship: theory, process, practice.
       ISBN 978-85-221-2570-8

       1. Empreendedorismo. 2. Pequenas e médias empresas. 3. Empresas novas. 4. Inovação. I. Maia, Mariana Paes da Fonseca. II. Título.

                                           CDU 658.012.29
                                           CDD 658.42

Índice para catálogo sistemático:
1. Empreendedorismo 658.012.29
(Bibliotecária responsável: Sabrina Leal Araujo – CRB 10/1507)

EMPREENDEDORISMO
TEORIA, PROCESSO e PRÁTICA

Tradução da 10ª edição norte-americana

Dr. Donald F. Kuratko

*Titular da cadeira de Empreendedorismo Jack M. Gill;
professor de empreendedorismo; diretor executivo e acadêmico*

Johnson Center for Entrepreneurship & Inovation
The Kelley School of Business
Indiana University–Bloomington

TRADUÇÃO

NOVERITIS DO BRASIL

REVISÃO TÉCNICA

JOSÉ ANTONIO LEROSA DE SIQUEIRA

Professor doutor da Escola Politécnica, responsável pelas disciplinas Empreendedorismo e Modelos de Negócios e Introdução ao Design na Engenharia. Graduado em Engenharia, tem mestrado e doutorado pela Escola Politécnica da Universidade de São Paulo (USP).

MARIANA PAES DA FONSECA MAIA

Professora assistente do Departamento de Engenharia de Produção e Mecânica da Universidade Federal de Juiz de Fora (UFJF-M), ministrando as disciplinas Gestão da Inovação, Empreendedorismo e Projeto de Fábrica e Layout. Graduada em Engenharia de Produção, mestre em Ambiente Construído pela Universidade Federal de Juiz de Fora e doutoranda em Propriedade Intelectual e Inovação pelo Instituto Nacional da Propriedade Industrial pelo Instituto Nacional da Propriedade Industrial.

NEWTON M. CAMPOS

Professor de Empreendedorismo e Inovação da FGV-SP e professor visitante da IE Business School (Espanha) e da Universidad del Pacifico (Peru), além de Coordenador do GVcepe Centro de Estudos em Private Equity e Venture Capital da FGV-SP. Doutor em Gestão de Negócios pela FGV-SP, MBA pela IE Business School de Madri e pelo IIM Indian Institute of Management de Calcutá (2002), bacharel em Ciências Contábeis pela PUC-SP e tecnólogo em Tecnologia da Informação pela ORT.

Austrália • Brasil • Japão • Coreia • México • Cingapura • Espanha • Reino Unido • Estados Unidos

Empreendedorismo: Teoria, Processo e Prática
Tradução da 10ª edição norte-americana
Donald F. Kuratko

Gerente editorial: Noelma Brocanelli
Editora de desenvolvimento: Salete Del Guerra
Editora de aquisição: Guacira Simonelli
Supervisora de produção gráfica: Fabiana Alencar
Produtora gráfica: Raquel Braik Pedreira
Especialista em direitos autorais: Jenis Oh

Título original: Entrepreneurship – Theory, Process, Practice
10th edition
ISBN 13 978-1-305-57624-7
ISBN 10: 1-305-57624-7

Tradução: Noveritis do Brasil
Revisão Técnica: Newton M. Campos (capítulo 1), Mariana Paes da Fonseca Maia (capítulos 2 a 12 e casos nacionais), José Antonio de Siqueira (capítulos 13 a 15).
Copidesque: Sandra Regina Scapim e Adriane Gozzo
Revisores: Alessandra Borges e Diego da Mata
Diagramação: Triall Editorial
Capa: Buono Disegno
Imagem da capa: Shutterstock/Zamurovic Photography

© 2015, 2011 Cengage Learning
© 2017 Cengage Learning Edições Ltda.

Todos os direitos reservados. Nenhuma parte deste livro poderá ser reproduzida, sejam quais forem os meios empregados, sem a permissão, por escrito, da Editora. Aos infratores aplicam-se as sanções previstas nos artigos 102, 104, 106, 107 da Lei nº 9.610, de 19 de fevereiro de 1998.

Esta editora empenhou-se em contatar os responsáveis pelos direitos autorais de todas as imagens e de outros materiais utilizados neste livro. Se porventura for constatada a omissão involuntária na identificação de algum deles, dispomo-nos a efetuar, futuramente, os possíveis acertos.

A editora não se responsabiliza pelo funcionamento dos links contidos neste livro que podem estar suspensos.

Para informações sobre nossos produtos,
entre em contato pelo telefone
0800 11 19 39
Para permissão de uso de material desta
obra, envie seu pedido para
direitosautorais@cengage.com

© 2017 Cengage Learning. Todos os direitos reservados.

ISBN: 13: 978-85-221-2570-8
ISBN: 10: 85-221-2570-8

Cengage Learning
Condomínio E-Business Park
Rua Werner Siemens, 111 – Prédio 11 – Torre A – Conjunto 12
Lapa de Baixo – CEP 05069-900 – São Paulo – SP
Tel.: (11) 3665-9900 – Fax: (11) 3665-9901
SAC: 0800 11 19 39

Para suas soluções de curso e aprendizado, visite:
www.cengage.com.br

Impresso no Brasil
Printed in Brazil
1 2 3 4 5   18 17 16

PREFÁCIO

O empreendedorismo é a força econômica mais poderosa conhecida na humanidade! A revolução empreendedora que capturou nossa imaginação durante as últimas três décadas agora penetrou em cada aspecto do pensamento e planejamento dos negócios. Como exemplificado pelos construtores de dinastia das décadas passadas, como Sam Walton do Walmart, Fred Smith da FedEx, Bill Gates da Microsoft, Herb Kelleher da Southwest Airlines, Steve Jobs da Apple, Andy Grove da Intel, Larry Page e Sergey Brin do Google e Mark Zuckerberg do Facebook, as aplicações de criatividade, tomada de risco, inovação e paixão conduziram o caminho para o desenvolvimento econômico muito maior do que qualquer pessoa poderia imaginar. Testemunhamos hoje o imenso impacto de empresas empreendedoras como Google, Amazon, Facebook, Twitter e LinkedIn, que produziram avanços tecnológicos sucessivos. Chegamos ao final da segunda década do século 21, continuamos encontrando desafios e pressões novos e, às vezes, mais complexos do que antes na forma de tecnologias verdes, empreendedorismo social, sustentabilidade, cuidados com a saúde e mudança tecnológica. A condução e a determinação empreendedoras dos construtores de dinastia ainda a serem descobertos serão a solução para todos esses desafios.

O processo de transformar ideias criativas em negócios comercialmente viáveis continua sendo uma força maior na economia mundial de hoje. O empreendedorismo bem-sucedido requer mais do que apenas sorte e dinheiro. É um processo coerente de criatividade, tomada de risco e planejamento. Os alunos de hoje precisam de cursos e programas que definam uma estrutura básica para entender o processo do empreendedorismo. Escrevi este livro para estruturar e ilustrar a disciplina do empreendedorismo de maneira que seja exclusiva e criativa como o empreendimento em si. O texto explora o desenvolvimento de empreendimentos novos e emergentes e os apresenta de forma interessante, organizada e desafiadora.

ORGANIZAÇÃO

A sequência dos capítulos desta obra está sistematicamente organizada em iniciação, planejamento, crescimento e desenvolvimento de empreendimentos novos e emergentes. Cada parte é composta de capítulos destinados especificamente a tratar conceitos sobre o empreendedorismo.

A Parte 1 (capítulos 1 a 4) apresenta a mentalidade empreendedora e examina a revolução empreendedora que ganhou raízes no mundo. Nela, buscamos as características individuais que formam empreendedores e seus pensamentos, o "lado obscuro" do empreendedorismo e perspectiva ética que impulsiona os empreendedores no desenvolvimento de abordagens moralmente conscientes para os negócios. Apresentamos, sob uma perspectiva organizacional, o conceito de empreendedorismo corporativo como uma estratégia para fomentar a inovação em domínios maiores. Por fim, e não menos importante, focamos no empreendedorismo social e no ambiente global.

A Parte 2 (capítulos 5 a 8) examina a iniciação de empreendimentos empresariais. Começamos com a busca de ideias, o reconhecimento de oportunidade, a criatividade e a inovação. Em seguida, examinamos os métodos para avaliar novos empreendimentos e oportunidades de negócios (incluindo a metodologia *lean start-up* e o pensamento de projeto) e os caminhos para empreendimentos, seja iniciando um novo empreendimento de marca, adquirindo uma empresa existente ou comprando uma franquia. Essa parte será concluída com um exame completo das fontes de formação de capital disponíveis para os empreendedores.

A Parte 3 (capítulos 9 a 12) foca no desenvolvimento de planos empreendedores. Iniciamos com a perspectiva legal, os problemas jurídicos críticos (projeções proprietárias, patentes, direitos autorais, marcas registradas e leis de falência) e as estruturas de organizações (empresas individuais, parcerias e corporações). Em seguida, discutiremos os problemas relacionados a marketing que afetam a preparação, o planejamento e a operação de start-ups empreendedoras (incluindo marketing de mídia social e marketing móvel), bem como as ferramentas financeiras que os empreendedores precisam. Por fim, o desenvolvimento de um plano de negócios claro e abrangente será examinado. Um plano completo de negócios de amostra aparecerá no Apêndice do Capítulo 12.

A Parte 4 (capítulos 13 a 15) está focada em crescimento, avaliação e colheita de frutos de empreendimentos empresariais. A necessidade do planejamento estratégico, o desafio de gerenciar o crescimento empreendedor e o entendimento da transição do empresarial para o gerencial serão temas discutidos nesta parte. Em seguida, serão apresentados processos de avaliação de um empreendimento empresarial, bem como métodos eficazes para a avaliação que precisa ser considerada. Por fim, examinaremos as estratégias de "colheita" disponíveis para as empresas empreendedoras.

O Apêndice, no final do livro, apresenta dois casos nacionais. O Apêndice A fala sobre a Cia. Hering, brasileira notória do setor de vestuário, e o problema enfrentado pelo uso de sua marca registrada por terceiros, sem autorização formal. O texto demonstra a importância não apenas do seu registro, como apontado neste livro, mas o gerenciamento constante do seu uso no território em que ela é protegida. O Apêndice B apresenta um texto que aborda o emprego das novas abordagens de marketing no Brasil, como o Marketing Digital e, mais especificamente, o Marketing de Entretenimento.

RECURSOS DE APRENDIZAGEM

Empreendedorismo: Teoria, processo, prática apresenta um estudo organizado e sistemático de empreendedorismo. Os professores e os alunos podem aproveitar os recursos presentes em cada capítulo para melhor entendimento dos temas apresentados. Cada capítulo contém esses itens específicos de aprendizado:

- **Citações.** Citações que estimulam o pensamento intituladas "Pensamento empreendedor" no início de cada capítulo captam o interesse do aluno sobre a ideia básica para o capítulo.
- **Objetivos.** Um conjunto claro de objetivos de aprendizado fornece uma visualização do material de capítulo e pode ser usado pelos alunos para se certificar de que os pontos importantes foram compreendidos.
- **Figuras e tabelas.** Inúmeros gráficos e tabelas ilustram o material de texto específico, expandindo as ideias do capítulo.
- **Resumo e questões de discussão.** Cada capítulo fecha com um resumo dos pontos principais a serem retidos. As questões de discussão são uma ferramenta de aprendizado complementar que permitirão aos alunos verificar seus entendimentos dos principais problemas, para pensar além dos conceitos básicos e para determinar as áreas que requerem estudo adicional. O resumo e as questões de discussão ajudam os alunos a diferenciar os pontos principais e os de suporte e fornecem mecanismos para a autoaprendizagem.
- **Termos-chave.** Os termos mais importantes que aparecem em cada capítulo são mostrados em negrito na primeira vez em que aparecem. Uma lista dos principais termos aparece no fim de cada capítulo e um glossário completo é apresentado no fim do livro.

MATERIAL COMPLEMENTAR ON-LINE PARA OS PROFESSORES

Estão disponibilizadas no site da Cengage Learning, na página do livro, as apresentações em PowerPoint© para os **professores**. Elas podem ser utilizadas em aula para reforçar os principais pontos de cada capítulo. Ainda, para os **professores**, estão disponibilizadas perguntas e respostas, em inglês, como recurso para as aulas e trabalhos.

AGRADECIMENTOS

Muitas pessoas contribuíram para escrever, desenvolver e refinar o texto e eles merecem reconhecimento especial. Primeiro, a minha esposa Debbie e as minhas filhas Christina e Kellie, de quem tomei muito tempo, merecem meu mais profundo amor e agradecimento. À equipe da Cengage

Learning, em particular, Jason Fremder, Tara Singer e Suzanne Wilder. Os profissionais que prepararam o texto e ofereceram muitas sugestões para a melhoria desempenharam um papel decisivo no resultado final. Um reconhecimento especial aos revisores cujos comentários e sugestões ajudaram a moldar esta obra.

Ambos prepararam exemplos excelentes e abrangentes de planos de negócios com os quais os alunos certamente se beneficiarão.

Também gostaria de expressar meu mais profundo agradecimento aos meus colegas na Escola de Negócios Kelley na Universidade de Indiana–Bloomington pelo grande apoio. Em especial, agradeço a equipe na Johnson Center for Entrepreneurship & Innovation na Kelley School of Business, Universidade de Indiana–Bloomington. Agradecimento especial a Patricia P. McDougall, professora da cátedra Haeberle de Empreendedorismo e antiga Reitora Associada na Escola de Negócios Kelley, Universidade de Indiana e Jeffrey G. Covin, professor de empreendedorismo Glaubinger na Escola de Negócios Kelley, Universidade de Indiana, pois ambos sempre apoiaram meus esforços imensamente. E, também, meu respeito e apreço contínuos a Idalene (Idie) Kesner, reitora da Kelley School of Business, da Universidade de Indiana, por sua liderança excelente e seu apoio entusiástico.

Dr. Donald F. Kuratko
Kelley School of Business
Universidade de Indiana–Bloomington

SOBRE O AUTOR

DR. DONALD F. KURATKO (conhecido como "Dr. K"), é titular da cátedra de Empreendedorismo Jack M. Gill. Professor de empreendedorismo, diretor executivo e acadêmico da Johnson Center for Entrepreneurship & Innovation, na Kelley School of Business, da Universidade de Indiana–Bloomington. Dr. Kuratko é considerado um acadêmico de destaque e líder no campo do empreendedorismo nos Estados Unidos. Publicou mais de 190 artigos sobre aspectos de empreendedorismo, desenvolvimento de novo empreendimento e empreendedorismo corporativo. Seu trabalho foi publicado em periódicos como *Strategic Management Journal*, *Academy of Management Executive*, *Journal of Business Venturing*, *Entrepreneurship Theory & Practice*, *Journal of Operations Management*, *Journal of Product Innovation Management*, *Small Business Economics*, *Journal of Small Business Management*, *Family Business Review*, *Business Horizons* e *Journal of Business Ethics*. O professor Kuratko é autor de 30 livros, incluindo um dos livros mais vendidos nos Estados Unidos, da área de empreendedorismo, que agora chega ao Brasil, além de títulos como *Corporate Entrepreneurship & Innovation*, 3rd (South-Western/Thomson Publishers, 2011), *Innovation Acceleration* (Pearson/Prentice Hall Publishers, 2012) e *New Venture Management* (Pearson/Prentice Hall Publishers, 2009). Ele foi consultor em estratégias empreendedoras e inovação corporativa para inúmeras grandes corporações, como Anthem Blue Cross/Blue Shield, AT&T, United Technologies, Ameritech, Walgreens, McKesson, Union Carbide Corporation, ServiceMaster, SPX Corp., Molex Corp. e TruServ. Atua como Diretor Executivo da Global Consortium of Entrepreneurship Centers (GCEC), uma organização que congrega mais de 300 principais centros de empreendedorismo em universidade por todo o mundo.

Sob a liderança do professor Kuratko e com as faculdades de empreendedorismo mais prolíferas no mundo, o Programa de Empreendedorismo da Universidade de Indiana é classificada como a instituição "número 1" para pesquisa de empreendedorismo pela *Global Entrepreneurship Productivity Rankings*; o primeiro lugar como programa de empreendedorismo em universidades nos Estados Unidos (universidades públicas) pela *Fortune*, a escola de negócios para pós-graduação mais importante (no caso de instituições públicas) em empreendedorismo e a escola de negócios para graduação "número 1" para Empreendedorismo (instituições públicas) pela *U.S. News & World Report*. A Universidade de Indiana conquistou o *National Model MBA Program in Entrepreneurship* para o Programa MBA em Empreendedorismo e Inovação desenvolvidos pelo dr. Kuratko. Antes de chegar à Universidade de Indiana ele foi professor emérito da área do empreendedorismo e diretor-fundador do Programa de Empreendedorismo na Universidade Estadual Ball. Foi diretor executivo do Centro Educativo Empreendedor no Centro-oeste americano e o primeiro a ser nomeado professor emérito na Faculdade de Negócios da Universidade Estadual Ball, mantendo essa posição por 15 anos. O Programa de Empreendedorismo que o dr. Kuratko desenvolveu na Universidade Estadual Ball ganhou reconhecimento nacional como um dos: 20 melhores nas revistas *Business Week* e *Success*; 10 melhores escolas de negócios para pesquisa de empreendedorismo pela *Journal of Management*; 4 melhores na *U.S. News & World Report* (incluindo a universidade pública número 1 para empreendedorismo); e destaque como Programa de Empreendedorismo Regional pela *Entrepreneur*.

Ganhou o prêmio de empreendedor do ano, no Estado de Indiana (patrocinado pela Ernst & Young e revista *Inc.*), e está integrado no Salão da Fama do instituto de empreendedores americanos. Foi premiado com a medalha de honra de George Washington, o Prêmio Excelência em Iniciativa Privada da Fundação Leavey, o Prêmio Excelência de Empreendedorismo NFIB e o Prêmio de Pedagogia Inovadora de Modelo Nacional para Empreendedorismo. Foi nomeado National Outstanding Entrepreneurship Educator pela U.S. Association for Small Business and Entrepreneurship e um dos selecionados entre os Principais Professores de Empreendedorismo nos Estados Unidos pela *Fortune*. Recebeu o Thomas W. Binford Memorial Award pela Excelente Contribuição com o Desenvolvimento Empreendedor pelo Fórum Industrial de Saúde de Indiana e foi nomeado amigo da pesquisa de empreendedorismo do século 21 pelo Consórcio Global dos Centros de Empreendedorismo. Ele acaba de ganhar o prêmio da Faculdade de Ensino de Negócios, Universidade Estadual Ball, pelo décimo quinto ano consecutivo, tendo sido o único professor na história da Universidade Estadual Ball a alcançar todos os quatros principais prêmios vitalícios da universidade, que incluem os prêmios Outstanding Young Faculty Award, Outstanding Teaching Award, Outstanding Faculty Award e Outstanding Researcher Award. Dr. Kuratko foi homenageado por seus colegas na revista *Entrepreneur* como um dos Principais Diretores do Programa de Empreendedorismo dos Estados Unidos por três anos consecutivos, incluindo o Diretor do Programa de Empreendedorismo principal na nação. A Associação dos Estados Unidos para Pequenas Empresas e Empreendedorismo o homenageou com o Prêmio John E. Hughes Entrepreneurial Advocacy por suas realizações na carreira em empreendedorismo e inovação corporativa e a Academia Nacional de Gestão o homenageou com o Entrepreneurship Advocate Award por suas contribuições na carreira para o desenvolvimento e o avanço da disciplina de empreendedorismo. Kuratko foi nomeado um dos 50 melhores acadêmicos em empreendedorismo do mundo e recebeu o prêmio Riata Distinguished Entrepreneurship Scholar. Recebeu o prêmio Karl Vesper Entrepreneurship Pioneer por sua dedicação à carreira para desenvolver o campo do empreendedorismo. Em 2014, foi homenageado pela Academia Nacional de Gestão com o prêmio Entrepreneurship Mentor por sua tutoria exemplar da próxima geração de acadêmicos e professores de empreendedorismo.

HOMENAGEM PÓSTUMA

Dr. Richard M. Hodgetts (1942-2001)

Em 17 de novembro de 2001, o dr. Richard M. Hodgetts faleceu após uma batalha de 3 anos e meio contra o câncer de medula óssea. O campo da gestão perdeu um de seus mais importantes acadêmicos e professores.

Ph.D. da Universidade de Oklahoma, M.B.A. da Universidade de Indiana e B.S. da Universidade de Nova York, era acadêmico e autor prolífico, tendo publicado mais de 125 artigos em uma variedade de tópicos que vão desde o empreendedorismo até a gestão estratégica para a gestão de qualidade total. Seus artigos apareceram em vários periódicos importantes, incluindo *Academy of Management Journal, Academy of Management Executive, Organizational Dynamics, Business Horizons, Personnel, Personnel Journal* e *Journal of Small Business Management*. Ele também foi o editor da *Journal of Leadership Studies* e trabalhou em inúmeros conselhos editoriais. Foi autor ou coautor de 49 livros, sendo que alguns dos mais recentes incluem *International Business, International Management, Modern Human Relations at Work, Measures of Quality and High Performance* e *Entrepreneurship, A Contemporary Approach*, que ele escreveu com o dr. Kuratko.

Dr. Hodgetts foi membro ativo da Academia de Gestão em toda a sua carreira, trabalhando como chefe do programa em 1991, chefe da Divisão da História de Gestão, editor da edição especial *New Time* da *Academy of Management Executive* e membro do Conselho de Gestores de 1993 a 1996. Por todo seu serviço dedicado, ele foi integrado no prestigioso *Academy of Management Fellows*.

Além de suas grandes contribuições para a base de conhecimento de gestão, o dr. Hodgetts foi um professor realmente extraordinário. Ele ganhou o prêmio Distinguished Teaching oferecido por seu primeiro trabalho de 10 anos na Universidade de Nebraska, por seus 25 anos lecionando na Universidade Internacional da Flórida, e também por ter sido reconhecido como Membro do Ano pelos alunos de MBA Executivo no ano de sua passagem. Algumas de suas honrarias mais notáveis incluíram o prêmio Outstanding Educator da National Academy of Management, em 1999, o prêmio John F. Mee Management Contribution, da Management History Division of the Academy of Management, em 1998, o prêmio Professor Excellence Program da FIU, em 1997, o prêmio Teaching Improvement Program da FIU, em 1996, e o prêmio Excellence in Teaching da FIU, em 1995.

Dr. Hodgetts foi consultado por inúmeras firmas da Fortune 500 e forneceu treinamento para uma ampla variedade de empresas, incluindo AT&T, Delco Electronics, Eastman Kodak, GE, IBM, Motorola, Texas Instruments e Walmart. Ele também proferiu palestras no México, Venezuela, Peru, Chile, Jamaica, Trinidad, Dinamarca, Kuwait e em várias faculdades e universidades dos Estados Unidos. Ele literalmente preparou milhares de alunos em todos os níveis — universitários, MBA, desenvolvimento executivo e doutorado — e milhões no mundo foram influenciados por seus textos, cursos e materiais inovadores de educação a distância. Simplificando, ele foi uma sumidade como acadêmico e educador!

A louvável carreira do dr. Hodgett como acadêmico e educador era exemplificada em seu humor, sua dedicação à pesquisa, seu interesse genuíno por seus alunos, sua compaixão e sua verdadeira coragem. Milhões de alunos e líderes em atividade foram, e continuarão sendo, influenciados por seus ensinamentos e suas publicações. Seu legado viverá para sempre!

SUMÁRIO

Introdução XXV

PARTE 1   A mentalidade empreendedora no século 21 1

CAPÍTULO 1   Empreendedorismo: desenvolvimento evolucionário — impacto revolucionário 2
- 1.1 Empreendedores — inovadores revolucionários 3
- 1.2 Empreendedores *versus* proprietários de pequenas empresas: uma distinção 3
- 1.3 Empreendedorismo: uma mentalidade 3
- 1.4 A evolução do empreendedorismo 4
- 1.5 Evitando o mal-entendido: os mitos do empreendedorismo 5
  - 1.5a Mito 1 — Empreendedores são executores, não pensadores. 5
  - 1.5b Mito 2 — Não se pode aprender a ser empreendedor; já se nasce sendo. 5
  - 1.5c Mito 3 — Empreendedores são sempre inventores. 6
  - 1.5d Mito 4 — Empreendedores são indivíduos acadêmica e socialmente estranhos. ... 6
  - 1.5e Mito 5 — Empreendedores têm um perfil muito específico. 6
  - 1.5f Mito 6 — Tudo de que os empreendedores necessitam é dinheiro. 6
  - 1.5g Mito 7 — Tudo de que os empreendedores necessitam é sorte. 6
  - 1.5h Mito 8 — O empreendedorismo é desestruturado e caótico. 7
  - 1.5i Mito 9 — A maioria das iniciativas empreendedoras vai à falência. 7
  - 1.5j Mito 10 — Empreendedores correm riscos extremos. 8
- 1.6 Abordagens ao empreendedorismo 8
  - 1.6a Correntes de pensamento sobre empreendedorismo 8
  - 1.6b Abordagens ao empreendedorismo como um processo 11
- 1.7 A revolução empreendedora: um fenômeno global 13
  - 1.7a Impacto das iniciativas empreendedoras nos Estados Unidos 15
  - 1.7b O impacto das gazelas 17
  - 1.7c Legado das empresas empreendedoras 18
- 1.8 Tendências do século 21 na pesquisa em empreendedorismo 19
- 1.9 Conceitos-chave de empreendedorismo 20
  - 1.9a Empreendedorismo 20
  - 1.9b Empreendedor 21
  - 1.9c Disciplina empreendedora 21
  - 1.9d Liderança empreendedora 21
- Resumo 22
- Termos-chave 22
- Peguntas de revisão e discussão 22
- Notas 23

CAPÍTULO 2		A mentalidade empreendedora nos indivíduos: cognição e ética	27
	2.1	A mentalidade empreendedora	28
	2.2	Cognição empreendedora	28
		2.2a Perspectiva metacognitiva	29
		2.2b Quem são os empreendedores?	29
		2.2c Características associadas à mentalidade empreendedora	30
	2.3	Lidando com o fracasso	34
		2.3a O processo de recuperação do pesar	35
	2.4	A experiência empreendedora	35
	2.5	O lado obscuro do empreendedorismo	36
		2.5a A confrontação do empreendedor com o risco	36
		2.5b O estresse e o empreendedor	37
		2.5c O ego empreendedor	39
	2.6	Ética do empreendedorismo	41
	2.7	Dilemas éticos	41
		2.7a Racionalizações éticas	42
		2.7b A questão da moralidade	43
		2.7c Complexidade das decisões	44
		2.7d Dilemas éticos no e-commerce (comércio eletrônico)	45
	2.8	Estabelecendo uma estratégia para um empreendimento	45
		2.8a Códigos de conduta ética	45
		2.8b Responsabilidade ética	46
	2.9	Considerações éticas de empreendedores corporativos	46
	2.10	Liderança ética de empreendedores	48
	2.11	Motivação empreendedora	49
	Resumo		50
	Termos-chave		50
	Perguntas de revisão e discussão		50
	Notas		51
CAPÍTULO 3		A mentalidade empreendedora nas organizações: empreendedorismo corporativo	55
	3.1	A mentalidade empreendedora nas organizações	56
	3.2	Filosofia da inovação corporativa	56
	3.3	Empreendedorismo corporativo e inovação	58
		3.3a Definição do conceito de empreendedorismo e inovação corporativos	59
		3.3b A necessidade do empreendedorismo e inovação corporativos	60
		3.3c Obstáculos ao empreendedorismo e inovação corporativos	60
	3.4	Estratégia de empreendedorismo corporativo	62
		3.4a Desenvolvimento da visão	65
		3.4b Incentivo à inovação	66

Sumário

	3.4c Estruturação do ambiente de trabalho	67
	3.4d Controle *versus* autonomia	70
	3.4e Preparação para o erro	70
	3.4f Preparação da gerência	71
	3.4g Criação dos I-Teams	72
Resumo		75
Termos-chave		75
Perguntas de revisão e discussão		76
Notas		76

CAPÍTULO 4   O empreendedorismo social e o ambiente global para o empreendedorismo 80

- 4.1 Empreendedorismo social 81
  - 4.1a Definindo o empreendedorismo social 82
  - 4.1b Definição de empreendimento social 82
- 4.2 Empreendimento social e sustentabilidade 84
  - 4.2a Empreendedorismo sustentável 85
  - 4.2b Ecoempreendedorismo 85
- 4.3 Valor compartilhado e o tripé da sustentabilidade 86
  - 4.3a Medidas de desempenho econômico 86
  - 4.3b Medidas de desempenho ambiental 87
  - 4.3c Medidas de desempenho social 87
- 4.4 Empresas de benefícios: promovendo empreendimentos sustentáveis 87
- 4.5 O mercado global 88
  - 4.5a Empreendedores globais 89
  - 4.5b Pensamento global 89
  - 4.5c Redes de diáspora 89
  - 4.5d Acordos e organizações globais 89
  - 4.5e Empreendendo no exterior 91
  - 4.5f Métodos para internacionalização 92
  - 4.5g Pesquisando mercados estrangeiros 95

Resumo 99
Termos-chave 99
Perguntas de revisão e discussão 100
Notas 100

PARTE 2   Criação de projetos empreendedores 105

CAPÍTULO 5   Inovação: busca criativa de ideias 106

- 5.1 Identificação de oportunidades: a busca de novas ideias 107
  - 5.1a Fontes de ideias inovadoras 107
  - 5.1b Conhecimento e o processo de aprendizagem 108

	5.2	Imaginação e criatividade empreendedoras	109
		5.2a O papel do pensamento criativo	109
		5.2b A natureza do processo criativo	109
		5.2c Desenvolvendo sua criatividade	112
	5.3	Exercício criativo	113
	5.4	Exercício criativo	113
	5.5	Exercício criativo	114
		5.5a Arenas de criatividade	117
		5.5b Clima criativo	117
	5.6	Inovação e o empreendedor	118
		5.6a O processo de inovação	118
		5.6b Tipos de inovação	118
		5.6c As concepções erradas sobre a inovação	119
		5.6d Princípios da inovação	119
	Resumo		121
	Termos-chave		121
	Perguntas de revisão e discussão		121
	Notas		121
CAPÍTULO 6		Avaliação de oportunidades empreendedoras	124
	6.1	O desafio da fase de arranque do novo empreendimento	125
	6.2	Armadilhas na escolha de novos empreendimentos	126
		6.2a Falta de avaliação de objetivos	126
		6.2b Falta de visão real do mercado	126
		6.2c Compreensão inadequada dos requisitos técnicos	126
		6.2d Pouca compreensão financeira	126
		6.2e Falta de originalidade do empreendimento	127
		6.2f Ignorância sobre questões legais	127
	6.3	Fatores importantes para a criação de novos empeendimentos	127
		6.3a Originalidade	127
		6.3b Investimento	129
		6.3c Crescimento nas vendas	129
		6.3d Disponibilidade de produto	129
		6.3e Disponibilidade do cliente	129
	6.4	Por que novos empreendimentos fracassam	130
	6.5	Processos tradicionais de avaliação de empreendimento	134
		6.5a Análise de perfil	134
		6.5b Critérios de viabilidade	134
		6.5c Método de viabilidade abrangente	135

	6.6	Metodologias contemporâneas para a avaliação de risco	137
		6.6a Metodologia de design	137
		6.6b Empreendedorismo centrado no design	138
		6.6c A metodologia Lean Start-up	139
	Resumo		141
	Termos-chave		141
	Perguntas de revisão e discussão		141
	Notas		142
APÊNDICE 6A	Modelo do plano de viabilidade completo		144
	6A.1a Resumo executivo		144
	6A.1b Sumário executivo		144
	6A.1c Análise do setor e/ou do mercado		145
	6A.1d Equipe de gestão		146
	6A.1e Análise de desenvolvimento de produto/serviço		146
	6A.1f Análise financeira		147
	6A.1g Cronograma		147
	6A.1h Bibliografia		148
CAPÍTULO 7	Caminhos para projetos empreendedores		149
	7.1	A criação de novos empreendimentos	150
		7.1a Abordagem novíssima de criação de novos empreendimentos	150
		7.1b Abordagem nova-velha de criação de novos empreendimentos	150
		7.1c Observação do quadro financeiro na criação de novos empreendimentos	152
	7.2	Aquisição de um projeto empreendedor estabelecido	154
		7.2a Preferências pessoais	154
		7.2b Avaliação de oportunidades	154
		7.2c Vantagens da aquisição de um empreendimento existente	154
		7.2d Avaliação do empreendimento selecionado	155
		7.2e Principais perguntas a serem feitas	156
		7.2f Negociação da oferta	159
	7.3	Franquias: o híbrido	160
		7.3a Como as franquias funcionam	160
		7.3b Vantagens da franquia	160
		7.3c Desvantagens das franquias	161
		7.3d Legislação sobre franquias	164
		7.3e Avaliação de oportunidades de franquia	164
	Resumo		168
	Termos-chave		168
	Perguntas de revisão e discussão		169
	Notas		169

CAPÍTULO 8 Fontes de capital para empreendedores ... 171

- 8.1 A busca pelo capital ... 172
- 8.2 Dívida *versus* capital próprio como forma de financiamento ... 172
  - 8.2a Financiamento por dívida ... 173
  - 8.2b Financiamento por capital próprio ... 176
- 8.3 O mercado do capital de risco ... 180
  - 8.3a Desenvolvimentos recentes em capital de risco ... 181
  - 8.3b Desfazendo mitos de capital de risco ... 182
  - 8.3c Objetivo dos investidores de risco ... 183
  - 8.3d Critérios de avaliação de propostas de um novo empreendimento ... 185
  - 8.3e Avaliando o investidor de risco ... 187
- 8.4 Capital de risco informal: financiamento anjo ... 189
  - 8.4a Tipos de investidores anjo ... 190

Resumo ... 192
Termos-chave ... 192
Perguntas de revisão e discussão ... 192
Notas ... 193

PARTE 3 Desenvolvimento do plano empreendedor ... 197

CAPÍTULO 9 Desafios jurídicos para empreendimentos empresariais ... 198

- 9.1 Proteção da propriedade intelectual: patentes ... 200
  - 9.1a Proteção da patente: regras básicas ... 200
  - 9.1b Proteção de uma patente: o pedido ... 200
- 9.2 Proteção da propriedade intelectual: direitos autorais ... 202
  - 9.2a Entendendo a proteção de direitos autorais ... 203
  - 9.2b Protegendo ideias? ... 203
- 9.3 Proteção da propriedade intelectual: marcas comerciais ... 204
  - 9.3a Evitando as armadilhas da marca registrada ... 206
  - 9.3b Segredos comerciais ... 207
  - 9.3c Proteção de marca registrada na internet ... 207
- 9.4 Estruturas jurídicas para empreendimentos empresariais ... 207
  - 9.4a Empresa individual ... 210
  - 9.4b Sociedades ... 210
  - 9.4c Corporações ... 211
- 9.5 Sociedades e corporações: formas específicas ... 213
  - 9.5a Sociedades limitadas ... 213
  - 9.5b Sociedades de responsabilidade limitada ... 213
  - 9.5c Corporações S ... 215
  - 9.5d Empresas de responsabilidade limitada ... 216

	9.5e	Corporações B	216
	9.5f	L3C	217
9.6	Considerações finais sobre formas jurídicas		217
9.7	Falência		218
	9.7a	A lei de falência	218
	9.7b	Capítulo 7: falência direta	218
	9.7c	Capítulo 11: reorganização	218
	9.7d	Capítulo 13: ajuste de dívidas	219
9.8	Minimizando despesas legais		220

Resumo 221

Termos-chave 221

Peguntas de revisão e discussão 222

Notas 222

CAPÍTULO 10 Desafios de marketing nos empreendimentos 224

10.1	O novo conceito de marketing para empreendedores		225
10.2	Pesquisa de marketing		225
	10.2a	Definindo o propósito e os objetivos da pesquisa	225
	10.2b	Coletando dados secundários	226
	10.2c	Coletando dados primários	226
	10.2d	Pesquisa de marketing: quantitativa *versus* qualitativa	227
	10.2e	Interpretando e relatando as informações	227
	10.2f	Perguntas na pesquisa de marketing	229
10.3	Inibidores da pesquisa de marketing		229
	10.3a	Custo	230
	10.3b	Complexidade	230
	10.3c	Decisões estratégicas	230
	10.3d	Irrelevância	230
10.4	Marketing de mídia social		230
	10.4a	Principais diferenças do marketing de mídia social	231
	10.4b	Desenvolvendo um plano de marketing de mídia social	231
	10.4c	Marketing móvel	233
10.5	Táticas empreendedoras na pesquisa de mercado		234
10.6	Os componentes do marketing eficaz		235
	10.6a	Filosofia de marketing	236
	10.6b	Segmentação de mercado	236
	10.6c	Comportamento do consumidor	237
10.7	Desenvolvendo um plano de marketing		239
	10.7a	Pesquisa de mercado atual	239
	10.7b	Análise de vendas atual	239

10.7c Sistema de informações de marketing ... 240
10.7d Previsão de vendas ... 240
10.7e Avaliação ... 240
10.7f Considerações finais dos empreendedores ... 240
10.8 Estratégias de precificação ... 242
10.8a Perspectivas de precificação ... 242
10.8b Precificação do ciclo de vida do produto ... 242
10.8c Precificação na era da mídia social ... 243
Resumo ... 244
Termos-chave ... 245
Perguntas de revisão e discussão ... 245
Notas ... 246

CAPÍTULO 11 Preparação financeira para empreendimentos empresariais ... 248
11.1 A importância das informações financeiras para os empreendedores ... 249
11.2 Principais demonstrativos financeiros ... 250
11.2a Balanço patrimonial ... 250
11.2b Demonstração de resultados ... 256
11.2c Demonstração de fluxo de caixa ... 259
11.3 Preparando os orçamentos financeiros ... 260
11-3a Orçamento operacional ... 260
11.3b Orçamento de fluxo de caixa ... 263
11.4 Declarações pró-forma ... 266
11.5 Orçamento de capital ... 268
11.5a *Payback* ... 269
11.5b Valor presente líquido ... 269
11.5c Taxa interna de retorno ... 271
11-6 Análise do ponto de equilíbrio ... 272
11.6a Cálculo do ponto de equilíbrio ... 272
11.7 Análise de indicadores ... 275
Resumo ... 277
Termos-chave ... 278
Revisão e questões de discussão ... 278
Notas ... 278

CAPÍTULO 12 Desenvolvendo um plano de negócio eficaz ... 280
12.1 Armadilhas a serem evitadas no processo de planejamento do empreendimento ... 281
12.1a Armadilha 1: falta de metas realistas ... 281
12.1b Armadilha 2: falha na antecipação de barreiras ... 281
12.1c Armadilha 3: falta de comprometimento ou dedicação ... 281

- 12.1d Armadilha 4: falta de experiência demonstrada (empresarial ou técnica) 281
- 12.1e Armadilha 5: falta de um nicho de mercado (segmento) 282
- 12.2 O que é um plano de negócio? 283
- 12.3 Quadro de modelo de negócio: iniciando o processo de formação do empreendimento 283
- 12.4 Benefícios de um plano de negócio 284
- 12.5 Desenvolvendo um plano de negócio bem concebido 285
  - 12.5a Quem lê o plano? 285
  - 12.5b Elaborando o pacote 286
  - 12.5c Diretrizes a serem lembradas 287
  - 12.5d Perguntas a serem respondidas 288
- 12.6 Elementos de um plano de negócios 289
  - 12.6a Resumo executivo 289
  - 12.6b Descrição do negócio 291
  - 12.6c Segmento de mercado 291
  - 12.6d Nicho de mercado e participação de mercado 291
  - 12.6e Pesquisa, projeto e desenvolvimento do produto/serviço 292
  - 12.6f Segmento de operações 293
  - 12.6g Segmento de gestão 294
  - 12.6h Segmento financeiro 294
  - 12.6i Segmento de risco crítico 295
  - 12.6j Segmento de estratégia de colheita 295
  - 12.6k Segmento de cronograma de metas 295
  - 12.6l Segmento de apêndice e/ou bibliografia 295
- 12.7 Atualizando o plano de negócio 304
  - 12.7a Um exemplo prático de plano de negócio 304
- 12.8 Apresentação do plano de negócios: o "pitch" 304
  - 12.8a Sugestões para apresentação 305
  - 12.8b O que esperar 305

APÊNDICE 12A *Hydraulic Wind Power*, LLC 307
- 12A.1 Resumo executivo 307
  - 12A.1a Visão geral 307
- 12A.2 Mercado 308
- 12A.3 Problema 309
- 12A.4 Tecnologia 309
  - 12A.4a Histórico 309
  - 12A.4b Oportunidade 310
- 12A.5 Solução da empresa 311
  - 12A.5a Validação externa 313
  - 12A.5b Vantagem competitiva 314

12A.6 Plano de desenvolvimento 314
    12A.6a   Estratégia de desenvolvimento 314

12A.7 Plano de comercialização 315
    12A.7a   Modelo de negócio... 315
    12A.7b   Estratégia de entrada 316
    12A.7c   Clientes-alvo 316
    12A.7d   Estratégia de saída 317

12A.8 Equipe executiva 317
    12A.8a   Gestão inicial 317
    12A.8b   Conselho consultivo 317

12A.9 Riscos 317
    12A.9a   Risco do setor.. 317
    12A.9b   Riscos da tecnologia alternativa 318
    12A.9c   Fluido hidráulico 318

12A.10 Resumo financeiro 318
    12A.10a   Finanças... 318
    12A.10b   Saída.. 319

Resumo 345
Termos-chave..345
Perguntas de revisão e discussão 345
Notas 345

PARTE 4 — Estratégias de crescimento para empresas empreendedoras 347

CAPÍTULO 13 Crescimento empreendedor estratégico 348
  13.1   Planejamento estratégico e empresas emergentes 349
  13.2   Natureza do planejamento estratégico 349
      13.2a   A carência de planejamento estratégico 350
      13.2b   Valor do planejamento estratégico 351
      13.2c   Visões críticas no planejamento estratégico 351
      13.2d   Ações empreendedoras e estratégicas 352
      13.2e   Posicionamento estratégico: vantagem empreendedora.. 353
      13.2f   Modelo matricial de estratégia empreendedora 354
  13.3   Gerenciando o crescimento empreendedor..356
      13.3a   Estágios de desenvolvimento de um empreendimento.. 356
      13.3b   Mudando de empreendedor para gerencial.. 357
      13.3c   Entendendo o estágio de crescimento 358
      13.3d   Gerenciando o paradoxo e a contradição 360
      13.3e   Confrontando a parede de crescimento 361

13.4	Construindo uma empresa empreendedora no século 21	363
	13.4a Mentalidade empreendedora	363
	13.4b Principais elementos para uma empresa empreendedora	364
13.5	Preocupações gerenciais próprias dos empreendimentos em crescimento	365
	13.5a Especificidade do porte	366
	13.5b Síndrome do centralizador	366
	13.5c Gerenciamento de tempo	366
	13.5d Pressões da comunidade	367
	13.5e Aprendizado contínuo	367
13.6	Atingindo a liderança empreendedora no novo milênio	367
Resumo		369
Termos-chave		370
Perguntas de revisão e discussão		370
Notas		370

CAPÍTULO 14 Valoração de empresas empreendedoras 374

14.1	A importância da avaliação do negócio	375
14.2	Problemas subjacentes ao adquirir um empreendimento	375
	14.2a Objetivos do comprador e do vendedor	375
	14.2b Viés emocional	375
	14.2c Motivos para a aquisição	375
14.3	Diligência devida	376
14.4	Analisando os negócios	380
14.5	Estabelecendo o valor de uma empresa	384
	14.5a Métodos de valoração	384
14.6	Termos de condições na valoração do empreendimento	390
14.7	Fatores adicionais no processo de valoração	391
	14.7a Evitar custos da fase de lançamento da empresa	391
	14.7b Precisão das projeções	391
	14.7c Fator de controle	392
Resumo		392
Termos-chave		392
Perguntas de revisão e discussão		392
Notas		393

APÊNDICE 14A TERMO DE CONDIÇÕES 394

CAPÍTULO 15 Colhendo frutos da empresa empreendedora 403

15.1	Colheita do empreendimento: foco no futuro	404
15.2	A estratégia de sucessão de gestão	404
15.3	Principais fatores na sucessão	405

15.3a Pressões de sucessão e interesses dentro da empresa 405
15.3b Pressões de sucessão e interesses fora da empresa 406
15.3c Eventos de pressão 408
15.3d Fontes de sucessão 408
15.3e Restrições legais 410
15.4 Desenvolvendo uma estratégia de sucessão 411
15.4a Entendendo os aspectos contextuais de sucessão 411
15.4b Identificando as qualidades do sucessor 412
15.4c Escrevendo uma estratégia de sucessão 412
15.5 A estratégia de saída: eventos de liquidez 413
15.5a A Oferta Pública Inicial (IPO) 413
15.6 Venda completa do empreendimento 417
15.6a Etapas para a venda de um negócio 418
Resumo 419
Termos-chave 419
Perguntas de revisão e discussão 420
Notas 420

APÊNDICES – CASOS 423

GLOSSÁRIO 433

ÍNDICE REMISSIVO 445

INTRODUÇÃO

TEORIA, PROCESSO E PRÁTICA

Utilizei como subtítulo para este livro sobre empreendedorismo os termos "Teoria, Processo e Prática" por dois motivos específicos, um emocional e outro racional. Primeiro, porque quero fazer uma homenagem a meu antigo mentor, coautor e amigo, dr. Richard M. Hodgetts, por ele ter selecionado um subtítulo desenvolvido por ele para um de seus livros de gestão mais bem-sucedidos há algumas décadas. A triste perda do dr. Hodgetts para o câncer em 2001 deixará um vazio em todos nós que o conhecemos e reconhecemos sua poderosa influência no campo da gestão em escolas de negócios como um todo. (No final do prefácio, faço uma homenagem póstuma.) O segundo motivo pelo qual selecionei esse subtítulo foi por sua representação do foco do livro. Acredito que os alunos que estudam empreendedorismo devem estar expostos ao "desenvolvimento teórico" do campo, a "processos" pelos quais agora ensinamos e estudamos empreendedorismo e à real "prática" de empreendedorismo pelos indivíduos e pelas organizações que foram bem-sucedidas. Portanto, para entender e apreciar de forma integral essa disciplina emergente que chamamos empreendedorismo, os alunos devem aprender com base na teoria, no processo e na prática. O subtítulo representa a base completa de uma disciplina. Vamos começar examinando rapidamente cada aspecto.

TEORIA DO EMPREENDEDORISMO

Há não muito tempo, o campo do empreendedorismo era considerado pouco mais que uma marca aplicada em contrapartida a uma área acadêmica de estudo. Não havia "pesquisa" a ser realizada porque pensava-se que as pessoas que não pudessem frequentar a faculdade simplesmente "praticariam" o conceito do novo start-up de negócios. Embora a economia fosse realmente baseada no empreendedorismo, a história provou que a cada recessão são a direção e a persistência empreendedoras que nos trazem de volta. Portanto, acadêmicos individuais começaram a examinar o empreendedorismo por uma perspectiva de pesquisa e, ao fazer isso, iniciaram um campo acadêmico de pesquisa. Então, voltamos a olhar alguns dos "adeptos" da comunidade acadêmica, como Arnold C. Cooper (Universidade Purdue), Karl A. Vesper (Universidade de Washington), Donald L. Sexton (Universidade Estadual de Ohio), Robert C. Ronstadt (Faculdade Babson) e Howard H. Stevenson (Universidade de Harvard), todos exemplos de pesquisadores "pioneiros" do empreendedorismo. A sabedoria, o ensinamento e a persistência deles guiou o campo do empreendedorismo daquilo que uma vez foi considerada uma área acadêmica desrespeitada para um campo que agora ganhou respeito inimaginável e admiração entre as escolas de negócios no século 21. A disposição em mergulhar em questões de pesquisa importantes para essa disciplina em desenvolvimento forneceu motivação para a próxima geração de acadêmicos buscar o campo do empreendedorismo com mais vigor.

Hoje, nos Estados Unidos, celebramos o imenso crescimento na pesquisa de empreendedorismo, como evidenciado pelo número de periódicos acadêmicos dedicados a esse tema (44), número de cátedras provisionadas e cadeiras no empreendedorismo (mais de 400), desenvolvimento de Pares de Pesquisa do Empreendedorismo do Século 21 pelo Consórcio Global de Centros de Empreendedorismo e o número crescente de melhores acadêmicos dedicando muito de seu valioso tempo de pesquisa e esforços na publicação de aspectos do empreendedorismo nos principais periódicos acadêmicos. É de fato gratificante ver o *Academy of Management Journal*, o *Academy of Management Review*, o *Strategic Management Journal*, o *Journal of Operations Management* e o *Journal of Management* publicando mais pesquisa sobre empreendedorismo. Esse aumento está ligado diretamente à mudança nos quadros de revisão editorial do periódico a fim de incorporar mais acadêmicos no campo do empreendedorismo. Hoje, muitas universidades estão incluindo periódicos de empreendedorismo nas listas dos melhores da faculdade. Muitas de nossas melhores escolas de negócios nos

Estados Unidos aceitaram a lista *London Times* dos 45 melhores periódicos acadêmicos, que inclui o *Journal of Business Venturing and Entrepreneurship Theory & Practice*. Além disso, muitas das principais instituições acadêmicas desenvolveram programas na pesquisa empreendedora, e a cada ano a Faculdade Babson conduz um simpósio intitulado "Frontiers in Entrepreneurship Research" (Fronteiras na Pesquisa de Empreendedorismo). Desde 1981, a conferência forneceu um canal para os últimos desenvolvimentos no campo do empreendedorismo.

Em 1998, foi fundado o National Consortium of Entrepreneurship Centers — NCEC (Consórcio Nacional de Centros de Empreendedorismo) com o propósito de colaboração continuada entre os centros de empreendedorismo estabelecidos, bem como os mais novos centros emergentes, para trabalhar em conjunto no compartilhamento de informações, no desenvolvimento de projetos especiais e no auxílio mútuo no avanço e na melhoria do impacto em seus centros. Hoje essa organização mudou seu nome para Global Consortium of Entrepreneurship Centers — GCEC (Consórcio Global de Centros de Empreendedorismo), para refletir melhor o crescimento internacional dos centros de empreendedorismo. Como mencionado anteriormente, esse consórcio também estabeleceu os 21st Century Entrepreneurship Research Fellows, grupo crescente de acadêmicos no campo do empreendedorismo que desenvolveu a missão de identificar domínios e questões de pesquisa de ponta e desenvolver iniciativas de pesquisa de alto perfil que demonstram o mais alto nível de pesquisa para centros de empreendedorismo e para a comunidade acadêmica em geral. A pesquisa dá direcionamento às escolas de negócios. Hoje a pesquisa no empreendedorismo é aceita e respeitada.

PROCESSO DE EMPREENDEDORISMO

Iniciando com os "pioneiros" da disciplina de empreendedorismo, como a Universidade do Sul da Califórnia (USC), a Faculdade Babson, a Universidade de Harvard e a Universidade de Indiana, o número de instituições que ensinam e pesquisam o empreendedorismo explodiu para mais de 1.000, com os melhores dessa área, um adicional de 1.000 direcionadas ao empreendedorismo, e pelo menos um curso dessa disciplina é agora ensinado em mais de 3.000 universidades em todo o mundo! Algumas das universidades de pesquisa mais prestigiadas dos Estados Unidos, como Universidade de Indiana, Universidade de Syracuse, Universidade Estadual de Oklahoma, Universidade do Colorado, Universidade de Louisville e Universidade de Washington, desenvolveram programas de doutorado em empreendedorismo para preparar a próxima geração de acadêmicos e pesquisadores. O campo acadêmico de empreendedorismo evoluiu drasticamente nos últimos 40 anos! No centro dessa grande expansão de cursos permanece o desafio de ensinar o empreendedorismo de forma mais efetiva.

Ficou claro que o empreendedorismo ou certos aspectos dele *podem* ser ensinados. Educadores da área de negócios e profissionais evoluíram além do mito de que os empreendedores nascem prontos e não são "construídos". Peter Drucker, reconhecido como um dos pensadores líderes em gestão do século 20, disse: "A mística empreendedora? Não é mágica, não é mistério nem tem qualquer relação com genes. É uma disciplina. E, como qualquer disciplina, ela pode ser aprendida".[1] O suporte adicional para essa visão vem de uma análise literária de 10 anos de educação em gestão de empresa, de empreendedorismo e de pequenas empresas, como afirmou: "A maioria dos estudos empíricos levantados indicaram que o empreendimento pode ser ensinado, ou pelo menos encorajado, pelo estudo em empreendedorismo".[2]

Considerando a noção amplamente aceita de que os empreendimentos empresariais são a chave para a inovação, a produtividade e a competição efetiva, a pergunta sobre se o empreendedorismo pode ser ensinado já está ultrapassada. Robert C. Ronstadt levantou a questão mais relevante a respeito da educação empreendedora: o que deve ser ensinado e como? Ele propôs que os programas devem ser projetados para que os empreendedores potenciais fiquem cientes das barreiras que enfrentarão para iniciar suas carreiras e possam encontrar meios para transpô-las. Alegou que um programa efetivo deve mostrar aos alunos como se comportar de forma empreendedora e também deve colocar os alunos em contato com pessoas que possam facilitar seu sucesso.[3]

Quatro anos mais tarde, os pesquisadores Robinson e Hayes conduziram uma pesquisa em universidades com pelo menos 10 mil alunos para determinar a extensão do crescimento na educação do empreendedorismo.[4] Embora tivesse sido mencionado um crescimento significativo, dois desafios específicos foram indicados: desenvolver programas existentes e aprimorar o pessoal, melhorando assim a qualidade do campo. Há vários obstáculos que precisam ser superados para facilitar o desenvolvimento da qualidade no campo. No centro de tudo, podem faltar bases teóricas sólidas sobre as quais construir modelos e métodos pedagógicos e a falta de programas acadêmicos formais, representando falta de compromisso por parte das instituições. Os professores Robinson e Hayes acreditavam que a educação no campo do empreendedorismo tinha percorrido um longo caminho em 20 anos, embora existissem vários pontos fracos no campo identificados por intermédio de suas pesquisas. Como preocupação primária está a falta de profundidade na maioria dos programas iniciados. Um crescimento maior dependeria de como os novos programas fossem integrados e encorajados pelo sistema educacional de empreendedorismo estabelecido. Nos anos seguintes, vivenciamos maior profundidade nos programas acadêmicos, bem como iniciativas mais novas de integrar o empreendedorismo em todos os *campi*.

Mais recentemente, os pesquisadores Solomon, Duffy e Tarabishy conduziram uma das análises empíricas mais abrangentes sobre a educação de empreendedorismo. Em sua revisão da pedagogia do empreendedorismo, eles disseram: "O principal objetivo da educação empreendedora é que ela deve ser diferente da educação típica de negócios. A entrada no mundo dos negócios é fundamentalmente uma atividade diversa da gestão de negócios."[5] Eles concluíram que a pedagogia está mudando com base na expansão do interesse de mercado pela educação empreendedora. Novos programas interdisciplinares usam equipes docentes para desenvolver programas para o aluno de outras áreas, e existe uma tendência crescente em cursos especialmente projetados para alunos de arte, engenharia e ciências. Além de cursos focados na preparação do futuro empreendedor, as metodologias de ensino estão sendo desenvolvidas para aqueles que gerenciam os empreendedores nas organizações, pessoas convidadas (contadores, advogados, consultores), que se tornam úteis aos empreendedores e principais gerentes para fornecerem visão e liderança às corporações, que devem inovar para sobreviver. Os educadores de hoje são desafiados com projetos de oportunidades de aprendizado efetivas para alunos empreendedores.

A tendência atual na maioria das universidades é desenvolver ou expandir programas e projetos exclusivos e currículos desafiadores especialmente elaborados para alunos de empreendedorismo. Um exemplo brilhante é o dr. Michael H. Morris, da Universidade da Flórida (EUA), que desenvolveu um dos mais poderosos programas educativos para que a faculdade aprendesse a ensinar empreendedorismo. Intitulado "A sala de aula experimental do empreendedorismo", esse programa tocou a vida de mais de mil membros docentes que vivenciaram as últimas técnicas do currículo e métodos para aprimorar suas próprias salas de aula em todo o mundo. Outro exemplo significativo é o reconhecimento nacional agora dado para as melhores escolas empreendedoras por meio de prêmios, como os United States Association for Small Business and Entrepreneurship — USASBE (Programas do Modelo Nacional da Associação dos Estados Unidos para Pequenas Empresas e Empreendedorismo), e as classificações feitas nos EUA, pela *U.S. News & World Report* e pela revista *Fortune Small Business*. Esse tipo de experiência é oferecido aos alunos nos programas de empreendedorismo inovador reconhecidos pela USASBE. Informações sobre esses programas podem ser encontrados em **www.usasbe.org**. Esses programas de premiação-modelo incluem habilitações de graduação e especialização, programas em nível de pós-graduação, pedagogia inovadora e programas especializados. Todas essas universidades produziram educação de empreendedorismo que teve impacto real e duradouro nos alunos no campo do empreendedorismo.

PRÁTICA DO EMPREENDEDORISMO

O aspecto final do empreendedorismo é sua aplicação na prática. Vimos isso apresentado por milhares de empreendedores bem-sucedidos nos últimos 40 anos. Eles e seus novos empreendimentos mudaram nosso mundo... para sempre! No entanto, é importante entender as diferenças entre enriquecimento oportunista e a prática real do empreendedorismo. Por exemplo, no fim dos anos 1990, presenciamos o frenesi ponto.com, no qual todas as pessoas pensavam que eram empreendedoras simplesmente porque colocavam um título de negócios na internet. Como indicado várias vezes, nos anos 1940, custou US$ 20 bilhões inventar a bomba atômica. Foram mais US$ 20 bilhões para colocar o homem na Lua 20 anos depois. Em 1999, os ponto.com queimaram US$ 20 bilhões para alcançar... bem, nada realmente. O fracasso do ponto.com atingiu mais que as start-ups gastadoras de dinheiro da internet e os investidores de risco que a fundaram. Essa praga se espalhou como um incêndio incontrolável, causando colapso no verdadeiro espírito empreendedor de transformar o sonho de uns em entidade duradoura. Nossas salas de aula ficaram encantadas com a condução para investimento e liquidez, dinheiro rápido, saídas rápidas e sem compromisso real. Perseguimos uma "mentalidade de investimento" em vez de facilitar a pesquisa para uma "empresa duradoura". Sobrevivemos naquele momento, mas isso nos deixou um legado a *aprender*. Devemos novamente focar nos objetivos reais de empreendedores e na motivação que os permeia. Precisamos educar nossa próxima geração de empreendedores da evaporação ponto.com e retornar às raízes da formação e desenvolvimento dos negócios. As estratégias de saída são boas, mas não devem dominar a busca pela oportunidade empreendedora. Um autor referiu-se aos indivíduos ponto.com como "oportunistas" em vez de empreendedores, porque eles não agregavam riqueza de contribuição, substituíam a tomada de risco pela falsificação de risco e exploravam a oportunidade externa em vez de buscar a visão interna.[6]

Deve ser missão de todos os educadores do empreendedorismo ensinar os alunos de hoje sobre o *verdadeiro* empreendedor. É a missão deste livro fornecer uma integração de empreendedores. Quero me certificar de que os empreendedores atuantes e suas interessantes histórias sejam apresentadas para ilustrar problemas reais e questões envolvidas com seus empreendimentos. Os alunos precisam da exposição desses empreendedores que pagaram o preço, enfrentaram desafios e suportaram as falhas. Desejo que as lições aprendidas de nossos empreendedores experientes "façam a diferença". Apenas lendo sobre o assunto e estudando suas práticas podemos verdadeiramente aprender a real aplicação das práticas e dos processos do empreendedorismo.

PENSAMENTOS FINAIS ANTES DE EMPREENDER NO TEXTO

Depois de analisar os principais aspectos da teoria, do processo e da prática integrais para o estudo do empreendedorismo, fica a pergunta: Como abordo esse assunto? A resposta não é complexa nem profunda. É realmente uma apreciação para suas habilidades e o reconhecimento de que cada um de nós pode fazer a diferença se tentarmos. Lembre-se: a jornada de 16 mil quilômetros sempre começa com o primeiro passo! Deixe que este livro e seu curso de empreendedorismo sejam seu primeiro passo.

Empreendedorismo é a nova revolução e fala sobre inovação contínua e criatividade. É o futuro da economia mundial. Hoje, as palavras usadas para descrever o novo regime de inovação do século 21 são: *sonhar, criar, explorar, inventar, promover* e *imaginar*! Acredito que estamos presenciando um momento em que a lacuna entre o que imaginamos e o que pode ser realizado nunca foi tão pequena. Esse é o desafio para todos os alunos de empreendedorismo de hoje. Para parafrasear a última coisa que Robert F. Kennedy disse em um discurso feito há mais de 40 anos: Você está vivendo um dos momentos mais raros na história da educação – um momento em que tudo ao nosso redor, a antiga ordem das coisas, está desmoronando e uma nova sociedade mundial está lutando arduamente para tomar forma. Se recuar nessa luta e nas várias dificuldades que ela implica, você trairá a confiança que sua própria posição exige de você. Você tem uma das posições mais privilegiadas, porque teve a oportunidade de se formar e se orientar. É possível usar o privilégio e a oportunidade que teve de buscar puramente estabilidade e segurança. Mas você será julgado pela história do empreendedorismo e, conforme os anos passam, definitivamente julgará a si mesmo a respeito de até que ponto usou suas habilidades para ser pioneiro e líder em novos horizontes. Em suas mãos... estão o futuro de seu mundo empresarial e a realização das melhores qualidades de seu próprio espírito.[7]

NOTAS

1. P. F. Drucker. *Innovation and Entrepreneurship*. Nova York: Harper and Row, 1985.
2. G. Gorman; D. Hanlon; W. King. "Some Research Perspectives on Entrepreneurship Education, Enterprise Education, and Education for Small Business Management: A Ten-Year Literature Review". *International Small Business Journal*, n. 15, 1997, p. 56-77.
3. R. Ronstadt. "The Educated Entrepreneurs: A New Era of Entrepreneurial Education is Beginning". *American Journal of Small Business*, n. 11, v. 4, 1987, p. 37-53.
4. P. Robinson; M. Hayes. "Entrepreneurship Education in America's Major Universities". In: *Entrepreneurship Theory and Practice*, n. 15, v. 3, 1991, p. 41-52.
5. G. T. Solomon; S. Duffy; A. Tarabishy. "The State of Entrepreneurship Education in the United States: A Nationwide Survey and Analysis". *International Journal of Entrepreneurship Education*, n. 1, v. 1, 2002, p. 65-86.
6. J. Useem. "The Risktaker Returns". *FSB*, maio 2001, p. 70-71.
7. D. F. Kuratko. "The Emergence of Entrepreneurship Education: Development, Trends and Challenges". *Entrepreneurship Theory and Practice*, n. 29, v. 5, 2005, p. 577-597.

PARTE 1

A mentalidade empreendedora no século 21

CAPÍTULO 1
Empreendedorismo: desenvolvimento evolucionário — impacto revolucionário 2

CAPÍTULO 2
A mentalidade empreendedora nos indivíduos: cognição e ética 27

CAPÍTULO 3
A mentalidade empreendedora nas organizações: empreendedorismo corporativo 55

CAPÍTULO 4
O empreendedorismo social e o ambiente global para o empreendedorismo 80

CAPÍTULO 1

Empreendedorismo: desenvolvimento evolucionário — impacto revolucionário

OBJETIVOS DE APRENDIZAGEM

1. Examinar o desenvolvimento histórico do empreendedorismo.
2. Explorar e desmistificar os mitos do empreendedorismo.
3. Definir e explorar as principais correntes do pensamento empreendedor.
4. Explicar o processo e as abordagens ao estudo do empreendedorismo.
5. Fornecer uma definição abrangente de empreendedorismo.
6. Examinar a revolução empreendedora que acontece hoje em dia.
7. Ilustrar o ambiente empreendedor de hoje.

Pensamento empreendedor

Grande parte do que você ouve falar sobre empreendedorismo está completamente errado. Não é mágica, não é mistério e não tem nada a ver com genética. É uma disciplina que, como qualquer outra, pode ser aprendida.

— Peter F. Drucker, *Innovation and entrepreneurship*

1.1 EMPREENDEDORES — INOVADORES REVOLUCIONÁRIOS

Empreendedores são pessoas que reconhecem oportunidades onde outros veem caos, contradição e confusão. Eles são catalisadores agressivos de mudanças no mercado. Costumam ser comparados a atletas olímpicos, que desafiam a si próprios para quebrar barreiras; a corredores de longa distância, que lidam com o sofrimento dos quilômetros, a maestros de orquestras sinfônicas, que regem diferentes habilidades e sons de forma coesa, e a pilotos de caças, que, continuamente, impulsionam velocidade e ousadia. Seja qual for a sua paixão, os empreendedores são os heróis do mercado de hoje. Eles abrem empresas e criam empregos muito rapidamente. A economia global foi revitalizada graças aos esforços dos empreendedores, e o mundo, agora, abraça a livre iniciativa como a força mais significativa para o desenvolvimento econômico. A paixão e a motivação de empreendedores são o motor do mundo dos negócios. Eles desafiam o desconhecido e criam continuamente avanços para o futuro.

Uma citação anônima resume as realidades dos empreendedores: "Qualquer um (pode ser um empreendedor) pode experimentar os profundos e escuros cânions da incerteza e da ambiguidade e querer andar pelas maravilhosas trilhas do sucesso. Mas eu advirto: não queira caminhar pela última enquanto não tiver experimentado a primeira."[1]

1.2 EMPREENDEDORES *VERSUS* PROPRIETÁRIOS DE PEQUENAS EMPRESAS: UMA DISTINÇÃO

Os termos *empreendedor* e *proprietário de pequena empresa*, às vezes, são utilizados como sinônimos. Embora algumas situações possam ser relacionadas a ambos os termos, é muito importante perceber as diferenças. Pequenas empresas são independentes jurídica e financeiramente, não são dominantes em suas áreas, e, em geral, não se envolvem em muitas práticas novas ou inovadoras. O crescimento delas não é algo essencial, e os proprietários podem preferir uma metodologia mais estável e menos agressiva para os seus negócios. Em outras palavras, eles gerenciam seus negócios com a expectativa de crescimento estável, vendas e lucros. Como pequenas empresas incluem aquelas já estabelecidas, assim como as franquias, donos de pequenos negócios podem ser vistos como *gestores* de pequenos negócios.

Iniciativas empreendedoras, por outro lado, são aquelas cujos objetivos principais do empreendedor são a inovação, a rentabilidade e o crescimento acelerado. Assim, o negócio é caracterizado por práticas estratégicas inovadoras e crescimento sustentável. Empreendedores e seus financiadores costumam procurar crescimento rápido e lucros imediatos, e podem até mesmo almejar a venda de seu negócio se houver potencial para grandes ganhos de capital. Assim, em relação ao desenvolvimento do negócio, empreendedores podem ser vistos como aqueles que têm uma perspectiva diferente dos proprietários de pequenas empresas.

Neste livro, nos concentraremos em empreendedores e no efetivo desenvolvimento do empreendedorismo, incluindo a mentalidade empreendedora em empresas estabelecidas. Alguns pontos específicos aqui tratados podem ser aplicados tanto a proprietários de pequenas empresas quanto a empreendedores, mas tenha em mente que o nosso foco está nos aspectos de inovação e crescimento rápido dos empreendedores.

1.3 EMPREENDEDORISMO: UMA MENTALIDADE

Empreendedorismo é mais que a mera criação de negócios. Apesar de isso, certamente, ser uma faceta importante, não é o quadro completo. Empreendedores caracterizam-se pela busca de oportunidades, pela aceitação de riscos e pela tenacidade na defesa de uma ideia até torná-la realidade. Como ilustraremos no Capítulo 2, qualquer pessoa pode desenvolver uma mentalidade empreendedora. O termo "mentalidade empreendedora" representa o aparato cognitivo e o compromisso necessários para se ver o mundo através de uma perspectiva inovadora, e isso compreende o potencial de empreendedorismo em cada indivíduo. Essa mentalidade pode ser exibida dentro ou fora de uma organização, em empresas com e sem fins lucrativos e em negócios ou atividades não comerciais com o propósito de levar ideias criativas adiante. Assim, o empreendedorismo é um conceito integrado que permeia os negócios de um indivíduo de forma inovadora. É essa mentalidade que tem revolucionado a maneira como os negócios são conduzidos em todos os níveis e em todos os países. É claro que o mundo tem adotado o empreendedorismo e a inovação, e a forma como vemos os negócios nunca mais será a mesma. Portanto, a revolução empreendedora foi adotada em um sentido econômico, e a mentalidade empreendedora é a força dominante.

1.4 A EVOLUÇÃO DO EMPREENDEDORISMO

OA5 Fornecer uma definição abrangente de empreendedorismo.

A palavra "**empreendedor**" é derivada do Francês "entreprendre", que significa "empreender" ou "alcançar". Empreendedor é aquele que se compromete a organizar, gerenciar e assumir os riscos de um negócio. Nos últimos anos, os empreendedores têm feito tantas coisas, que agora é necessário ampliar essa definição. Hoje, um empreendedor é um inovador ou desenvolvedor que reconhece e aproveita oportunidades; transforma essas oportunidades em ideias viáveis e/ou comercializáveis; agrega valor, esforço, dinheiro ou habilidades ao longo do tempo; assume os riscos do mercado competitivo para implementar essas ideias; e colhe os frutos desses esforços.[2]

O empreendedor é o catalisador agressivo de mudanças no mundo dos negócios. Ele é um pensador independente, que ousa ser diferente em meio a um fundo de eventos comuns. A literatura pesquisada sobre o tema revela algumas semelhanças, bem como um grande número de diferenças, nas características dos empreendedores. As características principais são iniciativa pessoal, capacidade de mobilização de recursos, competências de gestão, desejo de autonomia e tomada de risco. Outras características incluem ousadia, competitividade, comportamento orientado para um objetivo, confiança, senso de oportunidade, intuição, ações baseadas na realidade e capacidade de aprender com os erros e de empregar habilidades de relações humanas.[3]

Apesar de não existir nenhuma definição de *empreendedor*, assim como não há nenhum perfil que possa representar o empreendedor de hoje, pesquisas começam a dar um foco cada vez mais nítido sobre o assunto. Uma breve revisão da história do empreendedorismo ilustra isso.

O mundo, atualmente, está em meio a uma nova onda de negócios e de desenvolvimento econômico, tendo o empreendedorismo como catalisador em termos mundiais. No entanto, as forças sociais e econômicas da atividade empreendedora existiam muito antes do novo milênio. Na verdade, o espírito empreendedor tem impulsionado muitas conquistas da humanidade.

O progresso da humanidade, das cavernas aos *campi* universitários, tem sido explicado de várias maneiras. Mas o papel do "agente de mudança", a força que inicia e implementa o progresso material, aparece como ponto central de praticamente todas essas teorias. Hoje, reconhecemos que o agente de mudança na história da humanidade tem sido, e provavelmente continuará a ser, o empreendedor.[4]

OA1 Examinar o desenvolvimento histórico do empreendedorismo.

O reconhecimento dos empreendedores remonta à França do século 18, quando o economista Richard Cantillon associou as atividades de "risco" na economia a algo empreendedor. A Revolução Industrial desenvolveu-se na Inglaterra durante o mesmo período, e o empreendedor desempenhou um papel visível na assunção de riscos e transformação de recursos.[5]

A associação entre empreendedorismo e economia tem sido a norma aceita. Na verdade, até a década de 1950, a maioria das definições e referências ao termo vinha de economistas. Por exemplo, Cantillon (1725), que mencionamos antes, o economista francês Jean Baptiste Say (1803) e Joseph Schumpeter (1934), economista do século 20, escreveram sobre empreendedorismo e seu impacto no desenvolvimento econômico.[6] Desde aquela época, os pesquisadores têm tentado descrever ou definir tudo o que é empreendedorismo. Seguem-se alguns exemplos:

> Empreendedorismo [...] consiste em fazer coisas que não costumam ser feitas no curso normal da rotina de negócios. Trata-se, essencialmente, de um fenômeno que vem sob o aspecto mais amplo de liderança.[7]

> Empreendedorismo, pelo menos em todas as sociedades não autoritárias, constitui uma ponte entre a sociedade como um todo, especialmente entre os aspectos não econômicos daquela sociedade e as instituições com fins lucrativos estabelecidas, para tirar proveito de seu dom econômico e satisfazer, da melhor forma possível, seu desejo econômico.[8]

> No [...] empreendedorismo, há consenso de que estamos falando de um tipo de comportamento que inclui: (1) iniciativa, (2) organização ou reorganização de mecanismos socioeconômicos para transformar recursos e situações em uma nova realidade e (3) aceitação do risco de fracasso.[9]

Depois de analisar a evolução do empreendedorismo e examinar suas definições diferentes, Robert C. Ronstadt montou um resumo:

> Empreendedorismo é o processo dinâmico de criação de riqueza adicional. Essa riqueza é criada por indivíduos que assumiram os maiores riscos em termos de capital, tempo e/ou comprometimento com o desafio de criar valor com algum produto ou serviço. O produto ou serviço em si, pode ser ou não original, mas o valor deve, de alguma forma, ser-lhe infundido pelo empreendedor, garantindo e alocando as qualificações e os recursos necessários.[10]

Empreendedorismo, como um tópico para discussão e análise, foi introduzido pelos economistas do século 18 e continuou a atrair o interesse dos economistas no século 19. No século 20, a palavra **empreendedorismo** tornou-se sinônimo de livre-iniciativa e capitalismo ou, pelo menos, ficou intimamente ligada a esses conceitos. Além disso, costuma-se considerar que os empreendedores servem como agentes de mudança, fornecem ideias criativas e inovadoras para as empresas e ajudam em seu crescimento e rentabilidade.

Seja qual for a atividade específica na qual se envolvam, os empreendedores do século 21 são considerados os heróis da livre-iniciativa. Muitos deles têm usado a inovação e a criatividade para construir múltiplas empresas de milhões de dólares a partir de novos negócios — algumas vezes, em menos de uma década! Esses indivíduos criaram novos produtos e serviços, e assumiram os riscos associados a esses empreendimentos. Muitas pessoas, agora, consideram o empreendedorismo um "marco pioneiro" na fronteira dos negócios.

Ao reconhecer a importância da evolução do empreendedorismo no século 21, desenvolveu-se uma definição integrada que reconhece os fatores críticos necessários a esse fenômeno.

> Empreendedorismo é um processo dinâmico de visão, mudança e criação, que exige a aplicação de energia e paixão para a criação e implementação de ideias inovadoras e soluções criativas. Ingredientes essenciais *ao empreendedorismo* incluem disposição para assumir riscos calculados (em termos de tempo, capital ou carreira); capacidade de formar uma equipe empreendedora eficaz; habilidade criativa para mobilizar os recursos necessários; habilidade fundamental na construção de um sólido plano de negócios e, por fim, visão *para* reconhecer oportunidades onde outros veem caos, contradição e confusão.

1.5 EVITANDO O MAL-ENTENDIDO: OS MITOS DO EMPREENDEDORISMO

OA2 Explorar e desmistificar os mitos do empreendedorismo.

Ao longo dos anos, muitos mitos têm surgido sobre o empreendedorismo, principalmente em razão da falta de conhecimento sobre o assunto. Como muitos pesquisadores têm verificado, o estudo sobre o empreendedorismo ainda é emergente, de modo que o "folclore" tende a prevalecer até que seja dissipado pelo aumento de pesquisas sobre o assunto. Os dez mitos mais notáveis — e uma explicação para acabar com cada um — são os seguintes.

1.5a Mito 1 — Empreendedores são executores, não pensadores.

Embora seja verdade que empreendedores tendem à ação, eles também são pensadores. Na verdade, são muitas vezes pessoas bastante metódicas, que planejam seus movimentos cuidadosamente. A ênfase na criação de planos de negócios claros e completos hoje em dia é uma indicação de que empreendedores que "pensam" são tão importantes quanto empreendedores que "fazem".

1.5b Mito 2 — Não se pode aprender a ser empreendedor; já se nasce sendo.

A ideia de que características de empreendedor não podem ser ensinadas ou aprendidas — de que elas nasceriam ou não com os indivíduos — prevaleceu por muito tempo. Essas características incluem agressividade, iniciativa, impulsividade, vontade de assumir riscos, capacidade analítica e habilidade em relações humanas. Hoje, no entanto, o reconhecimento do empreendedorismo como disciplina está ajudando a acabar com esse mito. Como todas as disciplinas, o empreendedorismo tem modelos, processos e estudos de caso que permitem ao tema ser estudado e aos conhecimentos, serem adquiridos.

1.5c Mito 3 — Empreendedores são sempre inventores.

A ideia de que empreendedores são inventores é resultado de mal-entendidos e de uma percepção limitada sobre sua atuação. Embora muitos inventores também sejam empreendedores, muitos empreendedores englobam todos os tipos de atividades inovadoras.[11] Ray Kroc, por exemplo, não inventou a franquia de fast-food, mas suas ideias inovadoras transformaram o McDonald's na maior empresa de fast-food do mundo. A compreensão contemporânea de empreendedorismo abrange mais do que apenas a invenção, pois requer uma visão completa do comportamento inovador em todas as suas formas.

1.5d Mito 4 — Empreendedores são indivíduos acadêmica e socialmente estranhos.

A crença de que empreendedores são acadêmica e socialmente ineficazes vem do fato de alguns empreendedores que iniciaram empreendimentos de sucesso terem abandonado a escola ou um emprego. Em muitos casos, tal crença assume uma projeção desproporcional numa tentativa de "traçar um perfil" do empreendedor típico. É verdade que, historicamente, as organizações educacionais e sociais não reconheceram o empreendedor, considerando-o um estranho num mundo de gigantes corporativos. A educação comercial, por exemplo, visava principalmente o estudo da atividade executiva corporativa. Hoje, o empreendedor é considerado um herói — social, econômica e academicamente. Não mais como um estranho, o empreendedor é visto agora como um modelo profissional.

1.5e Mito 5 — Empreendedores têm um perfil muito específico.

Muitos livros e artigos têm apresentado listas com as características do empreendedor bem-sucedido, mas tais listas não foram validadas nem estão completas. Foram, isso sim, baseadas em estudos de caso e em resultados de investigação entre pessoas orientadas para alcançar um objetivo. Hoje, percebemos que um perfil empreendedor padrão é difícil de ser identificado. A interação entre o ambiente, o empreendimento e o empreendedor resultam em muitos tipos diferentes de perfis. No futuro, estudos realizados em universidades de todo o mundo fornecerão informações mais precisas sobre os vários perfis de empreendedores bem-sucedidos. Como veremos no Capítulo 2, uma "mentalidade empreendedora" nos indivíduos é mais compreensível e realista que um perfil particular.

1.5f Mito 6 — Tudo de que os empreendedores necessitam é dinheiro.

É verdade que uma empresa precisa de capital para sobreviver; também é verdade que um grande número de problemas com as empresas ocorre por falta de financiamento adequado. No entanto, o dinheiro não é o único responsável pelo fracasso. Muitas vezes, o insucesso pela falta de financiamento adequado é um indicador de outros problemas, como: incompetência gerencial, falta de compreensão financeira, investimentos pequenos, mau planejamento e causas similares. Muitos empreendedores bem-sucedidos superam a falta de dinheiro quando iniciam seus empreendimentos. Para os empreendedores, dinheiro é um recurso a mais, nunca um fim em si.

1.5g Mito 7 — Tudo de que os empreendedores necessitam é sorte.

Estar "no lugar certo na hora certa" sempre é uma vantagem, mas o dito "a sorte acontece quando o planejamento encontra a oportunidade" também é muito adequado. Empreendedores preparados, que aproveitam a oportunidade quando ela surge, muitas vezes parecem ter "sorte", quando, na verdade, eles simplesmente estão mais preparados para lidar com as situações e transformá-las em sucessos. Enfim, o que parece ser sorte é preparação, determinação, vontade, conhecimento e capacidade de inovação.

O PROCESSO EMPREENDEDOR

O mito do empreendedor

Michael E. Gerber escreveu um livro intitulado *The e-myth: why most businesses don't work and what to do about it*, no qual ele demonstra claramente as diferenças entre os tipos de pessoas envolvidas com as pequenas empresas contemporâneas:

- O *empreendedor* inventa um negócio que funciona com ou sem ele. Essa pessoa é um visionário que faz um negócio único, impregnando-o com um sentido especial e emocionante, com propósito e direção. A visão de longo prazo do empreendedor lhe permite antecipar as mudanças e necessidades do mercado e iniciar atividades para capitalizar sobre elas.
- O *gestor* produz resultados por meio de colaboradores, desenvolvendo e implementando sistemas eficazes, e, pela interação com os colaboradores, aumenta sua autoestima e sua capacidade de produzir bons resultados. O gestor pode atualizar a visão do empreendedor mediante planejamento, implementação e análise.
- O *técnico* executa tarefas específicas, de acordo com sistemas e padrões de gerenciamento desenvolvidos. Além disso, em uma boa empresa, ele não apenas executa o trabalho, mas também fornece o *input* para que os supervisores melhorem esses sistemas e normas.

Entender essas definições é importante, porque Gerber afirma que a maioria das pequenas empresas não funcionam — mas seus proprietários, sim. Em outras palavras, ele acredita que o pequeno empresário de hoje trabalha duro em um trabalho que ele criou para si mesmo, em vez de trabalhar para criar um novo negócio. Assim, a maioria das pequenas empresas falha porque o proprietário é mais um técnico que um empreendedor, e trabalhando apenas como um técnico, ele tem pouca recompensa para tanto esforço e eventualmente, de acordo com Gerber, o negócio acaba falindo.

O mito do empreendedor é que os empresários de hoje não são verdadeiros empreendedores que criam empresas, mas meramente técnicos que criaram um trabalho para si próprios. A solução para esse mito reside na vontade do proprietário em começar a pensar e agir como um verdadeiro empreendedor: a imaginar como o negócio funcionaria sem ele. Em outras palavras: o proprietário tem de começar a trabalhar sobre o negócio, além de trabalhar no negócio. Ele deve alavancar a capacidade da empresa por meio do desenvolvimento e da implementação de sistemas, e a chave para isso é desenvolver uma "perspectiva empreendedora".

Fonte: Adaptado de GERBER, M. E., *The E-Myth Revisited: Why Most Businesses Don't Work and What to Do About It*. (Nova York: Harper Collins, 1995, 2001) e entrevista pessoal.

1.5h Mito 8 — O empreendedorismo é desestruturado e caótico.

Há uma tendência em se considerar empreendedores como "metralhadoras giratórias", ou seja, pessoas que atiram para todos os lados. Alguns os consideram desorganizados e desestruturados, que largam as coisas para os outros colocarem sobre os trilhos. A realidade é que os empreendedores estão fortemente envolvidos em todas as facetas de seus empreendimentos, e geralmente, como malabaristas, eles equilibram vários pratos no ar ao mesmo tempo. Portanto, eles são indivíduos até que bem organizados. Tendem a desenvolver um sistema próprio, que pode até ser elaborado, mas nem sempre o é. Ou seja, eles se planejam para manter as coisas em ordem e focar nas prioridades. Esse sistema pode parecer estranho para o observador comum, mas funciona.

1.5i Mito 9 — A maioria das iniciativas empreendedoras vai à falência.

A declaração mítica comum é que 9 em cada 10 novos empreendimentos acabam falindo, mas os fatos não apoiam tal afirmação — as estatísticas de taxas de insucesso de empreendedores têm nos enganado ao longo dos anos. De fato, o pesquisador Bruce A. Kirchhoff relatou que a "alta taxa de falências" mais comumente aceita pode ser enganosa. Em 1993, Kirchhoff rastreou 814 mil empresas que começaram em 1977 e descobriu que mais de 50% delas ainda sobreviviam com seus proprietários originais ou novos proprietários. Além disso, 28% fecharam voluntariamente, e apenas 18% realmente "faliram", no sentido de deixar dívidas pendentes.[12] Estudos mais recentes têm apoiado o fato de que novos empreendimentos não terminam falidos em taxas tão alarmantes.[13]

Embora muitos empreendedores sofram uma série de revezes antes de serem bem-sucedidos, eles seguem a canção: se no início você não conseguir, "tente outra vez". Na verdade, os revezes podem ensinar muitas lições para quem estiver disposto a aprender, e, muitas vezes, leva a sucessos futuros, o que é claramente mostrado pelo **princípio do corredor**, segundo o qual novas e inesperadas oportunidades surgem frequentemente, a cada empreendimento lançado.

1.5j Mito 10 — Empreendedores correm riscos extremos.

Como veremos no Capítulo 2, o conceito de risco é um elemento importante no processo empreendedor. No entanto, a percepção do público sobre o risco que a maioria dos empreendedores assume é distorcida. Embora possa parecer que um empreendedor está "apostando" em uma oportunidade arriscada, ele, em geral, está trabalhando em um risco "moderado" ou "calculado". Os empreendedores de maior sucesso trabalham duro — com planejamento e preparação — para minimizar o risco envolvido e controlar melhor o destino da sua visão.

Estes dez mitos foram apresentados para dar uma visão sobre o pensamento empreendedor atual. Evitando-se o folclore, podemos construir uma base para investigar criticamente as teorias e os processos do empreendedorismo contemporâneo.

1.6 ABORDAGENS AO EMPREENDEDORISMO

Para compreender a natureza do empreendedorismo e reconhecer melhor a sua importância crescente é necessário considerar algumas teorias sobre o seu desenvolvimento. A pesquisa sobre o empreendedorismo tem crescido muito ao longo dos anos. Como o campo tem se desenvolvido, a metodologia de pesquisa progrediu a partir de pesquisas empíricas de empreendedores para pesquisas mais contextualizadas e orientadas pelo processo. O desenvolvimento da teoria é o que impulsiona um campo de estudo. A teoria do empreendedorismo desenvolveu-se nos últimos 40 anos, e é notório que o campo está crescendo, de modo que precisamos entender um pouco esse desenvolvimento para melhor apreciar essa disciplina. O estudo das teorias básicas sobre o empreendedorismo também ajuda a formar uma base sobre a qual um aluno é capaz de compreender o seu processo e a sua prática.

Uma **teoria sobre o empreendedorismo** é uma formulação verificável e logicamente coerente de relacionamentos ou princípios subjacentes, que explicam a prática, preveem a atividade empreendedora (por exemplo, por meio de caracterização das condições que são capazes de levar a novas oportunidades de lucro ou à formação de novas empresas) ou prestam orientação normativa (quer dizer, prescrevem a ação correta em circunstâncias particulares).[14] É cada vez mais evidente que devemos ter teorias mais coerentes, assim como melhores classificações para melhor entender o empreendedorismo neste novo milênio.

No estudo do empreendedorismo contemporâneo, um conceito é recorrente: a interdisciplinaridade. Sintetizamos, nas seções a seguir, várias abordagens que podem aumentar a nossa compreensão do campo.[15]

1.6a Correntes de pensamento sobre empreendedorismo

OA3 Definir e explorar as principais correntes de pensamento empreendedor.

Uma corrente de pensamento divide o empreendedorismo em atividades específicas, do ponto de vista macro ou micro, mas ambos abordam sua natureza conceitual. Nós dividimos ainda cada um desses dois grandes pontos de vista em seis diferentes correntes de pensamento, três das quais aplicadas ao micropanorama e três ao macropanorama (ver Figura 1.1). Apesar de essa apresentação não ter a

FIGURA 1.1 ABORDAGENS DAS CORRENTES DE PENSAMENTO EMPREENDEDOR.

Macropanorama
- Corrente de pensamento do ambiente
- Corrente de pensamento financeira ou do capital
- Corrente de pensamento do deslocamento

Micropanorama
- Corrente de pensamento do perfil empreendedor
- Corrente de pensamento da oportunidade empreendedora
- Corrente de pensamento da formulação estratégica

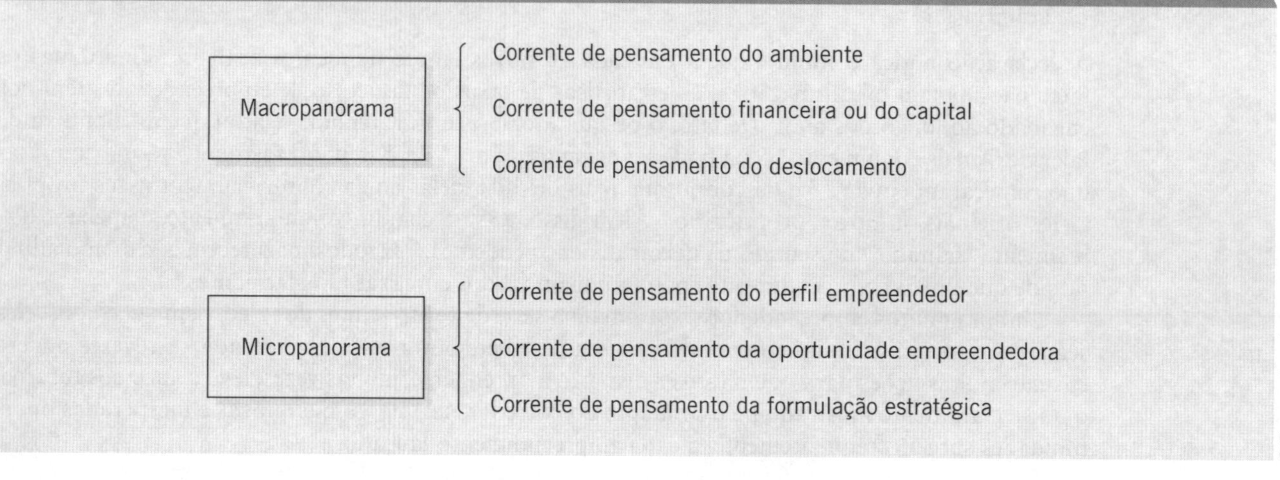

© Cengage Learning

pretensão de incluir todas as correntes, ela também não as limita a essas seis, para que um movimento possa se desenvolver para a unificação ou a expansão. Contudo, o que quer que o futuro nos reserve, é importante familiarizar-se com essas ideias conceituais sobre empreendedorismo, a fim de evitar a guerra semântica que tem atormentado o pensamento de gestão geral por muitos anos.[16]

MACROPANORAMA

O **macropanorama do empreendedorismo** apresenta uma ampla gama de fatores que se relacionam com o sucesso ou o fracasso de empreendimentos contemporâneos. Essa matriz inclui processos externos que, por vezes, estão fora do controle do empreendedor individual, porque exibem um forte ponto de vista **externo sobre o lócus de controle**.

Três correntes de pensamento empreendedor representam uma ruptura da visão macro: (1) a **corrente de pensamento do ambiente**, (2) a **corrente de pensamento financeira ou do capital** e (3) a **corrente de pensamento do deslocamento**. A primeira é a corrente mais ampla e generalizada.

Corrente de pensamento do ambiente

Essa corrente de pensamento lida com os fatores externos que afetam o estilo de vida de um potencial empreendedor, que podem ser forças positivas ou negativas na moldagem de seus desejos. O foco é nas instituições, nos valores e nos costumes que, quando agrupados, formam uma estrutura sociopolítica ambiental que influencia fortemente o desenvolvimento de empreendedores.[17] Por exemplo, se um gerente de nível médio experimenta a liberdade e aceita desenvolver ideias, iniciar contratos ou criar e instituir novos métodos, o ambiente de trabalho servirá para promover nele o desejo de buscar uma carreira empreendedora. Outro fator ambiental que muitas vezes afeta o desenvolvimento potencial de empreendedores é o grupo social. O ambiente com amigos e parentes pode influenciar o desejo de se tornar um empreendedor.

Corrente de pensamento financeira ou do capital

Essa corrente de pensamento baseia-se na busca de capital — o processo de busca de capital semente e para crescimento constitui todo o foco dessa ênfase empreendedora. Há uma literatura dedicada especificamente a esse processo, enquanto há fontes que tendem a tratá-lo apenas como um segmento do empreendimento empresarial.[18] Em qualquer caso, o processo de captação do capital de risco é vital para o desenvolvimento de um empreendedor. Guias de planejamento de negócios e textos para empreendedores enfatizam essa fase, assim como seminários de desenvolvimento que se concentram sobre o processo de aplicação de fundos, oferecidos continuamente no mundo todo. Essa corrente de pensamento vê todo empreendimento empresarial do ponto de vista da gestão financeira, e como é evidente a partir da Tabela 1.1, decisões que envolvem finanças ocorrem em cada ponto importante do processo empreendedor.

Corrente de pensamento do deslocamento

Essa corrente de pensamento incide sobre o lado negativo dos fenômenos de grupo, em que alguém se sente fora de lugar ou, literalmente, "deslocado" do grupo. Ela sustenta que o grupo impede uma pessoa de avançar ou elimina certos fatores críticos necessários para que ela avance. Como resultado, o indivíduo, frustrado, será projetado em uma busca empresarial fora de suas próprias motivações para ter sucesso. Como os pesquisadores têm observado, os indivíduos, quando são impedidos de realizar determinada atividade ou são desviados dela, combatem a adversidade e tendem a seguir caminhos mais arriscados.[19] Três tipos principais de deslocamento ilustram essa corrente de pensamento:

1. **Deslocamento político.** Causada por fatores que variam de um regime político que rejeita a economia de mercado e a livre-iniciativa a regulamentos governamentais e políticos que limitam ou redirecionam certas indústrias.

2. **Deslocamento cultural.** Lida com grupos sociais excluídos de campos profissionais; exemplos de fatores que figuram na experiência de minorias são origem étnica, religião, raça e sexo. Cada vez mais, essa experiência transforma vários indivíduos afastados de profissões de negócios padrão, levando-os em direção a projetos empresariais. Nos Estados Unidos, os negócios das minorias representaram 15% de todas as empresas fundadas durante os últimos 20 anos.[20]

3. **Deslocamento econômico.** Ocupa-se das variações econômicas de recessão e depressão. Perda de emprego, redução de capital ou simplesmente "tempos ruins" podem criar a base para atividades empreendedoras, assim como podem afetar o desenvolvimento ou a redução da atividade empreendedora.[21]

TABELA 1.1 ÊNFASE NA ANÁLISE FINANCEIRA

Estágio do empreendimento	Consideração financeira	Decisão
Start-up ou aquisição	Capital semente Fontes de capital de risco	Continuidade ou abandono
Em atividade	Gestão de caixa Investimentos Análise e avaliação financeira	Manutenção, aumento ou redução de tamanho
Declínio ou sucessão	Avaliação dos lucros Troca de sócios (*buyout*) Questão sucessória	Venda, aposentadoria ou dissolução de operações

Esses exemplos de deslocamento ilustram as forças externas capazes de influenciar no desenvolvimento do empreendedorismo. Consciência cultural, conhecimento político, política pública e doutrinação econômica são fatores que podem ajudar a melhorar a compreensão empreendedora com base na corrente de pensamento de desvio. Quanto mais ampla a base educacional em economia e ciência política, mais forte a compreensão empreendedora.

MICROPANORAMA

O **micropanorama do empreendedorismo** examina os fatores que são específicos ao empreendedorismo e, ao mesmo tempo, parte do lócus **interno de controle.** O potencial empreendedor tem capacidade ou controle para direcionar ou ajustar o resultado de cada grande variável nesse panorama. Apesar de alguns pesquisadores terem desenvolvido essa abordagem em várias definições e segmentos, a nossa apresenta uma teoria do *perfil empreendedor* (por vezes denominado "corrente de pensamento das pessoas"), a da *oportunidade empreendedora* e a da *formulação estratégica*. Ao contrário da abordagem macro, que se concentra em eventos exteriores, que oferecem uma perspectiva de fora para dentro, a abordagem micro concentra-se em especificidades interiores em perspectiva para o exterior. A primeira dessas correntes de pensamento é a mais amplamente reconhecida.

Corrente de pensamento do perfil empreendedor   Muitos pesquisadores e escritores têm se interessado em identificar traços comuns em empreendedores de sucesso.[22] Essa abordagem da **corrente de pensamento do perfil empreendedor** é fundamentada no estudo de pessoas bem-sucedidas que tendem a apresentar características semelhantes, as quais, se imitadas, aumentariam as oportunidades de sucesso para os seguidores. Por exemplo, realização, criatividade, determinação e conhecimento técnico são quatro fatores que *geralmente* são exibidos por empreendedores bem-sucedidos. O desenvolvimento familiar e a incubação no ensino também são estudados. Alguns pesquisadores são contra o desenvolvimento educacional dos empreendedores, pois acreditam que ele inibe a natureza criativa e desafiadora do empreendedorismo.[23] Outros autores, no entanto, afirmam que novos programas e empreendimentos educacionais estão aumentando porque se considera que ajudam no desenvolvimento empresarial.[24] A ideia de desenvolvimento da família centra-se no carinho e apoio existentes no ambiente doméstico de uma família empreendedora. Esse raciocínio promove a crença de que certos traços de personalidade criados e apoiados no início da vida levarão, eventualmente, ao sucesso empreendedor. (No Capítulo 2, discutiremos dois conceitos que estão começando a surgir na pesquisa sobre empreendedores: o de cognição empresarial e o de metacognição.)

Corrente de pensamento da oportunidade empreendedora   Essa corrente foca no aspecto do desenvolvimento ou do reconhecimento das oportunidades empreendedoras. A **corrente de pensamento da oportunidade empreendedora** busca por fontes de ideias; o desenvolvimento de conceitos e a implementação de oportunidades empreendedoras são suas áreas de interesse mais importantes. Criatividade e conhecimento do mercado são tidos como essenciais; além disso, de acordo com essa corrente de pensamento, o desenvolvimento da ideia certa no momento certo para o nicho de mercado correto é a chave para o sucesso empreendedor.[25]

Outro desenvolvimento dessa corrente de pensamento é o *princípio do corredor*, anteriormente descrito: novos caminhos e novas oportunidades que surgirem levarão os empreendedores a diferentes direções. A capacidade de reconhecer essas novas oportunidades quando elas surgem, assim como de implementar as medidas necessárias para aproveitá-las são os fatores-chave. Esse princípio fundamenta-se na máxima de que o planejamento que encontra a oportunidade é igual a "sorte". Os defensores dessa corrente de pensamento acreditam que a preparação adequada nos segmentos de negócios reforçará a capacidade de um empreendedor em reconhecer oportunidades empreendedoras.

Corrente de pensamento da formulação estratégica George Steiner disse certa vez que "o planejamento estratégico está inextricavelmente entrelaçado com toda a estrutura de gestão; não é algo separado e distinto do processo de gestão".[26] A abordagem da **corrente de pensamento da formulação estratégica** enfatiza o processo de planejamento no desenvolvimento de um empreendimento de sucesso.[27]

Uma maneira de visualizar a formulação estratégica é como uma alavanca de elementos únicos.[28] Mercados e pessoas exclusivas, produtos originais ou recursos únicos são identificados, utilizados ou construídos nas formações de empreendimentos eficazes. Os aspectos interdisciplinares de adaptação estratégica são aparentes nos seguintes elementos (e suas estratégias correspondentes):

- **Mercados únicos. Estratégias de mercado** *versus* **estratégias de intersecção entre mercados**: se referem à identificação de importantes segmentos de mercado, bem como de intersecções entre mercados que surgem dentro de mercados maiores.
- **Pessoas únicas. Estratégias dos grandes líderes**: relacionada às habilidades ou talentos especiais de um ou mais indivíduos em torno do(s) qual(is) a empresa é construída.
- **Produtos únicos. Estratégias dos melhores produtos**: se referem a inovações que abrangem mercados novos ou já existentes.
- **Recursos únicos. Estratégias do poço d'água**: se referem à capacidade de reunir e explorar recursos especiais (terra, trabalho, capital, matérias-primas) a longo prazo.

Sem dúvida, a corrente de formulação estratégica abrange uma amplitude de capacidade gerencial que requer abordagem interdisciplinar.[29]

CORRENTES DE PENSAMENTO EMPREENDEDOR: UM RESUMO

Embora o conhecimento e a pesquisa disponíveis sobre empreendedorismo estejam em fase emergente, é possível reunir e descrever as correntes atuais de pensamento nesse campo. Podemos começar a desenvolver uma compreensão sobre as correntes e vê-las como o fundamento da teoria empreendedora. Contudo, assim como a gestão usou uma "quantidade" de teorias como base para a compreensão do seu campo e de suas capacidades, o empreendedorismo também deve usar um número de teorias em seu crescimento e desenvolvimento.

1.6b Abordagens ao empreendedorismo como um processo

[OA4] Explicar o processo e as abordagens ao estudo do empreendedorismo.

Outra maneira de examinar as atividades envolvidas no empreendedorismo é por meio de uma *abordagem de processo*. Embora vários métodos e modelos tentem estruturar o processo empreendedor e seus diversos fatores, examinaremos as duas abordagens mais tradicionais.[30]

Primeiro, discutiremos a *abordagem integrativa*, tal como descrito por Michael H. Morris, Pamela S. Lewis e Donald L. Sexton,[31] em um modelo que incorpora conceitos teóricos e práticos que afetam a atividade empreendedora. Depois, exploraremos a *abordagem dos estados dinâmicos* com base em uma perspectiva de sistemas complexos desenvolvida pelos pesquisadores Jonathan Levie e Benyamin B. Lichtenstein. Ambos os métodos tentam descrever o processo empreendedor como uma consolidação de diversos fatores, processo este que é a essência deste livro.

ABORDAGEM INTEGRATIVA

Uma visão mais integrativa do processo empreendedor é apresentada por Morris, Lewis e Sexton.[32] Exibido na Figura 1.2, esse modelo é construído em torno dos conceitos do processo empreendedor e dos resultados desse processo. O componente de *input* da Figura 1.2 centra-se no próprio processo empreendedor e identifica cinco elementos principais que contribuem para este processo. O primeiro elemento são as oportunidades ambientais, como mudança demográfica, desenvolvimento de uma nova tecnologia ou alteração da regulamentação em vigor. Em seguida, temos o empreendedor como indivíduo, ou seja, a pessoa que assume a responsabilidade pessoal de conceber e implementar um novo empreendimento. O empreendedor desenvolve algum conceito de negócio para capitalizar sobre essa oportunidade (por exemplo, uma abordagem criativa para resolver uma necessidade de um cliente em particular). Em geral, a implementação desse conceito de negócio requer um contexto organizacional, que pode variar de um MEI (microempreendedor individual) ou uma EPP (empresa de pequeno porte) sediada fora da residência do empreendedor, uma franquia de alguma cadeia nacional ou até uma unidade de negócios autônoma dentro de uma grande corporação. Por fim, necessita-se continuamente de uma grande variedade de recursos financeiros e não financeiros. Esses elementos-chave são então combinados em todos os estágios do processo empreendedor, ou, dito de outra forma, o processo fornece uma estrutura lógica para organizar *inputs* empreendedores.

O componente de resultado da Figura 1.2 inclui, primeiramente, o nível de empreendedorismo que está sendo alcançado. Como discutiremos mais detalhadamente no próximo capítulo, o empreendedorismo é uma variável, de modo que o processo pode resultar em um número amplo de eventos empreendedores. Com base nesse nível de "intensidade empreendedora", os resultados finais poderão incluir um ou mais empreendimentos em curso, criação de valor, novos produtos e processos, novas tecnologias, lucros, empregos e crescimento econômico. Além disso, o resultado pode perfeitamente ser o fracasso, e, assim, incluir os custos econômicos, psicológicos e sociais correspondentes.

Esse modelo não apenas proporciona um quadro bastante abrangente sobre a natureza do empreendedorismo, como também pode ser aplicado em diferentes níveis. Por exemplo, o modelo descreve o fenômeno do empreendedorismo tanto na startup independente e dentro de um departamento ou divisão, quanto em uma unidade estratégica de negócios de uma grande empresa.

ABORDAGEM DOS ESTADOS DINÂMICOS

Os pesquisadores Jonathan Levie e Benyamin B. Lichtenstein desenvolveram o **modelo dos estados dinâmicos** que retrata empreendimentos cuja sobrevivência depende de seu ambiente. Um estado dinâmico é uma rede de relacionamentos e sistemas que converte a tensão da oportunidade em valor para os empreendimentos dos clientes, gerando novas fontes que mantêm o estado dinâmico. Esse modelo é uma visão mais orientada do processo, que incorpora uma série de elementos individuais, organizacionais e ambientais. A estratégia para a criação de valor escolhida pela empresa é aceita pelo seu modelo de negócio, o qual deriva da lógica dominante emergente da empresa. Os elementos do modelo de estados dinâmicos são representados na Figura 1.3. O modelo de estados dinâmico

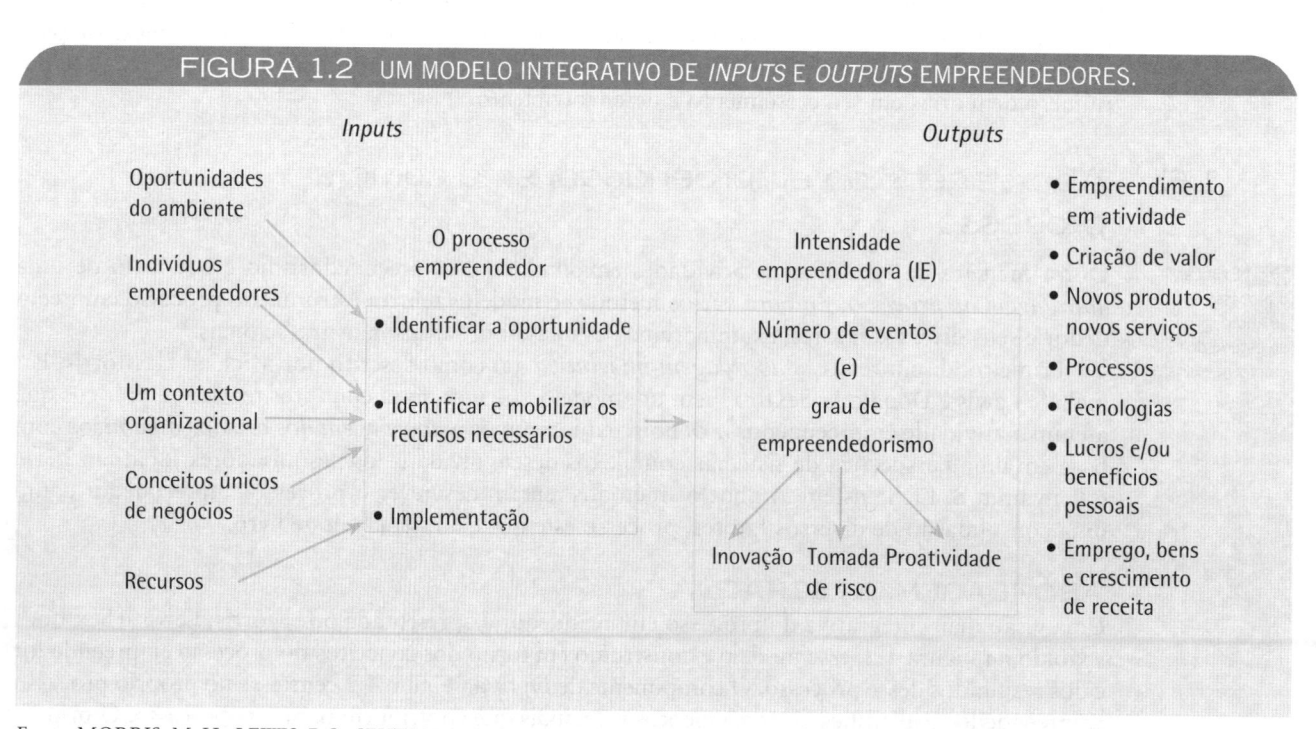

FIGURA 1.2 UM MODELO INTEGRATIVO DE *INPUTS* E *OUTPUTS* EMPREENDEDORES.

Inputs
- Oportunidades do ambiente
- Indivíduos empreendedores
- Um contexto organizacional
- Conceitos únicos de negócios
- Recursos

O processo empreendedor
- Identificar a oportunidade
- Identificar e mobilizar os recursos necessários
- Implementação

Intensidade empreendedora (IE)
Número de eventos (e) grau de empreendedorismo

Inovação Tomada de risco Proatividade

Outputs
- Empreendimento em atividade
- Criação de valor
- Novos produtos, novos serviços
- Processos
- Tecnologias
- Lucros e/ou benefícios pessoais
- Emprego, bens e crescimento de receita

Fonte: MORRIS, M. H., LEWIS, P. S.; SEXTON, D. L. "Reconceptualizing Entrepreneurship: An Input-Output Perspective", Advanced Management Journal 59, n. 1, Inverno 1994, p. 21-31.

FIGURA 1.3 ABORDAGEM DOS ESTADOS DINÂMICOS.

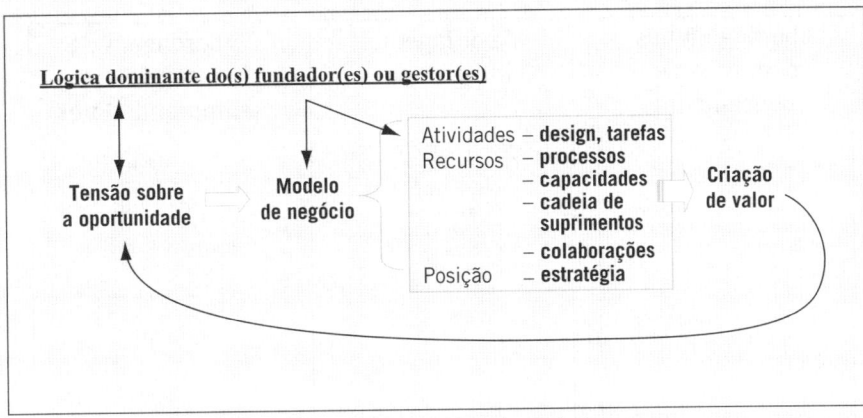

Fonte: LEVIE, J.; LICHTENSTEIN, B. B. (2010). "A Terminal Assessment of Stages Theory: Introducing a Dynamic States Approach to Entrepreneurship", *Entrepreneurship Theory and Practice*, 34, n. 2, 2010, p. 332. Reprodução com permissão de John Wiley & Sons Ltd.

é mais otimista para empreendedores, sugerindo que empresas menores e mais novas têm maior flexibilidade para fazer mudanças. Assim, pode ser mais fácil para novos empreendimentos criar um alto grau de interdependência entre si e seu ambiente, permitindo que empreendedores se organizem para demandas atuais e futuras de seu mercado.[33]

ENQUADRAMENTO DAS ABORDAGENS

Os pesquisadores Donald F. Kuratko, Michael H. Morris e Minet Schindehutte alegam que as teorias ou enquadramentos baseados em combinações de abordagens oferecem uma visão mais dinâmica do fenômeno do empreendedorismo. Muito parecido com a abordagem de "lentes múltiplas", que caracteriza a gestão de modo geral, as teorias baseadas em combinações de abordagens podem mergulhar em alguns aspectos particulares do empreendedorismo com maior grau de detalhamento.[34] Como um pesquisador observou em relação à tomada de decisão empreendedora, "existem inúmeras oportunidades de pesquisa de vários níveis para se fazer uma contribuição substancial para o campo do empreendedorismo (p. 419)".[35]

As correntes de pensamento e as abordagens de processos existentes no campo do empreendedorismo baseiam-se em um fenômeno que incorpora tantas dimensões diferentes e heterogêneas, que somente uma abordagem acadêmica abrangente pode oferecer a pesquisadores a capacidade de explorar e expandir a base do conhecimento deste assunto. Um arcabouço robusto de pesquisas tem se desenvolvido, suportando abordagens específicas através das correntes de pensamento ou dos modelos de processo, mas a integração de aspectos anteriormente díspares do empreendedorismo pode ser particularmente valiosa para fazer avançar esse campo. Como tal, um maior conhecimento pode ser adquirido a partir da extrapolação dos conhecimentos particulares de cada uma das abordagens apresentadas nesse enquadramento. Assim, um "enquadramento das abordagens" que permita à profissão seguir adiante, identificando os elementos estáticos e dinâmicos de novas teorias, tipologias ou abordagens, poderia ser um enquadramento importante e distinto para aumentar a base de conhecimento do campo. A Figura 1.4 mostra um enquadramento das abordagens ao empreendedorismo, assim como a relação das principais vertentes de abordagens ao empreendedorismo atualmente empregadas.

1.7 A REVOLUÇÃO EMPREENDEDORA: UM FENÔMENO GLOBAL

OA6 Examinar a revolução empreendedora que acontece hoje em dia.

Empreendedorismo é símbolo de tenacidade e realização nos negócios. Os empreendedores são os pioneiros de sucesso nos negócios de hoje, e seu senso de oportunidade, bem como seu impulso para inovar e sua capacidade de realização têm se tornado o padrão que, agora, mede a livre-iniciativa. Esse padrão tem acontecido em todo o mundo.

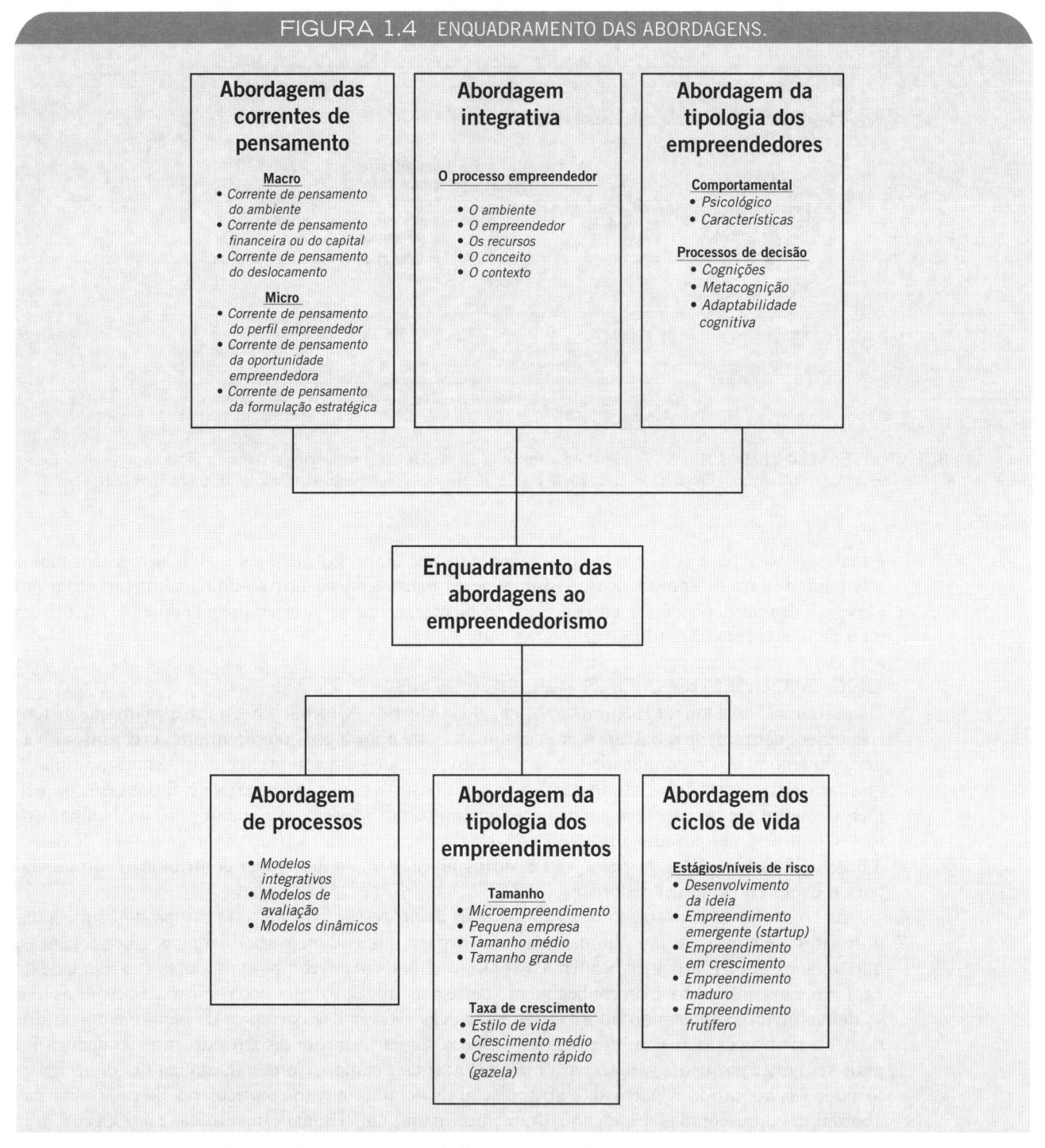

FIGURA 1.4 ENQUADRAMENTO DAS ABORDAGENS.

Abordagem das correntes de pensamento

Macro
- Corrente de pensamento do ambiente
- Corrente de pensamento financeira ou do capital
- Corrente de pensamento do deslocamento

Micro
- Corrente de pensamento do perfil empreendedor
- Corrente de pensamento da oportunidade empreendedora
- Corrente de pensamento da formulação estratégica

Abordagem integrativa

O processo empreendedor
- O ambiente
- O empreendedor
- Os recursos
- O conceito
- O contexto

Abordagem da tipologia dos empreendedores

Comportamental
- Psicológico
- Características

Processos de decisão
- Cognições
- Metacognição
- Adaptabilidade cognitiva

Enquadramento das abordagens ao empreendedorismo

Abordagem de processos
- Modelos integrativos
- Modelos de avaliação
- Modelos dinâmicos

Abordagem da tipologia dos empreendimentos

Tamanho
- Microempreendimento
- Pequena empresa
- Tamanho médio
- Tamanho grande

Taxa de crescimento
- Estilo de vida
- Crescimento médio
- Crescimento rápido (gazela)

Abordagem dos ciclos de vida

Estágios/níveis de risco
- Desenvolvimento da ideia
- Empreendimento emergente (startup)
- Empreendimento em crescimento
- Empreendimento maduro
- Empreendimento frutífero

Fonte: KURATKO, D. F.; MORRIS, M. H.; SCHINDEHUTTE, M. "Understanding the Dynamics of Entrepreneurship through Framework Approaches", *Small Business Economics*, 45, n. 1, 2015, p. 9. Berlin, Germany; Springer Publishing.

Por exemplo, começando com apenas dez países desenvolvidos em 1999, o Global Entrepreneurship Monitor (GEM) incluiu mais de 70 economias e 100 países em 2014. Em 2013, pessoas foram pesquisadas em 70 economias, o que representa mais de 75% da população mundial e de 90% do PIB mundial.

Os dados do GEM mostraram que 250 milhões de pessoas estavam envolvidas na fase inicial de atividade empreendedora. Além desses indivíduos, cerca de 63 milhões de pessoas contratariam pelo menos cinco funcionários nos próximos cinco anos, e 27 milhões desses indivíduos anteciparam a contratação de 20 ou mais funcionários em cinco anos. A última análise do GEM mostra que as expectativas e desejos de crescimento dos empresários em início de carreira representam uma dimensão-chave do impacto do potencial empreendedor na sociedade e podem estar ligados diretamente aos principais objetivos políticos em todo o mundo: a criação de mais empregos. Tudo isso ilustra a contribuição do empreendedorismo e do espírito empreendedor para o crescimento do emprego em todo o mundo.[36]

O GEM dividiu as economias do mundo em três grupos: conduzidas por fatores básicos, conduzidas por eficiência e conduzidas por inovação. Esses grupos baseiam-se no *Relatório de competitividade global* do WEF — Fórum Econômico Mundial, (do inglês World Economic Forum), que identifica três fases de desenvolvimento econômico com base no PIB *per capita* e na participação em exportações que compreendem bens primários. De acordo com a classificação do WEF, a fase conduzida por fatores básicos é dominada por negócios relacionados a agricultura e extração de subsistência, com forte dependência do trabalho e dos recursos naturais. Já na fase conduzida por eficiência, o maior desenvolvimento é acompanhado pela industrialização e por uma maior dependência de economias de escala, com o domínio de grandes organizações que requerem grandes aportes de capital. E à medida que o desenvolvimento avança na fase conduzida por inovação, as empresas passam a ser mais intensivas no conhecimento, e o setor de serviços expande-se.

As lições extraídas dos estudos do GEM também incluíram:

- O empreendedorismo não impacta uma economia apenas pelo maior número de empreendedores. É importante considerar medidas de qualidade, como o crescimento, a inovação e a internacionalização.
- O empreendedorismo precisa tanto de dinâmica quanto de estabilidade. O dinamismo ocorre pela criação de novas empresas e pela saída de outras não viáveis. A estabilidade proporciona novos negócios, com melhores chances de testar e atingir seu potencial.
- O empreendedorismo, em uma sociedade, deveria ter uma variedade de fases de negócios e tipos, lideradas por diferentes perfis de empreendedores, incluindo mulheres e grupos de idade sub-representados.
- As iniciativas voltadas para a melhoria do empreendedorismo devem considerar o nível de desenvolvimento da economia. Com um forte conjunto de requisitos básicos no lugar, os esforços podem voltar-se para o reforço do que e de quem potencializa eficiência, e então construir as condições de estruturação do empreendedorismo.
- Uma mentalidade empreendedora não é apenas para os empreendedores. Ela deve incluir uma variedade de partes interessadas que estão dispostas a apoiar e cooperar com esses esforços dinâmicos. Além disso, não empreendedores com espírito empreendedor podem estimular indiretamente outros a iniciar seus negócios. Isso indica o valor de aceitação social mais amplo do empreendedorismo.[37]

É evidente que temos experimentado uma **Revolução Empreendedora** ao redor do mundo. Para o século 21, essa revolução continuará a ser tão importante quanto foi, para o século 20, a Revolução Industrial, se não mais.

Os empreendedores continuarão a contribuir criticamente para o crescimento econômico por meio da eficácia de sua liderança, gestão, inovação, investigação e desenvolvimento, bem como da criação de emprego, da competitividade, da produtividade e da formação de uma nova indústria.

Para compreender a natureza do empreendedorismo, é importante levar em consideração duas perspectivas sobre o ambiente no qual operam as empresas empreendedoras. A primeira perspectiva é a estatística, que fornece números reais para enfatizar a importância das pequenas empresas nas economias dos países. E a segunda examina algumas tendências na pesquisa e na educação empreendedora a fim de refletir a importância do empreendedorismo no desenvolvimento acadêmico.

1.7a Impacto das iniciativas empreendedoras nos Estados Unidos

Os últimos 20 anos testemunharam o poderoso crescimento da atividade empreendedora nos Estados Unidos. Muitas estatísticas ilustram isso. Por exemplo, a Secretaria de Administração de Pequenas Empresas dos Estados Unidos relatou que, durante os últimos dez anos, novos negócios surgiram ao número de 400 mil *por ano*. Embora muitas dessas empresas possam continuar sendo empresas pequenas de um único dono, a tendência ainda demonstra a popularidade das atividades empreendedoras, seja por meio de startups, expansões ou desenvolvimento. Na segunda década desse milênio, mais especificamente, temos assistido ao número de empresas nos Estados Unidos subir para mais de 28 milhões, e esse número continua a crescer a uma taxa de 2% ao ano. Examinemos alguns números históricos que sustentam esse fenômeno.

No Brasil

Assim como nos Estados Unidos, no Brasil o fenômeno do empreendedorismo também tem se desenvolvido com força, posicionando o país entre os principais mercados para o empreendedorismo no mundo.

Os Estados Unidos apresentam, de maneira consistente, uma das maiores taxas de empreendedorismo do mundo desenvolvido. O empreendedorismo oferece opções de trabalho para aqueles que enxergam oportunidades e que precisam de uma *fonte* de renda. Essas pessoas – os empreendedores – afetam a economia dos Estados Unidos como empregadores atuais e futuros, e seu papel é fundamental, seja na qualidade de fornecedores, clientes e prestadores de serviços para outras empresas, seja criando valor e emprego, além das suas organizações específicas. De acordo com o relatório GEM 2014 sobre os Estados Unidos, estima-se que, naquele ano, 25 milhões de norte-americanos estavam começando ou gerindo novos empreendimentos e que 7,7 milhões consideravam empregar seis ou mais pessoas nos próximos cinco anos. Além desses empreendedores, estima-se que 14 milhões de norte-americanos já administravam empreendimentos, com 3,2 milhões planejando empregar seis ou mais pessoas nos próximos anos. Da população ativa dos Estados Unidos, 13% estava iniciando ou gerindo um novo negócio — a taxa de empreendedorismo mais elevada relatada entre as 25 economias desenvolvidas que participaram do Estudo Global do GEM da América do Norte, da Europa e da Ásia. Nos Estados Unidos, a maioria dos empreendedores inicia seus negócios para explorar uma oportunidade; contudo, a quantidade de quem empreende por necessidade permanece persistentemente mais alta do que antes da recessão. Em 25 economias desenvolvidas estudadas, os Estados Unidos possuem a taxa mais alta de empreendedorismo entre pessoas de 55 a 64 anos de idade, pois eles são mais confiantes em suas habilidades para iniciar negócios do que aqueles entre 18 e 44 anos de idade.[38]

De acordo com o *Kauffman Index of Entrepreneurial Activity, 1996-2010*,[39] um indicador de liderança de nova criação comercial nos Estados Unidos, 0,34% de norte-americanos adultos criaram uma empresa por mês em 2010, ou seja, 565 mil novas empresas, o que representa o nível mais alto de empreendedorismo nos últimos 15 anos. Com o período de recuperação econômica de 2011 a 2014, os níveis de criação de novos empreendimentos cresceram 0,28%, o que significou melhores condições de emprego.

A Secretaria de Administração de Pequenas Empresas dos Estados Unidos relata que as pequenas empresas alcançaram um recorde de 28,2 milhões em 2014. Destas, aproximadamente 6 milhões estavam contratando outras empresas e somavam 49,6% dos empregos do setor privado dos Estados Unidos. As pequenas empresas representavam 99,7% das empresas empregadoras dos Estados Unidos. Além disso, o número de empresas de mulheres e de outras minorias aumentou — as empresas pertencentes a minorias somaram 5,8 milhões, representando um aumento de 45,6% nos últimos cinco anos, e as pertencentes a mulheres totalizaram 7,8 milhões, um aumento de 20,1% nos últimos cinco anos.[40]

Examinando o fator idade, 15% dos proprietários que trabalhavam em seu próprio negócio tinha menos de 35 anos; além disso, hoje em dia, há mais probabilidade de norte-americanos serem seus próprios chefes. O percentual da população que se autoemprega, dos que estavam entre os 55 e 64 anos de idade, por exemplo, cresceu de 16,4% em 2000 para 22,2% na segunda metade da década. Essa tendência talvez seja um indicador de que mais *baby boomers* têm procurado o "estilo de vida empreendedor", ou uma segunda carreira tardia na vida.[41]

Os empreendedores continuarão a ser a resposta a qualquer problema econômico e continuarão a liderar o crescimento econômico de várias formas. Eles entram e expandem seus mercados, dessa forma aumentando a competição e a eficiência da economia, e também criam novos mercados totalmente diferentes, oferecendo produtos inovadores. Esses novos mercados apresentam oportunidades de lucro a outros, além de espalhar crescimento econômico. Além disso, um total de 14% de empreendedores que começaram uma empresa afirmam que seu produto não tinha um competidor, em uma indicação clara de que novos mercados são criados pelos empreendedores.

Algumas das razões citadas para a atividade empreendedora excepcional nos Estados Unidos incluem:

- Os Estados Unidos são uma cultura que apoia a tomada de riscos e a procura de oportunidades.
- Os norte-americanos são relativamente atentos a oportunidades econômicas não exploradas e têm pouco medo de falhar.
- Os Estados Unidos são líderes em educação empreendedora, tanto nos níveis de graduação quanto de pós-graduação.

- Os Estados Unidos são o lar de um grande percentual de indivíduos com escolaridade profissional, tecnológica ou comercial, um grupo de mais alta atividade empreendedora.

Além de tudo, estudos continuam a demonstrar que a habilidade dos empreendedores para expandir mercados existentes e criar novos mercados torna o empreendedorismo importante para indivíduos, empresas e nações.[42]

1.7b O impacto das gazelas

OA7 Ilustrar o ambiente empreendedor de hoje.

Empresas novas e pequenas criam a maioria dos empregos nos Estados Unidos, e ao redor do todo mundo. Os fatos falam por si: a grande maioria dessas empresas criadoras de empregos são aquelas de crescimento rápido. David Birch, da Cognetics, Inc., denominou essas empresas **gazelas**.[43] Uma **gazela**, segundo ele, é um estabelecimento comercial com pelo menos 20% de crescimento de vendas a cada ano, durante cinco anos, começando com uma base de, pelo menos, 100 mil dólares.

O "fator gazela" pode ser a descoberta mais importante no crescimento econômico. Considere que, apesar da redução continuada de grandes corporações durante a última década, as gazelas produziram 5 milhões de empregos e trouxeram crescimento líquido do emprego de 4,2 milhões de postos de trabalho nos Estados Unidos. Mais recentemente, as gazelas, que atualmente somam cerca de 358 mil empresas ou 4% de todas as empresas atuais, geraram praticamente tantos postos de trabalho (10,7 milhões) quanto toda a economia dos Estados Unidos (11,1 milhões) durante o mesmo período.

Estudos globais recentes estão demonstrando resultados consistentes sobre as gazelas. Por exemplo, o WEF analisou a lista da revista *Inc. das* "500 empresas privadas de crescimento mais rápido nos Estados Unidos" de 2000 a 2009 e os rankings *Fast Track 100* e *Tech Track 100* das empresas privadas britânicas utilizando receitas, índices de crescimentos das receitas e ano da incorporação. O WEF também examinou os rankings Deloitte Technology em *Fast Company* de 13 países: Estados Unidos, Canadá, Reino Unido, Alemanha, França, Suécia, Noruega, Israel, China, Índia, Japão, Austrália e Nova Zelândia.

Na amostra de *Inc. 500* das empresas norte-americanas, 1% representa 20,5% do crescimento da receita (escala aproximada de 1/20) e 10% responde por 56% do crescimento de 500 empresas. O modelo no Reino Unido no *Fast Track 100* foi semelhante, com 1% responsável por 20,8% e 10% representando 55,2%. A *pequena elite* no modelo tecnológico do Reino Unido, *Tech Track*, é ainda mais perceptível, com 1% representando 31,4% do crescimento e 10% dando 60,3%.[44]

Em outro estudo feito nos Estados Unidos, intitulado *High-Growth Firms and the Future of the American Economy*, verificou-se que, em determinado ano, 1% das empresas de alto desempenho representavam cerca de 40% dos empregos. Dentro dessa categoria, "*gazelas*" de crescimento rápido (três a cinco anos de idade) são menos de 1% de todas as empresas, mas representam cerca de 10% dos novos empregos líquidos em um determinado ano. A empresa "média" no topo dos 1% gera espantosos 88 novos empregos líquidos por ano, em comparação com os dois a três novos empregos líquidos gerados pela empresa média na economia como um todo.[45] No geral, o desempenho extraordinário e a contribuição das gazelas merece mais reconhecimento como um fator poderoso na economia.[46] (Consulte a Tabela 1.2 para mitos associados a gazelas.)

GAZELAS E INOVAÇÃO

As gazelas são líderes em inovação nos Estados Unidos, como se vê a seguir:

- Empresas mais novas e menores têm sido responsáveis por 55% das inovações em 362 indústrias diferentes e por 95% de todas as inovações radicais.
- As gazelas produzem o dobro de produtos inovadores por trabalhador em relação a empresas maiores.
- As empresas novas e menores obtêm mais patentes por dólar de vendas do que as empresas maiores.

GAZELAS E CRESCIMENTO

Observe como estes dados de crescimento mostram o "Fator Gazela" na economia norte-americana:

- Durante os últimos dez anos, as startups chegaram a quase 400 mil por ano, de acordo com a Secretaria de Administração de Pequenas Empresas dos Estados Unidos.

- De aproximadamente 28 milhões de empresas nos Estados Unidos (com base em declarações do Imposto de Renda), apenas 17 mil são qualificadas como "grandes" empresas.
- A taxa de crescimento composto do número de empresas ao longo de um período de 12 anos é de 3,9%.
- A cada ano, cerca de 14% das empresas com funcionários utilizam o seguro-desemprego, enquanto aproximadamente 16% de empresas novas e sucessoras — empresas com mudanças de gestão — aparecem nesse quadro. Isso representa o desaparecimento ou a reorganização da metade de todas as empresas relacionadas a cada cinco anos!
- Em 2020, os demógrafos estimam que existirão 35 milhões de empresas nos Estados Unidos, um aumento significante sobre os 28 milhões de empresas existentes em 2014.

GAZELAS E SOBREVIVÊNCIA

Quantas gazelas sobrevivem? A resposta simples é "nenhuma"; mais cedo ou mais tarde, todas definham e morrem. A questão mais relevante, então, é: durante qualquer intervalo de tempo determinado, quantas empresas morrem e em que grau isso ocorre em razão da idade?

O mito comum de que 85% de todas as empresas entram em falência no primeiro ano (ou nos dois primeiros anos, de acordo com algumas versões) obviamente não é verdade. As origens desse mito foram traçadas por David Birch, de início pelo Massachusetts Institute of Technology (MIT), e depois por sua própria empresa, a Cognetics, Inc., para a obtenção de informações precisas na pesquisa a respeito do mito de falência de 85% de todas as empresas. Essa descoberta pode ter sido ampliada para se tornar "85% de todas as startups entram em falência no primeiro ano".

Seja qual for a origem desse mito, a afirmação mais precisa é que aproximadamente metade de todas as startups duram entre cinco e sete anos, dependendo das condições econômicas após o início das atividades.

1.7c Legado das empresas empreendedoras

Patrocinar e promover a atividade empreendedora tem sido, e continuará sendo, uma solução econômica para recessões, crises e desafios. É a força econômica mais poderosa já descoberta em nosso planeta, e seu sucesso tem, pelo menos, três componentes empreendedores.

TABELA 1.2 OS MITOS ASSOCIADOS ÀS GAZELAS

Gazelas são o objetivo de todos os empreendedores. A criação de uma gazela pode ser gratificante, não só financeiramente, mas profissionalmente; no entanto, nem todos os empreendedores se encaixam no ambiente de alto estresse exigido pela administração de uma gazela. Quanto mais bem-sucedida uma empresa fica, mais a sociedade observa e analisa os atos de seus gestores. Como o mundo está assistindo, manter o crescimento de uma gazela requer não apenas tenacidade, mas serenidade sob pressão extrema.

Gazelas recebem capital de risco. Apesar de as empresas de capital de risco (VC — *venture capital*) preferirem investir em gazelas, muitas delas nunca receberam financiamento VC. Com as gazelas chegando perto de 400 mil, menos de 2% dessas empresas receberam financiamento, mesmo em tempos de boom.

Gazelas nunca foram camundongos. Por definição, gazelas são empresas criadas com a intenção de grande crescimento e criação de riqueza, enquanto empresas camundongos são empresas criadas com o simples objetivo de gerar renda, sem nenhuma intenção de crescimento. As empresas podem ser gazelas desde seu nascimento; no entanto, muitas se tornam gazelas mais tarde. Cerca de 20% de gazelas têm estado em operação nos últimos 20 anos.

Gazelas são *high tech*. Para ser classificada como gazela, uma empresa deve ter aumentado suas vendas em 20% em cinco anos, começando pelo menos em 100 mil dólares, o que pode incluir empresas de qualquer setor. Esse mito, provavelmente, decorre das elevadas margens desfrutadas pela maioria das empresas baseadas em tecnologia; no entanto, as gazelas são comumente encontradas em setores de baixa tecnologia. Dois exemplos são a Best Buy e a Starbucks.

Gazelas são empresas globais. O escopo de um negócio não tem nenhum papel na sua classificação como gazela; então, mesmo que algumas gazelas estejam operando em escala global, isso não é uma característica necessária. Tomar a decisão de expandir no exterior prematuramente pode apenas conduzir um negócio mais rapidamente para a morte, ao passo que, se feito na hora certa, isso poderá levá-lo ao sucesso. Além dos riscos, o comércio internacional é responsável por mais de 800 bilhões de dólares por ano em atividade econômica, mas sem um planejamento cuidadoso, tornar-se global pode tirar a empresa do negócio.

© Cengage Learning

Em primeiro lugar, as grandes empresas maduras existentes que se adaptaram e reduziram de tamanho, reestruturaram-se e reinventaram-se no início da década de 2000, agora estão prosperando, tendo aprendido a se tornar mais empreendedoras. Como as grandes empresas tornaram-se mais racionalizadas, suas vendas e lucros aumentaram acentuadamente. Por exemplo, a General Electric, que diminuiu 40% de sua força de trabalho nessa mesma época, viu suas vendas aumentarem quatro vezes, indo de menos de 20 bilhões de dólares para quase 80 bilhões de dólares. Em muitos casos, esse objetivo foi conseguido por meio do retorno da empresa às suas "competências essenciais" e da terceirização para empresas menores de funções que anteriormente eram feitas na própria empresa.

Em segundo lugar, enquanto as grandes empresas existentes têm se transformado, novas empresas empreendedoras têm florescido. Trinta anos atrás, a Nucor Steel era um pequeno fabricante com algumas centenas de funcionários. Ela abrangia uma nova tecnologia, chamada lingotamento de placas finas, que lhe permitiu prosperar, enquanto outras empresas de aço tropeçavam. A Nucor cresceu para 59 mil empregados, com vendas de 3,4 milhões de dólares e lucro líquido de 274 milhões de dólares. Empresas empreendedoras mais recentes — algumas inexistentes 20 anos atrás — criaram milhões de novos postos de trabalho durante a última década. Entre muitos exemplos notáveis, considere Facebook, Twitter, Google, LinkedIn e YouTube.

Em terceiro lugar, milhares de empresas empreendedoras foram fundadas, incluindo muitas estabelecidas por mulheres, minorias e imigrantes. Essas novas empresas encontram-se em todos os setores da economia e em todas as partes dos Estados Unidos. Juntas, contribuem de maneira formidável para a economia, assim como muitas, pela contratação de um ou dois funcionários, tendo criado a maioria dos novos empregos líquidos deste país nos últimos anos.

Em resumo, as empresas empreendedoras fazem duas contribuições indispensáveis para a economia dos Estados Unidos. Primeiro, elas são parte integrante do processo de renovação que existe e define economias de mercado, e também desempenham um papel crucial na defesa de inovações que levam à mudança tecnológica e ao crescimento da produtividade. Em suma, elas estão próximas da mudança e da concorrência porque mudam a estrutura do mercado. A economia dos Estados Unidos é uma instituição dinâmica, orgânica, sempre ligada ao processo de "tornar-se", em vez de "já ter alcançado", que trata de perspectivas para o futuro, e não da herança do passado.

Segundo, as empresas empreendedoras são o mecanismo essencial pelo qual milhões de pessoas entram na corrente econômica e social principal da sociedade norte-americana. As pequenas empresas permitem que milhões de pessoas — incluindo mulheres, minorias e imigrantes — participem do sonho americano. A fonte de maior crescimento dos Estados Unidos sempre foi o sonho de crescimento econômico, a igualdade de oportunidades e a mobilidade ascendente. Nesse processo de evolução, o empreendedorismo desempenha o papel fundamental e indispensável de fornecer a "cola social" que une tanto as atividades econômicas tradicionais quanto as *high-tech*.[47]

A formação de novos negócios é a base fundamental para qualquer aumento líquido de emprego global. Toda nossa informação detalhada fornece *insights* sobre porque o futuro da economia global está no desenvolvimento de nossas habilidades empreendedoras.

1.8 TENDÊNCIAS DO SÉCULO 21 NA PESQUISA EM EMPREENDEDORISMO

À medida que continuamos nosso estudo sobre o empreendedorismo, é importante observar o desenvolvimento que tem ocorrido neste século nos campos educacional e de pesquisa. Os principais temas que caracterizam a pesquisa recente sobre empreendedores e criação de novos empreendimentos pode ser resumido da seguinte forma:

1. O *capital empreendedor*, incluindo tanto o capital de risco quanto o investimento anjo, bem como outras técnicas inovadoras de financiamento, surgiu no século 21 com uma força sem precedentes, alimentando o espírito empreendedor em todo o mundo.[48]

2. O *empreendedorismo corporativo* (ações empreendedoras dentro de grandes organizações) e a necessidade do espírito empreendedor entre os funcionários ganhou maior aceitação durante as últimas décadas.[49]

3. O *empreendedorismo social* surgiu com popularidade sem precedentes entre a nova geração de empreendedores que procuram soluções inovadoras para os problemas mundiais.[50]

O PROCESSO EMPREENDEDOR

As melhores escolas de negócios para o empreendedorismo nos Estados Unidos

Ao examinarmos os vários rankings de programas de empreendedorismo ao longo dos últimos cinco anos, as seguintes universidades norte-americanas têm sido consistentemente classificadas entre as melhores do mundo.

Os melhores programas de pós-graduação em empreendedorismo dos Estados Unidos
Indiana University-Bloomington*
Stanford University
Harvard University
Massachusetts Institute of Technology (MIT)
University of California-Berkeley*
Babson College

Os melhores programas de graduação em empreendedorismo dos Estados Unidos
Indiana University-Bloomington*
University of Pennsylvania
University of Southern California
University of Arizona*
Babson College

*Universidade pública

Fonte: Adaptado de "Best Colleges for Aspiring Entrepreneurs", *Fortune Small Business* (2007); "Venture Education", *Fortune Magazine* (2010); e "Best Business School Rankings" U.S. News & World Report (2007 até 2015).

4. O *comportamento empreendedor* (examinando como os empreendedores pensam e agem) é uma nova onda de pesquisa sobre os aspectos psicológicos do processo empreendedor.[51]

5. *Mulheres e minorias empreendedoras* têm surgido em maior número ao longo das últimas duas décadas. Eles parecem enfrentar obstáculos e dificuldades diferentes daqueles enfrentados por outros empreendedores.[52]

6. O *movimento global do empreendedorismo* está aumentando, a julgar pelo enorme crescimento de interesse pelo empreendedorismo ao redor do mundo nos últimos anos.[53]

7. Os *negócios familiares* têm se tornado um foco mais forte da pesquisa. A participação econômica e social de empreendedores com empresas familiares têm contribuído de forma desproporcional para a criação de emprego, inovação e renovação econômica.[54]

8. *Educação empreendedora* tem se tornado um dos temas mais discutidos nas escolas de negócios e engenharia em todo o mundo. Ele tem ainda se expandido nos *campi* ao ser incluído em quase todas as disciplinas principais. O número de escolas que ministram cursos de empreendedorismo nos Estados Unidos cresceu de cerca de aproximadamente uma dúzia, 35 anos atrás, para mais de 3 mil escolas que oferecem cursos graduação e pós-graduação em empreendedorismo neste momento.[55]

1.9 CONCEITOS-CHAVE DE EMPREENDEDORISMO

Antes de concluir a nossa discussão sobre a natureza do empreendedorismo, precisamos colocar em perspectiva quatro conceitos-chave: empreendedorismo, empreendedor, disciplina empreendedora e liderança empreendedora.

1.9a Empreendedorismo

Empreendedorismo é um processo dinâmico de visão, mudança e criação que requer a aplicação de energia e paixão para a criação e a implementação de novas ideias e soluções criativas. Esse processo de inovação e criação de um novo empreendimento é realizado em quatro grandes dimensões — individual, organizacional, ambiental e processual — e é auxiliado por redes de colaboração no governo, na educação e em instituições. Todas as posições macro e micro do pensamento empresarial devem ser consideradas durante o reconhecimento de oportunidades que podem ser convertidas em ideias comercializáveis, capazes de competirem para serem implementadas na economia atual.

1.9b Empreendedor

Como demonstramos no início do capítulo, empreendedor é um inovador ou desenvolvedor que reconhece e aproveita oportunidades; converte essas oportunidades em ideias viáveis e/ou comercializáveis; agrega valor por meio de tempo, esforço, dinheiro ou habilidades; e assume os riscos do mercado competitivo para implementar essas ideias. O empreendedor é um catalisador de mudanças econômicas que utiliza a busca intencional, o planejamento cuidadoso e o bom senso ao realizar o seu processo. O empreendedor otimista e comprometido trabalha de forma criativa para estabelecer novos recursos ou melhorar os antigos com uma nova capacidade, tudo com o propósito de criar riqueza.

1.9c Disciplina empreendedora

O tema subjacente deste livro é a **disciplina empreendedora**, um conceito que foi definido como se segue:

> O empreendedorismo baseia-se nos mesmos princípios, quer o empreendedor seja uma instituição grande já estabelecida, quer seja um indivíduo que inicia um novo empreendimento. Faz pouca ou nenhuma diferença se o empreendedor é uma pessoa ou uma instituição, ou se é do âmbito público ou privado. As regras são praticamente as mesmas; as ações que funcionam e as que não funcionam idem, e assim também são os tipos de inovação e onde procurá-las. Em todos os casos, há uma disciplina e há técnicas, e os princípios dessa disciplina emergente continuarão a conduzir a economia empreendedora do século 21.[56]

1.9d Liderança empreendedora

O empreendedorismo representa a última fonte do dinamismo econômico e é transformador nos níveis individual, societário e organizacional. Os pesquisadores Donald F. Kuratko e Michael H. Morris utilizam a metáfora "fogo dentro de uma garrafa".[*] A partir de uma perspectiva de liderança, o empreendedorismo tem se tornado símbolo de tenacidade comercial e conquista. O senso de oportunidade dos empreendedores, seu impulso para inovar e sua capacidade de realização tornaram-se o padrão pelo qual a livre-iniciativa é medida atualmente. Se liderança é a capacidade de conduzir, e empreendedorismo se relaciona com a busca de inovação; então, combinar as duas capacidades — capacidade de liderar e capacidade de arriscar em busca de oportunidades inovadoras — resulta em **liderança empreendedora**. Há liderança na descoberta de novas possibilidades, na abertura de novos horizontes, no fornecimento de uma nova visão, na combinação de recursos de novas maneiras e na inspiração de outros durante a implementação de novos conceitos de empreendimento. E há liderança em lidar com externalidades e dilemas éticos que envolvem a ação empreendedora. A *liderança empreendedora* pode ser uma das expressões mais importantes no século 21 e serve como a visão definitiva para este livro.[57]

---

[*] No Brasil, tem sido utilizada a expressão "brilho dos olhos" ou "faca entre os dentes". (N.R.T.)

RESUMO

Este capítulo examinou a evolução do empreendedorismo, fornecendo a base para um estudo mais aprofundado desta disciplina dinâmica e em desenvolvimento. Ao explorar as definições econômicas iniciais, bem como selecionar as contemporâneas, o capítulo apresentou um quadro histórico de como o empreendedorismo tem sido visto. Além disso, os dez grandes mitos do empreendedorismo foram discutidos para permitir melhor compreensão dos mal-entendidos que envolvem esse novo campo de conhecimento. A pesquisa contemporânea está ampliando o horizonte do estudo do empreendedorismo e fornecendo um foco mais claro sobre o quê, o como e o porquê existentes por trás dessa jovem disciplina.

O empreendedorismo foi examinado com base em três perspectivas diferentes: correntes de pensamento, processos e abordagens. Foram apresentadas seis correntes de pensamento, discutidas duas abordagens para a compreensão do espírito empreendedor contemporâneo como um processo, e foi proposto um enquadramento das abordagens para o futuro desenvolvimento do campo.

Este capítulo, que discutiu estatísticas importantes que sustentam a economia empreendedora norte-americana, teve o objetivo de fornecer uma ampla perspectiva sobre a revolução empreendedora que está ocorrendo nos Estados Unidos e no mundo. Apresentamos uma descrição das "gazelas" e discorremos sobre o seu impacto na economia. Gazelas são empresas com um crescimento de pelo menos 20% de vendas a cada ano, durante pelo menos cinco anos, a partir de uma base de 100 mil dólares.

O capítulo termina com definições dos quatro conceitos-chave: empreendedorismo, empreendedor, disciplina empreendedora e liderança empreendedora.

TERMOS-CHAVE

corrente de pensamento do ambiente
corrente de pensamento do deslocamento
corrente de pensamento da formulação estratégica
corrente de pensamento da oportunidade empreendedora
corrente de pensamento do perfil empreendedor
corrente de pensamento financeira ou do capital
disciplina empreendedora
empreendedor
empreendedorismo
enquadramento das abordagens
estratégias do poço d'água
estratégias dos grandes líderes
estratégias de mercado
gazela
liderança empreendedora
lócus externo de controle
lócus interno de controle
macropanorama do empreendedorismo
melhores estratégias para o produto novo
micropanorama do empreendedorismo
modelo de estados dinâmicos
princípio do corredor
Revolução Empreendedora

PEGUNTAS DE REVISÃO E DISCUSSÃO

1. Descreva resumidamente a evolução do termo *empreendedorismo*.
2. Quais são os dez mitos associados ao empreendedorismo? Explique cada um.
3. Qual é o macropanorama do empreendedorismo?
4. Quais são as correntes de pensamento que usam o macropanorama do empreendedorismo?
5. Qual é o micropanorama do empreendedorismo?
6. Quais são as correntes de pensamento que usam o micropanorama do empreendedorismo?
7. Quais são os três tipos específicos de deslocamento?
8. Na corrente de pensamento da formulação estratégica, quais são os quatro tipos de estratégias envolvidas com elementos únicos? Dê uma ilustração de cada uma.
9. Qual é a abordagem de processo ao empreendedorismo? Em sua resposta, descreva abordagem dos estados dinâmicos.
10. Descreva o "enquadramento de abordagens" ao empreendedorismo.
11. Explique a predominância de novos empreendimentos na economia.
12. Defina uma empresa *gazela* e discuta sua importância.

NOTAS

1. Jeffry A. Timmons e Stephen Spinelli, *New Venture Creation*, 7. ed. New York: McGraw-Hill/Irwin, 2007, p.3.
2. Para uma compilação de definições, veja: Robert C. Ronstadt, *Entrepreneurship* (Dover, MA: Lord Publishing, 1984), 28; Howard H. Stevenson e David E. Gumpert, "The Heart of Entrepreneurship", *Harvard Business Review*, março/abril, 1985, p. 85-94; J. Barton Cunningham e Joe Lischeron, "Defining Entrepreneurship", *Journal of Small Business Management*, janeiro/1991, p. 45-61.
3. Veja Calvin A. Kent, Donald L. Sexton e Karl H. Vesper, *Encyclopedia of Entrepreneurship* (Englewood Cliffs, NJ: Prentice Hall, 1982); Ray V. Montagno e Donald F. Kuratko, "Perception of Entrepreneurial Success Characteristics", *American Journal of Small Business* 10, n. 3(1986): 25-32; Thomas M. Begley e David P. Boyd, "Psychological Characteristics Associated with Performance in Entrepreneurial Firms and Smaller Businesses", *Journal of Business Venturing*, n. 2, v. 1, 1987, p. 79-91; e Donald F. Kuratko, "Entrepreneurship", em*International Encyclopedia of Business and Management*, 2. ed. London: Routledge Publishers, 2002, p. 168-176.
4. Kent, Sexton e Vesper, *Encyclopedia of Entrepreneurship*, xxix.
5. Israel M. Kirzner, *Perception, Opportunity, and Profit: Studies in the Theory of Entrepreneurship*. Chicago: University of Chicago Press, 1979, p. 38-39.
6. Veja Ronstadt, *Entrepreneurship*, p. 9-12.
7. Joseph Schumpeter, "Change and the Entrepreneur", in *Essays of J. A. Schumpeter* ed. Richard V. Clemence. Reading, MA: Addison-Wesley, 1951, p. 255.
8. Arthur Cole, *Business Enterprise in Its Social Setting*. Cambridge, MA: Harvard University Press, 1959, p. 27-28.
9. Albert Shapero, *Entrepreneurship and Economic Development* Project ISEED, Ltd. Milwaukee, WI: Center for Venture Management, 1975, p. 187.
10. Ronstadt, *Entrepreneurship*, p. 28.
11. John B. Miner, Norman R. Smith e Jeffrey S. Bracker, "Defining the Inventor-Entrepreneur in the Context of Established Typologies", *Journal of Business Venturing*, n. 7, v. 2, 1992, p. 103-113.
12. Gene Koretz, "A Surprising Finding on New-Business Mortality Rates", *Business Week* (14 junho 1993), p. 22.
13. Brian Headd, "Redefining Business Success: Distinguishing Between Closure and Failure", *Small Business Economics*, n. 21, v. 1, 2003, p. 51-61.
14. Ivan Bull e Gary E. Willard, "Towards a Theory of Entrepreneurship", *Journal of Business Venturing*, n. 8, v. 3, 1993, p. 183-95; Ian C. MacMillan e Jerome A. Katz, "Idiosyncratic Milieus of Entrepreneurship Research: The Need for Comprehensive Theories", *Journal of Business Venturing*, n. 7, v. 1, 1992, p. 1-8; Scott Shane e S. Venkataraman, "The Promise of Entrepreneurship as a Field of Research", *Academy of Management Review*, n. 25, v. 1, 2000, p. 217-26; Christian Bruyat e Pierre-Andre Julien, "Defining the Field of Research in Entrepreneurship", *Journal of Business Venturing*, 16, n. 2, 2001, p. 165-80; Phillip H. Phan, "Entrepreneurship Theory: Possibilities and Future Directions", *Journal of Business Venturing*, n. 19, v. 5, setembro/2004, p. 617-20; Sharon A. Alvarez e Jay B. Barney, "The Entrepreneurial Theory of the Firm", *Journal of Management Studies*, n. 44, v. 7, 2007, p. 1057-1063; Brian L. Connelly, R. Duane Ireland, Christopher R. Reutzel e Joseph Coombs, "The Power and Effects of Entrepreneurship Research", *Entrepreneurship Theory and Practice*, n. 34, v. 1, 2010, p. 131-49; Dennis P. Leyden e Albert N. Link, "Toward a Theory of the Entrepreneurial Process", *Small Business Economics*, n. 44, v. 3, 2015, p. 475-84.
15. William B. Gartner, "What Are We Talking About When We Talk About Entrepreneurship?" *Journal of Business Venturing*, n. 5, v. 1, 1990, p. 15-28; veja também Lanny Herron, Harry J. Sapienza e Deborah Smith Cook, "Entrepreneurship Theory from an Interdisciplinary Perspective", *Entrepreneurship Theory and Practice*, n. 16, v. 3, 1992, p. 5-12; Saras D. Sarasvathy, "The Questions We Ask and the Questions We Care About: Reformulating Some Problems in Entrepreneurship Research", *Journal of Business Venturing*, n. 19, v. 5, setembro/2004, p. 707-17; Benyamin B. Lichtenstein, Nancy M. Carter, Kevin J. Dooley e William B. Gartner, "Complexity Dynamics of Nascent Entrepreneurship", *Journal of Business Venturing*, n. 22, v. 2, 2007, p. 236-61; Peter W. Moroz e Kevin Hindle, "Entrepreneurship as a Process: Toward Harmonizing Multiple Perspectives", *Entrepreneurship Theory and Practice*, n. 36, v. 4, 2012, p. 781-18; veja também: Michael H. Morris e Donald F. Kuratko, *Wiley Encyclopedia of Entrepreneurship*. New Jersey: Wiley & Sons, 2014.
16. Veja Harold Koontz, "The Management Theory Jungle Revisited", *Academy of Management Review*, n. 5, v. 2, 1980, p. 175-87; Richard M. Hodgetts e Donald F. Kuratko, "The Management Theory Jungle – Quo Vadis?" *Southern Management Association Proceedings*, novembro/1983, p. 280-83; Cunningham e Lischeron, "Defining Entrepreneurship"; MacMillan e Katz, "Idiosyncratic Milieus of Entrepreneurship Research"; Murray B. Low, "The Adolescence of Entrepreneurship Research: Specification of Purpose", *Entrepreneurship Theory and Practice*, n. 25, v. 4, 2001, p. 17-25; Johan Wiklund, Per Davidsson, David B. Audretsch e Charlie Karlsson, "The Future of Entrepreneurship Research", *Entrepreneurship Theory and Practice*, n. 35, v. 1, 2011, p. 1-9.
17. Veja Andrew H. Van de Ven, "The Development of an Infrastructure for Entrepreneurship", *Journal of Business Venturing*, n. 8, v. 3, 1993, p. 211-30; Jeffrey G. York e S. Venkataraman, "The Entrepreneur- Environment Nexus: Uncertainty, Innovation, and Allocation", *Journal of Business Venturing*, n. 25, v. 5, 2010, p. 449-63; Linda Edelman e Helena Yli-Renko, "The Impact of Environment and Entrepreneurial Perceptions on Venture Creation Efforts: Bridging the Discovery and Creation Views of Entrepreneurship", *Entrepreneurship Theory and Practice*, n. 34, v. 5, 2010, p. 833-56.
18. Veja David J. Brophy e Joel M. Shulman, "A Finance Perspective on Entrepreneurship Research", *Entrepreneurship Theory and Practice*, n. 16, v. 3, 1992, p. 61-71; e Truls Erikson, "Entrepreneurial Capital: The Emerging Venture's Most Important Asset and Competitive Advantage", *Journal of Business Venturing*, n. 17, v. 3, 2002, p. 275-90.

19. Ronstadt, *Entrepreneurship*; Daniel V. Holland e Dean A. Shepherd, "Deciding to Persist: Adversity, Values, and Entrepreneurs' Decision Policies", *Entrepreneurship Theory and Practice*, n. 37, v. 2, 2013, p. 331-58.
20. Small Business Administration, *Office of Advocacy* (Washington, DC: Government Printing Office, março/2014); Matthew C. Sonfield, "Re-Defining Minority Businesses: Challenges and Opportunities", *Journal of Developmental Entrepreneurship*, n. 6, v. 3, 2001, p. 269-76; e Lois M. Shelton, "Fighting an Uphill Battle: Expansion Barriers, Intra-Industry Social Stratification, and Minority Firm Growth", *Entrepreneurship Theory and Practice*, n. 34, v. 2, 2010, p. 379-98.
21. Sara Carter, "The Rewards of Entrepreneurship: Exploring the Incomes, Wealth, and Economic WellBeing of Entrepreneurial Households", *Entrepreneurship Theory and Practice*, n. 35, v. 1, 2011, p. 39-55.
22. Kelly G. Shaver e Linda R. Scott, "Person, Process, Choice: The Psychology of New Venture Creation", *Entrepreneurship Theory and Practice*, n. 16, v. 2, 1991, p. 23-45; Ronald K. Mitchell, Lowell Busenitz, Theresa Lant, Patricia P. McDougall, Eric A. Morse e J. Brock Smith, "The Distinctive and Inclusive Domain of Entrepreneurial Cognition Research", *Entrepreneurship Theory and Practice*, n. 28, v. 6, Winter 2004, p. 505-18; Ha Hoang e Javier Gimeno, "Becoming a Founder: How Founder Role Identity Affects Entrepreneurial Transitions and Persistence in Founding", *Journal of Business Venturing*, n. 25, v. 1, 2010, p. 41-53; J. Robert Mitchell e Dean A. Shepherd, "To Thine Own Self Be True: Images of Self, Images of Opportunity, and Entrepreneurial Action", *Journal of Business Venturing*, n. 25, v. 1, 2010, p. 138-54.
23. Veja Magnus Aronsson, "Education Matters — But Does Entrepreneurship Education? An Interview with David Birch", *Academy of Management Learning & Education*, n. 3, v. 3, 2004, p. 289-92.
24. Veja Jerry A. Katz, "The Chronology and Intellectual Trajectory of American Entrepreneurship Education", *Journal of Business Venturing*, n. 18, v. 2, 2003, p. 283-300; Donald F. Kuratko, "The Emergence of Entrepreneurship Education: Development, Trends, and Challenges", *Entrepreneurship Theory and Practice*, n. 29, v. 5, 2005, p. 577-98; e Dean A. Shepherd, "Educating Entrepreneurship Students About Emotion and Learning from Failure", *Academy of Management Learning & Education*, n. 3, v. 3, 2004, p. 274-87.
25. Dimo Dimov, "Grappling with the Unbearable Elusiveness of Entrepreneurial Opportunities", *Entrepreneurship Theory and Practice*, n. 35, v. 1, 2011, p. 57-81; Jintong Tang, K. Michele (Micki) Kacmar e Lowell Busenitz, "Entrepreneurial Alertness in the Pursuit of New Opportunities", *Journal of Business Venturing*, n. 27, v. 1, 2012, p. 77-94; e Michael M. Gielnik, Hannes Zacher e Michael Frese, "Focus on Opportunities as a Mediator of the Relationship between Business Owner's Age and Venture Growth", *Journal of Business Venturing*, n. 27, v. 1, 2012, p. 127-42.
26. George A. Steiner, *Strategic Planning*. New York: Free Press, 1979, p. 3.
27. Veja Marjorie A. Lyles, Inga S. Baird, J. Burdeane Orris e Donald F. Kuratko, "Formalized Planning in Small Business: Increasing Strategic Choices", *Journal of Small Business Management*, n. 31, v. 2, 1993, p. 38-50; R. Duane Ireland, Michael A. Hitt, S. Michael Camp e Donald L. Sexton, "Integrating Entrepreneurship and Strategic Management Actions to Create Firm Wealth", *Academy of Management Executive*, n. 15, v. 1, 2001, p. 49-63; e Dimo Dimov, "Nascent Entrepreneurs and Venture Emergence: Opportunity Confidence, Human Capital, and Early Planning", *Journal of Management Studies*, n. 48, v. 6, 2011, p. 1123-53.
28. Ronstadt, *Entrepreneurship*, p. 112-15.
29. Michael A. Hitt, R. Duane Ireland, S. Michael Camp e Donald L. Sexton, "Strategic Entrepreneurship: Entrepreneurial Strategies for Wealth Creation", special issue, *Strategic Management Journal*, n. 22, v. 6, 2001, p. 479-92.
30. Veja a edição especial, lidando com modelos de *Entrepreneurship: Theory and Practice*, n. 17, v. 2, 1993; veja também: James J. Chrisman, Alan Bauerschmidt e Charles W. Hofer, "The Determinants of New Venture Performance: An Extended Model", *Entrepreneurship Theory and Practice*, n. 23, v. 1, 1998, p. 5-30.
31. Michael H. Morris, Pamela S. Lewis e Donald L. Sexton, "Reconceptualizing Entrepreneurship: An Input-Output Perspective", *Advanced Management Journal*, n. 59, v. 1, Winter 1994, p. 21-31.
32. Ibidem.
33. Jonathan Levie e Benjamin B. Lichtenstein, "A Terminal Assessment of Stages Theory: Introducing a Dynamic States Approach to Entrepreneurship", *Entrepreneurship Theory and Practice*, n. 34, v. 2, 2010, p. 317-50.
34. Donald F. Kuratko, Michael H. Morris e Minet Schindehutte, "Understanding the Dynamics of Entrepreneurship through Framework Approaches", *Small Business Economics*, n. 45, v. 1, 2015, p. 1-13.
35. Dean A. Shepherd, "Multilevel Entrepreneurship Research: Opportunities for Studying Entrepreneurial Decision Making", *Journal of Management*, n. 37, v. 2, 2011, p. 412-20.
36. Jose Ernesto Amoros e Niels Bosma, *Global Entrepreneurship Monitor: Global Report,* Global Entrepreneurship Research Association (GERA), 2014.
37. Donna Kelley, Niels Bosma e Jose Ernesto Amoros, *Global Entrepreneurship Monitor 2010 Global Report*. Wellesley, MA: Babson College, 2010; e Amoros e Bosma, *Global Entrepreneurship Monitor: Global Report*.
38. Donna J. Kelley, Abdul Ali, Candida Brush, Andrew C. Corbett, Thomas Lyons, Mahdi Majbouri e Edward G. Rogoff, Global Entrepreneurship Monitor: National Entrepreneurial Assessment for the United States of America. Wellesley, MA: Babson College, 2013.
39. Robert W. Fairlie, *Kauffman Index of Entrepreneurial Activity, 1966-2014.* Kansas City, MO: Ewing Marion Kauffman Foundation, 2015.
40. *Small Business Advocacy*. Washington DC: U.S. Small Business Administration, Office of Advocacy, 2014.
41. Ibid.; e Fairlie, *Kauffman Index of Entrepreneurial Activity, 1996-2014.*
42. Maria Minniti e William D. Bygrave, *Global Entrepreneurship Monitor* (Kansas City, MO: Kauffman Center for Entrepreneurial Leadership, 2004); e Erkko Autio, *Global Report on High Growth Entrepreneurship*. Wellesley MA: Babson College and London, UK: London Business School, 2007.
43. A empresa de pesquisas de David Birch, Cognetics, Inc. traça registros de empregos e vendas de cerca de 14 milhões de empresa com um arquivo Dun & Bradstreet.
44. George Foster, Antonio Davila, Martin Haemmig, Xiaobin He e Ning Jia, *Global Entrepreneurship and the*

Successful Growth Strategies of Early-Stage Companies: A World Economic Forum Report. New York: World Economic Forum USA Inc., 2011; veja também Gideon D. Markman e William B. Gartner, "Is Extraordinary Growth Profitable? A Study of *Inc. 500* High-Growth Companies", *Entrepreneurship Theory and Practice*, n. 27, v. 1, setembro/2002, p. 65-75 e Magnus Henrekson e Dan Johansson, "Gazelles as Job Creators: A Survey and Interpretation of the Evidence", *Small Business Economics*, n. 35, v. 2, 2010, p. 227-44.

45. Dane Stangler, *High-Growth Firms and the Future of the American Economy*. Ewing Marion Kauffman Foundation, março/2010.

46. David Birch, Jan Gundersen, Anne Haggerty e William Parsons, *Corporate Demographics*. Cambridge, MA: Cognetics, Inc., 1999.

47. "The New American Revolution: The Role and Impact of Small Firms". Washington, DC: U.S. Small Business Administration, Office of Economic Research, 1998; William J. Dennis, Jr. e Lloyd W. Fernald, Jr., "The Chances of Financial Success (and Loss) from Small Business Ownership", *Entrepreneurship Theory and Practice*, n. 26, v. 1, 2000, p. 75-83.

48. Dean A. Shepherd e Andrew Zacharakis, "Speed to Initial Public Offering of VC-Backed Companies", *Entrepreneurship Theory and Practice*, n. 25, v. 3, 2001, p. 59-69; Dean A. Shepherd e Andrew Zacharakis, "Venture Capitalists' Expertise: A Call for Research into Decision Aids and Cognitive Feedback", *Journal of Business Venturing*, n. 17, v. 1, 2002, p. 1-20; Lowell W. Busenitz, James O. Fiet e Douglas D. Moesel, "Reconsidering the Venture Capitalists' 'Value Added' Proposition: An Interorganizational Learning Perspective", *Journal of Business Venturing*, n. 19, v. 6 2004, p. 787-807; e Dimo Dimov, Dean A. Shepherd e Kathleen M. Sutcliffe, "Requisite Expertise, Firm Reputation, and Status in Venture Capital Investment Allocation Decisions", *Journal of Business Venturing*, n. 22, v. 4, 2007, p. 481-502.

49. Donald F. Kuratko, R. Duane Ireland e Jeffrey S. Hornsby, "Improving Firm Performance Through Entrepreneurial Actions: Acordia's Corporate Entrepreneurship Strategy", *Academy of Management Executive*, n. 15, v. 4, 2001, p. 60-71; Donald F. Kuratko e David B. Audretsch, "Clarifying the Domains of Corporate Entrepreneurship", *International Entrepreneurship & Management Journal*, n. 9, v. 3, 2013, p. 323-35; Donald F. Kuratko, Jeffrey S. Hornsby e Jeffrey G Covin, "Diagnosing a Firm's Internal Environment for Corporate Entrepreneurship", *Business Horizons*, n. 57, v. 1, 2014, p. 37-47; Michael H. Morris, Donald F. Kuratko e Jeffrey G. Covin, *Corporate Entrepreneurship and Innovation*, 3rd ed. Mason, OH: Cengage/South-Western, 2011; R. Duane Ireland, Jeffrey G. Covin e Donald F. Kuratko, "Conceptualizing Corporate Entrepreneurship Strategy", *Entrepreneurship Theory and Practice*, n. 33, v. 1, 2009, p. 19-46; e Donald F. Kuratko, Jeffrey S. Hornsby e James Hayton, "Corporate Entrepreneurship: The Innovative Challenge for a New Global Economic Reality." *Journal of Business Venturing*, n. 45, v. 2, 2015, p. 245-253.

50. Ana Maria Peredo e Murdith McLean, "Social Entrepreneurship: A Critical Review of the Concept", *Journal of World Business*, n. 41, 2006, p. 56-65; James Austin, Howard Stevenson e Jane Wei-Skillern, "Social and Commercial Entrepreneurship: Same, Different, or Both?" *Entrepreneurship Theory and Practice*, n. 30, v. 1, 2006, p. 1-22; Thomas J. Dean e Jeffery S. McMullen, "Toward a Theory of Sustainable Entrepreneurship: Reducing Environmental Degradation Through Entrepreneurial Action", *Journal of Business Venturing*, n. 22, v. 1, 2007, p. 50-76; Desiree F. Pacheco, Thomas J. Dean, David S. Payne, "Escaping the Green Prison: Entrepreneurship and the Creation of Opportunities for Sustainable Development", *Journal of Business Venturing*, n. 25, v. 5, 2010, p. 464-80; Bradley D. Parrish, "Sustainability-Driven Entrepreneurship: Principles of Organization Design", *Journal of Business Venturing*, n. 25, v. 5, 2010, p. 510-23; Dean A. Shepherd e Holger Patzelt, *Entrepreneurship Theory and Practice*, n. 35, v. 1, 2011, p. 137-63.

51. Jill Kickul e Lisa K. Gundry, "Prospecting for Strategic Advantage: The Proactive Entrepreneurial Personality and Small Firm Innovation", *Journal of Small Business Management*, n. 40, v. 2, 2002, p. 85-97; Robert A. Baron, "The Role of Affect in the Entrepreneurial Process", *Academy of Management Review*, n. 33, v. 2, 2008, p. 328-40; e Robert A. Baron, Keith M. Hmieleski e Rebecca A. Henry, "Entrepreneurs' Dispositional Positive Affect: The Potential Benefits - and Potential Costs - of Being 'Up,' *Journal of Business Venturing*, n. 27, v. 3, 2012, p. 310-24.

52. Lisa K. Gundry e Harold P. Welsch, "The Ambitious Entrepreneur: High Growth Strategies of Women- Owned Enterprises", *Journal of Business Venturing*, n. 16, v. 5, 2001, p. 453-70; Anne de Bruin, Candida G. Brush e Friederike Welter, "Towards Building Cumulative Knowledge on Women's Entrepreneurship", *Entrepreneurship Theory and Practice*, n. 30, v. 5, 2006, p. 585-94; Dawn R. DeTienne e Gaylen N. Chandler, "The Role of Gender in Opportunity Identification", *Entrepreneurship Theory and Practice*, n. 31, v. 3, 2007, p. 365-86; Francis J. Greene, Liang Han e Susan Marlow, "Like Mother, Like Daughter? Analyzing Maternal Influences Upon Women's Entrepreneurial Propensity", *Entrepreneurship Theory and Practice*, n. 37, v. 4, 2013, p. 687-711; Susan Marlow e Maura McAdam, "Analyzing the Influence of Gender Upon High-Technology Venturing Within the Context of Business Incubation", *Entrepreneurship Theory and Practice*, n. 36, v. 4, 2012, p. 655-76; Alicia M. Robb e John Watson, "Gender Differences in Firm Performance: Evidence from New ventures in the United States", *Journal of Business Venturing*, n. 27, v. 5, 2012, p. 544-58.

53. Shaker A. Zahra, James Hayton, Jeremy Marcel e Hugh O'Neill, "Fostering Entrepreneurship During International Expansion: Managing Key Challenges", *European Management Journal*, n. 19, v. 4, 2001, p. 359-69; Erkko Autio, Gerard George e Oliver Alexy, "International Entrepreneurship and Capability Development — Qualitative Evidence and Future Research Direction", *Entrepreneurship Theory and Practice*, n. 35, v. 1, 2011, p. 11-37; Nicole E. Coviello, Patricia P. McDougall e Benjamin M. Oviatt, "The Emergence, Advance and Future of International Entrepreneurship Research — An Introduction to the Special Forum", *Journal of Business Venturing*, n. 26, v. 6, 2011, p. 625-31; e Marian V. Jones, Nicole Coviello e Yee Kwan Tang, "International Entrepreneurship Research (1988-2004): A Domain Ontology and Thematic Analysis", *Journal of Business Venturing*, n. 26, v. 6, 2011, p. 632-59.

54. Nancy Upton, Elisabeth J. Teal e Joe T. Felan, "Strategic and Business Planning Practices of Fast-Growing Family Firms", *Journal of Small Business Management*, n. 39,

v. 4, 2001, p. 60-72; Zhenyu Wu, Jess H. Chua e James J. Chrisman, "Effects of Family Ownership and Management on Small Business Equity Financing", *Journal of Business Venturing*, n. 22, v. 6, 2007, p. 875-95; Michael H. Morris, Jeffrey A. Allen, Donald F. Kuratko e David Brannon, "Experiencing Family Business Creation: Differences Between Founders, Nonfamily Managers, and Founders of Nonfamily Firms", *Entrepreneurship Theory and Practice*, n. 34, v. 6, 2010, p. 1057-84; e James J. Chrisman, Jess H. Chua e Lloyd P. Steier, "Resilience of Family Firms: An Introduction", *Entrepreneurship Theory and Practice*, n. 35, v. 6, 2011, p. 1107-19.

55. Kuratko, "The Emergence of Entrepreneurship Education"; Heidi M. Neck e Patricia G. Greene, "Entrepreneurship Education: Known Worlds and New Frontiers", *Journal of Small Business Management*, n. 49, v. 1, 2011, p. 55-70; Michael H. Morris, Donald F. Kuratko e Pryor, Christopher G. "Building Blocks for the Development of University-Wide Entrepreneurship", *Entrepreneurship Research Journal*, n. 4, v. 1, 2014, p. 45-68; Michael H. Morris, Donald F. Kuratko e Jefrey R. Cornwall, *Entrepreneurship Programs and the Modern University*. Cheltenham, UK: Edward Elgar, 2013; Michael H. Morris e Donald F. Kuratko, "Building University 21st Century Entrepreneurship Programs that Empower and Transform", *Advances in the Study of Entrepreneurship, Innovation, and Economic Growth*, n. 24, 2014, p. 1-24 (editado por Sherry Hoskinson e Donald F. Kuratko).

56. Peter F. Drucker *Innovation and Entrepreneurship*. Harper & Row, 1985, p. 143; veja também Howard H. Stevenson e J. Carlos Jarillo, "A Paradigm of Entrepreneurship: Entrepreneurial Management", *Strategic Management Journal*, n. 11, Special Issue, Summer 1990, p. 17-27.

57. Donald F. Kuratko e Michael H. Morris, *Entrepreneurial Leadership*. The International Library of Entrepreneurship; Cheltenham, UK: Edward Elgar, 2013.

CAPÍTULO 2

A mentalidade empreendedora nos indivíduos: cognição e ética

OBJETIVOS DE APRENDIZAGEM

1. Descrever a mentalidade e a cognição empreendedoras.
2. Identificar e discutir as características mais encontradas em empreendedores de sucesso.
3. Discutir o "lado obscuro" do empreendedorismo.
4. Identificar e descrever os diferentes tipos de risco enfrentados pelos empreendedores, assim como as principais causas de estresse desses indivíduos e como eles lidam com o problema.
5. Discutir os dilemas éticos que os empreendedores têm que enfrentar.
6. Estudar a ética mediante uma estrutura de conceitos de um ambiente dinâmico.
7. Apresentar estratégias para o estabelecimento de responsabilidade ética e liderança.
8. Examinar a motivação empreendedora.

Pensamento empreendedor

Por tudo o que sabemos sobre balanços, declarações de renda e contabilidade do fluxo de caixa; por toda a nossa compreensão sobre estratégias de marketing, táticas e técnicas; e por tudo o que aprendemos sobre princípios e práticas de gestão, algo continua essencial, ainda que misterioso, na base do empreendedorismo. É tão misterioso que não podemos vê-lo ou tocá-lo; ainda assim, nós o sentimos e sabemos que existe. E isso não pode ser extraído, fabricado ou comprado; no entanto, pode ser descoberto. Sua fonte é invisível, mas seus resultados são tangíveis e mensuráveis. Esse núcleo misterioso é tão poderoso, que pode fazer o excepcional parecer comum; é tão contagiante que pode se espalhar rapidamente de um para outro, e tão convincente que pode transformar dúvida e incerteza em convicção. Essa essência misteriosa é a PAIXÃO!

— Ray Smilor, Ph.D., *Daring visionaries* (Visionários ousados)

2.1 A MENTALIDADE EMPREENDEDORA

OA1 Descrever a mentalidade e a cognição empreendedoras.

Se as gerações passadas sonhavam com o prestígio e as vantagens oriundas da sala de um executivo de uma grande corporação, o sonho da geração do milênio, também conhecida como Geração Y, surge de forma bastante diferente. Indivíduos dessa geração acreditam que o sucesso profissional os obrigará a ser mais ágeis, independentes e empreendedores que os das gerações passadas. Em um estudo recente, apenas 13% de entrevistados da geração Y disseram que o objetivo profissional envolvia crescer na carreira para se tornar CEO ou presidente. Por contraste, quase dois terços (67%) deles relataram que seu objetivo era começar o próprio negócio. Milhões de indivíduos com idade abaixo dos 35 anos tentam iniciar um negócio, um terço dos novos empreendedores têm menos de 30 anos e um grande número de jovens entre 18 e 30 anos estudam empreendedorismo em escolas de negócios. As grandes universidades estão dedicando mais recursos ao empreendedorismo, e as histórias de sucesso de jovens empreendedores estão aumentando.[1]

No Brasil

De acordo com o relatório Empreendedorismo nas Universidades Brasileiras publicado pela Endeavor em 2014, 40% dos universitários brasileiros recorrem à faculdade para obter ajuda ao empreender, a menor proporção entre as fontes de apoio pesquisadas. Além disso, cerca de seis em cada dez instituições públicas pesquisadas não oferecem mentorias, redes de contato e plantões de dúvidas sobre negócios. Já nas universidades particulares, essa proporção é de quatro em cada dez instituições.

Todas as pessoas têm livre escolha e potencial para prosseguir em uma carreira como empreendedoras, mas o que, exatamente, as motiva a fazer essa escolha não é totalmente compreendido. Como demonstramos no Capítulo 1, pesquisadores têm tentado compreender melhor as forças motrizes dos empreendedores, mas ainda não identificaram um único evento, característica ou traço que faça um indivíduo ter o desejo de empreender.[2]

Neste livro, os capítulos estão focados na aprendizagem da disciplina empreendedorismo; e este capítulo, em particular, é dedicado a uma abordagem mais psicológica dos empreendedores. Nele, descrevemos a cognição empreendedora, as características mais comuns associadas a empreendedores bem-sucedidos, os elementos associados ao "lado obscuro" do empreendedorismo, bem como os desafios éticos que os empreendedores enfrentam. Dessa maneira, pode-se obter uma perspectiva mais completa sobre o **comportamento empreendedor** exibido por uma pessoa que tenha uma **mentalidade empreendedora**. Embora não seja uma ciência exata, o exame dessa mentalidade fornece *insights* interessantes sobre o potencial empreendedor de cada indivíduo.[3] Examinaremos a cognição de empreendedores como uma porta para a compreensão da mentalidade empreendedora.

2.2 COGNIÇÃO EMPREENDEDORA

Em ciência, **cognição** refere-se aos processos mentais, que incluem atenção, recordação, produção e compreensão da linguagem, resolução de problemas e tomada de decisões. O termo vem do latim *cognoscere*, que significa "saber", "conceituar" ou "reconhecer", e refere-se a uma faculdade do processamento de informações, a partir da aplicação de conhecimentos e mudanças de preferências. A cognição é usada para referir-se às funções, processos mentais (pensamentos) e estados mentais de seres humanos inteligentes. A **teoria da cognição social** introduz a ideia de estruturas mentais — modelos mentais (cognições) ordenados de forma a otimizar a eficácia pessoal em dadas situações — para o estudo do empreendedorismo. Os conceitos da psicologia cognitiva estão sendo cada vez mais considerados ferramentas úteis para ajudar na investigação de fenômenos relacionados ao empreendedorismo e, em proporção crescente, a aplicabilidade das ciências cognitivas à **experiência empreendedora** é mencionada na literatura de pesquisa.

Os pesquisadores Ronald K. Mitchell, Lowell Busenitz, Theresa Lant, Patricia P. McDougall, Eric A. Morse e J. Brock Smith definem **cognição empreendedora** como *as estruturas de conhecimento que as pessoas usam para fazer avaliações, julgamentos e tomar decisões que envolvem avaliação de oportunidades, criação de risco e crescimento*.[4] Em outras palavras, a cognição empresarial refere-se à compreensão de como os empreendedores usam modelos de simplificação mental para reunir informações previamente desconectadas, que os ajudam a identificar e inventar novos produtos ou serviços, e para agrupar os recursos necessários para iniciar e desenvolver empresas. Especificamente, então, a visão da cognição empresarial oferece uma compreensão de como os empreendedores pensam e "porque" eles fazem determinadas coisas.

2.2a Perspectiva metacognitiva

Enquanto a pesquisa está focada na cognição empreendedora, uma nova corrente de pensamento liga o princípio de mentalidade empreendedora à **adaptabilidade cognitiva**, que pode ser definida como a capacidade de ser dinâmico, flexível e permitir a autorregulação da própria cognição em ambientes dinâmicos e de ações incertas. A cognição adaptável é importante na obtenção de resultados desejáveis de ações empreendedoras.

Com essa visão, uma equipe de pesquisadores desenvolveu um **modelo metacognitivo** da mentalidade empreendedora, o qual integra os efeitos combinados da **motivação empreendedora** e seu contexto em relação ao desenvolvimento de estratégias metacognitivas aplicadas ao processamento de informação dentro de um ambiente empreendedor.[5]

Considere um empreendedor com a tarefa de desenvolver uma apresentação de um novo empreendimento para uma importante reunião com um investidor. Antes de se preparar para avaliar estratégias alternativas, o empreendedor deve, em primeiro lugar, formular uma estratégia para estruturar o seu próprio pensamento sobre a ação. Esse processo é metacognitivo. O processo responsável por selecionar uma resposta (ou seja, uma estratégia de empreendimento) é cognitivo; já o processo responsável por selecionar a forma como o empreendedor estruturará essa resposta é metacognitivo. Assim, metacognição não é estudar por que o empreendedor escolheu uma estratégia particular para um conjunto de estratégias alternativas (cognição), mas, em vez disso, é estudar o processo cognitivo de ordem superior que resultou na estruturação da ação pelo empreendedor, enquadrar a tarefa eficazmente e, assim, determinar como e porque a estratégia em particular foi incluída em um conjunto de respostas alternativas à decisão (metacognição).

Embora tenha se tornado uma área significativa de estudo, a pesquisa cognitiva empreendedora apresenta futuros desafios conceituais que terão de ser examinados, a fim de que se torne uma contribuição efetiva para o mundo empreendedor. Por exemplo, muitos trabalhos são feitos sob a premissa de que os fundadores e empreendedores "pensam" de forma diferente de outros indivíduos ou executivos de negócios. Mas não fica claro se essa "diferença cognitiva" tem origem em fatores e eventos idiossincráticos que *antecedem* os esforços e ações dos empreendedores ou se provém da própria experiência de empreendedorismo desses indivíduos. Da mesma forma, não é claro se a "diferença cognitiva" resulta de tarefas e condições ambientais que "recompensam" a forma de pensar dos empreendedores ou se são as condições que encorajam a expressão e/ou desenvolvimento de tal pensamento. Essas questões introduzem a noção de experiência empreendedora que examinaremos a seguir.[6]

2.2b Quem são os empreendedores?

Frank Carney, um dos fundadores da Pizza Hut, Inc., uma vez descreveu os empreendedores como o alicerce do sistema empresarial norte-americano e os agentes de autorrenovação do nosso ambiente econômico. Empreendedores — normalmente definidos como "tomadores de risco" na criação de novos empreendimentos — são excepcionalmente otimistas e dinâmicos; são indivíduos comprometidos, que têm grande satisfação em ser independentes. Começar um novo negócio requer mais do que apenas uma ideia. Requer que a pessoa seja especial, que seja um empreendedor que combine bom senso e planejamento de tomada de risco para assegurar o sucesso de seu próprio negócio.

Empreendedores, impulsionados por um intenso compromisso e perseverança, trabalham muito. Eles são otimistas, vendo sempre o copo meio cheio, e não meio vazio. Esforçam-se pela integridade. Esgotam-se com o desejo competitivo de se excederem. Usam a **falha** como ferramenta de aprendizagem. Enfim, eles têm bastante confiança em si mesmos para acreditar que, pessoalmente, podem fazer uma grande diferença no resultado final de seus empreendimentos.[7]

A taxa de falha substancial de novos empreendimentos atesta a dificuldade do empreendedorismo. Gestão inexperiente e incompetente são as principais razões para o fracasso. Mas quais são os fatores para o sucesso? Será que esses fatores se aplicam a todos os componentes do empreendedorismo? Estas são algumas das questões que iremos explorar neste capítulo.

2.2c Características associadas à mentalidade empreendedora

OA2 Identificar e discutir as características mais encontradas nos empreendedores de sucesso.

Uma análise da literatura relacionada às características empreendedoras revela a existência de um grande número de fatores que podem ser consolidados em um conjunto muito menor de dimensões do perfil.

Howard H. Stevenson e David E. Gumpert apresentaram um esboço da organização empreendedora que revela características como imaginação, flexibilidade e disposição para aceitar riscos.[8] William B. Gartner examinou a literatura e encontrou grande diversidade de características.[9] John Hornaday analisou várias fontes de pesquisa e formulou uma lista de 42 características, muitas vezes atribuídas a empreendedores (ver Tabela 2.1).

Na mais simples das formas teóricas de se estudar empreendedorismo, empreendedores fazem empreendedorismo. $E = f(e)$, ou seja, o empreendedorismo é uma função do empreendedor. Assim, o exame contínuo das características empreendedoras ajuda na compreensão evolutiva da mentalidade do empreendedor. Ronstadt dá a seguinte descrição:

> Candidatos a empreendedores vivem em um mar de sonhos. O destino deles são ilhas privadas — lugares para construir, criar e transformar sonhos em realidades particulares. Ser um empreendedor envolve prever e planejar a sua ilha, e, ainda mais importante, significa entrar no barco e remar até a sua ilha. Todos os sonhadores podem ser empreendedores um dia se conseguirem mobilizar os recursos — externos e internos — necessários para transformar seus sonhos em realidade.[10]

TABELA 2.1 CARACTERÍSTICAS FREQUENTEMENTE ATRIBUÍDAS A EMPREENDEDORES

1. Confiança
2. Perseverança, determinação
3. Energia, empenho
4. Desenvoltura
5. Habilidade para tomar riscos calculados
6. Dinamismo, liderança
7. Otimismo
8. Necessidade de alcançar algo
9. Versatilidade; conhecimento de produto, mercado, maquinário, tecnologia
10. Criatividade
11. Habilidade em influenciar os outros
12. Habilidade em lidar com pessoas
13. Iniciativa
14. Flexibilidade
15. Inteligência
16. Orientação em estabelecer metas claras.
17. Respostas positivas a desafios
18. Independência
19. Capacidade de resposta às sugestões e críticas
20. Competência com tempo, eficiência
21. Capacidade de tomar decisões rapidamente
22. Responsabilidade
23. Previdência
24. Precisão, rigorosidade
25. Cooperação
26. Orientação para o lucro
27. Capacidade de aprender com os erros
28. Senso de poder
29. Personalidade agradável
30. Egolatria
31. Coragem
32. Imaginação
33. Sutileza
34. Tolerância à ambiguidade
35. Agressividade
36. Capacidade para se divertir
37. Eficácia
38. Compromisso
39. Habilidade em fidelizar colaboradores
40. Sensibilidade para com os outros
41. Honestidade, integridade
42. Maturidade, equilíbrio

Fonte: John A. Hornaday. "Research about Living Entrepreneurs". In: *Encyclopedia of Entrepreneurship*, Calvin Kent; Donald Sexton; Karl Vesper (orgs.). Englewood Cliffs, NJ: Prentice Hall, 1982, p. 26-27. Adaptado com permissão da Prentice Hall, Englewood Cliffs, NJ.

Os empreendedores também têm sido caracterizados como uma interação das seguintes habilidades: autocontrole, planejamento e definição de metas, tomada de risco, inovação, percepção da realidade, uso de *feedback*, tomada de decisões, relações humanas e independência. Além disso, muitas pessoas acreditam que empreendedores de sucesso são pessoas que não têm medo de falhar.

Como mostramos anteriormente no capítulo, a pesquisa continua a expandir a nossa compreensão da cognição de empreendedores.[11] Novas características estão continuamente sendo adicionadas a essa lista sempre crescente. Neste ponto, contudo, examinaremos algumas das características mais citadas sobre os empreendedores. Embora a lista seja incompleta, ela fornece *insights* importantes sobre a mentalidade do empreendedor.

DETERMINAÇÃO E PERSEVERANÇA

Mais que qualquer outro fator, a total dedicação do empreendedor pode superar obstáculos e contratempos para alcançar o sucesso. Muitas vezes, a determinação pura e o firme compromisso para ter sucesso vencem todas as possibilidades que muitas pessoas considerariam insuperáveis. Eles também conseguem compensar as deficiências pessoais. Em geral, empreendedores com um empreendimento de alto potencial e um plano que inclua financiamento de capital de risco conseguem esperar investidores que meçam o seu comprometimento de várias maneiras. Os exemplos incluem vontade de hipotecar a casa, de diminuir despesas, de sacrificar tempo para a família e de reduzir o padrão de vida.

MOTIVAÇÃO PARA REALIZAR

As pessoas, de um modo geral, veem empreendedores como pessoas proativas, conduzidas por forte desejo de competir, a fim de superar padrões autoimpostos, além de perseguir e atingir metas desafiadoras. Esse movimento para a realização está bem documentado na literatura empreendedora, começando com o trabalho pioneiro de David McClelland sobre a motivação nas décadas de 1950 e 1960.[12] Pessoas bem-sucedidas tendem a ser tomadoras de risco moderado. Elas examinam a situação, determinam como aumentar as chances de ganhar, e, em seguida, avançam. Como resultado, as decisões de alto risco de empresários medianos são, muitas vezes, de risco moderado para o empresário bem-sucedido e preparado.

ORIENTAÇÃO DE OPORTUNIDADE

Um padrão claro entre empreendedores de sucesso é o foco na oportunidade, em vez focar em recursos, estrutura ou estratégia. A orientação para a oportunidade é a constante conscientização das oportunidades que existem na vida cotidiana. Empreendedores bem-sucedidos começam com a oportunidade e deixam que sua compreensão dela os oriente em outras decisões importantes. Eles são orientados pelo objetivo na busca de oportunidades. O estabelecimento de metas elevadas, mas possíveis, permite-lhes concentrar sua energia na classificação seletiva das oportunidades e saber quando dizer "não". A orientação para a meta também os ajuda a definir prioridades e fornece indicadores de seu desempenho.

RESOLUÇÃO DE PROBLEMAS PERSISTENTES

Empreendedores não se intimidam com situações difíceis. Na verdade, sua autoconfiança e otimismo geral parecem traduzir-se em uma visão de que o impossível só leva um pouco mais tempo para ser alcançado. No entanto, eles não ficam sem rumo e nem se tornam imprudentes em seu ataque implacável a um problema ou obstáculo que possa estar impedindo a operação de seus negócios. Se a tarefa for extremamente fácil ou parecer impossível, empreendedores acabarão desistindo antes dos outros — problemas simples os aborrecem, e os insolúveis não justificam o seu tempo. Além disso, embora sejam extremamente persistentes, os empreendedores são realistas em reconhecer o que podem e o que não podem fazer, e onde podem obter ajuda para resolver tarefas difíceis, mas inevitáveis.

BUSCANDO *FEEDBACK*

Empreendedores eficazes, muitas vezes, são descritos como aprendizes rápidos. Ao contrário de muitas pessoas, no entanto, eles também têm um forte desejo de saber como estão indo e como podem melhorar seu desempenho. Nesse sentido, eles procuram ativamente por *feedback* e utilizam-no. O *feedback* também é essencial para sua aprendizagem com os erros e retrocessos.

LÓCUS INTERNO DE CONTROLE

Empreendedores bem-sucedidos acreditam em si mesmos. Eles não acreditam que o sucesso ou o fracasso de seu empreendimento será regido por destino, sorte ou forças semelhantes, mas sim que suas realizações e reveses estão sob seu próprio controle e influência, o que pode afetar o resultado de suas ações. Esse atributo é consistente com doses altas de motivação para realização, com o desejo pessoal de assumir responsabilidade e com a autoconfiança.

TOLERÂNCIA PARA AMBIGUIDADE

Em start-ups, os empreendedores enfrentam a incerteza agravada por constantes mudanças que introduzem ambiguidade e estresse em todos os aspectos do empreendimento. Os reveses e as surpresas são inevitáveis; a falta de organização, de estrutura e de ordem lhes é natural. A tolerância com a ambiguidade ocorre quando o empreendedor consegue lidar com os vários e constantes reveses e mudanças. Empreendedores bem-sucedidos prosperam com a fluidez e a emoção de uma existência ambígua. A segurança no trabalho e a aposentadoria não costumam despertar seu interesse.

O PROCESSO EMPREENDEDOR

Inovadores revolucionários globais

Ao longo das últimas décadas, temos assistido o surgimento de inovadores revolucionários que, movidos por objetivos além da realização pessoal e sucesso do empreendimento, mudaram o mundo com suas ideias. Aqui estão alguns dos mais notáveis inovadores revolucionários.

Steve Jobs, da Apple

Ele foi cofundador, presidente e CEO da Apple, Inc. Um empreendedor que é bastante reconhecido como um pioneiro carismático da revolução do computador pessoal e que começou sua empresa em uma garagem, em 1976. Em 2011, a Apple tinha mais de 50 mil funcionários em todo o mundo, com vendas anuais superiores a 65 bilhões de dólares. Chegou a ser a maior empresa de capital aberto do mundo em valor de mercado e a maior empresa de tecnologia do mundo em receita e lucro. Steve Jobs faleceu em 2011 com 56 anos de idade.

Bill Gates, da Microsoft

Um dos empreendedores mais conhecidos da revolução do computador pessoal, Gates foi o arquiteto-chefe do *software* da Microsoft Corporation, líder mundial em *software*, serviços e soluções. A Microsoft também viria a dominar o mercado de *software* de escritório com o Microsoft Office. Em 2011, a Microsoft Corporation adquiriu a Skype Communications por 8,5 bilhões de dólares. As receitas da Microsoft ultrapassam os 36 bilhões de dólares, empregando mais de 55 mil pessoas em 85 países e regiões.

Larry Page e Sergey Brin, do Google

Juntos, eles fundaram o Google, Inc., em 1998. Hoje, o Google é uma das empresas mais bem-sucedidas financeiramente e mais inovadoras do mundo, expandindo seu alcance em muitas indústrias, do Google Maps aos celulares Google. Com uma receita de 30 bilhões de dólares, estima-se que o Google administre mais de um milhão de servidores em centros de processamento de dados ao redor do mundo, processando mais de um bilhão de solicitações de pesquisa e cerca de 24 petabytes de dados gerados por usuários todos os dias.

Oprah Winfrey, da Harpo, Inc.

Oprah Winfrey é a primeira mulher na história a ter e produzir seu próprio *talk show*. Winfrey é mais conhecida por seu premiado *talk show* (apresentado entre 1986 e 2011), o programa de maior audiência do tipo na história. Ela foi classificada como a afro-americana mais rica do século 20 e a maior filantropa negra na história norte-americana. De acordo com alguns especialistas, ela é uma das mulheres mais influentes de todos os tempos.

Sam Walton, do Walmart

Conhecido por iniciar a rede Walmart, em 1962. Sua filosofia era ajudar a trazer uma grande variedade de produtos e preços baixos para os consumidores ao longo de sua carreira. Hoje, a Walmart é a 18ª maior empresa do mundo, com mais de 400 bilhões de dólares em receitas e mais de 600 mil funcionários. A rede tem 8.500 lojas em 15 países, sob 55 nomes diferentes. Como resultado de suas realizações, Sam Walton foi o homem mais rico nos Estados Unidos de 1985 a 1988.

Gordon Moore, da Intel

Moore é cofundador da Intel, empresa criada em 1968 que se tornaria a maior fabricante de chips semicondutores do mundo. Em 2011, a abertura de capital da Intel foi de 122,41 bilhões de dólares. Moore é amplamente conhecido pela "Lei de Moore", na qual, em 1965, previu que o número de transistores que a indústria seria capaz de colocar em um chip de computador dobraria a cada dois anos. Essa sua previsão tornou-se o princípio orientador para a indústria.

Paul Orfalea, da Kinko's

Paul Orfalea fundou a Kinko como um centro de impressões on-line. O nome vem da forma como outras crianças brincam com seu cabelo crespo (*kinky*, em inglês). Em fevereiro de 2004, a Kinko foi comprada pela FedEx por 2,4 bilhões de dólares, e depois se tornou conhecida como FedEx Kinko's Office and Print Centers. Hoje, a Kinko é um centro de impressão espalhada pelo mundo, oferecendo uma variedade de serviços que rendem milhões de dólares por ano em receitas.

TOMADA DE RISCO CALCULADO

Empreendedores bem-sucedidos não são jogadores, mas sim *tomadores de riscos calculados*. Quando decidem participar de um empreendimento, fazem-no de forma muito calculada, cuidadosamente pensada. Eles fazem todo o possível para que as probabilidades estejam a favor, e muitas vezes evitam riscos desnecessários. Essas estratégias incluem fazer outras pessoas compartilhar os riscos financeiros e empresariais, por exemplo, convencendo parceiros e investidores a colocar dinheiro no empreendimento, credores a oferecer condições especiais, e fornecedores a adiantar a entrega de mercadorias.

ALTO NÍVEL DE ENERGIA

As cargas de trabalho extraordinárias e demandas estressantes impostas sobre os empreendedores ressaltam o valor da sua energia. Muitos deles afinam seus níveis de energia, monitorando cuidadosamente o que comem e bebem, estabelecendo rotinas de exercícios e sabendo quando se afastar para relaxar.

CRIATIVIDADE E INOVAÇÃO

Criatividade já foi considerada uma característica exclusivamente herdada. A julgar pelo nível de criatividade e inovação nos Estados Unidos, em comparação com o de culturas igualmente sofisticadas, mas menos criativas e inovadoras, parece improvável que tal característica seja apenas genética. Uma corrente de pensamento em expansão acredita que a criatividade pode ser aprendida (o Capítulo 5 fornece uma análise abrangente dessa característica crítica). Os novos empreendimentos, muitas vezes, possuem uma criatividade coletiva que emerge dos esforços conjuntos de fundadores e funcionários, produzindo produtos e serviços exclusivos.

VISÃO

Empreendedores sabem para onde querem ir e têm uma visão ou conceito do que suas empresas podem ser. Por exemplo, Steve Jobs, da Apple Computer, queria que sua empresa fornecesse microcomputadores que pudessem ser usados por todos, desde crianças em idade escolar a pessoas no ambiente de negócios. O computador, na sua concepção, seria mais que uma máquina, para se tornar parte integrante da vida da pessoa em termos de aprendizagem e comunicação. Essa visão ajudou a fazer da Apple uma grande concorrente na indústria de microcomputadores. Nem todos os empreendedores, contudo, têm visões predeterminadas para as suas empresas. Em muitos casos, essa visão se desenvolve ao longo do tempo, quando o indivíduo começa a perceber o que a empresa é e o que ela pode se tornar.

PAIXÃO

A paixão empreendedora é uma experiência emocional fundamental para os empreendedores. A pesquisadora Melissa S. Cardon, que dedicou grande parte de seus esforços em examinar esse elemento da mentalidade do empreendedor,[13] descobriu que a paixão empreendedora é uma expressão construída pelo empreendedor para fornecer uma compreensão coerente de uma experiência emocional de intensa excitação e energia que envolve um empreendedor e seu empreendimento. Além disso, a paixão empresarial é caracterizada por uma emoção discreta, mas bastante intensa, descrita como a força subjacente que alimenta nossas emoções mais fortes, a intensidade sentida ao envolver-se em atividades de profundo interesse ou a energia que permite a empreendedores atingir o máximo desempenho. Assim, a paixão empreendedora é reconhecida como um componente fundamental da mentalidade do empreendedor.

CONSTRUÇÃO DA EQUIPE

O desejo de independência e de autonomia não excluem a vontade do empreendedor de construir uma equipe empreendedora forte. A maioria dos empreendedores bem-sucedidos têm equipes altamente qualificadas e bem motivadas, que ajudam a lidar com o crescimento e o desenvolvimento do empreendimento. Na verdade, embora o empreendedor possa ter a visão mais clara de como a empresa é (ou deveria ser) dirigida, os colaboradores, muitas vezes, são mais qualificados para lidar com desafios do dia a dia.[14]

O PROCESSO EMPREENDEDOR

A persistência compensa os empreendedores

"Se, de início, você não conseguir, tente de novo e de novo." "Se cair do cavalo, você tem de subir nele outra vez." "O que não te mata só te fortalece." Parece que, não importa o provérbio que você escolha, ele sempre poderá ser aplicado a empreendedores; talvez seja seu otimismo constante o que corrobore essa percepção. O olho sempre aberto para oportunidades e uma evolução positiva são a marca de empreendedores bem-sucedidos. Um dos elementos-chave dos empreendedores de sucesso parece ser a persistência ao perguntar sobre o motivo dos desvios e como eles podem ser evitados ou explorados.

Há certos princípios que empreendedores experientes entendem mais que os de primeira viagem. Por exemplo, empreendedores experientes devoram informações dentro de suas indústrias. Eles acompanham as tendências e as tecnologias novas e predominantes em suas indústrias e naquelas que lhes são relacionadas. Empreendedores experientes também veem os problemas como oportunidades para melhorias e potenciais para novos empreendimentos, sendo, então, capazes de estudar e reconhecer padrões. Mais significativamente, eles têm certas metas em mente à medida que seus empreendimentos crescem, mas seus objetivos estão sempre se movendo para a frente. Assim, pode ser que experiência e persistência ensinem a empreendedores lições que serão usadas para alcançar sucessos futuros.

Um estudo da Harvard Business School mostrou que empreendedores experientes, com alguma história de sucesso, são muito mais propensos a ter sucesso em novos empreendimentos do que marinheiros de primeira viagem ou os que fracassaram anteriormente. Apesar de não ser uma notícia chocante, esse é um dos primeiros estudos a estabelecer que a persistência na performance beneficia o empreendedor de forma significativa. No estudo, empreendedores experientes tiveram 34% mais possibilidade de ter sucesso em sua próxima empresa empreendedora, em comparação com 23% daqueles que fracassaram anteriormente e com 22% daqueles de primeira viagem. O estudo mostrou, essencialmente, que empreendedores que iniciaram novos empreendimentos apoiados por empreendimentos anteriores de sucesso estavam muito mais propensos a ser bem-sucedidos nessa nova iniciativa em razão da experiência obtida na iniciativa anterior.

Deve-se reconhecer também que algum componente da persistência do desempenho pode decorrer de um princípio de "sucesso reprodutivo de outro sucesso". Em outras palavras, os empreendedores cujo primeiro empreendimento obteve sucesso, pelo menos em parte em razão de um bom momento, parecem também fazer bons empreendimentos subsequentemente. O momento, como o *boom* da internet na década de 1990 ou a popularidade dos apps para iPhones em 2012, pode levar os empreendedores que trabalham dentro desses domínios a maiores sucessos. Todavia, apesar de conquistar certo sucesso, ainda é o fator "experiência" que beneficia o seu próximo esforço empreendedor.

Uma consideração que emerge desse estudo: empreendedores inexperientes devem encontrar um parceiro experiente e previamente bem-sucedido. Durante tempos econômicos estagnados, os investidores hesitarão em colocar dinheiro em um grande risco, por isso sempre considerarão o fator "experiência da equipe". A persistência em empreendedorismo pode ser o melhor trunfo de hoje!

Fonte: Adaptado de: Lição 1: "Persistence is the single most important thing for success", blog de Evan Carmichael sobre empreendedores famosos (disponível em: http://www.evancarmichael.com/Famous-Entrepreneurs/4955/Lesson-1-Persistence-is-thesingle-most-important-thing-for-success.html); Sarah Jane Gilbert, "The Success of Persistent Entrepreneurs" *HBS Newsletter*, fevereiro/2009 (disponível em: http://hbswk.hbs.edu/item/5941.html); e Persistence: The only way for the entrepreneurs; Future StartUp 14/abril/2012 (disponível em: http://futurestartup.com/2012/04/14/persistence-the-only-way-forthe-entrepreneurs/. Acesso em: 6 jun. 2012).

2.3 LIDANDO COM O FRACASSO

Empreendedores usam o fracasso como uma experiência de aprendizagem, por isso têm *tolerância para o fracasso*. A natureza frequente de "tentativa e erro" de se tornar um empreendedor bem-sucedido faz que reveses e decepções sejam partes integrantes do processo de aprendizagem. Tenha em mente que, muitas vezes, empreendimentos criados para alcançar novas e únicas oportunidades fracassam em razão do ambiente de incerteza dentro do qual se desenvolvem. Embora o fracasso possa ser uma importante fonte de informação para a aprendizagem, esta não é automática nem instantânea. As emoções geradas pelo fracasso — ou seja, o pesar — podem interferir no processo de aprendizagem. Enquanto defendemos a importância do fracasso e da aprendizagem que deve acontecer uma vez que o fracasso tenha ocorrido, raramente reconhecemos a importância do pesar na experiência de um fracasso. O pesar é uma resposta emocional negativa à perda de algo importante que desencadeia sintomas comportamentais, psicológicos e fisiológicos.

2.3a O processo de recuperação do pesar

O processo tradicional de recuperação do pesar envolve focar-se na perda especificamente para a construção de uma explicação que responda o motivo dessa perda ter ocorrido. Quando uma explicação plausível para o fracasso é construída, o indivíduo consegue começar a quebrar os laços emocionais com o projeto perdido. Apesar disso, a pesquisa empírica demonstra que essa *perda de orientação* na direção da recuperação **do pesar** pode, às vezes, agravar a reação emocional negativa.[15] Ao focar a falha, os pensamentos do empreendedor podem mudar a partir dos acontecimentos que levam à incapacidade de reação diante das emoções que os cercam. Ou seja, ao focar continuamente no fracasso, pensamentos e memórias negativas tornam-se mais salientes e podem levar a reflexões que intensificam o pesar.[16]

Uma *orientação de restauração* é uma abordagem alternativa que se baseia tanto em retirar o fracasso do pensamento quanto em ser proativo em relação a causas secundárias de estresse. A distração leva os pensamentos do indivíduo para longe da fonte de suas emoções negativas, e a abordagem das causas secundárias de estresse (provocada pela falha) pode diminuir o fator de estresse primário — o fracasso empreendedor. É pouco provável, contudo, que evitar emoções leve ao sucesso de longo prazo, já que a supressão de emoções causa problemas físicos e psicológicos, e as emoções suprimidas poderão aparecer em momento inoportuno.[17]

O pesquisador Dean A. Shepherd[18] propôs um modelo dual de processo de recuperação do pesar sobre o fracasso empreendedor. Com base nesse modelo dual, um empreendedor se recupera mais rapidamente de um fracasso se ele oscilar entre uma perda e uma orientação de restauração. Essa oscilação significa que o empreendedor poderá obter os benefícios de ambas as orientações enquanto minimiza os custos de manutenção por um período prolongado. Pela oscilação (alternâncias) entre essas orientações, os empreendedores podem aprender mais com suas experiências de fracasso.

Os empreendedores mais eficazes são realistas o suficiente para esperar por dificuldades e fracassos. E se forem capazes de lidar eficazmente com qualquer pesar que emana do fracasso, então não ficarão decepcionados, desanimados ou deprimidos quando passarem por reveses — em tempos adversos e difíceis, eles continuarão a procurar pelas oportunidades. Dessa forma, os empreendedores acreditam que aprendem mais com seus fracassos iniciais para formar a base de seus recentes sucessos.

2.4 A EXPERIÊNCIA EMPREENDEDORA

Como discutimos no Capítulo 1, a visão predominante na literatura é que empreendedores criam empreendimentos. Apesar de ser uma afirmação verdadeira, sua estrutura estreita negligencia o processo completo do empreendedorismo e muito da realidade a respeito de como as pessoas se tornam empreendedoras e de como os empreendimentos são criados. Os pesquisadores Michael H. Morris, Donald F. Kuratko e Minet Schindehutte salientam que, como uma pintura que emerge da interação do indivíduo com o sentimento e agoniza na sua criação, um empreendimento não é simplesmente produzido por um empreendedor. Empreendedores não preexistem, mas surgem como uma função da natureza de romance, idiossincrática e experimental do processo de criação do empreendimento. A criação do empreendimento é uma experiência vivida, que, à medida que se desenrola, forma o empreendedor. Na verdade, a criação de um empreendimento sustentável envolve três fenômenos interativos paralelos: o surgimento da oportunidade, a emergência do empreendimento e a emergência do empreendedor. Nenhum deles é predeterminado ou fixo — cada um define os outros e é definido por eles.[19] Assim, essa perspectiva sobre o empreendedor tem permitido uma nova dinâmica na investigação empreendedora do século 21.

Esse ponto de vista experimental do empreendimento capta a natureza emergente e temporal do empreendedorismo, fazendo-nos passar por uma abordagem mais estática e "instantânea", e incentiva a consideração de um processo dinâmico, socialmente situado, que envolve inúmeros atores e eventos. Isso acontece porque muitas atividades dirigidas enquanto um empreendimento se desenrola são experimentadas por diferentes atores em diferentes formas.[20] Além disso, sabemos que a criação de um empreendimento transcende os processos de pensamento racional para incluir emoções, impulsos e respostas fisiológicas à medida que indivíduos reagem a um conjunto de atividades, eventos e desenvolvimentos diversificados e multifacetados. Essa perspectiva é consistente com a recente pesquisa situada na visão da ação empreendedora.[21] Devemos estar conscientes, no entanto, de que esse aspecto psicológico do empreendedorismo também apresenta um lado obscuro.

2.5 O LADO OBSCURO DO EMPREENDEDORISMO

OA3 Discutir o "lado obscuro" do empreendedorismo.

Uma grande parte da literatura é dedicada à exaltação dos sucessos e realizações de empreendedores. Contudo, também existe um **lado obscuro do empreendedorismo**, e sua fonte destrutiva pode ser encontrada em empreendedores bem-sucedidos. Ao examinar essa dupla abordagem da personalidade empresarial, o pesquisador Manfred F. R. Kets de Vries reconheceu a existência de alguns fatores negativos que podem envolver empreendedores e dominar seu comportamento.[22] Embora cada um desses fatores tenha um aspecto positivo, é importante que empreendedores também compreendam seu potencial destrutivo.

2.5a A confrontação do empreendedor com o risco

OA4 Identificar e descrever os diferentes tipos de risco que empreendedores enfrentam, bem como as principais causas de estresse destes indivíduos e como eles lidam com o problema.

Iniciar ou adquirir um novo negócio envolve **risco**. Quanto maior a recompensa, maiores serão os riscos que os empreendedores costumam enfrentar, e é por isso que eles tendem a avaliar o risco com muito cuidado. Em uma tentativa de descrever a atividade de tomada de risco de empreendedores, os pesquisadores desenvolveram uma tipologia de estilos.[23] A Figura 2.1 ilustra essas classificações em termos de risco financeiro enfrentado quando um novo empreendimento é realizado. Nesse modelo, o risco financeiro é medido em relação ao nível de *lucro* (o desejo pelo ganho monetário ou pelo retorno do empreendimento), juntamente com o tipo de atividade. A atividade com fins lucrativos está associada ao forte desejo de maximizar o lucro, e a busca da atividade refere-se a outras atividades associadas ao empreendedorismo, como a independência ou o próprio trabalho do empreendimento. Essa teoria sustenta que os empreendedores variam no que diz respeito à relação entre risco e retorno financeiro. Essa tipologia destaca a necessidade de explorar, dentro da teoria econômica, os estilos de motivações empreendedoras que se desviam dos estilos mais característicos da pessoa racional.

"Se há diferentes estilos de empreendedorismo, então nem toda pessoa que crie uma empresa o faz procurando minimizar os riscos e maximizar o retorno financeiro. Os modelos de formação de organização teriam, assim, de ser ajustados para diferenças entre aqueles que as formam."[24] Assim, como nem todos os empreendedores são movidos unicamente pelo ganho monetário, o nível de risco financeiro não pode ser completamente explicado pela oportunidade de lucro. O risco empreendedor é uma questão complexa, que requer muito mais que uma explicação de tipo risco econômico simples *versus* retorno.

Devemos observar que "as pessoas inovam e iniciam empresas bem-sucedidas de todas as formas e tamanhos. Mas elas têm algumas coisas que os outros não têm. No sentido mais profundo,

FIGURA 2.1 TIPOLOGIA DOS ESTILOS DE EMPREENDEDORISMO.

		Nível de risco financeiro pessoal	
		Baixo	**Alto**
Nível de motivação por lucro	**Baixo**	Prevenção de risco Procura de atividade	Aceitação do risco Procura de atividade
	Alto	Prevenção de risco Procura por lucro	Aceitação de risco Procura por lucro

Fonte: Thomas Monroy; Robert Folger, "A Typology of Entrepreneurial Styles: Beyond Economic Rationality". In: *Journal of Private Enterprise*, n. 9, v. 2, 1993, p. 71.

estão dispostas a aceitar o risco por aquilo que acreditam. Possuem a capacidade de lidar com uma vida profissional repleta de ambiguidade e com uma consistente falta de clareza. A maioria deseja colocar a sua marca em tudo que está criando. E enquanto o ego incontrolável pode ser algo destrutivo, tente encontrar um empreendedor cujo ego não envolva a empresa".[25]

Empreendedores enfrentam uma série de diferentes tipos de risco, que podem ser agrupados em quatro áreas básicas: (1) risco financeiro, (2) risco de carreira, (3) risco familiar e social e (4) risco psíquico.[26]

RISCO FINANCEIRO

Na maioria dos novos empreendimentos, o indivíduo coloca parte significativa da sua poupança ou de outros recursos em jogo, o que cria um sério **risco financeiro**. Esse dinheiro, ou esses recursos, têm grande probabilidade de acabar se o empreendimento fracassar. O empreendedor também pode ser obrigado a assinar pessoalmente obrigações da empresa que excedam em muito o seu patrimônio pessoal, ficando, portanto, exposto a falência pessoal. Muitas pessoas se dispõem a arriscar economias, casa, propriedade e salário para iniciar um novo negócio.

RISCO DE CARREIRA

Uma questão frequentemente levantada por candidatos a empreendedores é se serão capazes de encontrar um emprego ou voltar ao antigo caso o empreendimento fracasse. O **risco de carreira** é uma grande preocupação para gestores que têm um trabalho seguro, com um alto salário e um bom pacote de benefícios.

RISCO FAMILIAR E SOCIAL

Iniciar um novo empreendimento requer muita energia e tempo do empreendedor, que, por sua vez, pode gerar um **risco familiar e social**. Consequentemente, seus outros compromissos podem ser prejudicados. Empreendedores que são casados, e especialmente aqueles com crianças, expõem suas famílias a riscos de uma experiência familiar incompleta, com a possibilidade de cicatrizes emocionais permanentes. Além disso, velhos amigos podem desaparecer, eventualmente, pela falta de contato.

RISCO PSÍQUICO

O **risco psíquico** pode ser o maior risco ao bem-estar do empreendedor. O dinheiro pode ser substituído, a casa nova pode ser construída, cônjuges, filhos e amigos normalmente podem se adaptar. Mas alguns empreendedores que passaram por catástrofes financeiras foram incapazes de se recuperar, ou pelo menos não o fizeram imediatamente. O impacto psicológico tem se mostrado muito grave para eles.

2.5b O estresse e o empreendedor

Algumas das metas mais comuns de empreendedores são independência, riqueza e satisfação no trabalho. Pesquisas mostram que aqueles que atingem esses objetivos, muitas vezes, pagam um alto preço:[27] a maioria dos empreendedores pesquisados teve problemas de coluna, indigestão, insônia e dor de cabeça. Para atingir seus objetivos, no entanto, esses empreendedores estavam dispostos a tolerar esses efeitos do estresse. Os fins justificam os meios.

O QUE É ESTRESSE EMPREENDEDOR?

Em geral, o **estresse** pode ser visto como uma função da discrepância entre as expectativas da pessoa e sua capacidade de atender às demandas, assim como a discrepância entre as expectativas do indivíduo e sua personalidade. Se uma pessoa é incapaz de cumprir as exigências do papel que lhe cabe, ocorre o estresse. Quando as demandas do trabalho e as expectativas dos empreendedores superam suas habilidades para agir como inovadores de empreendimentos, eles estão propensos a experimentar o estresse. Um pesquisador destacou de que maneira os papéis e os ambientes operacionais dos empreendedores podem levar ao estresse. Iniciar e administrar um negócio requer significativa tomada de risco, e, como já mencionado, esses riscos podem ser financeiros, de carreira, familiar e social ou psíquico. Os empreendedores também devem se engajar em atividades de comunicação constante — interagindo com grupos externos relevantes, como clientes, fornecedores, reguladores, advogados e contadores —, o que pode ser estressante.

Sem a profundidade dos recursos, os empreendedores devem suportar o custo de seus erros enquanto têm uma infinidade de funções como vendedor, recrutador, porta-voz e negociador de sua própria empresa — essas demandas simultâneas podem levar à sobrecarga. Possuir e operar um negócio exige um grande empenho de tempo e energia, conforme observado anteriormente, muitas vezes em detrimento da família e das atividades sociais. Por fim, os empreendedores costumam trabalhar sozinhos ou com um pequeno número de colaboradores, e sem o apoio de colegas que, em geral, estão disponíveis apenas aos gestores de uma grande corporação.[28]

Além dos papéis e do ambiente experimentados por empreendedores, o estresse pode acontecer a partir de uma estrutura básica da personalidade. Conhecido como comportamento *tipo A*, temos uma estrutura de personalidade em que as pessoas são impacientes, exigentes e muito sensíveis. Esses indivíduos se submetem a cargas pesadas de trabalho e encontram-se completamente imersos em suas demandas de negócios. Algumas das características associadas a personalidades do tipo A são:

- *Senso crônico e grave de urgência de tempo.* Por exemplo, pessoas do tipo A ficam particularmente frustradas com engarrafamentos.
- *Constantes envolvimentos em vários projetos sujeitos a prazos.* Pessoas do tipo A têm prazer em sentir-se inundadas de trabalho.
- *Negligência de todos os aspectos da vida, exceto o trabalho.* Esses *workaholics* vivem para trabalhar, em vez de trabalharem para viver.
- *Tendência em assumir responsabilidade excessiva.* Muitas vezes, em combinação com a sensação de que "só eu sou capaz de cuidar desse assunto."
- *Verbalização explosiva e tendência a falar mais rápido que a maioria das pessoas.* Pessoas do tipo A, quando irritadas, são propensas a discursos inflamados e xingamentos.

A literatura sobre o estresse salienta que o comportamento das pessoas do tipo A está relacionado à doença cardíaca coronariana e que o estresse é um contribuinte para doenças do coração.[29]

Assim, para entender melhor o estresse, os empreendedores precisam conhecer a sua personalidade, assim como as funções e os ambientes operacionais que se diferenciam entre os negócios.[30]

FONTES DE ESTRESSE

Os pesquisadores David P. Boyd e David E. Gumpert identificaram quatro causas de estresse do empreendedor: (1) solidão, (2) imersão em negócios, (3) problemas com as pessoas e (4) necessidade de realização.[31]

Solidão. Embora os empreendedores costumem estar cercados de pessoas — colaboradores, clientes, contadores e advogados —, muitas vezes estão isolados daquelas em quem podem confiar. Longas horas de trabalho os impedem de buscar o conforto e o conselho de amigos e familiares. Além disso, eles tendem a não participar de atividades sociais, a menos que estas lhes tragam algum benefício comercial. Um senso de *solidão* pode se estabelecer por causa dos sentimentos de isolamento.

Imersão nos negócios. Uma das ironias do empreendedorismo é que empreendedores bem-sucedidos ganham dinheiro suficiente para participar de uma variedade de atividades de lazer, mas não podem fazer um cruzeiro exótico, uma viagem de pesca ou passar férias em estações de esqui porque o negócio não permite que se ausentem. A maioria dos empreendedores são casados com seus negócios — *a imersão nos negócios* pode significar que trabalham longas horas e têm pouco tempo para participar em organizações civis, de recreação ou educação.

Problemas com pessoas. Empreendedores dependem de parceiros, colaboradores, clientes, banqueiros e outros profissionais e devem trabalhar com eles. Muitos, porém, experimentam frustração, desapontamento e agravamento em suas experiências com essas pessoas. Empreendedores bem-sucedidos costumam ser perfeccionistas, e sabem como querem que as coisas sejam feitas; muitas vezes, passam um tempo considerável tentando fazer que funcionários apáticos atendam os seus rigorosos padrões de desempenho. Com frequência, por causa do conflito irreconciliável, parcerias são dissolvidas.

Necessidade de realização. Realização traz satisfação. Durante o estudo de Boyd e Gumpert, no entanto, ficou claro que existe uma linha tênue entre "tentar alcançar" e "não conseguir alcançar o suficiente" — na maioria dos casos, o empreendedor está tentando realizar muito mais. Muitos nunca estão satisfeitos com o seu trabalho, não importando quão bem ele seja realizado. Eles parecem reconhecer os perigos (por exemplo, para a sua saúde) da ambição desenfreada, mas têm dificuldade em se ajustar a essa necessidade de conquista. Parecem acreditar que, se pararem ou diminuírem o ritmo, alguns concorrentes virão e destruirão tudo que trabalharam tanto para construir.

LIDANDO COM O ESTRESSE

É importante ressaltar que nem todo estresse é ruim. Certamente, se o estresse se torna preponderante e implacável na vida de uma pessoa, ele desgasta as capacidades físicas do corpo. No entanto, se o estresse puder ser mantido dentro de limites construtivos, ele pode aumentar a eficiência de uma pessoa e melhorar o seu desempenho.

Os pesquisadores Boyd e Gumpert fizeram uma contribuição significativa para a definição das causas do estresse do empreendedor, mas o que torna seu estudo particularmente notável é a apresentação de técnicas de redução de estresse — maneiras para empreendedores melhorarem a qualidade do seu negócio e de sua vida pessoal.[32] Embora as técnicas clássicas de redução do estresse, como meditação, *biofeedback*, relaxamento muscular e exercício físico regular ajudem a reduzir o estresse, os pesquisadores sugerem que um outro fator importante aos empreendedores é esclarecer as causas do seu estresse. Após identificar essas causas, os empreendedores podem combater o estresse excessivo (1) reconhecendo a sua existência, (2) desenvolvendo mecanismos de enfrentamento e (3) sondando suas necessidades pessoais não reconhecidas.

Networking   Uma maneira de aliviar a solidão da gestão de uma empresa é compartilhar experiências, fazendo *networking* com outros empresários. A objetividade que se tem ao ouvir sobre os triunfos e erros dos outros é algo terapêutico.

Livrar-se de tudo   Muitos empreendedores relatam que o melhor antídoto para a imersão no negócio é um feriado. Se dias ou semanas de férias são limitados por restrições dos negócios, as pausas curtas ainda são possíveis. Tais intervalos permitem uma autorrenovação.

Comunicação com os colaboradores   Empreendedores têm contato próximo com seus colaboradores e podem facilmente avaliar as preocupações de suas equipes. O contato pessoal geralmente inexistente em grandes empresas, como horário flexível, vales a funcionários e excursões, são possíveis aqui. Em tais situações, esses funcionários costumam ser mais produtivos do que outros em grandes organizações, e podem experimentar menos estresse em razão dos toques pessoais aplicados.

Satisfação fora da empresa   Contrariar a necessidade obsessiva de realização pode ser difícil, já que a personalidade do empreendedor está inextricavelmente entrelaçada com a empresa. Os empreendedores precisam afastar-se do negócio ocasionalmente e ficar mais apaixonados por sua própria vida: eles precisam ganhar algumas novas perspectivas.

Delegação   A implementação de mecanismos de adaptação exige tempo, e para ganhar esse tempo, o empreendedor tem de *delegar* tarefas. Os empreendedores consideram difícil delegar, porque pensam que têm de estar no negócio o tempo todo e que devem estar envolvidos em todos os aspectos de sua operação. Mas se esse tempo for necessário para o alívio do estresse, os representantes apropriados devem ser encontrados e treinados.

Exercitar-se rigorosamente   Os pesquisadores Michael G. Goldsby, Donald F. Kuratko e James W. Bishop examinaram a relação entre exercício físico e realização de objetivos pessoais e profissionais em empreendedores.[33] O estudo abordou a questão pelo exame dos exercícios físicos de 366 empreendedores e da relação de frequência de exercício tanto com as vendas da empresa quanto com as metas pessoais do empreendedor. Especificamente, o estudo examinou a relação de dois tipos de exercícios — corrida e levantamento de peso — com o volume de vendas e com as recompensas extrínsecas e intrínsecas. Os resultados indicaram que a corrida relaciona-se positivamente com as três variáveis de resultados, e o levantamento de peso, com recompensas extrínsecas e intrínsecas. Esse estudo demonstra o valor dos exercícios físicos em aliviar o estresse dos empreendedores.

2.5c O ego empreendedor

Além dos desafios com o risco e o estresse, o empreendedor também pode experimentar os efeitos negativos de um ego inflado. Em outras palavras, determinadas características que normalmente impulsionam os empreendedores ao sucesso também podem expô-los ao extremo. Examinaremos quatro dessas características que podem ter implicações destrutivas nos empreendedores.[34]

NECESSIDADE ARROGANTE DE CONTROLE

Empreendedores são movidos por uma forte *necessidade de controlar* tanto a sua empresa quanto o seu destino. Esse foco no controle interno resvala para uma preocupação em controlar tudo. A obsessão por autonomia e controle pode levar empreendedores a trabalhar em situações estruturadas *somente* quando essa estrutura foi criada de acordo com *seus* termos, e isso, em uma equipe empreendedora, tem, naturalmente, sérias implicações para o *networking*, porque eles podem visualizar o controle externo dos outros como uma ameaça de sujeição ou de violação da sua vontade. Assim, a mesma característica que os empreendedores necessitam para criar um empreendimento de sucesso também tem um lado destrutivo.

SENSAÇÃO DE DESCONFIANÇA

Para se manterem alertas com a concorrência, os clientes e as regulamentações governamentais, os empreendedores devem fazer continuamente uma varredura no ambiente. Eles tentam antecipar-se e agir sobre o desenvolvimento de situações que outros poderão reconhecer tarde demais, e esse estado de desconfiança pode levá-los a perder o foco de coisas triviais e a perder de vista a realidade, distorcer o raciocínio e a lógica e ter atitudes destrutivas. Mais uma vez, a desconfiança é uma característica ambígua.

O PROCESSO EMPREENDEDOR

O medo do empreendedorismo

O medo que o empreendedor experimenta tem seu próprio gosto, seu próprio cheiro e sua própria dor, e não vai embora enquanto o indivíduo for um empreendedor. O empreendedor vivencia essa experiência como num curso, que chamamos aqui de "o medo do empreendedorismo 101". Embora o curso seja seletivo, pode-se ingressar facilmente sem a necessidade de matrícula, e a permanência pode ser indefinida. O medo que os empreendedores experimentam não pode ser previsto nem é possível fugir dele, portanto, não há como estar preparado completamente para enfrentá-lo. Como a maioria dos empreendedores não admite ter experimentado esse "medo empreendedor", isso continua sendo algo secreto e obscuro. E como não se fala sobre o assunto, muitos empreendedores acreditam que são os únicos que já o experimentaram.

De acordo com Wilson Harrell, um empresário de Jacksonville, Flórida, o medo empreendedor é muito diferente do medo comum. Em geral, o medo é acidental, inesperado e de curta duração, tal como a súbita onda de adrenalina que se experimenta quando se é quase atropelado por um ônibus, ele explica. O medo empreendedor, por outro lado, é autoinfligido. É um mundo particular no qual nenhum sonho acontece, mas em que pesadelos cheios de monstros constantemente tentam destruir cada pedaço do empreendedor.

O que causa esse medo? Não é o dinheiro — um empreendedor explicará que dinheiro é apenas um bônus da realização, e perder dinheiro é um dos riscos assumidos. O medo do fracasso tem muito a ver com isso. Empreendedores não querem apenas se tornar uma outra pessoa qualquer que se dedica a negócios e ser relegado ao esquecimento, sem deixar a sua marca. O que induz esse medo complexo ainda tem de ser descoberto.

Para Harrell, o medo apareceu quando ele começou seu próprio negócio de distribuição de alimentos para a venda de produtos em bases militares na Europa. Harrell era representante da Kraft Food Company, e aumentou tanto as suas vendas, que vendeu a si mesmo para fora do trabalho. Como ele fizera o seu trabalho parecer fácil demais, foi sugerido à administração da Kraft que seu próprio pessoal de vendas poderia fazer o trabalho melhor e mais barato. Então, o que Harrell fez? Como perder a conta da Kraft o colocaria fora do negócio, ele arriscou tudo e propôs que, se a Kraft mantivesse a distribuição pela sua empresa e não assumisse a intermediação na Alemanha, Harrell a ajudaria a disseminar-se em todos os lugares. Durante 30 dias, Harrell experimentou um terror imenso, mas a Kraft decidiu confiar em Harrell e continuar a intermediação com a empresa dele.

Qual é o segredo para o empreendedorismo, mesmo com esse medo? Recompensa. Não importa qual seja a dor decorrente do medo, a euforia do sucesso supera tudo. Essa força, juntamente com o medo, é uma emoção reservada a empreendedores e torna-se alimento para o espírito. É como uma volta na montanha russa: no início, você se imagina puxado até o topo bem lentamente, o que torna qualquer decisão difícil, com um crescente sentimento de excitação e pressentimentos. Então, quando atinge o topo, há um breve momento em que tudo é assustador, e o carrinho acelera antes de você perder totalmente o controle. Enquanto você grita para o desconhecido, o medo toma conta. De início, tudo o que você sente é medo; então, de repente, o passeio termina e o medo se vai, mas a alegria permanece. O que vem depois para o empreendedor? Ele compra um outro ingresso para o brinquedo.

Então, qual é o ingrediente-chave para o sucesso do empreendedor? De acordo com Harrell, é a habilidade de lidar com o medo. Ele acredita que a solidão do empreendedor, interagindo com seus medos pessoais, lhe dá vida e excitação em um mundo monótono e temporal.

Fonte: Adaptado de Wilson Harrell, "Entrepreneurial Terror," *Inc.*, fevereiro 1987, p. 74-76.

DESEJO AVASSALADOR PELO SUCESSO

O ego do empreendedor está envolvido no desejo pelo sucesso. Embora, hoje, muitos empreendedores acreditem estar vivendo no limite da existência, um forte desejo pelo sucesso os influencia de maneira constante, apesar das incertezas. Assim, o empreendedor ergue-se como uma pessoa desafiante, que age de forma criativa, para negar qualquer sentimento de insignificância. O indivíduo é orientado pelo sucesso e pelo orgulho em demonstrar esse sucesso, e nisso estão as sementes de uma possível destruição. Se o empreendedor procura demonstrar sua realização pela construção de um monumento — como um edifício de escritórios, uma fábrica imponente ou um escritório extremamente confortável —, o perigo está no fato de ele se tornar mais importante que seu próprio empreendimento. Uma perda de perspectiva como essa poderá, naturalmente, ser o lado destrutivo do desejo pelo sucesso.

OTIMISMO IRREALISTA

O otimismo incessante que emana dos empreendedores, mesmo em épocas mais sombrias, é um fator-chave na direção do sucesso. Empreendedores mantêm um alto nível de entusiasmo, que se torna um *otimismo externo*, permitindo que outras pessoas acreditem neles durante períodos difíceis. No entanto, quando levada ao extremo, essa atitude pode gerar uma fantasia para o negócio, fazendo surgir um estado de autoenganação, no qual os empreendedores ignoram tendências, fatos e relatórios e se iludem em pensar que tudo sairá bem. Esse tipo de comportamento pode levar à incapacidade de lidar com a realidade do mundo dos negócios.

Esses exemplos não significam que *todos* os empreendedores cedam a tais cenários, nem que cada uma das características apresentadas sempre leve para o lado "destrutivo". No entanto, todos os potenciais empreendedores precisam saber que o lado obscuro do empreendedorismo existe.

2.6 ÉTICA DO EMPREENDEDORISMO

OA6 Estudar a ética mediante uma estrutura de conceito de um ambiente dinâmico.

Atualmente, questões éticas nos negócios são de grande importância, e com razão. A prevalência de escândalos, fraudes e várias formas de má conduta executiva em empresas são estímulos ao olhar atento do público.[35]

Ética, no entanto, não é um tema novo; tem lugar proeminente no pensamento filosófico desde o tempo de Sócrates, Platão e Aristóteles. Derivada da palavra grega *ethos*, que significa costume ou modo de conduta, a ética tem desafiado os filósofos durante séculos para determinar o que representa exatamente a conduta certa ou errada. Por exemplo, o executivo de negócios Vernon R. Loucks, Jr. cita que "foi por volta de 560 a.C. [...] quando o pensador grego Quílão registrou a opinião de que um comerciante faz melhor ao ter alguma perda do que em fazer um lucro desonesto. Seu raciocínio era que a perda pode ser dolorosa por um tempo, mas a desonestidade fere para sempre, o que permanece oportuno".[36]

Os empreendedores de hoje são confrontados com muitas decisões éticas, especialmente durante as fases iniciais de seus empreendimentos. E como Sir Adrian Cadbury observou, "não existe uma fórmula universal simples para resolver problemas éticos. Temos de escolher os nossos próprios códigos de conduta de acordo com regras apropriadas para cada caso; o resultado dessas escolhas nos faz quem somos".[37]

Nas seções seguintes, examinaremos alguns dilemas éticos que os empreendedores enfrentam. Esperamos que o candidato a empreendedor perceba o forte impacto que a integridade e a conduta ética têm sobre a criação de um empreendimento de sucesso.

2.7 DILEMAS ÉTICOS

OA5 Discutir os dilemas éticos enfrentados pelos empreendedores.

No sentido mais amplo, a **ética** fornece as regras ou os parâmetros básicos para a realização de uma atividade de forma "aceitável". Mais especificamente, ética representa um conjunto de princípios que prescrevem um código de comportamento que explica o que é bom e certo ou ruim e errado. A ética pode, além disso, delinear dever moral e obrigações.[38] O problema com a maioria das definições do termo não é a descrição em si, mas suas implicações para a implementação. A definição é uma descrição estática, que implica que a sociedade concorda em certos princípios universais; no entanto, como a sociedade opera em um ambiente dinâmico e em constante mudança, esse consenso não existe.[39] Na verdade, o conflito contínuo sobre a natureza ética das decisões sempre existirá.

O conflito surge por uma variedade de razões. Em primeiro lugar, as empresas são confrontadas com muitos interesses, tanto internos quanto externos, como os de acionistas, clientes, gerentes, comunidade, governo, funcionários, grupos de interesses privados, sindicatos, parceiros e assim por diante. Em segundo lugar, a sociedade está passando por uma mudança dramática. Os valores, a moral e as normas sociais passaram por uma evolução drástica nas últimas décadas. A definição de ética em um ambiente em rápida mutação deve basear-se mais em um processo do que em um código estático. A Figura 2.2 ilustra uma estrutura conceitual para vermos esse processo. Como um especialista em ética declara, "decidir o que é bom ou certo, ou ruim e errado, em um ambiente tão dinâmico é, necessariamente, 'situacional'. Portanto, em vez de depender de um conjunto de princípios éticos fixos, agora temos de desenvolver um processo ético".[40]

Os quadrantes representados na Figura 2.2 demonstram o velho dilema entre a lei e a ética. Ao movimentar-se da posição ética e legal ideal (Quadrante I) para uma posição antiética e ilegal (Quadrante IV), pode-se ver a continuidade de atividades dentro de um processo ético.

Ainda assim, a legalidade fornece padrões sociais, mas não respostas definitivas para as questões éticas. Para o empreendedor, o dilema "legal" *versus* "ética" é vital. Até que ponto um empreendedor pode ir para estabelecer seu empreendimento? A sobrevivência do empreendimento é uma forte motivação para os empreendedores, e a lei, embora estabeleça os limites para o que é ilegal (mesmo que as leis estejam sujeitas à interpretação constante), não fornece respostas para considerações éticas.

2.7a Racionalizações éticas

Um pesquisador sugere que o comportamento legal representa uma das quatro **racionalizações** que gestores utilizam para justificar uma conduta questionável. As quatro racionalizações são acreditar (1) que a atividade não é "de fato" ilegal ou imoral, (2) que ela é do melhor interesse do indivíduo ou da empresa, (3) que quem a pratica nunca será descoberto e (4) que, por ser boa para a empresa, esta será tolerante para com ela.[41]

Levando-se em conta o comportamento de muitas empresas privadas hoje, tais racionalizações parecem ser realistas; no entanto, o aspecto legal pode ser duvidoso, e isso porque o mundo dos negócios (e da sociedade) depende muito da lei para qualificar diversas ações e situações. A lei interpreta as situações no âmbito prescrito e, infelizmente, esse quadro não inclui sempre o comportamento ético ou moral, o qual é deixado para o indivíduo, este sim a razão precisa do dilema.

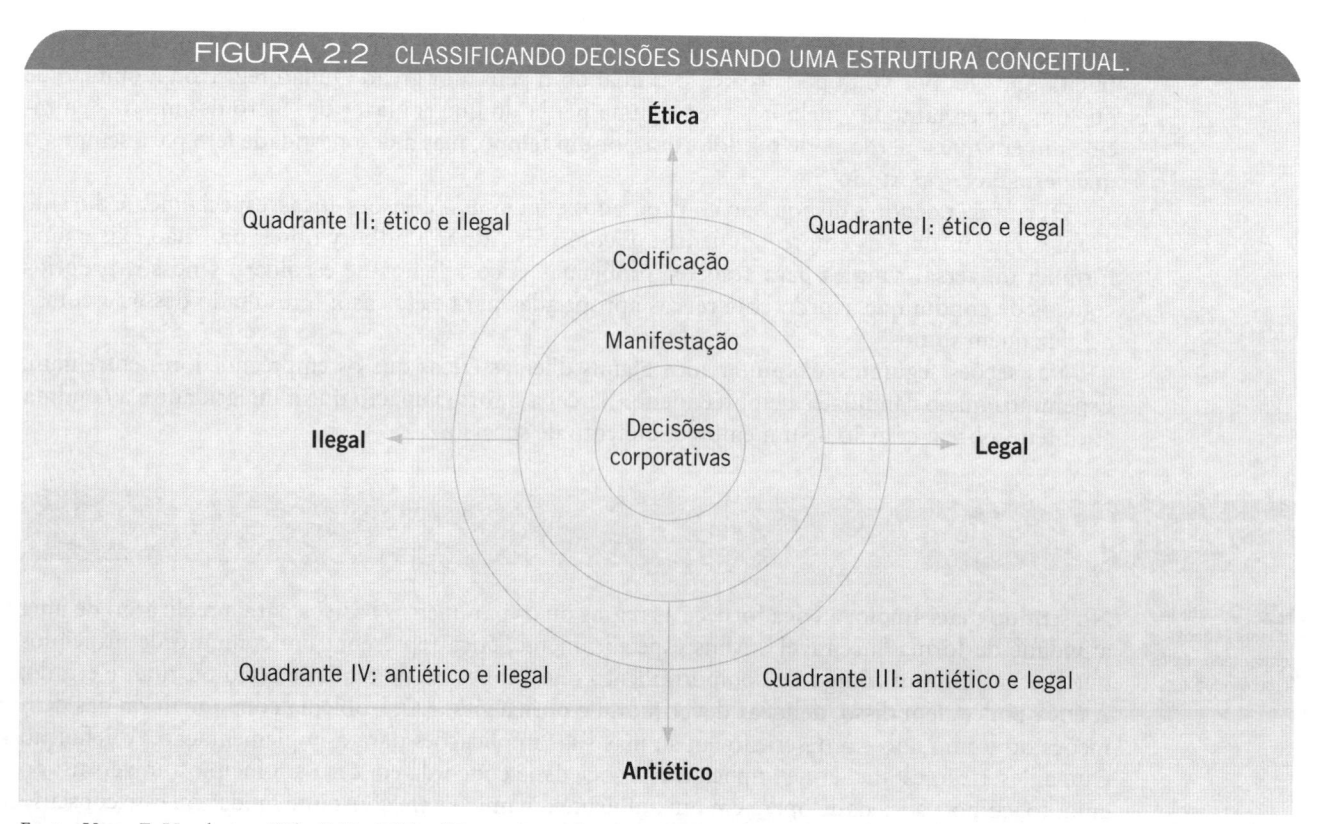

FIGURA 2.2 CLASSIFICANDO DECISÕES USANDO UMA ESTRUTURA CONCEITUAL.

Ética

Quadrante II: ético e ilegal   Quadrante I: ético e legal

Codificação

Manifestação

Ilegal ←   Decisões corporativas   → Legal

Quadrante IV: antiético e ilegal   Quadrante III: antiético e legal

Antiético

Fonte: Verne E. Henderson, "The Ethical Side of Enterprise". *Sloan Management Review*, primavera 1982, p. 42.

Em qualquer investigação sobre a racionalização do processo de gestão, a ideia de atos moralmente questionáveis é uma grande preocupação para se compreender a conduta ética. Um estudo desenvolveu uma tipologia de atos moralmente questionáveis (a Tabela 2.2 resume as distinções feitas nessa tipologia).[42] Atos moralmente questionáveis são tanto aqueles praticados "contra a empresa" como "em nome da empresa"; além disso, o papel do gestor difere em cada um deles. A falta de papel ocorre quando um líder extrapola o seu âmbito de atuação como gestor, e tais atos vão contra a empresa; como exemplo, citamos o aumento de valores em notas de despesas ou fraude em notas fiscais. Atos relacionados a **falha de papel** também vão contra a empresa, mas envolvem uma pessoa que deixa de cumprir o seu papel de gestor, o que inclui avaliações de desempenho superficiais (não totalmente honestas), deixando de confrontar alguém que esteja fraudando as notas de despesas, por exemplo. Os atos de **distorção de papel** e de **afirmação de papel** são racionalizados "para a empresa"; eles envolvem gestores e/ou empreendedores que, racionalmente, colocam os interesses de longo prazo da empresa acima de tudo. Exemplos disso incluem suborno, fixação de preços, manipulação de fornecedores e a não retirada de um produto potencialmente perigoso do mercado. A distorção de papel, especificamente, é o comportamento de indivíduos que pensam estar agindo no melhor interesse da empresa; então, seus papéis estão "distorcidos"; já a afirmação de papel é o comportamento daqueles que defendem seus papéis além do necessário, pensando, erroneamente, que estão ajudando a empresa.

Todos os quatro papéis envolvidos em atos moralmente questionáveis — seja a "favor", seja "contra" a empresa — ilustram os tipos de racionalização que podem ocorrer. Além disso, essa tipologia apresenta uma visão interessante sobre as distinções envolvidas com a racionalização gerencial.

2.7b A questão da moralidade

A conduta ética pode ir além dos limites da lei.[43] Como apontado por um grupo de escritores notáveis, moral e lei não são sinônimos, embora possam ser vistas como dois círculos parcialmente sobrepostos sobre si (ver Figura 2.3). A área de intersecção dos círculos "padrões morais" e "requisitos legais" representa o corpo de ideias que é tanto moral quanto legal. No entanto, a maior extensão de área está fora dessa parte sobreposta e indica a grande diferença às vezes existente entre a moralidade (ética) e a lei.[44]

TABELA 2.2 TIPOS DE ATOS MORALMENTE QUESTIONÁVEIS

Tipo	Efeito direto	Exemplos
Atuação sem papel	Contra a empresa	Superfaturamentos
		Desfalques
		Roubo de suprimentos
Falha de papel	Contra a empresa	Avaliação de desempenho superficial
		Não confrontar o superfaturamento com a nota de despesas
		Exaltar um mal executante com elogios inflados
Distorção de papel	Para a empresa e pela empresa	Suborno
		Fixação de preços
		Manipulação de fornecedores
Afirmação de papel	Para a empresa e pela empresa	Investir em países governados de forma antiética
		Uso de tecnologia nuclear para geração de energia
		Não retirada de uma linha de produtos em face de alegações iniciais de segurança inadequada

Fonte: James A. Waters; Frederick Bird. "Attending to Ethics in Management". *Journal of Business Ethics*, n. 5, 1989, p. 494.

FIGURA 2.3 SOBREPOSIÇÃO ENTRE NORMAS MORAIS E REQUISITOS LEGAIS.

Padrões morais — Requisitos legais

O pesquisador de ética LaRue T. Hosmer chegou a três conclusões sobre a relação entre os requisitos legais e o julgamento moral. Em primeiro lugar, como observado anteriormente, os requisitos legais podem se sobrepor, mas não duplicar os padrões morais da sociedade. Algumas leis não têm conteúdo moral de qualquer natureza (por exemplo, dirigir do lado direito da estrada), outras são moralmente injustas (por exemplo, as leis de segregação racial vigentes nos Estados Unidos entre os anos de 1960 e 1970), e algumas normas morais não têm base legal (por exemplo, não contar mentira). Em segundo lugar, os requisitos legais tendem a ser negativos (atos proibitivos), enquanto a moral tende a ser positiva (atos de incentivo). Em terceiro lugar, requisitos legais costumam ficar atrás dos padrões morais aceitáveis da sociedade.[45]

Além disso, mesmo que se argumentasse que as leis são o julgamento moral coletivo da sociedade, problemas surgiriam quando as pessoas passassem a acreditar que as leis representam moralidade. O ambiente legal, seja por falta de informações sobre as questões, seja por deturpação de valores ou de leis ou por um sistema judicial impreciso, tem dificuldade em abranger todas as expectativas éticas e morais. Desse modo, a questão sobre lei e ética continuará a ser um dilema para os empreendedores.

Mas é claro que o comportamento antiético não tem lugar no negócio. Por quê? Algumas explicações possíveis incluem (1) ganância, (2) distinções entre as atividades de trabalho e as atividades domésticas, (3) falta de base ética, (4) sobrevivência (linha de pensamento) e (5) confiança em outras instituições sociais para transmitir e reforçar a ética. Quaisquer que sejam as razões, a tomada de decisão ética é um desafio que confronta cada empreendedor.[46]

2.7c Complexidade das decisões

Empreendedores são confrontados cotidianamente pela necessidade de tomada de decisões nos negócios e muitas dessas decisões são complexas e aumentam as considerações éticas. As decisões de negócios de empreendedores são altamente complexas por cinco razões. Em primeiro lugar, as decisões éticas têm consequências amplas; muitas vezes, têm um efeito cascata em que as consequências são sentidas por outros, fora da empresa. Por exemplo, a decisão de usar produtos de baixo custo, mas não seguros, afetará os trabalhadores e os consumidores do produto final.

Em segundo lugar, as decisões de negócios envolvendo questões éticas têm várias alternativas, e as escolhas não são sempre "sim" ou "não". Muitas decisões têm uma ampla gama de alternativas que podem envolver várias decisões menos importantes. No que diz respeito ao primeiro exemplo, sobre o uso de produtos perigosos, o empreendedor ainda pode ter a alternativa de usar produtos mais baratos, porém seguros.

Em terceiro lugar, as decisões empresariais éticas muitas vezes têm resultados mistos. Os benefícios sociais, assim como os custos, estão envolvidos em cada decisão importante, assim como as receitas e as despesas financeiras.

Em quarto lugar, a maioria das decisões de negócios tem consequências éticas incertas, nunca sendo absolutamente certo qual será a consequência real de uma decisão, mesmo quando essa consequência pareça evidente — em outras palavras, uma decisão sempre envolverá um risco ético.

Por fim, a maioria das decisões empresariais éticas têm implicações pessoais. É difícil para um empreendedor deixar de levar em conta uma decisão e o seu resultado potencial. Um empreendimento de sucesso, a oportunidade financeira e o desenvolvimento de novos produtos são áreas que podem ser afetadas por decisões com consequências éticas, e o empreendedor, muitas vezes, considerará impossível tomar uma decisão puramente impessoal.[47]

Estas cinco declarações sobre decisões de negócios precisam ser consideradas quando um empreendedor estiver desenvolvendo um novo empreendimento, pois elas indicam a necessidade de captar o máximo de informações possíveis sobre cada decisão importante. Um especialista em assuntos éticos, que acredita que isso implica compreender as características das atividades de um empreendimento (o que, por sua vez, permite uma sensibilidade maior sobre os resultados), observou que "alguém na empresa precisa saber as suas tendências — as marcas especiais que ela deixa —, precisa antecipar os pontos de crise e aumentar a possibilidade de ações morais inteligentes, o que é uma grande preocupação para nós."[48]

2.7d Dilemas éticos no e-commerce (comércio eletrônico)

É claro que o e-commerce e as compras on-line têm crescido em popularidade, possivelmente redefinindo as normas sociais referentes ao comércio. Com o lento desaparecimento das interações face a face, a questão de como os empreendedores podem estabelecer confiança torna-se uma prioridade. Contribuindo para a preocupação dos consumidores está o fato de o comportamento antiético ter mais probabilidade de ocorrer nas transações on-line do que nas off-line, dada a facilidade que as empresas encontram para enganar os consumidores por essa via de negócio. Desse modo, hoje vemos consumidores postando suas opiniões on-line, e outros contando com essas opiniões para decidir sobre suas compras.[49] As opiniões on-line são enviadas para *sistemas de gestão de reputação*, que, agora, desempenham um importante papel no e-commerce, já que são comumente usados em sites populares, como Amazon e e-Bay.[50] No entanto, uma nova preocupação ética surgiu em relação ao uso, e às vezes abuso, desses novos sistemas.

Apesar de pesquisadores terem documentado a importância da confiança do consumidor no e-commerce,[51] a pressão enfrentada pelos negócios para proteger sua reputação on-line tem levado algumas empresas a recorrer a táticas que traem a confiança do consumidor, postando opiniões específicas, a fim de manipular os sistemas de gestão de reputação.[52] Um estudo revelou como jovens profissionais têm sido condicionados pelo anonimato das interações on-line e até que ponto eles racionalizam a deturpação da informação dos consumidores a fim de impulsionar as vendas.[53]

Essas questões referentes aos desafios éticos que agora confrontam empreendedores têm a ver com o ataque da mídia social ao sucesso potencial do empreendimento que está em jogo nas mãos de sites de gestão de reputação. Como os empreendedores devem proceder? Em vez de utilizar as *racionalizações* já discutidas para justificarem um comportamento questionável, seria muito melhor que exibissem maior responsabilidade ética a longo prazo. Na próxima seção, examinaremos como estabelecer uma estratégia ética.

2.8 ESTABELECENDO UMA ESTRATÉGICA PARA UM EMPREENDIMENTO ÉTICO

Como o sistema de livre-iniciativa em que o empreendedor floresce é repleto de conflitos, empreendedores precisam comprometer-se com uma estratégia estabelecida para um empreendimento ético.

2.8a Códigos de conduta ética

Um **código de conduta** é uma declaração de práticas ou orientações éticas a que um empreendimento deve aderir. Há muitos desses códigos, alguns relacionados à indústria e outros, diretamente, à conduta corporativa, todos cobrindo uma grande quantidade de assuntos diferentes, que variam de uso incorreto dos bens da empresa, conflitos de interesse, uso de informações sigilosas da empresa, falsificação de livros de registros e violações antitruste. Com base em resultados de pesquisas recentes, duas importantes conclusões podem ser tiradas. A primeira é que os códigos de conduta têm se tornado mais comuns nas indústrias — a gestão está deixando de apenas falar de comportamentos éticos e morais da "boca pra fora", mas está passando a escrever e a distribuir orientações quanto a esse tipo de comportamento, para que todos na empresa leiam e sigam. E a segunda é que, em contraste com códigos anteriores, os mais recentes têm sido mais significativos em termos de desenvolvimento externo e legal, mais abrangentes em termos de cobertura e mais fáceis de ser implementados, no que diz respeito aos procedimentos administrativos utilizados para aplicá-los.[54]

É claro, a questão mais importante a ser respondida permanece: a gestão irá, de fato, aderir a um alto código de moral? Muitos gestores responderiam simplesmente que sim, que iriam aderir a tal código. Por quê? A razão principal é que isso é bom para os negócios. Um alto executivo esclarece melhor o motivo: "De forma singular, ou combinada, as práticas antiéticas possuem um efeito corrosivo nos mercados livres e no livre comércio, que são fundamentais para a sobrevivência dos sistemas de empreendimento livre. Essas práticas corrompem as leis de suprimentos e de demanda, e estragam a competição baseada nas clássicas ideias de produto de qualidade, serviço e preço. Com elas, os mercados livres são substituídos por mercados corrompidos e, assim, é retirada a necessidade de melhoria constante nos produtos e serviços."[55]

Uma segunda razão é que, melhorando o clima do empreendimento, a corporação poderá, enfim, reconquistar a confiança do mercado. Isso marcaria uma reviravolta, já que, hoje, muitas pessoas questionam a integridade moral e ética das empresas e acreditam que empresários tentam escapar com tudo o que podem. Somente o tempo dirá se os códigos de conduta melhorarão as práticas comerciais. As tendências atuais indicam, contudo, que as empresas estão trabalhando duro para alcançar esse objetivo.[56]

Mark Twain, certa vez, disse: "Faça sempre a coisa certa. Isso surpreenderá algumas pessoas e deixará outras atônitas". Isso também as motivará a fazer o que é certo. De fato, sem um bom exemplo do topo, os problemas éticos (e todos os custos que deles advêm) são inevitáveis dentro da empresa.

2.8b Responsabilidade ética

OA7 Apresentar estratégias para estabelecer responsabilidade ética e liderança.

Estabelecer uma estratégia de responsabilidade ética não é uma tarefa fácil para os empreendedores. Não existe abordagem única ou ideal de ética organizacional. Empreendedores precisam analisar a consciência ética de sua empresa, o processo e a estrutura planejados para melhorar a atividade ética e, finalmente, o seu próprio compromisso em institucionalizar objetivos éticos dentro da empresa.[57] Ao manter esses pontos em mente, eles, por fim, conseguirão iniciar uma estratégia de responsabilidade ética, a qual deverá levar a três elementos prioritários: consciência ética, processo e estrutura ética, e institucionalização.

- *Consciência ética* — O desenvolvimento da consciência ética é responsabilidade do empreendedor, já que a visão dele criou o empreendimento. A figura-chave para o estabelecimento do tom da tomada de decisão e do comportamento ético é o empreendedor. Uma conversa aberta sobre problemas e processos da empresa, o estabelecimento de seus códigos de ética e os exemplos dados pelo empreendedor ilustram como isso é feito. Por exemplo, quando um CEO de uma grande empresa descobriu discrepâncias em um dos departamentos, ele fez os 20 colaboradores envolvidos doar 8.500 dólares a instituições de caridade.[58] Essa ação liderou as ações éticas positivas e estabeleceu o tom de expectativas éticas.
- *Processo e estrutura ética* — Processo e estrutura ética referem-se aos procedimentos, declarações de posicionamentos (códigos) e objetivos éticos anunciados para evitar ambiguidade. Fazer todos os principais colaboradores ler os objetivos éticos específicos da empresa e assinar declarações em que se comprometam a seguir tais políticas é uma boa prática para os empreendimentos.
- *Institucionalização* — A institucionalização é um passo deliberado para incorporar os objetivos éticos do empreendedor dentro dos objetivos econômicos do empreendimento. Às vezes, um empreendedor pode ter de modificar políticas e operações que se tornam muito intensas e infringem eticamente a situação. É aí que o compromisso ético e os valores do empreendedor são testados. A revisão constante dos procedimentos e o *feedback* em operações são vitais para a institucionalização da responsabilidade ética.[59]

2.9 CONSIDERAÇÕES ÉTICAS DE EMPREENDEDORES CORPORATIVOS

Empreendedores corporativos — descritos na literatura acadêmica como administradores ou colaboradores que não seguem o *status quo* de seus colegas de trabalho — são tidos como visionários, que sonham conduzir a empresa a novas direções. Como resultado, na superação dos obstáculos internos para alcançar seus objetivos profissionais, eles costumam caminhar sobre uma linha fina entre a desenvoltura inteligente e a quebra de regras. Os pesquisadores Donald F. Kuratko e Michael G. Goldsby desenvolveram um quadro orientador para gestores e organizações que buscam impedir comportamentos antiéticos no exercício da atividade empreendedora (ver Figura 2.4).[60]

O PROCESSO EMPREENDEDOR

Moldando uma estratégia ética

O desenvolvimento de um clima organizacional para o comportamento responsável e ético requer esforço contínuo e investimento de tempo e recursos. Código de conduta, colaboradores éticos, programas de treinamento e auditorias de responsabilidade ética anuais não necessariamente se somam a uma organização responsável e ética. Um programa de ética formal pode servir como um catalisador de um sistema de apoio, mas a integridade organizacional depende da integração dos valores da empresa em seu sistema administrativo.

A seguir estão alguns elementos-chave que os empreendedores devem ter em mente ao desenvolver uma estratégia ética.

- *Os valores e compromissos que orientam o empreendedor devem fazer sentido e ser claramente comunicados*. Eles devem refletir as obrigações organizacionais importantes e as aspirações amplamente compartilhadas que atraem os membros da organização. Os colaboradores de todos os níveis devem levá-los a sério, sentir-se confortáveis ao discutir sobre eles e com eles, e ter uma compreensão concreta da importância de sua prática.
- *Os empreendedores devem estar pessoalmente empenhados, convencidos e dispostos a agir pelos valores que defendem*. Eles não são meros porta-vozes.
- *Empreendedores devem estar dispostos a examinar suas próprias decisões*. Consistência por parte da liderança é fundamental, e os empreendedores devem assumir a responsabilidade pela tomada de decisões difíceis quando obrigações éticas entram em conflito.
- *Os valores defendidos devem ser integrados aos canais normais de atividades críticas da organização*. Esses canais incluem: planejamento de inovação, alocação de recursos, comunicação de informações e promoção e crescimento pessoal.
- *Os sistemas e estruturas do empreendimento devem apoiar e reforçar os seus valores*. Os sistemas de informação, por exemplo, devem ser projetados para fornecer informações oportunas e precisas. As relações hierárquicas devem ser estruturadas para dar equilíbrio e controle ao promover um julgamento objetivo.
- *Todos os funcionários da empresa devem ter habilidades de tomada de decisão, conhecimentos e competências necessários para decidir eticamente todos os dias*. O pensamento ético e a conscientização devem fazer parte das competências de cada funcionário.

Fonte: Adaptado de Lynn Sharp Paine. "Managing for Organizational Integrity". *Harvard Business Review*, março/abril 1994, p. 106-17.

FIGURA 2.4 DESAFIOS ÉTICOS DO EMPREENDIMENTO CORPORATIVO.

Obstáculos organizacionais	ASSUNTOS DE REDE INTERNA			ASSUNTOS DE LIDERANÇA		
	SISTEMAS	ESTRUTURAS	POLÍTICAS E PROCEDIMENTOS	DIREÇÃO ESTRATÉGICA	PESSOAS	CULTURA
Dilemas gerenciais	Sistemas mal conduzidos de avaliação e recompensa	Canais de comunicação restrita Falta de responsabilidades	Ciclos de aprovação longos e complexos Requisitos extensos de documentação Critérios de desempenho irrealistas	Nenhuma visão do topo Falta de compromisso dos altos executivos Ausência de modelos no topo	Viés bairrista Proteção "da grama"	Valores mal definidos Falta de ajustes Valores conflitantes com os do gerente
Consequências de atos antiéticos	CARREIRISMO			PARADIGMA AMORAL		
Soluções	AVALIAÇÃO DA ATIVIDADE EMPREENDEDORA + PROGRAMA DE TREINAMENTO DE EMPREENDIMENTO CORPORATIVO					

Fonte: Donald F. Kuratko e Michael G. Goldsby. "Corporate Entrepreneurs or Rogue Middle Managers? A Framework for Ethical Corporate Entrepreneurship". *Journal of Business Ethics*, n. 55, 2004, p. 18.

Esses pesquisadores examinaram as barreiras que gerentes de nível médio enfrentam na tentativa de ser empreendedores em ambientes menos favoráveis, as consequências antiéticas que disso podem resultar, e realizaram uma avaliação sugerida e um programa de treinamento para evitar tais dilemas.

As barreiras incluem obstáculos organizacionais de duas categorias: problemas de rede interna e questões de liderança. As barreiras específicas para ações inovadoras incluem sistemas, estruturas, políticas e procedimentos, cultura, orientação estratégica e pessoas. Com base nessas barreiras e nos dilemas gerenciais que estas podem causar, os pesquisadores aconselham as empresas a adotar o empreendedorismo corporativo para: (1) estabelecer a flexibilidade necessária, a inovação e o apoio à iniciativa dos funcionários e a assunção de riscos; (2) eliminar as barreiras que o gerente médio empreendedor possa enfrentar para alinhar suas iniciativas pessoais e organizacionais, reduzindo a necessidade de comportar-se de forma antiética; e (3) incluir um componente ético ao treinamento corporativo, que forneça orientações para instituir componentes de conformidade e valor em programas de empreendedorismo corporativo de ponta. No entanto, mesmo que o empreendedorismo corporativo tenha o apoio da empresa, alguns gestores ainda poderão representar riscos éticos. Será raro que todos da empresa façam a mesma coisa, e justamente por isso seria prudente incluir um componente ético nos programas de treinamento corporativo, a fim de garantir que todos estejam cientes das expectativas e da visão da alta administração. Um programa de formação mais completo e uma abordagem ao empreendedorismo corporativo devem acontecer para um futuro melhor — tanto para a organização quanto para os seus membros — e para prevenir futuras crises éticas.

2.10 LIDERANÇA ÉTICA DE EMPREENDEDORES

Embora a ética apresente desafios complexos aos empreendedores, o sistema de valores de um proprietário e/ou empreendedor é a chave para o estabelecimento de uma organização ética.[61] Um proprietário tem a oportunidade única de mostrar honestidade, integridade e ética em todas as suas decisões-chave. Suas ações servem de modelo a ser seguido por todos os outros funcionários.

Em empreendimentos menores, a influência ética do proprietário é mais poderosa do que em empresas maiores, porque sua liderança não se difunde em meio às camadas de gestão. Em uma pequena empresa, os proprietários são facilmente identificados e os colaboradores costumam observá-los regularmente. Portanto, empreendedores possuem um forte potencial para estabelecer altos padrões éticos em todas as suas decisões de negócios.

Um estudo descobriu que o sistema de valores do proprietário é um componente crítico das considerações éticas que cercam uma decisão de negócios. Esse estudo também atinge empreendedores que estão procurando estabelecer um ambiente ético em que seus empregados e outros colaboradores possam trabalhar. Por exemplo, foi mostrado que a preparação de uma declaração política específica sobre ética (código de ética) pelo proprietário e seus funcionários é capaz de fornecer a compreensão necessária para a tomada de decisões administrativas. Donos de empresas pequenas também podem ter de abordar processos especificamente administrativos de tomada de decisão. Além disso, eles podem necessitar de algum tempo para desenvolver análises comparativas e orientações a respeito de comportamentos éticos de seus colaboradores. Embora não esperemos que tais diretrizes cubram todos os cenários possíveis, elas, certamente, ajudarão a abordar a dimensão do desenvolvimento dos negócios e do lucro. Por fim, se os empreendedores conseguirem estabelecer recompensas e punições explícitas, cuidadosamente baseadas em comportamento ético — e cumpri-las —, preocupações com crime e roubo podem começar a ser abordadas.[62]

Uma perspectiva interessante começou a tomar forma. Como resultado do crescente número de mulheres empreendedoras, as empresas agora estão observando a ética do cuidar. Cuidar é a alternativa feminina à ética mais tradicional e masculina, que se baseia em regras e regulamentos.[63] O foco das filosofias feministas é a adoção de relações positivas em todas as áreas da vida ou, como afirma Milton Mayeroff, "cuidar de outra pessoa, no sentido mais significativo, é ajudá-lo a crescer e atualizar-se".[64] Seguir leis pode não levar à construção de relacionamentos tão fortes quanto possível; no entanto, considerar os interesses dos outros e manter relacionamentos saudáveis — enfim, cuidar, de acordo com feministas —, pode levar a climas mais genuinamente morais.

É claro que a ética empreendedora será sempre extremamente difícil de ser definida, codificada e implementada em razão dos valores pessoais e das questões morais que ela traz à tona. Todavia, a importância da ética deve ser salientada quando novos empreendimentos se iniciam. Como observado por um escritor, "a importância singular das empresas para a vida diária de cada um de nós e para o nosso futuro coletivo exige sua atenção cuidadosa e melhores esforços".[65]

Em geral, os empreendedores devem perceber que a sua integridade pessoal e o seu exemplo ético serão a chave para o desempenho ético de seus colaboradores. Seus valores podem permear e caracterizar a organização, e essa vantagem única cria uma posição de liderança ética nos empreendedores.[66]

2.11 MOTIVAÇÃO EMPREENDEDORA

OA8 Examinar a motivação empreendedora.

Examinar as razões que levam as pessoas a começar uma empresa e como essas razões diferem de uma pessoa para outra (ou daqueles que iniciam negócios sem sucesso) pode ajudar a explicar como a motivação que os empreendedores demonstram na fase inicial do negócio está ligada ao comportamento que exibem mais tarde. Lanny Herron e Harry J. Sapienza afirmaram: "Como a motivação desempenha um papel importante na criação de novas organizações, as teorias sobre a criação de organizações que não conseguem lidar com essa noção estão incompletas".[67] Um pesquisador, em sua revisão sobre a motivação para a realização e o empreendedor, disse: "Ainda é útil estudar cuidadosamente o papel do indivíduo, incluindo o seu perfil psicológico. Os indivíduos são, afinal, os energizadores do processo empreendedor".[68]

Assim, embora a pesquisa sobre as características psicológicas dos empreendedores não tenha fornecido um bom "perfil" do empreendedor, ainda é importante reconhecer a contribuição dos fatores psicológicos ao processo.[69] Na verdade, a busca pela criação de um novo empreendimento, bem como a disposição de *sustentar* esse risco, relaciona-se diretamente à *motivação do empreendedor*.[70]

Um estudo examinou a importância da satisfação para a disposição de um empreendedor em permanecer no empreendimento. Objetivos particulares, atitudes e *backgrounds* são todos importantes determinantes da satisfação do empreendedor.[71] Nesse sentido, outra abordagem da pesquisa examinou o processo motivacional experimentado pelo empreendedor, e concluiu que a decisão de se comportar de forma empreendedora resulta da interação entre vários fatores.[72] Um conjunto de fatores inclui características pessoais do indivíduo, ambiente pessoal, ambiente de negócios relevante e conjunto de metas pessoais, bem como a existência de uma ideia de negócio viável.[73] Além disso, o indivíduo compara a sua percepção dos prováveis resultados com as expectativas pessoais que tem em mente e, em seguida, observa a relação entre o comportamento empreendedor que ele implementaria e os resultados esperados.

De acordo com essa abordagem, as expectativas dos empreendedores são, finalmente, comparadas com resultados verdadeiros ou presumidos — o comportamento futuro do empreendedor baseia-se nos resultados de todas essas comparações. Quando os resultados atendem ou excedem as expectativas, o comportamento empreendedor é reforçado positivamente, e o indivíduo é motivado a continuar comportando-se de forma empreendedora, seja dentro do empreendimento atual ou, possivelmente, pelo início de empreendimentos adicionais, dependendo do objetivo empreendedor existente. Quando os resultados não correspondem às expectativas, a motivação do empreendedor será menor e terá um impacto correspondente sobre a decisão de continuar agindo de forma empreendedora. Essas percepções também afetam as estratégias seguintes, a implementação da estratégia e a gestão da empresa.[74]

Outra linha recente de pesquisa examinou motivações específicas a respeito de como e por que empreendedores persistem com um empreendimento, definindo **persistência empreendedora** como a escolha de um empreendedor em continuar com uma oportunidade empreendedora, independentemente das influências ou de outras alternativas sedutoras.[75] Daniel V. Holland e Dean A. Shepherd consideraram que a decisão de persistir é influenciada por características pessoais, bem como pelo *feedback* do ambiente em relação a certos limiares de adversidade. Os resultados a que chegaram os pesquisadores demonstram que as políticas de decisão dos empreendedores em relação à persistência diferiram com base no nível de experiência com a adversidade e os valores individuais.

RESUMO

Na tentativa de explicar a mentalidade empreendedora dos indivíduos, este capítulo apresentou os conceitos de cognição empresarial e de metacognição para examinar as formas que os empreendedores veem as oportunidades e tomam decisões. Vários estudos têm sido conduzidos para determinar as qualidades pessoais e as características dos empreendedores de sucesso. Algumas dessas características foram examinadas no capítulo: determinação e perseverança, motivação para a realização, orientação de oportunidade, lócus interno de controle, tolerância para ambiguidades, tomada de riscos calculada, alto nível de energia, criatividade e inovação, visão e paixão.

Um exame sobre o fracasso e o processo de recuperação do pesar foram, então, introduzidos, e a ideia da experiência empreendedora foi discutida para explorar as ligações entre empreendedor de risco e do processo. Em seguida, o capítulo focou no lado escuro do empreendedorismo, incluindo confronto com o risco, problemas com o estresse e traços específicos que podem permear o ego empreendedor. Empreendedores têm oportunidades únicas de exercer influência pessoal sobre os seus empreendimentos, criando desafios de liderança ética a todos os empreendedores.

O capítulo, então, examinou a ética como um conjunto de princípios que prescrevem um código de comportamento que explica o certo e o errado; a ética também pode delinear deveres e obrigações morais. Como é muito difícil definir a palavra *ética*, é útil observá-la mais como um processo, e não como um código estático. Os empreendedores enfrentam muitas decisões éticas, especialmente durante as fases iniciais de seus novos empreendimentos.

Quando tomam decisões que fazem fronteira com o antiético, os empreendedores costumam racionalizar suas escolhas, e essas racionalizações podem ser baseadas em atos moralmente questionáveis, que são cometidos tanto "contra a empresa" quanto "em nome da empresa" pelos gestores envolvidos. Dentro desse quadro, quatro são os tipos distintos de funções gerenciais: atuação sem papel, falha de papel, distorção de papel e afirmação de papel. Para estabelecer estratégias éticas, alguns empreendedores criam códigos de conduta, e um código de conduta nada mais é que uma declaração de práticas éticas ou orientações às quais a empresa adere. Hoje, os códigos são cada vez mais predominantes nas organizações, e estão provando ser mais significativos na sua implementação. Apesar de sempre existir certa falta de clareza e de direção em seu sentido, a ética continuará a ser uma questão importante para os empreendedores durante o novo século.

O capítulo termina com uma discussão sobre motivação empreendedora. Apresenta uma pesquisa que reconhece a contribuição dos fatores psicológicos para o processo de empreendedorismo, e demonstra a importância das expectativas dos empreendedores e os resultados verificados na motivação para iniciar e manter um empreendimento. Por fim, algumas das mais recentes pesquisas sobre a "persistência empreendedora" foram introduzidas para demonstrar o crescente interesse que existe a respeito desse conceito.

TERMOS-CHAVE

adaptabilidade cognitiva
afirmação de papel
código de conduta
cognição
cognição empreendedora
comportamento empreendedor
distorção de papel
estresse
ética

experiência empreendedora
falha
falha de papel
lado obscuro do empreendedorismo
mentalidade empreendedora
modelo metacognitivo
motivação empreendedora
persistência empreendedora
racionalizações

recuperação do pesar
risco
risco de carreira
risco familiar e social
risco financeiro
risco psíquico
teoria de cognição social

PERGUNTAS DE REVISÃO E DISCUSSÃO

1. O que é "cognição empresarial" e como ela afeta a mentalidade dos empreendedores? Como a "metacognição" entra em jogo aqui?
2. Empreendedores têm tolerância para a ambiguidade, assumem riscos calculados e exalam paixão. O que essas características significam para qualquer empreendedor potencial?
3. É verdade que a maioria dos empreendedores bem-sucedidos fracassaram em algum momento de suas carreiras? Explique.

4. Como o fracasso deve ser tratado pelos empreendedores? Qual é o papel do "pesar" nesse processo?
5. O empreendedorismo tem um "lado obscuro". O que essa afirmação quer dizer? Dê a resposta completa.
6. Quais são as quatro áreas de risco que os empreendedores enfrentam? Descreva cada uma delas.
7. Quais são as quatro causas de estresse entre empreendedores? Como um empreendedor pode lidar com cada uma dessas causas?
8. Descreva os fatores associados ao ego empreendedor.
9. "A ética deve ser baseada mais em um processo do que em um código estático." O que essa declaração quer dizer? Você concorda com ela? Justifique sua resposta.
10. Uma pequena empresa farmacêutica acaba de receber a permissão da Food and Drug Administration (FDA) para comercializar seu novo medicamento anticolesterol. Embora o produto tenha sido testado por cinco anos, a administração acredita que efeitos colaterais graves ainda podem acontecer com sua utilização, e um aviso sobre esse efeito segue impresso na etiqueta. Como você descreveria a ação dessa empresa do ponto de vista ético e legal caso ela comercializasse esse medicamento aprovado pela FDA? Utilize a Figura 2.2 para auxiliá-lo na resposta.
11. Explique os quatro papéis distintos que gestores podem adotar na racionalização de atos moralmente questionáveis "contra a empresa" ou "em nome da empresa". Dê a resposta completa.
12. Por que decisões complexas costumam levantar considerações éticas sobre o empreendedor?
13. Cal Whiting acredita que os empreendedores precisam abordar a importância da ética em suas organizações. No entanto, ele não sabe ao certo por onde começar em sua própria empresa, porque toda a empresa está obscura para ele. O que você sugeriria? Onde ele poderia começar? O que deveria fazer? Seja o mais prático possível em suas sugestões.
14. Qual é o conceito de motivação empreendedora e como ele foi descrito?
15. Explique o conceito de persistência empreendedora e como ele foi examinado.

NOTAS

1. Rob Asghar, "Study: Millennials Are the True Entrepreneur Generation", *Forbes*, novembro 11, 2014. Disponível em: http://www.forbes.com/sites/robasghar/2014/11/11/study-millennials-are-the-true-entrepreneur-generation/. Acesso em: 2 jan. 2015.; Brian Dumaine e Elaine Pofeldt, "The Best Bolleges for Aspiring Entrepreneurs", *Fortune Small Business*, setembro/2007, p. 61-75.
2. Veja, por exemplo, William D. Bygrave e Charles W. Hofer, "Theorizing about Entrepreneurship", *Entrepreneurship Theory and Practice* 16, n. 2, 1991, p. 12-22; Ivan Bull e Gary E. Willard, "Towards a Theory of Entrepreneurship", *Journal of Business Venturing*, n. 8, v. 3, 1993, p. 183-196; William B. Gartner, "Is There an Elephant in Entrepreneurship? Blind Assumptions in Theory Development", *Entrepreneurship Theory and Practice*, n. 25, v. 4, 2001, p. 27-39; e Jeffery S. McMullen e Dean A. Shepherd, "Entrepreneurial Action and the Role of Uncertainty in the Theory of the Entrepreneur", *Academy of Management Review*, n. 31, v. 1, 2006, p. 132-52.
3. Veja Robert A. Baron, "Cognitive Mechanisms in Entrepreneurship: Why and When Entrepreneurs Think Differently than Other People", *Journal of Business Venturing*, n. 13, v. 4, 1998, p. 275-94; e Norris F. Krueger, "What Lies Beneath: The Experiential Essence of Entrepreneurial Thinking", *Entrepreneurship Theory and Practice*, n. 31, v. 1, 2007, p. 123-38.
4. Ronald K. Mitchell, Lowell Busenitz, Theresa Lant, Patricia P. McDougall, Eric A. Morse, e J. Brock Smith, "Toward a Theory of Entrepreneurial Cognition: Rethinking the People Side of Entrepreneurship Research", *Entrepreneurship Theory and Practice*, n. 27, v. 2, 2002, p. 93-105; veja também R. W. Hafer e Garett Jones, "Are Entrepreneurship and Cognitive Skills Related? Some International Evidence", *Small Business Economics*, n. 44, v. 2, 2015, p. 283-98.
5. J. Michael Haynie, Dean A. Shepherd, Elaine Mosakowski, e P. Christopher Earley, "A Situated Metacognitive Model of the Entrepreneurial Mindset", *Journal of Business Venturing*, n. 25, v. 2, 2010, p. 217-29; e J. Michael Haynie, Dean A. Shepherd, e Holger Patzelt, "Cognitive Adaptability and an Entrepreneurial Task: The Role of Metacognitive Ability and Feedback", *Entrepreneurship Theory and Practice*, n. 36, v. 2, 2012, p. 237-65.
6. Denis A. Grégoire, Andrew C. Corbett, e Jeffery S. McMullen, "The Cognitive Perspective in Entrepreneurship: An Agenda for Future Research", *Journal of Management Studies*, n. 48, v. 6, 2011, p. 1443-77; Chia-Huei Wu, Sharon K. Parker, e Jeroen P. J. de Jong, "Need for Cognition as an Antecedent of Individual Innovation Behavior", *Journal of Management*, n. 40, v. 6, 2014, p. 1511-34; e Robert P. Garrett, Jr. e Daniel V. Holland, "Environmental Effects on the Cognitions of Corporate and Independent Entrepreneurs", *Small Business Economics*, n. 45, v. 2, 2015, p. 369-81.
7. Melissa S. Cardon, Charlene Zietsma, Patrick Saparito, Brett P. Matherne, e Carolyn Davis, "A Tale of Passion, New Insights into Entrepreneurship from a Parenthood Metaphor", *Journal of Business Venturing*, n. 20, v. 1, jan. 2005, p. 23-45; e Simon C. Parker, "Who Become Serial and Portfolio Entrepreneurs?" *Small Business Economics*, n. 43, v. 4, 2014, p. 887-98.
8. Howard H. Stevenson e David E. Gumpert, "The Heart of Entrepreneurship", *Harvard Business Review*, n. 63, v. 2, mar./abr. 1985, p. 85-94.

9. Veja William B. Gartner, "Some Suggestions for Research on Entrepreneurial Traits and Characteristics", *Entrepreneurship Theory and Practice*, n. 14, v. 1, 1989, p. 27-38.
10. Lloyd E. Shefsky, *Entrepreneurs Are Made Not Born*, New York: McGraw-Hill, Inc., 1994.
11. Robert A. Baron, "The Cognitive Perspective: A Valuable Tool for Answering Entrepreneurship's Basic 'Why' Questions", *Journal of Business Venturing*, n. 19, v. 2, março/2004, p. 221-39; Robert A. Baron e Thomas B. Ward, "Expanding Entrepreneurial Cognition's Toolbox: Potential Contributions from the Field of Cognitive Science", *Entrepreneurship Theory and Practice*, n. 28, v. 6, inverno/2004, p. 553-74; Robert M. Gemmell, Richard J. Boland, e David A. Kolb, "The Socio-Cognitive Dynamics of Entrepreneurial Ideation", *Entrepreneurship Theory and Practice*, n. 36, v. 5, 2012, p. 1053-73.
12. David C. McClelland, *The Achieving Society*, New York: Van Nostrand, 1961; e David C. McClelland, "Business Drive and National Achievement", *Harvard Business Review*, n. 40, v. 4, julho/agosto 1962, p. 99-112.
13. Melissa S. Cardon, Joakim Wincent, Jagdip Singh, e Mateja Drnovsek, "The Nature and Experience of Entrepreneurial Passion", *Academy of Management Review*, n. 34, v. 3, 2009, p. 511-32; Mellissa S. Cardon, "Is passion contagious? The Transference of Entrepreneurial Emotion to Employees", *Human Resource Management Review*, n. 18 v. 2, 2008, p. 77-86; e Melissa S. Cardon e Colleen P. Kirk, "Entrepreneurial Passion as Mediator of the Self-Efficacy to Persistence Relationship", *Entrepreneurship Theory & Practice*, 2015, no prelo.
14. Para alguns artigos sobre características empreendedoras, veja Rita Gunther McGrath, Ian C. MacMillan, e Sari Scheinberg, "Elitists, Risk Takers, e Rugged Individualists? An Exploratory Analysis of Cultural Differences Between Entrepreneurs and Non-Entrepreneurs", *Journal of Business Venturing*, n. 7, v. 2, 1992, p. 115-36; Jill Kickul e Lisa K. Gundry, "Prospecting for Strategic Advantage: The Proactive Entrepreneurial Personality and Small Firm Innovation", *Journal of Small Business Management*, n. 40, v. 2, 2002, p. 85-97; Moren Levesque e Maria Minniti, "The Effect of Aging on Entrepreneurial Behavior", *Journal of Business Venturing*, n. 21, v. 2, 2006, p. 177-94; e Keith H. Brigham, Julio O. DeCastro, e Dean A. Shepherd, "A Person-Organization Fit Model of Owners-Managers' Cognitive Style and Organization Demands", *Entrepreneurship Theory and Practice*, n. 31, v. 1, 2007, p. 29-51.
15. C. B. Wortman e R. C. Silver, "Coping with Irrevocable Loss" in G. R. Van de Bos and B. K. Bryant, eds.), *Cataclysms, Crises and Catastrophes: Psychology in Action*, Washington D.C.: American Psychological Association, 1987, p. 189-235.
16. S. Nolen-Hoeksema, A. McBride e J. Larson, 1997), "Rumination and Psychological Distress Among Bereaved Partners", *Journal of Personality and Social Psychology*, n. 72, p. 855-62; Smita Singh, Patricia Doyle Corner e Kathryn Pavlovich, "Failed, Not Finished: A Narrative Approach to Understanding Venture Failure Stigmatization", *Journal of Business Venturing*, n. 30, v. 1, 2015, p. 150-66; e Anna S. Jenkins, Johan Wiklund e Ethel Brundin, "Individual Responses to Firm Failure: Appraisals, Grief e the Influence of Prior Failure Experience", *Journal of Business Venturing*, n. 29, n. 1, 2014, p. 17-33.
17. J. Archer, *The Nature of Grief: The Evolution and Psychology of Reactions to Loss.*, New York: Routledge, 1999; Yasuhiro Yamakawa, Mike W. Peng and David L. Deeds, "Rising from the Ashes: Cognitive Determinants of Venture Growth After Entrepreneurial Failure", *Entrepreneurship Theory & Practice*, n. 39, v. 2, 2015, p. 209-36.
18. Dean A. Shepherd, "Learning from Business Failure: Propositions About the Grief Recovery Process for the Self-Employed", *Academy of Management Review*, n. 28, 2003, p. 318-29; Brandon A. Mueller and Dean A. Shepherd, "Making the Most of Failure Experiences: Exploring the Relationship Between Business Failure and the Identification of Business Opportunities", *Entrepreneurship Theory & Practice*, 2015, p. in press; Marcus T. Wolfe and Dean A. Shepherd, "Bouncing Back from a Loss: Entrepreneurial Orientation, Emotions, and Failure Narratives", *Entrepreneurship Theory & Practice*, n. 39, v. 3, 2015, p. 675-700; and Orla Byrne and Dean A. Shepherd, "Different Strokes for Different Folks: Entrepreneurial Narratives of Emotion, Cognition, and Making Sense of Business Failure", *Entrepreneurship Theory & Practice*, n. 39, v. 2, 2015, p. 375-405.
19. Michael H. Morris, Donald F. Kuratko e Minet Schindehutte, "Framing Entrepreneurial Experience", *Entrepreneurship Theory and Practice*, n. 36, v. 1, 2012, p. 11-40.
20. Diamanto Politis, "The Process of Entrepreneurial Learning: A Conceptual Framework", *Entrepreneurship Theory and Practice*, n. 29, v. 4, 2005, p. 399-424; John C. Dencker and Marc Gruber, "The Effects of Opportunities and Founder Experience on New Firm Performance", *Strategic Management Journal*, n. 36, v. 7, 2015, p. 1035-52.
21. Per Davidsson, "A General Theory of Entrepreneurship: The Individual-Opportunity Nexus", *International Small Business Journal*, n. 22, v. 2, 2004, p. 206-19; Henrik Berglund, "Entrepreneurship and Phenomenology: Researching Entrepreneurship as Lived Experience", in *Handbook of Qualitative Research Methods in Entrepreneurship*, ed. John Ulhoi and Helle Neergaard, London: Edward Elgar, 2007, p. 75-96; e Amanda Bullough, Maija Renko e Tamara Myatt, "Danger Zone Entrepreneurs: The Importance of Resilience and Self-Efficacy for Entrepreneurial Intentions", *Entrepreneurship Theory & Practice*, n. 38, v. 3, 2014, p. 473-99.
22. Manfred F. R. Kets de Vries, "The Dark Side of Entrepreneurship", *Harvard Business Review*, n. 63, v. 6, nov./dez. 1985, p. 160-67; veja também Shaker A. Zahra, R. Isil Yavuz e Deniz Ucbascaran, "How Much Do You Trust Me? The Dark Side of Relational Trust in New Business Creation in Established Companies", *Entrepreneurship Theory and Practice*, n. 30, v. 2, 2006, p. 541-59.
23. Thomas Monroy and Robert Folger, "A Typology of Entrepreneurial Styles: Beyond Economic Rationality", *Journal of Private Enterprise*, n. 9, v. 2, 1993, p. 64-79.
24. Ibid., p. 75-76.
25. Michael O'Neal, "Just What Is an Entrepreneur?" special enterprise issue, *Business Week*, 1993, p. 104-12.
26. Patrick R. Liles, *New Business Ventures and the Entrepreneur*, Homewood, IL: Irwin, 1974, p. 14-15; veja também: Jay J. Janney and Gregory G. Dess, "The Risk Concept for Entrepreneurs Reconsidered: New Challenges to the Conventional Wisdom", *Journal of Business Venturing*, n. 21, v. 3, 2006, p. 385-400.
27. Adebowale Akande, "Coping with Entrepreneurial Stress", *Leadership & Organization Development Jour-

nal, n. 13, v. 2, 1992, p. 27-32; E. Holly Buttner, "Entrepreneurial Stress: Is It Hazardous to Your Health?" *Journal of Managerial Issues*, n. 4, v. 2, 1992, p. 223-40; and Danny Miller, "A Downside to the Entrepreneurial Personality?" *Entrepreneurship Theory & Practice*, n. 39, v. 1, 2015, p. 1-8.

28. Buttner, "Entrepreneurial Stress"; veja também M. Afzalur Rabin, "Stress, Strain, and Their Moderators: An Empirical Comparison of Entrepreneurs and Managers", *Journal of Small Business Management*, n. 34, v. 1, 1996, p. 46-58.
29. Veja K. A. Mathews and S. C. Haynes, "Type A Behavior Pattern and Coronary Disease Risk", *American Journal of Epistemology*, n. 123, 1986, p. 923-60.
30. Akande, "Coping with Entrepreneurial Stress".
31. David P. Boyd and David E. Gumpert, "Coping with Entrepreneurial Stress", *Harvard Business Review*, n. 61, v. 2, março/abril 1983, p. 46-56.
32. Ibid., p. 46-56 e Danny Miller and Cyrille Sardais, "Bifurcating Time: How Entrepreneurs Reconcile the Paradoxical Demands of the Job", *Entrepreneurship Theory & Practice*, n. 39, v. 3, 2015, p. 489-512.
33. Michael G. Goldsby, Donald F. Kuratko e James W. Bishop, "Entrepreneurship and Fitness: An Examination of Rigorous Exercise and Goal Attainment among Small Business Owners", *Journal of Small Business Management*, n. 43, v. 1, janeiro/2005, p. 78-92; veja também: Levesque and Minniti, "The Effect of Aging on Entrepreneurial Behavior".
34. Kets de Vries, "The Dark Side of Entrepreneurship". Veja também: abril J. Spivack, Alexander McKelvie e J. Michael Haynie, "Habitual Entrepreneurs: Possible Cases of Entrepreneurship Addiction?" *Journal of Business Venturing*, n. 29, v. 5, 2014, p. **651-67**.
35. Bruce Horovitz, "Scandals Shake Public Trust", *USA Today*, julho 16, 2002, p. 1A-2A; John A. Byrne, Michael Arndt, Wendy Zellner e Mike McNamee, "Restoring Trust in Corporate America: Business Must Lead the Way to Reform", *Business Week*, junho 24, 2002, p. 31-39; and Amey Stone, "Putting Teeth in Corporate Ethics", *Business Week*, 19/fevereiro/2004. Disponível em: http://www.businessweek.com/bwdaily/dnflash/feb2004/nf20040219_5613_db035.htm, acesso em: 23 maio 2008.
36. Vernon R. Loucks, Jr., "A CEO Looks at Ethics", *Business Horizons*, n. 30, v. 2, março/abril 1987, p. 2.
37. Sir Adrian Cadbury, "Ethical Managers Make Their Own Rules", *Harvard Business Review* 65, n. 5, setembro/outubro 1987, p. 64.
38. Verne E. Henderson, "The Ethical Side of Enterprise", *Sloan Management Review*, primavera/1982, p. 38.
39. Richard Evans, "Business Ethics and Changes in Society", *Journal of Business Ethics*, n. 10, 1991, p. 871-76; e Goran Svensson e Greg Wood, "A Model of Business Ethics", *Journal of Business Ethics*, n. 77, 2008, p. 303-23.
40. Henderson, "The Ethical Side", p. 40.
41. Saul W. Gellerman, "Why Good Managers Make Bad Ethical Choices", *Harvard Business Review*, n. 64, v. 4, julho/agosto 1986, p. 85.
42. James A. Waters and Frederick Bird, "Attending to Ethics in Management", *Journal of Business Ethics*, n. 5, 1989, p. 493-97.
43. Christopher D. Stone, *Where the Law Ends: The Social Control of Corporate Behavior*, New York: Harper & Row, 1975.
44. Al H. Ringlab, Roger E. Meiners e Frances L. Edwards, *Managing in the Legal Environment*, 3. ed., St. Paul, MN: West, 1996, p. 12-14; veja também Roger LeRoy Miller and Frank B. Cross, *The Legal Environment Today: Business in Its Ethical, Regulatory, E-Commerce, and Global Setting*, 7. ed., Mason, OH: South-Western/Cengage, 2013.
45. LaRue T. Hosmer, *The Ethics of Management*, 2. ed., Homewood, IL: Richard D. Irwin, 1991, p. 81-83.
46. Susan J. Harrington, "What Corporate America Is Teaching About Ethics", *Academy of Management Executive*, n. 5, v. 1, 1991, p. 21-30.
47. LaRue T. Hosmer, *The Ethics of Management*, Homewood, IL: Richard D. Irwin, 1987, p. 13-15.
48. Wade L. Robison, "Management and Ethical Decision-Making", *Journal of Business Ethics*, n. 3, v. 4, 1984, p. 287.
49. Xiao B and Benbasat I, "Product-Related Deception in e-Commerce: A Theoretical Perspective", *MIS Quarterly*, n. 35, v. 1, 2011, p. 169-96; Zhu F. and Zhang X, "Impact of Online Consumer Reviews on Sales: The Moderating role of Product and Consumer Characteristics", *Journal of Marketing*, p. 74, n. 2, 2010, p. 133-48.
50. Malaga, R. A, "Web-Based Reputation Management Systems: Problems and Suggested Solutions", *Electronic Commerce Research*, n. 1, v. 4, 2001, p. 403-17; Jøsang, A., Ismail R and Boyd C, "A survey of Trust and Reputation Management Systems for Online Service Provision", *Decision support systems*, n. 43, v. 2, 2007, p. 618-44.
51. Grabner-Kraeuter S, "The Role of Consumers' Trust in Online-Shopping", *Journal of Business Ethics*, n. 39 v. 1-2, 2002, p. 43-50; Hemphill T. A, "Electronic Commerce and Consumer Privacy: Establishing Online Trust in the US Digital Economy", *Business and Society Review*, n. 107, v. 2, 2002, p. 221-39; and Porter C. E and Donthu N, "Cultivating Trust and Harvesting Value in Virtual Communities", *Management Science*, n. 54, v. 1, 2008, p. 113-28.
52. Dellarocas, C. "Strategic Manipulation of Internet Opinion Forums: Implications for Consumers and Firms", *Management Science*, n. 52, v. 10, 2006, p. 1577-93; Dina Maiozlin, Yoniv Dover e Judith A. Chevalier J. A, "Promotional Reviews: An Empirical Investigation of Online Review Manipulation", *American Economic Review*, n. 104, v. 8, 2014, p. 2421-55.
53. Donald F. Kuratko, Travis J. Brown e Marcus Wadell, "The Entrepreneur's Dilemma of Ethics vs. Professional Acceptability with Online Reputation Management Systems", in *Advances in the Study of Entrepreneurship, Innovation and Economic Growth Volume 25: The Challenges of Ethics and Entrepreneurship in the Global Environment*. Bradford (UK): Emerald Group Publishing, 2015.
54. Para mais informações sobre esse assunto, veja: Donald R. Cressey and Charles A. Moore, "Managerial Values and Corporate Codes of Conduct", *California Management Review*, verão/1983, p. 121-27; Steven Weller, "The Effectiveness of Corporate Codes of Ethics", *Journal of Business Ethics*, julho 1988, p. 389-95; e Diane E. Kirrane, "Managing Values: A Systematic Approach to Business Ethics", *Training & Development Journal*, novembro /990, p. 53-60.
55. Relatado em Darrell J. Fashing, "A Case of Corporate and Management Ethics", *California Management Review*, primavera 1981, p. 84.
56. Amitai Etzioni, "Do Good Ethics Ensure Good Profits?" *Business and Society Review*, verão/1989, p. 4-10; L. J.

Brooks, "Corporate Ethical Performance: Trends, Forecasts, and Outlooks", *Journal of Business Ethics*, n. 8, 1989, p. 31-38; Harrington, "What Corporate America Is Teaching about Ethics"; e Simcha B. Werner, "The Movement for Reforming American Business Ethics: A Twenty Year Perspective", *Journal of Business Ethics*, n. 11, 1992, p. 61-70.

57. Patrick E. Murphy, "Creating Ethical Corporate Structures", *Sloan Management Review,* inverno/1989, p. 81-87.
58. Joseph A. Raelin, "The Professional as the Executive's Ethical Aide-de-Camp", *The Academy of Management Executive*, n. 1, v. 3, 1987, p. 176.
59. Ibid., p. 177.
60. Donald F. Kuratko and Michael G. Goldsby, "Corporate Entrepreneurs or Rogue Middle Managers? A Framework for Ethical Corporate Entrepreneurship", *Journal of Business Ethics*, n. 55, 2004, p. 13-30.
61. Elisabeth J. Teal e Archie B. Carroll, "Moral Reasoning Skills: Are Entrepreneurs Different?" *Journal of Business Ethics,* março/1999, p. 229-40; Dinah Payne and Brenda E. Joyner, "Successful U.S. Entrepreneurs: Identifying Ethical Decision–Making and Social Responsibility Behaviors", *Journal of Business Ethics*, n. 65, 2006, p. 203-17.
62. Donald F. Kuratko, Michael G. Goldsby e Jeffrey S. Hornsby, "The Ethical Perspectives of Entrepreneurs: An Examination of Stakeholder Salience", *Journal of Applied Management and Entrepreneurship*, n. 9, v. 4, outubro/2004, p. 19-42.
63. Nel Noddings, *Caring: A Feminine Approach to Ethics and Moral Education,* Berkeley: University of California Press, 1984.
64. Milton Maioeroff, *On Caring*, New York: Harper & Row, 1971, p. 1.
65. Henderson, "The Ethical Side", p. 46.
66. Justin G. Longenecker, Joseph A. McKinney e Carlos W. Moore, "Do Smaller Firms Have Higher Ethics?" *Business and Society Review,* Outono 1989, p. 19-21; Paul J. Serwinek, "Demographic and Related Differences in Ethical Views among Small Businesses", *Journal of Business Ethics,* julho 1992, p. 555-66; Donald F. Kuratko, "The Ethical Challenge for Entrepreneurs", *Entrepreneurship, Innovation, and Change* n. 4, v. 4, 1995, p. 291-94; and Kuratko, Goldsby e Hornsby, "The Ethical Perspectives of Entrepreneurs: An Examination of Stakeholder Salience", *Journal of Applied Management and Entrepreneurship*, n. 9, v. 4, outubro/2004, p. 19-42.
67. Lanny Herron and Harry J. Sapienza, "The Entrepreneur and the Initiation of New Venture Launch Activities", *Entrepreneurship Theory and Practice*, n. 17, v. 1, 1992, p. 49-55.
68. Bradley R. Johnson, "Toward a Multidimensional Model of Entrepreneurship: The Case of Achievement Motivation and the Entrepreneur", *Entrepreneurship Theory and Practice*, n. 14, v. 3, 1990, p. 39-54; veja também: Wayne H. Stewart and Philip L. Roth, "A Meta-Analysis of Achievement Motivation Differences between Entrepreneurs and Managers", *Journal of Small Business Management*, n. 45, v. 4, 2007, p. 401-21.
69. Veja Kelly G. Shaver e Linda R. Scott, "Person, Process, Choice: The Psychology of New Venture Creation", *Entrepreneurship Theory and Practice*, n. 16, v. 2, 1991, p. 23-45.
70. Don E. Bradley e James A. Roberts, "Self-Employment and Job Satisfaction: Investigating and Role of Self-Efficacy, Depression, and Seniority", *Journal of Small Business Management*, n. 42, v. 1, janeiro/2004, p. 37-58; veja também: J. Robert Baum e Edwin A. Locke, "The Relationship of Entrepreneurial Traits, Skill, and Motivation to Subsequent Venture Growth", *Journal of Applied Psychology*, n. 89, v. 4, 2004, p. 587-98.
71. Arnold C. Cooper e Kendall W. Artz, "Determinants of Satisfaction for Entrepreneurs", *Journal of Business Venturing*, n. 10, v. 6, 1995, p. 439-58.
72. Douglas W. Naffziger, Jeffrey S. Hornsby e Donald F. Kuratko, "A Proposed Research Model of Entrepreneurial Motivation", *Entrepreneurship Theory and Practice* n. 18, v. 3, 1994, p. 29-42.
73. A. Rebecca Reuber e Eileen Fischer, "Understanding the Consequences of Founders' Experience", *Journal of Small Business Management*, n. 37, v. 2, 1999, p. 30-45.
74. Donald F. Kuratko, Jeffrey S. Hornsby e Douglas W. Naffziger, "An Examination of Owner's Goals in Sustaining Entrepreneurship", *Journal of Small Business Management*, n. 35, v. 1, 1997, p. 24-33.
75. Daniel V. Holland e Dean A. Shepherd, "Deciding to Persist: Adversity, Values, and Entrepreneurs' Decision Policies", *Entrepreneurship Theory and Practice*, n. 37, v. 2, 2013, p. 331-58.

CAPÍTULO 3

A mentalidade empreendedora nas organizações: empreendedorismo corporativo

OBJETIVOS DE APRENDIZAGEM

1. Compreender a mentalidade empreendedora das organizações.
2. Ilustrar a necessidade de raciocínio empreendedor nas organizações.
3. Definir a expressão "empreendedorismo corporativo".
4. Identificar obstáculos à inovação nas empresas.
5. Ressaltar as considerações envolvidas na reestruturação do pensamento corporativo.
6. Descrever os elementos específicos das estratégias de empreendedorismo corporativo.
7. Examinar os métodos de desenvolvimento de gerentes para o empreendedorismo corporativo.
8. Ilustrar o processo interativo do empreendedorismo corporativo.

Pensamento empreendedor

Não há nada mais difícil de se lidar ou mais arriscado de se conduzir do que liderar a introdução de uma nova ordem, porque a inovação tem por inimigos todos os que obtinham vantagens com as velhas regras, e encontra fracos defensores nos que se beneficiam com o que é novo.

— Maquiavel, *O Príncipe*

3.1 A MENTALIDADE EMPREENDEDORA NAS ORGANIZAÇÕES

OA1 Compreender a mentalidade empreendedora das organizações.

A economia global tem modificado as organizações e indústrias de forma profunda e substancial em todo o mundo, tornando necessário às empresas reexaminar seus objetivos, bem como selecionar e seguir estratégias com grande probabilidade de satisfazer uma diversidade de partes interessadas. Em resposta às mudanças rápidas, descontínuas e significativas nos ambientes externo e interno, muitas empresas reestruturaram suas operações de forma expressiva. Na realidade, após anos de reestruturação, algumas empresas apresentam pouca semelhança com suas antecessoras em relação à abrangência, cultura e abordagem competitiva.[1]

OA2 Ilustrar a necessidade de raciocínio empreendedor nas organizações.

Na atualidade, o investimento no empreendedorismo com maior força no negócio global levou ao desejo de inserir esse tipo de atividade dentro das empresas. Apesar de, no passado, alguns pesquisadores terem concluído que empreendedorismo e burocracias eram mutuamente excludentes e não poderiam coexistir,[2] atualmente há muitos pesquisadores que estudam iniciativas empreendedoras dentro da estrutura das empresas.[3] As iniciativas corporativas de sucesso estão presentes em muitas organizações diferentes, como 3M, AT&T, GE, Procter & Gamble e Abbott Laboratories.[4] Uma vasta bibliografia da área de negócios, conhecida como empreendedorismo corporativo,[5] inovação corporativa[6] ou intraempreendedorismo,[7] descreve a chegada de uma nova "revolução corporativa" graças à introdução do pensamento empreendedor em grandes estruturas burocráticas.[8] Mas por que o empreendedorismo corporativo se tornou tão popular? Um dos motivos é que ele permite às corporações explorar os talentos inovadores de seus funcionários e gerentes. Steven Brandt assim explica os motivos:

> O desafio é relativamente claro. Os Estados Unidos devem atualizar seu talento inovador. Para isso, as empresas norte-americanas devem explorar a criatividade de seus membros. As ideias vêm das pessoas, e a inovação é uma habilidade para muitos. Essa habilidade é utilizada quando as pessoas se comprometem com a missão e a vida da empresa e têm o poder de transformar o seu potencial.[9]

Nos últimos 40 anos, o empreendedorismo corporativo (EC) evoluiu a ponto de se tornar uma estratégia que facilita às empresas gerar inovação e lidar com as realidades competitivas no mercado mundial atual. Todas as organizações estão enfrentando uma nova realidade global que requer inovação, coragem, assunção de riscos e liderança empreendedora. Como ressalta o pesquisador Donald F. Kuratko, as organizações devem perceber que "o imperativo empreendedor do século 21" agora está ao nosso alcance.[10] As empresas que contemplam o empreendedorismo corporativo são vistas como entidades dinâmicas e flexíveis, preparadas para aproveitar novas oportunidades de negócios tão logo elas surjam. É necessária uma "orientação empreendedora" de inovação, assunção de riscos e proatividade para que as organizações atuais implantem as estratégias necessárias ao desenvolvimento do empreendedorismo corporativo.[11]

Inovação contínua — em termos de produtos, processos e rotinas e/ou estruturas administrativas — e capacidade de competir de forma eficaz nos mercados globais estão entre as habilidades que se espera que influenciem cada vez mais o desempenho corporativo no século 21.

É consenso entre os executivos, hoje, que a inovação é o caminho mais importante para as empresas acelerarem sua mudança globalmente, e o empreendedorismo corporativo é um processo que pode facilitar esses esforços de inovação, além de ajudar as empresas a lidar com a realidade competitiva dos mercados mundiais. Em matéria de inovação, os principais pensadores da área de estratégia corporativa estão indo além daquelas promovidas no produto tradicional e em serviços, e estão promovendo inovação também em processos, cadeias de valor, modelos de negócios e em todas as funções de gestão. Parece claro que atitudes e comportamentos empreendedores são necessários para que empresas de todos os tamanhos prosperem e desabrochem em ambientes competitivos.[12]

3.2 FILOSOFIA DA INOVAÇÃO CORPORATIVA

OA4 Identificar obstáculos à inovação nas empresas.

Apesar de o empreendedorismo e a inovação, atualmente, serem recomendados como a estratégia mais viável para a obtenção de resultados positivos nas corporações, a implantação bem-sucedida da inovação corporativa é também bastante elusiva para a maioria das empresas.[13] A inovação corporativa tem êxito em organizações em que os funcionários têm a liberdade de desenvolver suas ideias e são encorajados a isso; porém, os principais gestores, caso não acreditem que ideias empreendedoras possam ser nutridas, podem dificultar a inovação por achar difícil, por exemplo, implementar políticas que apoiem atividades não estruturadas. No entanto, para que as pessoas inovadoras alcancem o seu potencial, é preciso que a hesitação dos gestores seja dominada por novos tipos de pensamento.* A seguir, cinco práticas importantes para se estabelecer organizações guiadas pela inovação:

9. Definir *metas de inovação específicas*. Essas metas devem ser mutuamente acordadas entre o empregado e a gerência, a fim de que as etapas específicas possam ser alcançadas.
10. Criar um sistema de *feedback* e de *reforço positivo*. Isso é necessário para que potenciais inovadores ou criadores de ideias percebam que existe aceitação e recompensa.
11. Enfatizar a *responsabilidade individual*. Confiança e responsabilidade são fatores essenciais ao sucesso de qualquer programa inovador.
12. Oferecer *recompensas* para ideias inovadoras. Os sistemas de recompensa devem incentivar as pessoas a arriscar e obter resultados.
13. *Não punir falhas*. O aprendizado verdadeiro ocorre quando os projetos reprovados são examinados, buscando o que pode ser aprendido. As pessoas também devem se sentir livres para experimentar, sem medo de punições.

Apesar de caber a cada empresa desenvolver a sua própria filosofia de inovação corporativa, as respostas a essas perguntas podem esclarecer o processo:

- *Nossa empresa incentiva o pensamento empreendedor?* A empresa permite que as pessoas tenham suas próprias ideias? Algumas empresas tentam designar indivíduos para realizar uma inovação, quando, na realidade, as ideias devem surgir por conta própria.
- *Nossa empresa oferece caminhos para que os inovadores mantenham suas ideias?* Quando o processo de inovação envolve a troca de pessoas que estão trabalhando em uma ideia, ou seja, quando se entrega um negócio ou produto que está sendo desenvolvido por um inovador empenhado para o próximo encarregado na sequência, essa pessoa, em geral, não estará tão comprometida quanto o criador do projeto.
- *As pessoas da nossa empresa podem executar o trabalho à sua própria maneira ou têm de parar constantemente para explicar suas ações e pedir permissão?* Algumas empresas expandem as decisões por meio de um processo de aprovação multinível, de forma que quem executa e quem decide nunca entrem em contato entre si.
- *Nossa empresa desenvolveu formas rápidas e informais de avaliar os recursos e experimentar novas ideias?* Os inovadores costumam necessitar de recursos arbitrários para explorar e desenvolver novas ideias. Algumas empresas permitem que seus funcionários usem parte de seu tempo em projetos de sua própria escolha e alocam fundos para explorar ideias à medida que estas ocorrem, enquanto outras controlam recursos de forma tão rígida, que não sobra nada para o novo e o inesperado — o resultado é nada de novo.
- *Nossa empresa desenvolveu maneiras de gerir inovações pequenas e experimentais?* As culturas corporativas, atualmente, favorecem poucas tentativas planejadas e pensadas para se conquistar algo. Na verdade, ninguém acerta todas, de modo que é melhor fazer mais tentativas, cada uma delas com uma preparação menos cuidadosa e menos dispendiosa.
- *Nosso sistema foi definido para incentivar a assunção de riscos e a tolerância a erros?* Não é possível obter inovação sem riscos e erros; até mesmo uma inovação de sucesso começa com erros e inícios equivocados.
- *As pessoas da nossa empresa estão mais preocupadas com novas ideias ou com a defesa do próprio território?* Uma vez que novas ideias quase sempre cruzam os limites dos padrões existentes na organização, uma tendência egoísta de "defesa do próprio território" acaba bloqueando a inovação.**

---

* Veja também o artigo "A cadeia de valor da inovação", da Harvard Business Review, de março de 2011. Disponível em: http://hbrbr.com.br/a-cadeia-de-valor-da-inovacao/. Acesso em 1 set. 2016. (N.R.T.)
** Uma sugestão de leitura é: O desafio da inovação: *Fundamentos para construir empresas inovadoras em meio a incertezas e complexidades*, de autoria de Vijay Govindarajan, Chris Trimble, publicado pela Elsevier do Brasil, em 2013. (N.R.T)

- *Quão fácil é formar equipes funcionalmente completas e autônomas em nosso ambiente corporativo?* Pequenas equipes com responsabilidade total para desenvolver uma inovação resolvem muitos dos problemas básicos, apesar de algumas empresas serem resistentes à formação de equipes.[14]

Outra forma de criar um ambiente corporativo inovador é pela aplicação de regras para a inovação. As regras presentes na Tabela 3.1, a seguir, oferecem orientação prática para o desenvolvimento da filosofia de inovação.

Quando essas regras são seguidas, cria-se um ambiente que leva ao pensamento empreendedor e ao apoio deste, e o resultado é uma filosofia corporativa que apoia o comportamento inovador.

O que uma corporação pode fazer para reformular sua mentalidade de modo a promover o processo empreendedor? A empresa deve examinar e revisar a sua filosofia administrativa. Muitas empresas têm ideias obsoletas sobre cultura de cooperação, técnicas de gestão e os valores de gerentes e funcionários. Infelizmente, realizar antigas tarefas de forma mais eficaz não é a resposta para novos desafios; é necessário desenvolver uma nova cultura com novos valores.[15] Burocratas e controladores devem aprender a conviver com o criador e inovador ou dar lugar a ele. Infelizmente, falar é mais fácil que fazer. As organizações podem valer-se dos seguintes métodos para ajudar a reestruturar o pensamento corporativo e estimular o ambiente empreendedor: (1) pronta identificação de possíveis inovadores; (2) incentivo da alta gerência em projetos inovadores; (3) criação de metas de inovação em atividades estratégicas; (4) promoção do pensamento empreendedor por meio da experimentação; e (5) desenvolvimento de colaboração entre inovadores e a organização como um todo.[16]

Desenvolver uma filosofia corporativa empreendedora proporciona inúmeras vantagens. Primeiro, esse tipo de ambiente, em geral, leva ao desenvolvimento de novos produtos e serviços, ajudando a organização a crescer. Segundo, o ambiente cria uma força de trabalho que pode ajudar a empresa a manter uma postura competitiva. Terceiro, ele promove um clima propício a resultados de qualidade, além de ajudar a empresa a permanecer motivada e a manter seus melhores funcionários.

3.3 EMPREENDEDORISMO CORPORATIVO E INOVAÇÃO

Nos últimos anos, o tema "empreendedorismo corporativo/inovação corporativa" tem se mostrado bastante popular, apesar de muito poucas pessoas compreenderem o conceito a fundo. É consenso entre a maioria dos pesquisadores que o termo se refere a atividades de empreendedorismo que recebem aprovação e recursos com o propósito de atingir resultados inovadores.[17] A principal investida da inovação corporativa é desenvolver o espírito empreendedor dentro dos limites da organização, criando uma atmosfera de inovação próspera.

TABELA 3.1 REGRAS PARA UM AMBIENTE DE INOVAÇÃO

1. Incentivar a ação.
2. Realizar reuniões informais, sempre que possível.
3. Tolerar o erro, e usá-lo como experiência de aprendizado.
4. Persistir em levar uma ideia ao mercado.
5. Recompensar a inovação pelo bem da inovação.
6. Planejar a estrutura física da empresa para incentivar a comunicação informal.
7. Esperar o "bootlegging" ou contrabando de ideias — dedicar parte da carga horária de trabalho em novas ideias no âmbito da empresa, bem como no aproveitamento do tempo pessoal.
8. Agrupar as pessoas em equipes pequenas para projetos futuros.
9. Incentivar os funcionários a contornar procedimentos rígidos e excesso de burocracia.
10. Recompensar e promover funcionários inovadores.

3.3a Definição do conceito de empreendedorismo e inovação corporativos

OA3 Definir a expressão "empreendedorismo corporativo".

As definições operacionais de "corporativo" e de "inovação corporativa" evoluíram nos últimos 35 anos por meio do trabalho de acadêmicos. Por exemplo, um pesquisador notou que inovação corporativa é um conceito muito amplo, que inclui a criação, o desenvolvimento e a implantação de novas ideias ou comportamentos. Inovação pode ser um novo produto ou serviço, um sistema administrativo ou um novo plano ou programa que diga respeito aos membros da organização.[18] Nesse contexto, o empreendedorismo corporativo foca no revigoramento e no aprimoramento da vocação da empresa para adquirir habilidades e capacidades inovadoras.

O pesquisador Shaker A. Zahra observou que "o empreendedorismo corporativo pode ser composto por atividades formais ou informais, com o objetivo de criar novos negócios em empresas consagradas por meio da inovação de produtos e processos, bem como de avanços no mercado. Essas atividades podem ser realizadas em nível corporativo, de divisão (de negócios), funcional ou de projeto, com o único objetivo de aprimorar a posição competitiva, bem como o desempenho financeiro de uma empresa".[19] William D. Guth e Ari Ginsberg ressaltaram que o empreendedorismo corporativo engloba dois grandes fenômenos: a criação de novos empreendimentos dentro de organizações existentes e a transformação de organizações por meio da renovação estratégica.[20]

Os pesquisadores Michael H. Morris, Donald F. Kuratko e Jeffrey G. Covin mencionaram dois fenômenos empíricos que constituem o domínio do empreendedorismo corporativo: o empreendimento corporativo e o empreendedorismo estratégico. As abordagens de **empreendimento corporativo** possuem em comum a adição de novos negócios (ou segmentos de novos negócios mediante investimentos de capital) para a empresa, o que pode ser implementado de três formas: investimento corporativo de risco interno, investimento corporativo de risco cooperativo e investimento corporativo de risco externo. Em contraste, as abordagens de **empreendedorismo estratégico** têm em comum a exposição de inovações em grande escala ou extremamente significativas, que são adotadas para se obter vantagem competitiva e que podem ou não resultar novos negócios para a empresa. Ao empregar abordagens de empreendedorismo estratégico, a inovação pode estar em qualquer uma das cinco áreas: estratégia da empresa, ofertas de produtos, mercados atendidos, organização interna (ou seja, estrutura, processos e competências) ou modelo de negócio.[21] Essas categorias de empreendedorismo corporativo são descritas na Figura 3.1.

Após análise aprofundada do conceito de empreendedorismo e de suas dimensões, pesquisas recentes definiram o empreendedorismo corporativo como um processo em que um indivíduo — ou um grupo de indivíduos —, associado a uma organização existente, cria uma nova organização ou instiga a renovação ou a inovação dentro da organização. Sob tal definição, a renovação estratégica (referente à renovação da organização a partir de grandes mudanças estratégicas e/ou estruturais),

FIGURA 3.1 DEFINIÇÃO DE EMPREENDEDORISMO CORPORATIVO

Empreendedorismo corporativo

- **Investimento corporativo de risco**
  - Investimento corporativo de risco interno
  - Investimento corporativo de risco cooperativo
  - Investimento corporativo de risco externo

- **Empreendedorismo estratégico**
  - Renovação estratégica
  - Regeneração prolongada
  - Redefinição do setor
  - Rejuvenescimento da organização
  - Reconstrução do modelo de negócio

Fonte: Michael H. Morris, Donald F. Kuratko e Jeffrey G. Covin, *Corporate Entrepreneurship & Innovation*, 3. ed. © 2011. Reproduzido mediante autorização de South-Western, divisão da Cengage Learning, Inc. (www.cengage.com/permissions).

a inovação (referente à introdução de uma novidade ao mercado) e o empreendimento corporativo (referente aos esforços do empreendedorismo corporativo para a criação de novas organizações de negócios dentro da organização corporativa) são todos partes importantes e legítimas do processo de empreendedorismo corporativo.[22]

Conforme esse campo tem evoluído, o conceito da estratégia de empreendedorismo corporativo tem se desenvolvido. Os pesquisadores R. Duane Ireland, Jeffrey G. Covin e Donald F. Kuratko definem a estratégia de empreendedorismo corporativo como "confiança guiada pela visão de toda a organização no comportamento empreendedor, que rejuvenesce a organização de forma determinada e contínua, e molda a meta de suas operações pelo reconhecimento e pela exploração da oportunidade empreendedora".[23]

3.3b A necessidade do empreendedorismo e inovação corporativos

Muitas empresas, atualmente, têm reconhecido a necessidade do empreendedorismo corporativo. Alguns artigos em revistas de negócios famosas, como *Business Week*, *Fortune*, *U.S. News* e *World Report*, relatam a inserção do pensamento empreendedor em grandes estruturas burocráticas. Na realidade, em muitos livros de negócios famosos, atualmente, há seções inteiras dedicadas à inovação no âmbito da corporação.[24] Evidentemente, tanto as empresas quanto os consultores e/ou autores têm reconhecido a necessidade do empreendedorismo interno.

Essa necessidade surgiu em resposta a diversos problemas urgentes, como o rápido crescimento de novos e sofisticados concorrentes, a sensação de desconfiança nos métodos tradicionais de gerenciamento corporativo, o êxodo de algumas das pessoas mais capazes e brilhantes das corporações para se tornarem empresários, a concorrência internacional, a redução de tamanho das principais corporações e o desejo geral de aumentar a eficiência e a produtividade.[25]

O primeiro desses problemas — a concorrência — sempre atormentou os negócios; contudo, a economia de alta tecnologia de hoje suporta um número muito maior de concorrentes que no passado. Em contraste com as décadas anteriores, mudança, inovação e aperfeiçoamento, agora, são muito comuns no mercado. Desse modo, as corporações devem inovar, ou se tornarão obsoletas.

Outro desses problemas — perder as pessoas mais brilhantes da empresa para o empreendedorismo independente — tem aumentado como resultado de dois grandes fenômenos: primeiro, o empreendedorismo está em ascensão em termos de *status*, publicidade e desenvolvimento econômico. Esse aprimoramento do empreendedorismo tornou a escolha mais atraente tanto para funcionários jovens quanto para os mais experientes. Segundo, nos últimos anos o capital de risco cresceu e tornou-se uma indústria grande, capaz de financiar mais empreendimentos que nunca. Mais especificamente, como será apresentado com mais detalhes no Capítulo 8, os "investidores-anjos" surgiram com uma força sem precedentes, o que criou uma nova oportunidade para o financiamento do capital. Os mercados de financiamento de capital saudáveis permitiram que novos empresários lançassem suas ideias e, como resultado, quem possui ideias inovadoras tem maior probabilidade de deixar grandes corporações e fazer sucesso sozinho.

A empresa moderna, então, é forçada a procurar meios de desenvolver o empreendedorismo interno, caso contrário, pode esperar por estagnação, perda de funcionários e declínio. Essa nova "revolução corporativa" representa uma valorização e um desejo de aprimorar os inovadores dentro da estrutura corporativa.

3.3c Obstáculos ao empreendedorismo e inovação corporativos

É necessário observar que há muitos obstáculos ao processo de empreendedorismo corporativo, os quais, geralmente, refletem a ineficácia das técnicas de gerenciamento tradicionais, à medida que estas são aplicadas ao desenvolvimento da inovação. Apesar de não intencional, o impacto adverso de uma determinada técnica tradicional de gerenciamento pode ser tão destrutivo que os indivíduos de uma empresa tenderão a evitar o comportamento empreendedor. A Tabela 3.2 fornece uma lista de técnicas de gerenciamento tradicionais, seus efeitos adversos (quando são impostas com rigidez) e as ações recomendáveis para mudar ou ajustar a prática.

Compreender esses obstáculos é essencial para promover o empreendedorismo corporativo, pois são os pontos-chave de todos os outros esforços. Para ganhar apoio e promover entusiasmo

TABELA 3.2 ORIGENS E SOLUÇÕES DE OBSTÁCULOS NA INOVAÇÃO CORPORATIVA

Práticas de gestão tradicionais	Efeitos adversos	Ações recomendadas
Impor procedimentos padrão para evitar erros.	Soluções inovadoras bloqueadas, fundos gastos incorretamente.	Criar regras básicas específicas para cada situação.
Administrar recursos para a eficiência e o retorno sobre o investimento.	Perda da liderança competitiva, baixa penetração no mercado.	Focar esforços em questões críticas, como em participação de mercado.
Controle com relação ao plano.	Fatos ignorados que devem substituir pressuposições.	Mudar o plano para refletir o novo aprendizado.
Planejar para o longo prazo.	Metas inviáveis bloqueadas, altos custos de falha.	Prever uma meta, definir etapas intermediárias e reavaliar após atingir cada uma delas.
Gerenciamento funcional.	Falha do empresário e/ou do empreendimento.	Apoio ao empresário com habilidades de gestão e habilidades multidisciplinares.
Evitar medidas que ponham em risco o negócio de base.	Perda de oportunidades.	Dar pequenos passos, construir a partir dos pontos fortes.
Proteger a base do negócio a todo custo.	Empreendimento rejeitado quando o negócio de base é ameaçado.	Tornar o empreendimento o objetivo final, assumir riscos financeiramente viáveis.
Julgar novas ações a partir da experiência anterior.	Decisões erradas sobre a concorrência e os mercados.	Usar estratégias de aprendizado, testar pressuposições.
Compensar de maneira uniforme.	Baixa motivação e operação ineficaz.	Equilibrar riscos e recompensas, empregar compensação especial.
Promover indivíduos compatíveis.	Perda de inovadores.	Acomodar quem "vira o jogo" e quem "faz acontecer".

Fonte: Reproduzido com autorização de Hollister B. Sykes e Zenas Block, "Corporate Venturing Obstacles: Uncertainty, Innovation, and Allocation", *Journal of Business Venturing*, n. 4, v. 3, 1989, p. 161. Copyright © 1989 by Elsevier Science Publishing Co., Inc.

para a inovação, os gerentes devem remover os obstáculos observados e buscar ações alternativas de gestão.[26]

Depois de reconhecer os obstáculos, os gerentes devem adaptar-se aos princípios das empresas inovadoras de sucesso. James Brian Quinn, especialista na área de inovação, descobriu os seguintes fatores em grandes corporações que apresentaram inovações de sucesso:

- *Ambiente e visão*. As empresas inovadoras possuem uma visão nítida — e o apoio reconhecido — de um ambiente inovador.
- *Orientação ao mercado*. As empresas inovadoras relacionam sua visão às realidades do mercado.
- *Estruturas pequenas, de gestão horizontal*. A maioria das empresas inovadoras mantém a gestão totalmente horizontal e equipes pequenas.
- *Múltiplas abordagens*. Gerentes inovadores incentivam a realização de vários projetos em paralelo.
- *Aprendizagem interativa*. Dentro de um ambiente inovador, o **aprendizado interativo** e a investigação de ideias ultrapassam as linhas tradicionais funcionais na empresa.
- *Skunk Works*. ("**Skunk Works**" é como são conhecidos os pequenos grupos que trabalham suas ideias fora do horário normal e da estrutura da empresa.) Toda empresa muito inovadora utiliza grupos que atuam fora das linhas tradicionais de autoridade. Esse processo elimina a burocracia, permite trâmites rápidos e infunde um alto nível de identidade e lealdade no grupo.[27]

O PROCESSO EMPREENDEDOR

FutureWorks: O "mecanismo empreendedor" da Procter & Gamble

Quando pensamos na Procter & Gamble, pensamos em uma gigante de produtos para o consumidor. A empresa possui 300 marcas que geram um lucro de 80 bilhões de dólares em 80 países, com 130 mil funcionários. Mas mesmo com este tamanho, a Procter & Gamble leva a inovação corporativa a sério. São gastos anualmente 2 bilhões de dólares em pesquisa e desenvolvimento e outros 400 milhões de dólares são investidos em pesquisa sobre o consumidor: são realizados mais de 20 mil estudos em cem países. E por que essa ênfase na inovação interna? Porque o ex-CEO da P&G, Bob McDonald, reconhecia que as promoções de vendas podem movimentar uma empresa durante determinada temporada, mas a verdadeira inovação pode impulsionar a empresa durante décadas.

Contudo, após anos de investimento e experimentos, a P&G aprendeu que a inovação corporativa, às vezes, é mais bem executada em unidades ou departamentos de inovação descentralizados. Nesse tipo de estrutura, os gerentes de nível sênior preocupam-se apenas com as principais etapas que devem ser atingidas no processo de inovação, o restante sendo deixado para os membros da unidade de inovação, que podem dedicar seu tempo completamente à introdução de inovações no mercado com a maior rapidez.

A Procter & Gamble criou em 2000 uma das suas unidades de inovação de maior sucesso, chamada FutureWorks. Trata-se de uma unidade de Criação de Novos Negócios Corporativos dentro da P&G, subordinada à comissão de Fundos de Inovação Corporativa, comissão essa que é formada pelos altos executivos da empresa. À unidade cabe a criação, o desenvolvimento e o impulsionamento de novos modelos de negócios de transformação, de novas categorias de produtos ou de experiências de serviço que capitalizem inovações disruptivas de mercado. A equipe da P&G FutureWorks é experiente e diversificada, com conexões alinhadas à equipe de liderança da empresa e às suas metas estratégicas.

Ao utilizar uma técnica de "inovação aberta", na qual a organização busca ideias externas e soluções, a P&G estabeleceu uma divisão de Conexão e Desenvolvimento da FutureWorks para uma relação externa eficaz. A missão dessa unidade é buscar parcerias e conceber o potencial de inovação dessas conexões externas — no passado, isso poderia levar até três anos para alcançar o mercado; agora, pode ser acelerado no período de 18 meses. Ao se conectar a parcerias externas, a P&G expandiu seus negócios estratégicos de base para novos canais e domínios, e alguns de seus novos domínios de interesse incluem serviços de franquia, saúde e bem-estar, serviços baseados em informação, tecnologias de plataforma inovadoras e mercados emergentes.

A FutureWorks tem particular interesse em modelos que potencializem a força de uma marca da P&G ou de uma marca externa robusta (pense em algumas das marcas poderosas da P&G, como Crest, Duracell, Tide, Pampers, Charmin, Gillette e Pringles). Alguns exemplos de modelos de negócios que foram desenvolvidos pelo impulsionamento de algumas das marcas da P&G são: Mr. Clean Car Wash e Tide Dry Cleaners. Além disso, qualquer plataforma tecnológica é especialmente viável se conseguir obter custo disruptivo, recursos e/ou rápida vantagem para qualquer um dos modelos de negócios atuais, para as parcerias de varejo ou mesmo para a indústria. Por fim, a FutureWorks tem interesse em ideias baseadas em informações que atendam o consumidor ou o varejista e forneçam dados exclusivos.

Visando melhor financiar projetos de inovação, a P&G fundou o Fundo de Inovação Corporativa P&G (CIF — Corporate Innovation Fund), que financia a criação de inovações disruptivas e de novos negócios (as inovadoras Crest Whitestrips foram financiadas dessa maneira).

O vice-presidente e czar da inovação da P&G, Nathan Estruth, afirma que a "mágica" está em sua equipe e na cultura que, juntos, criaram. Ele ressalta que suas características são a humildade, a paixão pelo trabalho, o sucesso na ambiguidade e o constante desafio ao *status quo*. O valor de tudo o que a FutureWorks está conquistando pode ser mais bem resumido na realização de novos negócios e na obtenção de maior eficiência e de novos recursos, que são as características atuais da P&G. A empresa está construindo o seu futuro ao buscar inovações revolucionárias por meio de sua evolução revolucionária: a FutureWorks!

Fontes: Adaptado de muitas fontes, incluindo: Site da FutureWorks P&G (disponível em: http://futureworks.pg.com; acesso em: 1º/fevereiro/2012); Bruce Brown e Scott D. Anthony, "How P&G Tripled Its Innovation Success Rate", *Harvard Business Review*, n. 89, v. 6, junho/2011, p. 64-72; e visita pessoal à FutureWorks, com entrevista a Nathan Estruth, julho/2011.

3.4 ESTRATÉGIA DE EMPREENDEDORISMO CORPORATIVO

OA6 Descrever os elementos específicos das estratégias de empreendedorismo corporativo.

Como mencionado anteriormente, definimos a estratégia do empreendedorismo corporativo como uma confiança guiada pela visão de toda a organização no comportamento empreendedor que rejuvenesce a organização de maneira determinada e continuamente, moldando a meta de suas operações pelo reconhecimento e pela exploração da oportunidade empreendedora. Assim como em relação a todas as estratégias, a estratégia de empreendimento corporativo deve ser pensada em termos contínuos em vez de dicotômicos. Mais diretamente: os graus das estratégias de empreendedorismo corporativo variam de acordo com a intensidade empreendedora.

Dos pesquisadores Jeffrey G. Covin, R. Duane Ireland e Donald F. Kuratko, a Figura 3.2 apresenta um modelo que ilustra como a estratégia de empreendedorismo corporativo se manifesta pela presença de três elementos: visão estratégica do empreendedorismo, estrutura organizacional voltada ao empreendedorismo e processos e comportamentos de empreendedorismo, como apresentados pela hierarquia organizacional.[28] Esse modelo possui diversas interligações, que incluem: (1) experiência individual de empreendedorismo dos membros da organização, (2) condições do ambiente externo que representam um convite à atividade empreendedora, (3) visão estratégica empreendedora da alta gestão para a empresa, (4) estruturas organizacionais que incentivam processos e comportamento empreendedores, (5) processos empreendedores que são refletidos no comportamento empreendedor, e (6) resultados organizacionais resultantes de ações empreendedoras.

O modelo sugere que experiências empreendedoras individuais e condições ambientais externas são o ímpeto inicial para a adoção de uma estratégia de empreendedorismo corporativo, e os resultados são avaliados de modo a oferecer uma justificativa para a continuação, modificação ou rejeição da estratégia. A própria estratégia de empreendedorismo corporativo é refletida nos três elementos citados anteriormente: visão estratégica de empreendedorismo, estrutura organizacional voltada ao empreendedorismo e processos e comportamentos de empreendedorismo, como apresentados na organização. Diferentemente de outras estratégias, a estratégia do empreendedorismo corporativo não pode ser selecionada de forma consciente e rápida — ela requer mais do que simplesmente a decisão, o ato ou o evento. É preciso haver concordância entre a visão e as ações empreendedoras dos líderes na organização, a qual pode ser facilitada pela existência de uma hierarquia organiza-

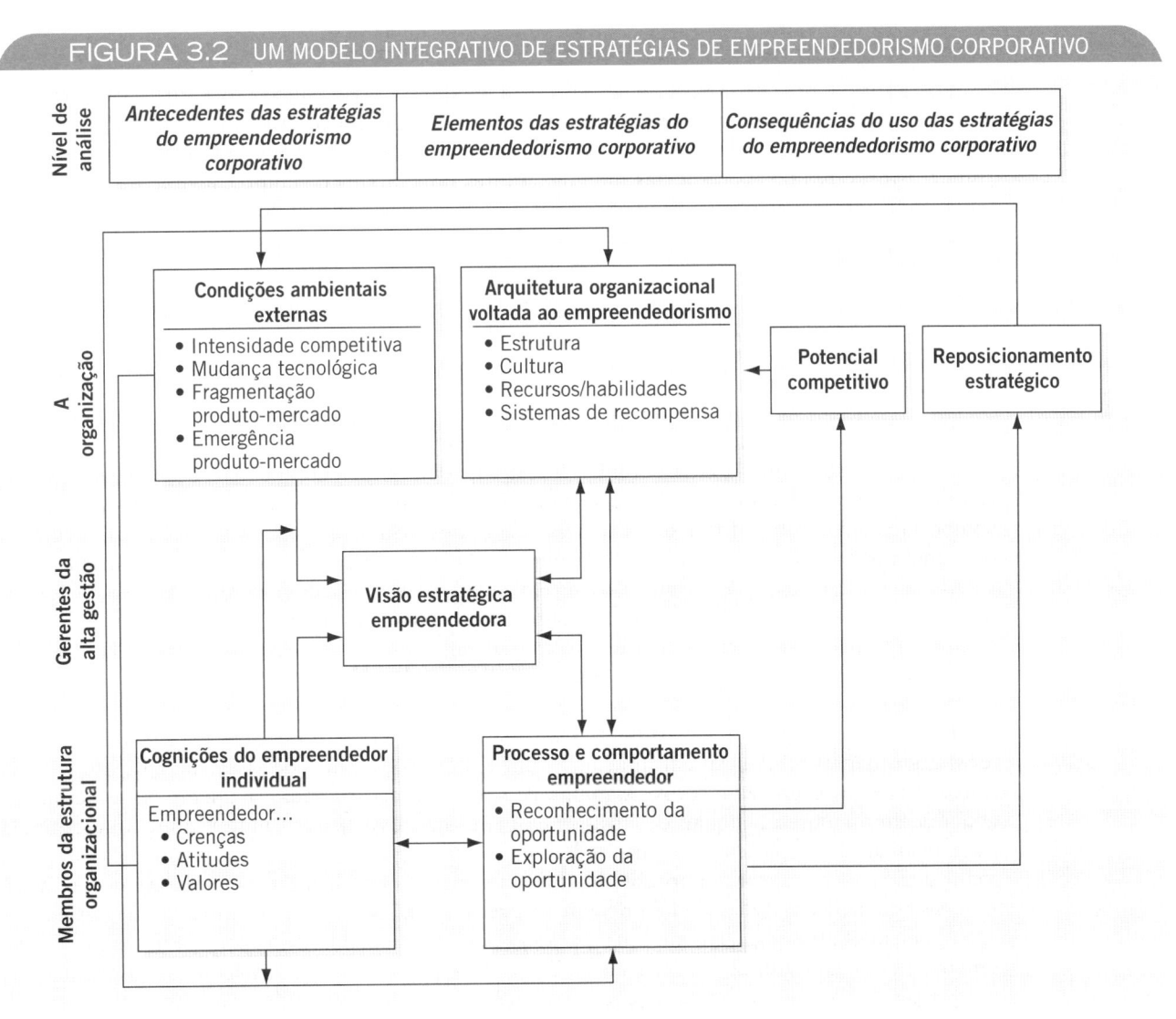

FIGURA 3.2 UM MODELO INTEGRATIVO DE ESTRATÉGIAS DE EMPREENDEDORISMO CORPORATIVO

Nível de análise	Antecedentes das estratégias do empreendedorismo corporativo	Elementos das estratégias do empreendedorismo corporativo	Consequências do uso das estratégias do empreendedorismo corporativo
A organização	**Condições ambientais externas** • Intensidade competitiva • Mudança tecnológica • Fragmentação produto-mercado • Emergência produto-mercado	**Arquitetura organizacional voltada ao empreendedorismo** • Estrutura • Cultura • Recursos/habilidades • Sistemas de recompensa	**Potencial competitivo** — **Reposicionamento estratégico**
Gerentes da alta gestão		**Visão estratégica empreendedora**	
Membros da estrutura organizacional	**Cognições do empreendedor individual** Empreendedor... • Crenças • Atitudes • Valores	**Processo e comportamento empreendedor** • Reconhecimento da oportunidade • Exploração da oportunidade	

Fonte: R. Duane Ireland, Jeffery G. Covin e Donald F. Kuratko, "Conceptualizing Corporate Entrepreneurship Strategy", *Entrepreneurship Theory and Practice*, n. 33, v. 1, 2009, p. 24.

cional voltada ao empreendedorismo. A estratégia de empreendedorismo corporativo diz respeito à criação de empresas que se autorrenovam, libertando-se e focando no potencial empreendedor que existe nelas. Diz respeito também à consistência da abordagem e à ordem do comportamento. Empresas que utilizam estratégias de empreendedorismo corporativo devem incentivar o comportamento empreendedor de maneira regular ou continuamente. Obviamente, a intensidade com que a empresa deve utilizar o comportamento empreendedor, antes que seja solicitada a presença de uma estratégia de empreendedorismo corporativo, é uma questão de posição: de um lado do *continuum* está a estabilidade (ou a ausência de inovação); de outro, o caos (ou a inovação devastadora). Os pesquisadores Charles Baden-Fuller e Henk Volberda afirmam corretamente que:

> Resolver o paradoxo da mudança e da preservação significa reconhecer que a renovação contínua dentro de uma empresa complexa é um equívoco. Mudança em demasia leva ao caos, à perda do fator unificador, à fadiga e ao colapso organizacional. No curto prazo, as organizações caóticas conseguem sobreviver, mas no longo prazo, são passíveis de entrar em colapso.[29]

Talvez, em suas observações sobre "concorrência no limite do empreendedorismo", as pesquisadoras Kathleen Eisenhardt, Shona Brown e Heidi Neck tenham feito um registro melhor de onde as empresas com estratégias de comportamento empreendedor se encaixam no *continuum* de inovação. Segundo elas:

> Empresas com estratégias de comportamento empreendedor permanecem próximas dos "limites de tempo", equilibrando a exploração de oportunidades empreendedoras atuais com a busca por essas oportunidades futuras. Essas empresas estão sempre próximas do caos, tanto estratégica quanto estruturalmente, mas possuem sabedoria e disciplina para reconhecer a possibilidade do colapso extremo anteriormente mencionado e evitá-lo.[30]

OA5 Ressaltar as considerações envolvidas na reestruturação do pensamento corporativo.

Dessa forma, para que opere como estratégia, o empreendedorismo corporativo deve estar presente de forma profunda nas organizações. Funcionários da alta gestão têm reconhecido cada vez mais a necessidade de responder aos imperativos do empreendedorismo criados por seus cenários competitivos; contudo, as respostas mínimas a esses imperativos de empreendedorismo, que refletem compromissos superficiais com a estratégia de EC, estão condenados ao fracasso. Além disso, apesar de a alta gestão poder instigar a estratégia, não pode impor sua execução. Indivíduos que trabalham nos níveis intermediário e inferior de uma organização possuem um efeito enorme e funções significativas dentro dos processos empreendedor e estratégico,[31] e sem o comprometimento deles, o comportamento empreendedor nunca será uma característica da organização, conforme ditado pela estratégia de EC.

A criação da estratégia de EC é difícil, e talvez seja ainda mais difícil perpetuá-la nas organizações. A presença de algumas condições ambientais externas pode ser suficientes para levar os líderes de uma organização a explorar a possibilidade de adotar a estratégia de EC. No entanto, o comprometimento dos indivíduos na organização para fazer a estratégia funcionar e a concretização de resultados empreendedores que reforcem esse compromisso serão necessários para garantir que o comportamento empreendedor se torne um aspecto que defina a organização. Portanto, o colapso de algum dos três elementos da estratégia de EC ou em ligações entre eles colocaria em questão a viabilidade da estratégia. Além disso, os sistemas de avaliação e recompensa devem ser alinhados, de forma que haja congruência no comportamento empreendedor implantado nos níveis individual e organizacional. Ainda que as condições externas possam ser cada vez mais favoráveis à adoção de estratégias de EC, os gerentes não podem iludir-se, achando que sua implantação efetiva será facilmente realizada.

Empresas que criam uma estratégia empreendedora percebem que, em geral, as suas características originais mudam drasticamente,[32] com as tradições sendo deixadas de lado em prol de novos processos e procedimentos. Algumas pessoas, não acostumadas a operar nesse ambiente, abandonam a empresa, enquanto outras descobrem um novo sistema motivacional que estimula a criatividade, a perspicácia, a assunção de riscos, o trabalho em equipe e o networking informal, todos dedicados a aumentar a produtividade e a viabilizar a organização. A verdade é que, se algumas pessoas prosperam dentro do ambiente empreendedor, outras o veem com extrema antipatia.

As cinco etapas essenciais de uma estratégia de empreendedorismo corporativo são: (1) desenvolvimento da visão, (2) incentivo à inovação, (3) estruturação do ambiente empreendedor, (4) preparação individual de gerentes para a inovação corporativa e (5) desenvolvimento de equipes empreendedoras. Cada etapa será abordada com mais detalhes.

3.4a Desenvolvimento da visão

A primeira etapa para se planejar uma estratégia de empreendedorismo corporativo para a empresa é compartilhar a visão de inovação que seus líderes desejam alcançar.[33] A visão deve ser articulada com clareza pelos líderes da organização; então, os objetivos específicos são desenvolvidos pelos gerentes e funcionários. Como é sugerido que o empreendedorismo corporativo é resultado do talento criativo das pessoas na organização, os funcionários devem estar cientes e compreender essa visão, cujo compartilhamento é um elemento essencial para a estratégia que busca altos resultados (veja a Figura 3.3). Essa visão requer a identificação dos objetivos específicos das estratégias de empreendedorismo corporativo e das estratégias e programas necessários para alcançar esses objetivos. A autora e pesquisadora Rosabeth Moss Kanter descreveu três grandes objetivos e seus respectivos programas criados para o desenvolvimento da iniciativa nas empresas, apresentados na Tabela 3.3.

FIGURA 3.3 VISÃO COMPARTILHADA.

- **Integração**: Ter um propósito além do trabalho diário.
- **Relacionamentos**: Prevalência da confiança mútua e da atitude básica de apoio.
- **MISSÃO E VISÃO**
- **Estrutura**: Iniciativa local e síntese central.
- **Compromisso**: Participação ativa e comprometida dos funcionários.

Fonte: Jon Arild Johannessen, "A Systematic Approach to the Problem of Rooting a Vision in the Basic Components of an Organization", in *Entrepreneurship, Innovation, and Change*, n. 3, v. 1, março/1994, p. 47. Reproduzido com autorização de Plenum Publishing Corporation, Nova York.

TABELA 3.3 OBJETIVOS E PROGRAMAS PARA A CRIAÇÃO DA INICIATIVA

Objetivos	Programas
Garantir que os sistemas, estruturas e práticas atuais não apresentem barreiras intransponíveis à flexibilidade e à ação rápida necessárias para a inovação.	Reduzir a burocracia desnecessária e incentivar a comunicação nos departamentos e funções.
Fornecer os incentivos e as ferramentas para projetos empreendedores.	Usar o capital de giro e orçamentos de projetos especiais (essa reserva foi denominada intracapital para significar um fundo especial para projetos empreendedores.) Reservar um tempo livre para os projetos (tempo de "bootlegging" ou contrabando de ideias).
Buscar sinergias entre as áreas de negócios para a descoberta de novas oportunidades em meio a novas combinações.	Incentivar projetos conjuntos e empreendimentos entre as divisões, departamentos e empresas. Permitir e incentivar os funcionários a discutir e trocar ideias.

Fonte: Adaptado com permissão de Rosabeth Moss Kanter, "Supporting Innovation and Venture Development in Established Companies", *Journal of Business Venturing*, n. 1, v. 1, inverno/1985, p. 56-59. Copyright © 1985 by Elsevier Science Publishing Co., Inc.

3.4b Incentivo à inovação

Conforme discutiremos no Capítulo 5, inovação é a ferramenta específica do empreendedor. Desse modo, as empresas devem entender e desenvolver a inovação como o elemento-chave de sua estratégia. Diversos pesquisadores examinaram a importância da inovação no ambiente corporativo.[34]

Alguns autores descrevem a inovação como um processo caótico e não planejado,[35] enquanto outros estudiosos insistem que se trata de uma disciplina sistemática.[36] Ambas as posições podem ser verdadeiras, dependendo da natureza da inovação; portanto, para entender esse conceito, é importante focar em dois tipos diferentes de inovação: a radical e a incremental.[37]

Inovação radical é o lançamento de inovações como networking social, informática móvel, armazenamento na nuvem, namoro on-line e tecnologias verdes. Inovações desse tipo exigem experimentação e visão determinada, que não são necessariamente geridas, mas que devem ser reconhecidas e alimentadas.

Inovação incremental refere-se à evolução sistemática de um produto ou serviço em mercados novos ou maiores. Os exemplos incluem pipoca de micro-ondas, o uso de pipoca em embalagens (em substituição ao isopor), frozen iogurte, e assim por diante. Muitas vezes, a inovação incremental assume o controle após uma inovação radical ter introduzido um grande avanço. A estrutura, o marketing, o financiamento e os sistemas formais de uma empresa podem ajudar a implantar a inovação incremental. Diz-se que, por meio de seu pessoal, uma organização pode fazer mil coisas 1% melhor em vez de esperar para fazer uma coisa 1.000% melhor.

> **Nota**
>
> Em abordagens mais recentes, observa-se o emprego da expressão "inovação semirradical" em tecnologia ou em mercado. Isso significa, por exemplo, que uma determinada inovação pode ser radical para o mercado, mas empregando tecnologias de natureza incremental ou radical a nível tecnológico, mas percebida como incremental pelo mercado (como exemplo, as inovações em processos).

Ambos os tipos de inovação carecem de visão e suporte, e esse suporte possui diferentes etapas para o seu desenvolvimento efetivo (ver Tabela 3.4). Além disso, ambas precisam de um **defensor**, ou seja, de uma pessoa que tenha visão e habilidade de compartilhá-la.[38] Por fim, para ambos os tipos de inovação, são necessários esforços da alta gestão da empresa a fim de desenvolver e educar os funcionários a respeito de inovação e intraempreendedorismo, um conceito conhecido como **suporte da alta gestão**.[39]

TABELA 3.4 DESENVOLVIMENTO E SUPORTE DA INOVAÇÃO RADICAL E INCREMENTAL

Radical	Incremental
Estimular com desafios e quebra-cabeças.	Definir metas sistemáticas e prazos.
Eliminar barreiras de orçamento e prazos, sempre que possível.	Estimular por meio de pressão competitiva.
Incentivar a educação técnica e a exposição aos clientes.	Incentivar a educação técnica e a exposição aos clientes.
Permitir o compartilhamento técnico e sessões de *brainstorming*.	Realizar reuniões semanais que incluam membros-chave da gerência e do marketing.
Oferecer atenção pessoal — desenvolver relações de confiança.	Delegar maior responsabilidade.
Incentivar elogios de partes externas.	Definir recompensas financeiras claras para atingir metas e prazos.
Possuir fundos flexíveis para as oportunidades que surgirem.	
Recompensar novos projetos e interesses com liberdade e capital.	

Fonte: Adaptado de Harry S. Dent, Jr., "Growth through New Product Development", *Small Business Reports*, novembro/1990, p. 36.

Incentivar a inovação exige disposição não apenas para tolerar erros, como também para aprender com eles. Por exemplo, um dos fundadores da 3M, Francis G. Oakie, teve a ideia de substituir lâminas de barbear por lixa — ele acreditava que os homens poderiam esfregar a lixa no rosto ao invés de uma lâmina afiada. Ele estava errado, e a ideia falhou; todavia, suas ideias evoluíram até o desenvolvimento de uma lixa à prova d'água para a indústria automobilística, que foi um enorme sucesso!

Assim nasceu a filosofia da 3M. A inovação é um jogo de números: quanto mais ideias, maiores as chances de uma inovação de sucesso. Em outras palavras, para dominar a inovação, as empresas devem possuir uma tolerância a erros. Essa filosofia surtiu efeito para a 3M — videoteipe antiestático, fitas dentais transparentes, ligamentos sintéticos para cirurgias do joelho, folhas reflexivas resistentes para placas de construção e, claro, o Post-it, são algumas das incríveis inovações desenvolvidas pela organização. Em geral, a 3M possui um catálogo de 60 mil produtos.[40]

Atualmente, a 3M segue um conjunto de regras inovadoras que encoraja a promoção de ideias pelos funcionários. As regras principais incluem o seguinte:

- *Não destrua um projeto.* Se uma ideia não for adotada por uma das divisões da 3M, o funcionário pode dedicar 15% de seu tempo para provar que funciona. Para quem precisa de apoio financeiro, anualmente são concedidas 90 bolsas Genesis de 50 mil dólares.
- *Tolere o erro.* Incentivar a ampla experimentação e a assunção de riscos oferece mais chances de um novo produto de sucesso. O objetivo: as divisões devem dedicar 25% das vendas aos produtos introduzidos nos últimos cinco anos. Em alguns casos, a meta pode ser aumentada para 30%.
- *Mantenha divisões pequenas.* Os gerentes das divisões devem saber o nome de cada funcionário. Quando uma divisão ficar muito grande, com suas vendas atingindo cerca de 250 a 300 milhões de dólares, ela será dividida.
- *Motive os campeões.* Quando um funcionário da 3M tem uma ideia de produto, ele recruta uma equipe de ação para desenvolvê-la, e os salários e promoções estão ligados ao progresso do produto. O campeão tem a chance de, um dia, ter seu próprio grupo de produtos ou divisão.
- *Mantenha proximidade com o cliente.* Pesquisadores, funcionários de marketing e gerentes visitam os clientes e com frequência os convidam a ajudar com o *brainstorming* das ideias de produtos.
- *Compartilhe a riqueza.* A tecnologia, onde quer que seja desenvolvida, pertence a todos.[41]

3.4c Estruturação do ambiente de trabalho

Atualmente, ao estabelecer a unidade para inovar nas empresas, uma das etapas mais críticas é investir fortemente em um ambiente inovador. O trabalho de um funcionário da alta gestão é criar um ambiente de trabalho altamente favorável à inovação e ao comportamento empreendedor. Nesse ambiente, cada funcionário tem a oportunidade de apresentar um desempenho extraordinário. A disposição e a capacidade de trabalhar o potencial empreendedor inato são baseadas em uma avaliação calculada. Condições do ambiente de trabalho interno ditam os custos percebidos e os benefícios associados à assunção de riscos pessoais, desafiando as práticas atuais, dedicando tempo a abordagens não comprovadas e suportando a ambiguidade e o estresse que o comportamento empreendedor pode criar. Portanto, é mais provável a credibilidade da inovação em empresas que buscam e alimentam todo o potencial empreendedor individual, e nas quais o conhecimento organizacional é compartilhado de forma abrangente. O desafio gerencial consiste, então, em utilizar elementos estruturais do local de trabalho para desenvolver um ambiente interno de "inovação amigável".

Esse conceito, quando combinado com outros elementos de uma estratégia de inovação, pode aumentar o potencial para empregados se tornarem desenvolvedores de empreendimentos. Para desenvolver colaboradores como fontes de inovação, as empresas precisam oferecer-lhes mais atividades de incentivo e de compartilhamento de informações.[42] Além disso, devem criar um ambiente que ajude as mentes inovadoras a atingir todo o seu potencial. A percepção dos funcionários de um ambiente inovador é essencial para ressaltar a importância do compromisso da gerência, não apenas para as pessoas da organização, como também para os projetos inovadores.

O ambiente empreendedor interno da empresa deve ser analisado para avaliar em que medida ele é favorável ao comportamento empreendedor e como isso é percebido pelos gestores. Ao tentar levantar a situação atual da empresa em relação à prontidão para a inovação, os gerentes devem identificar partes da estrutura, sistemas de controle, sistemas de gestão de recursos humanos e cultura corporativa que possam inibir a inovação, bem como partes que possam facilitar o comportamento empreendedor, como base para a implantação bem-sucedida da inovação empresarial.

Um exemplo de instrumento de avaliação a ser utilizado é o **CEAI**, do inglês, **Corporate Entrepreneurship Assessment Instrument**, que seria o instrumento de avaliação do empreendedorismo corporativo, desenvolvido pelos pesquisadores Donald F. Kuratko e Jeffrey S. Hornsby, que mede a psicometria dos principais fatores do ambiente empreendedor.[43] As respostas ao CEAI foram analisadas estatisticamente e cinco fatores foram identificados, os quais são essenciais ao ambiente interno de uma organização que busca que seus gerentes sigam a atividade de inovação. É importante compreender esses fatores a fim de avaliar quanto a organização está pronta para a atividade empreendedora corporativa. Cada um dos fatores discutidos a seguir são aspectos da organização cuja gerência tem algum controle. Em cada caso, oferecemos uma definição sucinta e ilustrações de elementos específicos do ambiente da empresa para a dimensão correspondente.

SUPORTE DA GERÊNCIA

[OA7] Examinar os métodos de desenvolvimento de gerentes para o empreendedorismo corporativo.

Esta é a medida em que a própria estrutura da gerência incentiva os funcionários a acreditarem que a inovação é, na realidade, parte do conjunto de funções de todos os membros da organização. Algumas das condições específicas que refletem o suporte da gerência incluem: rápida adoção das ideias dos funcionários, reconhecimento das pessoas que apresentam as ideias, suporte a pequenos projetos experimentais e capital inicial para a concretização dos projetos.

AUTONOMIA/CRITÉRIO NO TRABALHO

Os funcionários têm discrição na medida em que são capazes de tomar decisões sobre como realizar seu trabalho da forma como julgam ser mais eficaz. As organizações devem permitir que os funcionários tomem decisões sobre o seu processo de trabalho e evitar criticá-los por erros cometidos ao inovar.

RECOMPENSAS/INCENTIVO

Recompensas e incentivos aumentam a motivação dos indivíduos para se envolver com o comportamento inovador. As organizações devem caracterizar-se por proporcionar recompensas em razão do desempenho, oferecendo desafios, aumentando a responsabilidade e divulgando as ideias de pessoas inovadoras para toda a hierarquia organizacional.

DISPONIBILIDADE DE TEMPO

A promoção de ideias novas e inovadoras exige que os indivíduos tenham tempo para incubar essas ideias. As organizações devem moderar a carga de trabalho, evitar pressão de tempo em todos os aspectos do trabalho e permitir o trabalho com outras pessoas na resolução de problemas de longo prazo.

LIMITES ORGANIZACIONAIS

Esses limites, reais e imaginários, impedem que as pessoas olhem para os problemas fora de seu trabalho. As pessoas devem ser encorajadas a olhar para a organização sob uma perspectiva ampla. As organizações devem evitar procedimentos de operação padrão para todas as principais partes do trabalho, e reduzir a dependência de descrições de trabalho limitadas e padrões de desempenho rígidos.[44]

Os resultados estatísticos do CEAI demonstraram apoio a esse conjunto subjacente de fatores ambientais internos, aos quais as organizações precisam se concentrar ao introduzir uma estratégia inovadora.[45] Esses fatores, bem como a pesquisa anterior mencionada, são a base para as etapas críticas envolvidas na criação de um ambiente empreendedor corporativo.

Um instrumento como o CEAI pode ser utilizado para desenvolver o perfil de uma empresa nas cinco dimensões de ambiente interno mencionadas. A baixa pontuação em determinada dimensão do CEAI sugere a necessidade de focar nessa dimensão específica a fim de melhorar a disponibilidade da empresa para o comportamento empreendedor e, por fim, para o sucesso da inovação corporativa. Isso pode beneficiar significativamente as organizações, uma vez que fornece uma indicação da probabilidade de a empresa ser bem-sucedida na utilização de um processo de inovação corporativa. Também ressalta as dimensões específicas do ambiente de trabalho interno que devem ser o foco dos esforços de projeto e desenvolvimento em curso. Além disso, o CEAI pode ser utilizado como ferramenta de avaliação das necessidades de treinamento corporativo no que diz respeito a empreendedorismo e inovação. Determinar essas necessidades prepara o terreno para a melhoria das habilidades dos gerentes, aumentando a sua sensibilidade aos desafios de induzir e apoiar o comportamento empreendedor.

Outro pesquisador, Vijay Sathe, sugeriu diversas áreas em que as corporações devem focar se tiverem a intenção de facilitar o comportamento empreendedor corporativo. A primeira é incentivar — não impor — a atividade inovadora. Os gerentes devem utilizar recompensas financeiras e forte reconhecimento da empresa em vez de regras ou procedimentos rígidos para incentivar o empreendedorismo corporativo. Este é, na realidade, um método de direção e controle interno mais forte que os parâmetros tradicionais.

Outra área de foco é o controle efetivo das políticas de recursos humanos. Os gerentes devem permanecer em suas posições pelo tempo suficiente para aprender sobre uma área da empresa e sobre uma divisão, em particular. Em vez de mudar os gerentes de posição, como é o caso em muitas empresas, Sathe sugere uma "rotação selecionada", em que os gerentes são expostos a territórios diferentes, mas relacionados. Isso ajuda os gerentes a obter conhecimento suficiente para o desenvolvimento da inovação.

Um terceiro fator reside em a gerência manter o compromisso com projetos inovadores por tempo suficiente para que o impulso possa ocorrer. Inevitavelmente, haverá erros, e o aprendizado deve ser o resultado-chave desses erros. Assim, comprometimento constante é um elemento importante no gerenciamento do empreendedorismo corporativo.

Um elemento final sugerido por Sathe é a aposta em pessoas, não em análises. Apesar de a análise ser sempre importante para julgar o progresso de um projeto, esta deve ser feita com apoio, e não com imposição. Um desafio com apoio pode ajudar os inovadores a perceber seus erros, testar suas convicções e realizar uma autoanálise.[46]

Cabe mencionar que ainda não há consenso entre a maioria dos pesquisadores sobre as recompensas exatas para o empreendedorismo corporativo.[47] Alguns acreditam que permitir ao inventor chefiar o novo empreendimento é a melhor recompensa, enquanto outros afirmam que é a concessão de mais tempo para o empreendedor corporativo trabalhar em projetos futuros. Outros, ainda, insistem que o capital especial, denominado **intracapital**, deve ser reservado para que o empreendedor corporativo o utilize sempre que o dinheiro de investimento for necessário para mais ideias de desenvolvimento.

> **Nota**
>
> O autor Daniel Pink, no livro *Drive – The Surprising Truth About What Motivate Us*, publicado pela Riverhead Books, 2011, demonstra por meio dos resultados de pesquisas de professores do MIT e da Universidade de Chicago que em atividades que envolvem habilidades cognitivas, a recompensa financeira pode não ser suficiente. Fatores verdadeiramente determinantes para a motivação em longo prazo são: autonomia, maestria e propósito.

Tendo em vista esses elementos de clima, é claro que a mudança na estrutura corporativa é inevitável se a atividade inovadora for existir e prosperar. O processo de mudança consiste em uma série de estruturas emergentes de pessoas, metas corporativas e necessidades. Em resumo, a organização pode incentivar a inovação abdicando de controles e mudando a estrutura burocrática tradicional (veja a Tabela 3.5 com os mandamentos do inovador corporativo).

TABELA 3.5 MANDAMENTOS DO INOVADOR CORPORATIVO

1. Ir trabalhar todos os dias desejando trocar o emprego pela inovação.
2. Contornar ordens burocráticas que visem impedir sua inovação.
3. Ignorar a descrição do seu trabalho — fazer o trabalho necessário para que a sua inovação funcione.
4. Criar uma equipe de inovação que tenha "pique" para fazer acontecer.
5. Manter sua inovação em segundo plano, até que esteja pronta para ser demonstrada à gerência corporativa.
6. Encontrar um gerente de alto nível que acredite em você e em suas ideias, e que atuará como patrocinador da sua inovação.
7. Raras vezes a organização concede permissão para inovar; portanto, pedir sempre perdão por demonstrar "ignorância" às regras.
8. Ser sempre realista quanto aos meios de alcançar as metas de inovação.
9. Compartilhar a glória das realizações com todos da equipe.

É mais provável que gerentes e funcionários de uma empresa se envolvam com o comportamento empreendedor quando as dimensões organizacionais desta forem bem vistas, amplamente conhecidas e universalmente aceitas. Os indivíduos avaliam suas capacidades empreendedoras com referência ao que percebem ser importante em um conjunto de recursos organizacionais, de oportunidades e de obstáculos relacionados à atividade empreendedora. Quando se determinar que o valor de um ambiente que incentiva o comportamento empreendedor excede o de todos os outros comportamentos organizacionais, os gerentes irão, continuamente, promover, facilitar e alimentar esse ambiente propício à inovação.

3.4d Controle *versus* autonomia

Conforme demonstrado, funcionários envolvidos com o comportamento empreendedor são a base para a inovação organizacional; portanto, para desenvolver a "inovação corporativa", as organizações devem estabelecer um processo por meio do qual os indivíduos de uma empresa busquem oportunidades empreendedoras para inovar sem levar em conta o nível e a natureza dos recursos disponíveis no momento. Contudo, deve-se ter em mente que, na ausência de mecanismos de controle adequados, as empresas que manifestam interesse na atividade inovadora corporativa podem "tender a gerar uma massa incoerente de oportunidades interessantes, mas não relacionadas, que podem possuir potencial de lucro, mas que não são capazes de mover essas empresas em direção a um futuro desejável".[48] Portanto, esses fatores que levam a atividade empreendedora a produzir altos níveis de desempenho da inovação são suscetíveis, dependem da capacidade da empresa em utilizar mecanismos de controle de forma prudente para a seleção e a orientação eficaz de ações e iniciativas empreendedoras.[49]

Apesar de alguns consultores enfatizarem a necessidade de "libertar os reféns empreendedores" em organizações simplesmente removendo as restrições ao comportamento, é evidente que, dessa forma, podem estar ignorando oportunidades de alinhar melhor as inovações aos interesses da organização, o que resulta de incentivar, dirigir, restringir e proibir comportamentos e iniciativas. Nem todo comportamento empreendedor corporativo é bom para a organização, mas, ainda assim, a literatura sobre a área de inovação corporativa tende a ver implicitamente esse comportamento como inerentemente virtuoso. Essa é uma tendência infeliz e potencialmente perigosa. Como observado pelos pesquisadores Donald F. Kuratko e Michael G. Goldsby,[50] o encorajamento ao empreendedorismo corporativo pode resultar um comportamento contraproducente e perigoso por parte dos membros da organização, e, em geral, resulta. Portanto, é essencial a criação e o desenvolvimento deliberados de sistemas organizacionais que reflitam as dimensões de um ambiente que estimule a inovação corporativa. Assim sendo, a tarefa do gerente sênior não é apenas construir uma organização cujas qualidades de base estimulem a inovação, mas sim criar e desenvolver mecanismos facilitadores da inovação e do controle que sejam complementares, de modo que o potencial inovador que reside na organização atinja o nível mais alto e as melhores finalidades organizacionais.

A exibição de determinados controles não é antiética com relação aos interesses da inovação corporativa, mas inerente a eles. Como tal, é ingênuo observar que o controle é inimigo da inovação de sucesso. Os gerentes devem compreender que a inovação é um processo influenciado pela aplicação de uma supervisão estruturada e disciplinada. A busca bem-sucedida pela inovação exige que os gerentes abordem os desafios à inovação sabendo que os meios para se atingir resultados desejáveis podem ser compreendidos e construídos deliberadamente. Há regras, métodos e conhecimento de processos gerais que podem ser enquadrados na facilitação dos esforços da inovação de sucesso. Desse modo, em geral, a inovação não é resultante da ausência de regras e de procedimentos claros, mas da presença destes. Os gerentes são muito aconselhados a reconhecer essa realidade.

3.4e Preparação para o erro

A ideia de "aprender com os erros" é um axioma na comunidade empreendedora corporativa. Contudo, lidar com o erro em nível pessoal é algo que, até recentemente, não tem sido examinado a fundo. Os pesquisadores Dean A. Shepherd, Jeffrey G. Covin e Donald F. Kuratko escreveram sobre a importância de administrar a frustração resultante da falha no projeto. A frustração, que desencadeia sintomas comportamentais, psicológicos e fisiológicos, é uma resposta à perda de algo importante. Administrar essa frustração, portanto, representa uma tarefa crucial no contexto da prática do empreendedorismo corporativo, porque, em geral, o nível de comprometimento essencial ao sucesso do projeto corresponde ao nível de frustração quando os projetos falham.

Rotinas e rituais organizacionais podem influenciar na recuperação do pesar dos envolvidos em projetos que falharam. À medida que os sistemas de suporte social da organização puderem canalizar emoções negativas de forma eficaz, certamente será possível obter mais aprendizado e resultados motivacionais a partir das falhas nos projetos. A inevitabilidade de falhas em projetos testa os mecanismos de suporte social e as habilidades de enfrentamento a erros dos gestores, dando a unidades especializadas na inovação o suporte social adequado para lidar com a frustração como uma vantagem operacional, que também fortalece a autoeficiência dos indivíduos.[51]

3.4f Preparação da gerência

Os líderes executivos devem criar um entendimento do processo de inovação para os seus funcionários. Tendo avaliado o suporte à atividade inovadora no ambiente de trabalho da empresa, gerentes seniores também devem determinar se a inovação corporativa e o comportamento empreendedor foram compreendidos pelos funcionários da empresa. Os principais decisores devem encontrar formas de explicar a finalidade de utilizar um processo de inovação corporativa para aqueles de quem esperam um comportamento empreendedor.

Compreender e oferecer suporte a um processo de inovação corporativa não deve ser deixado ao acaso. A experiência demonstra que, como base para uma inovação de sucesso, os executivos devem desenvolver um programa com o propósito de ajudar todas as partes que serão afetadas pela inovação corporativa a entender o valor do comportamento empreendedor que a empresa lhes solicita.

Como uma forma de as organizações desenvolverem essa compreensão da inovação e da atividade empreendedora, um programa de treinamento de inovação/empreendedorismo corporativo geralmente induz à mudança necessária ao ambiente de trabalho. Não é intenção da presente obra elaborar completamente o conteúdo de um programa de treinamento, mas apresentaremos um breve resumo de um programa real, que fornece um entendimento geral de como ele foi criado para introduzir um ambiente empreendedor nas empresas. Esse programa de treinamento premiado, que se destina à conscientização sobre as oportunidades empreendedoras nas organizações, é formado por seis módulos, planejados com a finalidade de treinar os participantes a apoiar as inovações corporativas em sua área de trabalho.[52] A seguir, apresentamos os módulos e um breve resumo de seu conteúdo:

1. **A experiência empreendedora.** Uma visão geral entusiástica da Experiência Empreendedora, em que os participantes recebem uma introdução à revolução empreendedora que ocorreu em todo o mundo nas últimas três décadas. Os participantes são desafiados a pensar de forma inovadora e a reconhecer a necessidade de quebrar velhos paradigmas nas organizações atuais.

2. **Pensamento inovador.** O processo de pensar de forma inovadora é estranho à maioria das organizações tradicionais. Os conceitos errôneos sobre pensar de forma inovadora são revistos e há uma discussão sobre os fatores inibidores mais comuns. Ao concluir um inventário de inovações, os gerentes participam de vários exercícios com o intuito de facilitar o seu próprio pensamento inovador.

3. **Processo de aceleração de ideias.** Os gerentes criam um conjunto de ideias específicas com as quais desejam trabalhar. O processo inclui examinar aspectos da empresa, como barreiras estruturais e facilitadores. Além disso, eles determinam os recursos necessários para realizar seus projetos.

4. **Barreiras e facilitadores ao pensamento inovador.** As barreiras mais comuns ao pensamento inovador são revistas e discutidas. Os gerentes completam diversos exercícios que irão ajudá-los a lidar com as barreiras no ambiente de trabalho. Além disso, são apresentados vídeos de relatos de casos mostrando inovadores corporativos reais que obtiveram êxito ao lidar com barreiras corporativas.

5. **Equipes de suporte à inovação (I-Teams).** É examinado o conceito de formação de I-Teams para se concentrar em inovações específicas. Gerentes trabalham em conjunto para formar equipes com base nas ideias que têm circulado por todo o grupo. A dinâmica da equipe é analisada para a compreensão de cada grupo.

6. **O plano de ação de inovação.** Depois de os gerentes terem analisado diversos aspectos dos facilitadores e barreiras ao comportamento inovador em sua organização, as equipes são

solicitadas a iniciar o processo de realizar um plano de ação. O plano inclui a definição de metas, estabelecendo um I-Team, a avaliação das condições atuais, desenvolvendo um calendário passo a passo para a conclusão do projeto e a avaliação deste.

Esse tipo de programa deve ser de natureza contínua. À medida que novas oportunidades inovadoras surgem no ambiente externo de uma empresa, que o ambiente de trabalho interno muda e que novos funcionários se juntam à organização, é adequado que os funcionários de quem se espera o comportamento empreendedor trabalhem juntos para encontrar as melhores formas de agir na implantação de um processo de inovação corporativa. Nesse sentido, os próprios esforços em se envolver de maneira bem-sucedida no processo de inovação corporativa devem ser de mudança inovadora, ou seja, devem mudar em resposta às condições em constante mudança nos ambientes interno e externo da empresa.

3.4g Criação dos I-Teams

Os I-Teams e seu potencial de produzir resultados inovadores são reconhecidos como uma revolução na produtividade do século 21. Certamente, ninguém duvida de que sua popularidade esteja em ascensão. Em geral, as empresas que se comprometeram com a abordagem de um I-Team rotulam sua mudança como "transformação" ou "revolução". Essa modalidade moderna de equipe de trabalho é uma nova estratégia para muitas empresas. Conhecida como estratégia de autodireção, de autogestão ou de alto desempenho, a I-Team, na realidade, engloba todas essas descrições.[53]

Ao examinar o desenvolvimento empreendedor das empresas, Robert Reich descobriu que o pensamento empreendedor não é privilégio do fundador da empresa ou de seus principais gerentes, mas é difundido em toda a empresa, em que experimentação e desenvolvimento ocorrem o tempo todo, à medida que a empresa busca novas formas de aumentar o conhecimento já acumulado por seus funcionários. Reich define **empreendedorismo coletivo** como:

> No empreendedorismo coletivo, as habilidades individuais são integradas em um grupo; essa capacidade coletiva para inovar se torna algo maior que a soma de suas partes. Com o tempo, à medida que os membros do grupo trabalham em diversos problemas e abordagens, aprendem sobre as habilidades de cada um. Eles aprendem como podem ajudar uns aos outros a ter um desempenho melhor, com o que cada um pode contribuir em determinado projeto, e como podem obter mais benefício com a experiência de cada um. Cada participante está constantemente em busca de pequenos ajustes que irão acelerar e remover as dificuldades da evolução de todo o quadro. O resultado efetivo de muitas adaptações de pequena escala realizadas em toda a organização é para impulsionar a empresa para a frente.[54]

Ao acompanhar o foco de Reich no empreendedorismo coletivo, as I-Teams oferecem às empresas a oportunidade de utilizar os talentos individuais sem perder o senso de trabalho em equipe.

Uma **equipe de inovação**, ou **I-Team**, é composta de duas ou mais pessoas que, formalmente, criam e compartilham o controle de uma nova organização.[55] A unidade possui autonomia parcial, no sentido de que tem seu próprio orçamento e um líder com liberdade de tomar decisões dentro de diretrizes amplas. Às vezes, o líder é chamado "campeão da inovação" ou "empreendedor corporativo". A unidade costuma ser separada das outras áreas da empresa, particularmente daquelas envolvidas nas atividades diárias, estando, assim, impedida de participar de procedimentos que possam reprimir suas atividades inovadoras. Contudo, se a inovação for bem-sucedida, ela por fim será tratada da mesma forma que os demais resultados que a organização produz, e integrada a ela de forma mais ampla.[56]

De muitas maneiras, uma I-Team é uma pequena empresa que opera dentro de uma maior, e sua força é seu foco em questões de projetos (ou seja, na estrutura e no processo) para atividades inovadoras. Uma organização que atuou com sucesso com o conceito de I-Team foi a Signode Corporation.

As estratégias empreendedoras específicas variam de empresa a empresa. Contudo, todas seguem padrões semelhantes na busca de uma mudança proativa do *status quo* e de uma nova abordagem à gestão de operações.

3.5 SUSTENTAÇÃO DA ESTRATÉGIA DE EMPREENDEDORISMO CORPORATIVO

Embora as ações empreendedoras sejam um fenômeno que tem cativado o interesse de executivos em muitas salas de reuniões corporativas, há o risco de gerentes se empolgarem demais com o conceito de inovação ou com as histórias inspiradoras de inovadores corporativos individuais. É fácil encantar-se com a ideia de inovação, mas o seu valor real reside na medida em que líderes executivos se comprometem a torná-la parte da estratégia corporativa geral de criar vantagens competitivas sustentáveis.

Está bem documentado na literatura conceitual que gestores de todos os níveis estruturais têm papéis estratégicos essenciais a cumprir para que a organização seja bem-sucedida. Gerentes de nível sênior, intermediário e de primeira linha possuem responsabilidades distintas com relação a cada subprocesso. Aos *gerentes seniores* cabe aprovar, reconhecer e direcionar; papéis que, por sua vez, são associados a ações gerenciais particulares.[57] Os pesquisadores Donald F. Kuratko, R. Duane Ireland, Jeffrey G. Covin e Jeffrey S. Hornsby sustentam que cabe aos *gerentes de nível intermediário* aprovar, refinar e reunir as oportunidades empreendedoras, bem como identificar, obter e implantar os recursos necessários para a busca dessas oportunidades. *Gerentes de primeira linha* têm experimentado papéis que correspondem ao subprocesso de definição de competências, ajustando as funções relativas a esses subprocessos e adaptando aquelas que correspondem ao subprocesso de implantação de competências.

Portanto, as organizações que buscam estratégias de empreendedorismo corporativo, provavelmente, exibem um conjunto de ações empreendedoras progressivo e integrado nos níveis de gerência sênior, intermediário e de primeira linha.

No nível sênior, os gerentes podem atuar em conjunto com outros na empresa para identificar meios efetivos pelos quais novos negócios podem ser criados ou os existentes podem ser reconfigurados. O empreendedorismo corporativo é buscado à luz das oportunidades e ameaças ambientais, com o objetivo de criar um alinhamento melhor entre a empresa e as condições de seu ambiente externo. As ações empreendedoras esperadas dos gerentes de nível intermediário enquadram-se na necessidade de esse grupo propor e interpretar oportunidades empreendedoras que possam criar novos negócios para a empresa ou aumentar sua competitividade nos setores de negócios atuais. Os gerentes de primeira linha apresentam a função de "experimentação" à medida que descobrem ideias operacionais para melhorias inovadoras. Uma interpretação importante da pesquisa anterior foi a crença de que os gerentes fariam surgir ideias para ações empreendedoras em todos os níveis de gerência, particularmente nos de primeira linha e intermediário. Portanto, os gerentes de todos os níveis são responsáveis conjuntamente pelas ações empreendedoras de sua empresa.[58]

O esforço sustentado de uma organização dentro do empreendedorismo corporativo depende de seus membros individuais continuarem realizando atividades inovadoras e da percepção positiva dessa atividade pela gerência executiva da organização, que, por sua vez, apoia a nova atribuição de antecedentes organizacionais necessários. A Figura 3.4 ilustra a importância das relações de implantação/resultado observadas em níveis organizacional e individual para sustentar o empreendedorismo corporativo.[59]

OA8 Ilustrar o processo interativo do empreendedorismo corporativo.

A primeira parte do modelo é baseada em fundamentos teóricos de estratégias e pesquisas empreendedoras anteriores, enquanto a segunda leva em consideração as comparações feitas nos níveis individual e organizacional dos resultados da organização, ambos observados e reais, que influenciam na continuidade da atividade empreendedora.

O modelo demonstra que um gatilho de transformação (algum fator externo ou interno à empresa que acarreta uma mudança) desencadeia a necessidade de adaptação estratégica ou de mudança, e uma das mudanças que pode ser escolhida é a atividade empreendedora corporativa. Com base nessa escolha de direção estratégica, o modelo proposto gira em torno da decisão individual de comportar-se de forma empreendedora. A atividade empreendedora aceita resulta da percepção da existência de diversos antecedentes organizacionais, como suporte da alta gestão, autonomia, recompensas, recursos e limites organizacionais flexíveis. Então, os resultados observados dessa atividade são comparados, individual e organizacionalmente, às expectativas anteriores. Desse modo, as atividades de empreendedorismo corporativo são o resultado de uma percepção de equidade tanto pelo indivíduo como pela organização — para que as atividades empreendedoras continuem a partir de uma perspectiva organizacional e individual, ambos devem satisfazer-se com os resultados. A satisfação com os resultados de desempenho serve como mecanismo de *feedback* para sustentar

FIGURA 3.4 MODELO DE EMPREENDEDORISMO CORPORATIVO ACEITO

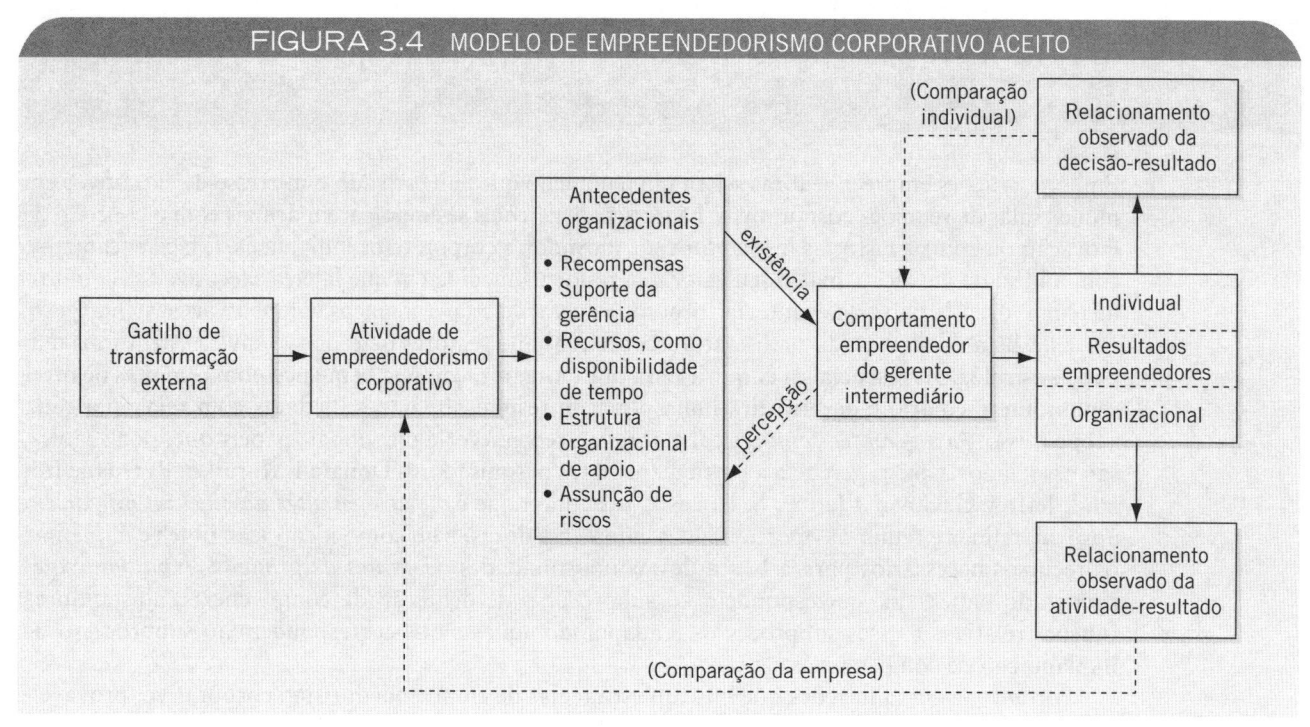

Fonte: Donald F. Kuratko, Jeffrey S. Hornsby e Michael G. Goldsby, "Sustaining Corporate Entrepreneurship: Modeling Perceived Implementation and Outcome Comparisons at Organizational and Individual Levels", *International Journal of Entrepreneurship and Innovation*, n. 5, v. 2, maio/2004, p. 79.

a estratégia atual ou selecionar uma alternativa. Os indivíduos, como agentes da mudança estratégica, também devem estar satisfeitos com os resultados intrínseco e extrínseco que recebem por seu comportamento empreendedor. Enquanto essa pode ser uma questão de "o ovo ou a galinha" — se o que deve mudar primeiro é o comportamento individual ou a estratégia organizacional —, o modelo sugere que, para uma grande mudança estratégica, ambos são essenciais para que esta seja bem-sucedida.

O PROCESSO EMPREENDEDOR

Inovadores internos

Enfatizando que o sucesso dos inovadores corporativos se deve à dedicação em busca do novo e de uma ideia fora dos padrões que beneficie seus empregadores, citamos alguns gerentes jovens que adotaram uma atitude empreendedora e criativa na resolução de problemas para crescer na hierarquia da organização.

Matthew Zubiller: Estrategista da empresa farmacêutica McKesson Corporation, que começou um negócio na área de saúde em um ambiente incomum para as start-ups internas. Ao utilizar a unidade de tecnologia da informação de saúde da empresa como ponto de partida, Zubiller criou a Advanced Diagnostics Management — uma unidade focada em uma ferramenta com tecnologia de última geração para médicos da área de testes genéticos. É provável que ele tenha tido de superar diversas práticas de gestão tradicionais nessa grande empresa burocrática não acostumada à inovação interna, como as respostas do tipo "não está dentro do orçamento" ou "essa é uma ideia estranha". Para conseguir apoio interno, ele criou uma "comissão imaginária" de executivos da empresa que o aconselhavam na criação do empreendimento e o ajudaram a obter um apoio de 5 milhões de dólares. Como resultado de seus esforços, Zubiller foi promovido a vice-presidente.

Kori Reed: Gerente de relações públicas da ConAgra e especialista em fome infantil, Reed reconheceu que a ConAgra poderia se beneficiar com a vinculação de seus produtos a iniciativas de combate à fome infantil. Ela utilizou seu conhecimento sobre campanhas contra a fome e o interesse em combater a fome infantil para identificar uma oportunidade. Ela notou a discrepância entre trabalhar em uma empresa de produtos alimentícios, abundante em alimentos, e crianças com fome e desnutridas. Então, reuniu os executivos em um comitê consultivo e usou a linguagem antifome como base de uma campanha de marketing da empresa. Reed convenceu executivos seniores de que a organização carecia de um vice-presidente para essa causa, cargo para o qual foi então promovida.

Pam Rogers Klyn: Gerente de desenvolvimento de produtos na Whirlpool Corporation, que focou no controle de custos. Em vez de ter um "comitê especial" dedicado a cortar custos, ela defendeu o corte de custos em toda a empresa, ressaltando pequenos esforços, como apagar as luzes e a ligar bônus anuais a metas de custos. Ao criar e implantar essa ideia, ela trabalhou próximo ao CEO e deu-lhe muito crédito. Ao ligar economia de custos a bônus anuais, a Whirlpool da América do Norte conseguiu economizar mais de 850 milhões de dólares em um ano.

Um ponto em comum entre essas pessoas foi o esforço para ganhar o apoio e o envolvimento da liderança sênior de sua empresa. Em cada caso, eles trabalharam com uma seleção de poucas pessoas que enxergavam o conjunto, enquanto se animavam com um esforço pequeno e focado. Um programa de empreendedorismo corporativo de sucesso necessita de apoio executivo para construir o novo empreendimento de dentro para fora. A burocracia corporativa, em geral, necessita de um defensor para qualquer mudança, e obter permissão para mudar é sempre a parte mais desafiadora de qualquer nova ideia; contudo, ter um defensor significa ter ajuda para dar continuidade ao processo. Sempre há indivíduos que se automotivam com o forte impulso para conquistar a possibilidade de uma posição.

Fonte: Adaptado de Joann S. Lublin "Finding Their Way to the Fast Track," *Wall Street Journal,* January 19, 2012; e Donald F. Kuratko, Michael G. Goldsby, and Jeffrey S. Hornsby, *Innovation Acceleration: Transforming Organizational Thinking* (Upper Saddle River, NJ: Pearson/ Prentice Hall, 2012).

RESUMO

Empreendedorismo corporativo é o processo de criação lucrativa de inovação dentro do ambiente organizacional. A maioria das empresas está percebendo a necessidade do empreendedorismo corporativo como resposta (1) ao crescente aumento de concorrentes novos e sofisticados; (2) ao senso de desconfiança nos métodos tradicionais da gerência corporativa; e (3) ao êxodo de algumas das melhores e mais brilhantes pessoas das empresas para se tornarem empreendedores de pequenos negócios.

Para criar o clima correto para o empreendedorismo interno, as empresas devem desenvolver as seguintes características: (1) objetivos explícitos, (2) sistema de *feedback* e de incentivo, (3) ênfase na responsabilidade individual, (4) recompensas baseadas em resultados e (5) não punição de erros. As organizações criam o empreendedorismo corporativo de várias formas. A primeira delas é compreendendo os obstáculos ao empreendimento corporativo, que, em geral, são baseados no impacto adverso das técnicas de gerenciamento tradicionais. A etapa seguinte refere-se à adoção de princípios inovadores, que incluem ambiente e visão, múltiplas abordagens, aprendizado interativo e Skunk Works.

As estratégias específicas do empreendedorismo corporativo implicam criação de visão e inovação. Há dois tipos de inovação: a radical e a incremental. Para facilitar o desenvolvimento da inovação, as corporações devem focar nos principais fatores de suporte da alta gestão: tempo, recursos e recompensas. Dessa forma, o comprometimento e o apoio à atividade inovadora são essenciais.

As I-Teams são unidades semiautônomas, que possuem capacidade coletiva de desenvolver novas ideias. Às vezes chamadas "equipes autogeridas" ou "de alto desempenho", as I-Teams estão surgindo como o novo gênero de equipes de trabalho, formadas para reforçar o desenvolvimento inovador.

No final deste capítulo, discutimos o processo do empreendedorismo corporativo ao examinarmos o papel dos gerentes de nível intermediário na atividade empreendedora corporativa e o conceito de empreendedorismo corporativo sustentado.

TERMOS-CHAVE

aprendizado interativo
bootlegging
defensor
empreendedorismo coletivo
empreendedorismo corporativo
empreendedorismo estratégico
equipe de inovação (I-Team)

inovação incremental
inovação radical
Instrumento de Avaliação do Empreendedorismo Corporativo (CEAI — Corporate Entrepreneurship Assessment Instrument)
intracapital

intraempreendedorismo
investimento corporativo de risco
produção ilegal
Skunk Works
suporte da alta gestão

PERGUNTAS DE REVISÃO E DISCUSSÃO

1. Em suas próprias palavras, o que é empreendedorismo corporativo?
2. Quais são os dois motivos que levam a um forte desejo de desenvolver empreendedores corporativos nos últimos anos?
3. Cite alguns dos obstáculos corporativos que devem ser superados para formar um ambiente empreendedor corporativo.
4. Cite alguns dos princípios inovadores identificados por James Brian Quinn que as empresas devem estabelecer.
5. Diversas empresas, atualmente, estão trabalhando para recriar o pensamento corporativo e incentivar o ambiente inovador. Quais etapas você recomendaria a essas empresas? Indique, ao menos, três e explique cada uma delas.
6. Cite as cinco regras úteis para a inovação.
7. Quais são as três vantagens de se desenvolver uma filosofia empreendedora corporativa?
8. Identifique os quatro elementos-chave em que os gerentes devem se concentrar para desenvolver uma estratégia empreendedora corporativa.
9. Explique as diferenças entre inovação radical e incremental.
10. Identifique os cinco fatores de clima que as organizações devem avaliar ao estruturar seu ambiente.
11. Por que as equipes de inovação estão surgindo como parte de uma nova estratégia para muitas empresas?
12. Quais são as funções dos gerentes de nível intermediário no empreendedorismo corporativo? Seja específico.
13. Descreva os elementos envolvidos na sustentação do empreendedorismo corporativo.

NOTAS

1. Shaker A. Zahra, Donald F. Kuratko e Daniel F. Jennings, "Entrepreneurship and the Acquisition of Dynamic Organizational Capabilities", *Entrepreneurship Theory and Practice*, n. 23, v. 3, 1999, p. 5-10.
2. Veja, por exemplo, C. Wesley Morse, "The Delusion of Intrapreneurship", *Long Range Planning*, n. 19, 1986, p. 92-95; W. Jack Duncan et al., "Intrapreneurship and the Reinvention of the Corporation", *Business Horizons*, n. 30, v. 3, maio/junho 1988, p. 16-21; and Neal Thornberry, "Corporate Entrepreneurship: Antidote or Oxymoron?" *European Management Journal*, n. 19, v. 5, 2001, p. 526-33.
3. Donald F. Kuratko, R. Duane Ireland e Jeffrey S. Hornsby, "Improving Firm Performance Through Entrepreneurial Actions: Acordia's Corporate Entrepreneurship Strategy", *Academy of Management Executive*, n. 15, v. 4, 2001, p. 60-71; Jeffrey G. Covin and Morgan P. Miles, "Strategic Use of Corporate Venturing", *Entrepreneurship Theory and Practice*, n. 31, v. 2, 2007, p. 183-207; e Matthew R. Marvel, Abbie Griffin, John Hebda e Bruce Vojak, "Examining the Technical Corporate Entrepreneurs' Motivation: Voices from the Field", *Entrepreneurship Theory and Practice*, n. 31, v. 5, 2007, p. 753-68.
4. Por exemplo, veja Michael H. Morris and J. Don Trotter, "Institutionalizing Entrepreneurship in a Large Company: A Case Study at AT&T", *Industrial Marketing Management*, n. 19, 1990, p. 131-34; Brian McWilliams, "Strength from Within—How Today's Companies Nurture Entrepreneurs", *Enterprise*, abril/1993, p. 43-44; Donald F. Kuratko, Michael D. Houk e Richard M. Hodgetts, "Acordia, Inc. Leadership Through the Transformation of Growing Small", *Journal of Leadership Studies*, n. 5, v. 2, 1998, p. 152-64; and Michael H. Morris, Donald F. Kuratko e Jeffrey G. Covin, *Corporate Entrepreneurship and Innovation*, 3. ed., Mason, OH: Cengage/South-Western, 2011.
5. Shaker A. Zahra, Daniel F. Jennings e Donald F. Kuratko, "The Antecedents and Consequences of Firm-Level Entrepreneurship: The State of the Field", *Entrepreneurship Theory and Practice*, n. 24, v. 2, 1999, p. 45-65; Donald F. Kuratko, "Corporate Entrepreneurship", in *Foundations and Trends in Entrepreneurship*, Boston: Now Publishers, 2007; Morris, Kuratko e Covin, *Corporate Entrepreneurship and Innovation*.; e também Donald F. Kuratko and Sarah Nagelvoort, "Corporate Entrepreneurship" in: *Oxford Bibliographies*, Oxford University Press USA, 2015.
6. Donald F. Kuratko, Michael G. Goldsby e Jeffrey S. Hornsby, *Innovation Acceleration: Transforming Organizational Thinking*, Upper Saddle River, NJ: Pearson/Prentice Hall, 2012.
7. Gifford Pinchot III, *Intrapreneuring*, New York: Harper & Row, 1985.
8. Veja, por exemplo, Gary Hamel, *Leading the Revolution*, Boston: Harvard Business School Press, 2000; Keith McFarland, *The Breakthrough Company*, New York: Crown, 2008; Carmine Gallo, *The Innovation Secrets of Steve Jobs*, New York: McGraw Hill, 2011; e Walter Isaacson, *The Innovators*, New York: Simon & Schuster, 2014.
9. Steven C. Brandt, *Entrepreneuring in Established Companies*, Homewood, IL: Dow Jones-Irwin, 1986, p. 54.
10. Donald F. Kuratko, "The Entrepreneurial Imperative of the 21st Century", *Business Horizons*, n. 52 v. 5, 2009, p. 421-28.
11. Jeffrey G. Covin and G. T. Lumpkin, "Entrepreneurial Orientation Theory and Research: Reflections on a Needed Construct", *Entrepreneurship Theory and Practice*, n. 35, 2011, p. 855-72; Patrick M. Kreiser, Louis D. Marino, Donald F. Kuratko e K. Mark Weaver, "Disaggregating entrepreneurial orientation: the non-linear impact of innovativeness, proactiveness and risk-taking on SME performance", *Small Business Economics*, n. 40, v. 2, 2013, p. 273-91; and Brian S. Anderson, Patrick M. Krei-

ser, Donald F. Kuratko, Jeffrey S. Hornsby e Yoshihiro Eshima, "Reconceptualizing Entrepreneurial Orientation", *Strategic Management Journal*, 2015, no prelo.
12. Jeffrey G. Covin and Morgan P. Miles, "Corporate Entrepreneurship and the Pursuit of Competitive Advantage", *Entrepreneurship Theory and Practice*, n. 23, v. 3, 1999, p. 47-64; Joanna Barsh, Marla M. Capozzi e Jonathan Davidson, "Leadership and Innovation", *The McKinsey Quarterly*, n. 1, 2008, p. 37-47; and Donald F. Kuratko, Jeffrey S. Hornsby e James Hayton, "Corporate Entrepreneurship: The Innovative Challenge for a New Global Economic Reality", *Small Business Economics*, n. 45, v. 2, 2015, p. 245-53.
13. Donald F. Kuratko, Jeffrey G. Covin, & Jeffrey S. Hornsby, "Why Implementing Corporate Innovation is so Difficult", *Business Horizons*, n. 57, v. 5, 2014, p. 647-655.
14. Adapted from: Pinchot III, *Intrapreneuring*, p. 198-99.
15. Robert Simons, "How Risky Is Your Company?" *Harvard Business Review*, n. 77, v. 3, maio/junho 1999, p. 85-94.
16. Deborah Dougherty, "Managing Your Core Incompetencies for Corporate Venturing", *Entrepreneurship Theory and Practice*, primavera 1995, p. 113-35.
17. Veja Robert A. Burgelman and L. Valikangas, "Managing Internal Corporate Venturing Cycles", *MIT Sloan Management Review*, n. 45, v. 4, 2004, p. 47-55; Donald F. Kuratko, "Corporate Entrepreneurship"; e Michael Bierwerth, Christian Schwens, Rodrigo Isidor e Rüdiger Kabst, "Corporate Entrepreneurship and Performance: A Meta-Analysis", *Small Business Economics*, n. 45, v. 2, 2015, p. 255-78.
18. Fariborz Damanpour, "Organizational Innovation: A Meta-Analysis of Determinant and Moderators", *Academy of Management Journal*, n. 34, v. 3, 1991, p. 355-90.
19. Shaker A. Zahra, "Predictors and Financial Outcomes of Corporate Entrepreneurship: An Exploratory Study", *Journal of Business Venturing*, n. 6, v. 4, 1991, p. 259-86.
20. William D. Guth and Ari Ginsberg, "Corporate Entrepreneurship", Special Issue, *Strategic Management Journal*, n. 11, 1990, p. 5-15.
21. Morris, Kuratko e Covin, *Corporate Entrepreneurship and Innovation*; veja também Donald F. Kuratko and David B. Audretsch, "Clarifying the Domains of Corporate Entrepreneurship", *International Entrepreneurship & Management Journal*, n. 9, v. 3, 2013, p. 323-35.
22. Pramodita Sharma and James J. Chrisman, "Toward a Reconciliation of the Definitional Issues in the Field of Corporate Entrepreneurship", *Entrepreneurship Theory and Practice*, n. 23, v. 3, 1999, p. 11-28; Robert P. Garrett Jr. and Jeffrey G. Covin, "Internal Corporate Venture Operations Independence and Performance: A Knowledge-Based Perspective", *Entrepreneurship Theory & Practice*, 2015, p. no prelo, e Jeffrey G. Covin, Robert P. Garrett, Donald F. Kuratko e Dean A. Shepherd, "Value Proposition Evolution and the Performance of Internal Corporate Ventures", *Journal of Business Venturing*, n. 30, v. 5, 2015, p. 749-74.
23. R. Duane Ireland, Donald F. Kuratko e Jeffrey G. Covin, "Antecedents, Elements e Consequences of Corporate Entrepreneurship", *Best Paper Proceedings: National Academy of Management*, agosto/2003), CD-ROM: L1-L6; e R. Duane Ireland, Jeffrey G. Covin e Donald F. Kuratko, "Conceptualizing Corporate Entrepreneurship Strategy", *Entrepreneurship Theory and Practice*, n. 33, v. 1, 2009, p. 19-46.
24. Tom Peters, *Liberation Management*, Nova York: Alfred A. Knopf, 1992; Tom Peters, *The Circle of Innovation*, Nova York: Alfred A. Knopf, 1997; and Tom Peters, *Re-Imagine! Business Excellence in a Disruptive Age*, Nova York: DK Ltd., 2003.
25. Morgan P. Miles e Jeffrey G. Covin, "Exploring the Practice of Corporate Venturing: Some Common Forms and Their Organizational Implications", *Entrepreneurship Theory and Practice*, n. 26, v. 3, 2002, p. 21-40; e Robert S. Nason, Alexander McKelvie e G. Thomas Lumpkin, "The Role of Organizational Size in the Heterogeneous Nature of Corporate Entrepreneurship", *Small Business Economics* n. 45, v. 2, 2015, p. 279-304.
26. Hollister B. Sykes e Zenas Block, "Corporate Venturing Obstacles: Sources and Solutions", *Journal of Business Venturing*, n. 4, v. 3, 1989, p. 159-67; Ian C. MacMillan, Zenas Block e P. M. Subba Narasimha, "Corporate Venturing: Alternatives, Obstacles Encountered e Experience Effects", *Journal of Business Venturing*, n. 2, v. 2, 1986, p. 177-91; Ari Ginsberg and Michael Hay, "Confronting the Challenges of Corporate Entrepreneurship: Guidelines for Venture Managers", *European Management Journal*, n. 12, 1994, p. 382-89; G. T. Lumpkin e Gregory G. Dess, "Linking Two Dimensions of Entrepreneurial Orientation to Firm Performance: The Moderating Role of Environment and Industry Life Cycle", *Journal of Business Venturing*, n. 16, v. 5, 2001, p. 429-52; e Marina G. Biniari, "The Emotional Embeddedness of Corporate Entrepreneurship: The Case of Envy", *Entrepreneurship Theory and Practice*, n. 36, v. 1, 2012, p. 141-70.
27. James Brian Quinn, "Managing Innovation: Controlled Chaos", *Harvard Business Review*, n. 63, v. 3, maio/junho 1985, p. 73-84; veja também: James Brian Quinn, Jordan J. Baruch e Karen Anne Zien, *Innovation Explosion*, Nova York: The Free Press, 1997.
28. Ireland, Covin e Kuratko, "Conceptualizing Corporate Entrepreneurship Strategy; veja também: G. Christopher Crawford and Patrick M. Kreiser, "Corporate Entrepreneurship Strategy: Extending the Integrative Framework through the Lens of Complexity Science", *Small Business Economics*, n. 45, v. 2, 2015, p. 403-23.
29. Charles Baden-Fuller and Henk W. Volberda, "Strategic Renewal: How Large Complex Organizations Prepare for the Future", *International Studies of Management & Organization*, n. 27, v. 2, 1997, p. 95-120.
30. Kathleen M. Eisenhardt, Shona L. Brown e Heidi M. Neck, "Competing on the Entrepreneurial Edge", in *Entrepreneurship as Strategy*, ed. G. D. Meyer and K. A. Heppard, Thousand Oaks, CA: Sage Publications, 2000, p. 49-62.
31. Veja Donald F. Kuratko, R. Duane Ireland, Jeffrey G. Covin e Jeffrey S. Hornsby, "A Model of MiddleLevel Managers Corporate Entrepreneurial Behavior", *Entrepreneurship Theory and Practice*, n. 29, v. 6, 2005, p. 699-716; Andrew C. Corbett e Keith M. Hmieleski, "The Conflicting Cognitions of Corporate Entrepreneurs", *Entrepreneurship Theory and Practice*, n. 31, v. 1, 2007, p. 103-21; e Jeffrey S. Hornsby, Donald F. Kuratko, Dean A. Shepherd e Jennifer P. Bott, "Managers' Corporate Entrepreneurial Actions: Examining Perception and Position", *Journal of Business Venturing*, n. 24, v. 3, 2009, p. 236-47.
32. Veja Gregory G. Dess, G. T. Lumpkin e Jeffrey E. McGee, "Linking Corporate Entrepreneurship to Strategy,

Structure, and Process: Suggested Research Directions", *Entrepreneurship Theory and Practice*, n. 23, v. 3, 1999, p. 85-102; e Shu-Jou Lin, Ji-Ren Lee, "Configuring a Corporate Venturing Portfolio to Create Growth Value: Within-Portfolio Diversity and Strategic Linkage", *Journal of Business Venturing*, n. 26, v. 4, 2011, p. 489-503.

33. James C. Collins e Jerry I. Porras, "Building Your Company's Vision", *Harvard Business Review*, n. 74, v. 5, setembro/outubro 1996, p. 65-77.

34. Veja, por exemplo, Dean M. Schroeder, "A Dynamic Perspective on the Impact of Process Innovation upon Competitive Strategies", *Strategic Management Journal*, n. 2, 1990, p. 25-41; C. Marlene Fiol, "Thought Worlds Colliding: The Role of Contradiction in Corporate Innovation Processes", *Entrepreneurship Theory and Practice*, n. 19, v. 3, 1995, p. 71-90.

35. Thomas J. Peters, *Thriving on Chaos*, Nova York: Harper & Row, 1987.

36. Peter F. Drucker, "The Discipline of Innovation", *Harvard Business Review*, n. 63, v. 3, maio/junho 1985, p. 67-72; Kuratko, Goldsby, and Hornsby, *Innovation Acceleration: Transforming Organizational Thinking*.

37. Harry S. Dent, Jr., "Reinventing Corporate Innovation", *Small Business Reports*, junho 1990, p. 31-42; veja também: Kuratko, Goldsby, and Hornsby, *Innovation Acceleration: Transforming Organizational Thinking*.

38. Jane M. Howell e Christopher A. Higgins, "Champions of Change: Identifying, Understanding, and Supporting Champions of Technology Innovations", *Organizational Dynamics*, n. 19, v. 1, verão/1990, p. 40-55; Patricia G. Greene, Candida G. Brush e Myra M. Hart, "The Corporate Venture Champion: A Resource-based Approach to Role and Process", *Entrepreneurship Theory and Practice*, n. 23, v. 3, 1999, p. 103-122.

39. John A. Pearce II, Tracy Robertson Kramer e D. Keith Robbins, "Effects of Managers' Entrepreneurial Behavior on Subordinates", *Journal of Business Venturing* n. 12, 1997, p. 147-60.

40. Veja Russell Mitchell, "Masters of Innovation", *Business Week*, abril/1989, p. 58-63; *3M Annual Report*, 1995; e Rosabeth M. Kanter, John Kao e Fred Wiersema, *Innovation: Breakthrough Ideas at 3M, DuPont, Pfizer, and Rubbermaid GE*, Nova York: HarperCollins, 1997.

41. Eric Von Hipple, Stefan Thomke e Mary Sonnack, "Creating Breakthroughs at 3M", *Harvard Business Review*, n. 77, v. 5, setembro/outubro 1999, p. 47-57.

42. David Krackhardt, "Entrepreneurial Opportunities in an Entrepreneurial Firm: A Structural Approach", *Entrepreneurship Theory and Practice*, n. 19, v. 3, 1995, p. 53-70; Miles and Covin, Exploring the Practice of Corporate Venturing.

43. Donald F. Kuratko, Ray V. Montagno e Jeffrey S. Hornsby, "Developing an Entrepreneurial Assessment Instrument for an Effective Corporate Entrepreneurial Environment", *Strategic Management Journal*, n. 11, 1990, p. 49-58; Jeffrey S. Hornsby, Donald F. Kuratko e Shaker A. Zahra, "Middle Managers' Perception of the Internal Environment for Corporate Entrepreneurship: Assessing a Measurement Scale", *Journal of Business Venturing*, n. 17, v. 3, 2002, p. 253-73; e Donald F. Kuratko, Jeffrey S. Hornsby e Jeffrey G. Covin, "Diagnosing a Firm's Internal Environment for Corporate Entrepreneurship", *Business Horizons*, n. 57, v. 1, 2014, p. 37-47.

44. Hornsby, Kuratko, Shepherd e Bott, Managers' Corporate Entrepreneurial Actions: Examining Perception and Position; Jeroen P.J. de Jong, Sharon K. Parker, Sander Wennekers and Chia-Huei Wu, "Entrepreneurial Behavior in Organizations: Does Job Design Matter?" *Entrepreneurship Theory & Practice*, n. 39, v. 4, 2015, p. 981-95.

45. Jeffrey S. Hornsby, Daniel T. Holt e Donald F. Kuratko, "The Dynamic Nature of Corporate Entrepreneurship Constructs: Assessing the CEAI", *National Academy of Management Best Paper Proceedings*, agosto/2008. CD ROM; Jeffrey S. Hornsby, Donald F. Kuratko, Daniel T. Holt e William J. Wales, "Assessing a Measurement of Organizational Preparedness for Corporate Entrepreneurship", *Journal of Product Innovation Management*, n. 30, v. 5, 2013, p. 937-55.

46. Vijay Sathe, "From Surface to Deep Corporate Entrepreneurship", *Human Resource Management*, n. 27, v. 4, 1988, p. 389-411.

47. Rosabeth M. Kanter, *Innovative Reward Systems for the Changing Workplace*, Nova York: McGraw-Hill, 1994; veja também Drew Gannon, "How to Reward Great Ideas", *Inc.* 19 julho 2011.

48. G. Getz and E. G. Tuttle, "A Comprehensive Approach to Corporate Venturing", *Handbook of Business Strategy*, n. 2, v. 1, 2001, p. 277-79.

49. John C. Goodale, Donald F. Kuratko, Jeffrey S. Hornsby e Jeffrey G. Covin, "Operations Management and Corporate Entrepreneurship: The Moderating Effect of Operations Control on the Antecedents of Corporate Entrepreneurial Activity in Relation to Innovation Performance", *Journal of Operations Management*, n. 29, v. 2, 2011, p. 116-27.

50. Donald F. Kuratko e Michael G. Goldsby, "Corporate Entrepreneurs or Rogue Middle Managers? A Framework for Ethical Corporate Entrepreneurship", *Journal of Business Ethics*, n. 55, v. 1, 2004, p. 13-30.

51. Dean A. Shepherd, Jeffrey G. Covin e Donald F. Kuratko, "Project Failure from Corporate Entrepreneurship: Managing the Grief Process", *Journal of Business Venturing*, n. 24, v. 6, 2009, p. 588-600; veja também Dean A. Shepherd, "Learning from Business Failure: Propositions About the Grief Recovery Process for the Self-Employed", *Academy of Management Review*, n. 28, 2003, p. 318-29.

52. Donald F. Kuratko and Jeffrey S. Hornsby, "Developing Entrepreneurial Leadership in Contemporary Organizations", *Journal of Management Systems*, n. 8, 1997, p. 17-24.

53. Chris Lee, "Beyond Teamwork", *Training*, junho/1990, p. 25-32; Michael F. Wolff, "Building Teams – What Works", *Research Technology Management*, novembro/dezembro 1989, p. 9-10; Deborah H. Francis and William R. Sandberg, "Friendship within Entrepreneurial Teams and Its Association with Team and Venture Performance", *Entrepreneurship Theory and Practice*, n. 25, v. 2, 2002, p. 5-25.

54. Robert B. Reich, "The Team as Hero", *Harvard Business Review*, n. 65, v. 3, maio/junho 1987, p. 81.

55. Judith B. Kamm and Aaron J. Nurick, "The Stages of Team Venture Formulation: A Decision-Making Model", *Entrepreneurship Theory and Practice* n. 18, v. 2, 1993, p. 17-27; Michael A. Hitt, Robert D. Nixon, Robert E. Hoskisson e Rahul Kochhar, "Corporate Entrepreneurship and Cross-functional Fertilization: Activation, Process, and Disintegration of a New Product Design Team", *Entrepreneurship Theory and Practice*, n. 23, v. 3, 1999, p. 145-68.

56. R. Duane Ireland, Donald F. Kuratko e Michael H. Morris, "A Health Audit for Corporate Entrepreneurship: Innovation at All Levels", *Journal of Business Strategy*, n. 27, v. 1, 2006, p. 10-17; Ireland, Kuratko e Morris, A Health Audit for Corporate Entrepreneurship.
57. Steven W. Floyd e P. J. Lane, "Strategizing Throughout the Organization: Managing Role Conflict in Strategic Renewal", *Academy of Management Review*, n. 25, 2000, p. 154-77.
58. Kuratko, Ireland, Covin e Hornsby, A Model of Middle-Level Managers Corporate Entrepreneurial Behavior; veja também Ethel Brundin, Holger Pazelt e Dean A. Shepherd, "Managers' Emotional Displays and Employees' Willingness to Act Entrepreneurially", *Journal of Business Venturing*, n. 23, v. 2, 2008, p. 221-43; Stewart Thornhill e Raphael Amit, "A Dynamic Perspective of Internal Fit in Corporate Venturing", *Journal of Business Venturing*, n. 16, v. 1, 2001, p. 25-50; e Charlotte R. Ren aend Chao Guo, "Middle Managers' Strategic Role in the Corporate Entrepreneurial Process: Attention-Based Effects", *Journal of Management*, n. 37, v. 6, 2011, p. 1586-1610.
59. Donald F. Kuratko, Jeffrey S. Hornsby e Michael G. Goldsby, "Sustaining Corporate Entrepreneurship: Modeling Perceived Implementation and Outcome Comparisons at Organizational and Individual Levels", *International Journal of Entrepreneurship and Innovation*, n. 5, v. 2, maio 2004, p. 77-89.

CAPÍTULO 4

O empreendedorismo social e o ambiente global para o empreendedorismo

OBJETIVOS DE APRENDIZAGEM

1. Apresentar o movimento do empreendedorismo social.
2. Identificar um empreendedor social.
3. Aprofundar o conceito de *valor compartilhado*.
4. Discutir os desafios do empreendimento social.
5. Apresentar as oportunidades e os desafios globais de empreendedores sociais.
6. Apresentar os projetos mais recentes que têm expandido o mercado global
7. Conhecer as estratégias de entrada no mercado internacional.
8. Estabelecer os principais passos para os empreendedores que querem entrar nos mercados globais.

Pensamento empreendedor

Nenhuma geração anterior teve a oportunidade que temos agora de construir uma economia global que não deixa ninguém para trás. É uma oportunidade maravilhosa, mas também uma profunda responsabilidade.

— Bill Clinton, 42º *Presidente dos Estados Unidos*

4.1 EMPREENDEDORISMO SOCIAL

OA1 Apresentar o movimento de empreendedorismo social.

O **empreendedorismo social** é uma forma de empreendedorismo que exibe características de empresas comerciais e governamentais sem fins lucrativos* e que combinam o foco do setor privado na inovação, na tomada de riscos e na transformação em larga escala para a solução de problemas sociais. O processo de empreendedorismo social começa com uma oportunidade social traduzida como um conceito de empreendimento; então, recursos são apurados e obtidos para que os objetivos do empreendimento sejam executados.[1] Nos últimos anos, o reconhecimento público em relação ao empreendedorismo social tem assumido muitas formas:

- Em 2006, Wendy Kopp, fundador da TEACHFORAMERICA, e Michael Brown e Alan Khazei, cofundadores do City Year, foram considerados três dos 25 maiores líderes dos Estados Unidos pelo *U.S. News & World Report*.
- Muhammad Yunus e sua empresa, o Banco Grameen, foram laureados com o Prêmio Nobel da Paz.
- Victoria Hale, do Instituto OneWorld Health, e Jim Fruchterman, da Benetech, receberam "subsídios para invenções" da Fundação MacArthur. Eles próprios identificam-se como empreendedores sociais.
- Em 2005, a Public Broadcasting Service (PBS) e a Fundação Skoll criaram e veicularam uma minissérie em duas partes com o perfil dos "novos heróis": 14 empreendedores sociais de todo o mundo. Eles criaram uma franquia do seriado com duração de três anos, encorajando cineastas, documentaristas e jornalistas a "produzir um trabalho em larga escala que promovesse a sensibilização do público pelo empreendedorismo social". Além disso, o site da Fundação Skoll possui uma série de filmes intitulada "Uncommons Heroes" (Heróis diferentes) e realiza um fórum anual mundial sobre empreendedorismo social.[2]
- Na última década, o Fórum Econômico Mundial, que reúne anualmente líderes empresariais, nacionais e governamentais "empenhados em melhorar o mundo", já recebeu a Cúpula de Empreendedores Sociais. Em parceria com a Fundação Schwab, o fórum convoca empreendedores sociais em uma das reuniões de suas "comunidades de interesses especiais", colocando o empreendedorismo social no mesmo nível de outros nove grupos de interesse, incluindo empresas com crescimento global, empresas internacionais de meios de comunicação e líderes trabalhistas.[3]
- A Ashoka, fundada em 1980 por Bill Drayton, está fazendo uma profunda transformação na sociedade.
- Eleitos na Índia, em 1981, os Ashoka Fellows, como são chamados os empreendedores sociais da Ashoka, chegam hoje a mais de 2 mil, em mais de 60 países nos cinco continentes principais. Juntamente com a rede global de Fellows, empresários, legisladores, investidores, acadêmicos e jornalistas, a Ashoka, agora, trabalha coletivamente para assegurar que os empreendedores sociais e suas inovações continuem inspirando uma nova geração de agentes de mudança locais, de forma a criar uma mudança social positiva.[4]
- Dr. Mark Albion escreveu *Mais do que dinheiro: perguntas que todo MBA precisa responder*, e em seguida, em 2010, juntamente com o dr. Mrim Boutla, desenvolveu o curso "Carreiras mais importantes que dinheiro", para ajudar a encontrar oportunidades de carreira em empresas com responsabilidade social, empresas com valores e gestão sem fins lucrativos. "Carreiras mais importantes que dinheiro" é um curso de seis semanas que tem como base os mais de 30 anos de trabalho de Albion com MBAs e empresas preocupadas com valores e as estratégias táticas de coaching para construir carreiras responsáveis do dr. Mrim Boutla.[5]

Da mesma maneira, as definições de empreendedorismo social têm tomado muitas formas,[6] mas a mais aceita e empregada por muitos estudiosos e praticantes foi a desenvolvida pelas pesquisadoras Johanna Mair e Ignasi Marti. Mair e Marti veem o empreendedorismo social "como um processo de criação de valor através da combinação de recursos feito de novas maneiras [...] Essas combinações de recursos destinam-se principalmente a examinar e usar as oportunidades para criar valor social, estimulando a mudança social ou cumprindo necessidades sociais. [...] Quando visto como um processo, o empreendedorismo social envolve a oferta de serviços e produtos, mas também pode se referir à criação de novas empresas. É importante lembrar que o empreendedorismo social [...]

---

* Na perspectiva de alguns autores, negócios sociais podem ter fins lucrativos. (N.R.T.)

pode ser igualmente bem-sucedido em uma empresa nova ou em uma empresa já estabelecida, na qual poderá ser nomeado como 'intraempreendedorismo social'. Como intraempreendedorismo no setor empresarial, o empreendedorismo social pode referir-se tanto à a criação de novas empresas quanto ao processo de inovação empreendedora".[7] O empreendedorismo social também pode ser considerado um veículo para o desenvolvimento sustentável, que G. H. Brundtland sucintamente define como "a satisfação das necessidades presentes sem comprometer a capacidade de as gerações futuras satisfazerem as suas necessidades".[8]

4.1a Definindo o empreendedorismo social

[OA2] Identificar um empreendedor social.

A expressão *empreendedor social* passou a denominar uma pessoa ou pequeno grupo de indivíduos que funda e/ou lidera uma organização ou iniciativa envolvida em empreendedorismo social. Por vezes, empreendedores sociais são denominados "empreendedores públicos", "empresários cívicos" ou "inovadores sociais". Arthur C. Brooks, reconhecido especialista, descreve as seguintes atividades que caracterizam o empreendedor social:

- Adoção da missão de criar e sustentar valor social, além do valor pessoal.
- Reconhecimento e busca incessante por oportunidades para a obtenção de valor social.
- Envolvimento com inovação e aprendizagem contínuas.
- Ação além dos limitados recursos disponíveis.
- Elevado sentido de responsabilidade.[9]

Numerosas publicações têm levado o termo *empreendedor social* a um grande reconhecimento. Por exemplo, nos últimos anos, veículos como *New York Times, The Economist, Forbes* e *Harvard Business Review* publicaram histórias que enfatizam o empreendimento social.[10]

Ao mesmo tempo em que o empreendedorismo social encontra rapidamente o seu caminho no vocabulário de legisladores, jornalistas, acadêmicos e do público em geral, o mundo enfrenta desafios sociais incríveis. O boom do empreendedorismo social, e sua promessa como meio de resolver os problemas sociais que assustam o mundo todo, são de particular importância para cada empreendedor.

Ao adotar alguns dos princípios que têm sido tão eficazes no empreendedorismo bem-sucedido, todos os líderes têm, igualmente, a oportunidade de apoiar o empreendedorismo social e, dessa forma, gerar soluções transformadoras e financeiramente viáveis para os problemas sociais que a nação enfrenta. Como afirma um artigo recente da *Stanford Social Innovation Review,* "o empreendedorismo social, acreditamos, é tão vital para o progresso das sociedades como é para o progresso das economias, além de merecer atenção maior, mais séria e mais rigorosa do que tem atraído até agora".[11]

Bill Drayton, fundador da Ashoka, fez o famoso comentário que "empreendedores sociais não se contentam apenas em dar um peixe ou ensinar a pescar, mas que não descansarão até que tenham revolucionado a indústria da pesca".[12] Como outros empreendedores, os empreendedores sociais são pensadores criativos que se esforçam continuamente pela inovação, o que pode envolver novas tecnologias, novas fontes de abastecimento, novos pontos de distribuição ou novos métodos de produção. Inovação também pode significar o início de novas organizações ou a oferta de novos produtos ou serviços, e ideias inovadoras podem ser invenções totalmente inusitadas ou adaptações criativas daquelas já existentes.[13]

Empreendedores sociais são agentes de mudança: eles criam mudanças em larga escala a partir de ideias fora do padrão, abordam causas profundas dos problemas sociais e têm a ambição de criar uma mudança sistêmica, introduzindo uma nova ideia e convencendo os outros a adotá-la.[14] Esses tipos de mudanças transformadoras podem ser nacionais ou globais. Elas também podem ser altamente localizadas — mas não menos poderosas — em seu impacto. Na maioria das vezes, os empreendedores sociais que criam mudanças transformadoras combinam práticas inovadoras, conhecimento profundo da sua área social e pesquisa de ponta para alcançar seus objetivos. Para os empreendedores que trabalham na área social, a inovação não é um evento único; ao contrário, é uma busca duradoura.

4.1b Definição de empreendimento social

Com o enorme crescimento e interesse no empreendedorismo social, já mencionado, vêm os desafios de se estabelecer os limites quanto ao que é e o que não é uma empresa social. Como as causas sociais podem ser bastante diferentes e, na maioria das vezes, muito pessoais, pode ser muito difícil de ser decifrado esse tipo de empreendimento.[15]

OA4 Discutir os desafios do empreendimento social.

É consenso que empreendedores sociais e seus empreendimentos são movidos por objetivos sociais, ou seja, pelo desejo de beneficiar a sociedade de alguma forma. Em outras palavras, o empreendedor social visa aumentar o valor social, isto é, contribuir para o seu bem-estar ou o para o bem-estar de uma dada comunidade. No entanto, começaram a surgir argumentos sobre a localização e os propósitos das metas sociais.

O pesquisador J. Gregory Dees acredita que a missão social, e *não* a criação de riquezas, é o critério mais importante. Segundo ele, a riqueza é um meio para que a finalidade dos empreendedores sociais seja atingida. A alegação de que qualquer riqueza gerada é apenas um meio para se chegar ao fim social sugere que, para o empreendedor, o benefício financeiro não tem lugar entre os objetivos da empresa.[16]

Assim, muitos críticos argumentam que qualquer empreendimento social deve localizar-se no mundo das empresas não lucrativas. Por exemplo, em uma pesquisa foi questionado se os rendimentos são essenciais ao empreendedorismo social, e a resposta foi um enfático "não", já que os pesquisadores afirmaram que empreendedorismo social se refere a encontrar novas e melhores maneiras de criar e sustentar valor social.[17] Há, de fato, empreendedores sociais que inventam formas para diminuir a pobreza, criar recursos hídricos ou fornecer soluções de saúde sem necessariamente buscar qualquer rendimento para seus beneficiários.

No entanto, os empreendimentos com fins lucrativos tiveram uma contribuição significativa no mundo do empreendedorismo social. Se você apontar para Ben & Jerry ou para a maioria das pessoas da Lista *Forbes's* dos 30 Maiores Empreendedores Sociais,[18] fica evidente que empreendedores sociais com fins lucrativos têm se estabelecido e fornecido valor social às suas empresas. Assim, parece inútil desqualificar empreendedores sociais com fins lucrativos, se, de fato, objetivos sociais estão sendo realizados.

O PROCESSO EMPREENDEDOR

Cachorros-quentes, ex-presidiários e empreendimento social

Existem inúmeras maneiras de utilizarmos um meio empreendedor para resolver um problema social. No entanto, pode-se dizer que alguns desses meios empreendedores estão "ultrapassando os limites" quando a própria causa provoca um problema.

Em Chicago, Illinois, uma barraquinha de cachorro-quente iniciou suas atividades com uma única visão: contratar ex-presidiários, que precisam de uma chance para ser reabilitados na sociedade, como empregados. A empresa Felony Franks, onde "a comida é tão boa, que é um crime", começou com uma finalidade social. Ao fornecer emprego a uma população que, de outra forma, não teria opções de trabalho, o empreendedor James Andrews esperava diminuir o problema dos desabrigados.

Isso soa como uma perfeita aplicação dos princípios empreendedores para resolver um problema social. Contudo, nem todos aderiram a esse mantra. O bairro levantou-se contra o sr. Andrews e seu conceito inteligente, vendo em sua iniciativa a exploração de ex-presidiários e dos problemas reais com drogas que assolam o bairro. Mais de 70 pessoas foram à Assembleia de Cidadãos da cidade para expressar seu descontentamento, e alguns até sentiram que esse negócio prejudicaria os esforços para limpar o bairro, como os centros de reabilitação de drogas, fazendo o crime parecer glamuroso em vez de tentar detê-lo. Mais significativamente, o povo queixou-se de que outras empresas locais estavam contratando ex-presidiários, mas destacou que esses empresários não alardeavam o fato, a fim de não chamar a atenção para esses indivíduos, já que tentavam ser reinseridos na sociedade.

Eles acreditam que a Felony Franks estava explorando ex-presidiários para obter lucro.

O sr. Andrews investiu mais de 160 mil dólares nesse empreendimento e jura não ter nenhum outro motivo que não seja a reinserção dos ex-presidiários na sociedade, mas a vizinhança vê de forma diferente. Os moradores do bairro veem um empreendedor capitalizando em cima de um problema da vizinhança e usando uma questão séria para se beneficiar das vendas. San Francisco e New Jersey são duas cidades conhecidas por fazerem as empresas se estabelecerem e contratarem ex-presidiários sem reações negativas nem perguntas. No entanto, diferentemente da Felony Franks, tais empresários não utilizam *slogans* inteligentes sobre questões criminais para impulsionar as vendas.

Em 2012, com uma economia lenta e um negócio fraco, o sr. Andrews foi forçado a encerrar definitivamente suas operações. No entanto, a coragem e a criatividade que ele teve ao estabelecer um empreendimento tão singular leva a um problema subjacente mais significativo. No futuro, qual será a percepção da sociedade quando empreendedores utilizarem sua criatividade para, aparentemente, diluir os limites da empresa social e do lucro capitalista?

Fonte: Adaptado de Julie Jargon, "Slaw and Order: Hot-Dog Stand in Chicago Triggers a Frank Debate", *Wall Street Journal* (13/outubro/2009); e "Owner: Crime-Themed Hot Dog in Chicago Is Slated to Close Citing Slow Business", Chicago Tribune. (3/junho/2012), http://www.chicagotribune.com/news/local/sns-ap-il--felonyfranks,0,6979309 .story?obref=obnetwork. Acesso em: 14 junho 2012.

Parece que a melhor maneira de satisfazermos os argumentos é aceitando a atividade do empreendedorismo social ao longo de um *continuum*. Uma equipe de investigadores explicou que, em um extremo, estão os empreendedores sociais que são movidos exclusivamente pela produção de benefícios sociais, enquanto, no outro, estão aqueles que são motivados pela rentabilidade desses mesmos benefícios. E entre esses dois extremos, muitas nuances podem ocorrer.[19]

4.2 EMPREENDIMENTO SOCIAL E SUSTENTABILIDADE

A partir da seção anterior, fica evidente que, no século 21, o empreendimento social surgiu como uma questão importante entre os pensadores empreendedores.[20] E embora ele assuma várias formas em diferentes indústrias e empresas, o desafio básico de um empreendimento social, no que se refere ao comprometimento da empresa com a sociedade, é o mesmo para todas. Essas obrigações podem se estender para muitas áreas diferentes, conforme apresentado na Tabela 4.1, mas questões relativas à extensão em que as empresas devem ser envolvidas nessas áreas estão abertas ao debate.

TABELA 4.1 EXEMPLOS DE OBRIGAÇÕES DE EMPREENDIMENTOS SOCIAIS

Ambiente	Controle de poluição.
	Restauração ou proteção do ambiente.
	Conservação dos recursos naturais.
	Esforços de reciclagem.
Energia	Conservação de energia na produção e nas operações de marketing.
	Esforços para aumentar a eficiência energética dos produtos.
	Outros programas para poupar energia, como a empresa que encoraja a carona compartilhada.
Práticas comerciais justas	Emprego e avanço de mulheres e minorias.
	Emprego e progresso de pessoas desfavorecidas como deficientes, veteranos de guerra, ex-reclusos, ex-toxicodependentes, pessoas com transtornos mentais e desempregados.
	Apoio a empresas de propriedade de minorias.
Recursos humanos	Melhoria da saúde e da segurança do trabalhador.
	Treinamento e desenvolvimento do trabalhador.
	Programas de recuperação educacional para os colaboradores menos favorecidos; programas de aconselhamento sobre drogas e álcool.
	Aconselhamento de carreira.
	Creches para crianças durante o horário de trabalho dos pais.
	Programa de condicionamento físico e gestão de estresse para os funcionários.
Envolvimento com a comunidade	Doações de dinheiro, produtos, serviços ou tempo de funcionário. Patrocínio de projetos de saúde pública.
	Apoio à educação e às artes.
	Apoio a programas de recreação comunitários.
	Cooperação em projetos comunitários, como centros de reciclagem, assistência a desastres e renovação urbana.
Produtos	Melhoria na segurança de produtos.
	Patrocínio de programas de educação de segurança do produto; redução do potencial poluidor dos produtos; melhoria do valor nutricional dos produtos; melhoria nas embalagens e rotulações.

Fonte: Richard M. Hodgetts and Donald F. Kuratko, *Management*, 3. ed. San Diego, CA: Harcourt Brace Jovanovich, 1991, p. 670.

4.2a Empreendedorismo sustentável

Os pesquisadores Dean A. Shepherd e Holger Patzelt definem **empreendimento sustentável** como aquele "centralizado na preservação da natureza, no apoio à vida e à comunidade na busca de oportunidades percebidas para trazer à existência futuros produtos, processos e serviços para o ganho, sendo que este ganho é interpretado de forma ampla, a fim de incluir ganhos econômicos e não econômicos para indivíduos, para a economia e para a sociedade".[21]

O desenvolvimento sustentável talvez seja o tópico mais proeminente do nosso tempo. Relatórios constantes sobre a destruição da camada de ozônio, alterações climáticas e destruição da biodiversidade mostram as consequências negativas e potencialmente letais dessas ações para as espécies vivas. Contudo, estudiosos têm declarado que a ação empreendedora consegue preservar os ecossistemas, agir contra as mudanças climáticas, reduzir a degradação ambiental e a destruição das florestas, melhorar as práticas agrícolas e o suprimento de água potável e manter a biodiversidade.[22] O empreendedorismo sustentável inclui:

- **Ecoempreendedorismo**, como o empreendedorismo ambiental com ações empreendedoras que contribuem para a preservação do ambiente, incluindo a Terra, a biodiversidade e os ecossistemas.
- *Empreendedorismo social*, que engloba as atividades e os processos utilizados para descobrir, definir e explorar oportunidades com o objetivo de aumentar a riqueza social pela criação de novos empreendimentos ou pela administração de organizações existentes de forma inovadora.
- *Responsabilidade social corporativa*, que se refere a ações que visam adicionar algum bem social além dos interesses da empresa; ela é exigida por lei e, frequentemente, denota o empenho social das organizações.[23]

Uma vez que muitas iniciativas inovadoras realizadas por empreendedores sociais têm experimentado desafios para se tornar eficazes e sustentáveis, questiona-se se esses indivíduos possuem o talento e as competências de empresários aliados às metas de cunho social. Contudo, tem havido uma série de exemplos de empreendedores que realizaram sua missão social utilizando o processo empreendedor. A internet tem sido um meio importante para a disseminação de informação pelo mundo. Ideias sociais são compartilhadas com o público e redes podem ser desenvolvidas muito rapidamente. Além disso, os investidores sociais estão aumentando em grande quantidade o levantamento de fundos para causas sociais. Na verdade, o que agora é denominado "**investimento de impacto social**", começou a trazer oportunidades para o aproveitamento de ideias empreendedoras e mercados de capital para financiar iniciativas sociais.[24] O aumento da capacidade de financiamento do empreendedorismo social aumentará a probabilidade de iniciativas mais eficientes, sustentáveis e efetivas.

4.2b Ecoempreendedorismo

É no século 21 que tem havido maior preocupação ambiental. O novo despertar da necessidade de se preservar e proteger nossos recursos naturais tem motivado as empresas em direção a uma consciência ambiental mais profunda. Conforme ilustrado na Tabela 4.1, o ambiente desponta como um dos maiores desafios do empreendimento social. O *capitalismo verde* tem emergido como uma nova força poderosa para examinar a forma pela qual os negócios são conduzidos em relação ao meio ambiente. Esse termo refere-se ao conceito de desenvolvimento *ecologicamente* sustentável que está sendo transformado em desenvolvimento *economicamente* sustentável. A cultura recente do "descartável" colocou em risco nossos recursos naturais do solo, da água e do ar. Os pesquisadores Paul Hawken (coautor de *Natural Capitalism: Creating the Next Industrial Revolution*) e William McDonough declaram: "Diz-se que se a indústria colocar seus hambúrgueres em embalagens de papel, eliminar emissões de gases e plantar duas árvores a cada carro vendido estaremos a caminho de um mundo ambientalmente viável. Nada poderia estar mais longe da verdade. O perigo não está nessas medidas, mas na ilusão que elas fomentam, pois formam a crença de que sutis correções de curso poderão nos conduzir a uma boa vida, que incluirá um mundo natural 'preservado' e shoppings mais confortáveis".[25]

Esse conceito ilustra os enormes desafios que os empreendedores se confrontam enquanto tentam construir empresas socialmente responsáveis para o futuro. Das 100 milhões de empresas do mundo todo, um grande número está tentando redefinir suas responsabilidades sociais porque não aceita mais a noção de que o negócio da empresa seja apenas negócio. Em razão da capacidade internacional de transmitir informações ampla e rapidamente, muitos empreendedores estão começando a reconhecer sua responsabilidade com o mundo ao seu redor. As organizações empreendedoras e a inspiração dominante para mudanças pelo mundo inteiro estão dando início à tarefa árdua de resolver problemas socioambientais.

Os empreendedores precisam assumir a liderança na criação de uma nova abordagem de negócio, em que atividades cotidianas da vida profissional e da vida pessoal se acumulam, de um modo natural, para um mundo melhor. Um teórico desenvolveu o termo **ecovisão** (visão ecológica) para descrever um estilo de liderança possível nas organizações inovadoras.[26] A ecovisão incentiva estruturas abertas e flexíveis que abrangem os funcionários, a organização e o meio ambiente, com atenção à evolução das demandas sociais.

O movimento ambiental consiste de muitas iniciativas ligadas principalmente por valores, em vez de projetos. Um plano para criar um futuro sustentável deve atingir os seus objetivos por meio de uma estratégia claramente prática. Alguns dos passos principais recomendados por Hawken e McDonough são os seguintes:

7. **Eliminar o conceito de desperdício.** Buscar novos métodos de produção e reciclagem.
8. **Restaurar a responsabilidade.** Incentivar a participação dos consumidores no sentido de tornar as empresas responsáveis.
9. **Fazer os preços refletirem os custos.** Reconstruir o sistema para incorporar um "imposto verde", em que, a fim de encorajar a conservação, sejam adicionadas taxas para energia, matérias-primas e serviços.
10. **Promover a diversidade.** Continuar pesquisando a compatibilidade necessária dos nossos produtos em constante evolução e invenção.
11. **Tornar a conservação lucrativa.** Em vez de exigir "preços baixos" para incentivar a produção, permitir novos custos para a gestão ambiental.
12. **Insistir na responsabilidade das nações.** Elaborar um plano de desenvolvimento comercial sustentável para cada nação mediante tarifas aduaneiras.[27]

4.3 VALOR COMPARTILHADO E O TRIPÉ DA SUSTENTABILIDADE

OA3 Aprofundar o conceito de *valor compartilhado*.

As empresas têm visto a criação de valor de forma reduzida. Elas tendem a otimizar o desempenho financeiro de curto prazo, ignorando os elementos que determinam o seu sucesso no longo prazo, os quais podem incluir a viabilidade de fornecedores-chave ou a instabilidade econômica das comunidades em que eles estão inseridos. Os pesquisadores Michael E. Porter e Mark R. Kramer acreditam que as empresas devem tomar a iniciativa de reunir negócios e sociedade. A solução está no que se denomina **valor compartilhado**. É um enfoque na criação de valor econômico que também cria valor para a sociedade, abordando as suas necessidades e desafios. O valor compartilhado conecta o sucesso da empresa com o progresso social, indo além de responsabilidade social ou sustentabilidade. É, na verdade, uma transformação de pensamento empresarial que reconhece deficiências sociais que criam custos internos para as empresas, como desperdício de energia, acidentes e inadequações na formação. Abordando-se essas questões pelo viés da utilização de inovações e métodos, a produtividade pode ser aumentada e novos mercados podem ser expandidos.[28]

O **tripé da sustentabilidade** (às vezes denominado **TBL** — *triple bottom line*) é uma estrutura contábil que vai além das medidas tradicionais de lucro, retorno sobre o investimento e valor do acionista para incluir dimensões ambientais e sociais. Concentrando-se em resultados de investimento globais, isto é, em relação ao desempenho ao longo das dimensões inter-relacionadas de *lucros*, *pessoas* e *planeta*, o TBL pode ser uma ferramenta importante para apoiar os objetivos da sustentabilidade.[29] Ele mede três dimensões de desempenho: econômico, ambiental e social. Examinemos cada medida.

4.3a Medidas de desempenho econômico

As medidas econômicas lidam com fluxos de renda, despesas, impostos, fatores sobre o ambiente dos negócios, emprego e fatores de diversidade de negócios. Os exemplos incluem:

- Renda pessoal
- Custo do subemprego

- Estabelecimento de dimensões
- Crescimento do emprego
- Distribuição do emprego por setor
- Porcentagem de empresas em cada setor
- Receita por contribuição do setor para o Produto Interno Bruto (PIB)

4.3b Medidas de desempenho ambiental

As medidas ambientais estão relacionadas com os recursos naturais e refletem potenciais influências à sua viabilidade. Exemplos disso são qualidade do ar e da água, consumo de energia, recursos naturais, resíduos sólidos e tóxicos e uso da terra. As tendências de longo prazo das variáveis ambientais ajudam as organizações a identificar os impactos que um projeto ou a política teriam na área. Exemplos específicos incluem:

- Concentrações químicas perigosas
- Seleção dos maiores poluentes
- Consumo de energia
- Consumo de combustível fóssil
- Gestão de resíduos sólidos
- Gestão de resíduos perigosos
- Mudança no uso e na cobertura do solo

4.3c Medidas de desempenho social

As medidas sociais referem-se às dimensões sociais de uma comunidade ou região, como educação, recursos sociais, saúde e bem-estar e qualidade de vida. Os exemplos incluem:

- Taxa de desemprego
- Renda familiar média
- Pobreza relativa
- Porcentagem da população com diploma ou certificado após o ensino médio
- Tempo médio de deslocamento diário
- Crimes violentos *per capita*
- Expectativa de vida ajustada à saúde

4.4 EMPRESAS DE BENEFÍCIOS: PROMOVENDO EMPREENDIMENTOS SUSTENTÁVEIS

Uma nova modalidade de negócio iniciada nos Estados Unidos — a **empresa de benefícios** — foi implementada em 14 estados, e projetos de lei estão avançando em vários outros estados para adotá-la. As empresas de benefícios são as mesmas empresas tradicionais, exceto por alguns elementos específicos que as tornam socialmente mais sustentáveis:

1. **Propósito:** criar um impacto positivo significativo sobre a sociedade e o meio ambiente.
2. **Responsabilidade:** ter o dever de lealdade de considerar os interesses dos trabalhadores, da comunidade e do meio ambiente.
3. **Transparência:** apresentar ao público relatórios anuais sobre o desempenho social e ambiental global, auditado por terceiros confiáveis e transparentes.

Empresas de benefícios e **corporações B (B Corps)** certificadas são termos frequentemente utilizados sem distinção. No entanto, embora compartilhem características semelhantes, também têm algumas diferenças significativas. Uma corporação B certificada possui uma certificação sem fins lucrativos concedida pela B Lab.* Uma empresa de benefícios, por sua vez, tem esse status

---

* Organização sem fins lucrativos localizada no Estado da Pensilvânia, EUA, que criou e oferece uma certificação a empresas que zelam pela sustentabilidade em seus negócios. (N.R.T.)

legal conferido pelo Estado. Empresas de benefícios *não* precisam ser certificadas; já as B Corps certificadas receberam a certificação por terem cumprido um alto padrão de desempenho social e ambiental global e, como resultado, têm acesso a um portfólio de serviços e suporte do B Lab que as empresas de benefícios não têm. Para saber mais sobre a nova forma jurídica das organizações conhecidas como corporações L3C, que também se relacionam com as empresas sociais, veja o *box* O processo empreendedor. Discutiremos mais sobre essas novas formas jurídicas de empresas no Capítulo 9.

4.5 O MERCADO GLOBAL

OA5 Apresentar as oportunidades e os desafios globais dos empreendedores sociais.

Capitalismo é o sistema econômico dominante no mundo; nas últimas décadas, tem substituído muitos sistemas socialistas e de planejamento centralizado. Como o capitalismo, o empreendedorismo tem expandido seu alcance mundo afora, e é agora um motor do crescimento econômico não só na América, mas em outras partes do planeta. Uma nova geração de empreendedores globais, que se baseia em redes globais de recursos, projetos e distribuição, surgiu na década passada, configurando uma tendência que tem crescido na economia global, permitindo-lhe alcançar novas alturas. De todas as formas, o ritmo e a magnitude dessa economia global deverão continuar a crescer. Hábil em reconhecer oportunidades, a nova geração de empreendedores globais admite que o sucesso no mercado global exige agilidade, segurança, engenhosidade e uma perspectiva global. Esses empreendedores sociais e globais são a verdadeira vanguarda na segunda década do século 21.[30]

O PROCESSO EMPREENDEDOR

L3C: uma nova forma jurídica de empresas sociais

Nos Estados Unidos, foi criada uma nova forma legal de pessoa jurídica para preencher a lacuna entre o investimento com e sem fins lucrativos. O novo formato, conhecido como empresa de pequenos lucros e de responsabilidade limitada, ou L3C, tem uma estrutura híbrida que facilita investimentos em empreendimentos lucrativos socialmente benéficos. Essas empresas têm sido consideradas "lucrativas com espírito de não lucrativas".

O L3C é um novo tipo de sociedade de responsabilidade limitada (LLC — Limited Liability Company), que visa atrair o investimento privado e o capital filantrópico em empreendimentos concebidos para proporcionar um benefício social. Diferente de uma LLC, a L3C tem uma missão filantrópica primária explícita, a preocupação com lucro vindo em segundo lugar. Ao contrário de uma instituição de caridade, uma L3C é livre para distribuir os lucros aos proprietários ou investidores após o pagamento de impostos.

A principal vantagem da L3C é sua qualificação como "investimento relacionado com um programa" (PRI — program-related investment). Isso significa que ela é um investimento com propósito socialmente benéfico e que está consistente com a missão de uma fundação. Como as fundações só podem investir diretamente em empreendimentos com fins lucrativos qualificados como PRI, muitas fundações abstêm-se de investir em empreendimentos com fins lucrativos por não terem certeza de que eles são qualificados como PRI ou se teriam de gastar tempo e recursos com a obtenção de uma certidão da receita federal para verificar se o empreendimento realmente se enquadra como PRI. Um acordo operacional de uma L3C minimiza esse problema, destacando especificamente o seu propósito de uma empresa qualificada como PRI, o que torna mais fácil para as fundações identificarem aquelas com finalidade social, bem como ajuda a garantir que suas isenções de impostos permaneçam seguras. Assim, as L3C atrairiam uma maior quantidade de capital privado de diversas fontes a fim de servir aos seus objetivos educacionais ou filantrópicos. É o veículo perfeito para desenvolvimento econômico, pesquisa médica, operação de agências de serviços sociais, museus, salas de concerto, habitação e qualquer outra atividade, seja com fins filantrópicos, seja geradora de receita.

A L3C foi criada por Robert Lang, CEO da Mary Elizabeth & Gordon B. Mannweiler Foundation. Em 2008, Vermont tornou-se o primeiro estado a reconhecer a L3C como uma estrutura jurídica oficial. Legislação semelhante também tem sido implementada em estados como Geórgia, Michigan, Montana e Carolina do Norte. Embora Vermont continue a ser atualmente o único estado a autorizar a L3C, ela tem aplicabilidade nacional, porque as empresas desse tipo criadas em Vermont podem ser usadas em qualquer estado ou território, o que as torna legais em todos os 50 estados norte-americanos. O L3C é uma marca que significa para o mundo que a empresa coloca sua missão antes do lucro, e ainda é autossustentável. Como uma marca, ela torna esses conceitos fáceis de serem entendidos e, assim, serão usados com frequência.*

* No Brasil, hoje, não existe natureza jurídica nem regulações específicas para negócios sociais com fins lucrativos. (N.R.T.)

Nas seções a seguir, discutiremos os novos desenvolvimentos no mercado global que afetam diretamente as oportunidades empreendedoras. Também examinaremos os vários métodos de participação internacional. Por fim, nos concentraremos em pesquisar as ameaças e os riscos do mercado externo.

4.5a Empreendedores globais

[OA6] Apresentar os projetos mais recentes que têm expandido o mercado global.

Empreendedores globais têm mente aberta para oportunidades, sendo capazes de ver diferentes pontos de vista e de colocá-los sob um só foco. Eles superam diferenças nacionalistas para ter uma visão geral da competitividade global sem abdicar da própria nacionalidade. Eles têm uma base de linguagem e de conhecimento do trabalho dos outros. Eles enfrentam dificuldades de aprendizagem para superar as barreiras linguísticas por reconhecer as limitações que tal ignorância pode gerar. O empreendedor mundial é obrigado a "usar muitos chapéus", assumindo várias atribuições, adquirindo experiência em vários países e aproveitando a oportunidade de interagir com pessoas de diferentes nacionalidades e heranças culturais.

4.5b Pensamento global

O "pensamento global" é importante porque, hoje, os consumidores podem escolher produtos, ideias e serviços de muitos países e culturas. Empreendedores que crescem em mercados estrangeiros devem ser pensadores globais, a fim de planejar e adotar estratégias para os diferentes países; portanto, um dos caminhos mais empolgantes e promissores para os empreendedores expandirem seus negócios é o da participação no mercado global. Milhares de pequenas empresas envolvem-se ativamente na arena internacional todos os anos, e essa oportunidade crescente tem duas razões principais: a diminuição das barreiras comerciais entre as grandes nações comerciais e o surgimento de grandes blocos comerciais que passaram a fazer parte do Nafta e da União Europeia. Além disso, ao longo da última década, a região Ásia-Pacífico tornou-se um foco de oportunidade empreendedora.[31]

4.5c Redes de diáspora

Redes de diáspora são as relações entre os grupos étnicos que compartilham normas culturais e sociais. Diásporas não são novidade, e como elas têm feito parte do mundo há milhares de anos, a nova economia global as transformou em poderosos veículos de comunicação e confiança. Há um aumento de 40% no número de imigrantes desde 1990, alcançando a marca de 200 milhões no mundo inteiro.

Pelos meios de comunicação simples (Internet e Skype) e mídia social (Facebook, LinkedIn, Twitter etc.), as diásporas estão ficando mais fortes do que nunca, oferecendo conexões potenciais a empreendedores globais.

Lembre-se: na maioria dos mercados emergentes, as leis podem ser duvidosas e os tribunais podem não ser confiáveis para o cumprimento de contratos. Assim, torna-se difícil fazer negócios com estranhos, sendo preferível lidar com alguém em quem se confie. As conexões pessoais por meio de uma rede de diáspora tornam isso possível. Essas redes de afinidades e de linguagem fazem que um empreendedor tenha mais facilidade em fazer negócios através das fronteiras.

As redes de diáspora têm três vantagens para empreendedores globais. Primeira, aceleram o fluxo de informações através das fronteiras; segunda, criam um vínculo de confiança; e terceira, criam conexões que ajudam empreendedores a colaborar com um país e através das etnias.

Esse novo tipo de "hiperconectividade" permite que os empreendedores globais colaborem instantânea e intimamente com suas comunidades de origem étnica.[32]

4.5d Acordos e organizações globais

Hoje em dia, projetos significativos que facilitam a expansão do mercado global têm ocorrido no mundo todo. Organizações, unificações e acordos comerciais são alguns dos veículos que têm evoluído para melhorar o negócio global. Nesta seção, examinaremos os projetos internacionais mais importantes.

ORGANIZAÇÃO MUNDIAL DO COMÉRCIO

A **Organização Mundial do Comércio** (OMC), instituição que administra os sistemas de comércio internacional, foi fundada em 1º de janeiro de 1995. Sua função é supervisionar acordos comerciais internacionais, mas, ao contrário da crença popular, a OMC não substitui o Acordo Geral sobre Tarifas e Comércio (GAAT — General Agreement on Tariffs and Trade). O GATT, em sua forma alterada em 2003, continua sendo um dos pilares legais do sistema mundial de comércio e, em menor medida, do sistema de investimento mundial.[33]

Localizada em Genebra, na Suíça, a OMC emprega mais de 600 funcionários, e seus especialistas — advogados, economistas, estatísticos e técnicos em comunicações — ajudam diariamente os membros da OMC a garantir, entre outras coisas, que as negociações progridam de forma adequada e que as regras de comércio internacional estejam sendo aplicadas e cumpridas corretamente. O orçamento da OMC é de mais de 205 milhões de dólares, e suas funções incluem: administração de acordos comerciais da OMC, tratamento de negociações comerciais ou disputas comerciais, acompanhamento das políticas comerciais nacionais e assistência técnica e treinamento aos países em desenvolvimento.

Em 1995, quando foi fundada, a OMC era composta de 76 países; hoje, tem 160 membros, representando 97% da população mundial, e 26 observadores, a maioria buscando se tornar membro da organização. Assim, a OMC inclui praticamente todo o mundo desenvolvido e a maioria dos países em desenvolvimento. Essas nações, coletivamente, representam mais de 90% do comércio mundial e praticamente todo o seu investimento.[34]

TRATADO NORTE-AMERICANO DE LIVRE COMÉRCIO

O **Tratado Norte-americano de Livre Comércio** (Nafta — North American Free Trade Agreement) é um acordo internacional entre Canadá, México e Estados Unidos que elimina as barreiras comerciais entre os três países.[35] Ele criou a maior zona livre comercial do mundo, ligando 444 milhões de pessoas e produzindo 17 trilhões de dólares em bens e serviços por ano. As estimativas são de que o Nafta aumente o PIB dos Estados Unidos em cerca de 0,5% ao ano, uma vez que elimina tarifas e cria acordos sobre direitos internacionais dos investidores das empresas, o que reduz o custo do comércio e estimula o investimento e o crescimento, especialmente de empresas empreendedoras. A eliminação de tarifas alfandegárias também reduz a inflação, já que diminui os custos de importação.

Dessa forma, novas oportunidades têm surgido para os empreendedores na América do Norte. A importância desse acordo pode ser vista claramente ao se verificar as exportações e importações entre esses três parceiros comerciais. A Tabela 4.2 mostra a importância comercial do Canadá e do México para os Estados Unidos, classificados como os dois maiores exportadores (responsáveis por mais de 400 bilhões de dólares) e os três principais importadores (responsáveis por mais de 500

TABELA 4.2 OS PRINCIPAIS PAÍSES COM OS QUAIS OS ESTADOS UNIDOS MANTÊM COMÉRCIO

Os maiores parceiros dos Estados Unidos com seu comercial total (soma das importações e exportações) em bilhões de dólares a partir de 2015:

Classificação	País	Exportações	Importações	Volume comercial total
1	Canadá	261,8	290,6	552,5
2	China	99,6	384,0	483,6
3	México	201,7	246,1	447,8
4	Japão	56,1	111,9	168,0
5	Alemanha	41,7	102,5	144,2
6	Coreia do Sul	37,2	57,3	94,5
7	Reino Unido	45,0	44,9	89,9
8	França	26,4	39,2	65,6
9	Brasil	36,1	25,1	61,2
10	Taiwan	22,3	34,2	56,4

Fonte: U.S. Census Bureau, Washington, DC, 2015.

bilhões de dólares). Como o Nafta tem progredido e as barreiras comerciais têm sido reduzidas, o volume de comércio entre os três parceiros continua aumentando. Talvez, ainda mais importante, é que a competição que está sendo criada pela remoção de barreiras comerciais tem obrigado as empresas empreendedoras a aumentar sua qualidade e competitividade global. Por sua vez, isso também tem tornado as empresas mais competitivas quando fazem negócios com a Ásia, a América do Sul, a Europa e outros mercados internacionais.

É particularmente importante para os empreendedores o fato de que os mercados têm aumentado tanto para as exportações quanto para as importações. Empresas mais eficientes são capazes de proporcionar maior qualidade e preços mais baixos que os de seus concorrentes, e, sem tarifas alfandegárias ou cotas, manterão as suas mercadorias no mercado. Ao mesmo tempo, os empreendedores dos três países estarão protegidos da concorrência externa em razão da legislação local. Por exemplo, o Nafta criou um superávit comercial em serviços para os Estados Unidos.

Mais de 40% do PIB dos Estados Unidos refere-se a serviços, como os financeiros e de saúde, os quais não são facilmente transportáveis; então, é importante ser capaz de exportá-los para países vizinhos. Em 1993, as exportações de serviços dos Estados Unidos para o Canadá e o México somavam 25 bilhões de dólares; em 2012, com o Nafta, chegaram a 106,8 bilhões de dólares. O Nafta eliminou as barreiras comerciais em quase todos os setores de serviços, que, muitas vezes, são altamente regulamentados, e, para reduzir os custos ocultos dos negócios, obriga os governos a publicar todos os regulamentos dos serviços.

Além disso, o Nafta oferece forte proteção de patentes e de direitos autorais, de desenho industrial e de sigilo comercial, entre outras formas de propriedade intelectual. Muitos empreendedores podem entender que o sucesso nesse bloco comercial irá prepará-los para fazer negócios em outros lugares, incluindo a União Europeia.

UNIÃO EUROPEIA

A **União Europeia** (UE) foi fundada em 1957 como Comunidade Econômica Europeia e, em 1992, tornou-se uma união econômica de pleno direito. A União Europeia é uma união econômica e política de 27 países-membros que estão localizados principalmente na Europa, e seus objetivos incluem: (1) eliminação de impostos alfandegários entre todos os estados-membros, (2) livre fluxo de bens e serviços entre todos os membros, (3) criação de políticas comerciais comuns em relação a todos os países não participantes da UE, (4) livre circulação de capital e de pessoal dentro do bloco, (5) incentivo ao desenvolvimento econômico em todo o bloco, e (6) coordenação monetária e fiscal entre todos os membros.[36]

A UE continua a ser um dos principais mercados para bens e serviços norte-americanos, bem como para o investimento direto internacional. Como ocorre com o bloco comercial da América do Norte, a meta de muitos empreendedores é poder entrar nesse mercado e receber os benefícios resultantes disso. Com uma população de mais de 500 milhões de habitantes, ou 7,3% da população mundial, a UE teve um PIB nominal de 16.242 bilhões de dólares em 2011, representando cerca de 20% do PIB mundial em relação ao poder aquisitivo. Outra estratégia potencial é trabalhar com parceiros da UE no mercado norte-americano, ajudando-os a estender sua cobertura mundial. Essa razão é mais bem explicada em termos de comércio global. Pesquisas revelam que uma enorme quantidade de comércio internacional é conduzida por três grupos: os Estados Unidos, os países da UE e a região Ásia-Pacífico,[37] o que ajuda a explicar por que empreendedores têm procurado oportunidades emergentes na UE e nas empresas nela sediadas.

4.5e Empreendendo no exterior

Com a expansão das oportunidades globais, os empreendedores estão ficando mais abertos para a internacionalização. No passado, empreendedores estadunidenses receavam entrar em mercados internacionais, porque era um passo muito grande, muito arriscado e incerto. No entanto, o século 21 testemunhou o mercado global tornar-se realidade e empreendedores correrem, entusiasmados, para capturar uma fatia dele, tendo como alvos principais a China, a Índia, os países da Ásia-Pacífico, a América Latina, a África e a Europa Oriental.

INTERNACIONALIZAÇÃO GRADUAL

OA7 Conhecer as estratégias de entrada na arena internacional.

Empreendedores tendem a agir de forma racional, seja para simples ganho econômico, seja para o compartilhamento de conhecimento e recursos. Eles adquirem matéria-prima e capital onde estes são mais abundantes, fabricam produtos onde os salários e outros custos são menores, e vendem nos mercados mais rentáveis. Se todos fizerem a sua parte, a legislação econômica da vantagem comparativa beneficiará a todos.[38]

Os países variam no que diz respeito a quantidade e proporção de recursos que possuem, o que forma a base para uma vantagem competitiva entre eles. **Países ricos em recursos** (aqueles ricos em matéria-prima) incluem aqueles pertencentes à Organização dos Países Exportadores de Petróleo – Opep e muitas partes da África; países em rápido desenvolvimento, ricos em força de trabalho, incluindo o Brasil, a Índia, as Filipinas e alguns países da América do Sul e da América Central. **Países ricos em mercado**, como os países da Europa, Brasil, México, Índia, China e os Estados Unidos, têm poder de compra. Enfim, cada país tem algo de que os outros precisam, formando assim a base de um sistema de comércio internacional interdependente.

A internacionalização pode ser vista como resultado de um processo sequencial de ajustes à mudança das condições da empresa e de seu ambiente. Esse processo progride passo a passo, à medida que aumentam o risco e o empenho dos empreendedores em adquirir mais conhecimento por meio da experiência. A impressão do empreendedor sobre os riscos e benefícios da internacionalização pode ser determinada por estudos de viabilidade de ganhos potenciais.

Como observado antes, a principal vantagem do comércio internacional é o crescimento pela expansão de mercado. Outras vantagens são: utilização de capacidade ociosa, minimização de depressões cíclicas ou sazonais, familiarização com a tecnologia de fabricação utilizada em outros países, aprendizado sobre produtos não vendidos no mercado interno, aprendizado sobre outras culturas, obtenção de capital de crescimento mais facilmente em outros países e oportunidade de fazer viagens de negócios e de lazer.[39]

INÍCIO INTERNACIONALIZADO

Alguns negócios empreendedores são imediatamente internacionalizados — eles "nascem globalizados". Multinacionais desde o início, essas empresas quebram a expectativa tradicional de que uma empresa deve entrar na arena internacional gradualmente, tornando-se globais só à medida que se tornam mais velhas e sábias. De acordo com os pesquisadores Ben Oviatt e Patricia P. McDougall, as sete características de startups globais bem-sucedidas são: (1) visão global desde o início; (2) gestão com experiência internacional; (3) forte rede de negócios internacionais; (4) tecnologia de fronteira ou marketing; (5) ativo único intangível; (6) produto ou serviço associado; e (7) coordenação organizacional enxuta em todo o mundo.[40]

4.5f Métodos para internacionalização

O empreendedor pode entrar ativamente no mercado internacional de uma série de maneiras, como: importação, exportação, alianças internacionais e joint ventures, investimento estrangeiro direto e licenciamento.[41] Cada um desses métodos envolve o aumento de níveis de risco.

IMPORTAÇÃO

Importação é a compra e o transporte de produtos produzidos em outros países para o consumo doméstico. A cada ano, os Estados Unidos importam um número crescente de bens. Como o empreendedor fica sabendo dessas oportunidades de importação? Uma maneira é participando de exposições e feiras, nas quais as empresas se reúnem para mostrar seus produtos e serviços. Algumas dessas exposições são internacionais, e nelas as empresas de diferentes países exibem seus produtos e serviços. A feira, basicamente, dá ao potencial cliente a oportunidade de ver o produto. Outra maneira consiste em monitorar publicações comerciais; muitas vezes, as empresas anunciam nesses veículos para conhecer seus clientes potenciais.

EXPORTAÇÃO

Quando uma empresa empreendedora decide participar ativamente na arena internacional como vendedora, e não como compradora, torna-se uma exportadora. Exportação é o envio de um bem produzido internamente para o consumo em um destino estrangeiro. A **exportação** é importante para os empreendedores, porque, muitas vezes, significa aumento potencial de mercado. Em vez de limitar-se ao mercado dos Estados Unidos, a empresa passa a ter uma esfera de vendas mais ampla. De acordo com o **conceito da curva de aprendizagem**, o aumento das vendas levará a uma maior eficiência ao longo da curva de custo, e isso, por sua vez, levará ao aumento dos lucros. (A curva de aprendizagem afirma, essencialmente, que, à medida que mais e mais unidades são produzidas a empresa se torna mais eficiente na produção das unidades; assim, ela diminui o custo unitário de seu produto, e isso, por sua vez, lhe permite competir mais eficazmente no mercado.) Deve-se salientar, no entanto, que a exportação, normalmente, demorará de três a cinco anos para se tornar rentável. Mesmo que a empresa esteja produzindo mais unidades de forma eficiente, levará algum tempo para aprender a lidar com a complexidade e as regulações dos negócios internacionais. A exportação vem sendo ampliada como um método para o crescimento do empreendimento e da rentabilidade entre empresas empreendedoras.

ALIANÇAS INTERNACIONAIS E JOINT VENTURES

Outra alternativa disponível ao empreendedor na área internacional são as **alianças internacionais**. Existem três tipos principais de alianças estratégicas: alianças informais de cooperação internacional, alianças formais de cooperação internacional (international cooperative alliances – ICA) e joint ventures internacionais. A Tabela 4.3 fornece um resumo dessas alianças.

Em geral, alianças informais são acordos entre empresas de dois ou mais países, e não são juridicamente vinculativas; como o contrato não oferece proteção legal, a maioria dos empreendedores opta por limitar seu envolvimento ou evitá-lo completamente. A aliança formal, por sua vez, costuma requerer um contrato formal com detalhes sobre qual será a contribuição de cada empresa. O acordo, em geral, envolve um maior compromisso de cada empresa e a troca de informações confidenciais. Essas alianças têm se tornado mais populares na indústria de alta tecnologia, em razão dos custos mais elevados com pesquisa e desenvolvimento interno.

Joint venture é a entidade jurídica autônoma mais tradicional. Uma joint venture ocorre quando duas ou mais empresas analisam os benefícios da criação de um relacionamento, do compartilhamento de seus recursos e da criação de uma nova entidade para realizar a atividade econômica produtiva. Assim, a joint venture implica o compartilhamento de bens, lucros, riscos e propriedade do empreendimento com mais de uma empresa.[42] Uma joint venture pode ter várias formas diferentes; em alguns países, por exemplo, não é raro uma empresa fazer joint venture com o Estado ou com uma empresa estatal.

Vantagens das joint ventures Uma empresa pode decidir participar de uma joint venture por várias razões.[43] Uma delas é a possibilidade de ganhar profundo conhecimento das condições locais e governamentais de onde a unidade estiver localizada, e outra é a chance de cada participante poder usar os recursos das demais empresas envolvidas no empreendimento, isso fornecendo às empresas participantes um meio de compensar as fraquezas que possam ter. Por fim, tanto as despesas com o capital inicial quanto o risco total seriam menores que aqueles incorridos caso a empresa estivesse atuando sozinha.

TABELA 4.3 TIPOS DE ALIANÇAS INTERNACIONAIS

Tipo de aliança	Grau de envolvimento	Facilidade de dissolução	Pessoa jurídica
Aliança internacional de cooperação informal	Limitado em escopo e tempo.	Fácil e conveniente para ambos os lados.	Nenhuma
Aliança internacional de cooperação formal	Envolvimento mais profundo; intercâmbio de conhecimento de propriedade.	Mais difícil de se dissolver em razão de obrigações legais e compromissos.	Nenhuma
Joint venture interna	Envolvimento profundo; requer troca de informações financeiras, conhecimento de propriedade e recursos.	Mais difícil de se dissolver em razão do investimento significativo de ambas as empresas e da existência de uma pessoa jurídica.	Empresas separadas

Fonte: Adaptado de John B. Cullen e K. Praveen Parboteeah, *Multinational Management: A Strategic Approach*, 5. ed. (Mason, OH: Cengage/South-Western, 2011), p. 352.

As vantagens adicionais de uma joint venture relacionam-se ao ajuste estratégico da empresa nacional com a empresa internacional. Um estudo examinou a adequação estratégica de empresas norte-americanas (tipo D) com empresas do Terceiro Mundo (tipo TW — Third World) em uma joint venture. A dimensão das vantagens corporativas, operacionais e ambientais foram todas feitas em comparação com o ajuste estratégico dos parceiros na joint venture.[44]

Desvantagens das joint ventures   Uma das desvantagens associadas às joint ventures é a questão do controle fragmentado.[45] Por exemplo, um fluxo logístico cuidadosamente planejado pode ser dificultado se uma das empresas decidir bloquear a aquisição de novos equipamentos. Esse tipo de problema pode ser evitado ou reduzido de três formas: (1) uma parte pode controlar mais de 50% do direito de voto, o que, normalmente, lhe dará o controle formal; no entanto, mesmo uma minoria com visão opositora pode ter uma influência considerável, e isso pode ser particularmente verdadeiro se as diferenças de opinião refletirem diferentes nacionalidades. (2) Apenas uma das partes pode ser dada como responsável pela gestão efetiva do empreendimento, o que pode ser complementado por uma cláusula de compra; e havendo discordância entre os proprietários, uma das partes pode comprar as cotas da empresa que a outra parte possuir. (3) Uma das partes pode controlar a entrada ou a saída, exercendo um controle significativo sobre as decisões do empreendimento, independentemente dos direitos de voto e de propriedade.

A joint venture pode ser uma ferramenta poderosa para o crescimento no mercado internacional. Se usada de maneira correta, ela, efetivamente, combinará os pontos fortes dos parceiros envolvidos, aumentando sua posição competitiva.[46]

INVESTIMENTO ESTRANGEIRO DIRETO

Um *investimento estrangeiro direto* é uma unidade de produção estrangeira controlada em nível nacional, o que não significa que a empresa possua a maior parte da operação. Em alguns casos, possuir menos de 50% das cotas pode constituir um controle eficaz, porque a propriedade das ações é amplamente dispersa. Por outro lado, o empreendedor pode deter 100% das cotas ou ações e não ter o controle da empresa. Em alguns casos, a decisão de quem contratar, de qual estrutura de preços usar e de como distribuir os lucros da empresa são ditadas pelo governo, o que causa certa preocupação sobre quem, exatamente, está no controle da organização. Em razão da dificuldade de se identificar investimentos diretos, as agências governamentais têm estabelecido definições arbitrárias sobre o termo. Um investimento estrangeiro tipicamente direto envolve a propriedade de 10% a 25% do capital votante de uma empresa estrangeira.[47]

Uma empresa pode fazer um investimento estrangeiro direto de várias formas. Uma delas é pela aquisição de participação em uma operação em curso no exterior; inicialmente, essa participação pode ser minoritária, mas suficiente para exercer influência na gestão da operação. Outra forma é pela obtenção de participação majoritária em uma empresa estrangeira, situação em que a empresa se torna subsidiária da empresa adquirente. E, como uma terceira forma, a empresa adquirente pode simplesmente comprar parte dos ativos de uma empresa estrangeira, a fim de estabelecer um investimento direto. Uma alternativa adicional é construir uma instalação em um país estrangeiro.

O investimento direto pode ser um empreendimento estimulante para empresas empreendedoras que se esforçam para aumentar as vendas e a posição competitiva no mercado. No entanto, nem sempre é prático fazer um investimento direto em um local estrangeiro. Caso a empresa tenha um produto único seja, a única proprietária do produto ou do processo de fabricação, ela pode considerar o licenciamento.

LICENCIAMENTO

Licenciamento é um acordo de negócios em que o fabricante de um produto (ou uma empresa com direitos de propriedade sobre uma tecnologia ou marcas comerciais) concede permissão a um grupo ou indivíduo para fabricar esse produto em troca de direitos específicos ou outros pagamentos. O licenciamento internacional abrange inúmeros acordos contratuais em que o negócio (licenciante) fornece patentes, marcas e experiência de fabricação ou de serviços técnicos para uma empresa estrangeira (licenciada). Sob tal acordo, o empreendedor (licenciado) não precisa fazer um grande desembolso de capital para participar do mercado internacional e, dependendo do produto, nem o licenciante tem de se preocupar com as necessidades diárias

de produção, marketing, técnicas ou de gestão, pois caberá ao licenciado lidar com tudo isso.*
A empresa licenciada enxerga a empresa licenciante apenas como detentora de conhecimentos especializados e, talvez, como uma oportunidade adicional para vender um produto de sua propriedade.

Há três tipos básicos de programas de licenciamento internacional:

1. **Patentes.** Se o empreendedor decide proteger uma tecnologia por meio de uma patente, deve começar com uma que seja válida no país de origem, ou seja, cuja tecnologia já não seja de propriedade de terceiros. Em um ano, ele deverá depositar as patentes nos países em que os negócios serão feitos. Esse passo, embora caro, é essencial, porque tal ação dará ao empreendedor uma posição de negociação mais forte. Com a aprovação da America Invents Act, de 2011, os Estados Unidos ajustaram seu sistema de patentes de "primeiro inventor" para o sistema internacional de "primeiro a registrar". Isso está sendo denominado "harmonização de patentes", para ser compatível com o mercado internacional. O novo sistema inclui salvaguardas para pequenos investidores, como um sistema de baixo custo para patentes provisórias, e os objetivos são tornar o processo de patentes mais eficiente e oferecer melhor proteção externa aos inventores.[48] Atualmente, um único pedido de patente pode custar dezenas de milhares de dólares, se incluídos todos os honorários advocatícios. O empreendedor deve preencher múltiplos formulários como defesa contra os concorrentes, particularmente em uma economia global. A regra geral é que uma patente internacional confiável pode custar cerca de 100 mil dólares, e o registro de dez patentes relacionadas para criar uma "proteção" em torno de uma invenção pode custar 1 milhão de dólares ao empreendedor. A autodefesa aumentou o custo de proteção de patente internacional.[49]

2. **Marcas comerciais.** Dadas as dificuldades que podem ocorrer em traduções diretas, aconselha-se ao empreendedor licenciar mais que uma marca comercial para o mesmo produto. Contudo, o empreendedor deve ter em mente que, caso o seu produto não seja bem reconhecido no mercado internacional, ele não representará um grande incentivo na fase de negociação. Às vezes, os licenciados querem ter direitos de patente, mas preferem usar suas próprias marcas, o que pode ser particularmente verdadeiro se a empresa que pleitear isso for bem estabelecida.

3. **Conhecimento técnico.** Esse tipo de licenciamento costuma ser o mais difícil de se aplicar, uma vez que depende da segurança de acordos de sigilo. (O licenciante deve assinar um contrato para impedir legalmente que o licenciado revele segredos comerciais). Em algumas localidades, os governos têm normas rígidas para o uso da licença de conhecimento técnico. Em geral, pode-se proteger a capacidade técnica por apenas cinco anos; depois disso, o licenciado estará livre para usar esse conhecimento sem o pagamento de *royalties*. No entanto, deve-se ter em mente que essa norma pode variar de país para país, dependendo de regulamentos específicos.**

Como se trata de um processo complexo, o empreendedor deve continuar a desenvolver sua capacitação técnica para assegurar-se quanto a necessidades internacionais em relação ao andamento dos serviços da empresa.[50]

Para serem competitivas com grandes empresas, as empresas empreendedoras devem estar na vanguarda de trazer uma tecnologia criativa e inovadora. Além disso, algumas podem não ter os recursos financeiros disponíveis para participar do mercado internacional por meio de exportação, de joint venture ou de investimento direto. Para muitas delas, o licenciamento internacional é um método viável e animador de expandir as operações.[51]

4.5g Pesquisando mercados estrangeiros

OA8 Estabelecer os principais passos para os empreendedores que querem entrar nos mercados globais.

Antes de entrar em um mercado estrangeiro, é importante estudar a *cultura peculiar* dos clientes potenciais. Os vários conceitos sobre utilização do produto, bem como os dados demográficos e psicográficos, e também as normas legais e políticas são diferentes daqueles do país em que a empresa entrante estiver sediada; portanto, é preciso realizar uma pesquisa de mercado para identificar esses parâmetros importantes.

---

* Existem exceções, pois há casos em que o licenciante também precisa se preocupar com produção, marketing, técnicas e, principalmente, gestão. (N.R.T.).
** No Brasil, contratos de transferência de tecnologia e *know-how* podem ser averbados pelo Instituto Nacional da Propriedade Industrial (INPI). (N.R.T.).

- **Normas governamentais:** Sua empresa está em conformidade com os regulamentos de importação ou de patentes, direitos autorais ou leis de marcas que possam afetar o seu produto?
- **Clima político:** A relação entre governo e negócios ou eventos políticos e as atitudes do público em determinado país afetam as transações comerciais estrangeiras, em particular com o seu país?
- **Infraestrutura:** Como a embalagem, o transporte e o sistema de distribuição do seu produto de exportação serão afetados pelo sistema de transporte local, por exemplo, por ar, terra ou água?
- **Canais de distribuição:** Quais são os termos comerciais geralmente aceitos no atacado e no varejo? Quais são as comissões e os custos normais das agências de serviço? A que leis dizem respeito os canais e acordos de distribuição?
- **Competitividade:** Quantos concorrentes você tem e em que países estão localizados? Em relação a cada país, qual é a fatia de mercado de cada um de seus concorrentes e que preços eles praticam? Como eles promovem seus produtos? Quais sistemas de distribuição utilizam?
- **Tamanho do mercado:** Qual o tamanho do mercado para o seu produto? É um mercado estável? Qual o tamanho desse mercado individualmente, país por país? Em que países os mercados estão se abrindo, ampliando, amadurecendo ou entrando em declínio?
- **Costumes e cultura locais:** O seu produto viola tabus culturais? Como as empresas empreendedoras podem aprender sobre culturas internacionais e, portanto, saber o que é aceitável e o que não é? Uma série de abordagens pode ser empregada. Uma das mais úteis é a de viagens internacionais de negócios, pois fornece ao indivíduo informações de primeira mão sobre o que se pode e o que não se pode fazer culturalmente. Outros métodos úteis incluem programas de treinamento, programas de educação formal e consulta de literatura atual.[52]

RISCOS E AMEAÇAS INTERNACIONAIS

Os mercados internacionais também podem representar perigos que devem ser monitorados com cuidado. Por exemplo, *desconhecimento* e *incerteza*, combinados com *falta de experiência* na solução de problemas em outro país, representam grandes problemas. *A falta de informação* sobre recursos para ajudar a resolver problemas contribui para a falta de familiaridade, e *restrições* impostas pelo país anfitrião, muitas vezes, contribuem para o risco. Muitos países anfitriões exigem o desenvolvimento de suas exportações e podem insistir no treinamento e desenvolvimento de seus cidadãos. Eles também podem exigir que certas posições em áreas de gestão e tecnológicas sejam ocupadas por cidadãos do próprio país. Muitos procuram indústrias tecnológicas, em vez de indústrias extrativas. Em outros casos, o país anfitrião pode exigir o controle acionário e/ou limitar a quantidade de lucros que os empreendedores estão autorizados a levar para fora do país.

Os **riscos políticos** incluem governos instáveis, interrupções causadas por conflitos territoriais, guerras, regionalismo, ocupação ilegal e diferenças político-ideológicas. *Os riscos econômicos* a serem monitorados incluem: alterações na legislação tributária, rápido aumento de custos, greves, aumentos repentinos nos preços de matérias-primas e mudanças drásticas e/ou cíclicas no PIB do país. Os riscos sociais incluem: lutas de classe, conflitos religiosos, má distribuição de renda, militância sindical, guerra civil e manifestações. *Os riscos financeiros* incorporam taxas de câmbio flutuantes, repatriação de lucros e de capital e fluxos de caixa sazonais.[53]

Os regulamentos de importação de governos estrangeiros podem afetar a capacidade de a empresa ser bem-sucedida em suas exportações. Esses regulamentos representam uma tentativa dos governos estrangeiros em controlar seus mercados, com a intenção de proteger a indústria nacional contra a concorrência externa excessiva, a fim de limitar os danos ambientais e de saúde, ou de restringir o que consideram influência cultural excessiva ou inadequada.

A maioria dos países tem regulamentos de importação que constituem barreiras potenciais aos produtos de exportação. Os exportadores precisam estar cientes das tarifas de importação e devem considerá-las quando estiverem precificando seus produtos. Enquanto a maioria dos países tem reduzido as tarifas sobre bens importados, ainda há grandes restrições ao comércio global, como as barreiras não tarifárias, que incluem proibições, restrições, condições ou requisitos específicos que podem dificultar a exportação de produtos e, às vezes, encarecê-los.

Muitos empreendedores têm evitado o comércio internacional, por acreditar que é muito complicado e cheio de burocracia; também pensam que é um tipo de comércio rentável apenas para grandes empresas, que têm mais recursos que as pequenas. Outras desvantagens percebidas em relação ao comércio internacional incluem: (1) dependência excessiva de mercados estrangeiros; (2) instabilidade do governo estrangeiro, o que pode causar problemas para as empresas nacionais; (3) tarifas de importação e impostos que tornem os produtos excessivamente onerosos para o comércio em outros países; (4) necessidade de modificações significativas nos produtos antes de serem aceitos em outros países; e (5) culturas, costumes e línguas estrangeiras que podem dificultar os negócios.[54]

Na busca pelo comércio internacional, os empreendedores enfrentam riscos de confisco, expropriação, domesticação e outras interferências governamentais. Os empreendedores podem fazer seguros para cobrir alguns riscos políticos e econômicos. A Overseas Private Investment Corporation (OPIC) pode cobrir três tipos de risco: inconversibilidade da moeda, desapropriação e ambiente político.

QUESTÕES E RECURSOS PRINCIPAIS

A pesquisa de marketing internacional é fundamental para o sucesso das empresas empreendedoras nos mercados internacionais. Proprietários de empresas empreendedoras podem ter acesso a diferentes fontes para obter informações necessárias e responder às três questões seguintes:

1. **Por que a empresa tem interesse em ir para o exterior?** A resposta a essa questão ajudará a empresa a definir os seus objetivos internacionais e direcionar a pesquisa de marketing. Por exemplo, se o proprietário quiser estabelecer e cultivar um mercado no exterior, a empresa, então, deverá estar interessada em identificar áreas geográficas em que o potencial de mercado futuro possa ser elevado. Já se o proprietário quiser usar o mercado para lidar com o excesso de produção atual, a empresa deverá interessar-se em identificar mercados que sejam mais propensos a fazer compras imediatas. Independentemente disso, a empresa terá estabelecido o foco de seus esforços na pesquisa de marketing.

2. **O que a avaliação do mercado estrangeiro revela sobre a natureza e o funcionamento dos mercados que estão sendo investigados?** A resposta a essa pergunta, muitas vezes com foco abrangente, ajuda a identificar oportunidades de mercado e dá insights sobre as atividades específicas desses mercados. Por exemplo, se a empresa identificar mercados potenciais no Brasil, na África e na China, o próximo passo será avaliar essas oportunidades. Isso poderá ser feito por meio de informações relacionadas ao tamanho dos mercados, à concorrência existente em cada um, à atitude do governo daquele país em relação a empresas estrangeiras e aos passos que deverão ser dados para fazer negócios em cada local. Com base nessas informações, uma análise de custo/benefício pode ser realizada e será tomada uma decisão em relação ao(s) mercado(s) a ser(em) obtido(s).

3. **Que estratégia específica de mercado é necessária para explorar o potencial desse mercado?** A resposta a essa pergunta envolve uma análise cuidadosa do mix de marketing: produto, preço, praça e promoção. Que produto a empresa deve oferecer? Que características específicas o produto deve ter? O produto terá de ser adaptado ao mercado externo ou a empresa poderá vender nesse mercado o mesmo produto que vende no mercado interno? Em qual fase de seu ciclo de vida estará o produto? Quanto a empresa deve cobrar? O mercado pode ser segmentado, de modo que uma variedade de preços possa ser definida? Como o produto se movimenta através do canal de marketing? Que tipo de esforço promocional — publicidade, promoção de vendas, venda pessoal ou uma combinação destes — será necessário?

Uma vez que essas questões tenham sido respondidas, o proprietário da empresa empreendedora estará pronto para começar a implementar a fase internacional estratégica da empresa.

O PROCESSO EMPREENDEDOR

Incentivando empreendedores no Chile

O Start-Up Chile é um programa criado pelo governo chileno, executado pela Corfo via InnovaChile, que procura atrair empreendedores em estágio inicial e de alto potencial para acelerar suas startups no Chile, usando-o como uma plataforma para a globalização. O objetivo final do programa acelerador é colocar o Chile no eixo central de inovação e empreendedorismo da América Latina — essa é uma missão compartilhada por todo o governo chileno e é ponto principal do Ministério da Economia desse país.

O governo oferece aos empresários qualificados 40 mil dólares de capital semente próprio e um visto temporário de um ano para desenvolver seus projetos durante seis meses, juntamente com o acesso às mais potentes redes sociais e de capitais no país. O Chile está muito confiante no ambiente de negócios que possui, considerando-se o baixo grau de exigência e o forte incentivo. E por que não? Veja alguns fatos:

- Temperatura média em janeiro: 29,5 graus Celsius.
- Temperatura média em julho: 14 graus Celsius.
- População do Chile: 17 milhões.
- Tempo de voo de Miami (Flórida), para Santiago (Chile): 8 horas.
- Quantidade de capital de risco não confirmado: 200 milhões de dólares.
- Proporção do valor do dólar em relação à moeda chilena: 3 para 1.

Nicolas Shea, que fundou o programa Start-Up Chile com o Ministério da Economia do Chile, afirma que a retenção a longo prazo dessas empresas, na verdade, não é o mais importante. Ele afirma que a oportunidade de negócios que o Chile está criando, com o investimento de 40 milhões de dólares no programa e uma meta de alcance de 300 empresas, fazendo-as crescer além do que teriam tido capacidade anteriormente, será fundamental para a rede global do país.

Em 2010, o programa trouxe 22 startups de 14 países diferentes para o Chile. Esses empreendedores selecionados foram aprovados em um processo de admissão realizado por especialistas do Vale do Silício e um Conselho de Inovação Chileno, que se concentra nas mentalidades globais e potenciais de todo o mundo. A meta é alcançar 300 startups e levar mil *bootstrappers* (pessoas que iniciam seu empreendimento utilizando seu próprio capital) a participar do programa até o final de 2014, no Chile. De todos os critérios exigidos, é essencial que os empreendedores escolhidos tenham mentalidade global, acreditando que o caminho para o sucesso ocorra por meio de expansão, não de isolamento. Do ponto de vista do governo chileno, é muito importante ter certeza de que esse dinheiro estará sendo investido no Chile, e eles sabem que, para que isso aconteça, precisam trazer empresas respeitáveis.

Existem alguns problemas que podem inibir o programa. O primeiro é a barreira linguística. A língua falada no Chile é o espanhol, e isso pode ser um problema para as novas empresas, especialmente no que diz respeito à inovação, e que pode ocorrer até mesmo em reuniões de mentes empreendedoras — a incapacidade de comunicação poderá tolher o grupo. A segunda questão é a consequência do fracasso. No Chile, o processo de falência de uma empresa pode levar anos, enquanto nos Estados Unidos leva apenas alguns meses. Acrescente-se a isso a vergonha cultural associada ao fracasso, que é muito mais difícil de resolver, e o Chile passaria a ser uma atmosfera intimidante para se iniciar um negócio.

Apesar desses desafios potenciais, os 40 mil dólares de financiamento do programa Start-Up Chile dão aos seus empreendedores a oportunidade de centralizar sua paixão no desenvolvimento de seus negócios, ou de fazer *bootstrapping* (investir inicialmente na empresa utilizando seu capital), e eliminar a pressão da potencial necessidade de vender sua empresa para uma organização maior, já que no início a entrada de capital é baixa, e arriscar-se a perder o negócio e, consequentemente, sua paixão.

O ex-ministro da Economia Juan Andres Fontaine declarou: "Em vez de mudarmos o mundo pela revolução, podemos mudá-lo pela inovação". Esse tem sido o *slogan* do Start-up Chile.

Fonte: Adaptado de Ryan Underwood, "The Silicon Valley of South America?" Inc., abril/2011; Start-Up Chile, http://www.startupchile.org (acesso em: 7/fevereiro/2012).

CAPÍTULO 4 — O empreendedorismo social e o ambiente global para o empreendedorismo

RESUMO

O desafio da empresa social surgiu neste século como uma questão importante para os empreendedores. A empresa social consiste em obrigações que uma empresa tem em relação à sociedade. O boom do empreendedorismo social e sua promessa de acabar com os problemas sociais que assolam o mundo são de particular importância. Estudos revelam que os empreendedores reconhecem a empresa social como parte de seu papel e que a estrutura de pequenas empresas permite que empreendedores influenciem suas organizações mais pessoalmente. Empreendedores sociais são agentes de mudança: eles criam mudança em grande escala com ideias que quebram paradigmas, abordam causas profundas de problemas sociais e possuem a ambição de criar uma mudança sistêmica.

Após o gigantesco crescimento e interesse no empreendedorismo social que mencionamos neste capítulo vêm os desafios para estabelecer os limites do que é e do que não é uma empresa social. Como as causas sociais podem ser tão diferentes e, às vezes, tão estranhamente pessoais, as empresas que as adotam podem ter muita dificuldade em decifrar isso. Parece que a melhor maneira de acabar com a confusão é aceitar o empreendedorismo social como um *continuum*: em um dos extremos, estão os empreendedores sociais dirigidos exclusivamente pela produção de benefícios sociais, e no outro, estão os empreendedores sociais motivados principalmente pela rentabilidade, com benefícios sociais sendo o meio para consegui-la.

O desenvolvimento sustentável é, talvez, o tópico mais proeminente do nosso tempo. Estudiosos têm declarado que a ação empreendedora consegue preservar ecossistemas, agir contra as mudanças climáticas, reduzir a degradação ambiental e a destruição das florestas, melhorar as práticas agrícolas e o suprimento de água potável e manter a biodiversidade. O empreendedorismo sustentável inclui *ecoempreendedorismo* (por exemplo, o empreendedorismo ambiental), com ações empreendedoras que contribuem para a preservação do ambiente natural.

O capítulo inclui a cobertura de um conceito conhecido como "valor compartilhado" — uma abordagem para a criação de valor econômico que também cria valor para a sociedade, abordando seus desafios e necessidades, conectando o sucesso da empresa com o progresso social. Esse conceito, juntamente com o pensamento do "tripé de sustentabilidade" *(lucros, pessoas* e *o planeta)* moldarão a transformação das organizações do século 21.

Fazer negócios em nível mundial está, rapidamente, se tornando uma estratégia rentável e popular para muitos empreendimentos. O Nafta, a UE e a OMC são exemplos de poderosas forças econômicas que criam oportunidades para empreendedores globais.

Este capítulo examinou por que os empreendedores buscam se internacionalizar, e discutiu cinco maneiras de se envolver ativamente nos mercados internacionais: importação, exportação, joint ventures, investimento estrangeiro direto e licenciamento. Foi descrita a pesquisa no mercado externo, bem como as ameaças e os riscos a serem evitados.

Por fim, o capítulo examinou os principais passos para a entrada no mercado internacional: (1) realizar pesquisas, (2) preparar um estudo de viabilidade, (3) garantir o financiamento adequado, (4) preencher os documentos adequados e (5) elaborar e implementar o plano.

TERMOS-CHAVE

- alianças internacionais
- conceito da curva de aprendizagem
- corporações B (ou B Corp)
- ecoempreendedorismo (empreendedorismo ecológico)
- ecovisão (visão ecológica)
- empreendedores globais
- empreendedorismo social
- empreendedorismo sustentável
- empresa de benefícios
- exportações
- importações
- investimento de impacto social
- joint-venture
- licenciamento
- Organização Mundial do Comércio (OMC)
- países ricos em mercado
- países ricos em recursos
- redes de diáspora
- riscos políticos
- Tratado Norte-americano de Livre Comércio (Nafta — North American Free Trade Agreement)
- tripé da sustentabilidade (TBL — triple bottom line)
- União Europeia (UE)
- valor compartilhado
- valor social

PERGUNTAS DE REVISÃO E DISCUSSÃO

1. Trace algumas tendências atuais que ilustram o movimento do empreendedorismo social.
2. Defina um *empreendedor social*.
3. Descreva as fronteiras desafiadoras envolvidas com o empreendimento social.
4. Os empreendimentos sociais podem ser classificados em categorias distintas. Relacione algumas dessas categorias.
5. Como você descreveria *empreendedorismo sustentável*?
6. O que é *ecoempreendedorismo* e como a *ecovisão* desempenha o seu papel? Faça algumas recomendações específicas para que os empreendedores considerem promover a consciência ambiental.
7. Explique os conceitos de visão compartilhada e *tripé de sustentabilidade*.
8. Descreva algumas forças econômicas poderosas que estão criando a expansão do empreendedorismo global.
9. O que são redes de diáspora e por que elas são importantes para os empreendedores globais?
10. De que maneira organizações como Nafta, OMC e UE impactam o empreendedorismo internacional?
11. Identifique os vários métodos disponíveis para os empreendedores "irem para fora do país".
12. Quais são as formas de alianças internacionais?
13. Como funciona uma joint venture? Quais são as vantagens e as desvantagens dessa combinação?
14. Como funciona um acordo de licenciamento? Quais são as vantagens e desvantagens de tal acordo?
15. Quais são os cinco passos que um empreendedor deve seguir ao entrar no mercado internacional?

NOTAS

1. David Bornstein, *How to Change the World: Social Entrepreneurs and the Power of New Ideas*, Oxford: Oxford University Press, 2004; Johanna Mair e Ignasi Marti, "Social Entrepreneurship Research: A Source of Explanation, Prediction, and Delight", *Journal of World Business*, n. 41, 2006, p. 36-44; James Austin, Howard Stevenson e Jane Wei-Skillern, "Social and Commercial Entrepreneurship: Same, Different, or Both?" *Entrepreneurship Theory and Practice*, n. 30, v. 1, 2006, p. 1-22; Patricia Doyle Corner e Marcus Ho, "How Opportunities Develop in Social Entrepreneurship", *Entrepreneurship Theory and Practice*, n. 34, v. 4, 2010, p. 635-59; Michael H. Morris, Justin W. Webb e Rebecca J. Franklin, "Understanding the Manifestation of Entrepreneurial Orientation in the Nonprofit Context", *Entrepreneurship Theory and Practice*, n. 35, v. 5, 2011, p. 947-71.
2. Skoll Foundation, "PBS Foundation and Skoll Foundation Establish Fund to Produce Unique Programming About Social Entrepreneurship", 19 setembro 2006, http://www.skollfoundation.org/media/press_releases/internal/092006.asp, acesso em: 21 abril 2008; "The New Heroes", http://www.pbs.org/opb/thenewheroes/whatis, acesso em: 29 janeiro 2012; e http://www.skollfoundation.org, acesso em: 29/janeiro/2012.
3. Schwab Foundation for Social Entrepreneurship, Social Entrepreneurs' Summit, Davos-Klosters, Switzerland, 25-29 janeiro 2012, http://www .schwabfound.org/sf/Events/WorldEconomicForumEvents/index.htm, acesso em: 29 janeiro 2012.
4. Moriah Meyskens, Colleen Robb-Post, Jeffrey A. Stamp, Alan L. Carsrud e Paul D. Reynolds, "Social Ventures from a Resource-Based Perspective: An Exploratory Study Assessing Global Ashoka Fellows", *Entrepreneurship Theory and Practice*, n. 34, v. 4, 2010, p. 661-80; http://www.ashoka.org/about. Acesso em: 29 janeiro 2012.
5. Veja *More Than Money Careers*, acesso em: 1º julho 2015. http://www.mtmc.co/aboutus/
6. Jeremy C. Short, Todd W. Moss e G. T. Lumpkin, "Research in Social Entrepreneurship: Past Contributions and Future Opportunities", *Strategic Entrepreneurship Journal*, n. 3, v. 2, 2009, p. 161-94.
7. Mair e Marti, "Social Entrepreneurship Research".
8. Gro Harlem Brundtland, *Our Common Future*, World Commission on Environment and Development, Oxford, UK: Oxford University Press, 1987.
9. Arthur C. Brooks, *Social Entrepreneurship: A Modern Approach to Social Value Creation*, Upper Saddle River, NJ: Pearson/Prentice Hall, 2008.
10. Alan Finder, "A Subject for Those Who Want to Make a Difference", *New York Times*, 17 agosto 2005, education section; Matthew Bishop, "The Rise of the Social Entrepreneur", *Economist*, 25 fevereiro 2006, p. 11-13; Timothy Ogden, "Lessons for Social Entrepreneurs from the Microfinance Crisis", *Harvard Business Review*, 22 abril 2011, http://blogs .hbr.org/cs/2011/04/microfinance.html, acesso em: 1º fevereiro 2012; "Faces of Social Entrepreneurship", *New York Times*, 9 março 2008, http://www.nytimes.com/slideshow/2008/03/09/magazine/0309 -FACES_ index.html, acesso em: 1 fevereiro 2012 e "Forbes' List of the Top 30 Social Entrepreneurs", *Forbes*, 30/novembro/2011, http://www.forbes.com/sites/helencoster/2011/11/30/forbes-list-of-the-top-30-social-entrepreneurs, acesso em: 1º fevereiro 2012.
11. Roger L. Martin and Sally Osberg, "Social Entrepreneurship: The Case for Definition", *Stanford Social Innovation Review* n. 18, primavera/2007, p. 29-39; veja também Christine A. Hemingway, "Personal Values as a Catalyst for Corporate Social Entrepreneurship", *Journal of Business Ethics*, n. 60, 2005, p. 233-49; Geoffrey M. Kistruck e Paul W. Beamish, "The Interplay of Form, Structure, and Embeddedness in Social Intrapreneurship", *Entrepreneur-*

ship Theory and Practice, n. 34, v. 4, 2010, p. 735-61; Susan M. T. Coombes, Michael H. Morris, Jeffrey A. Allen e Justin W. Webb, "Behavioral Orientations of Non-Profit Boards as a Factor in Entrepreneurial Performance: Does Governance Matter?" *Journal of Management Studies* n. 48, v.4, 2011, p. 829-56; e Nia Choi e Satyajit Majumdar, "Social Entrepreneurship as an Essentially Contested Concept: Opening a New Avenue for Systematic Future Research", *Journal of Business Venturing*, n. 29, v. 3, 2014, p. 363-76.

12. "What Is a Social Entrepreneur?" Ashoka, http://ashoka.org/social_entrepreneur, acesso em: 24 março 2008.
13. Sarah H. Alvord, David L. Brown e Christine W. Letts, "Social Entrepreneurship and Societal Transformation: An Exploratory Study", *Journal of Applied Behavioral Science*, n. 40, v. 3, 2004, p. 260-82; Toyah L. Miller e Curtis L. Wesley II, "Assessing Mission and Resources for Social Change: An Organizational Identity Perspective on Social Venture Capitalists' Decision Criteria", *Entrepreneurship Theory and Practice*, n. 34, n. 4, 2010, p. 705-33; Geoffrey Desa, "Resource Mobilization in International Social Entrepreneurship: Bricolage as a Mechanism of Institutional Transformation", *Entrepreneurship Theory and Practice*, n. 36, v. 4, 2012, p. 727-51.
14. Jeffery S. McMullen, "Delineating the Domain of Development Entrepreneurship: A Market-Based Approach to Facilitating Inclusive Economic Growth", *Entrepreneurship Theory and Practice*, n. 35, v. 1, 2011, p. 185-93; Robin Stevens, Nathalie Moray and Johan Bruneel, "The Social and Economic Mission of Social Enterprises: Dimensions, Measurement, Validation, and Relation", *Entrepreneurship Theory and Practice*, 2015, no prelo.
15. Trish Ruebottom, "The Microstructures of Rhetorical Strategy in Social Entrepreneurship: Building Legitimacy Through Heroes and Villains", *Journal of Business Venturing* 28, n. 1, 2013, p. 98-116.
16. J. Gregory Dees, "Enterprising Nonprofits", *Harvard Business Review*, n. 76, v. 1, 1998, p. 54-67.
17. B. B. Anderson e J. G. Dees, "Developing Viable Earned Income Strategies", in J. G. Dees, J. Emerson, P. Economy (eds.), *Strategic Tools for Social Entrepreneurs: Enhancing the Performance of Your Enterprising Nonprofit*, New York: John Wiley & Sons, Inc., 2002.
18. "Forbes' List of the Top 30 Social Entrepreneurs", *Forbes*, novembro 30, 2011, http://www.forbes.com/sites/helencoster/2011/11/30/forbes-list-of-the-top-30-social-entrepreneurs, acesso em: 1º fevereiro 2012.
19. Ana Maria Peredo e Murdith McLean, "Social Entrepreneurship: A Critical Review of the Concept", *Journal of World Business* 41, n. 1, 2006, p. 56-65; Felipe M. Santos, "A Positive Theory of Social Entrepreneurship", *Journal of Business Ethics*, n. 111, v. 3, 2012, p. 335-51.
20. Ana Maria Peredo e James J. Chrisman, "Toward a Theory of Community-Based Enterprise", *Academy of Management Review* 31, n. 2, 2006, p. 309-28; veja também, MariaLaura Di Domenico, Helen Haugh e Paul Tracey, "Social Bricolage: Theorizing Social Value Creation in Social Enterprises", *Entrepreneurship Theory and Practice*, n. 34, v. 4, 2010, p. 681-703.
21. Dean A. Shepherd e Holger Patzelt, "The New Field of Sustainable Entrepreneurship: Studying Entrepreneurial Action Linking 'What Is to Be Sustained' with 'What Is to Be Developed'", *Entrepreneurship Theory and Practice*, n. 35, v. 1, 2011, p. 137-63.
22. Thomas J. Dean e Jeffery S. McMullen, "Toward a Theory of Sustainable Entrepreneurship: Reducing Environmental Degradation through Entrepreneurial Action", *Journal of Business Venturing* n. 22, v. 1, 2007, p. 50-76; Desirée F. Pacheco, Thomas J. Dean e David S. Payne, "Escaping the Green Prison: Entrepreneurship and the Creation of Opportunities for Sustainable Development", *Journal of Business Venturing*, n. 25, v. 5, 2010, p. 464-80; Kai Hockerts e Rolf Wüstenhagen, "Greening Goliaths versus Emerging Davids — Theorizing About the Role of Incumbents and New Entrants in Sustainable Entrepreneurship", *Journal of Business Venturing* n. 25, v. 5, 2010, p. 481-92; Bradley D. Parrish, "Sustainability-Driven Entrepreneurship: Principles of Organization Design", *Journal of Business Venturing*, n. 25, v. 5, 2010, p. 510-23.
23. Shepherd e Patzelt, "The New Field of Sustainable Entrepreneurship".
24. Ronald Cohen e William A. Sahlman, "Social Impact Investing Will Be the New Venture Capital", *Harvard Business Review*, 17 janeiro 2013. https://hbr.org/2013/01/social-impact-investing-will-b, acesso em: 3 janeiro 2015; Ronald Cohen & Matt Bannick, "Is Social Impact Investing the Next Venture Capital?" *Forbes*, 20/setembro/2014. http://www.forbes.com/sites/realspin/2014/09/20/is-socialimpact-investing-the-next-venture-capital, acesso em: 3 janeiro 2015.
25. Paul Hawken e William McDonough, "Seven Steps to Doing Good Business", *Inc.*, novembro 1993, p. 79-92.
26. Reginald Shareef, "Ecovision: A Leadership Theory for Innovative Organizations", *Organizational Dynamics* n. 20, verão/1991, p. 50-63; Dean e McMullen, "Toward a Theory of Sustainable Entrepreneurship"; William R. Meek, Desirée F. Pacheco e Jeffrey G. York, "The Impact of Social Norms on Entrepreneurial Action: Evidence from the Environmental Entrepreneurship Context", *Journal of Business Venturing*, n. 25, v. 5, 2010, p. 493-509; e Andreas Kuckertz e Marcus Wagner, "The Influence of Sustainability Orientation on Entrepreneurial Intentions— Investigating the Role of Business Experience", *Journal of Business Venturing*, n. 25, v. 5, 2010, p. 524-539.
27. Hawken e McDonough, "Seven Steps", p. 81-88.
28. Michael E. Porter e Mark R. Kramer, "Creating Shared Value", *Harvard Business Review*, http://hbr.org/2011/01/the-big-idea-creating-shared-value, 2011.
29. Veja Andrew W. Savitz, *The Triple Bottom Line*, San Francisco, CA: Jossy Bass, 2006; Laura Quinn e Jessica Baltes, *Leadership and the Triple Bottom Line*, Greensboro, NC: Center for Creative Leadership, 2007.
30. Rosabeth Moss Kanter, "Change is Everyone's Job: Managing the Extended Enterprise in a Globally Connected World", *Organizational Dynamics*, n. 28, v. 1, 1999, p. 7-23; Mike W. Peng, "How Entrepreneurs Create Wealth in Transition Economies", *Academy of Management Executive*, n. 15, v. 1, 2001, p. 95-110; Erkko Autio, Gerard George e Oliver Alexy, "International Entrepreneurship and Capability Development — Qualitative Evidence and Future Research Direction", *Entrepreneurship Theory and Practice*, n. 35, v. 1, 2011, p. 11-37.
31. Shaker Zahra, James Hayton, Jeremy Marcel e Hugh O'Neill, "Fostering Entrepreneurship During Interna-

tional Expansion: Managing Key Challenges", *European Management Journal*, n. 19, v. 4, 2001, p. 359-69; Sheila M. Puffer, Daniel J. McCarthy e Max Boisot, "Entrepreneurship in Russia and China: The Impact of Formal Institutional Voids", *Entrepreneurship Theory and Practice*, n. 34, v. 3, 2010, p. 441-67; e Andrea N. Kiss, Wade M. Danis e S. Tamer Cavusgil, "International Entrepreneurship Research in Emerging Economies: A Critical Review and Research Agenda", *Journal of Business Venturing* n. 27, v. 2, 2012, p. 266-90.
32. Daniel J. Isenberg, "The Global Entrepreneur", *Harvard Business Review*, HBR Blog, dezembro/2008; "The Magic of Diasporas", *The Economist*, 19 novembro 2011; e "Weaving the World Together", *The Economist*, 19 novembro 2011.
33. John B. Cullen e K. Praveen Parboteeah, *Multinational Management: A Strategic Approach*, 5. ed., Mason, OH: Cengage/South-Western, 2011; veja também Fred Luthans and Jonathan P. Doh, *International Management: Culture, Strategy, and Behavior*, 8. ed., Whitby, ON: McGraw Hill-Ryerson, 2012.
34. World Trade Organization website: http://www.wto.org, acesso em: 6 fevereiro 2012.
35. North American Free Trade Agreement, Office of the United States Trade Representative, http://www.ustr.gov/trade-agreements/free-trade-agreements/northamerican-free-trade-agreement-nafta, acesso em: 6 fevereiro 2012.
36. Europa: Gateway to the European Union, official website: http://europa.eu/index_en.htm, acesso em: 6 fevereiro 2012; veja também Luthans and Doh, *International Management*.
37. A. Rebecca Reuber e Eileen Fischer, "International Entrepreneurship in Internet-enabled Markets", *Journal of Business Venturing*, n. 26, v. 6, 2011, p. 660-79; Pekka Stenholm, Zoltan J. Acs e Robert Wuebker, "Exploring Country-Level Institutional Arrangements on the Rate and Type of Entrepreneurial Activity", *Journal of Business Venturing*, n. 28, v. 1, n. 1, 2013, p. 176-93.
38. Cullen e Parboteeah, *Multinational Management*; veja também Luthans and Doh, *International Management*.
39. Patrick M. Kreiser, Louis D. Marino, Pat Dickson e K. Mark Weaver, "Cultural Influences on Entrepreneurial Orientation: The Impact of National Culture on Risk Taking and Proactiveness in SMEs", *Entrepreneurship Theory and Practice*, n. 34, v. 5, 2010, p. 959-83; Shameen Prashantham e Charles Dhanaraj, "The Dynamic Influence of Social Capital on the International Growth of New Ventures", *Journal of Management Studies*, n. 47, v. 6, 2010, p. 967-94; e Lucia Naldi e Per Davidsson, "Entrepreneurial Growth: The Role of International Knowledge Acquisition as Moderated by Firm Age", *Journal of Business Venturing*, n. 29, v. 5 2014, p. 687-703.
40. Benjamin M. Oviatt e Patricia P. McDougall, "Global Start-ups", *Inc.*, junho 1993, p. 23; veja também: Nicole E. Coviello, Patricia P. McDougall e Benjamin M. Oviatt, "The Emergence, Advance and Future of International Entrepreneurship Research — An Introduction to the Special Forum", *Journal of Business Venturing*, n. 26, v. 6, 2011, p. 625-31.
41. Richard M. Hodgetts e Donald F. Kuratko, com Margaret Burlingame e Don Gulbrandsen, *Small Business Management: Essential Tools and Skills for Entrepreneurial Success*, Wiley Pathways Series, Hoboken, NJ: Wiley, 2008.
42. David A. Kirby e Stefan Kaiser, "Joint Ventures as an Internationalisation Strategy for SMEs", *Small Business Economics*, n. 21, v. 3, 2003, p. 229-42; Hana Milanov e Stephanie A. Fernhaber, "When Do Domestic Alliances Help Ventures Abroad? Direct and Moderating Effects from a Learning Perspective", *Journal of Business Venturing*, n. 29, v. 3, 2014, p. 377-91.
43. Deepak K. Datta, Martina Musteen e Pol Herrmann, "Board Characteristics, Managerial Incentives e the Choice Between Foreign Acquisitions and International Joint Ventures", *Journal of Management* n. 35, v. 4, 2009, p. 928-53.
44. Derrick E. D'Souza e Patricia P. McDougall, "Third World Joint Venturing: A Strategic Option for the Smaller Firm", *Entrepreneurship Theory and Practice*, n. 13, v. 4, 1989, p. 20.
45. Jane W. Lu e Dean Xu, "Growth and Survival of International Joint Ventures: An External-Internal Legitimacy Perspective", *Journal of Management*, n. 32, v.3 2006, p. 426-48.
46. Hong Ren, Barbara Gray e Kwangho Kim, "Performance of International Joint Ventures: What Factors Really Make a Difference and How?" *Journal of Management*, n. 35, v. 3, 2009, p. 805-32.
47. Fred Luthans e Jonathan P. Doh, *International Management: Culture, Strategy, and Behavior*, 8. ed., Whitby, ON: McGraw Hill-Ryerson, 2012; Lee Li, Gongming Qian e Zhengming Qian, "Should Small, Young Technology-Based Firms Internalize Transactions in Their Internationalization?" *Entrepreneurship Theory and Practice*, n. 38, v. 4, 2015, p. 839-62.
48. America Invents Act of 2011, Committee on the Judiciary: http://judiciary.house.gov/issues/issues_patentreformact2011.html, acesso em: 7 fevereiro 2012.
49. Michael S. Malone, "The Smother of Invention", *Forbes*, 24 julho 2002, p. 33-40.
50. Anne Parmigiani e Miguel Rivera-Santos, "Clearing a Path Through the Forest: A Meta-Review of Interorganizational Relationships", *Journal of Management*, n. 37, v. 4, 2011, p. 1108-36.
51. Gaétan de Rassenfosse, "How SMEs Exploit Their Intellectual Property Assets: Evidence from Survey Data", *Small Business Economics*, n. 39, v. 2, 2012, p. 437-52.
52. Tomasz Obloj, Krzysztof Obloj e Michael G. Pratt, "Dominant Logic and Entrepreneurial Firms' Performance in a Transition Economy", *Entrepreneurship Theory and Practice*, n. 34, v. 1, 2010, p. 151-70; Stephanie A. Fernhaber e Dan Li, "The Impact of Interorganizational Imitation on New Venture International Entry and Performance", *Entrepreneurship Theory and Practice*, n. 34, v. 1, 2010, p. 1-30; veja também: Cullen e Parboteeah, *Multinational Management*; e Li Dai, Vladislav Maksimov, Brett Anitra Gilbert e Stephanie A. Fernhaber, "Entrepreneurial Orientation and International Scope: The Differential Roles of Innovativeness, Proactiveness, and Risk-Taking", *Journal of Business Venturing*, n. 29, v. 4, 2014, p. 511-524.
53. Veja Luthans e Doh, *International Management: Culture, Strategy, and Behavior*, 8. ed., Whitby, ON: McGraw Hill-Ryerson, 2012.

54. Dirk De Clercq, Harry J. Sapienza, R. Isil Yavuz e Lianxi Zhou, "Learning and Knowledge in Early Internationalization Research: Past Accomplishments and Future Directions", *Journal of Business Venturing*, n. 27, v. 1, 2012, p. 143-65; Seok-Woo Kwon e Pia Arenius, "Nations of Entrepreneurs: A Social Capital Perspective", *Journal of Business Venturing*, 25, n. 5, 2010, p. 315-30; e Leo Sleuwaegen e Jonas Onkelinx, "International Commitment, Post-Entry Growth and Survival of International New Ventures", *Journal of Business Venturing*, n. 29, v. 1, 2014, p. 106-20.

PARTE 2

Criação de projetos empreendedores

CAPÍTULO 5
Inovação: busca criativa de ideias   106

CAPÍTULO 6
Avaliação de oportunidades empreendedoras   124

CAPÍTULO 7
Caminhos para projetos empreendedores   149

CAPÍTULO 8
Fontes de capital para empreendedores   171

CAPÍTULO 5

Inovação: busca criativa de ideias

OBJETIVOS DE APRENDIZAGEM

1. Explorar o processo de identificação de oportunidades.
2. Definir e ilustrar as fontes de ideias inovadoras para empreendedores.
3. Examinar o papel da criatividade e rever os principais componentes do processo criativo: acúmulo de conhecimento, processo de desenvolvimento, experiência de ideias, avaliação e implantação.
4. Apresentar formas de desenvolver a criatividade pessoal: reconhecer relacionamentos, desenvolver uma perspectiva funcional, usar seus "cérebros" e eliminar mentalidades confusas.
5. Apresentar os quatro maiores tipos de inovação: invenção, extensão, duplicação e síntese.
6. Analisar alguns dos maiores mitos associados à inovação e definir os dez princípios da inovação.

Pensamento empreendedor

A era do homem/mulher inteligente está quase no fim, e uma nova era está surgindo — a do homem/mulher criativo.

— Pinchas Noy

5.1 IDENTIFICAÇÃO DE OPORTUNIDADES: A BUSCA DE NOVAS IDEIAS

OA1 Explorar o processo de identificação de oportunidades.

Identificação de oportunidades é essencial ao domínio do empreendedorismo. "Em sua base, o empreendedorismo gira em torno das questões *por que*, *quando* e *como* as oportunidades para a criação de bens e serviços no futuro surgem em uma economia. Dessa forma, o reconhecimento de oportunidades é o criador da riqueza pessoal e da sociedade."[1] Tem-se dito que a compreensão do processo de identificação da oportunidade é um dos desafios primários da pesquisa sobre empreendedorismo.[2]

Este capítulo é um estudo sobre a busca criativa de novas ideias e o processo de inovação: dois tópicos essenciais à compreensão das oportunidades empreendedoras. Serão examinadas as fontes que podem ser úteis para pesquisar ideias inovadoras e as vias que levam a essa descoberta, mas, primeiro, examinaremos algumas fontes produtivas de ideias inovadoras.

5.1a Fontes de ideias inovadoras

OA2 Definir e ilustrar as fontes de ideias inovadoras para empreendedores.

Os empreendedores, sempre alertas a oportunidades que habitam os ambientes externo e interno a seu redor, com frequência avistam oportunidades que outros não reconhecem. Onde eles buscam inspiração? Em todos estes lugares:

TENDÊNCIAS

As tendências sinalizam mudanças do paradigma ou do pensamento atual da maior parte da população. A observação minuciosa das tendências — seja social, tecnológica, econômica ou governamental — e a valiosa percepção resultante dessa observação constituem uma fonte abundante de possíveis ideias empreendedoras.

Tendências sociais: aumento da idade média da população, melhoria crescente da saúde e da forma física, residenciais para idosos.

Tendências tecnológicas: tecnologia móvel (telefone celular), e-commerce, avanços da internet.

Tendências econômicas: maior disponibilidade de rendimentos, famílias com duas fontes de renda, pressão por desempenho.

Tendências governamentais: aumento de regulamentação, preços do petróleo, terrorismo

ACONTECIMENTOS INESPERADOS

Sucessos ou falhas que, por não estarem previstos ou planejados, costumam ser grandes fontes de inovação. O ataque terrorista de 11 de setembro de 2001, nos Estados Unidos é um bom exemplo de acontecimento inesperado que criou um fluxo de soluções inovadoras para os novos desafios de segurança do país. (Veja p. 120, "O processo empreendedor: o terrorismo desperta a inovação".)

INCOERÊNCIAS

Existem **incoerências** nas lacunas entre expectativa e realidade. Por exemplo, quando Fred Smith propôs serviço de entregas 24 horas, disseram-lhe que se isso fosse rentável, o correio dos Estados Unidos estaria fazendo. No final, Smith estava certo. Havia uma incoerência entre a pressuposição de que um nível novo e mais rápido de serviço de entregas nunca faria sentido, economicamente falando, e a realidade, dado que, na época, a entrega de correio era um trabalho de três dias. Então Smith criou a FedEx.

NECESSIDADES DE PROCESSOS

Capitalistas de risco, muitas vezes, referem-se às necessidades de processo no mercado como "dor" e às soluções inovadoras a essas necessidades, como "analgésicos". Da necessidade de fazer algo melhor, podem resultar aparelhos médicos inovadores, alimentos mais saudáveis, produtos farmacêuticos mais eficazes e aparelhos para economizar tempo.

TABELA 5.1 FONTES DE IDEIAS INOVADORAS

Fonte	Exemplos
Acontecimentos inesperados	Sucesso inesperado: Apple Computer (microcomputadores). Tragédia inesperada: ataque terrorista de 11 de setembro.
Incoerências	Entrega de remessas em 24 horas.
Necessidades de processos	Produtos dietéticos, café sem cafeína, forno de micro-ondas.
Mudanças na indústria e no setor	Setor de saúde: mudança para assistência médica em casa.
Mudanças demográficas	Comunidades de repouso para idosos.
Mudanças de percepção	Exercício (aeróbico) e a crescente preocupação com a forma física.
Conceitos baseados no conhecimento	Tecnologia móvel (telefone celular), indústria farmacêutica, robótica.

MUDANÇAS NA INDÚSTRIA E NO SETOR

As mudanças contínuas no mercado causadas por mudanças nas atitudes do consumidor; avanços na tecnologia; e crescimento na estrutura, *design* ou definição dos mercados ou setores são fontes de oportunidades crescentes. Um exemplo pode ser encontrado no setor de saúde, no qual os cuidados com pacientes internados sofreram mudanças radicais: nos Estados Unidos, cuidados domiciliares com a saúde e medicina preventiva substituíram hospitalizações e cirurgias como áreas de foco primário.

MUDANÇAS DEMOGRÁFICAS

Mudanças no tamanho, idade, educação, ocupação, localização geográfica e variáveis demográficas semelhantes da população em geral desencadeiam novas oportunidades empreendedoras. Por exemplo, à medida que a idade média da população da Flórida e do Arizona aumentou, em razão, principalmente, do fluxo de aposentados, os mercados de desenvolvimento imobiliário, entretenimento e assistência médica lucraram.

MUDANÇAS DE PERCEPÇÃO

As mudanças de percepção na interpretação de fatos e conceitos pelas pessoas podem ser intangíveis, mas significativas. A necessidade percebida de ser saudável e de ter boa forma física criou uma demanda tanto para alimentos saudáveis como para instalações voltadas à saúde em todo o mundo. O desejo que as pessoas têm tido de utilizar melhor o seu tempo tem sido importante para o mercado de viagens, que, aproveitando esse anseio por "ver o mundo enquanto se é jovem e saudável", levou a um interesse crescente por opções de condomínios de *timeshare** e clubes de viagem.

CONCEITOS BASEADOS NO CONHECIMENTO

As invenções, que são produto de uma nova maneira de pensar, de novos métodos e de novos conhecimentos, em geral necessitam do período de tempo mais longo entre a iniciação e a implantação no mercado, dada a necessidade de testes e modificações. Por exemplo, a tecnologia de telefonia celular tem avançado para incluir não apenas serviço telefônico, mas câmeras, internet e música. Esse avanço revolucionou a forma como usamos os celulares hoje. Não se pensava que esses conceitos fossem possíveis cinco anos atrás. Alguns exemplos dessas fontes de inovação são apresentados na Tabela 5.1.

5.1b Conhecimento e o processo de aprendizagem

Quando as fontes das ideias são reconhecidas, os empreendedores devem utilizar sua base de conhecimentos existente, adquirida por meio do trabalho, da experiência e da educação, para aperfeiçoar

---

* Ainda pouco empregados no Brasil, consistem em propriedades (como casas de praia e de campo) compartilhadas por diversos donos que, em geral, usufruem por período pré-determinado do ano. (N.R.T.)

oportunidades reais. Conhecimento geral do setor, conhecimento prévio do mercado e do consumidor, conhecimento de interesses específicos e qualquer outro conhecimento anterior ajuda empreendedores a transformar fontes incomuns de ideias inovadoras em oportunidades em potencial.[3]

Além de simplesmente ter uma experiência particular em sua base de conhecimentos, os empreendedores devem ser capazes de aprender também com sua própria experiência. O pesquisador Andrew C. Corbett identificou a importância de adquirir e transformar inovação, conhecimento e experiência por meio do processo de aprendizagem. Sua pesquisa baseia-se em teorias sobre a capacidade cognitiva dos indivíduos de transformar informação em oportunidades que possam ser reconhecidas.[4] A maneira como um empreendedor adquire, processa e aprende o conhecimento anterior é essencial ao processo de identificação de oportunidades. Tendo isso em mente, examinaremos a seguir a imaginação e a criatividade necessárias para transformar experiências em descoberta e *know-how*.

5.2 IMAGINAÇÃO E CRIATIVIDADE EMPREENDEDORAS

Os empreendedores combinam o pensamento imaginativo e criativo a uma capacidade lógica e sistemática de processos — essa combinação é a chave para o sucesso da inovação. Além disso, os potenciais empreendedores estão sempre em busca de oportunidades únicas de satisfazer necessidades ou desejos. Eles sentem o potencial econômico em problemas de negócios perguntando continuamente: "E se...?" ou "Por que não...?". Assim, desenvolvem as habilidades de ver, reconhecer e criar oportunidades onde os outros encontram apenas problemas. Diz-se que a primeira regra para se desenvolver uma visão empreendedora é reconhecendo que os problemas são para as soluções o que a demanda é para o fornecimento. A análise que combina pensamento criativo a questionamento sistemático, de forma que os problemas sejam vistos sob todos os ângulos possíveis, é a marca da imaginação empreendedora.[5] Qual é o problema? A quem ele atinge? Como afeta essas pessoas? Quais os custos envolvidos? O problema pode ser resolvido? O mercado pagaria por uma solução? Os empreendedores passam continuamente por esse tipo de questionamento, de forma imaginativa.

5.2a O papel do pensamento criativo

LO3 Examinar o papel da criatividade e rever os principais componentes do processo criativo: acúmulo de conhecimento, processo de desenvolvimento, experiência de ideias, avaliação e implantação.

É importante reconhecer o papel do pensamento criativo no processo inovador. **Criatividade** é a geração de ideias que resulta melhoria no rendimento ou na eficácia de um sistema.[6]

Dois componentes importantes da resolução criativa de problemas são o processo e as pessoas. O processo é orientado por metas, é voltado para obter uma solução para um problema, enquanto as pessoas são os recursos que determinam a solução. O processo permanece o mesmo, mas a abordagem que as pessoas levam à resolução de problemas varia: às vezes, adaptam uma solução; em outras, desenvolvem uma solução altamente inovadora.[7] A Tabela 5.2 compara as abordagens de empreendedores adaptadores *versus* empreendedores inovadores.

Um estudo examinou a validade dessas duas abordagens para distinguir empreendedores inovadores de empreendedores adaptadores, e concluiu que sua aplicação é bastante eficaz.[8] Dessa forma, compreender como as pessoas encaminham a resolução de problemas ajuda a desenvolver suas habilidades criativas.

5.2b A natureza do processo criativo

A criatividade é um processo que pode ser desenvolvido e aprimorado.[9] Todos possuem algum nível de criatividade; no entanto, como acontece em relação a muitas habilidades e talentos — atlético, artístico etc. —, alguns indivíduos têm maior aptidão à criatividade que outras. Além disso, algumas pessoas nasceram e cresceram em um ambiente que incentivava e desenvolvia a criatividade, sendo ensinadas a pensar e agir criativamente. Outras, porém, por não terem sido positivamente reforçadas, têm mais dificuldade nesse processo, e estas, se for para serem criativas, deverão aprender a implantar o processo criativo.[10]

TABELA 5.2 DUAS ABORDAGENS À RESOLUÇÃO CRIATIVA DE PROBLEMAS

Empreendedor adaptador	Empreendedor inovador
Emprega uma abordagem disciplinada, precisa e metódica.	Aborda as tarefas sob ângulos incomuns.
Preocupa-se em resolver problemas, ao invés de encontrá-los.	Descobre problemas e vias de soluções.
Busca refinar as práticas atuais.	Questiona as pressuposições básicas relacionadas às práticas atuais.
Tende a ser orientado pelos meios.	Tem pouca consideração pelos meios; está mais interessado nos resultados.
É capacitado para o trabalho detalhista prolongado.	Tem baixa tolerância ao trabalho de rotina.
É sensível à coesão e à cooperação do grupo.	Tem pouca ou nenhuma necessidade de consenso; em geral, é insensível aos outros.

Fonte: Michael Kirton, "Adaptors and Innovators: A Description and Measure". *Journal of Applied Psychology* Outubro de 1976, p. 623. Copyright © 1976 by The American Psychological Association.

Muitas pessoas, erroneamente, acreditam que apenas gênios podem ser criativos.[11] A maioria das pessoas, também erroneamente, presume que alguns indivíduos nascem criativos e outros não, e que apenas aqueles talentosos ou inteligentes são capazes de gerar ideias e percepções criativas. Às vezes, as barreiras reais ao pensamento criativo são as "frases assassinas" que costumamos utilizar em nossa na comunicação. A Tabela 5.3 enumera os principais "assassinos de ideias" que são ouvidos diariamente. As pessoas podem não matar ideias criativas intencionalmente, mas suas expressões negativas, muitas vezes, reprimem o desenvolvimento delas.[12]

A criatividade não é um talento misterioso e raro reservado para poucos, mas uma forma distinta de olhar o mundo, geralmente ilógica. O processo criativo envolve a busca de relacionamentos entre coisas que outros ainda não viram, como o uso de discos compactos de USB, conhecidos como *pendrives*, para armazenar ou transferir dados.[13]

O **processo criativo** possui quatro fases ou etapas comumente aceitas. A maioria dos especialistas concorda sobre a natureza geral e as relações entre essas fases, embora se refiram a elas por certa variedade de nomes.[14] Eles também concordam que essas fases nem sempre ocorrem na mesma ordem para toda atividade criativa. Para que ocorra a criatividade, é necessário o caos, mas um caos estruturado e focado. Examinaremos esse processo de quatro etapas usando o desenvolvimento estrutural mais comum.

FASE 1: CULTURA OU ACÚMULO DE CONHECIMENTO

Criações de sucesso costumam suceder a investigação e a reunião de informações. Isso, geralmente, envolve muita leitura, conversas com colegas da área, participação em reuniões profissionais e *workshops*, além da absorção geral de informações relativas ao problema em estudo. Por vezes, envolve também uma investigação em áreas relacionadas ou não. Essa exploração oferece ao indivíduo uma variedade de perspectivas sobre o problema, sendo particularmente importante ao empreendedor, que carece de compreensão básica de todos os aspectos do desenvolvimento de um novo produto, serviço ou empreendimento comercial.

As pessoas praticam a busca criativa para conhecimento prévio de diversas formas. Algumas das mais úteis são: (1) ler sobre uma variedade de áreas; (2) participar de grupos e associações profissionais; (3) participar de reuniões e seminários profissionais; (4) viajar para lugares novos; (5) conversar com todos sobre o tema; (6) pesquisar artigos relacionados ao tema em revistas, jornais e periódicos; (7) criar uma biblioteca sobre o tema para referência futura; (8) ter sempre um caderno de notas disponível e registrar informações úteis; e (9) dedicar tempo para buscar curiosidades diversas.[15]

FASE 2: O PROCESSO DE INCUBAÇÃO

As pessoas criativas permitem que o subconsciente reflita sobre uma quantidade enorme de informações reunidas durante a fase de preparação. Em geral, o período de incubação ocorre enquanto elas estão participando de atividades totalmente sem relação ao tema ou problema — até enquanto dormem. Isso explica o conselho que se costuma dar a quem está frustrado com o que parece ser um problema sem solução: "Vai dormir; amanhã você vai conseguir pensar melhor sobre o assunto...".[16] Afastar-se de um problema e deixar que o subconsciente trabalhe nele permite que a criatividade entre em ação. Algumas das etapas para induzir a incubação são: (1) comprometer-se com atividades de rotina que podem ser feitas de maneira automática, como cortar grama, pintar a casa; (2) praticar exercícios regularmente; (3) jogar, como com a prática de esportes, jogos de tabuleiro, montagem de quebra-cabeças; (4) pensar sobre o projeto ou problema antes de dormir; (5) meditar ou praticar auto-hipnose; e (6) sentar-se e relaxar com frequência.[17]

FASE 3: A EXPERIÊNCIA DA IDEIA

Esta fase do processo criativo costuma ser a mais empolgante, porque é quando a ideia ou a solução que se está buscando é descoberta. Algumas vezes chamada de "fator Eureka", esta fase também é aquela que uma pessoa média percebe incorretamente como o único componente da criatividade.[18]

Tal como acontece com o processo de incubação, ideias novas e inovadoras, em geral, surgem quando a pessoa está ocupada fazendo algo não relacionado à empresa, ao empreendimento ou à investigação, como tomando banho, dirigindo ou folheando um jornal.[19] Às vezes, a ideia surge como um raio vindo do nada. Na maioria das vezes, contudo, a resposta chega à pessoa aos poucos, e devagar, mas efetivamente, ela começa a formular a solução. Dado que é difícil determinar quando o processo de incubação termina e a fase de experiência da ideia começa, muitas pessoas não percebem a mudança da Fase 2 para a Fase 3.

Algumas formas de agilizar a experiência da ideia são: (1) divagar e fantasiar sobre o projeto, (2) praticar *hobbies*, (3) trabalhar em um ambiente de lazer, como em casa em vez do escritório, (4) deixar o problema em "banho-maria", (5) manter um caderno ao lado da cama para registrar as ideias que surgirem tarde da noite ou de manhã cedo e (6) fazer pausas durante o trabalho.[20]

FASE 4: AVALIAÇÃO E IMPLANTAÇÃO

Esta é a etapa mais difícil de um empreendimento criativo e requer muita coragem, disciplina e perseverança. Os empreendedores bem-sucedidos são capazes de identificar ideias viáveis e que eles têm capacidade de implantar e, mais importante, não desistem diante de obstáculos temporários.[21] Com frequência, irão falhar diversas vezes antes de terem as melhores ideias e, em alguns casos, levarão a ideia para uma direção totalmente diferente ou descobrirão uma nova ideia, mais viável, enquanto estiverem se esforçando para implantar a original.

Outra parte importante desta fase é a reformulação das ideias para deixá-las na forma final. Frequentemente, uma ideia emerge na Fase 3 em sua forma bruta, por isso precisa ser modificada ou testada para atingir a forma final. Algumas das sugestões mais úteis para colocar essa fase em

TABELA 5.3 OS "ASSASSINOS DE IDEIAS" MAIS COMUNS

1. "Ahhh."
2. "Não é possível" (dito com um aceno de cabeça e um ar de finalidade).
3. "Essa é a coisa mais estúpida que já ouvi."
4. "É, mas se você fizer isso…" (e cita um caso extremo ou desastrado com poucas probabilidades de acontecer).
5. "Nós já tentamos isso anos atrás."
6. "Eu não vejo nada de errado na maneira que estamos fazendo isso agora."
7. "Nunca fizemos nada parecido antes."
8. "Temos um prazo final a cumprir, não temos tempo para considerar isso."
9. "Não está no orçamento."
10. "Onde você arranja essas ideias malucas?"

Fonte: Kuratko e Hodgetts, *Entrepreneurship*, 8. ed. © 2009 Cengage Learning.

prática são: (1) aumentar o próprio nível de energia com exercícios, dieta e descanso adequados; (2) aprender sobre o processo de planejamento de negócios e todas as facetas do negócio; (3) testar as próprias ideias com pessoas que tenham conhecimento; (4) observar a própria intuição e percepção; (5) estudar o processo de venda; (6) aprender as políticas e práticas organizacionais; (7) pedir conselhos a outras pessoas, como amigos e especialistas; e (8) enxergar como desafios os problemas encontrados durante a implantação das próprias ideias.[22]

A Figura 5.1 ilustra as quatro fases do processo de pensamento criativo. Se encontrar um problema importante durante o andamento do processo, pode ser útil voltar para a fase anterior e tentar de novo. Por exemplo, se a pessoa não consegue formular uma ideia ou solução (Fase 3), é útil voltar para a Fase 1. Ao imergir nas informações, a pessoa permite que o inconsciente comece outra vez a processar os dados, a estabelecer relações de causa e efeito e a formular possíveis soluções.

5.2c Desenvolvendo sua criatividade

É possível fazer inúmeras coisas para melhorar o seu talento criativo, e uma das mais úteis é perceber alguns hábitos e bloqueios mentais que reprimem a criatividade.[23] É claro que, como com a maioria dos processos, o seu desenvolvimento será mais eficaz se você praticar regularmente exercícios destinados a aumentar suas habilidades criativas. A seção seguinte foi criada para melhorar a sua conscientização de alguns hábitos de pensamento que limitam a criatividade e para ajudá-lo no desenvolvimento de um programa personalizado de aprimoramento da criatividade.

RECONHECER RELAÇÕES

[OA4] Apresentar formas de desenvolver a criatividade pessoal: reconhecer relações, desenvolver uma perspectiva funcional, usar seus "cérebros" e eliminar mentalidades confusas.

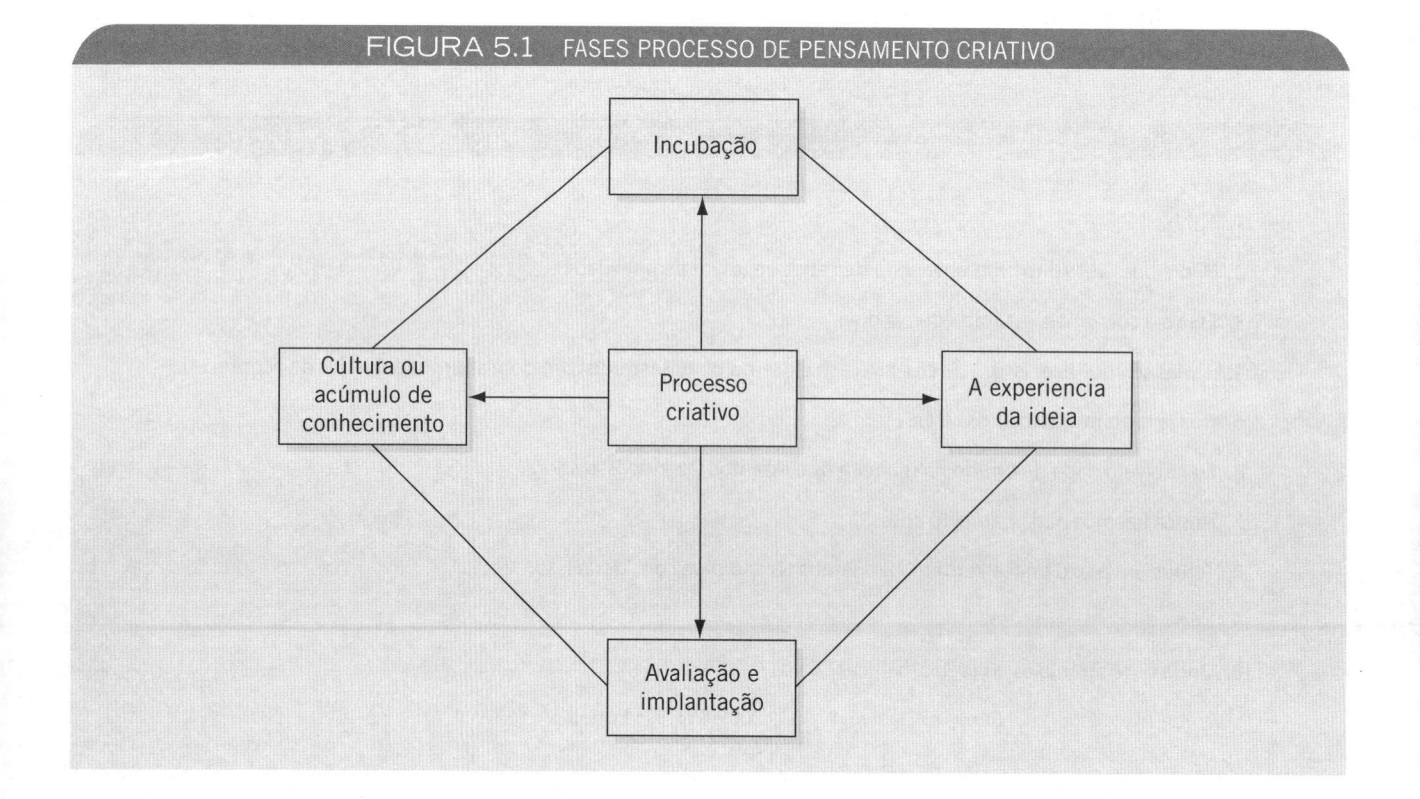

Muitas invenções e inovações são resultado da capacidade do inventor para enxergar relações novas e diferentes entre objetos, processos, materiais, tecnologias e pessoas.[24] Os exemplos variam bastante e incluem (1) adicionar sucos de frutas a refrigerantes para criar o *Slice*, (2) combinar a tecnologia de motores a combustão a rodas para criar o carro e (3) usar um jogador de futebol americano de 150 kg na defesa e para receber passes.

Se você quiser aumentar sua criatividade, é útil procurar por relações diferentes ou não ortodoxas entre os elementos e as pessoas ao redor. Essa atividade envolve a *percepção em um modo de relações*. Esse talento pode ser desenvolvido visualizando-se coisas e pessoas como existentes em uma **relação de justaposição** com outras coisas ou pessoas. Em outras palavras, as coisas e pessoas existem no mundo em relação a outras coisas e a outras pessoas. Pessoas criativas parecem saber disso intuitivamente e desenvolveram um talento para reconhecer relações novas e diferentes, as quais,

FIGURA 5.1   FASES PROCESSO DE PENSAMENTO CRIATIVO

```
                    ┌─────────────┐
                    │  Incubação  │
                    └─────────────┘
                   ↗       ↑       ↖
    ┌──────────────┐   ┌──────────┐   ┌──────────────┐
    │  Cultura ou  │   │ Processo │   │ A experiencia│
    │  acúmulo de  │ ← │ criativo │ → │   da ideia   │
    │ conhecimento │   │          │   │              │
    └──────────────┘   └──────────┘   └──────────────┘
                   ↘       ↓       ↙
                    ┌─────────────┐
                    │ Avaliação e │
                    │ implantação │
                    └─────────────┘
```

frequentemente, levam a visões que resultam novas ideias, produtos e serviços.[25] Para desenvolver a capacidade de reconhecer novas relações é preciso praticar a percepção em modo relacional. O exercício a seguir ajuda nesse desenvolvimento.

5.3 EXERCÍCIO CRIATIVO

Analise e discorra sobre como os seguintes pares se relacionam um ao outro de forma a se complementarem: porca e parafuso, marido e mulher, bolo de chocolate e sorvete de creme, tomateiros e restos de grama cortada, pasta de amendoim e geleia, atleta e treinador, humanidade e água, ganhar e perder, TV e projetores, gerentes e funcionários de produção.

CRIAÇÃO DE UMA PERSPECTIVA FUNCIONAL

Se expandido, o princípio de perceber de modo relacional ajuda a criar uma **perspectiva funcional** com relação a coisas e pessoas. Alguém criativo tende a ver coisas e pessoas em termos de como satisfazer as suas necessidades e ajudar a completar um projeto. Por exemplo, uma dona de casa que não consegue encontrar uma chave de fenda pode usar uma faca de manteiga para apertar um parafuso solto, ou um fabricante de cereais pode adicionar frutas ao seu produto para criar uma nova linha que atraia o mercado formado por pessoas preocupadas com a saúde.

Se quiser se tornar mais inovador e criativo, visualize-se em relações de complementaridade com as coisas e as pessoas no mundo. Deve aprender a olhar para elas como se complementassem a tentativas de satisfazer as suas próprias necessidades e de completar seus projetos. Deve também começar a olhar para as coisas e as pessoas de formas não convencionais e de uma perspectiva diferente.[26] O exercício a seguir foi criado para ajudá-lo a desenvolver uma perspectiva funcional.

5.4 EXERCÍCIO CRIATIVO

Pense e escreva todas as funções que conseguir imaginar para os seguintes itens (dedique cinco minutos a cada um):

- Um membro egoísta da equipe
- Uma pedra grande
- Um galho de árvore caído
- Uma cadeira
- Um computador para crianças
- Um funcionário obcecado por organização
- Fofoca no escritório
- Uma calota velha
- Uma nova secretária
- Um rolo de fita adesiva vazio
- Uma régua
- Um cabide velho
- O "pão-duro" do escritório
- Este exercício

USANDO SEUS CÉREBROS

Desde que se realizaram estudos sobre a divisão do cérebro, nas décadas de 1950 e 1960, especialistas em criatividade, inovação e autodesenvolvimento enfatizaram a importância de se desenvolver as habilidades associadas a ambos os hemisférios cerebrais.[27]

O **hemisfério cerebral direito** ajuda um indivíduo a entender analogias, imaginar coisas e sintetizar informações. O **hemisfério cerebral esquerdo** ajuda a pessoa a analisar, verbalizar e utilizar abordagens racionais para a resolução de problemas. Apesar de esses dois hemisférios do cérebro processarem informações de formas diferentes e serem responsáveis por diferentes atividades cerebrais (veja a Tabela 5.4), eles são integrados por meio de fibras nervosas conectoras, chamadas "corpo caloso". Em razão dessa conexão, e da natureza da relação entre as atividades de cada hemisfério, eles devem ser vistos como existindo e funcionando em uma relação complementar um com o outro.[28]

TABELA 5.4 PROCESSOS ASSOCIADOS AOS DOIS HEMISFÉRIOS CEREBRAIS

Hemisfério esquerdo	Hemisfério direito
Verbal	Não verbal
Analítico	Sintetizante
Abstrai	Vê analogias
Racional	Irracional
Lógico	Espacial
Linear	Intuitivo
	Imaginativo

Fontes: Tasneem Sayeed, "Left vs. Right Brain: Which Hemisphere Dominates You?" *Hub Pages*, http://tasneemsayeed.hubpages.com/hub/Left_Right_Brain. Acessada em 10 fevereiro 2012); Kendra Cherry. "Left Brain vs. Right Brain: Understanding the Myth and Reality of Left Brain and Right Brain Dominance". In: *About.com*, http://psychology.about.com/od/cognitivepsychology/a/left-brain-right-brain.htm. Acesso em: 10 fevereiro 2012.

O processo criativo envolve o pensamento lógico e analítico nos estágios de acumulação, avaliação e implantação do conhecimento. Além disso, ele apela para a imaginação, a intuição, a conceptualização de analogias e a síntese nos estágios de incubação e criação de ideias. Portanto, para ser mais criativo, é preciso praticar e desenvolver as capacidades tanto do hemisfério direito como do esquerdo. O exercício a seguir foi elaborado para demonstrar a eficácia de se combinar as habilidades de ambos hemisférios na resolução de problemas.

5.5 EXERCÍCIO CRIATIVO

Suponha que você tenha uma ideia que permitirá à sua empresa economizar tempo e dinheiro no processamento de reclamações de clientes e seu supervisor está extremamente ocupado e relutante em ouvi-lo.

4. Em cinco minutos, escreva todas as soluções que conseguir pensar para esse problema, utilizando o hemisfério esquerdo do seu cérebro.
5. Em cinco minutos, escreva todas as soluções que conseguir pensar para este problema, utilizando o hemisfério direito do seu cérebro.
6. Compare as duas listas de soluções e combine duas ou mais de cada, de modo que resulte uma forma única e inovadora de resolver o problema.
7. Repita as etapas 1, 2 e 3 utilizando um problema que esteja enfrentando no trabalho ou em casa.

Nossa sociedade e as instituições educacionais recompensam indivíduos que obtiveram sucesso no desenvolvimento das capacidades lógica, analítica e racional do hemisfério cerebral esquerdo; contudo, dão pouca ênfase à prática das capacidades do hemisfério direito. A Tabela 5.5 apresenta as formas que se pode praticar o desenvolvimento das capacidades tanto do hemisfério esquerdo como do direito do cérebro.[29]

ELIMINAÇÃO DA MENTALIDADE CONFUSA

Diversos hábitos mentais bloqueiam ou impedem o pensamento criativo. Estima-se que os adultos utilizem apenas de 2% a 10% de seu potencial criativo.[30] Um exemplo desses hábitos mentais é a tendência que muitas pessoas têm de fazer julgamentos precipitados sobre novas coisas, pessoas e ideias. Outro exemplo é apontar os componentes negativos de uma ideia nova ou diferente em razão do desconforto psicológico associado à mudança. Entre os hábitos mentais comuns, inibidores da criatividade e da inovação, destacamos o pensamento ou/ou, a busca de segurança e a tendência a estereotipar e a pensar probabilisticamente. Esses hábitos, ou **mentalidades confusas**, tendem a atrapalhar os processos de pensamento criativo; então, processos diferentes devem ser utilizados para alavancar esse modo de pensamento.[31]

- **Pensamento ou/ou** — Dada a velocidade que as mudanças ocorrem no mundo moderno, a vida pessoal está cheia de incertezas e ambiguidades. As pessoas, muitas vezes, prejudicam-se no esforço para obter uma quantidade razoável de certeza na vida. Mas a pessoa criativa aprende a aceitar uma quantidade razoável de ambiguidade em seu trabalho e em sua vida. Na realidade, muitas pessoas excepcionalmente criativas prosperam em ambientes incertos e acham isso estimulante.[32]

O PROCESSO EMPREENDEDOR

Desenvolvimento da criatividade

De que cor é o céu no seu sonho? Você se considera criativo? *Criatividade* tem sido definida como possuir a qualidade ou o poder de criação. As pessoas são criativas por natureza. Mesmo. Então, deixe a sua criatividade fluir! Esforços realmente criativos geram milhões de dólares, e você também pode ganhar todo esse dinheiro se usar alguns desses métodos para estimular a sua criatividade.

1. **Brainstorm!** Esta é a forma clássica — e, de longe, a melhor! — de chacoalhar as ideias criativas e resolver problemas. O mundo corporativo acordou quando Alex Osborn introduziu esse conceito nos anos 1950. As regras estabelecidas eram fáceis de seguir:
   - Falar alto ou escrever todas as soluções que vierem à mente.
   - Ideias "fora da caixa" são bem-vindas.
   - Não criticar nada.
   - Organizar depois.
2. **Os opostos se atraem.** Eis um conceito interessante: sinética. Similar à palavra em si, a sinética envolve juntar duas coisas sem sentido e ver o que acontece. Por exemplo: "Imagine um restaurante sem garçons, mesas e talheres" (McDonald's); "Imagine uma livraria sem livros... e sem loja" (Amazon.com); "Imagine caminhões de mudança sem pessoas mudando" (U-Haul). Não hesite em explorar o que é estranho!
3. **THINKubate.** Gerald Haman criou (de novo, uma palavra que não existe) o "THINKubator"* — um *playground* aonde executivos, empreendedores e afins podem ir para escapar do ambiente monótono dos escritórios e dos "dificultadores". O *playground* tem espaços confortáveis para sentar, brinquedos e imagens divertidas, e oferece um ambiente que favorece a estimulação cerebral e a criação de ideias. A iniciativa deve funcionar, porque Haman desenvolveu inúmeros produtos para a Procter & Gamble e a Arthur Andersen.
4. **Desperte ótimas ideias.** Os gatilhos são itens do dia a dia que podem ser utilizados para estimular o cérebro: fotos abstratas, frases inspiradoras, ideias incompletas, dicas e assim por diante. Coloque os itens-gatilho em vários lugares para onde você costuma olhar ou visitar com frequência — por exemplo, porta da geladeira, mural ou telefone. Nunca se sabe quando uma conexão pode ser feita.
5. **Conecte.** Cada pessoa que você encontra ou lugar que visita pode ser uma oportunidade esperando para acontecer. O importante é estar preparado para a oportunidade quando ela surgir. O consultor em criatividade, Jordan Ayan, sugere construir o seu CORE:** curiosidade, abertura, risco e energia. Esses traços podem ser aprimorados com leituras sobre tendências, participação em feiras comerciais, leituras e experimentação de coisas novas. Avistar portas abertas não é necessariamente fácil, mas aumentar o número de portas pode ser.
6. **Sempre celebrar a falha.** Tente de novo e de novo. O que não mata, fortalece. Atreva-se a ser excelente! Entendeu a ideia? Não sofra com a loucura; aproveite cada momento dela!
7. **Faça rir.** O humor é uma ótima forma de aliviar o estresse. Use-o em seus esforços criativos. Você consegue imaginar Dennis, o Pimentinha, ajudando a construir o seu protótipo? E que tal os personagens da Disney como coautores do seu plano de negócios? Deixe que um parente mais jovem participe da sua invenção. O humor e a risada definitivamente incentivam a criatividade.
8. **Suor.** Isso! Suar é importante! O exercício libera os líquidos criativos — a endorfina. Deixe a mente ir longe enquanto estiver correndo, ou use a bicicleta ergométrica enquanto estiver lendo os relatórios de fim de ano. Apenas assegure-se de ter um caderno perto para não perder nenhuma das suas ótimas ideias!
9. **Lembre de seus sonhos mais loucos.** "Só em sonho!" Alguém já lhe deu essa resposta? Bom, vamos entender. Os sonhos são um ótimo lugar para começar quando se trata de liberar a criatividade. Certa vez, Elias Howe sonhou que canibais estavam furando a sua pele com lanças, e a partir desse sonho a máquina de costura foi inventada. Não ignore os devaneios ou as ideias surgidas no calor do momento. Seu subconsciente pode estar tentando dizer algo.

Fonte: Adaptado de Nick D'Alto, "Think Big". In: *Business Start Ups,* janeiro 2000, p. 61-65.

---

* Incubadora de pensamento. (N.R.T.)
** CORE: núcleo, em inglês, e sigla de *"curiosity, openness, risk, energy".*

- **Busca da segurança** — Muitas pessoas tentam tomar a decisão certa ou agir corretamente todas as vezes; para isso, elas se apoiam em médias, estereótipos e teorias de probabilidades na tentativa de minimizar seus riscos. Apesar de esta estratégia, em geral, ser inadequada, às vezes um criador ou inovador deve assumir alguns riscos calculados.[33] Pode ocorrer de, ao assumir esses riscos, ele estar errado e cometer erros. No entanto, por reconhecer isso como parte do jogo da inovação, a pessoa criativa aprenderá com seus erros e seguirá em frente para a criação de coisas maiores e melhores. Todos sabemos que Thomas Edison falhou várias vezes ao buscar os materiais corretos para usar dentro da lâmpada incandescente.
- **Estereotipar** — É irônico que, apesar de as médias e estereótipos serem abstrações fabricadas, as pessoas agem e tomam decisões com base nessas características como se fossem entidades de informações existentes no mundo real. Por exemplo: alguém pode criar uma hipótese de que a dona de casa média é mulher, tem 38 anos, mede 1,62 m, pesa 54 kg, tem 2 filhos, trabalha meio período e tem 14,5 anos de educação formal. No entanto, se alguém tentar encontrar uma dona de casa que se encaixe nessa descrição, as chances de sucesso serão pequenas. Em resumo, quanto mais descritiva a abstração ou o *estereótipo*, menos real ele se torna. Basear-se em estereótipos e médias pode levar a uma ação fundamentada em uma imagem distorcida da realidade. Mais importante: confiar nessas abstrações pode limitar a percepção que se tem das entidades e possibilidades reais no mundo. O especialista em criatividade, Edward deBono, argumenta que as pessoas devem alterar o pensamento para aumentar a criatividade: somente novos padrões de pensamento levarão a novas ideias e inovações.[34]
- **Pensar probabilisticamente** — Ao lutar para alcançar a segurança, muitas pessoas também tendem a confiar na teoria do **pensamento probabilístico** para tomar decisões. Contudo, confiar demais nesse método de tomada de decisões pode distorcer a realidade e proibir alguém de assumir riscos calculados capazes de levar a atividades criativas.

Especialistas em probabilidade afirmam que o poder preditivo da teoria da probabilidade aumenta proporcionalmente ao número de vezes que determinado evento se repete. Se uma pessoa deseja prever a probabilidade de tirar o número 3 ao jogar dados determinado número de vezes, a teoria da probabilidade é extremamente útil. Porém, se ela quer saber a probabilidade de tirar 4 com uma jogada dos dados, a capacidade preditiva da teoria tem muito menos valor.

Com frequência, no jogo criativo, a pessoa está buscando uma oportunidade ou situação que pode ocorrer somente uma vez na vida. Em uma situação única, intuição e apostas fundamentadas são tão úteis quanto a lógica e a probabilidade, se não mais.[35] Uma forma de aumentar suas habilidades criativas é a prática de olhar algumas situações da sua vida como se fosse um jogo 50/50, e então começar a correr riscos. Os exercícios de resolução de problemas a seguir foram criados para ajudar a eliminar a mentalidade confusa:

TABELA 5.5 FORMAS DE DESENVOLVER AS HABILIDADES DOS HEMISFÉRIOS ESQUERDO E DIREITO DO CÉREBRO

Capacidades do hemisfério esquerdo	Capacidades do hemisfério direito
1. Planejar passo a passo seu trabalho e atividades de rotina.	1. Usar metáforas e analogias para descrever coisas e pessoas em conversas e na escrita.
2. Ler sobre filosofia antiga, medieval e acadêmica, casos legais e livros de lógica.	2. Tirar o relógio quando não estiver trabalhando.
3. Estabelecer cronogramas para todas as atividades.	3. Suspender o julgamento inicial de ideias, pessoas que acabou de conhecer, filmes, programas de TV e assim por diante.
4. Usar e trabalhar com um programa de computador.	4. Registrar seus palpites, sentimentos e intuições, calculando sua precisão.
5. Fantasiar detalhadamente e visualizar coisas e situações no futuro.	
6. Desenhar rostos, caricaturas e paisagens.	

- Corra alguns pequenos riscos em sua vida pessoal e no trabalho, baseando-se em sua intuição e palpites. Mantenha um registro desses riscos e registre-os em um gráfico com sua precisão e suas consequências. Tente isso, por exemplo, no próximo jogo de pôquer com sua família.
- Mude a maneira de falar com as pessoas que você acha que seguem um estereótipo comumente aceito.
- Assuma alguns projetos complexos no trabalho e em casa que não tenham garantia de resultados previsíveis. Deixe-se viver com uma quantidade de ambiguidade possível de ser administrada e observe suas reações a essa ambiguidade.
- Quando uma ideia lhe for apresentada, primeiro, pense sobre os aspectos positivos; em seguida; sobre os negativos; e, finalmente, sobre todos os aspectos interessantes.
- Ao ouvir as pessoas, suspenda o julgamento inicial sobre elas, suas ideias e informações e apenas ouça.
- Tente tomar algumas decisões no presente, ou seja, não deixe sua história pessoal ou estimativas sobre o futuro dominarem seu processo de tomada de decisões.[36]

5.5a Arenas de criatividade

Lembre-se: as pessoas são criativas por natureza. Algumas lidam com essa criatividade o tempo todo, enquanto outras a reprimem, e a maioria de nós fica entre esses dois extremos. A realidade é que as pessoas, em geral, não reconhecem quando ou o quanto estão sendo criativas. Além disso, não conseguem reconhecer quantas oportunidades de criatividade surgem em seu trabalho cotidiano. O pesquisador de criatividade William Miller sustenta que, geralmente, as pessoas não reconhecem quando estão sendo criativas e costumam ignorar as oportunidades de sê-lo. Ele sugere que o caminho para a criatividade começa, primeiro, pelo reconhecimento de todas as formas que somos ou podemos ser criativos. Nas empresas, as pessoas podem canalizar sua criatividade para sete arenas diferentes:

- **Criatividade de ideias** — Pensar em uma nova ideia ou conceito para um novo produto/serviço, por exemplo, ou em uma forma de resolver um problema.
- **Criatividade material** — Inventar e construir um objeto tangível como produto, propaganda, relatório ou foto.
- **Criatividade de organização** — Organizar pessoas ou projetos e trazer uma nova forma de organização ou abordagem de estruturação das coisas. Os exemplos podem incluir organizar um projeto, começar um novo tipo de empreendimento, reunir ou reorganizar um grupo de trabalho e alterar as políticas e regras de um grupo.
- **Criatividade de relacionamentos** — Encontrar uma abordagem inovadora para alcançar colaboração, cooperação e relacionamentos com outras pessoas, por meio da qual todos ganham. A pessoa que lida bem com uma situação difícil ou com uma determinada pessoa de forma especialmente eficaz está sendo criativa em um relacionamento ou contexto individual.
- **Criatividade de eventos** — Produzir um evento, como cerimônia de premiação, excursão de grupo ou reunião anual. Aqui, a criatividade também engloba decoração, formas em que as pessoas estão envolvidas, sequência de acontecimentos, configuração e assim por diante.
- **Criatividade interior** — Mudar o eu interior. Estar aberto a novas abordagens de como fazer coisas e pensar sobre si de diferentes formas, obtendo uma mudança de atitude ou encontrando uma nova perspectiva ou forma de olhar para as coisas representa uma mudança significativa em como se lidava com elas anteriormente.
- **Criatividade espontânea** — Agir de forma espontânea ou no calor do momento, como encontrar uma resposta inteligente em uma reunião, fazer um discurso sem preparação, resolver uma disputa de forma rápida e simples ou fechar uma venda com uma abordagem inovadora.[37]

5.5b Clima criativo

A criatividade, mais provavelmente, ocorrerá quando o clima de negócios estiver adequado. Nenhuma empresa terá proprietários e gerentes criativos por muito tempo se não estabelecer e cultivar o clima adequado. Seguem-se algumas características importantes desse clima:

- Uma gerência confiante, que não controla demasiadamente os funcionários.
- Canais abertos de comunicação entre todos os membros do negócio.
- Contato e comunicação adequados com os visitantes da empresa.
- Grande variedade de tipos de personalidade.

- Disposição para aceitar mudanças.
- Prazer em experimentar novas ideias.
- Pouco medo de consequências negativas decorrentes de erros.
- Seleção e promoção de funcionários com base no mérito.
- Uso de técnicas que incentivem ideias, incluindo sistemas de sugestão e *brainstorming*.
- Recursos suficientes em termos financeiros, gerenciais, humanos e de tempo para o cumprimento de metas.[38]

5.6 INOVAÇÃO E O EMPREENDEDOR

Inovação é uma função-chave no processo empreendedor. Pesquisadores e autores da área de empreendedorismo concordam, em grande parte, com o renomado consultor e autor Peter F. Drucker sobre o conceito de inovação: "A inovação é a função específica do empreendedorismo [...] É a forma pela qual o empreendedor cria novos recursos que produzem riquezas ou mantém os recursos existentes com maior potencial de criação de riquezas".[39]

Inovação é o processo pelo qual os empreendedores convertem oportunidades — ideias — em soluções comercializáveis. É a forma pela qual eles se tornam catalisadores da mudança.[40] Foi demonstrado páginas antes, neste capítulo, que o processo de inovação começa com uma boa ideia. A origem de uma ideia é importante, e o papel do pensamento criativo pode ser vital ao seu desenvolvimento.[41] Existe uma grande diferença entre uma ideia que surge da mera especulação e uma que é o produto do pensamento estendido, da pesquisa, da experiência e do trabalho. Mais importante: um provável empreendedor deve ter o desejo de trazer uma boa ideia nas fases de desenvolvimento. Portanto, a inovação é uma combinação da visão para criar uma boa ideia com a perseverança e dedicação para permanecer com o conceito durante a sua implementação.

5.6a O processo de inovação

A maioria das inovações resulta de uma busca consciente e intencional de novas oportunidades,[42] e esse processo começa justamente com a análise de fontes de novas oportunidades. Drucker observou que, dado que a inovação é um tanto conceitual e perceptual, os possíveis inovadores devem sair e olhar, perguntar e ouvir. Inovadores bem-sucedidos usam tanto o lado direito como o esquerdo do cérebro. Eles olham para figuras, olham para as pessoas, e trabalham analiticamente para descobrir como a inovação deve ser para satisfazer a oportunidade. Então, saem e olham os potenciais usuários possíveis do produto para estudar suas expectativas, valores e necessidades.[43]

A maioria das inovações de sucesso é simples e focada. São direcionadas para uma aplicação específica, clara, e são cuidadosamente projetadas. No processo, criam-se novos consumidores e mercados. A tecnologia móvel atual (telefones celulares) é um bom exemplo. Apesar de tal tecnologia ser altamente sofisticada, tornou-se fácil de utilizar e destina-se a um nicho de mercado específico: pessoas que querem toda a tecnologia possível reunida em um único aparelho e disponível em qualquer lugar.

Acima de tudo, a inovação, de modo geral, envolve mais trabalho que genialidade. Como disse Thomas Edison, "o gênio é 1% de inspiração e 99% de transpiração". Além disso, os inovadores raramente trabalham em mais de uma área. Apesar de todas as suas realizações inovadoras sistemáticas, Edison trabalhou somente na área de eletricidade.

5.6b Tipos de inovação

OA5 Apresentar os quatro maiores tipos de inovação: invenção, extensão, duplicação e síntese.

Há quatro tipos básicos de inovação (veja a Tabela 5.6), que variam desde produtos novos até modificações de produtos ou serviços existentes. A seguir, apresentamos quatro tipos, por ordem de originalidade:

- **Invenção**: criação de um produto, serviço ou processo novo — em geral, um que seja novidade ou nunca experimentado. Esses conceitos tendem a ser "revolucionários".*
- **Extensão**: expansão de um produto, serviço ou processo já existente. Esses conceitos criam uma aplicação diferente de uma ideia atual.

---

* É consenso na literatura que o termo "invenção" consiste em algo novo que pode ou não ter mercado, portanto, não precisa ser necessariamente um produto. Uma inovação, dessa forma, é uma invenção que consegue satisfatoriamente atender a uma necessidade desse mercado. (N.R.T.)

TABELA 5.6 INOVAÇÃO EM AÇÃO

Tipo	Descrição	Exemplos
Invenção	Produto, serviço ou processo totalmente novo	Irmãos Wright: avião Thomas Edison: lâmpada Alexander Graham Bell: telefone
Extensão	Novo uso ou aplicação diferente de um produto, serviço ou processo já existente	Ray Kroc: McDonald's Mark Zuckerberg: Facebook Barry Sternlicht: Starwood Hotels & Resorts
Duplicação	Réplica criativa de um conceito existente	Walmart: lojas de departamentos Gateway: computador pessoal Pizza Hut: pizzaria
Síntese	Combinação de conceitos e fatores existentes em uma nova formulação ou uso	Fred Smith: FedEx Howard Schultz: Starbucks

- **Duplicação**: réplica de um produto, serviço ou processo já existente. O processo de duplicação, contudo, não se limita a copiar, mas a adicionar o toque criativo do empreendedor, a fim de aprimorar ou melhorar o conceito e vencer a concorrência.
- **Síntese**: combinação de conceitos e fatores existentes com nova formulação. Esse processo envolve reunir várias ideias ou itens já inventados e encontrar um modo em que possam ter nova aplicação.[44]

5.6c As concepções erradas sobre a inovação

LO6 Analisar alguns dos maiores mitos associados à inovação e definir os dez princípios da inovação.

Todo o conceito de inovação evoca muitos pensamentos e ideias equivocadas. Parece que todos têm uma opinião sobre o que a inovação acarreta. Nesta seção, destacamos alguns equívocos sobre inovação comumente aceitos e fornecemos as razões pelas quais eles são apenas equívocos, não fatos.[45]

- *A inovação é planejada e previsível.* Essa afirmação é baseada no antigo conceito de que a inovação deve ser pesquisada e desenvolvida sob um formato planejado pelo departamento competente. Na realidade, a inovação é imprevisível e pode ser introduzida por todos.
- *As especificações técnicas devem ser preparadas detalhadamente.* Essa afirmação se origina da área de engenharia, que esboça planos completos antes de prosseguir. É bom haver uma preparação criteriosa; porém, às vezes, isso leva muito tempo. Com frequência, é mais importante utilizar uma abordagem de tentar/testar/revisar.
- *A inovação se baseia em sonhos e ideias criativas.* Como já demonstrado neste capítulo, o processo criativo é extremamente importante para o reconhecimento de ideias inovadoras. Contudo, inovadores habilidosos são pessoas muito práticas e criam a partir de oportunidades baseadas na realidade, não em devaneios.
- *Projetos grandes criam inovações melhores que os menores.* Essa afirmação provou-se falsa diversas vezes. Agora, as empresas maiores têm incentivado suas equipes a trabalhar em grupos menores, nos quais é mais fácil gerar ideias criativas. No Capítulo 3, discutimos sobre a importância das I-Teams como uma forma de levar equipes menores a trabalhar em projetos inovadores.
- *A tecnologia é a força-motriz do sucesso na inovação.* A tecnologia, com certeza, é uma fonte de inovação, mas não a única. Como já esboçado neste capítulo, existem inúmeras fontes para ideias inovadoras. A tecnologia, certamente, é um fator que impulsiona muitas inovações, mas não é o único fator de sucesso. Mais ainda: o consumidor ou o mercado é que constitui a força-motriz por trás de qualquer inovação. As inovações guiadas pelo mercado ou baseadas no consumidor têm maiores probabilidade de sucesso.

5.6d Princípios da inovação

Os potenciais empreendedores devem perceber que existem princípios de inovação que podem ser aprendidos e que, quando combinados com a oportunidade, podem capacitar os indivíduos a inovar. Os principais princípios de motivação são os seguintes:

- *Ser orientado para a ação*. Os inovadores devem sempre ser ativos e procurar novas ideias, oportunidades ou fontes de inovação.
- *Fazer o produto, o processo ou o serviço simples e compreensível*. As pessoas devem entender rapidamente como a inovação funciona.
- *Fazer o produto, o processo ou o serviço baseado no cliente*. Os inovadores devem sempre ter o cliente em mente. Quanto mais uma empresa inovadora tiver o usuário final em mente, maiores as chances de o conceito ser aceito e utilizado.
- *Começar pequeno*. Os inovadores não devem tentar um projeto ou desenvolvimento em escala grandiosa. Devem começar pequeno e então construir e desenvolver, deixando o crescimento planejado e a expansão adequada da forma correta e no tempo certo.
- *Mirar alto*. Os inovadores devem mirar alto na direção do sucesso, procurando um nicho no mercado.
- *Experimentar/testar/revisar*. Os inovadores sempre devem seguir a regra de *experimentar, testar e revisar*, que ajuda a resolver eventuais falhas no produto, processo ou serviço.
- *Aprender com os erros*. A inovação não garante o sucesso, e, mais importante, os erros costumam abrir caminhos para a inovação.[46]
- *Seguir um cronograma baseado em etapas*. Todo inovador deve seguir um cronograma que indique as realizações das metas. Embora o projeto possa ficar adiantado ou atrasado em relação ao cronograma, ainda assim é importante ter um programa para planejá-lo e avaliá-lo.
- *Recompensar a atividade heroica*. Esse princípio aplica-se mais aos envolvidos em procurar e motivar os outros a inovar. A atividade inovadora deve ser recompensada e receber o devido respeito, o que significa tolerar e, até onde possível, aceitar os erros como forma de realizar a inovação. O trabalho inovador deve ser visto como uma atividade heroica, que revelará novos horizontes para a empresa.
- *Trabalhar, trabalhar, trabalhar*. Essa é uma recomendação simples, mas precisa, para concluir os princípios da inovação. É preciso trabalho — não genialidade nem mistério — para inovar com sucesso.[47]

O PROCESSO EMPREENDEDOR

O terrorismo desperta a inovação

Não pergunte como os Estados Unidos podem inovar; pergunte o que você pode fazer para inovar os Estados Unidos — esse pode ter sido o *slogan* de um pôster de guerra com o Tio Sam nos apontando o dedo. Alguns dias depois de 11 de setembro de 2001, o Pentágono, ainda ardente, solicitou publicamente a ajuda dos cidadãos norte-americanos, pedindo-lhes que enviassem novas ideias para combater o terrorismo. O grupo de trabalho de suporte técnico do Pentágono (TSWG — Technical Support Working Group), que costuma receber cerca de 900 propostas por ano de novas tecnologias e ideias para ajudar a força militar mais poderosa do mundo, em outubro daquele ano recebeu 12.500. As agências do TSWG incluem desde o Departamento de Energia até a Agência Federal de Investigação (FBR — Federal Bureau of Investigation), a Agência Central de Inteligência (CIA — Central Intelligence Agency) e a Administração Federal de Aviação (Federal Aviation Administration), além dos departamentos locais de polícia e bombeiros. O grupo envia anualmente uma lista de problemas em que está interessado em resolver e, em seguida, avalia as propostas recebidas. Então, escolhe somente de 100 a 200 propostas de pesquisa por ano e destina de 50 dólares a 100 milhões de dólares ao desenvolvimento dos projetos.

Uma empresa que apresenta seus produtos ao TSWG é a Equator Technologies, Inc., que fabrica processadores de sinais digitais super-rápidos utilizados em câmeras de vídeo e está criando um sistema de inspeção de bagagem que utilizaria um banco de dados de imagens de armas em todos os planos e ângulos possíveis de visão. Foi demonstrado que, nos *scanners* tradicionais de bagagem, uma arma — armazenada de lado em uma mala — pode ser confundida com uma embalagem de creme de barbear. Outra empresa previu o uso de câmeras de segurança equipadas com *softwares* para identificar terroristas cujas medidas da face correspondem a registros de arquivos policiais, fotos de terroristas conhecidos e, possivelmente, registros do FBI.

Muitos dos projetos do TSWG terminam em corpos de bombeiros locais, delegacias de polícia, aeroportos e fronteiras. Alguns deles, como os detectores de radiação portáteis e plantas de edifícios resistentes a bombas, acabaram tendo êxito durante as Olimpíadas de 2002 e no Pentágono.

No entanto, o grupo não está imune a falhas: uma vez financiaram uma antena de rádio especial que captava sinais com a mesma capacidade de uma cerca de ferro. O lema não oficial do TSWG é: "Se falhar, falhe direito... Não falhe por não ter tentado de tudo ou por ter parado no meio".

Fonte: Paul Magnusson, "Small Biz vs. the Terrorists". In: *BusinessWeek Online*, 4/março/2002, http://www.businessweek.com/magazine/content/02_09/b3772087.htm. Acesso em: 18/março/2008.

RESUMO

Este capítulo examinou a importância do pensamento criativo e da inovação para o empreendedor. Foi discutida a identificação de oportunidades em relação ao conhecimento e ao aprendizado necessários para reconhecer boas ideias, bem como foram esboçadas e examinadas as fontes de ideias inovadoras. O processo criativo foi descrito e foram apresentadas formas de desenvolver a criatividade. Também foram incluídas sugestões para ajudar o leitor a aumentar sua criatividade, bem como foi apresentada a natureza do clima criativo.

Fizemos uma explanação dos quatro tipos básicos de inovação — invenção, extensão, duplicação e síntese, e, na última parte do capítulo, foram revistos os conceitos equivocados comumente associados à inovação e apresentados os princípios-chave da inovação.

TERMOS-CHAVE

busca da segurança
criatividade
duplicação
estereotipar
extensão
hemisfério cerebral direito
hemisfério cerebral esquerdo
identificação de oportunidades
inconsistências
inovação
invenção
mentalidade confusa
pensamento probabilístico
pensamento ou/ou
perspectiva funcional
processo criativo
relação de justaposição
síntese

PERGUNTAS DE REVISÃO E DISCUSSÃO

1. Descreva a identificação de oportunidades para o empreendedor.
2. Como o conhecimento prévio e o aprendizado são importantes para se reconhecer oportunidades?
3. Quais são as principais fontes de ideias inovadoras? Explique-as e forneça um exemplo de cada.
4. Qual é a diferença entre um adaptador e um inovador?
5. Quais são os quatro principais componentes do processo criativo?
6. Quais são as quatro etapas envolvidas no desenvolvimento da criatividade pessoal?
7. Explique, com suas próprias palavras, o significado do termo *inovação*.
8. Quais são os quatro tipos principais de inovação?
9. Descreva sucintamente os cinco principais conceitos equivocados comumente associados à inovação.
10. Identifique e descreva cinco princípios inovadores.

NOTAS

1. S Venkataraman, "The Distinctive Domain of Entrepreneurship Research", *Advances in Entrepreneurship, Firm Emergence, and Growth*, v. 3, ed. J. A. Katz, Greenwich, CT: JAI Press, 1997, p. 119-38; veja também, Matthew S. Wood, Alexander McKelvie e J. Michael Haynie, "Making it personal: Opportunity individuation and the shaping of opportunity beliefs", *Journal of Business Venturing*, n. 29, v. 2, 2014, p. 252-72; Stratos Ramoglou and Stelios C. Zyglidopoulos, "The Constructivist View of Entrepreneurial Opportunities: A Critical Analysis", *Small Business Economics*, n. 44, v. 1, 2015, p. 71-78.
2. Ivan P. Vaghely e Pierre-André Julien, "Are Opportunities Recognized or Constructed? An Information Perspective on Entrepreneurial Opportunity Identification", *Journal of Business Venturing*, n. 25, v. 1, 2010, p. 73-86; Jintong Tang, K. Michele, Micki) Kacmar e Lowell Busenitz, "Entrepreneurial Alertness in the Pursuit of New Opportunities", *Journal of Business Venturing*, n. 27, v. 1, 2012, p. 77-94; Dave V alliere, "Towards a Schematic Theory of Entrepreneurial Alertness", *Journal of Business Venturing*, n. 28, v. 3, 2013, p. 430-42; Vishal K. Gupta, A. Banu Goktan e Gonca Gunay, "Gender Differences in Evaluation of New BusinessOpportunity: A Stereotype Threat Perspective", *Journal of Business Venturing*, n. 29, v. 2, 2014, p. 273-88; e Maw-Der Foo, Marilyn A. Uy e Charles Murnieks, "Beyond Affective Valence: Untangling Valence and Activation Influences on Opportunity Identification", *Entrepreneurship Theory and Practice*, n. 39, v. 2, 2015, p. 407-31.
3. A Ardichvili, R. Cardozo e S. Ray, "A Theory of Entrepreneurial Opportunity Identification and Development", *Journal of Business Venturing*, n. 18, v. 1, 2003, p. 105-23; Andranik Tumasjan e Reiner Braun, "In the Eye of the

Beholder: How Regulatory Focus and Self-Efficacy Interact in Influencing Opportunity Recognition", *Journal of Business Venturing*, n. 27, v. 6, 2012, p. 622-36; e Dean A. Shepherd, J. Michael Haynie e Jeffery S. McMullen, "Confirmatory Search as a Useful Heuristic? Testing the Veracity of Entrepreneurial Conjectures", *Journal of Business Venturing*, n. 27, v. 6, 2012, p. 637-51.

4. Andrew C. Corbett, "Experiential Learning within the Process of Opportunity Identification and Exploitation", *Entrepreneurship Theory and Practice*, n. 29, v. 4, 2005, p. 473-91; Andrew C. Corbett, "Learning Asymmetries and the Discovery of Entrepreneurial Opportunities", *Journal of Business Venturing*, n. 22, v. 1, 2007, p. 97-118.

5. Lloyd W. Fernald, Jr., "The Underlying Relationship Between Creativity, Innovation, and Entrepreneurship", *Journal of Creative Behavior*, n. 22, v. 3, 1988, p. 196-202; Thomas B. Ward, "Cognition, Creativity, and Entrepreneurship", *Journal of Business Venturing*, n. 19, v. 2, março/2004, p. 173-88; and Michael M. Gielnik, Michael Frese, Johanna M. Graf e Anna Kampschulte, "Creativity in the Opportunity Identification Process and the Moderating Effect of Diversity of Information", *Journal of Business Venturing*, n. 27, v. 5, 2012, p. 559-76.

6. Timothy A. Matherly e Ronald E. Goldsmith, "The Two Faces of Creativity", *Business Horizons* 28, n. 5, setembro/outubro 1985, p. 8; veja também Bruce G. Whiting, "Creativity and Entrepreneurship: How Do They Relate?" *Journal of Creative Behavior*, n. 22, v. 3, 1988, p. 178-83.

7. Michael Kirton, "Adaptors and Innovators: A Description and Measure", *Journal of Applied Psychology*, n. 61, v. 5, outubro 1976, p. 622-29.

8. E. Holly Buttner e Nur Gryskiewicz, "Entrepreneurs' Problem-Solving Styles: An Empirical Study Using the Kirton Adaption/Innovation Theory", *Journal of Small Business Management*, n. 31, v. 1, 1993, p. 22-31.

9. Veja Edward deBono, *Serious Creativity: Using the Power of Creativity to Create New Ideas*, Nova York: HarperBusiness, 1992.

10. Eleni Mellow, "The Two Conditions View of Creativity", *Journal of Creative Behavior*, n. 30, v. 2, 1996, p. 126-43; Alice H.Y. Hon, Matt Bloom e J. Michael Crant, "Overcoming Resistance to Change and Enhancing Creative Performance", *Journal of Management*, n. 40, v. 3, 2014, p. 919-41.

11. H. J. Eysenck, *Genius: The Nature of Creativity*, Nova York: Cambridge University Press, 1995; B. Taylor, *Into the Open: Reflections on Genius and Modernity*, Nova York: New York University Press, 1995.

12. Teresa Amabile, "How to Kill Creativity", *Harvard Business Review*, n. 76, setembro/outubro/1998, p. 77-87.

13. Veja Dale Dauten, *Taking Chances: Lessons in Putting Passion and Creativity in Your Work Life*, Nova York: New Market Press, 1986; Dimo Dimov, "Grappling with the Unbearable Elusiveness of Entrepreneurial Opportunities", *Entrepreneurship Theory and Practice*, n. 35, v. 1, 2011, p. 57-81.

14. Edward deBono, *Six Thinking Hats*, Boston: Little, Brown, 1985; Edward deBono, "Serious Creativity", *The Journal for Quality and Participation*, n. 18, v. 5, 1995, p. 12.

15. Para uma discussão sobre o desenvolvimento da criatividade, veja Eugene Raudsepp, *How Creative Are You?*, Nova York: Perigee Books, 1981; Arthur B. Van Gundy, *108 Ways to Get a Bright Idea and Increase Your Creative Potential*, Englewood Cliffs, NJ: Prentice Hall, 1983; Roger L. Firestien, *Why Didn't I Think of That?*, Buffalo, NY: United Education Services, 1989.

16. T. A. Nosanchuk, J. A. Ogrodnik e Tom Henigan, "A Preliminary Investigation of Incubation in Short Story Writing", *Journal of Creative Behavior*, n. 22, v. 4, 1988, p. 279-80.

17. W. W. Harman e H. Rheingold, *Higher Creativity: Liberating the Unconscious for Breakthrough Insights*, Los Angeles: Tarcher, 1984; Daniel Goleman, Paul Kaufman e Michael Ray, *The Creative Spirit*, Nova York: Penguin Books, 1993.

18. Veja J. Conrath, "Developing More Powerful Ideas", *Supervisory Management*, março 1985, p. 2-9; Denise Shekerjian, *Uncommon Genius: How Great Ideas Are Born*, Nova York: Viking Press, 1990; e Keng L. Siau, "Group Creativity and Technology", *Journal of Creative Behavior*, n. 29, v. 3, 1995, p. 201-16.

19. Deborah Funk, "I Was Showering When ...", *Baltimore Business Journal*, n. 12, v. 46, março 1995, p. 13-14.

20. Para saber mais sobre desenvolvimento de ideias, veja A. F. Osborn, *Applied Imagination*, 3. ed., Nova York: Scribner's, 1963; William J. Gordon, *Synectics*, Nova York: Harper & Row, 1961; e Ted Pollock, "A Personal File of Stimulating Ideas, Little-Known Facts and Daily Problem-Solvers", *Supervision* 4, abril 1995, p. 24.

21. Martin F. Rosenman, "Serendipity and Scientific Discovery", *Journal of Creative Behavior*, n. 22, v. 2, 1988, p. 132-38.

22. Para mais informações sobre implementação, veja John M. Keil, *The Creative Mystique: How to Manage It, Nurture It e Make It Pay*, Nova York: Wiley, 1985; James F. Brandowski, *Corporate Imagination Plus: Five Steps to Translating Innovative Strategies into Action*, Nova York: The Free Press, 1990.

23. J Wajec, *Five Star Minds: Recipes to Stimulate Your Creativity and Imagination*, Nova York: Doubleday, 1995; Frank Barron, *No Rootless Flower: An Ecology of Creativity*, Cresskill, New Jersey: Hampton Press, 1995.

24. Veja Dale Dauten, *Taking Chances* e Gary A. Davis, *Creativity Is Forever*, Dubuque, IA: Kendall/Hunt, 1986.

25. Sidney J. Parnes, *Visionizing: State-of-the-Art Processes for Encouraging Innovative Excellence*, East Aurora, NY: D.O.K., 1988.

26. Veja E. Paul Torrance, *The Search for Sartori and Creativity*, Buffalo, NY: Creative Education Foundations, 1979; Erik K. Winslow e George T. Solomon, "Further Development of a Descriptive Profile of Entrepreneurs", *Journal of Creative Behavior*, n. 23, v. 3, 1989, p. 149-61; e Roger von Oech, *A Whack on the Side of the Head*, Nova York: Warner Books, 1998.

27. Tony Buzan, *Make the Most of Your Mind*, Nova York: Simon & Schuster, 1984.

28. Weston H. Agor, *Intuitive Management: Integrating Left and Right Brain Management Skills*, Englewood Cliffs, NJ: Prentice Hall, 1984; Tony Buzan, *Using Both Sides of Your Brain*, Nova York: Dutton, 1976; e D. Hall, *Jump Start Your Brain*, Nova York: Warner Books, 1995.

29. Para mais informações sobre esse assunto, veja: Jacquelyn Wonder and Priscilla Donovan, *Whole-Brain Thinking*, Nova York: Morrow, 1984, p. 60-61; veja também: Maw-Der Foo, "Emotions and Entrepreneurial Opportunity Eva-

luation", *Entrepreneurship Theory and Practice*, 35, n. 2, 2011, p. 375-93; e Isabell M. Welpe, Matthias Spörrle, Dietmar Grichnik, Theresa Michl e David B. Audretsch, "Emotions and Opportunities: The Interplay of Opportunity Evaluation, Fear, Joy, and Anger as Antecedent of Entrepreneurial Exploitation", *Entrepreneurship Theory and Practice*, n. 36, v. 1, 2012, p. 69-96.
30. Doris Shallcross e Anthony M. Gawienowski, "Top Experts Address Issues on Creativity Gap in Higher Education", *Journal of Creative Behavior*, n. 23, v. 2, 1989, p. 75.
31. Vincent Ryan Ruggiero, *The Art of Thinking: A Guide to Critical and Creative Thought*, Nova York: HarperCollins, 1995.
32. David Campbell, *Take the Road to Creativity and Get Off Your Dead End*, Greensboro, NC: Center for Creative Leadership, 1985.
33. James O'Toole, *Vanguard Management: Redesigning the Corporate Future*, Nova York: Berkley Books, 1987.
34. Edward deBono, *Lateral Thinking: Creativity Step by Step*, Nova York: Harper & Row, 1970.
35. Zoa Rockenstein, "Intuitive Processes in Executive Decision Making", *Journal of Creative Behavior*, n. 22, v. 2, 1988, p. 77-84.
36. Adaptado de deBono, *Lateral Thinking*; e Eugene Raudsepp, *How to Create New Ideas: For Corporate Profit and Personal Success*, Englewood Cliffs, NJ: Prentice Hall, 1982.
37. William C. Miller, *Flash of Brilliance*, Reading, PA: Perseus Books, 1999.
38. Karl Albrecht, *The Creative Corporation*, Homewood, IL: Dow Jones-Irwin, 1987; veja também William C. Miller, *The Creative Edge: Fostering Innovation Where You Work*, Nova York: Addison-Wesley, 1987; K. Mark Weaver, "Developing and Implementing Entrepreneurial Cultures", *Journal of Creative Behavior*, n. 22, v. 3, 1988, p. 184-95; American Management Association, *Creative Edge: How Corporations Support Creativity and Innovation*, Nova York: AMA, 1995; D. Leonard e S. Straus, "Putting the Company's Whole Brain to Work", *Harvard Business Review*, n.75, julho/agosto 1997, p. 111-21; e J. Hirshberg, *The Creative Priority*, Nova York: Harper & Row, 1998.
39. Peter F. Drucker, *Innovation and Entrepreneurship*, Nova York: Harper & Row, 1985, p. 20.
40. Nina Rosenbusch, Jan Brinckmann e Andreas Bausch, "Is Innovation Always Beneficial? A Meta-Analysis of the Relationship Between Innovation and Performance in SMEs", *Journal of Business Venturing*, n. 26, v. 4, 2011, p. 441-57; Robert A. Baron e Jintong Tan, "The Role of Entrepreneurs in Firm-Level Innovation: Joint Effects of Positive Affect, Creativity, and Environmental Dynamism", *Journal of Business Venturing*, n. 26, v. 1, 2011, p. 49-60; Jeroen P. J. de Jong, "The Decision to Exploit Opportunities for Innovation: A Study of High-Tech Small-Business Owners", *Entrepreneurship Theory and Practice*, n. 37, v. 2, 2013, p. 281-301.
41. Peter F. Drucker, "The Discipline of Innovation", *Harvard Business Review*, n. 63, v. 3, maio/junho/1985, p. 67-72.
42. Veja: Peter L. Josty, "A Tentative Model of the Innovation Process", *R & D Management*, n. 20, v. 1, janeiro/1990, p. 35-44.
43. Drucker, "The Discipline of Innovation", p. 67.
44. Adaptado de Richard M. Hodgetts e Donald F. Kuratko, *Effective Small Business Management*, 7. ed., Fort Worth, TX: Harcourt College Publishers, 2001, p. 21-23.
45. Adaptado de Drucker, *Innovation and Entrepreneurship*; e Thomas J. Peters and Nancy J. Austin, *A Passion for Excellence*, Nova York: Random House, 1985.
46. Para um bom exemplo, veja: Ronald A. Mitsch, "Three Roads to Innovation", *Journal of Business Strategy*, n. 11, v. 5, setembro/outubro/1990, p. 18-21.
47. William Taylor, "The Business of Innovation", *Harvard Business Review*, n. 68, v. 2, março/abril/1990, p. 97-106.

CAPÍTULO 6

Avaliação de oportunidades empreendedoras

OBJETIVOS DE APRENDIZAGEM

1. Explicar o desafio da fase de arranque do novo empreendimento.
2. Revisar armadilhas comuns na escolha de novas ideias empreendedoras.
3. Apresentar fatores críticos envolvidos no desenvolvimento de novos empreendimentos.
4. Examinar o porquê do fracasso dos novos empreendimentos.
5. Estudar alguns fatores que sustentam o sucesso do empreendimento.
6. Analisar os métodos tradicionais dos processos de avaliação de risco: análise de perfil, abordagem de critérios de viabilidade e método de viabilidade abrangente.
7. Destacar os métodos contemporâneos de avaliação do empreendimento: metodologia de projeto e metodologia *lean start-up*.

Pensamento empreendedor

Evitar erros na condução de um grande empreendimento está além da capacidade do homem [...] Mas, uma vez que o erro tenha acontecido, utilizar seus reveses como lições para o futuro é algo corajoso e sensato.

— Minucius (209 a. C.)

6.1 O DESAFIO DA FASE DE ARRANQUE DO NOVO EMPREENDIMENTO

OA1 Explicar o desafio da fase de arranque do novo empreendimento.

Nas duas últimas décadas, o número de novos empreendimentos do tipo start-up tem sido consistentemente alto. Relata-se que, a cada ano, desde 2010, mais de 400 mil novas empresas surgiram nos Estados Unidos; aproximadamente 1.100 start-ups por dia. Além disso, as ideias para novos negócios em potencial também estão surgindo em números recordes; o Escritório de Patentes dos Estados Unidos recebe atualmente cerca de 500 mil pedidos de patentes por ano.[1]

As razões que levam empreendedores a iniciar novos empreendimentos são inúmeras. Um estudo relatou sete componentes motivacionais para um novo empreendimento: (1) necessidade de aprovação, (2) necessidade de independência, (3) necessidade de desenvolvimento pessoal, (4) motivos filantrópicos; (5) percepção de riqueza e de benefícios, (6) redução de impostos e benefícios indiretos, e (7) cópia de modelos.[2] Essas motivações são semelhantes às características discutidas no Capítulo 3, a respeito da mentalidade empreendedora. Apesar de os pesquisadores concordarem que há muitas razões para se começar um novo empreendimento, as motivações empreendedoras, em geral, relacionam-se às *características pessoais* do empreendedor, ao *ambiente* e ao próprio *empreendimento*. A complexidade desses fatores dificulta uma boa avaliação dos novos empreendimentos. Um estudo recente analisou a importância das atividades de arranque para potenciais empreendedores (aqueles que tentam iniciar um empreendimento). Os empreendedores que iniciavam seu negócio de maneira bem-sucedida "foram mais agressivos em tornar o seu negócio real; ou seja, eles se comprometeram com atividades que fizeram seus negócios tangíveis para os outros: procuraram instalações e equipamentos, buscaram e receberam apoio financeiro, formaram uma entidade jurídica, organizaram uma equipe, compraram instalações e equipamentos e dedicaram tempo integral ao negócio. Indivíduos que começaram negócios pareciam agir com um maior grau de intensidade, comprometendo-se com mais atividades do que aqueles que não haviam iniciado um negócio próprio. O padrão de atividades parece indicar que as pessoas que começaram suas empresas envolveram-se no processo do dia a dia do funcionamento do negócio em curso o mais rápido que podiam, e que essas atividades resultaram o início de empresas geradoras de vendas (94% dos empreendedores) e de fluxo de caixa positivo (50% dos empreendedores)."[3] Outro estudo analisou os fatores quantitativos e qualitativos de gestão que contribuíram para o sucesso ou o fracasso de uma empresa jovem, e os resultados mostraram que, no início, as empresas não têm recursos iguais. Mais importante: as empresas de sucesso fizeram maior utilização de aconselhamento profissional e desenvolveram planos comerciais mais detalhados.[4] Além disso, um outro estudo recente analisou a importância da obtenção de legitimidade com os primeiros cotistas como pré-requisito para a sobrevivência do empreendimento.[5] De acordo com o pesquisador Arnold C. Cooper, os desafios para se prever o desempenho de uma nova empresa incluem efeitos ambientais (o risco de novos produtos ou serviços, mercados reduzidos e recursos escassos), metas pessoais do empreendedor e processos de fundação (objetivos da start-up), e a própria diversidade dos empreendimentos (diferentes escalas e potenciais)[6] (A Figura 6.1 ilustra isso). Algumas pesquisas recentes enfatizam a importância da "adequação" do empreendedor à organização – a ideia de que as habilidades cognitivas de um indivíduo devem coincidir com a organização ou empreendimento que ele estiver tentando criar.[7]

Além dos problemas apresentados pela complexidade dos fatores no desempenho do novo empreendimento, é difícil obter dados confiáveis sobre a star-tup, o seu desempenho e o seu fracasso. Pesquisas por telefone e correio têm sido realizadas junto a proprietários, funcionários e concor-

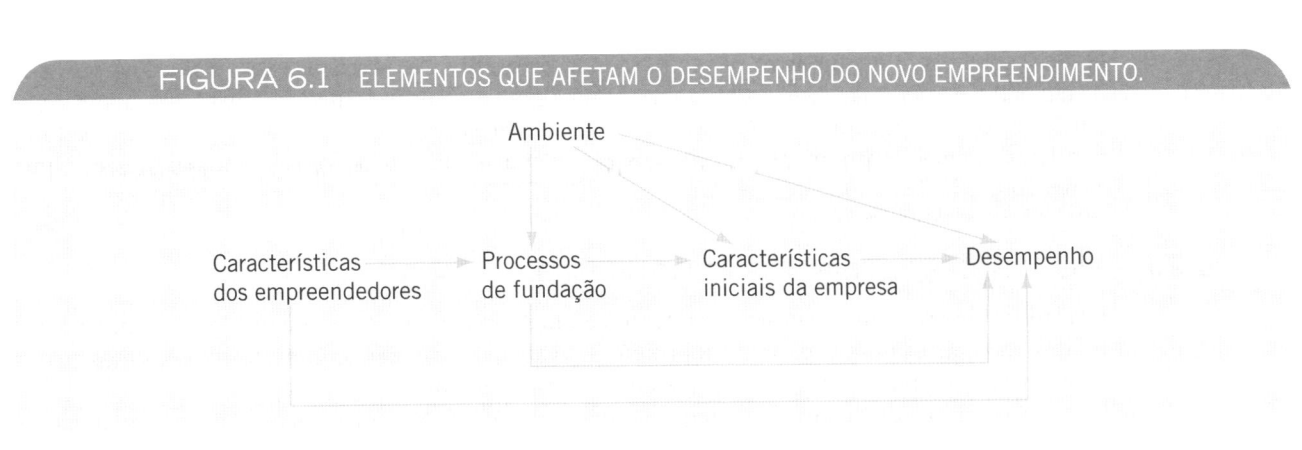

FIGURA 6.1 ELEMENTOS QUE AFETAM O DESEMPENHO DO NOVO EMPREENDIMENTO.

Características dos empreendedores → Processos de fundação → Características iniciais da empresa → Desempenho

Ambiente

Fonte: Arnold C. Cooper, "Challenges in Predicting New Firm Performance," *Journal of Business Venturing*, n. 8, v. 3, 1993, p. 243.

rentes para a obtenção de medidas de vendas, lucro, tecnologia, participação de mercado e assim por diante.[8] Os resultados não são completamente comparáveis com todos os empreendimentos ou todas as indústrias. É a partir desse trabalho pioneiro, no entanto, que mais e melhores dados estão sendo reunidos para a avaliação de novos empreendimentos.

Deve-se entender que a avaliação de um novo empreendimento começa com a ideia e a opção de onde ele funcionará. No entanto, a maioria dos estudos lida com start-ups estabelecidas. Uma "nova empresa totalmente desenvolvida" é aquela que requer o comprometimento de tempo integral de um ou mais indivíduos, está vendendo um produto ou serviço, tem apoio financeiro formal e contratou um ou mais indivíduos.[9]

Portanto, como as ideias evoluem para start-ups, o verdadeiro desafio dessas empresas é sobreviver e crescer. Para fazer isso, elas precisam ter uma compreensão clara dos fatores fundamentais para a escolha de empreendimentos, das razões conhecidas sobre o fracasso do empreendimento e de um processo eficaz de avaliação.

6.2 ARMADILHAS NA ESCOLHA DE NOVOS EMPREENDIMENTOS

OA2 Revisar armadilhas comuns na escolha de novas ideias empreendedoras.

A primeira área-chave de análise é a seleção de um novo empreendimento. Esse estágio de transição – de uma ideia para um possível empreendimento – pode ser o mais crítico para a compreensão do desenvolvimento dos novos empreendimentos. A seguir, estão as armadilhas mais importantes comumente encontradas no processo de escolha de um novo empreendimento.

6.2a Falta de avaliação de objetivos

Muitos empreendedores carecem de objetividade. Engenheiros e pessoas com formação técnica são particularmente propensos a se apaixonar pela ideia de um produto ou serviço, mas parecem ignorar a necessidade de examinar minuciosamente uma concepção ou um projeto no curso normal de suas funções. A maneira de evitar essa armadilha é submeter todas as ideias a um estudo e a uma investigação rigorosos.[10]

6.2b Falta de visão real do mercado

Muitos empreendedores não percebem a importância de desenvolver uma ação de marketing na qual se estabeleçam as bases para um novo empreendimento, demonstrando assim uma miopia gerencial.[11] Além disso, eles não entendem o ciclo de vida que deve ser considerado quando da introdução de um novo produto ou serviço.

Nenhum produto é instantaneamente rentável nem será bem-sucedido indefinidamente. Os empreendedores devem não apenas projetar o ciclo de vida do novo produto, mas também reconhecer que, para o sucesso do produto, é importante que sua introdução seja feita no momento certo. O *timing* é importantíssimo. Muitas vezes, medidas tomadas cedo ou tarde demais levam ao fracasso.

6.2c Compreensão inadequada dos requisitos técnicos

O desenvolvimento de um novo produto, muitas vezes, envolve novas técnicas. Falhas na previsão de dificuldades técnicas relacionadas ao desenvolvimento e à produção de um produto podem afundar um novo empreendimento. Na fase de estudos do projeto, antes de iniciá-lo, os empreendedores não conseguem se aprofundar muito. Deparar-se com dificuldades técnicas inesperadas costuma acarretar perda de tempo e despesas.

6.2d Pouca compreensão financeira

Uma dificuldade comum ao desenvolvimento de um novo produto é a estimativa muito otimista dos fundos necessários para se concluir o projeto. Às vezes, os empreendedores desconhecem os custos reais ou são vítimas de pesquisa e planejamento inadequados. Em geral, eles tendem a subestimar bastante os custos de desenvolvimento do empreendimento. Não raro, as estimativas são menores que a metade do que é, de fato, necessário.

6.2e Falta de originalidade do empreendimento

Um novo empreendimento deve ser singular. **Originalidade** refere-se a características especiais e/ou conceitos de design que atraem o cliente para o empreendimento e devem fornecer desempenho ou serviço superior às ofertas dos concorrentes. A melhor maneira de garantir que os clientes se conscientizem de que o seu produto não é igual ao da concorrência é por meio da diferenciação do produto. A fixação de preços torna-se um problema menor quando o cliente vê o produto como superior ao de seus concorrentes. Um produto que seja significativamente exclusivo pode ganhar vantagem de diferenciação.

6.2f Ignorância sobre questões legais

Todo negócio está sujeito a muitas exigências legais. A primeira delas é a necessidade de tornar o ambiente de trabalho seguro para os colaboradores, e a segunda é fornecer produtos e serviços confiáveis e seguros. Outra exigência é a necessidade de patentes, marcas e direitos autorais para proteger as invenções e os produtos de uma pessoa. Quando essas questões legais são negligenciadas, grandes problemas podem ocorrer.

6.3 FATORES IMPORTANTES PARA A CRIAÇÃO DE NOVOS EMPREENDIMENTOS

OA3 Apresentar fatores críticos envolvidos no desenvolvimento de novos empreendimentos.

OA5 Estudar alguns fatores que sustentam o sucesso do empreendimento.

Diversos **fatores fundamentais** são importantes para a avaliação de um novo empreendimento. Uma maneira de identificá-los e avaliá-los é por meio de uma lista de verificação (ver Tabela 6.1). Na maioria dos casos, no entanto, a abordagem em questão é bastante genérica, e a avaliação deve ser feita sob medida para o empreendimento.

Um novo empreendimento passa por três fases específicas: pré-arranque, arranque e pós-arranque.* A fase pré-arranque começa com uma ideia para o empreendimento e termina quando as portas do negócio estão abertas. A fase de arranque começa com o início de atividade de venda e a entrega de produtos e serviços, e termina quando o negócio está firmemente estabelecido e já superou as ameaças de curto prazo para sua sobrevivência. A fase pós-arranque dura até o empreendimento estar terminado ou a entidade administrativa sobrevivente não ser mais controlada por um empreendedor.

Neste capítulo, o foco principal será nas fases de pré-arranque e de arranque, pois elas são os trechos críticos para os empreendedores. Durante essas duas fases, cinco fatores são fundamentais: (1) a singularidade relativa do empreendimento, (2) o tamanho relativo do investimento na fase de arranque, (3) o crescimento esperado de vendas e/ou lucros à medida que o empreendimento se movimenta em sua fase de arranque, (4) a disponibilidade de produtos durante as fases de pré-arranque e de arranque, e (5) a disponibilidade de clientes durante as fases de pré-arranque e de arranque.

6.3a Originalidade

A gama de originalidade de um novo empreendimento pode ser considerável, indo de relativamente rotineira a altamente não rotineira. O que distingue a rotina do empreendimento não rotineiro é a quantidade de inovação necessária durante a fase de pré-arranque. Essa distinção baseia-se na necessidade de nova tecnologia de processo para produzir produtos ou serviços e na necessidade de atender os novos segmentos de mercado. A originalidade do empreendimento é ainda caracterizada pelo tempo que um empreendimento não rotineiro permanecerá dessa forma. Por exemplo, serão necessários novos produtos, novas tecnologias e novos mercados continuamente ou o empreendimento será capaz de "sossegar" após a fase de arranque, passando a usar produtos, tecnologias e mercados já existentes?

---

* Fases também conhecidas por pré-start-up, start-up e pós-start-up. (N.R.T.)

TABELA 6.1 MODELO DE *CHECKLIST* PARA UM NOVO EMPREENDIMENTO

Viabilidade básica do empreendimento
1. O produto ou serviço pode funcionar?
2. Ele é legalmente viável?

Vantagens competitivas do empreendimento
1. Que vantagens competitivas específicas o produto ou o serviço oferecerão?
2. Quais são as vantagens competitivas das empresas que já estão no negócio?
3. Como os concorrentes poderão responder?
4. Como a vantagem competitiva inicial será mantida?

Decisões do comprador no empreendimento
1. Quem serão os prováveis concorrentes?
2. Quanto cada cliente comprará e quantos clientes existem?
3. Aonde esses clientes estão localizados e como eles serão atendidos?

Comercialização de bens e serviços
1. Quanto será gasto em publicidade e venda?
2. Qual será a quota de mercado da empresa? Quando?
3. Quem desempenhará as funções de venda?
4. Como os preços serão definidos? Como eles serão comparados com os preços da concorrência?
5. Quão importante é a localização e como ela será determinada?
6. Que canais de distribuição serão usados: "atacado, varejo, agentes, mala direta"?
7. Quais são as metas de vendas? Qual o prazo para tais metas de vendas serem atingidas?
8. Alguns pedidos podem ser recebidos antes de se iniciar o negócio? Quantos?

Produção de bens e serviços
1. A empresa vai comprar ou produzir o que for vender ou usará uma combinação dessas duas estratégias?
2. As fontes de suprimentos estão disponíveis a preços razoáveis?
3. Qual será o tempo de entrega?
4. Foram feitos contratos de locação adequados para as instalações?
5. O equipamento necessário estará disponível na hora certa?
6. Há problemas especiais com configuração da planta, espaço livre ou seguro? Como eles serão resolvidos?
7. Como a qualidade será controlada?
8. Como os retornos e a manutenção serão tratados?
9. Como será o controle de furto, desperdício e deterioração? E da sucata?

Colaboradores no empreendimento
1. Como será assegurada a competência em cada área do negócio?
2. Quem será contratado? Quando? Como os profissionais serão encontrados e recrutados?
3. Haverá necessidade de banqueiro, advogado, contador ou outros assessores?
4. Como serão feitas as substituições de pessoal?
5. Os planos de benefícios especiais terão de ser organizados?

Controle do empreendimento
1. Que registros serão necessários? Quando?
2. Serão necessários controles especiais? Quais? Quem será responsável por esses controles?

Financiamento do empreendimento
1. Quanto será necessário para o desenvolvimento do produto ou serviço?
2. Quanto será necessário para o estabelecimento das operações?
3. Quanto será necessário para capital de giro?
4. De onde virá o dinheiro? Qual o procedimento, caso seja necessário mais dinheiro?
5. Que hipóteses nas previsões financeiras são mais incertas?
6. Qual será o retorno sobre o capital, ou vendas, e como ele se compara com o resto do setor?
7. Quando e como os investidores obterão seu dinheiro de volta?
8. O que será necessário do banco e qual será a resposta deste?

Fonte: Karl H. Vesper, *New Venture Strategies* (Edição revisada). © 1990. Reproduzido mediante autorização de Pearson Education, Inc., Upper Saddle River, NJ.

6.3b Investimento

O investimento de capital necessário para iniciar um novo empreendimento pode variar consideravelmente. Em alguns setores, o investimento pode ficar abaixo de 100 mil dólares; em outros, milhões de dólares podem ser necessários. Além disso, alguns setores comportam apenas grandes start-ups. Por exemplo, no setor editorial é possível começar um pequeno empreendimento, que poderá permanecer pequeno ou crescer até se tornar um empreendimento maior. Por outro lado, a tentativa de entrada no setor de aviação precisará de um investimento inicial considerável.

Outra questão crítica relacionada a finanças é a extensão e o *timing* dos fundos necessários para se mover ao longo do processo do empreendimento. Para determinar a quantidade de investimento necessário, os empreendedores devem responder a perguntas como estas: o crescimento do setor será suficiente para manter as vendas em equilíbrio a fim de cobrir uma estrutura de alto custo fixo durante o período de arranque? Os principais empreendedores têm acesso a reservas financeiras substanciais para proteger um grande investimento inicial? Os empreendedores têm os contatos adequados para aproveitar várias oportunidades ambientais? Os empreendedores têm histórico industrial e empresarial que justifique o risco financeiro de uma grande start-up?[12]

6.3c Crescimento nas vendas

O **crescimento das vendas** durante a fase de arranque é outro fator fundamental. As perguntas-chave são as seguintes: qual é o padrão de crescimento previsto para as vendas e os lucros do novo empreendimento? As vendas e os lucros deverão crescer lentamente ou estabilizar-se logo após o arranque? São esperados grandes lucros em algum momento, com um crescimento de vendas pequeno ou moderado? Ou são prováveis altas vendas e alto crescimento de lucros? Ou os lucros iniciais serão limitados, com eventual crescimento de lucros elevados durante vários anos? Ao responder a essas perguntas, é importante lembrar-se de que a maioria dos empreendimentos se encaixa em uma das três classificações a seguir:

- **Empreendimentos de estilo de vida** parecem ter independência, autonomia e controle como suas principais forças-motrizes. Nem as grandes vendas e nem os lucros são considerados importantes, apenas o fornecimento de uma vida suficiente e confortável ao empreendedor.
- Em **pequenos empreendimentos lucrativos**, as considerações financeiras desempenham um papel importante. A autonomia e o controle também são importantes, já que o empreendedor não quer que as vendas aumentem a ponto de ele ter de abrir mão do capital próprio ou da posição de propriedade e, assim, abandonar o controle sobre o fluxo de caixa e sobre lucros, que, ele espera, sejam substanciais.
- Em **empreendimentos de alto crescimento**, espera-se que o crescimento das vendas e dos lucros sejam suficientes para atrair capital de risco e fundos levantados por meio de financiamentos públicos ou privados.[13]

6.3d Disponibilidade de produto

Essencial para o sucesso de qualquer empreendimento é a **disponibilidade de produto**, ou seja, a disponibilidade de um bem ou serviço vendável no momento em que o empreendimento abre suas portas. Alguns empreendimentos têm problemas quanto a isso, porque o produto ou o serviço ainda está em desenvolvimento e necessita de mais modificações ou testes. Outros empreendimentos acham que, por colocarem o seu produto no mercado cedo demais, este precisará ser trazido de volta para modificação futura. Um exemplo típico é a empresa de *software* que adianta o desenvolvimento do seu produto e, então, é pressionada por clientes que encontram "bugs" no programa. A falta de disponibilidade do produto em sua forma final pode afetar a imagem da empresa e seus resultados.

6.3e Disponibilidade do cliente

Se o produto estiver disponível antes de o empreendimento começar a funcionar, a probabilidade de sucesso do empreendimento é consideravelmente melhor do que de outra forma. De maneira similar, o risco do empreendimento é afetado pela **disponibilidade do cliente** para a start-up. Em uma das extremidades do *continuum* de risco está a situação em que os clientes se dispõem a pagar por produtos ou serviços antes da entrega, e na outra está o empreendimento que é iniciado sem saber exatamente quem vai comprar o seu produto. Uma consideração importante é quanto tempo levará para se determinar quem são os clientes e quais são seus hábitos de compra. Conforme observado por um pesquisador:

> A decisão de ignorar o mercado é extremamente arriscada. Há, afinal, dois critérios fundamentais para o sucesso do empreendimento. O primeiro é ter um cliente que esteja disposto a pagar um preço rentável por um produto ou serviço. O segundo é que você deve realmente produzir e entregar o produto ou serviço. Quanto mais longe um empreendimento estiver dessas duas regras, maiores serão o risco e o tempo necessário para compensar esse risco enquanto o empreendimento sai da fase de pré-arranque e vai para a fase de arranque.[14]

6.4 POR QUE NOVOS EMPREENDIMENTOS FRACASSAM

OA4 Examinar o porquê do fracasso dos novos empreendimentos.

Todos os anos, milhões de dólares são gastos na abertura de novos empreendimentos. Muitas dessas empresas recém-criadas desaparecem em um ou dois anos; apenas uma pequena porcentagem tem sucesso. Estudos têm descoberto que, na maioria dos casos, os fatores subjacentes ao fracasso de novos empreendimentos estão no âmbito de controle do empreendedor. Algumas das principais razões para o fracasso de novos empreendimentos são relacionadas a seguir.

Um estudo examinou 250 empresas de alta tecnologia e descobriu as três principais causas do fracasso: problemas com o produto e/ou mercado, dificuldades financeiras e problemas de gestão.[15] Os problemas relacionados ao produto e/ou mercado envolvem os seguintes fatores:

- *Timing ruim*. Uma entrada prematura no mercado contribuiu para o fracasso em 40% dos casos estudados.
- *Problemas com o projeto do produto*. Embora esses problemas possam ter relação com tempo, o projeto e o desenvolvimento de produtos tornaram-se fatores-chave em fases anteriores do empreendimento; nos casos estudados, quando a composição essencial do produto ou serviço foi alterada, houve fracasso.
- *Estratégia inadequada de distribuição*. Quer tenha sido baseada em vendas comissionadas e em representantes, quer em vendas diretas em feiras, a estratégia de distribuição tinha de ser orientada para o produto e para o cliente.
- *Definição comercial obscura*. A incerteza sobre qual era "exatamente" o negócio em que estavam, levou essas empresas a se submeterem a mudanças constantes e a falta de estabilização.
- *Dependência de um cliente*. Isso resultou falha em diversificar e provocou a extinção de algumas das empresas.

As dificuldades financeiras envolvem os seguintes fatores:

- *Subcapitalização inicial*. A subcapitalização contribuiu com o fracasso de 30% dos casos estudados.
- *Assunção de dívidas cedo demais*. Algumas das empresas tentaram obter financiamento externo muito cedo e em valores altos, o que lhes causou endividamento.
- *Problemas de relacionamento entre o capitalista e o empreendedor*. As diferenças entre os objetivos, as visões e as motivações do empreendedor e do capitalista de risco geraram problemas para o empreendimento.

Os problemas de gestão envolveram dois fatores importantes:

- *Conceito de abordagem de equipe*. Foram encontrados os seguintes problemas associados à equipe gerencial: (1) contratações e promoções com base em nepotismo em vez de qualificação, (2) más relações com empresas-mãe* e capitalistas de risco, (3) fundadores que se concentraram em suas fraquezas em vez de em seus pontos fortes (pensando que, ao focar em suas fraquezas, estariam desenvolvendo suas habilidades e evitando problemas futuros), (4) profissionais de apoio incompetentes (por exemplo, advogados incapazes de ler contratos ou que cobravam decisões judiciais que já haviam sido dadas).

---

* Empresas geralmente maiores que detêm cota suficiente do empreendimento que lhe permita intervir no controle e na operação do negócio. (N.R.T.)

- *Problemas com recursos humanos.* Proprietário com ego inflado, preocupações com funcionários e controle de fatores foram problemas que levaram ao fracasso do negócio. O estudo também revelou problemas interpessoais, como (1) propinas e demissões subsequentes que resultaram perda quase total de clientes, (2) engano por parte de um capitalista de risco em um caso e por parte do presidente de uma empresa em outro, (3) acordos verbais entre empreendedor e capitalistas de risco que não foram honrados, e (4) processos judiciais prolongados sobre o tempo de cessação.

TABELA 6.2 TIPOS E CLASSES DE PROBLEMAS NO PRIMEIRO ANO DE OPERAÇÃO

1. *Obter financiamento externo*
   Obter financiamento para crescimento
   Problemas gerais de financiamento ou outros problemas
2. *Gestão financeira interna*
   Capital de giro inadequado
   Problemas com fluxo de caixa
   Problemas gerais de gestão financeira ou outros problemas
3. *Vendas/Marketing*
   Poucas vendas
   Dependência de um ou de poucos clientes
   Canais de marketing ou distribuição
   Relações públicas/promoções/publicidade
   Problemas gerais de marketing ou outros problemas
4. *Desenvolvimento de produtos*
   Desenvolvimento de produtos e/ou serviços
   Problemas gerais de desenvolvimento de produtos ou outros problemas
5. *Gestão de produção e/ou de operações*
   Estabelecimento ou manutenção de controle de qualidade
   Matérias-primas/recursos/suprimentos
   Problemas gerais de gestão de produção e/ou de operações ou outros problemas
6. *Gestão geral*
   Falta de experiência gerencial
   Apenas uma pessoa/falta de tempo
   Controle de crescimento/gestão
   Problemas administrativos
   Problemas gerais de gestão ou outros problemas
7. *Gestão de recursos humanos*
   Recrutamento/seleção
   Turnover/retenção
   Satisfação/moral
   Desenvolvimento profissional
   Problemas gerais de gestão de recursos humanos ou outros problemas
8. *Ambiente econômico*
   Economia pobre/recessão
   Problemas gerais do ambiente econômico ou outros problemas
9. *Ambiente regulatório*
   Insegurança

Fonte: David E. Terpstra e Philip D. Olson, "Entrepreneurial startup and Growth: A Classification of Problems", *Entrepreneurship Theory and Practice* 17, n. 3, Primavera/1993, p. 19.

Em um estudo sobre empreendimentos bem-sucedidos (lista das 500 empresas de capital fechado de crescimento mais rápido), os problemas mais importantes encontrados na fase de arranque foram pesquisados, a fim de classificá-los sistematicamente em um esquema. A Tabela 6.2 relaciona os tipos e as classes de problemas identificados durante o primeiro ano de operação. O pesquisador também descobriu os problemas atuais que os proprietários dessas empresas de sucesso encontraram para explorar as possíveis mudanças nos padrões problemáticos de novas empresas. Verificou-se que os problemas dominantes na fase de arranque tinham relação com vendas e/ou marketing (38%), obtenção de financiamento externo (17%) e gestão financeira interna (16%). Problemas gerais de gestão também foram frequentemente citados na fase de arranque (11%). Vendas e marketing continuaram como os problemas mais dominantes (22%) no **estágio de crescimento,** mas menos importantes que na fase de arranque. A gestão financeira interna (21%) continuou a ser um problema dominante, assim como a gestão de recursos humanos (17%) e a administração geral (14%). Além disso, mais problemas ambientais ocorreram na fase de crescimento (8%) do que aqueles mencionados na fase de arranque (1%) e, por fim, a estrutura organizacional e o projeto (6%) apareceram como problema no estágio de crescimento.[16] É importante que os empreendedores reconheçam essas áreas problemáticas no início, pois elas continuam a ser desafios para o empreendimento à medida que ele cresce.

Outro estudo, realizado com 645 empreendedores, focou a classificação das start-ups e os problemas de crescimento experimentados internamente *versus* problemas enfrentados externamente.[17] Os percentuais foram calculados para cada problema. Os **problemas internos** envolveram capital adequado (15,9%), fluxo de caixa (14,9%), instalações/equipamentos (12,6%), controle de estoque (12,3%), recursos humanos (12,0%), liderança (11,1%), estrutura organizacional (10,8%), sistemas e contabilidade (10,4%). Os **problemas externos** relacionavam-se com contato com o cliente (27,3%), conhecimento de mercado (19,3%), planejamento de marketing (14,4%), localização (11,1%), preços (8,4%), considerações sobre o produto (7,6%), concorrência (6,3%) e expansão (5,5%). Os pesquisadores descobriram que a "intensidade da concorrência", mais que os ciclos de vida, foi fundamental na mudança da importância relativa das áreas problemáticas. Assim, os empreendedores tiveram de reconhecer não apenas os **problemas da fase de arranque** que permanecem com o empreendimento, como também que o aumento da concorrência ajustará a importância relativa dos problemas.

As percepções diferentes sobre o fracasso do novo empreendimento foram examinadas em outro estudo realizado pelos pesquisadores Andrew Zacharakis, G. Dale Meyer e Julio De Castro. Nele, os fatores internos e externos foram identificados e classificados por meio de amostragens de capitalistas de risco e de empreendedores. Empreendedores, que atribuíram o fracasso do empreendimento em geral a *fatores internos* durante 89% do tempo, classificaram a falta de habilidade de gestão, a má gestão estratégica, a falta de capital e a falta de visão como os maiores fatores responsáveis pelo fracasso. Os capitalistas de risco, esmagadoramente, atribuíram o motivo do fracasso da maioria dos novos empreendimentos também a *causas internas* (84%) e, similarmente, creditaram o fracasso mais frequentemente a estes três fatores internos: falta de habilidade de gestão, má gestão estratégica e falta de capitalização. Um fator externo, más condições do mercado externo, ficou em quarto na lista dos capitalistas de risco.[18]

Uma quarta "falha" ou problema estudado lidou com um **modelo de previsão de falhas** proposto baseado em dados financeiros de empreendimentos recém-fundados. O estudo supunha que o processo de falência financeira se caracterizava por um excesso de endividamento inicial e muito pouco financiamento de receita. Conforme mostrado pelo esquema da Tabela 6.3, o risco de falência pode ser reduzido pelo uso de menos endividamento com financiamento inicial e pela geração de rendimento suficiente nas fases iniciais. Além disso, o estudo reconheceu o risco associado ao tamanho inicial do empreendimento a ser desenvolvido. As aplicações específicas do modelo incluem o seguinte:[19]

1. **Papel dos fluxos de caixa e da lucratividade.** Empreendedor e gestor devem assegurar-se de que os produtos sejam capazes de produzir fluxos de caixa e de lucratividade positivos nos primeiros anos.

2. **Papel da dívida.** Empreendedor e gestor devem garantir que capital suficiente do cotista da empresa esteja no balanço inicial para amortecer perdas futuras.

3. **Combinação de ambos.** Empreendedor e gestor não devem começar um negócio se a cota de capital líquido do cotista no balanço inicial for baixa e se houver probabilidade de fluxos de caixa negativos nos primeiros anos.

TABELA 6.3 PROCESSO DE FALÊNCIA DE UMA EMPRESA RECÉM-FUNDADA

1. Endividamento extremamente alto (baixa solidez estática) e porte pequeno.
2. Velocidade de capital muito lenta, crescimento muito rápido, lucratividade muito baixa (em comparação com o orçamento), ou combinação destas condições.
3. Inesperada falta de financiamento da receita (baixa liquidez dinâmica).
4. Baixa liquidez estática e habilidade no serviço da dívida (solidez dinâmica).

A. Lucratividade

1. O retorno do percentual investido no final do ano apurado $= \dfrac{\text{Lucro líquido + despesas com juros}}{\text{Capital total no final do ano}} \times 100$

B. Liquidez

Dinâmico

2. Fluxo de caixa em relação às vendas líquidas $= \dfrac{\text{Lucro líquido + depreciações}}{\text{Vendas líquidas}} \times 100$

Estático

3. Razões rápidas $= \dfrac{\text{Bens financeiros}}{\text{Dívida corrente}}$

C. Solidez

Estático

4. Capital do cotista em relação ao capital total $= \dfrac{\text{Capital total - Dívida do capital}}{\text{Capital total}} \times 100$

Dinâmico

5. Fluxo de caixa em relação ao total da dívida $= \dfrac{\text{Lucro líquido + depreciações}}{\text{Dívidas totais}} \times 100$

D. Outros Fatores

Crescimento ou tamanho dinâmico

6. Razão do crescimento anual em vendas líquidas $= \dfrac{\text{Vendas líquidas anuais } t}{\text{Vendas líquidas anuais } t-1} \times 100$

Tamanho

7. Logaritmo de vendas líquidas = ln (vendas líquidas)

Velocidade do capital

8. Vendas líquidas em relação ao capital total $= \dfrac{\text{Vendas líquidas}}{\text{Capital total apurado no final do ano}} \times 100$

Fonte: Erkki K. Laitinen, "Prediction of Failure of a Newly Founded Firm", *Journal of Business Venturing* 7, n. 4, 1992, p. 326-28.

4. **Papel do tamanho inicial.** Empreendedor e gestor devem entender que, quanto maior a probabilidade de fluxos de caixa negativos e maior a parcela da dívida no balanço inicial, menor deve ser o tamanho inicial do negócio.
5. **Papel da velocidade de capital.** Empreendedor e gestor não devem elaborar um orçamento para velocidade rápida do capital nos primeiros anos se o risco de fluxos de caixa negativos for alto.

Ou seja, mais vendas, em comparação com o capital equivalente, resulta mais fluxos de caixa negativos e menor lucratividade.

6. **Papel do controle.** Empreendedor e gestor devem monitorar os índices financeiros a partir do primeiro ano, especialmente a proporção entre fluxo de caixa e endividamento. As combinações de risco em percentuais – especialmente fluxos de caixa negativos, percentual pequeno entre capital do cotista e capital total e alta velocidade de capital – devem ser monitoradas e comparadas com padrões do setor. O empreendedor deve tentar identificar as razões de pequenos percentuais e prestar especial atenção para manter a lucratividade ao nível planejado (com índices de controle).

6.5 PROCESSOS TRADICIONAIS DE AVALIAÇÃO DE EMPREENDIMENTO

Uma tarefa fundamental no início de um novo negócio é conduzir uma análise sólida da viabilidade de tirar um produto e/ou serviço do papel. Os empreendedores devem concentrar-se na análise de viabilidade para descobrir se suas propostas contêm erros fatais. As seções a seguir fornecem uma explicação sobre a avaliação do empreendimento.

6.5a Análise de perfil

[OA6] Analisar os métodos tradicionais dos processos de avaliação de risco: análise de perfil, critérios de viabilidade e método de viabilidade abrangente.

A *análise do perfil* é uma ferramenta que permite aos empreendedores julgar o potencial de risco do negócio avaliando os pontos fortes e fracos do empreendimento ao longo de uma série de dimensões ou variáveis. Raras vezes o sucesso ou o fracasso de um novo empreendimento é moldado por uma única variável estratégica; na maioria das situações, o resultado é influenciado por uma combinação de variáveis. É importante, portanto, identificar e investigar essas variáveis antes de comprometer recursos para iniciar um novo empreendimento.

A análise do perfil interno no exercício experimental da Tabela 6.1 apresenta um quadro, no formato de *checklist*, para determinar os pontos fortes e fracos de recursos financeiros, marketing, organizacional e recursos humanos disponíveis em um novo empreendimento. Por meio de uma cuidadosa análise de perfil, os empreendedores podem reduzir os possíveis pontos fracos capazes de inibir o crescimento de seus negócios, evitando assim muitos dos erros citados anteriormente neste capítulo, que podem levar ao fracasso dos empreendimentos.

6.5b Critérios de viabilidade

Critérios de viabilidade constituem outro tipo de avaliação; trata-se de uma lista de critérios selecionados, a partir dos quais os empreendedores podem obter *insights* sobre a viabilidade de seu empreendimento:

- *O produto é registrado?* O produto não precisa ser patenteado, mas deve ser suficientemente registrado[*] para permitir uma vantagem inicial contra os concorrentes e um período de lucros extraordinários no início do empreendimento para compensar os custos da guinada inicial.
- *Os custos iniciais de produção são realistas?* A maioria das estimativas é muito baixa. Uma análise cuidadosa e detalhada deve ser feita, de modo a evitar o surgimento de despesas grandes e inesperadas.
- *Os custos iniciais de marketing são realistas?* Esta resposta requer que se tenha identificado mercados-alvo, canais de mercado e estratégia promocional para o empreendimento.
- *O produto tem potencial para margens muito altas?* Isso é quase uma necessidade para uma nova empresa. As margens brutas são algo que a comunidade financeira entende; sem elas, o financiamento pode ser difícil.
- *O tempo necessário para chegar ao mercado e alcançar o ponto de equilíbrio é realista?* Na maioria dos casos, quanto mais rápido, melhor. Em todos os casos, o plano do empreendimento estará vinculado a essa resposta, e um erro aqui poderá significar problemas mais tarde.
- *O potencial de mercado é grande?* Para determinar o potencial do mercado, os empreendedores devem fazer uma previsão para três a cinco anos, porque alguns mercados levam esse tempo para emergir. O telefone celular, por exemplo, tinha uma demanda anual de aproximadamente

---

[*] No Brasil, além da patente, somente o segredo industrial preserva a criação de um produto. (N.R.T.)

400 mil unidades em 1982; hoje, o número de *smartphones* vendidos em qualquer trimestre é muito maior que isso.
- *O produto é o primeiro de uma família em crescimento?* Se for, o empreendimento será mais atraente para os investidores, mas se não houver um grande retorno com o primeiro produto, o mesmo pode acontecer com o segundo, terceiro ou quarto produto da família.
- *Existe um cliente inicial?* Os financiadores do projeto ficam realmente impressionados quando uma empresa pode listar seus dez primeiros clientes pelo nome. A demanda reprimida é um sinal de que os resultados do primeiro trimestre serão bons, e o foco da atenção pode ser direcionado para os trimestres posteriores.
- *Os custos e o tempo de desenvolvimento são realistas?* De preferência, eles devem ser nulos. Um produto pronto para ser vendido dá ao empreendimento uma grande vantagem sobre a concorrência. Se houver custos, eles devem ser completos, detalhados e ligados a uma agenda mensal.
- *Esse é um setor crescente?* O crescimento do setor não é absolutamente essencial se os lucros e o crescimento da empresa puderem ser justificados, mas isso significa menos espaço para erros. Em um setor em crescimento, boas empresas fazem isso ainda melhor.
- *O produto – e a necessidade por ele – consegue ser compreendido por uma comunidade financeira?* Se os financistas conseguirem entender o conceito e seu valor, as possibilidades de financiamento aumentarão. Por exemplo, um sistema de monitoramento cardíaco portátil para monitoramento pós-coronariano é um produto que muitos podem entender. Sem dúvida, algumas pessoas que estiverem participando de uma apresentação sobre tal dispositivo já terão tido algum problema coronário.[20]

A abordagem dos critérios de seleção proporciona um meio de analisar os pontos fortes e as fraquezas internas existentes em um novo empreendimento, centrando-se no potencial de marketing e no potencial do setor para a avaliação. Se o novo empreendimento reunir menos que seis desses critérios, normalmente falta-lhe viabilidade de financiamento. Se o novo empreendimento reunir sete ou mais critérios, pode ter boa chance de ser financiado.

6.5c Método de viabilidade abrangente

Uma análise mais abrangente e sistemática de viabilidade, o **método de viabilidade abrangente**, incorpora fatores externos, além dos incluídos nas perguntas citadas no item anterior. A Figura 6.2 apresenta uma esquematização dos fatores envolvidos em um estudo de viabilidade abrangente de um novo empreendimento: técnico, de mercado, financeiro, organizacional e competitivo. Embora todas as cinco áreas apresentadas na Figura 6.2 sejam importantes, duas merecem atenção especial: a técnica e a mercadológica.

VIABILIDADE TÉCNICA
A avaliação da ideia de um novo empreendimento deve começar com a identificação das condições técnicas – **viabilidade técnica** – para a produção de um produto ou serviço que satisfará as expectativas dos clientes em potencial. As mais importantes são:

- *Design* funcional do produto e aparência atraente.
- Flexibilidade, permitindo a rápida alteração de características externas do produto para atender demandas dos clientes ou mudanças tecnológicas e competitivas.

FIGURA 6.2 ÁREAS-CHAVE PARA A AVALIAÇÃO DA VIABILIDADE DE UM NOVO EMPREENDIMENTO.

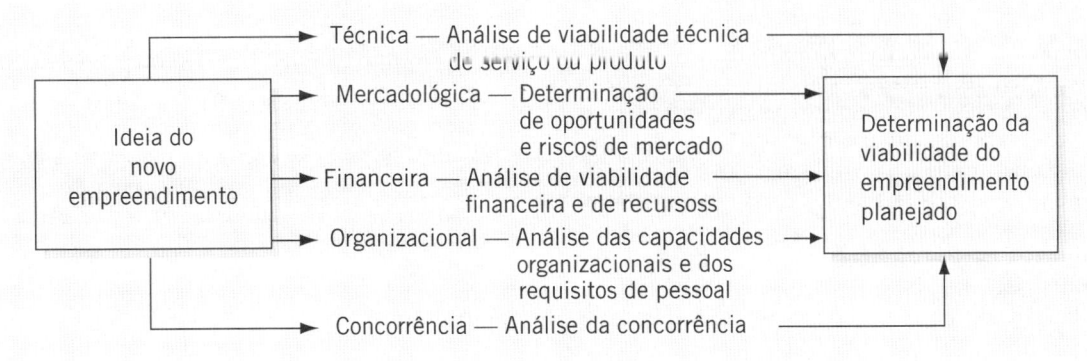

Ideia do novo empreendimento →
- Técnica — Análise de viabilidade técnica de serviço ou produto
- Mercadológica — Determinação de oportunidades e riscos de mercado
- Financeira — Análise de viabilidade financeira e de recursos
- Organizacional — Análise das capacidades organizacionais e dos requisitos de pessoal
- Concorrência — Análise da concorrência

→ Determinação da viabilidade do empreendimento planejado

- Durabilidade dos materiais de que é feito o produto.
- Confiabilidade, garantindo desempenho como o esperado em condições normais de uso.
- Segurança do produto, o que representa ausência de riscos potenciais em condições normais de uso.
- Utilidade razoável, uma taxa aceitável de obsolescência.
- Manutenção fácil e de baixo custo.
- Padronização pela eliminação de variedade desnecessária de componentes potencialmente substituíveis (modularidade).
- Facilidade de processamento ou de fabricação.
- Facilidade de uso e manuseio.[21]

Os resultados dessa investigação fornecem uma base para decidir se um novo empreendimento é possível a partir de um ponto de vista técnico.

VIABILIDADE MERCADOLÓGICA

Reunir e analisar informações relevantes sobre a **viabilidade mercadológica** de um novo empreendimento são atitudes essenciais para a avaliação do seu potencial sucesso. As três áreas principais nesse tipo de análise são: (1) investigação do potencial de mercado e identificação de clientes (ou usuários) dos produtos ou serviços, (2) análise de quanto a empresa pode explorar desse potencial de mercado,

O PROCESSO EMPREENDEDOR

Enfrentando seus medos!

A viagem interior para a criação de um empreendimento empresarial pode ser ainda mais amedrontadora que o processo externo de desenvolver um plano de negócios e busca de capital. Conseguir a coragem de sair de um emprego e começar um novo empreendimento pode parecer fácil; contudo, essa atitude traz enormes desafios emocionais quando os eventos reais estiverem prestes a acontecer. Suzanne Mulvehill, consultora, autora de *Employee to Entrepreneur* e apresentadora de seu próprio programa de rádio, sugere estratégias específicas a serem seguidas para enfrentar os desafios emocionais de start-ups empreendedoras. Ela criou o termo "Endurance Emocional" para descrever a força interior necessária para sair do emprego e arriscar-se em um empreendimento. A seguir estão algumas das estratégias mais importantes que podem ajudar os empreendedores a se moverem através da jornada emocional.

1. **Diga sim aos seus anseios.** Em outras palavras, reconheça o desejo que você tem de se aventurar por conta própria. Tudo começa com a aceitação da possibilidade de que isso poderá acontecer.
2. **Visualize seu sucesso.** Criar uma visão do que *poderia* ser pode ser um poderoso motivador para o que *será*. É importante anotar essa visão para que ela seja tangível nessa fase inicial.
3. **Avalie suas crenças.** Em uma folha de papel, relacione todas as suas crenças sobre dinheiro, negócios e si mesmo. Então, em uma coluna semelhante, anote como você gostaria de ver o dinheiro, o negócio e a si mesmo. Compare essas crenças e decida quanto elas estão distantes e por que.
4. **Faça o que ama.** Não há substituto para a paixão. O que você ama é o que vai levá-lo ao sucesso, mesmo em tempos difíceis. Desenvolva as suas ideias de negócio em torno das coisas que você gosta de fazer.
5. **Eduque-se.** Evite o mito de que a educação enfraquece qualquer desejo de ser um empreendedor. Isso pode ter sido verdade 20 anos atrás, mas já percorremos um longo caminho em nossas abordagens da educação empresarial. A educação empreendedora é a disciplina mais requisitada nas universidades em todo o mundo. Lembre-se: conhecimento é poder.
6. **Elimine desculpas.** Sempre que estiver se desculpando por não fazer algo, anote e examine mais tarde. Tenha consciência das desculpas comuns que você pode estar usando e que não têm fundamento real. Transforme o seu "eu não consigo" em perguntas abertas, que lhe permitam explorar as possibilidades, em vez de fechar a porta.
7. **Saiba que não existe um "momento certo".** Esperar pelo momento perfeito é uma armadilha na qual muitas pessoas caem, apenas para descobrir mais tarde que o tempo passou por elas. A única garantia que temos sobre o tempo é que ele continua, com ou sem nós. Em vez de esperar, você precisa mover proativamente a sua ideia.
8. **Comece pequeno.** É sempre melhor ser realista e saber o que se pode realizar em um futuro próximo. O futuro a longo prazo pode ter coisas maiores para o empreendimento; no início, porém, você deve evitar ser destruído.
9. **Responda aos "e se".** Pare por um momento e anote todos os "e se" com os quais você se questiona. Tente começar a responder as perguntas de forma lógica. É incrível quanta coragem você irá ganhar a partir da análise dessas contingências.
10. **Peça ajuda.** Estenda a mão e encontre ajuda. Empreendedor dissidente é um mito do passado. Hoje, há muita ajuda disponível, se você estiver disposto a procurá-la. Ignorância não é fazer perguntas; muito pelo contrário: ignorância é ser arrogante o suficiente para pensar que se tem todas as respostas.

Fonte: Adaptado de Suzanne Mulvehill, "Fear Factor", *Entrepreneur*, abril/2005, p. 104-11.

e (3) utilização da análise de mercado para determinar as oportunidades e os riscos associados ao empreendimento. Para atender a essas áreas, várias fontes de informação devem ser encontradas e utilizadas. As fontes gerais para uma análise de viabilidade de mercado incluem:

- *Tendências econômicas gerais.* Vários indicadores econômicos, como novos pedidos, armazenamento, estoques e gastos do consumidor.
- *Dados mercadológicos.* Clientes, padrões de demanda do consumidor; por exemplo, variações sazonais da procura e regulamentações governamentais que afetam a demanda.
- *Dados de preços.* Faixa de preços para o mesmo produto, bem como para produtos complementares e de substituição; preços comuns; estruturas de descontos.
- *Dados da concorrência.* Principais concorrentes e sua força competitiva.

No Capítulo 10, veremos mais sobre as questões de marketing. Neste ponto, é importante notar o valor da pesquisa de mercado na avaliação global e na avaliação de um novo empreendimento.[22]

A análise de viabilidade abrangente está intimamente relacionada com a preparação de um plano de negócios completo (abordado em detalhes no Capítulo 12). A abordagem ilustra claramente a necessidade de se avaliar cada segmento do empreendimento *antes* de iniciar o negócio ou de apresentá-lo a fontes de capital.

Para auxiliar na compreensão da análise de viabilidade, o Apêndice 6A inclui um modelo usado em um plano de viabilidade completo. Ele tem o formato de perguntas e respostas, permitindo que os empreendedores considerem segmentos importantes antes de avançar com uma ideia. Em geral, capitalistas de risco concordam que os riscos de qualquer empresa empreendedora são você, a sua equipe de gestão e quaisquer falhas fundamentais aparentes na sua ideia de empreendimento. Portanto, faça uma avaliação razoável de tais riscos.

6.6 METODOLOGIAS CONTEMPORÂNEAS PARA A AVALIAÇÃO DE RISCO

OA7 Destacar os métodos contemporâneos de avaliação do empreendimento: metodologia de projeto e metodologia *lean start-up*.

Com movimentos mais recentes se formando em um mundo empreendedor sempre em mutação, as próximas seções destacam algumas das metodologias mais contemporâneas que estão sendo utilizadas para análise do conceito e a avaliação do novo empreendimento. De métodos de design a procedimentos *lean start-up*, o rápido ambiente empresarial está demonstrando novos métodos para melhorar os conceitos de desenvolvimento do empreendimento.

6.6a Metodologia de design

O design é agora um tema quente no mundo dos negócios. A demanda está se tornando tão grande, que as universidades estão construindo programas com uma abordagem geral de projeto em vez de concentrá-lo apenas em escolas técnicas, como as de arquitetura e de engenharia. Ao fazer um paralelo entre o projeto geral de empresas como a IDEO, que abordam problemas em setores que variam da medicina a bens de consumo, a Stanford University fundou um Instituto de Design (também conhecido como Escola D), e a Rotman School of Management, da Universidade de Toronto, construiu um currículo com base no poder do projeto em negócios. Esses programas objetivam formar futuros líderes empresariais para incorporar o *design thinking* em suas práticas gerais, como fizeram a P&G e a Microsoft, que adotaram métodos de projeto. Essa metodologia pode ser uma fonte vital de avaliação para os empreendedores e seus conceitos de empreendimento em estágio inicial.

PROJETE E APRENDA

Design é um processo de aprendizagem que molda e converte ideias em forma, mesmo que seja um plano de ação, uma experiência ou uma coisa física.[23] Os designers, muitas vezes, iniciam a busca de soluções viáveis por meio do processo iterativo que envolve aprendizagem da língua, problemas, fatores fundamentais de sucesso e restrições inerentes aos domínios de interesse. Erros e falhas ao longo do caminho devem ser vistos como oportunidades para aprender e se adaptar. Como resultado, o conhecimento e a credibilidade no domínio do empreendimento são aumentados. Os pesquisadores Michael G. Goldsby, Donald F. Kuratko e Thomas Nelson acreditam que a metodologia de design fornece mecanismos de aprendizagem específicos importantes para converter ideias em forma. Por exemplo:

- *Aprender com a pesquisa qualitativa* – Inclui observações imparciais das partes interessadas em relação ao problema, envolvimento participativo de partes interessadas no problema e imersão em pesquisa secundária disponível.
- *Aprender com um **protótipo*** – Um protótipo (uma representação física do empreendimento) capta a essência de uma ideia em uma forma que pode ser compartilhada com os outros para comunicação e *feedback*, fechando a lacuna entre conceito e realidade
- *Aprendendo com o* feedback – Esse *feedback* é sobre a eficácia do conceito do empreendimento, e não precisa ser complicado; as primeiras impressões e instintos fornecem observações honestas, que podem ser utilizadas à medida que futuras versões do conceito do empreendimento forem moldadas.[24]

DESENVOLVIMENTO DO DESIGN

A metodologia de desenvolvimento do *design thinking* utiliza habilidades que todos possuímos, mas que costumam ser ignoradas em razão de práticas mais convencionais de resolução de problemas. Os métodos tradicionais têm se baseado em técnicas racionais e analíticas, enquanto o *design thinking* se baseia em intuição, reconhecimento e emoção. Enquanto a maioria das empresas tende a se concentrar nas dimensões tradicionais de produto, desempenho ou preço, as necessidades latentes estão aonde a metodologia de design se concentra, e estas são frequentemente encontradas em áreas como segurança, reutilização, sustentabilidade, personalização ou conveniência.

A **metodologia de design** toma uma ideia inicial de conceito e desenvolve uma prova de conceito que leva partes interessadas relevantes a dar um *feedback*. Para conseguir isso, vários critérios devem ser atendidos, incluindo a viabilidade técnica e financeira do conceito, bem como sua conveniência.[25] O método de design converte ideias em forma, integrando o que é desejável, do ponto de vista de um usuário, com o que é técnica e economicamente viável.

- *Prova de viabilidade de conceito* – O foco é definir se o conceito de um potencial empreendimento pode ser produzido ou se é funcionalmente possível.
- *Prova de conveniência* de conceito – O foco é definir se o conceito de um potencial empreendimento é desejável para os clientes; nessa análise, consideram-se forma, função e estética do produto e comportamento do usuário.
- *Prova de viabilidade do conceito* – O foco é definir se o conceito de um potencial empreendimento consegue produzir resultados financeiros.[26]

De modo simplificado, um processo de design bem-sucedido é evidenciado por uma prova de conceito que fornece evidências de que um produto ou solução pode ser feito, que ele é desejado pelos clientes e que faz sentido, financeiramente falando. Em grande parte, a escolha do *feedback*, da aprendizagem e das sugestões a serem usadas nas versões iterativas de soluções ficam a critério dos designers. Consequentemente, cabe-lhes também julgar a respeito de quando uma solução boa, melhor ou ideal é atingida. Os momentos de Gestalt *insight* e compreensão afetam o processo e indicam quando um conceito está pronto para ser implementado.[27]

6.6b Empreendedorismo centrado no design

Os pesquisadores Michael G. Goldsby, Donald F. Kuratko, Matthew R. Marvel e Thomas Nelson introduziram o conceito de **empreendedorismo centrado no projeto** com um modelo conceitual. Em essência, o empreendedor aplica métodos de projeto em quatro estágios de desenvolvimento de uma oportunidade. O estágio de ideação envolve tomada de ação e aprendizado, que culmina no conceito de um empreendimento para desenvolvimento futuro. O estágio de protótipo aborda as questões técnicas do conceito e garante que um produto ou serviço viável possa ser feito e entregue. A ação do estágio de engajamento no mercado aperfeiçoa o conceito para o cliente, bem como contribui para a aquisição de conhecimento, ou de aprendizado, a partir dos primeiros usuários. A ação do estágio de modelo de negócio completa o desenvolvimento da oportunidade, identificando os diferentes componentes do modelo que deverão ser postos em prática para que o conceito seja financeiramente viável. Uma vez que o empreendedor tenha desenvolvido um conceito de negócio que pareça factível, desejável e seja financeiramente viável, as atividades de arranque levam ao cumprimento da oportunidade.[28]

A utilização da metodologia de design em cada estágio de ação ajuda a criar uma prova distinta de conceito que auxilia no desenvolvimento da ideia do empreendimento. O empreendedorismo centrado no design inclui dois tipos: **microiterações** (dentro de cada estágio de ação, para melhorar

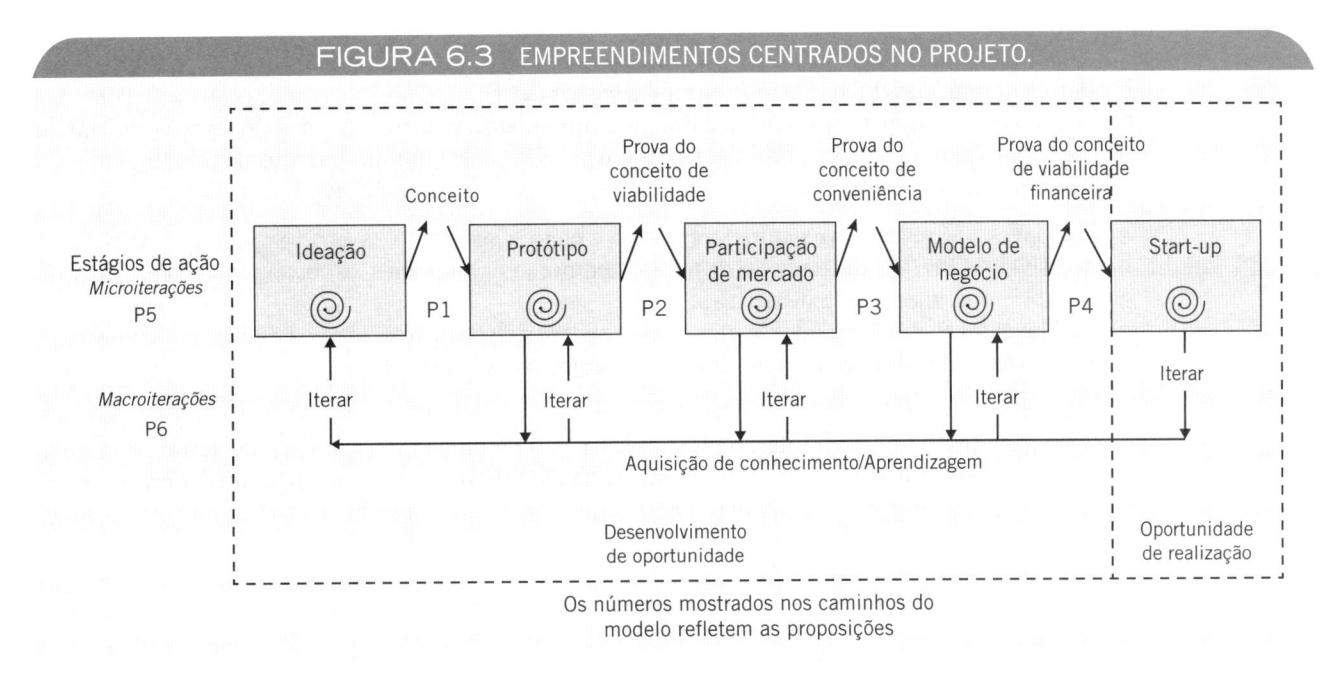

FIGURA 6.3 EMPREENDIMENTOS CENTRADOS NO PROJETO.

Estágios de ação
Microiterações P5

Ideação →(Conceito)→ Protótipo →(Prova do conceito de viabilidade)→ Participação de mercado →(Prova do conceito de conveniência)→ Modelo de negócio →(Prova do conceito de viabilidade financeira)→ Start-up

P1 — P2 — P3 — P4

Macroiterações P6 — Iterar (entre estágios)

Aquisição de conhecimento/Aprendizagem

Desenvolvimento de oportunidade | Oportunidade de realização

Os números mostrados nos caminhos do modelo refletem as proposições

Fonte: Michael G. Goldsby, Thomas Nelson e Donald F. Kuratko, "Design-Centered Entrepreneurship: A Process for Developing Opportunities", *Annals of Entrepreneurship Education & Pedagogy* (editado por Michael H. Morris; Edward Elgar Publishing), 2014, p. 200-217.

o resultado) e **macroiterações** (volta de um estágio para outro anterior, para um maior desenvolvimento). Tanto as microiterações quanto as macroiterações envolvem ação, aprendizado e refinamento, todos benéficos para o processo.

6.6c A metodologia Lean Start-up

Similar a essa metodologia, a **metodologia Lean Start-up** fornece uma abordagem científica para criar conceitos de empreendimento iniciais e entregar o produto desejado nas mãos dos clientes mais rapidamente. Sua filosofia tem origem no conceito japonês de *lean manufacturing* (manufatura enxuta), que procura aumentar as práticas de criação de valor e eliminar o desperdício. A *lean start-up* começa com a premissa de que cada novo empreendimento é um grande experimento que tenta responder a perguntas como: "Esse empreendimento deve ser criado?" e "Será um negócio sustentável?".[29]

A metodologia *Lean Start-up* foi desenvolvida pela primeira vez em 2011, por Eric Ries, fundador do IMVU Inc., como uma forma de evitar o desperdício em start-ups e garantir que o plano de negócios continue a ser um documento vivo. A dura verdade é que, independentemente da quantidade de pesquisa desenvolvida e de quão bom você seja em previsões financeiras, seu novo conceito de empreendimento ainda estará baseado em certas suposições. É essencial que esses pressupostos sejam validados ou descartados o mais rapidamente possível. Reduzir o desperdício, na metodologia *Lean Start-up* é minimizar o tempo e o esforço gastos em uma hipótese errada, colocando um processo enxuto focado no desenvolvimento de seu produto ou serviço. Como Ries afirma em seu livro, "*work smarter, not harder*".[30]* Hoje, Steve Blank, que é reconhecido pelo desenvolvimento da metodologia de Desenvolvimento de Clientes, que lançou o movimento *Lean Start-up*, criou, juntamente com Jerry Engel, da Universidade da Califórnia, Berkeley, um curso inteiro para educadores, conhecido como o *Lean Launchpad*.[31]

A metodologia *Lean Start-up* é orientada por hipóteses, e os empreendedores devem trabalhar para reunir e *incorporar* o *feedback* dos clientes cedo e com frequência. Embora seja impossível resumir todo o livro e sua metodologia, aqui estão alguns pontos-chave e conceitos que o ajudarão a compreender os princípios da metodologia *Lean Start-up*.

---

* "Trabalhe mais inteligentemente, não mais duramente." (N.T.)

TERMINOLOGIA-CHAVE DA METODOLOGIA *LEAN START-UP*

Produto Mínimo Viável (MVP – *minimun viable product*):
O objetivo de se produzir um MVP é começar a aprender o quanto antes. Essa é a versão inicial do produto, que permite total conhecimento do seu ciclo de vida com um mínimo de esforço.

Os três "As" das métricas:

- Acionável – O relato deve demonstrar causa e efeito claros.
- Acessível – O relato deve ser claro para os empreendedores que, supostamente, irão utilizá-lo para orientar sua tomada de decisão.
- Auditável – Os empreendedores devem ser capazes de verificar *in loco* os dados de clientes reais e os mecanismos dos relatos não devem ser muito complexos.

Pivotar:
Nesse contexto, o termo refere-se a uma correção de curso estruturada para testar uma nova hipótese fundamental sobre o produto, a estratégia e o mecanismo de crescimento. A decisão de **pivotar** ou de perseverar deve ser avaliada após o *feedback* de cada ciclo "construir-medir-aprender" para a hipótese testada durante esse ciclo.

Ciclo construir-medir-aprender:
Pense nesse ciclo quando for aplicar o método científico para a sua start-up. Para começar, identifique quais hipóteses testar (as hipóteses de valor e de crescimento são sempre bons pontos para se começar). O estágio "construir" consiste em desenvolver o MVP para este ciclo. O estágio "medir" é a parte mais crítica do ciclo, pois é preciso assegurar-se de estar medindo as coisas certas. Os esforços para o desenvolvimento levam a um progresso *real*? É nesse ponto que os três "As" vêm a calhar. A fase final do ciclo, "aprender", exige que o empreendedor dê uma boa olhada em seus resultados e determine se é necessário pivotar (Veja a Figura 6.4).

Aprendizagem validada:
Aprendizagem validada é definida como um processo em que se aprende por meio da experimentação de uma ideia inicial e, então, pela medição dela para *validar* seu efeito. Cada teste para colocar uma ideia em prática é uma única *iteração* no processo maior de muitas iterações em que alguma coisa é aprendida e, em seguida, aplicada a testes sucessivos.

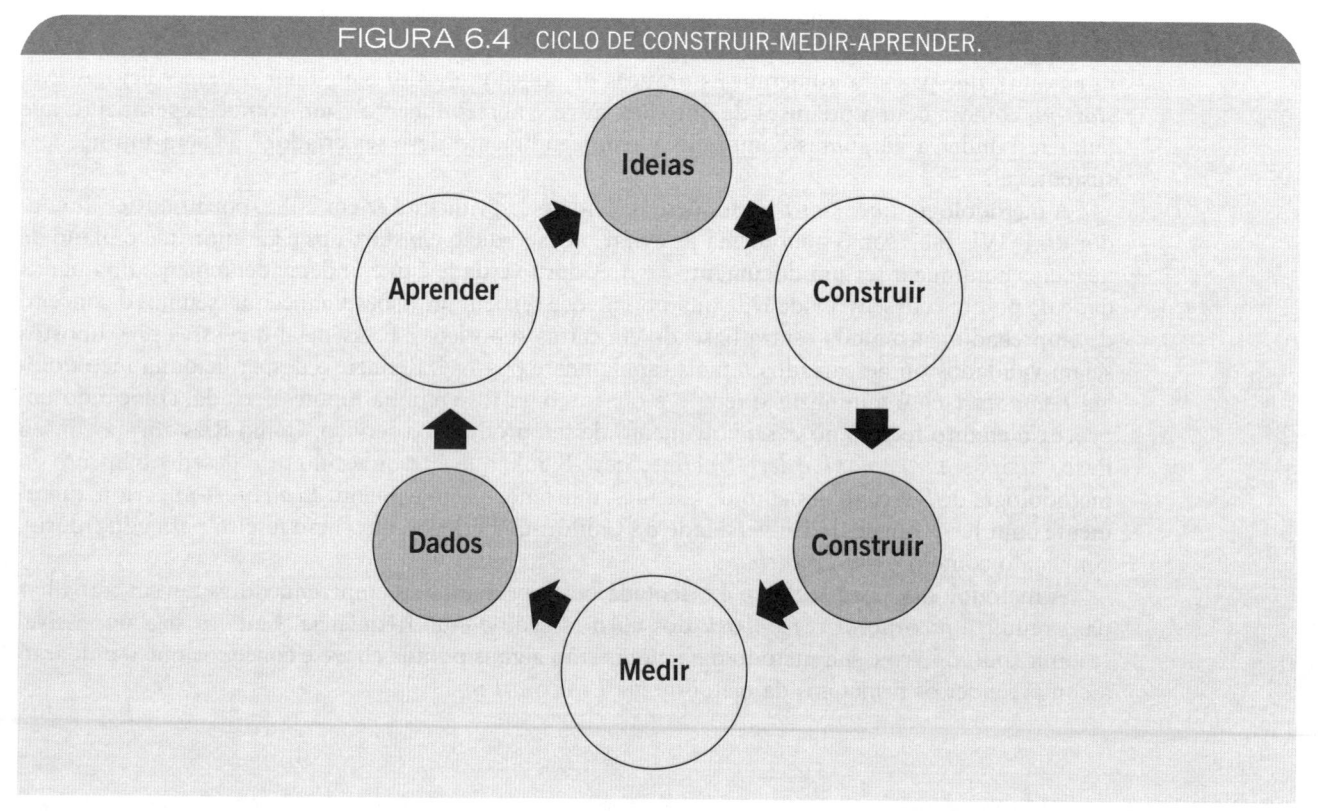

FIGURA 6.4 CICLO DE CONSTRUIR-MEDIR-APRENDER.

Fonte: Eric Ries, *The Lean Startup: How Today's Entrepreneurs Use Continuous Innovation to Create Radically Successful Businesses*, Nova York: Crown Business, 2011.

CAPÍTULO 6

Avaliação de oportunidades empreendedoras **141**

RESUMO

A complexidade de fatores envolvidos em um novo empreendimento do tipo *start-up* (como mostrado na Figura 6.1) torna difícil avaliar cada um com clareza. Além disso, a dificuldade de obtenção de dados confiáveis sobre empresas que faliram é somada a esse dilema. No entanto, melhorias estão sendo feitas, e a avaliação de novos empreendimentos tem se tornado um processo mais forte.

Uma série de armadilhas pode ocorrer na seleção de um novo empreendimento: falta de avaliação objetiva do empreendimento, falta de conhecimento do mercado, compreensão inadequada dos requisitos técnicos, conhecimentos financeiros limitados, falta de unicidade do empreendimento e desconhecimento de questões legais.

Ao avaliar um novo empreendimento, um empreendedor precisa considerar vários fatores críticos: originalidade do bem ou serviço, quantidade de investimento necessário para iniciar o empreendimento, crescimento das vendas e disponibilidade do produto.

Algumas das principais razões para o fracasso de novos empreendimentos são: conhecimento insuficiente do mercado, falha no desempenho do produto, esforços de marketing e vendas ineficazes, consciência inadequada de pressões da concorrência, rápida obsolescência do produto, má distribuição e descapitalização. Reunindo essas e outras causas, uma pesquisa recente revela três principais causas para o fracasso: problemas com o produto e/ou o mercado, dificuldades financeiras e problemas de gestão. Além disso, os empreendedores enfrentam problemas internos e externos.

A viabilidade do produto ou do serviço do empreendedor pode ser avaliada por meio das perguntas certas, fazendo-se uma análise do perfil do empreendimento, e pela realização de um estudo de viabilidade abrangente.

TERMOS-CHAVE

- abordagem de critérios de viabilidade
- abordagem de viabilidade abrangente
- aprendizagem validada
- comercialização
- crescimento das vendas
- disponibilidade do consumidor
- disponibilidade do produto
- empreendimento centrado no projeto
- empreendimento com pouca lucratividade
- empreendimento de alto crescimento
- empreendimento de estilo de vida
- estágio de crescimento
- fatores fundamentais
- macroiteração
- metodologia do projeto
- metodologia *Lean Start-up*
- microiteração
- modelo de previsão de falha
- originalidade
- pivotar
- problemas externos
- problemas internos
- problemas na fase de arranque
- Produto Mínimo Viável (MVP – *minimun viable product*)
- protótipo
- viabilidade técnica

PERGUNTAS DE REVISÃO E DISCUSSÃO

1. Explique os desafios envolvidos no desenvolvimento de novos empreendimentos.
2. Descreva alguns dos principais fatores envolvidos no desempenho novo empreendimento (use a Figura 6.1).
3. Muitos empreendedores necessitam de objetividade e não têm uma visão real do mercado. Por que essas características são consideradas armadilhas na escolha de novos empreendimentos?
4. Muitos empreendedores têm uma compreensão limitada de finanças associada ao seu novo empreendimento e/ou têm um empreendimento que necessita de originalidade. Por que essas características são consideradas armadilhas na seleção de novos empreendimentos?
5. Descreva cada um dos cinco fatores fundamentais envolvidos nas fases de pré-arranque e de arranque de um novo empreendimento.
6. Identifique e discuta três exemplos de problemas de produto e/ou de mercado que podem levar à falência.
7. Identifique e discuta dois exemplos de dificuldades financeiras que podem levar à falência.
8. Identifique e discuta dois exemplos de problemas de gestão que podem levar à falência.
9. Relacione quatro problemas principais enfrentados por novos empreendimentos.
10. De que maneira as perguntas certas podem ajudar um empreendedor a avaliar um novo empreendimento? Que tipos de perguntas estão envolvidas?

11. Explique os métodos tradicionais da avaliação de um novo empreendimento: análise de perfil, abordagem de critério de viabilidade e método de viabilidade abrangente.

12. Descreva os métodos contemporâneos da avaliação de novos empreendimentos: metodologia de design e a metodologia *lean start-up*.

NOTAS

1. Michael S. Malone, "The 200-Year-Old U.S. Patent Office Is Beginning to Show Its Age", *Forbes*, junho. 2002, p. 33-40; "Patent Applications Filed", http://www.inventionstatistics.com/Number_of_Patent – Applications_Filed_Annually_Year.html. Acesso em: 13 de fevereiro de 2012.
2. Sue Birley and Paul Westhead, "A Taxonomy of Business Start-Up Reasons and Their Impact on Firm Growth and Size", *Journal of Business Venturing* 9, n. 1, 1994, p. 7-32.
3. Nancy M. Carter, William B. Gartner e Paul D. Reynolds, "Exploring Start-Up Event Sequences", *Journal of Business Venturing* 11, n. 3, 1996, p. 151-66; veja também: Benyamin B. Lichtenstein, Kevin J. Dooley e G. T. Lumpkin, "Measuring Emergence in the Dynamics of New Venture Creation", *Journal of Business Venturing* 21, n. 2, 2006, p. 153-75.
4. Robert N. Lussier, "A Nonfinancial Business Success versus Failure Prediction Model for Young Firms", *Journal of Small Business Management*, n. 33, v. 1, 1995, p. 8-20.
5. Frédéric Delmar and Scott Shane, "Legitimating First: Organizing Activities and the Survival of New Ventures", *Journal of Business Venturing*, n. 19, v. 3, 2004, p. 385-410.
6. Arnold C. Cooper, "Challenges in Predicting New Firm Performance", *Journal of Business Venturing*, n. 8, v. 3, 1993, p. 241-53.
7. Keith H. Brigham, Julio O. De Castro e Dean A. Shepherd, "A Person-Organization Fit Model of Owner-Managers' Cognitive Style and Organizational Demands", *Entrepreneurship Theory and Practice*, n. 31, v. 1, 2007, p. 29-51; Dimo Dimov, "From Opportunity Insight to Opportunity Intention: The Importance of Person-Situation Learning Match", *Entrepreneurship Theory and Practice*, n. 31, v. 4, 2007, p. 561-84; e Nils Plambeck, "The Development of New Products: The Role of Firm Context and Managerial Cognition", *Journal of Business Venturing*, n. 27, v. 6, 2012, p. 607-21.
8. Candida G. Brush e Pieter A. Vanderwerf, "A Comparison of Methods and Sources for Obtaining Estimates of New Venture Performance", *Journal of Business Venturing*, n. 7, v. 2, 1992, p. 157-70; veja também: Gaylen N. Chandler and Steven H. Hanks, "Measuring the Performance of Emerging Businesses: A Validation Study", *Journal of Business Venturing* 8, n. 5, 1993, p. 391-408; e Scott L. Newbert, "New Firm Formation: A Dynamic Capability", *Journal of Small Business Management*, n. 43, v. 1, 2005, p. 55-77.
9. Paul Reynolds e Brenda Miller, "New Firm Gestation: Conception, Birth, and Implications for Research", *Journal of Business Venturing*, n. 7, v. 5, 1992, p. 405-17.
10. Bhaskar Chakravorti, "The New Rules for Bringing Innovations to the Market", *Harvard Business Review*, n. 82, v. 2, março/2004, p. 58-67; veja também: Eric A. Morse, Sally B. Fowler e Thomas B. Lawrence, "The Impact of Virtual Embeddedness on New Venture Survival: Overcoming the Liabilities of Newness", *Entrepreneurship Theory and Practice*, n. 31, v. 2, 2007, p. 139-60; e Mark Simon, Rodney C. Shrader, "Entrepreneurial Actions and Optimistic Overconfidence: The Role of Motivated Reasoning in New Product Introductions", *Journal of Business Venturing*, n. 27, v. 3, 2012, p. 291-309.
11. Theodore Levitt, "Marketing Myopia", *Harvard Business Review*, n. 38, v. 3, julho/agosto/1960, p. 45-56; veja também: Eileen Fischer e Rebecca Reuber, "The Good, the Bad, and the Unfamiliar: The Challenges of Reputation Formation Facing New Firms", *Entrepreneurship Theory and Practice*, n. 31, v. 1, 2007, p. 53-76.
12. Robert C. Ronstadt, *Entrepreneurship*, Dover, MA: Lord Publishing, 1984, p. 74.
13. Adaptado de: Ronstadt, *Entrepreneurship*, p. 75.
14. Ibid., p. 79.
15. Timothy Bates, "Analysis of Young, Small Firms That Have Closed: Delineating Successful from Unsuccessful Closures", *Journal of Business Venturing*, n. 20, v. 3, 2005, p. 343-58; Steven C. Michael e James G. Combs, "Entrepreneurial Failure: The Case of Franchisees", *Journal of Small Business Management*, n. 46, v. 1, 2008, p. 75-90; e Daniel P. Forbes and David A. Kirsch, "The Study of Emerging Industries: Recognizing and Responding to Some Central Problems", *Journal of Business Venturing*, n. 26, v. 5, 2011, p. 589-602.
16. David E. Terpstra e Philip D. Olson, "Entrepreneurial Start-Up and Growth: A Classification of Problems", *Entrepreneurship Theory and Practice*, n. 17, v. 3, 1993, p. 5-20.
17. H. Robert Dodge, Sam Fullerton e John E. Robbins, "Stage of the Organizational Life Cycle and Competition as Mediators of Problem Perception for Small Businesses", *Strategic Management Journal*, n. 15, 1994, p. 121-34.
18. Andrew L. Zacharakis, G. Dale Meyer e Julio DeCastro, "Differing Perceptions of New Venture Failure: A Matched Exploratory Study of Venture Capitalists and Entrepreneurs", *Journal of Small Business Management*, n. 37, v. 3, 1999, p. 1-14.
19. Erkki K. Laitinen, "Prediction of Failure of a Newly Founded Firm", *Journal of Business Venturing*, n. 7, v. 4, 1992, p. 323-40; Jan Brinckman, Soeren Salomo e Hans Georg Gemuenden, "Financial Management Competence of Founding Teams and Growth of New Technology-Based Firms", *Entrepreneurship Theory and Practice*, n. 35, v. 2, 2011, p. 217-43.
20. Gordon B. Baty, *Entrepreneurship: Playing to Win*, Reston, VA: Reston Publishing, 1974, p. 33-34.
21. Hans Schollhammer e Arthur H. Kuriloff, *Entrepreneurship and Small Business Management*, Nova York: John Wiley & Sons, 1979, p. 58; veja também: Kwaku Atuahene-Gima e Haiyang Li, "Strategic Decision Comprehensiveness and New Product Development Outcomes in New Technology Ventures", *Academy of Management Journal*,

21. n. 47, v. 4, 2004, p. 583-97; e Andreas Rauch e Serge A. Rijsdijk, "The Effects of General and Specific Human Capital on Long-Term Growth and Failure of Newly Founded Businesses", *Entrepreneurship Theory and Practice*, n. 37, v. 4, 2013, p. 923-41.
22. Frans J. H. M. Verhees e Matthew T. G. Meulenberg, "Market Orientation, Innovativeness, Product Innovation, and Performance in Small Firms", *Journal of Small Business Management*, n. 42, v. 2, 2004, p. 134-54; Minet Schindehutte, Michael H. Morris e Akin Kocak, "Understanding Market-Driven Behavior: The Role of Entrepreneurship" *Journal of Small Business Management*, n. 46, v. 1, 2008, p. 4-26; e Gerald E. Hills, Claes M. Hultman e Morgan P. Miles. "The Evolution and Development of Entrepreneurial Marketing". *Journal of Small Business Management*, n. 46, n. 1, 2008, p. 99-112.
23. Herbert A. Simon, *The Sciences of the Artificial*, Cambridge, MA: M.I.T. Press, 1996.
24. Michael G. Goldsby, Thomas Nelson e Donald F. Kuratko. "Design-Centered Entrepreneurship: A Process for Developing Opportunities", *Annals of Entrepreneurship Education & Pedagogy*, ed. Michael H. Morris, Cheltenham, UK: Edward Elgar Publishing, 2014, p. 200-17.
25. Tim Brown, *Change by design: How design thinking transforms organizations and inspires innovation*. Nova York: HarperCollins, 2009.
26. Donald F. Kuratko, Michael G. Goldsby e Jeffrey S. Hornsby, *Innovation Acceleration: Transforming Organizational Thinking*. Upper Saddle River: New Jersey Pearson, 2012.
27. Annette Aboulafia e Liam J. Bannon "Understanding Affect in Design: An Outline Conceptual Framework", *Theoretical Issues in Ergonomics Science*, n. 5, v. 1, 2004, p. 4-15; Violina Rindova, Walter J. Ferrier e Robert Wiltbank, "Value from Gestalt: How Sequences of Competitive Actions Create Advantage for Firms in Nascent Markets", *Strategic Management Journal*, n. 31, 2010, p. 1474-97.
28. Michael G. Goldsby, Thomas Nelson e Donald F. Kuratko, "Design-Centered Entrepreneurship: A Process for Developing Opportunities", *Annals of Entrepreneurship Education & Pedagogy*, editado por Michael H. Morris; Edward Elgar Publishing, 2014, p. 200-217.
29. Eric Ries, *The Lean Startup Movement*, http://theleanstartup.com, acesso em: 4 de janeiro de 2015.
30. Eric Ries, *The Lean Startup: How Today's Entrepreneurs Use Continuous Innovation to Create Radically Successful Businesses*. Nova York: Crown Business, 2011.
31. Steve Blank e Jerry Engel, *The Lean LaunchPad Educators Teaching Handbook*, Hadley, MA: VentureWell – formerly the National Collegiate Inventors and Innovators Alliance, 2013; Steve Blank, "The Lean LaunchPad Educators Course", *Forbes*, junho/2013. Disponível em: http://www.forbes.com/sites/steveblank/2013/06/18/the-lean-launchpadeducators-course, acesso em: 4 de janeiro de 2015; veja também: Steve Blank, "Why the Lean Start-Up Changes Everything", *Harvard Business Review*, n. 91, v. 5, 2013, p. 63-72.

APÊNDICE 6A Modelo do plano de viabilidade completo

Este esboço fornece uma estrutura para ajudar os empreendedores a reconhecerem a viabilidade real de empreendimentos propostos e esclarecer o seu pensamento antes de considerar o potencial de financiamento. Centra-se na viabilidade da ideia, questionando se existe mercado para o conceito e/ou produto e se o conceito pode ser produzido e vendido com lucro.

FOLHA DE ROSTO

Nome proposto para a empresa: _____

Nomes e títulos dos membros da equipe de fundadores:
_____
_____
_____
_____

Informações relevantes de contato (nome, cargo, endereço, telefone, e-mail):
_____
_____
_____
_____

SUMÁRIO

Certifique-se de que todas as páginas do plano de viabilidade estão numeradas e cuidadosamente relacionadas no sumário.

    I. Sumário executivo
    II. O conceito do negócio
    III. Análise do setor e/ou de mercado
    IV. Equipe de gestão
    V. Plano de desenvolvimento de serviços e/ou produtos
    VI. Plano financeiro
    VII. Cronograma
    VIII. Bibliografia

6A.1 SESSÕES DE UM PLANO DE VIABILIDADE

6A.1a Resumo executivo

Explicação – Destaque as questões mais importantes de cada seção do estudo de viabilidade. Certifique-se de incluir uma descrição clara e concisa do empreendimento, independentemente de registro, mercado-alvo, montante de financiamento necessário e tipo de financiamento que está sendo solicitado.

6A.1b Sumário executivo

Explicação – Usando as indicações a seguir, articule uma história convincente, que explique por que esse é um excelente conceito. Esta seção permitirá ao leitor entender o conceito que estiver sendo proposto e que, por isso, tem um excelente potencial de mercado. A seção também fornece ao empreendedor a oportunidade de provar que ele tem condições de articular esse conceito de forma clara e compreensível para as pessoas fora de seu círculo de amigos e colaboradores mais próximos.

CONCEITOS-CHAVE

Descreva se o conceito proposto se refere a uma empresa de varejo, atacado, manufatura ou serviços. Identifique o atual estágio de desenvolvimento do empreendimento (fase de conceito, arranque, operações iniciais ou expansão).

_____
_____
_____
_____

Inclua uma descrição clara do cliente-alvo, uma proposta de valor (em termos de benefícios ganhos) para esse cliente e as potenciais oportunidades de crescimento.

_____
_____
_____
_____

Resuma quaisquer direitos de propriedade associados a esse conceito, mesmo que sejam patentes, direitos autorais, licenças, *royalties*, direitos de distribuição ou de acordos de franquia.

6A.1c Análise do setor e/ou do mercado

Explicação – A análise do setor, nisso incluindo o mercado, é fundamental. Existe um mercado para o produto ou serviço resultante do empreendimento? Quais são as tendências atuais nesse setor? Quais são as tendências previstas para esse setor? Alguma dessas tendências pode ser justificada? O mercado para o produto e/ou serviço pode ser óbvio, mas a análise de viabilidade deve validar a existência dele. Na análise de viabilidade de empreendimento, pode ser o bastante provar que existe mercado suficiente para o empreendimento e que não é preciso fazer uma pesquisa em profundidade para saber disso. No entanto, os empreendedores devem sempre estudar seus concorrentes no mercado. As lições que a concorrência ensina oferecem oportunidades para os empreendedores encontrarem distinções únicas em seu próprio conceito.

CONCEITOS-CHAVE

Explique o setor em que esse conceito se concentra, bem como todas as tendências que possam existir nesse setor em particular.

_____
_____
_____
_____

Discuta a análise do mercado-alvo que tem sido utilizada e que nicho de mercado específico foi identificado. Além disso, identifique o tamanho do mercado, o seu potencial de crescimento e o seu plano de penetração nesse mercado com base em pesquisas.

_____
_____
_____
_____

Explique o perfil do cliente em termos de quem é o cliente específico e – novamente – a proposta de valor (em termos de benefícios) que está sendo oferecida a ele.

_____
_____
_____
_____

Por fim, lembre-se de incluir uma análise minuciosa da concorrência existente hoje e de explicar como, especificamente, o seu conceito irá igualar-se ou superar a concorrência e por que o fará.

___

6A.1d Equipe de gestão

Explicação – Tenha em mente que todos os novos empreendimentos passarão por criteriosa avaliação para saber se a equipe fundadora pode, realmente, levar a ideia adiante. A experiência da equipe de gestão pode tornar-se um dos fatores mais críticos para investidores externos. Muitas vezes, os investidores manifestaram a crença de que preferem uma ideia "B", com uma equipe "A" em vez de uma ideia "A" com uma equipe "B". Em outras palavras, há uma preocupação real com a fase de implementação de um conceito proposto. A equipe fundadora tem o *background*, a experiência, as habilidades e as redes necessárias para tornar o conceito operacionalmente bem-sucedido?

CONCEITOS-CHAVE
Identifique os membros da equipe fundadora e o pessoal principal designado para liderar a empresa proposta.

___

Explique as qualificações da equipe e de que maneira as tarefas essenciais estão sendo atribuídas. Inclua também qualquer conselho administrativo e/ou consultoria que houver na empresa.

___

Por fim, faça um esboço de todas as "lacunas" na equipe de gestão (em termos de competências e habilidades) e explique como elas serão abordadas.

6A.1e Análise de desenvolvimento de produto/serviço

Explicação – Antes de prosseguir com uma ideia conceitual, o empreendedor deve determinar se o conceito tem viabilidade prática. Uma das questões mais importantes nesta seção da análise de viabilidade seria: "Que características únicas distinguem o seu produto e/ou serviço?". Quanto mais originais forem as características de um produto ou serviço, melhores serão as chances de o conceito de negócio ser bem-sucedido.

CONCEITOS-CHAVE
Forneça uma descrição detalhada do conceito proposto, incluindo quaisquer características únicas que o tornem original.

___

Explique o estado atual do projeto e inclua um calendário claro das principais tarefas a serem concluídas.

Identifique qualquer propriedade intelectual envolvida nesse possível empreendimento e discuta a proteção de propriedade existente. Qualquer teste do protótipo proposto também deve ser descrito aqui.

_____
_____
_____
_____

Por fim, identifique quaisquer riscos críticos previstos em termos de responsabilidade potencial do produto, regulamentação governamental ou questões relacionadas a matérias-primas que possam dificultar esse projeto em qualquer fase.

_____
_____
_____
_____

6A.1f Análise financeira

Explicação – Resuma as hipóteses essenciais em que a informação financeira se baseia; em outras palavras, mostre de onde derivam esses números. Uma demonstração projetada de resultados e uma demonstração projetada dos fluxos de caixa são os dois documentos financeiros mais críticos para se adicionar aqui, mesmo que eles incluam fontes externas preliminares necessárias para se obter uma ideia da geração de receitas e da posição do caixa do empreendimento durante os três primeiros anos. Se possível, forneça uma análise de ponto de equilíbrio para demonstrar onde se encontram os movimentos de risco de sobrevivência do empreendimento em sua trajetória rumo ao crescimento.

CONCEITOS-CHAVE

Hipóteses:
_____
_____
_____
_____

Demonstração projetada de resultados:
_____
_____
_____
_____

Demonstração projetada de fluxo de caixa:
_____
_____
_____
_____

Análise do ponto de equilíbrio:
_____
_____
_____
_____

6A.1g Cronograma

Explicação – Use uma representação gráfica das datas e das tarefas relacionadas na ordem da sua conclusão até o lançamento real do conceito.

_____
_____
_____
_____

6A.1h Bibliografia

Explicação – Forneça quaisquer notas de referência, notas de rodapé, fontes ou informações extras que seriam essenciais para uma fonte de financiamento poder avaliar a magnitude do trabalho que você realizou na criação desse estudo de viabilidade.

_____
_____
_____
_____

CAPÍTULO 7

Caminhos para projetos empreendedores

OBJETIVOS DE APRENDIZAGEM

1. Descrever os principais caminhos e estruturas para os projetos empreendedores.
2. Apresentar os fatores envolvidos na criação de um novo empreendimento.
3. Identificar e discutir os elementos envolvidos na aquisição de um empreendimento consagrado.
4. Esboçar as dez principais perguntas a serem feitas antes de comprar um empreendimento em andamento.
5. Examinar os problemas subjacentes ao processo de aquisição.
6. Definir uma franquia e delinear sua estrutura.
7. Examinar os benefícios e as dificuldades das franquias.
8. Apresentar o documento de divulgação de franquia (FDD – Franchise Disclosure Document) como um item essencial em franquias.

Pensamento empreendedor

Toda empresa grande e bem-sucedida já foi uma principiante, lutando para sobreviver. Algumas dessas empresas de sucesso foram criadas em um momento de inspiração e planejadas nas costas de um guardanapo em uma cafeteria. Outras tomaram forma meticulosamente e com tempo em um porão ou uma garagem. Algumas empresas iniciantes foram criadas e desabrocharam do dia para a noite, enquanto outras alcançaram o sucesso somente em uma longa série de adaptações e arrancadas dolorosas. O fato é que toda empresa em atividade hoje começou pequena.

— Joel Kurtzman, Start-ups that work

OA1 Descrever os principais caminhos e estruturas para os projetos empreendedores.

Todo empreendedor em potencial quer saber quais são as melhores formas de começar um negócio. Eles se perguntam: quais os caminhos ideais para se começar um empreendimento? Neste capítulo, examinaremos os três métodos mais comuns: criar um novo empreendimento, adquirir um empreendimento existente ou obter uma franquia. Cada método representa um modo particular de entrada, com suas próprias vantagens e desvantagens.[1] Aqui esboçaremos alguns dos problemas particulares associados a cada método.

7.1 A CRIAÇÃO DE NOVOS EMPREENDIMENTOS

OA2 Apresentar os fatores envolvidos na criação de um novo empreendimento.

A maneira mais eficaz de começar um novo negócio é criando um produto ou serviço exclusivo. E a melhor maneira seguinte é adaptando um produto ou serviço existente ou estendendo uma oferta para uma área em que o produto ou serviço não esteja disponível no momento. A primeira abordagem é comumente chamada de *novíssima*; a segunda, de *nova-velha*.

7.1a Abordagem novíssima de criação de novos empreendimentos

Novos produtos ou serviços entram no mercado o tempo todo. Os exemplos típicos incluem *smartphones*, MP3 *players*, TV de plasma e sistemas de posicionamento global (GPS). Todos esses produtos, e muitos mais, foram introduzidos como resultado de iniciativas de pesquisa e desenvolvimento (P&D) de grandes corporações (veja Tabela 7.1 para uma lista de ideias emergentes). Entretanto, o que devemos perceber é que ideias originais não são exclusividade de grandes empresas — as pessoas também criam.

Mas como alguém descobre ou inventa novos produtos? Como discutido no Capítulo 5, uma das formas de se descobrir novos conceitos de produtos é pela observação minuciosa do mundo ao redor. Fazer listas de experiências diárias irritantes ou de problemas no uso de produtos ou serviços conhecidos levou a empreendimentos comerciais inovadores. Objetos que caem das mãos, tarefas domésticas difíceis de ser feitas e itens complicados para se armazenar são exemplos de aborrecimentos do dia a dia que levaram à criação de novos empreendimentos. Um engenheiro, certa vez, observou o mecanismo de registro das revoluções do propulsor de um navio. Enquanto observava o aparelho contar os ciclos do propulsor, ele percebeu que aquilo poderia ser adaptado para registrar transações de vendas — um problema que ele estava tentando resolver havia algum tempo. O resultado levou à criação, em 1879, da caixa registradora mecânica.

A maioria das ideias de negócios tende a vir das experiências das pessoas. A Figura 7.1 ilustra as fontes de novas ideias de negócios a partir de um estudo conduzido pela National Federation of Independent Business (NFIB). Em geral, as principais fontes para homens e mulheres são trabalhos anteriores, *hobbies* ou interesses, além de problemas identificados pessoalmente. A **abordagem novíssima** indica a importância da conscientização que as pessoas têm de sua vida diária (trabalho e tempo livre) para desenvolver novas ideias de negócios.

O Facebook foi criado em fevereiro de 2004 por Mark Zuckerberg, estudante da Universidade de Harvard, que se sentia frustrado pela falta de instalações de *networking* no *campus* — um aborrecimento que levou a uma força tecnológica de sucesso espetacular. Uma das redes sociais mais utilizadas da internet, o Facebook, apenas 12 anos após seu início, tinha mais de 1,5 bilhões de usuários e lucro de mais de 17 bilhões de dólares.[2] Além disso, a oferta pública inicial do Facebook, em 2012, competiu com a maior já realizada até então.[3]

7.1b Abordagem nova-velha de criação de novos empreendimentos

A maioria dos empreendimentos pequenos não começa com uma ideia totalmente exclusiva. Em vez disso, ele pega "carona" na ideia de alguém para aprimorar um produto ou oferecer um serviço em uma área em que ele ainda não está disponível, daí o termo **abordagem nova-velha**. Alguns dos exemplos mais comuns dessa abordagem são encontrados na montagem de restaurantes, de lojas de roupas ou de estabelecimentos similares em áreas afastadas dos grandes centros urbanos, que ainda não possuem muitas dessas lojas. É evidente que esse tipo de operação pode ser arriscada, porque a concorrência pode se instalar rapidamente. Possíveis proprietários que estão considerando esse tipo de empreendimento devem tentar oferecer um produto ou serviço que seja difícil de copiar. Por exemplo, um serviço informatizado de faturamento e contabilidade para médicos pode ter êxito se o negócio atender um número suficiente de médicos para cobrir os custos dos operadores de computador e despesas administrativas, para atingir um lucro adequado. Ou talvez outro tipo de empreendimento talvez seja negligenciado por outros possíveis empreendedores.

Independentemente de o negócio basear-se em uma ideia novíssima ou nova-velha, o potencial proprietário não pode se valer exclusivamente da intuição ou do pressentimento para começar. Como será demonstrado na Parte III deste livro, planejamento e análise adequados são as chaves para um empreendimento de sucesso.

TABELA 7.1 TENDÊNCIAS NA CRIAÇÃO DE OPORTUNIDADES DE NEGÓCIOS

Oportunidades emergentes	Oportunidades emergentes na internet
Produtos verdes	*Propagandas móveis*
Alimentos orgânicos	Celulares
Fibras/têxteis orgânicos	Assistentes pessoais digitais
Energia alternativa	*Serviços de concierge*
Solar	Redes sociais de nicho
Biocombustível	Sênior
Células de combustível	Fãs de música
Conservação de energia	Grupos de usuários locais
Assistência médica	Donos de animais de estimação
Comida saudável	Grupos de namoro
Programas escolares e financiados pelo governo	*Economias virtuais*
Exercício	Leilões on-line
Ioga	*Ensino particular*
Academias de nicho	*Serviços de recursos humanos*
Crianças	Namoro
Encontros	RH virtual
Moradias assistidas ou residências inclusivas para jovens e adultos em situação de dependência	Seleção de equipe on-line
Serviços de transição de moradia assistida (médicos, psicólogos, fisioterapeutas, entre outros)	*Nanotecnologia*
	Tecnologia sem fio
Bens consumíveis de nicho	
Vinho	
Chocolate	
Hambúrgueres	
Cafés	
Saladas exóticas	
Automação residencial e armazenamento de mídia	
Controle de iluminação	
Sistemas de segurança	
Gerenciamento de energia	
Gerenciamento de conforto	
Sistemas de entretenimento	
Aparelhos de cozinha em rede	

Fonte: adaptado de Steve Cooper, Amanda C. Kooser, Kristin Ohlson, Karen E. Spaeder, Nichole L. Torres, e Sara Wilson, "2007 Hot List", *Entrepreneur*, Dezembro/2006, p. 80-93; e "The World's 50 Most Innovative Companies", *Fast Company*, março/2015.

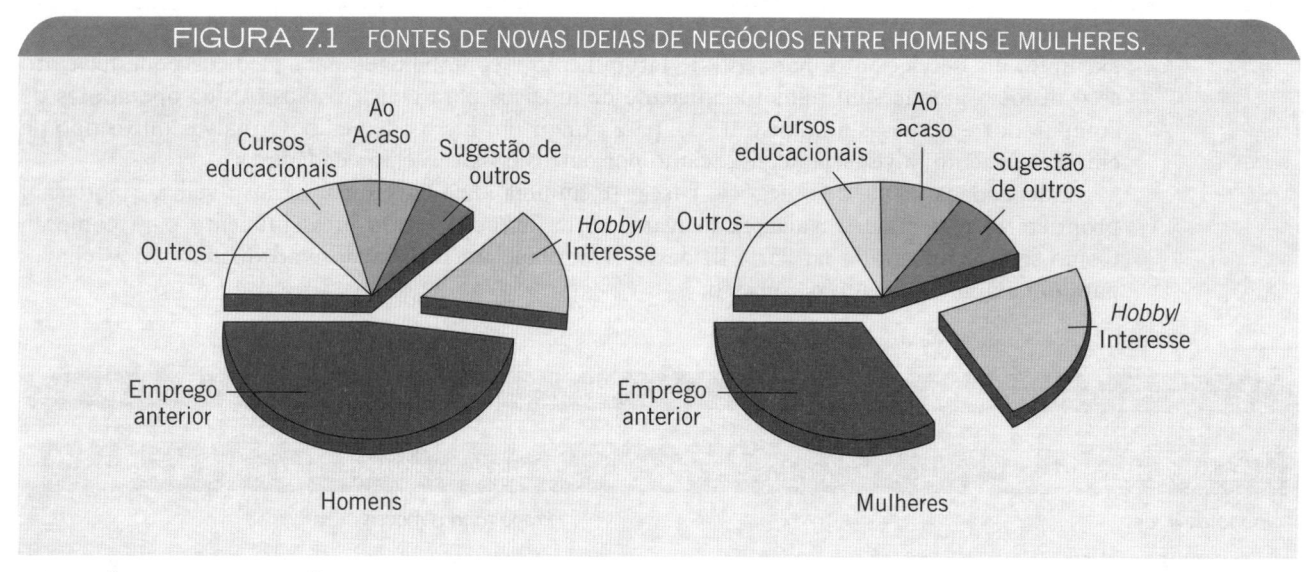

FIGURA 7.1 FONTES DE NOVAS IDEIAS DE NEGÓCIOS ENTRE HOMENS E MULHERES.

Fonte: William J. Dennis, *A Small Business Primer*, Washington, D.C.: National Federation of Independent Business, 1993, p. 27.

7.1c Observação do quadro financeiro na criação de novos empreendimentos

Se, após uma análise abrangente da viabilidade e plano de negócio (detalhado no Capítulo 12), o potencial empreendedor decidir que criar um novo empreendimento é uma decisão sábia, é imperativo lembrar que o plano pode não funcionar perfeitamente. Pode ser necessária alguma modificação; portanto, é fundamental que tenha flexibilidade. Um plano de contingência ou alternativo deve estar disponível, porque o pior que um empreendedor pode fazer é adotar uma estratégia de tudo ou nada.

Como sabemos, potenciais empreendedores de novos empreendimentos devem avaliar o quadro financeiro da empresa. Quanto custará para manter o negócio durante o primeiro ano? Que lucro será gerado pela empresa durante esse período? Se as saídas de caixa forem maiores que as entradas, quanto tempo levará para o negócio começar a deslanchar? Este é o momento de pensar nessas questões mais detalhadamente.

Para responder essas perguntas, é preciso considerar dois tipos de despesas: inicial e mensal. A Tabela 7.2 ilustra uma planilha típica para realizar os cálculos necessários de despesas iniciais. Observe que a planilha se baseia na pressuposição de que não haverá entrada de caixa por cerca de três meses. Além disso, todos os custos de abertura são totalmente cobertos. No entanto, se a empresa estiver no ramo de fabricação, levará de três a quatro meses até que os bens sejam produzidos e vendidos; desse modo, os fatores da Coluna 3 devem ser dobrados, e a quantidade de dinheiro para a abertura será maior. Muitas das informações necessárias ao preenchimento dessa planilha já devem ter sido reunidas e, ao menos parcialmente, analisadas. Agora, porém, podem ser colocadas em um formato que permita ao proprietário visualizar o quadro financeiro geral.

Nesse ponto, o indivíduo deve concentrar-se no que é denominado **perdas e ganhos mais altos**. O termo se refere aos lucros que o negócio pode atingir e às perdas que pode sofrer. Quanto dinheiro a empresa lucrará se tudo der certo? Qual será a receita se as operações correrem como o esperado? Quanto irá perder se as operações não correrem tão bem? As respostas a essas perguntas fornecem um quadro composto pelos resultados mais otimistas, mais prováveis e mais pessimistas. O proprietário deve ter em mente que o ganho alto pode ser pequeno, enquanto a perda, grande.

É preciso examinar os ganhos e as perdas gerais. Esse tipo de estudo recebe o nome de **análise de risco *versus* recompensa** e aponta para a importância de se obter um retorno adequado sobre a quantia de dinheiro colocada em risco.

TABELA 7.2 — *CHECKLIST* DA ESTIMATIVA DE GASTOS DE ABERTURA

Mensal Item	Despesas Estimativa baseada em vendas de $____ por ano	Valor necessário para começar o negócio (veja a Coluna 3)	O que colocar na Coluna 2 (Estes números são estimativas. O proprietário e/ou gerente decide quantos meses permitir, dependendo do tipo de negócio.)
	Coluna 1	Coluna 2	Coluna 3
Salário do proprietário/gerente	$	$	3 vezes a Coluna 1
Outros salários e pagamentos			3 vezes a Coluna 1
Aluguel			3 vezes a Coluna 1
Publicidade			3 vezes a Coluna 1
Despesas de entrega			3 vezes a Coluna 1
Suprimentos			3 vezes a Coluna 1
Telefone e afins			3 vezes a Coluna 1
Outros serviços			3 vezes a Coluna 1
Seguro			6 vezes a Coluna 1
Impostos, previdência social			4 vezes a Coluna 1
Juros			3 vezes a Coluna 1
Manutenção			3 vezes a Coluna 1
Assistência jurídica e profissional			3 vezes a Coluna 1
Diversos			3 vezes a Coluna 1

Custos de abertura

Item	Estimativa	Para chegar à estimativa
Materiais e equipamentos	$	Determinar o que é comum a esse tipo de negócio; conversar com fornecedores.
Decoração e reforma		Conversar com empreiteiro.
Instalação de materiais e equipamentos	t	Conversar com fornecedores.
Começar o inventário		Conversar com fornecedores.
Depósitos com serviços públicos		Conversar com empresas de serviços públicos.
Gastos com assistência jurídica e profissional		Conversar com advogado, contador e outros profissionais.
Licenças e concessões		Entrar em contato com as agências municipais.
Publicidade e promoção		Decidir o que será utilizado; conversar com os meios de comunicação.
Contas a receber		Estimar quanto ficará preso em contas a receber em decorrência de compras a crédito e por quanto tempo.
Dinheiro		Separar para despesas inesperadas e perdas, compras especiais e outros gastos.
Outras despesas		Relacionar e estimar os custos.
Total em dinheiro necessário para começar	$_____	Adicionar todos os valores estimados.

Fonte: U.S. Small Business Administration, "Management Aids", MA. 2.025, Washington, D.C.: U.S. Government Printing Office.

7.2 AQUISIÇÃO DE UM PROJETO EMPREENDEDOR ESTABELECIDO

OA3 Identificar e discutir os elementos envolvidos na aquisição de um empreendimento consagrado.

O potencial empreendedor pode desejar comprar um empreendimento em vez de começar uma empresa. Esse pode ser um ótimo método para entrar no ramo dos negócios, mas é necessário analisar diversos fatores. Comprar um empreendimento empresarial é uma transação complexa, e sempre se deve buscar a opinião de profissionais. Desse modo, apresentamos aqui alguns passos básicos, incluindo preferências pessoais do empreendedor, avaliação de oportunidades e do empreendimento selecionado, além das principais perguntas a serem feitas.

7.2a Preferências pessoais

Empreendedores devem reconhecer determinados fatores pessoais e limitar suas escolhas de empreendimentos de acordo com isso. Cultura, habilidades, interesses e experiência do empreendedor são fatores importantes ao selecionar o tipo de negócio a ser comprado. As referências pessoais de local e tamanho do negócio também devem guiar o processo de seleção. Se o empreendedor sempre desejou seu próprio negócio na região sul ou oeste da sua cidade, este é exatamente o lugar por onde sua busca deve começar.

7.2b Avaliação de oportunidades

Empreendedores em busca de um empreendimento para comprar devem examinar as oportunidades disponíveis em diversas fontes:

- **Corretores de negócios.** Muitas vezes, os profissionais especializados em oportunidades de negócio podem fornecer pistas e ajudar a encontrar um empreendimento à venda. Contudo, o comprador deve avaliar a reputação, os serviços e os contatos do corretor, e, ainda, lembrar-se de que o corretor, em geral, representa o vendedor — e que dele recebe uma comissão pela venda.
- *Anúncios de jornal.* Os anúncios classificados de "Oportunidades de negócio" são outra fonte. Uma vez que um anúncio aparece em um jornal e não em outro, pode ser necessário conferir a seção de classificados de todos os jornais da região.
- *Fontes comerciais.* Fornecedores, distribuidores, fabricantes, publicações de negócios, associações de negócios e escolas de negócios podem ter informações sobre negócios para venda.
- *Fontes profissionais.* Profissionais como consultores administrativos, advogados e contadores costumam saber de negócios à venda.

7.2c Vantagens da aquisição de um empreendimento existente

Das inúmeras vantagens em se adquirir um empreendimento em andamento, as três mais importantes são:

1. Uma vez que a empresa já está em operação, é possível que seu funcionamento futuro tenha sucesso.
2. O tempo e o esforço associados ao início de uma nova empresa são eliminados.
3. Às vezes, é possível comprar um negócio em andamento por um preço muito baixo.

A seguir, discutiremos cada uma dessas três vantagens.

MENOS MEDO SOBRE O SUCESSO FUTURO DA OPERAÇÃO

Um novo negócio enfrenta dois grandes perigos: a possibilidade de não encontrar um mercado para seus bens e serviços e a chance de não conseguir controlar seus custos. Se algum desses eventos ocorrer, o novo negócio entrará em falência.

A aquisição de uma empresa existente, portanto, alivia a maioria desses medos. Um negócio bem-sucedido já demonstrou a capacidade de atrair clientes, controlar custos e gerar lucro. Além disso, muitos dos problemas comuns a uma empresa recém-constituída são evitados. Por exemplo: onde a empresa deve localizar-se? Como deve fazer propaganda? Que tipo de formato ou *layout* de mercadoria será mais eficaz? Quanto deve ser encomendado a cada três meses? Que tipos de clientes o negócio irá atrair? Qual estratégia de preços a empresa deve utilizar? Perguntas como estas já foram feitas e respondidas. Assim, quando o novo proprietário adquire uma empresa em funcionamento, ele, muitas vezes, adquire também uma quantidade de conhecimento. Evidentemente, também é importante verificar se há problemas ocultos na operação. Contudo, salvo algo dessa natureza, a aquisição de um empreendimento bem-sucedido em operação pode ser um sábio investimento.

REDUÇÃO DE TEMPO E ESFORÇOS

Uma empresa em operação já organizou estoque, equipamentos, funcionários e instalações necessários para sua atuação. Em muitos casos, isso já tomou muito tempo dos proprietários, que passaram incontáveis horas aparando as arestas para tornar o negócio o mais eficiente possível. Da mesma forma, eles, provavelmente, já passaram por um bom número de empregados antes de conseguir o pessoal certo. Exceto no caso da alta administração de um empreendimento ativo, o quadro de funcionários costuma ficar com a venda. Portanto, se os novos proprietários tratarem os trabalhadores de forma justa, não terão de se preocupar com contratação, colocação e formação de pessoal.

Além disso, os proprietários anteriores, sem dúvida, estabeleceram relações com fornecedores, contatos em bancos e outros empresários, que, com frequência, podem ser solicitados a prestar assistência aos novos proprietários. Os fornecedores conhecem o tipo de mercadoria que o negócio solicita e sua frequência de reabastecimento, de modo que eles podem ser uma boa fonte de conselhos sobre como gerenciar as operações, da mesma forma que o pessoal dos bancos com os quais a empresa trabalha. Esses indivíduos conhecem as necessidades principais da empresa e, em geral, fornecem aos novos proprietários a mesma linha de crédito e assistência que ofereceram aos anteriores. O mesmo vale para contador, advogado e outros profissionais que possuíam função de consultoria ao negócio. Naturalmente, os novos proprietários podem ser seus próprios bancos, contador e advogado, mas esses relacionamentos antigos permanecem, em caso de necessidade.

BOM PREÇO

Às vezes, é possível comprar um negócio em andamento por um preço muito bom. O proprietário pode querer vender rapidamente por querer aposentar-se ou em razão de enfermidade, ou pode estar sendo forçado a vender para reunir fundos para emergências. O proprietário pode, ainda, estar em busca de uma oportunidade maior, em outro tipo de negócio, e, portanto, estar disposto a vender por um preço baixo, a fim de aproveitar a nova oportunidade.

O ideal é que, quando alguém quiser comprar um empreendimento de sucesso em andamento, uma dessas três vantagens esteja presente, principalmente a última. É raro, no entanto, que uma empresa de sucesso seja vendida por um preço extraordinariamente baixo. O proprietário de um empreendimento pequeno e de sucesso o construiu com práticas de negócios experientes; ele sabe como lidar com pessoas e tem uma boa noção do justo valor de mercado da operação. Essa pessoa raramente irá vender o seu negócio muito abaixo do justo valor de mercado. Portanto, o potencial proprietário deve evitar fazer uma oferta alta em um investimento fraco ou passar longe de um bom negócio que lhe "cheire mal". A forma de evitar tomar uma decisão errada é avaliando a operação existente de maneira lógica.

7.2d Avaliação do empreendimento selecionado

Depois que o empreendedor tiver considerado as preferências pessoais e examinado as fontes de informação, a próxima etapa é avaliar os fatores específicos do empreendimento à venda:

- *O ambiente de negócios*. O ambiente local para negócios deve ser analisado para estabelecer o potencial do empreendimento em sua atual localização.
- *Lucros, vendas e quociente de operação*. O potencial lucrativo de um negócio é um fator-chave para avaliar a atratividade do empreendimento e, futuramente, determinar um preço razoável para esse negócio. Para estimar o poder de ganho potencial do negócio, o comprador deve rever lucros, vendas e taxas de operação passadas e projetar vendas e lucros para um a dois anos seguintes. Avaliação será discutida adiante, neste capítulo.
- *Os ativos da empresa*. Os bens tangíveis (físicos) e intangíveis (por exemplo, reputação) do negócio devem ser avaliados. Os seguintes bens devem ser examinados:
  - Estoque (idade, qualidade, capacidade de venda, condição).

- Móveis, equipamentos, utensílios (valor, condição, próprio ou alugado).
- Contas a receber (tempo das dívidas pendentes, períodos de pagamento passados, situação de crédito dos clientes).
- Marcas comerciais, patentes, direitos autorais, nome da empresa (valor, papel no sucesso do negócio, nível de margem competitiva).
- Fundo de comércio (reputação, clientela estabelecida, nome de confiança).

Muita dor de cabeça pode ser evitada adotando-se a abordagem de compra de um empreendimento existente. Por exemplo, os problemas iniciais da empresa terão sido resolvidos pelos proprietários anteriores. Além disso, a empresa tem um histórico que o comprador pode examinar para determinar tipos de produtos a serem vendidos, preços a serem cobrados, e assim por diante. Mas comprar um negócio existente também envolve armadilhas em potencial. Exemplos disso incluem comprar uma empresa cujo sucesso seja devido à personalidade e carisma do proprietário e/ou gerente, comprar uma empresa quando o mercado para o seu produto atingiu o ápice e pagando caro demais por ela.

7.2e Principais perguntas a serem feitas

Ao decidir se compra ou não, o potencial proprietário astuto deve perguntar e responder uma série de "perguntas certas".[4] Na seção seguinte, discutiremos as perguntas e forneceremos ideias sobre os tipos de ação a serem tomadas para cada resposta.

POR QUE O NEGÓCIO ESTÁ SENDO VENDIDO?

Uma das primeiras perguntas a serem feitas é *por que* o proprietário está vendendo o negócio.[5] Muito frequentemente, há uma diferença entre o motivo dado aos possíveis compradores e o motivo real. As respostas comuns incluem: "Estou pensando em me aposentar", "Provei a mim mesmo que posso ter sucesso nessa linha de negócio, então estou mudando para outra operação que me trará novos desafios" e "Quero mudar para a Califórnia e fazer negócio com meu cunhado que mora lá".

Essas afirmações podem ser verdadeiras e, se puderem ser comprovadas, o comprador pode encontrar o negócio que vale a pena adquirir. Não obstante, por ser difícil verificar esse tipo de informação pessoal, a segunda melhor opção é procurar e reunir informações relacionadas ao negócio. O proprietário tem problemas com os fornecedores? O contrato de locação do edifício deve ser renovado e o proprietário do imóvel está pensando em triplicar o valor do aluguel? Pior ainda, o imóvel está prestes a ser demolido? Outros problemas relacionados ao local podem ser sobre a concorrência na região ou mudanças de zoneamento. Um novo shopping center está para ser construído nas proximidades, o que vai remover o comércio do local? A prefeitura emitiu uma nova ordem para fechar o negócio aos sábados, o dia da semana em que a loja fatura 25% do rendimento?

Financeiramente, o que o proprietário irá fazer após vender o negócio? Ele planeja ficar na cidade? Que oportunidades de emprego ele tem? A razão de fazer essas perguntas é que o pior pesadelo do novo proprietário é descobrir que o proprietário anterior montou um negócio similar a alguns quarteirões de distância e está atraindo todos os clientes.

Uma maneira de evitar que isso aconteça é solicitar a um advogado que crie um contrato, mediante o qual o proprietário anterior se abstenha de realizar o mesmo tipo de negócio a uma distância adequada, por um período de, pelo menos, cinco anos. Isso é conhecido como **restrição legal de comércio**, ou seja, um acordo para não haver concorrência ou **acordo de não concorrência**. Esse acordo ajuda o novo proprietário a reter os clientes do negócio.

QUAL É A CONDIÇÃO FÍSICA ATUAL DO NEGÓCIO?

Mesmo se o preço solicitado para a operação parecer justo, é preciso examinar a *condição física dos bens*. A empresa é proprietária do imóvel? Em caso afirmativo, que obras de reparo devem ser feitas? Se o imóvel for alugado, o contrato de locação prevê os tipos de reparo necessários para aprimorar a operação de sucesso do negócio? Por exemplo, se uma floricultura tem câmara fria para armazenar flores, quem deve arcar com o custo da obra para expandi-la? Se o proprietário concordar em fazer isso e recuperar o investimento por meio de um aumento no valor do aluguel, o custo total do espaço refrigerado adicional deve ser comparado à expectativa de aumento do negócio. Todavia, se o proprietário não concordar em fazer esse tipo de investimento, os novos proprietários devem lembrar-se de que, em geral, *as benfeitorias que um inquilino faz no imóvel permanecem no imóvel*, o que quer dizer que, se algo não puder ser facilmente retirado da propriedade, permanecerá nela. Quadros, cadeiras e mesas comprados pelo proprietário anterior podem ser retirados, mas estantes novas fixadas à parede, carpete fixo no piso, um teto acústico novo instalado para conter o ruído da loja e a nova câmara fria se tornam propriedade permanente do proprietário do imóvel. Portanto, a principal pergunta ao examinar as instalações físicas é: quanto irá custar para deixar as coisas em ordem?

QUAL É A CONDIÇÃO DO ESTOQUE?

Que quantidade de estoque o proprietário atual demonstra nos livros contábeis? Um inventário mostra que esse estoque realmente existe? Além disso, o estoque pode ser vendido ou está velho e deteriorado?

QUAL É O ESTADO DOS OUTROS BENS DA EMPRESA?

A maioria dos empreendimentos em operação possui bens que vão além das instalações físicas e do estoque. Uma loja de máquinas, por exemplo, pode ter vários tipos de prensas e outras máquinas; um escritório pode ter computadores, copiadoras e outras tecnologias referentes ao negócio. O que é preciso saber sobre todos esses equipamentos é se eles ainda são úteis ou se já foram substituídos por tecnologias mais modernas e estão obsoletos.

Outro bem que costuma ser desconsiderado são os registros da empresa. Se a empresa tem mantido seus registros cuidadosamente, pode ser possível determinar entre os seus clientes quem é e quem não é bom pagador, tornando mais fácil ao novo proprietário decidir quanto de crédito oferecer aos clientes anteriores. Os registros de vendas também podem ser muito importantes por demonstrar demandas sazonais e períodos de pico, fornecendo ao novo proprietário informações úteis para o controle do estoque, permitindo-lhe reduzir consideravelmente os riscos de excesso ou de falta dele.

Outro bem ainda desconsiderado são os contratos antigos. Que tipo de contrato de locação do imóvel o proprietário atual possui? Se o contrato foi assinado há três anos e o prazo de locação é de sete anos com valor mensal fixo, esse valor pode ter sido um pouco alto quando o contrato entrou em vigor, mas já pode estar ligeiramente mais baixo se comparado com os valores de mercado atuais para imóveis similares. Além disso, nos próximos quatro anos, esse aluguel deve se mostrar bastante baixo em relação ao que os concorrentes estarão pagando. É evidente que, se a locação estiver para vencer, a história é outra, e o potencial empreendedor deve conversar com o proprietário do imóvel para discutir os termos da locação. De qualquer forma, o advogado do potencial empreendedor deve analisar o contrato de locação antigo para ver se há alguma cláusula prevendo que ele seja automaticamente transferido para um novo proprietário do negócio e, independentemente de valor de aluguel, quão difícil será lidar com uma rescisão contratual caso o negócio comece a falhar.

Por fim, o potencial proprietário deve considerar um bem intangível chamado **fundo de comércio ou *goodwill***, em geral definido como o valor da empresa além do que é mostrado nos livros. Por exemplo, se uma empresa de *software* tem a reputação de um serviço rápido e preciso, ela construiu um fundo de comércio entre seus clientes. Se os proprietários fossem vender o negócio, o comprador teria de pagar não apenas pelos bens físicos da empresa, como móveis de escritório, computadores etc., mas também pelo fundo de comércio que ela acumulou ao longo dos anos. A reputação do negócio possui um valor.[6]

QUANTOS FUNCIONÁRIOS PERMANECERÃO?

Costuma ser difícil oferecer aos clientes o bom serviço com o qual eles se acostumaram se os funcionários antigos decidirem que não querem ficar com o novo proprietário. O proprietário, certamente, é um bem importante da empresa, mas os funcionários também são — eles desempenham um papel no processo de tornar o negócio um sucesso. Por consequência, o potencial comprador deve perguntar: "Se algumas pessoas saírem, as que ficarem conseguirão manter o tipo de serviço que o cliente está acostumado a receber?". O novo proprietário deve estar particularmente preocupado com as pessoas-chave que não permanecerão na empresa, pois elas são parte do valor do negócio. Se ficar claro que essas pessoas não ficarão, o potencial comprador deve subtrair um valor do preço de compra, reservando uma cota para a redução nas vendas e para a necessária despesa com a substituição dos principais funcionários.

Ao comprar um negócio existente, o potencial proprietário deve avaliar o grupo atual de funcionários; para isso, ele pode verificar as avaliações de desempenho existentes e conversar com os proprietários atuais sobre a qualidade de cada funcionário e seu valor ao negócio. Pode ser mais fácil reter empregados valiosos procurando-os antes da compra, para garantir que se sintam seguros. O proprietário que chega deve entrevistar todos os funcionários atuais e tomar decisões sobre quem manter e quem demitir antes de, realmente, assumir a empresa.

QUE TIPO DE CONCORRÊNCIA O NEGÓCIO ENFRENTA?
Independentemente de quais forem os bens ou serviços oferecidos pela empresa, o número de pessoas interessadas e a quantia total de dinheiro que gastarão é limitado. Portanto, quanto maior a concorrência, menor a chance de o negócio ter grandes lucros. À medida que o número de concorrentes aumenta, o custo para enfrentá-los também costuma aumentar, sendo preciso gastar mais em publicidade. A competição de preços deve ser alcançada acompanhando-se as reduções na receita geral. Há muitas empresas buscando o mesmo mercado.

A qualidade da concorrência também deve ser considerada. Se houver nove concorrentes, o novo proprietário pode estimar uma participação de mercado de 10%, mas, sem dúvida, alguns desses concorrentes serão mais eficazes que outros. Um ou dois deles podem ter uma publicidade muito boa e saber como utilizá-la para atrair 25% do mercado, alguns outros podem oferecer um serviço excelente e utilizar essa vantagem para atrair 20% do mercado e, enquanto isso, os demais lutam pelo que restou.

O local da concorrência também deve ser considerado. Em muitos casos, um novo empreendimento não oferece nada de especial, e as pessoas compram apenas por conveniência. Um serviço localizado em uma esquina pode receber a maioria dos moradores locais, enquanto outro que se localize do outro lado da cidade pode não receber nenhum. Se o produto for o mesmo em ambos os locais, ninguém irá atravessar a cidade para comprá-lo. Essa analogia é verdadeira para gêneros alimentícios, trabalhos conceituais, medicamentos e *hardware*: se os concorrentes estão localizados perto um do outro, cada um tomará para si uma parte do negócio, mas nenhum irá maximizar seus rendimentos. Todavia, se a mercadoria for um item que as pessoas param e escolhem com cuidado, como no caso de móveis, um concorrente na área próxima pode ser vantajoso. Por exemplo, duas lojas de móveis localizadas próximas uma da outra tendem a atrair um número maior de clientes do que se estivessem localizadas a dez quarteirões de distância. Quando querem comprar móveis, as pessoas sempre procuram um lugar que concentre uma grande quantidade de lojas. Com lojas localizadas uma ao lado da outra, os clientes podem pensar que, se o móvel que estão buscando não estiver em uma, pode estar na outra. E já que podem ir facilmente de uma para a outra, podem comparar preços e condições de venda com facilidade.

Por fim, qualquer análise da concorrência deve procurar por **práticas abusivas**. Quão agressivos são os concorrentes? Se forem muito agressivos, o possível comprador deve estar sempre alerta para práticas como geração de preços e comissões para serviços especiais prestados por fornecedores. Em geral, se a empresa existe há alguns anos é porque conseguiu lidar com práticas desse tipo. No entanto, se alguns concorrentes tiverem má reputação, o novo proprietário deve saber disso, porque, com o tempo, os clientes podem formar uma impressão estereotipada sobre as empresas de determinada área geográfica e simplesmente se recusar a fazer negócios com elas. Isso quer dizer que os clientes podem retaliar contra práticas de negócios antiéticas e boicotar toda a área em que essas empresas estiverem localizadas. Resumindo: um concorrente de negócios antiético pode arrastar consigo todas as outras empresas.

QUAL É O QUADRO FINANCEIRO DA EMPRESA?
Pode ser necessário que o potencial comprador contrate um contador para verificar os livros da empresa. É importante ter uma ideia de como a empresa está indo financeiramente. Uma das principais áreas de interesse deve ser a **rentabilidade da empresa**.[7] O negócio está fazendo algo errado que pode ser descoberto a partir de suas contas? Em caso afirmativo, o potencial comprador pode eliminar esses problemas?

Indivíduos que têm habilidade para comprar empresas em dificuldades, resolvendo seus problemas e revendendo-as com lucro, sabem o que buscar ao examinar livros contábeis. Os bons contadores também. Ambos sabem que os livros do vendedor não são os únicos documentos a se considerar como provas de vendas ou lucros — é preciso insistir em ver os registros de depósitos bancários dos dois ou três anos anteriores. Se o proprietário atual esteve em posse da empresa por pouco tempo, os registros do proprietário anterior também devem ser examinados. Na realidade, não é inadequado pedir para ver a declaração de Imposto de Renda do proprietário. O comprador astuto sabe que os registros da empresa refletem a sua condição.

Outra área de interesse é a **tendência de lucros** da empresa. A empresa está ganhando mais dinheiro ano após ano? Mais importante: o lucro está subindo rápido, assim como as vendas, ou tem sido necessário cada vez mais receita para alcançar o mesmo lucro? Se a última afirmação estiver correta, significa que o negócio pode ter de aumentar as vendas de 5% a 10% anualmente para ter um lucro líquido igual ao do ano anterior, o que é sinal de problemas e, em geral, sinaliza para o fato de o proprietário estar vendendo porque "há maneiras mais fáceis de se ganhar a vida".

Por fim, mesmo se a empresa estiver lucrando, o potencial comprador deve comparar o desempenho dela ao de empresas semelhantes. Por exemplo, uma loja pequena de varejo que está tendo um retorno sobre o investimento de 22% neste ano em comparação com 16% dois anos atrás é algo bom ou ruim? Com certeza, parece ser bom; contudo, e se as lojas concorrentes estiverem obtendo um retorno sobre investimento de 32%? Diante dessa informação, a empresa não está indo bem.

Uma forma de comparar uma empresa com a concorrência é obtendo informações comparativas divulgadas por empresas como Dun & Bradstreet, que reúnem dados de empresas de varejo e atacado de vários setores e oferecem aos empresários uma visão geral de muitos indicadores financeiros importantes. Um dos mais importantes, por exemplo, é a comparação de ativos atuais (dinheiro ou itens que podem ser transformados em dinheiro no curto prazo) com os passivos atuais (dívidas a vencer no curto prazo) — esse indicador-chave reflete a capacidade que a empresa tem para cumprir suas obrigações atuais. Um segundo indicador importante é a comparação dos lucros líquidos às vendas líquidas: que lucro o proprietário está obtendo para cada dólar em vendas? E um terceiro indicador importante é o lucro líquido em relação ao patrimônio líquido (retorno sobre o patrimônio líquido): que lucro ele está fazendo para cada dólar investido na empresa?

Comparando-se as informações de contas obtidas dos livros de uma empresa aos dados financeiros externos (indicadores do setor, múltiplos do setor utilizados para avaliação etc.), é possível determinar como o negócio está indo. Se os dados estiverem bons, o potencial comprador pode voltar à questão de quanto oferecer ao vendedor.

7.2f Negociação da oferta

O potencial comprador deve negociar a oferta final,[8] mas esse processo, no entanto, envolve diversos fatores. Quatro elementos críticos devem ser reconhecidos: informação, tempo, pressão e alternativas.

A informação pode ser o elemento mais fundamental durante as negociações. Desempenho da empresa, natureza da concorrência, condição do mercado e respostas claras a todas as principais perguntas apresentadas anteriormente são os componentes vitais na determinação do potencial real do negócio. Sem informações confiáveis, o comprador está em uma desvantagem que pode lhe custar caro. Nunca se pode confiar no vendedor como única fonte de informação, pois, ainda que não falsifique informações, ele pode disponibilizar apenas aquelas que ponham o negócio sob uma perspectiva mais favorável. Dessa forma, o comprador deve conseguir o maior número de fontes possíveis; a regra é investigar toda e qualquer fonte possível.

O tempo também é um elemento crítico: se o vendedor já comprou outro negócio e o potencial comprador é interessado na compra da sua empresa, então este tem poder para obter concessões importantes do vendedor. No entanto, se o proprietário não estiver com pressa de vender ou se as fontes financeiras do comprador desejarem investir no projeto rapidamente, então o comprador está em séria desvantagem. Resumindo: ter mais tempo que a outra parte conta pontos a seu favor.

A pressão de terceiros também irá afetar o processo de negociação. Se a empresa pertencer a diversos parceiros, o indivíduo que a estiver vendendo pode não ter total autonomia para negociar. Se um dos proprietários for favorável à aceitação de uma oferta, o negociador da empresa deve decidir se aceita a oferta em nome de todos os proprietários ou se tenta segurá-la para obter um valor maior. Esse procedimento causa uma distração durante o processo de negociação.

Por fim, as alternativas disponíveis para cada parte se tornam fatores importantes; a parte sem nenhuma alternativa terá mais interesse em concluir as negociações rapidamente.

Outras considerações a se levar em conta ao comprar um negócio incluem:

1. Solicitar que o vendedor retenha uma participação minoritária no negócio ou estabeleça o preço final de compra com base no desempenho da empresa durante um período de três a cinco anos, a fim de mantê-lo interessado no futuro imediato da empresa.

2. Ter cautela com promessas feitas sem a devida confirmação por escrito.

3. Gastar um tempo com os livros do vendedor, reconstruindo relatórios financeiros para determinar quanto dinheiro está realmente disponível — isso é absolutamente essencial.

4. Ser criterioso e detalhista nas investigações, que devem envolver entrevistas não apenas com o proprietário, mas com fornecedores, concorrentes, clientes e funcionários.[9]

Para o vendedor, as alternativas incluem encontrar outro comprador no futuro próximo ou não vender; ele terá de continuar a administrar o negócio, contratar um gerente para essa função ou vender partes da empresa. Da mesma forma, o comprador pode decidir não comprar o negócio ou pode ter oportunidades alternativas de investimento disponíveis. Qualquer que seja o caso, as alternativas das partes negociantes devem ser reconhecidas, porque impactam a capacidade de se chegar a um acordo.

7.3 FRANQUIAS: O HÍBRIDO

OA6 Definir uma franquia e delinear sua estrutura.

Uma forma de negócio que incorpora alguma independência do empreendedor sob o guarda-chuva maior de uma corporação é a franquia, uma forma "híbrida" de se entrar em um negócio. Atualmente, mais de um terço de todas as vendas de varejo e uma parte cada vez maior do PIB é gerado por franquias privadas. Uma **franquia** é qualquer acordo em que o titular de uma marca, de um nome comercial ou de um direito autoral concede a outros a licença para os utilizarem para a venda de bens ou serviços. O **franqueado** (comprador da franquia), em geral, é juridicamente independente do sistema de negócios integrado do **franqueador** (vendedor da franquia). Em outras palavras, o franqueado pode atuar como empresário independente, mas com as vantagens de uma organização regional ou nacional.[10]

7.3a Como as franquias funcionam

Os sistemas de franquias comerciais de bens e serviços costumam funcionar da mesma forma: o franqueado, um empresário independente, contrata um pacote de negócios completo, que, em geral, requer que ele proceda de uma ou mais das seguintes formas:

1. Fazer um investimento financeiro na operação.
2. Obter e manter um estoque padronizado e/ou pacote de equipamentos, geralmente comprado do franqueador.
3. Manter uma qualidade específica de desempenho.
4. Se comprometer com uma **taxa de franquia** e uma porcentagem da receita bruta.
5. Envolver-se em um relacionamento de negócios contínuo.

Por sua vez, o franqueador oferece os seguintes tipos de benefícios e assistência:

1. O nome da empresa. Por exemplo, se alguém comprar uma franquia do Burger King, o negócio possuirá força de atração, pois um nome conhecido, como Burger King, garantirá vendas mais altas que um nome desconhecido, como Ralph's Big Burgers.
2. Símbolos, logotipos, projetos e instalações identificadores. Por exemplo, todas as unidades do McDonald's possuem os mesmos arcos dourados que identificam as instalações, e o interior das instalações também é semelhante.
3. Treinamento de gerência profissional para cada funcionário da unidade independente.
4. Venda de mercadorias específicas necessárias para a operação da unidade em preços de atacado. Em geral, são fornecidos todos os equipamentos de operação e alimentos ou materiais necessários para o produto final.
5. Assistência financeira, se necessário, para ajudar a unidade de qualquer forma possível.
6. Auxílio e orientação contínuos para que tudo seja realizado de acordo com o contrato.[11]

7.3b Vantagens da franquia

OA7 Examinar os benefícios e as dificuldades das franquias.

Há diversas vantagens associadas a franquias. Na seção a seguir, descreveremos as quatro mais conhecidas: treinamento e orientação, apelo da marca, histórico comprovado e assistência financeira.

TREINAMENTO E ORIENTAÇÃO
Talvez, a maior vantagem de comprar uma franquia, se comparado a começar um novo negócio ou comprar um existente, é que o franqueador costuma fornecer treinamento e orientação ao franqueado.

Como resultado, a probabilidade de sucesso é muito maior para os franqueados, que recebem essa assistência, que para proprietários de pequenos negócios em geral. Por exemplo, tem sido relatado que a proporção de falha de pequenas empresas em geral relativamente a negócios franqueados pode ser de 4:1 ou 5:1, ou seja, de cada 4 ou 5 empresas malsucedidas, apenas uma é franquia.

APELO DA MARCA

Alguém que compre uma franquia nacional bem conhecida, especialmente uma grande marca, tem boas chances de ter êxito. O nome do franqueador é atrativo para o estabelecimento. As pessoas tendem a conhecer melhor o produto ou o serviço oferecido por uma franquia e têm preferência por esta a estabelecimentos menos conhecidos. Na Tabela 7.3 apresentamos alguns exemplos de nomes de franquias bem conhecidos.

HISTÓRICO COMPROVADO

Outra vantagem de comprar uma franquia é que o franqueador já comprovou que a operação pode ser bem-sucedida. Certamente, isso não se aplica a quem for o primeiro a comprar a franquia; mas se a organização existir há cinco ou dez anos e possuir 50 ou mais unidades, não deve ser difícil comprovar o seu sucesso. Se todas as unidades ainda estiverem em operação e os proprietários relatarem que estão financeiramente bem, então pode-se ter certeza de que o franqueador provou que o *layout* e o local da loja, bem como suas políticas de preço, qualidade dos bens ou serviços e seu sistema de gestão, como um todo, estão dando certo.

ASSISTÊNCIA FINANCEIRA

Outro motivo pelo qual a franquia pode ser um bom investimento é que o franqueador pode ajudar o novo proprietário a obter a assistência financeira necessária para a operação. Na realidade, alguns franqueadores têm ajudado pessoalmente o franqueado a começar, emprestando dinheiro e não exigindo o pagamento até que a operação esteja correndo bem. Em resumo, comprar uma franquia é, muitas vezes, a forma ideal de garantir o apoio da comunidade financeira.

7.3c Desvantagens das franquias

O potencial franqueado deve pesar as vantagens e as desvantagens de ter uma franquia. Algumas das dificuldades mais importantes são as taxas de franquia, o controle exercido pelo franqueador e as promessas não cumpridas por alguns franqueadores. As seções seguintes examinam cada uma dessas desvantagens.

TABELA 7.3 ALGUMAS DAS FRANQUIAS MAIS RECONHECIDAS

- Burger King
- Dairy Queen
- Days Inn
- Denny's
- Dunkin' Donuts
- H&R Block (preparação de impostos)
- McDonald's
- Meineke Car Care Centers
- Papa John's Pizza
- 7-Eleven
- Snap-on Tools
- Sports Clips (salões de beleza)
- Subway
- UPS Store (caixa postal etc.)

TAXAS DE FRANQUIA

No mundo dos negócios, ninguém dá alguma coisa em troca de nada. Quanto maior e mais bem-sucedido o franqueador, maior a taxa da franquia. Para uma franquia de uma rede nacional nos Estados Unidos, não raro o comprador tem de pagar uma taxa que pode variar de 50 mil dólares a 1 milhão de dólares. Franqueadores menores ou que ainda não são tão bem-sucedidos cobrarão menos. No entanto, ao decidir se tomam ou não o rumo da franquia para um pequeno negócio, os empreendedores devem avaliar a taxa com relação ao rendimento que poderão obter se colocarem o dinheiro em outro tipo de negócio. Além disso, é preciso ter em mente que essa taxa cobre apenas os benefícios discutidos na seção anterior. O potencial franqueado também deve pagar para construir a unidade e para abastecê-la, apesar de o franqueador poder fornecer assistência, assegurando-lhe um empréstimo bancário. Além disso, há ainda uma taxa atrelada às vendas brutas. Em geral, o franqueado paga a taxa inicial de franquia, gasta seu próprio dinheiro na construção da loja e na compra de equipamentos e de estoque, e paga *royalties* contínuos com base nas vendas, que costumam variar entre 5% e 12%. A maioria dos franqueadores solicita aos compradores que tenham capital suficiente para cobrir de 25% a 30% dos custos iniciais, o restante podendo ser emprestado — em alguns casos, da própria franquia.[12] A Tabela 7.4 apresenta uma lista dos custos envolvidos na compra de uma franquia.

CONTROLE DO FRANQUEADOR

Em uma grande corporação, a empresa controla as atividades do funcionário. Se um indivíduo possui seu negócio pessoal, ele controla suas próprias atividades. O operador da franquia está entre esses dois extremos. O franqueador, geralmente, exerce um certo controle sobre a operação, a fim de garantir um grau de uniformidade, e se os empreendedores não seguirem as suas orientações, podem não ter a licença da franquia renovada quando o contrato vencer.

TABELA 7.4 CUSTO DA FRANQUIA

Não deixe que as vantagens da franquia distorçam os custos importantes envolvidos. Apesar de a taxa de franquia poder ser de 75 mil dólares, o custo real de "abrir as portas para o negócio" pode ser mais de 200 mil dólares! Dependendo do tipo de franquia, os seguintes gastos são possíveis:

1. *Taxa básica da franquia*. Por essa taxa, é possível receber uma variedade de serviços: treinamento de funcionários, licenças, manuais de operações, materiais de treinamento, seleção de local e assistência de preparação do local e muito mais. Ou você pode não receber nenhum desses serviços.

2. *Seguro*. Será necessária cobertura para uma variedade de itens, como placas de vidros, material de escritório, veículos e outros. Você também deve obter o chamado seguro "guarda-chuva". É barato e destina-se a ajudar nos casos de processos milionários ou multimilionários incapacitantes.

3. *Abertura do inventário de produtos*. Se o estoque inicial não estiver incluído em sua taxa de franquia, será necessário obter o valor adequado para a abertura da franquia.

4. *Reforma e melhorias da propriedade alugada*. Na maioria das locações comerciais, o locatário é responsável pelos custos.

5. *Contas de serviços públicos*. Em geral, são necessários depósitos para a cobertura do primeiro ou segundo mês de fornecimento de energia elétrica, gás, combustível, telefone e água.

6. *Folha de pagamento*. A folha deve incluir os custos de treinamento dos funcionários antes da abertura da loja. Você deve incluir um salário razoável para si mesmo.

7. *Serviço de dívidas*. O serviço inclui pagamentos de capital e juros.

8. *Escrituração contábil e taxas de contabilidade*. Além dos serviços que o franqueador deve fornecer nessa área, é sempre adequado ter seu próprio contador.

9. *Gastos com assistência jurídica e profissional*. O custo de contratar um advogado para analisar o contrato de franquia, para arquivar e obter as regulamentações de zoneamento ou planejamento e administrar quaisquer conflitos imprevistos deve ser incluído nas projeções de gastos de abertura.

10. *Licenças estaduais e locais, permissões e certificados*. Esses documentos variam de licença para venda de bebidas alcoólicas até permissões para reformas.

Fonte: Donald F. Kuratko, "Achieving the American Dream as a Franchise," *Small Business Network*, n. 3, Julho/1987, v. 2. (atualizado pelo autor em abril/2012.)

O PROCESSO EMPREENDEDOR

Franquear ou não franquear: eis a questão

As franquias são um veículo para pessoas com tendência empreendedora, mas que não desejam montar um negócio a partir de suas próprias ideias. Diante disso, a franquia parece uma opção lógica para jovens empreendedores recém-saídos da faculdade, apesar de especialistas discordarem sobre os méritos dessa abordagem. A seguir, apresentamos razões a favor e contra se tornar um franqueado recém-saído da faculdade:

Prós

- *Os estudantes aprendem melhor em ambientes estruturados, como é o caso das franquias*. A estrutura de apoio fornecida pelos franqueadores torna a franquia uma opção ideal para os estudantes que procuram viver o empreendedorismo com uma fórmula comprovada. Os materiais educacionais fornecidos aos novos franqueados estendem o ambiente de sala de aula para o mundo real.
- *Os estudantes são clientes experientes e, em muitos casos, funcionários das franquias*. Dado que menos famílias contam com pais que ficam em casa durante a semana, os estudantes de hoje tiveram uma infância ativa, que, com frequência, determinou o consumo de refeições rápidas entre compromissos. Muitos estudantes também trabalharam em empregos de meio período com essas franquias, o que lhes permitiu ver os "bastidores" da operação.
- *Os chamados "pais superprotetores", em geral, continuam a oferecer apoio após a faculdade*. O suporte que os estudantes precisam ao começar seu próprio negócio vai além das necessidades financeiras. Ter pais ativamente envolvidos pode dar aos estudantes o impulso de que necessitam para se arriscar sozinhos, sabendo que há um porto seguro para o caso de falharem. Apesar de se debater que a contribuição financeira limitada dos estudantes inevitavelmente leva à falta de responsabilidade, outros argumentam que ter o investimento da família e dos amigos motiva mais os estudantes a terem sucesso.
- *Os estudantes estão acostumados a ser visionários, o que impulsiona a inovação*. A internet deu aos estudantes um local para a autoexpressão em larga escala. A urgência de obter resultados na digitalização da sociedade ensinou aos estudantes como criar uma ideia, colocá-la em prática e avaliar os resultados. Esse entusiasmo, em muitos casos, se traduz na ambição que os franqueadores buscam em seus franqueados.

Contras

- *Poucos estudantes universitários dispõem dos recursos necessários para abrir uma franquia*. Apesar de, no longo prazo, os custos associados à abertura de uma franquia poderem ser menores que os para desenvolver um novo conceito, as taxas de franquia iniciais podem ser de milhares de dólares, o que torna as exigências financeiras um grande obstáculo para quem não possui histórico de crédito para adquirir um empréstimo bancário sem fiador.
- *Os estudantes costumam ter dificuldade em permanecer motivados quando o negócio enfrenta dificuldades*. Os conceitos de negócios que inicialmente eram instigantes podem rapidamente perder a atratividade quando perdem a dinâmica. Dado que a maioria dos estudantes possui assistência financeira da família ou de amigos, estes têm pouco comprometimento com o negócio, o que pode levar a falta de participação quando surgem problemas.
- *A falta de experiência em gestão faz que o trato com os funcionários seja um desafio*. Os franqueadores fornecerão materiais de marketing, contatos de fornecedores e planos de operação, mas a responsabilidade de gerenciar os funcionários recai sobre os franqueados. O recrutamento, o gerenciamento e a retenção de funcionários podem ser estressantes até para o gerente mais experiente; portanto, estudantes sem experiência em gestão podem ter dificuldade em manter funcionários motivados e comprometidos. É pouco provável que adquirir experiência por meio de tentativa e erro como gerente de uma multinacional cause danos à organização; as franquias, porém, são muito suscetíveis a erros da gestão.

No final, os estudantes devem determinar o que faz mais sentido para suas aspirações de carreira e para seu estilo de gestão. Apesar de haver maior risco inerente em um novo conceito, franquias não são para qualquer um. Alguns empreendedores concluíram que os contratos dos franqueadores são muito restritivos, rebaixando-os ao que consideram ser meros funcionários; contudo, todos os franqueadores estipulam políticas e procedimentos diferentes. Decidir comprar uma franquia é somente o começo do processo; o trabalho de verdade começa quando um empreendedor decide qual franquia adquirir.

Fonte: Adaptado de Jeff Elgin eJennifer Kushell, "He Said, She Said", *Entrepreneur*, janeiro/2008. Disponível em: http://www.entrepreneur.com/magazine/entrepreneur/2008/January/187674.html. Acesso em: 16 de março de 2008.

PROMESSAS NÃO CUMPRIDAS

Em alguns casos, especialmente entre franqueadores menos conhecidos, os franqueados não receberam tudo o que lhes foi prometido.[13] Por exemplo, muitos franqueados viram-se às voltas com nomes comerciais sem poder de atração. Além disso, muitos também descobriram que a assistência prometida pelo franqueador não foi cumprida. Por exemplo, em vez de poder comprar materiais mais baratos com o franqueador, muitos viram-se tendo de pagar preços exorbitantes para abastecer seus estabelecimentos, e se reclamassem corriam o risco de ter o contrato cancelado ou não renovado.

7.3d Legislação sobre franquias

O crescimento das operações de franquias tem ultrapassado as leis sobre as franquias. Ainda é necessário o desenvolvimento de um corpo sólido de decisões apelativas de leis federais ou estaduais referentes a essa modalidade de negócio.[14] Na ausência de legislação que trate precisamente das franquias, os tribunais norte-americanos tendem a aplicar princípios de lei gerais e definições e regras de estatutos federais ou estaduais. Em alguns pontos, as características associadas à relação de franquia são parecidas com as relações entre diretor e agente, empregador e funcionário e empregador e contratante independente; além disso, a relação de franquia não se encaixa realmente em nenhuma dessas classificações tradicionais. Desse modo, a Federal Trade Commission* (FTC) aprovou a Norma de Franquias, na tentativa de fornecer requisitos de transparência aos franqueadores. (Veja "O processo empreendedor: documento de divulgação de franquia"). No entanto, isso tem mais valor na compra de uma franquia que em quaisquer questões jurídicas que possam surgir. Muitos dos litígios nessa área referem-se a cláusulas de cancelamento e de rescisão contratual. Uma vez que o contrato de franquia costuma ser um documento elaborado pelo franqueador, e como o poder de negociação do franqueado raras vezes é igual ao dele, as cláusulas de rescisão e/ou cancelamento dos contratos podem ser mais favoráveis ao franqueador. Isso significa que o franqueado, que normalmente investe uma quantia substancial de tempo e dinheiro na operação para que esta tenha sucesso, pode receber pouco ou nada pelo negócio após a rescisão. O franqueador é o proprietário da marca comercial e, portanto, do negócio**.[15]

7.3e Avaliação de oportunidades de franquia

Como o empreendedor comum pode avaliar a operação de uma franquia e decidir se é um bom negócio? Infelizmente, não existe uma fórmula matemática (apesar de os melhores métodos de avaliação apresentados no Capítulo 14). Também não é possível simplesmente perguntar a um amigo, porque as franquias mais populares, que provavelmente são as únicas com as quais ele estará familiarizado, não dão concessão para quem está ingressando entrar no ramo. Restam então as franquias menores, que são menos conhecidas e mais arriscadas.[16]

Um estudo examinou a relação entre as taxas básicas e os *royalties* pagos ao valor geral da franquia, e os resultados indicaram que a idade da franquia, o número de unidades de varejo, a concentração no estado e a representatividade nacional se refletem no tamanho das taxas básicas e dos *royalties*. Mas o fator essencial para se examinar o valor de uma potencial franquia é a busca adequada de informações.[17] Para garantir que um investimento esteja protegido, é preciso realizar uma avaliação de todas as oportunidades de franquia. A Figura 7.2 ilustra um modelo de processo completo para analisar a compra de uma franquia.

CONHECIMENTO DAS OPORTUNIDADES DE FRANQUIA

Uma das primeiras coisas que um potencial franqueado deve fazer é encontrar uma fonte confiável de informações sobre as oportunidades de franquia. Algumas das fontes mais disponíveis são jornais, publicações comerciais e internet (veja na Tabela 7.5 uma lista de sites úteis). A revista *Entrepreneur* traz anúncios de oportunidades de franquias e exposições e feiras comerciais realizadas pelos franqueadores de tempos em tempos em várias cidades. Todos os anos, o site Entrepreneur. com relaciona as principais franquias e as de crescimento mais rápido.

Por fim, os próprios franqueadores oferecem informações sobre oportunidades específicas, muito embora, nesses casos, seja preciso estar atento a promessas que vão além do que pode ser entregue.

INVESTIGANDO O FRANQUEADOR

O potencial investidor deve receber o máximo possível de informações sobre o franqueador. Como muitas pessoas perderam as economias de uma vida toda em esquemas de franquias, a melhor recomendação é entrar na investigação preparado para o pior, exceto se se tratar de um franqueador há muito consagrado. Se o franqueador parecer muito ansioso em vender concessionárias ou unidades,

---

* Comissão Federal de Comércio dos Estados Unidos. (N. T.)
** No Brasil, os contratos de franquia empresarial são disciplinados pela lei 8.955 (1994). (N.R.T.)

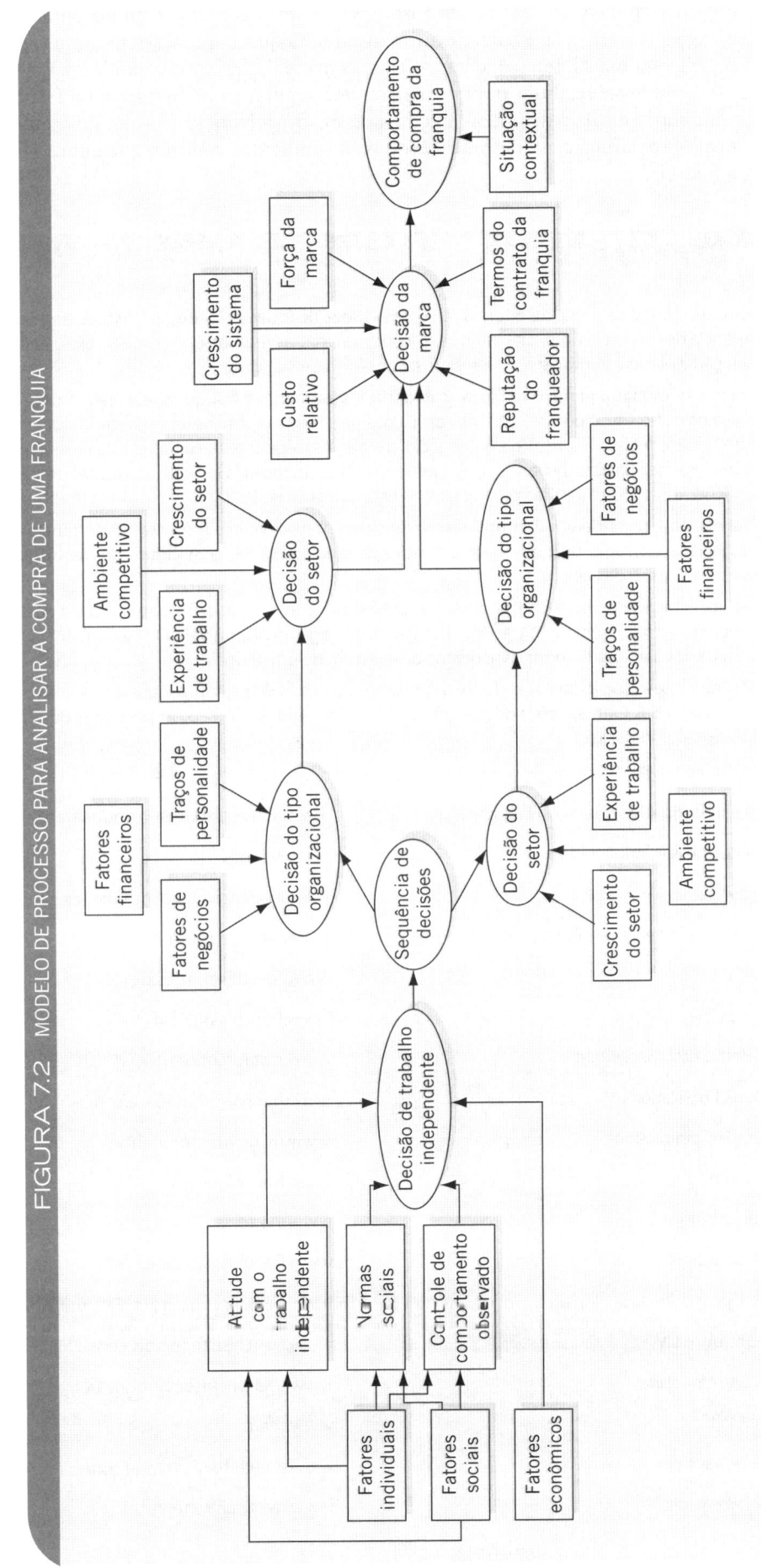

CAPÍTULO 7 — Caminhos para projetos empreendedores — 165

FIGURA 7.2 MODELO DE PROCESSO PARA ANALISAR A COMPRA DE UMA FRANQUIA

Fonte: Patrick J. Kaufmann, "Franchising and the Choice of Self Employment", *Journal of Business Venturing*, n. 14, v. 4, 1999, p. 348.

OA8 Apresentar o documento de divulgação de franquia (FDD — Franchise Disclosure Document) como um item essencial em franquias.

é motivo de alarme. Da mesma forma, se ele não se esforçar muito para investigar os potenciais investidores, em geral é sinal de que não acredita que a operação irá durar muito tempo e, provavelmente, está mais interessado em receber as taxas da franquia e sumir com o dinheiro.

Lembre-se: nenhum franqueador de boa reputação irá vender uma franquia sem verificar se o comprador é capaz de operá-la com sucesso. O McDonald's — um dos franqueadores mais cautelosos — examina cuidadosamente todos os candidatos e afirma que nunca uma unidade da rede foi à falência.

TABELA 7.5 SITES DE FRANQUIAS

A internet tornou-se a principal fonte de informação para pessoas de todas as idades, profissões e interesses. Exceto pela transferência de fundos, o potencial franqueado pode encontrar tudo de que precisa para garantir o êxito de sua pesquisa, seleção e planejamento de uma franquia no conforto de sua casa.

Você pode procurar o resultado perfeito por local, categoria, investimento e franquias reais em <http://www.franchiseexpo.com>. No site, é possível obter informações pertinentes sobre determinadas franquias por meio de "vitrines", que fornecem histórico, resumo do negócio, perguntas frequentes e requisitos de investimento. Também estão disponíveis informações básicas da franquia, incluindo planilhas financeiras interativas, formas de selecionar a franquia ideal, informações de exposição e *links* para outros recursos úteis na *web*.

O Franchise Handbook, cujo endereço é <http://www.franchise1.com>, oferece respostas importantes às suas perguntas. Diretórios, associações, quadro de mensagens e notícias do mercado são apenas alguns dos recursos disponíveis no site de franquias mais famoso da *web*.

O endereço do site Franchise Works é <http://www.franchiseworks.com>. Nele, o usuário encontra diferentes franquias enumeradas por categoria, além de outras oportunidades de negócio disponíveis. O site também dispõe de recursos que podem ser utilizados para cobrir todos os aspectos da abertura de um negócio.

A International Franchise Association é uma fonte importante de dados do mercado. Acessando <http://www.franchise.org> é possível saber das últimas ações do governo dos Estados Unidos e tópicos importantes que afetam franqueados e franqueadores do mundo todo.

Outros sites norte-americanos são:

American Bar Association Forum on Franchising	www.americanbar.org/groups/franchising.html
U.S. Small Business Administration	www.sba.gov
Entrepreneur Magazine	www.entrepreneur.com/franchises/
Minority Business Entrepreneur Magazine	www.mbemag.com
Franchise Times	www.franchisetimes.com
Franchise Update	www.franchising.com
National Restaurant Association	www.restaurant.org/tools/
Source Book Publications	www.franchisordatabase.com
Federal Trade Commission	www.ftc.gov/bcp/franchise/
Franchise.com	www.franchise.com
World Franchising	www.worldfranchising.com
Franchise Solutions	www.franchisesolutions.com
Franchise Opportunities	www.franchiseopportunities.com
Franchise Know How	www.franchiseknowhow.com/
The Franchise Magazine	www.thefranchisemagazine.net
Franchise Mall	www.thefranchisemall.com/
Franchise Advantage	www.franchiseadvantage.com
U.S. Franchise News	www.usfranchisenews.com

O PROCESSO EMPREENDEDOR

Documento de divulgação de franquia[a]

Em 1979, a Federal Trade Commission (FTC) estabeleceu uma norma para a divulgação de franquias, exigindo que franqueadores divulgem o processo completo de pré-venda em todo o país. Em 2007, essa norma foi emendada, para exigir mais requisitos de divulgação por parte dos franqueadores. A partir dessa emenda, o documento legal de divulgação, intitulado **Franchise Disclosure Document[b] (FDD)**, deve ser apresentado a potenciais compradores de franquias durante o processo de pré-venda nos Estados Unidos. Ele foi originalmente conhecido como Uniform Franchise Offering Circular[c] (UFOC).

Nos Estados Unidos, o FDD é o documento que antecede o contrato da franquia — o contrato formal de vendas —, formalmente assinado entre as partes. Esse contrato de vendas da franquia rege o relacionamento de longo prazo entre as partes e contém as únicas promessas e obrigações entre ambas, as quais permanecerão em vigor durante o tempo declarado no contrato, que, em geral, varia de 5 a 20 anos. Os contratos não podem ser alterados, exceto por acordo mútuo entre as partes.

De acordo com a Norma das Franquias, aplicada pela FTC, um potencial franqueado deve receber o FDD do franqueador pelo menos dez dias antes de ser convidado a assinar um contrato ou a pagar qualquer valor ao franqueador ou a um afiliado deste. O potencial franqueado tem o direito de solicitar (e receber) uma cópia do FDD assim que o franqueador tiver recebido seu pedido de franquia e tiver concordado em avaliá-la. O franqueador pode fornecer uma cópia do FDD em papel, por e-mail, pela web ou em disco.

---

a. O documento exigido pela lei brasileira é chamado de Circular de Oferta de Franquia e, além das informações supracitadas, também deve contemplar outras como: perfil ideal do franqueado e requisitos para o seu envolvimento direto na operação e administração do negócio. (N.R.T.)
b. Documento de divulgação de franquia. (N. T.)
c. Circular de Oferta de Franquia. (N. T.)

Há 23 categorias de informação que devem ser fornecidas pelo franqueador ao potencial franqueado antes da vigência do contrato de franquia. Essas categorias incluem:

1. O franqueador, seus antecessores e afiliados
2. Experiência comercial das partes principais
3. Histórico de litígios
4. Falência
5. Taxa inicial de franquia
6. Outras taxas
7. Investimento inicial
8. Restrições sobre a origem dos produtos
9. Obrigações do franqueado
10. Acordos financeiros
11. Obrigações do franqueador
12. Território
13. Marcas comerciais
14. Patentes, direitos autorais e informações proprietárias
15. Obrigação de participação da operação real do negócio da franquia
16. Restrições sobre o que pode ser vendido pelo franqueado
17. Renovação, rescisão, transferência e resolução de disputas
18. Números públicos
19. Representações de desempenho financeiro: vendas, lucros, exigências de rendimento
20. Lista de lojas da franquia
21. Relatórios financeiros
22. Contratos
23. Confirmação de recebimento

Fonte: Adaptado de Federal Trade Commission, 2015.

BUSCA DE AJUDA PROFISSIONAL

Se o franqueador passar na investigação inicial e oferecer um contrato de franquia, o potencial franqueado deve, antes de mais nada, levar o documento a um advogado qualificado, que irá compreender os termos do contrato e poderá explicar qualquer penalidade ou cláusula restritiva que limite a atuação do franqueado.

As cláusulas mais importantes do contrato são aquelas relativas ao cancelamento e à renovação da franquia. O franqueador pode reaver a franquia em razão de uma pequena infração do regulamento? Mais importante ainda, se o contrato for cancelado, qual a proporção da taxa inicial de franquia será reembolsada? Se a franquia puder ser comprada de volta pelo franqueador por 20% da taxa inicial, o advogado deve examinar atentamente com que facilidade ele pode rescindir o contrato.

Outras considerações incluem a taxa de franquia, a porcentagem da receita bruta a ser paga pelo franqueador, o tipo e o tamanho do treinamento oferecido, os limites territoriais da franquia e as cláusulas de fornecimento de materiais à unidade. Além disso, o advogado deve examinar o controle que o franqueador exercerá sobre as operações, incluindo requisitos de preço, padrões de desempenho e dias e horário de operação. Também é recomendável buscar aconselhamento financeiro. Um bom gerente de banco talvez possa examinar o prospecto do franqueador e opinar sobre sua credibilidade. A receita planejada é muito alta para uma nova unidade? O retorno sobre o investimento é otimista demais? O banco estaria preparado para antecipar um empréstimo para esse tipo de empreendimento comercial?

Por fim, o investidor deve conversar com um contador de sua confiança, que poderá analisar os dados e projetar uma declaração de renda para os primeiros anos. O investimento parece promissor? O que pode dar errado e colocar o investimento em risco? Quais as chances de isso acontecer? Esse é um tipo de investimento que constitui um risco aceitável para o potencial comprador ou será melhor recusar a oferta?

Profissionais das áreas jurídica e financeira podem ajudar o potencial franqueado responder algumas perguntas muito importantes. E o principal papel deles será colocar o indivíduo cara a cara com os riscos inerentes a uma franquia e responder à pergunta: "Eu estou disposto a correr esse tipo de risco?".

TOMADA DE DECISÃO: O EMPREENDEDOR É QUEM DECIDE

Quando o potencial empreendedor tiver reunido todas as informações necessárias, a decisão final sobre o assunto é sua. Porém, na compra de um negócio em andamento, a série de "perguntas certas" apresentada anteriormente pode ser útil.

RESUMO

A maneira melhor e mais fácil de se abordar um novo empreendimento de negócios é pela criação de um produto ou serviço exclusivo. Às vezes, esse processo envolve a chamada *abordagem novíssima*, ou seja, a criação de uma ideia totalmente nova para um produto ou serviço (como foi o caso do Zynga e do Google). Mas, na maioria dos casos, o potencial proprietário e/ou gestor deve contentar-se em utilizar uma *abordagem nova-velha*, que "pega carona" nas ideias de outras pessoas. Esse procedimento envolve expandir o que a concorrência está fazendo ou oferecer um produto ou serviço a uma área aonde ele não está disponível.

Pelo lado financeiro, o potencial proprietário e/ou gestor deve examinar o quadro financeiro da empresa e determinar os custos de montagem da operação, bem como a receita gerada durante o período inicial. E, por fim, ele deve rever uma série de outras considerações operacionais, que vão do imóvel a mercadorias e equipamentos necessários para fins de registros, seguros, assuntos jurídicos, *marketing* e assuntos pessoais.

Outra oportunidade é a compra de uma empresa de sucesso que ofereça uma série de vantagens. Três vantagens das mais importantes são: probabilidade de que a operação futura tenha sucesso, eliminação do tempo e esforço associados à abertura de uma nova empresa e possibilidade de um preço baixo.

Porém, antes de se decidir pela compra, o potencial proprietário deve responder a uma série de "perguntas certas", como: Por que o negócio está à venda? Qual é a condição física do negócio? Qual é a condição do estoque? Qual é o estado dos outros bens da empresa? Quantos funcionários permanecerão? Que tipo de concorrência o negócio enfrenta? Qual é o quadro financeiro da empresa?

Quando todas essas perguntas tiverem sido respondidas adequadamente, o potencial comprador deve negociar. Na análise final, porém, ele deve estar preocupado em comprar os bens da empresa no *valor de mercado* e, então, pagar pelo *fundo de comércio*, se for considerado um bem. Avaliação será discutida adiante, no Capítulo 14.

TERMOS-CHAVE

abordagem nova-velha
abordagem novíssima
acordo de não concorrência
controle do franqueador
corretor de negócios
Franchise Disclosure Document (FDD)

franqueado
franqueador
franquia
fundo de comércio
perdas altas e ganhos altos
práticas abusivas
rentabilidade da empresa

restrição legal de comércio
risco *versus* recompensa
taxa de franquia
tendência de lucros

PERGUNTAS DE REVISÃO E DISCUSSÃO

1. Identifique os três principais caminhos para um potencial empreendedor entrar em um negócio.
2. Qual é a abordagem novíssima para começar um novo empreendimento? Como essa abordagem difere da abordagem nova-velha?
3. Como um indivíduo que está pensando em entrar no negócio pode avaliar o quadro financeiro da empresa? Utilize a metodologia da Tabela 7.2 para preparar sua resposta.
4. Além de problemas pessoais e financeiros, com quais outros fatores o potencial proprietário deve se preocupar? Descreva ao menos quatro.
5. Quais são as vantagens de se comprar um negócio em andamento? Explique-as.
6. Quais "perguntas certas" devem ser respondidas quando se decide comprar um negócio?
7. Como um potencial comprador deve examinar os bens de uma empresa? Explique.
8. O que significa o termo *franquia*?
9. Em um contrato de franquia, o que o franqueado, muitas vezes, é chamado a fazer? Que responsabilidade o franqueador assume?
10. Quais são algumas das principais vantagens das franquias? Cite e explique ao menos três.
11. Quais são algumas das principais desvantagens das franquias? Cite e explique ao menos duas.
12. Como um potencial franqueado pode avaliar uma oportunidade de franquia? Explique.
13. Ao avaliar se comprar ou não uma franquia, o potencial investidor deve fazer uma série de perguntas. O que ele deve perguntar sobre o franqueador, a franquia, o mercado e o potencial investidor (no caso, ele mesmo)?
14. Onde um potencial franqueado pode buscar ajuda profissional para avaliar uma franquia?
15. Identifique o FDD e explique por que é um documento importante para as franquias.

NOTAS

1. Simon C. Parker e C. Mirjam van Praag, "The Entrepreneur's Mode of Entry: Business Takeover or New Venture Start?", *Journal of Business Venturing*, n. 27, v. 1, 2012, p. 31-46; Magnus Lofstrom, Timothy Bates e Simon C. Parker, "Why Are Some People More Likely to Become Small-Businesses Owners than Others: Entrepreneurship Entry and Industry-Specific Barriers", *Journal of Business Venturing*, n. 29, v. 2, 2014, p. 232-51; e Gerhard Speckbacher, Kerstin Neumann e Werner H. Hoffmann, "Resource Relatedness and the Mode of Entry into New Businesses: Internal Resource Accumulation vs. Access by Collaborative Arrangement", *Strategic Management Journal*, 2015, no prelo.
2. Brian Womack, "Facebook Revenue Will Reach $4.27 Billion", *Bloomberg*, 20 setembro 2011.
3. Shayndi Raice, "Facebook Sets Historic IPO: Potential $10 Billion Offering Would Dwarf Google's", *Wall Street Journal*, 2 fevereiro 2012.
4. Donald F. Kuratko e Jeffrey S. Hornsby, *New Venture Management*. Upper Saddle River, NJ: Pearson/Prentice Hall, 2009, p. 33-38.
5. Fred Steingold e Emily Dostow, *The Complete Guide to Buying a Business*. Berkeley, CA: Nolo Press, 2005.
6. Jay B. Abrams, *How to Value Your Business and Increase Its Potential*. New York: McGraw-Hill Publishing, 2005; veja também, Roberto Ragozzino e Jeffrey J. Reuer, "Contingent Earnouts in Acquisitions of Privately Held Targets", *Journal of Management*, n. 35, v. 4, 2009, p. 857-79.
7. Para uma boa discussão sobre comprar ou vender um pequeno negócio, veja: Rene V. Richards, *How to Buy and/or Sell a Small Business for Maximum Profit*. Charleston, SC: Atlantic Publishing Group, 2006.
8. Veja: Roy J. Lewicki, David M. Saunders e John W. Minton, *Negotiation*, 3. ed., New York: McGraw-Hill/Irwin, 2002. Este material fornece exemplos práticos e dicas sobre negociação. Veja também Michael Watkins, *Negotiation: Harvard Business Essentials*. Boston, MA: Harvard Business School Press, 2003.
9. Bruce J. Blechman, "Good Buy", *Entrepreneur*, fevereiro 1994, p. 22-25.
10. Para um excelente visão geral sobre franquias, veja: Rupert Barkoff, *Fundamentals of Business Franchising*, 2. ed., Chicago: American Bar Association, 2005; Roger LeRoy Miller e Frank B. Cross, *The Legal Environment Today: Business in Its Ethical, Regulatory, E-Commerce, and Global Setting*, 7. ed. Mason, OH: South-Western/Cengage, 2013 e Kenneth W. Clarkson, Roger LeRoy Miller e Frank B. Cross, *West's Business Law*, 12. ed., Mason, OH: South-Western/Cengage, 2012, p. 708-16.
11. Patrick J. Kaufmann, "Franchising and the Choice of Self-Employment", *Journal of Business Venturing*, n. 14, v. 4, 1999, p. 345-62; David J. Ketchen, Jr., Jeremy C. Short e James G. Combs. "Is Franchising Entrepreneurship? Yes, No, and maybe So", *Entrepreneurship Theory and Practice*, n. 35, v. 3, 2011, p. 583-93; Nada Mumdžiev e Josef Windsperger, "The Structure of Decision Rights in Franchising Networks: A Property Rights Perspective", *Entrepreneurship Theory and Practice*, n. 35, v. 3, 2011, p. 449-65; e Roland E. Kidwell e Arne Nygaard, "A Strategic Deviance Perspective on the Franchise Form of Organizing", *Entrepreneurship Theory and Practice*, n. 35, v. 3, 2011, p. 467-82.

12. Robert T. Justis e Richard J. Judd, *Franchising*, 3. ed., Mason, OH: Thomson, 2004; Joe Mathews, Don DeBolt e Deb Percival, *Street Smart Franchising*. Irvine, CA: Entrepreneur Press, 2006.
13. Darrell L. Williams, "Why Do Entrepreneurs Become Franchisees? An Empirical Analysis of Organizational Choice", *Journal of Business Venturing*, n. 14, v. 1, 1999, p. 103-24; Jérôme Barthélemy, "Agency and Institutional Influences on Franchising Decisions", *Journal of Business Venturing*, n. 26, v. 1, 2011, p. 93-103; e Mark A. P. Davies, Walfried Lassar, Chris Manolis, Melvin Prince e Robert D. Winsor, "A Model of Trust and Compliance in Franchise Relationships", *Journal of Business Venturing*, n. 26, v. 3, 2011, p. 321-40.
14. Veja: Roger LeRoy Miller e Frank B. Cross, *The Legal Environment Today: Business in Its Ethical, Regulatory, E-Commerce, and Global Setting*, 8. ed., Mason, OH: South-Western/Cengage, 2016; William R. Meek, Beth Davis-Sramek, Melissa S. Baucus e Richard N. Germain, "Commitment in Franchising: The Role of Collaborative Communication and a Franchisee's Propensity to Leave", *Entrepreneurship Theory and Practice*, n. 35, v. 3, 2011, p. 559-81.
15. Veja: Steven C. Michael, "To Franchise or Not to Franchise: An Analysis of Decision Rights and Organizational Form Shares", *Journal of Business Venturing*, n. 11, v. 1, 1996, p. 59-71; veja também Nerilee Hing, "Franchisee Satisfaction: Contributors and Consequences", *Journal of Small Business Management*, n. 33, v. 2, 1995, p. 12-25; e Marko Grunhagen e Robert A. Mittelstaedt, "Entrepreneurs or Investors: Do Multi-Unit Franchisees Have Different Philosophical Orientations?", *Journal of Small Business Management*, n. 43, v. 3, 2005, p. 207-25.
16. Thani Jambulingam e John R. Nevin, "Influence of Franchisee Selection Criteria of Outcomes Desired by the Franchisor", *Journal of Business Venturing*, n. 14, v. 4, 1999, p. 363-96; veja também: Gary J. Castrogiovanni, James G. Combs e Robert T. Justis, "Shifting Imperatives: An Integrative View of Resource Scarcity and Agency Reasons for Franchising", *Entrepreneurship Theory and Practice*, n. 30, v. 1, 2006, p. 23-40; Roland E. Kidwell, Arne Nygaard e Ragnhild Silkoset, "Antecedents and Effects of Free Riding in the Franchisor–Franchisee Relationship", *Journal of Business Venturing*, n. 22, v. 4, 2007, p. 522-44; Steven C. Michael and James G. Combs, "Entrepreneurial Failure: The Case of Franchisees", *Journal of Small Business Management*, n. 46, v. 1, 2008, p. 73-90; e Karim Mignonac, Christian Vandenberghe, Rozenn Perrigot, Assâad El Akremi e Olivier Herrbach, "A Multi-Study Investigation of Outcomes of Franchisees' Affective Commitment to Their Franchise Organization", *Entrepreneurship Theory and Practice*, n. 39, v. 3, 2015, p. 461-88.
17. Andrew J. Sherman, *Franchising & Licensing: Two Powerful Ways to Grow Your Business in Any Economy*, 3. ed., New York: Amacom Books, 2004; Dhruv Grewal, Gopalkrishnan R. Iyer, Rajshekhar, Raj G. Javalgi e Lori Radulovich, "Franchise Partnership and International Expansion: A Conceptual Framework and Research Propositions", *Entrepreneurship Theory and Practice*, n. 35, v. 3, 2011, p. 533-57; James G. Combs, David J. Ketchen, Jr. e Jeremy C. Short, "Franchising Research: Major Milestones, New Directions, and Its Future Within Entrepreneurship", *Entrepreneurship Theory and Practice*, n. 35, v. 3, 2011, p. 413-25; e Steven C. Michael, "Can Franchising Be an Economic Development Strategy? An Empirical Investigation", *Small Business Economics*, n. 42, v. 3, 2014, p. 611-20.

CAPÍTULO 8

Fontes de capital para empreendedores

OBJETIVOS DE APRENDIZAGEM

1 Diferenciar entre dívida e capital próprio como métodos de financiamento.

2 Examinar empréstimos comerciais e empréstimos sociais como fontes de capital.

3 Revisar ofertas públicas iniciais (IPOs — initial public offerings) como fonte de capital.

4 Discutir colocações privadas como uma oportunidade de capital social.

5 Estudar o mercado de capital de risco e rever os critérios de avaliação de investidores de risco para novos empreendimentos.

6 Discutir a importância de avaliar investidores de risco para uma seleção adequada.

7 Examinar o mercado de capital de risco informal existente ("capital anjo").

Pensamento empreendedor

Dinheiro é como um sexto sentido, sem o qual não é possível uso completo dos outros cinco.

— William Somerset Maugham, *da Human Bondage*

8.1 A BUSCA PELO CAPITAL

Cada empreendedor que planeja um novo empreendimento depara com o mesmo dilema, que é onde encontrar o capital inicial. Mas ele pode não saber que há inúmeras possibilidades de financiamento, nem que pode ser apropriado usar combinações de pacotes financeiros em vez de uma fonte única. É importante, portanto, entender não apenas as diversas fontes de capital, mas também as expectativas e os requisitos de cada uma.

Empréstimos comerciais, ofertas públicas, colocações privadas, debêntures conversíveis, capital de risco e capital de risco informal são alguns dos principais tipos de financiamento encontrados na busca por capital. Mas o que eles realmente são e o que se espera de um empreendedor que se candidata a esses fundos?

Estudos investigaram as diversas fontes de capital preferidas dos empreendedores,[1] as quais variam da dívida ao financiamento por capital próprio, dependendo do tipo de financiamento que estiver combinado. Conforme ilustrado na Figura 8.1, empreendedores adquirem inúmeras fontes de capital à medida que seus empreendimentos se desenvolvem. Observe que o nível de risco e o estágio de desenvolvimento da empresa afetam o financiamento da fonte apropriada para os empreendimentos empresariais.

Neste capítulo, examinaremos as diversas fontes de capital disponíveis para novos empreendimentos, juntamente com algumas percepções dos processos esperados do empreendedor. Iniciaremos com um exame das diferenças entre o financiamento por meio de dívida e de capital próprio.

8.2 DÍVIDA VERSUS CAPITAL PRÓPRIO COMO FORMA DE FINANCIAMENTO

OA1 Diferenciar entre dívida e capital próprio como métodos de financiamento.

O uso da *dívida* para financiar um novo empreendimento envolve um retorno dos fundos mais uma taxa (juros) pelo uso do dinheiro. O financiamento por *capital próprio* envolve a venda de parte da participação no empreendimento. A dívida coloca sobre o empreendedor o fardo da liquidação do empréstimo com juros, enquanto o financiamento por capital próprio força-o a abandonar algum grau de controle. Resumindo, a escolha é entre (1) assumir a dívida sem desistir da participação no

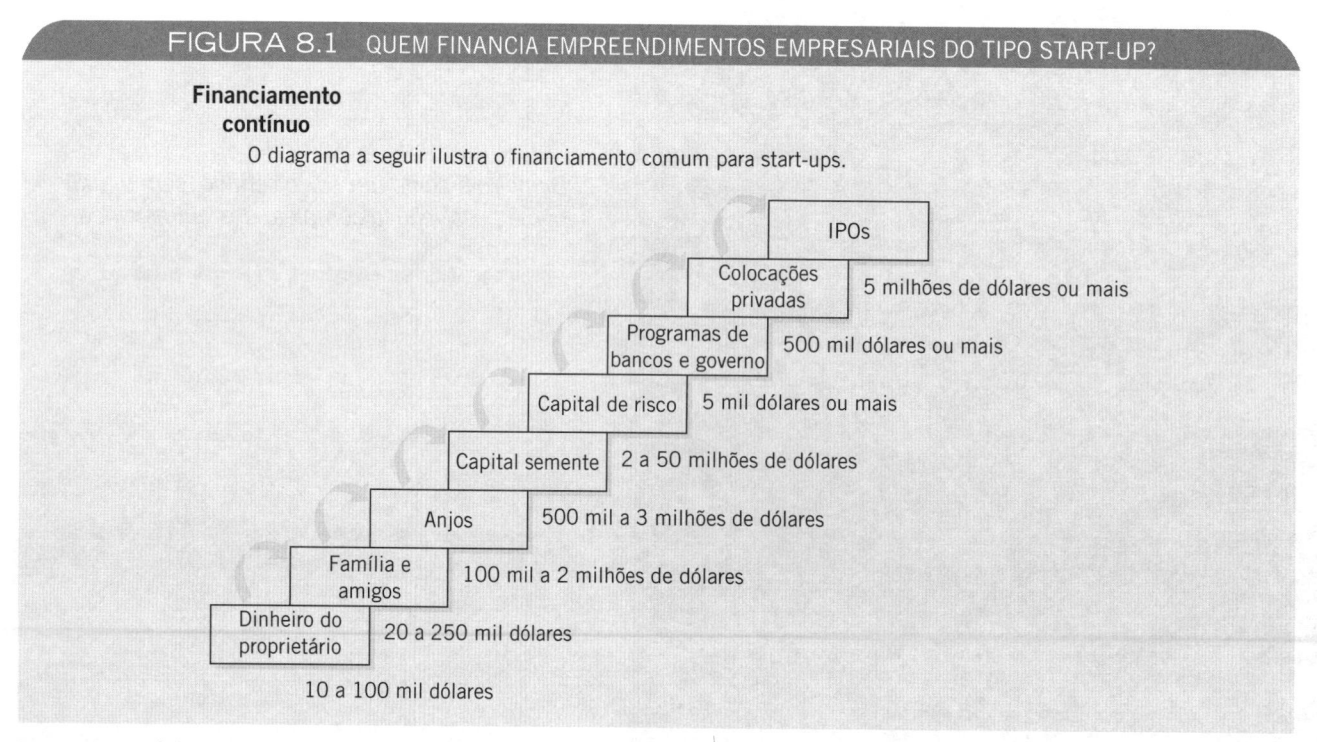

FIGURA 8.1 QUEM FINANCIA EMPREENDIMENTOS EMPRESARIAIS DO TIPO START-UP?

Financiamento contínuo

O diagrama a seguir ilustra o financiamento comum para start-ups.

IPOs	5 milhões de dólares ou mais
Colocações privadas	5 milhões de dólares ou mais
Programas de bancos e governo	500 mil dólares ou mais
Capital de risco	5 mil dólares ou mais
Capital semente	2 a 50 milhões de dólares
Anjos	500 mil a 3 milhões de dólares
Família e amigos	100 mil a 2 milhões de dólares
Dinheiro do proprietário	20 a 250 mil dólares
	10 a 100 mil dólares

Fonte: "Successful Angel Investing", Indiana Venture Center, março/2008.

8.2a Financiamento por dívida

OA2 Examinar empréstimos comerciais e empréstimos sociais como fontes de capital.

Muitos dos novos empreendimentos descobrem que o **financiamento por dívida** não é uma opção, mas uma necessidade. O empréstimo de curto prazo (um ano ou menos) costuma ser necessário para a obtenção de capital de giro, sendo saldado a partir das receitas das vendas. A dívida de longo prazo (empréstimos a prazo de um a cinco anos ou de longo prazo, com vencimento para mais de cinco anos) é usada para financiar a compra de propriedade ou equipamento, com o ativo adquirido servindo como garantia para o empréstimo. As fontes mais comuns de financiamento de dívida são os bancos comerciais.[2]

BANCOS COMERCIAIS

Aproximadamente 5.600 bancos comerciais operam nos Estados Unidos hoje, embora esse número se mantenha em queda desde a recessão econômica de 2008. A previsão é de que, até o fim da década, somente 4 mil bancos comerciais sobrevivam aos tempos difíceis.[3] Embora alguns façam empréstimos de curto prazo sem garantia, a maioria dos empréstimos bancários é garantida por recebíveis, estoques ou outros ativos. Os bancos comerciais também criam um grande número de empréstimos de médio prazo, com vencimentos de um a cinco anos, e, em aproximadamente 90% desses casos, pedem garantia, que geralmente consiste em ações, maquinário, equipamento e imóvel, sendo exigida a liquidação sistemática no período de duração do empréstimo. Além dos empréstimos e hipotecas imobiliárias pela Small Business Administration (SBA) ou por organizações semelhantes, os bancos comerciais fazem ainda empréstimos com vencimentos superiores a cinco anos. Além disso, também podem oferecer uma quantidade de serviços para um novo empreendimento, incluindo preparação de folha de pagamento computadorizada, cartas de crédito, serviços internacionais, financiamento de locação e contas no mercado financeiro.

Para lançar mão do empréstimo bancário de forma segura, os empreendedores, em geral, têm de responder a inúmeras perguntas, e as cinco mais comuns são apresentadas a seguir, juntamente com os respectivos comentários:

5. **O que você planeja fazer com o dinheiro?** Não planeje usar empréstimos bancários para empreendimentos de alto risco. Os bancos costumam emprestar apenas para os empreendimentos mais certeiros possíveis.

6. **De quanto você precisa?** Alguns empreendedores vão ao banco sem a ideia clara de quanto dinheiro precisam; tudo o que sabem é que precisam de dinheiro. Quanto mais precisamente o empreendedor responder essa pergunta, maior a probabilidade de que o empréstimo seja concedido.

7. **Quando você precisa do dinheiro?** Jamais corra a um banco com um pedido de dinheiro imediato. Planejadores fracos nunca atraem credores.

8. **Por quanto tempo precisará dele?** Quanto menor o período que você precisar do dinheiro, maior a probabilidade de receber o empréstimo. O período no qual o empréstimo deve ser liquidado deve corresponder a algum marco importante no plano de negócios.

9. **Como você irá saldar o empréstimo?** Essa é a pergunta mais importante. O que fazer se os planos derem errado? Outra receita pode ser redirecionada para pagar o empréstimo? Existe garantia? Mesmo se existir uma quantidade de ativos fixos, o banco pode ficar irredutível. A experiência diz que os ativos vendidos em liquidação de dívidas correspondem a somente uma fração — cinco a dez centavos de dólar — de seu valor.[4]

Os bancos não são a única fonte de financiamento de dívida. Às vezes, o financiamento de longo prazo para uma determinada peça de equipamento é obtido diretamente com os fabricantes, que assumem parte do preço de compra na forma de uma nota de longo prazo. Os fabricantes se dispõem a financiar compras, especialmente quando houver um mercado ativo para seus equipamentos usados, permitindo assim a revenda do que for recuperado. Além disso, novos empreendimentos, às vezes, podem obter financiamento de dívida de curto prazo mediante a negociação de prazos de crédito estendidos junto aos fornecedores. No entanto, esse tipo de crédito comercial restringe a flexibilidade do empreendimento na seleção de fornecedores, podendo limitar sua capacidade de negociação de preços com o fornecedor.

- *Vantagens do financiamento de dívida*. Não é de estranhar que o financiamento de dívida tenha vantagens e desvantagens. As vantagens podem ser caracterizadas da seguinte maneira:
  - Não é necessária nenhuma renúncia de participação.
  - Mais empréstimo, potencialmente, permite maior retorno no capital social.
  - Taxas de juros baixas reduzem o custo de oportunidade do empréstimo.

- *Desvantagens do financiamento de dívida*. O financiamento com dívida tem seus inconvenientes, que são:
  - Necessidade de pagar juros regularmente (mensalmente).
  - Possibilidade de que os problemas de fluxo de caixa sejam intensificados em razão das responsabilidades de retorno.
  - Possibilidade de o uso intenso da dívida inibir o crescimento e o desenvolvimento do negócio.

EMPRÉSTIMO *PEER-TO-PEER* (P2P)

O **empréstimo** *peer-to-peer*, normalmente abreviado como empréstimo P2P, é a prática de emprestar dinheiro a indivíduos sem laço de parentesco, isto é, a seus "pares" (*peer*), sem a utilização de um banco ou de qualquer instituição financeira tradicional. Também conhecido como empréstimo "financiamento coletivo (*crowdfunding*) baseado em dívida", esses empréstimos acontecem on-line, nos sites de empresas de empréstimo *peer-to-peer*, que usam várias plataformas de empréstimo diferentes. Essa forma de financiamento é um fenômeno do século 21.

Os financiadores *peer-to-peer* são sites com base na internet, que juntam o dinheiro dos investidores dispostos a emprestar capital com taxas combinadas. Esses financiadores cobram taxas pela corretagem e manutenção dos empréstimos e também recolhem as multas referentes aos pagamentos em atraso. A quantidade média dos empréstimos sociais está em torno de 17 mil dólares, com previsão máxima de aumento para até 250 mil dólares. O empréstimo P2P é uma das áreas de mais rápido crescimento das finanças, com 100% de aumento ao ano, e suas taxas de juros variam de 5,6% a 35,8%, dependendo do prazo do empréstimo e da classificação do mutuário. As taxas padrão costumam variar entre 1,5% e 10% para mutuários mais arriscados. A Lending Club, uma empresa bem conhecida de empréstimo social, possui o maior volume de empréstimo entre os sites de empréstimo social nos Estados Unidos, combinando mutuários e financiadores com base na dimensão do empréstimo, na tolerância de risco e na familiaridade social (por exemplo, colaboradores, pessoas dedicadas, moradores na terra natal etc.).

Antes considerado uma opção alternativa de financiamento, usada apenas por empreendedores incapazes de se qualificar para empréstimos comerciais, o P2P está começando a atrair mutuários entre empreendedores estabelecidos, que buscam capital rápido sem a despesa administrativa geral dos financiadores tradicionais. Os primeiros sites de empréstimo P2P apareceram em 2005, trazendo equilíbrio à ideia antiquada de pedir dinheiro emprestado a amigos, e multiplicaram-se na última recessão econômica, à medida que os meios tradicionais de crédito se esgotavam. Quando a ideia começou a se espalhar em 2008, com boatos de que alguns financiadores estavam se prejudicando por causa dos inadimplentes, a U.S. Securities and Exchange Commission[*] (SEC) interveio para regular a indústria. Os dois maiores jogadores — Lending Club e Prosper — atenderam coletivamente mais de 180 mil empréstimos com um total de 2 bilhões de dólares.

Os sites de empréstimo social são diferentes daqueles de microempréstimos, conhecidos como Kiva.org, uma organização não lucrativa que permite aos doadores fazer empréstimos a juros zero para causas específicas em todo o mundo. O Kiva recolhe o dinheiro e entrega-o a uma instituição microfinanceira, a qual desembolsa os fundos e sai à caça de mutuários para o reembolso.

Alguns analistas atribuem o sucesso do empréstimo social à economia enfraquecida, com os financiadores comerciais forçados a ser mais conservadores em suas práticas de empréstimo, isso conduzindo a um conjunto reduzido de capital para empreendedores. A maioria das empresas que utilizam os sites de empréstimo social são start-ups, principalmente porque os sites mais populares definem o montante máximo de empréstimo em 25 mil dólares. Os montantes de empréstimos relativamente pequenos e a facilidade em submeter projetos para obtê-los levou muitas pessoas — que de outra forma teriam evitado exercer sua aventura empresarial dada a falta de confiança em sua

---

[*] Comissão de Valores Mobiliários dos Estados Unidos. (N. T.)

capacidade para obter um empréstimo comercial — a visualizar esse tipo de empréstimo como um mecanismo de baixo risco para iniciar.

O empréstimo P2P é muito semelhante a outros fenômenos de rede social, porque é amplamente dependente da capacidade dos provedores do site em fornecer um fórum no qual possa ser construída uma comunidade aberta confiável. À medida que o movimento de empréstimo P2P continua, os empreendedores terão uma arma eficaz em seu arsenal de combate aos problemas de fluxo de caixa inerentes à condução dos negócios. Assim como todos os financiadores, os empreendedores precisam rever cuidadosamente as políticas e os procedimentos, bem como a reputação de qualquer financiador P2P que estejam considerando para a obtenção do empréstimo. Para indivíduos que estiverem colocando suas aspirações empreendedoras em espera por medos financeiros, o empréstimo P2P pode proporcionar a paz de espírito necessária para que aprimorem suas ideias e as coloquem em ação. Recentemente, há sinais de que o P2P está se tornando mais dominante, à medida que executivos de instituições financeiras tradicionais têm se associado a esse tipo de empresa como membros de conselho, financiadores e investidores. Embora o uso do empréstimo P2P forneça várias vantagens imediatas para os empreendedores na fase inicial de suas empresas, os possíveis perigos incluem:

- *Taxa de sucesso de financiamento.* A maioria dos empréstimos é difícil de ser concluída, de modo que a taxa de sucesso do financiamento pode ser questionável.
- *Divulgação do plano de negócios.* O plano de negócio do empreendedor é liberado ao domínio público.
- *Nenhum relacionamento de consultoria contínua.* O empreendedor não recebe nenhum conselho nem ganha experiência do financiador, bem como inexistem rodadas futuras de empréstimo ou de investimento.
- *Obrigação fiscal em potencial.* Existem implicações fiscais para o mutuário e o financiador.
- *Ambiente regulatório incerto.* A SEC* continua revisando esses sites para possíveis políticas regulatórias.[5]

OUTRAS FONTES DE FINANCIAMENTO DE DÍVIDA

Além dos bancos comerciais e de financiadores sociais, outras fontes de financiamento de dívida incluem crédito comercial, *factoring* das contas a receber, empresas de financiamento, associações de *leasing*, bancos de economia mútua (caixas econômicas), associações de poupança e de crédito e companhias de seguro. A Tabela 8.1 apresenta um resumo dessas fontes, os tipos de negócios que elas costumam financiar e seus prazos de financiamento.

Crédito comercial é aquele dado pelos fornecedores que vendem os bens em conta. Esse crédito é refletido no balanço patrimonial do empreendedor como contas a pagar e, na maioria dos casos, deve ser pago entre 30 e 90 dias. Muitas empresas novas e pequenas obtêm esse crédito quando nenhuma outra forma de financiamento lhes é disponível. Os fornecedores costumam oferecer esse crédito como um meio de atrair novos clientes.

Financiamento de recebíveis é aquele de curto prazo, que envolve tanto o compromisso dos recebíveis como a garantia para um empréstimo ou a venda dos recebíveis (*factoring*). Os empréstimos de contas a receber são feitos por bancos comerciais, enquanto a operação de *factoring* é feita principalmente por empresas de financiamento comercial e específicas de *factoring*.

Os empréstimos bancários de contas a receber são feitos sobre um valor descontado de recebíveis prometidos. Um banco pode tornar recebíveis os empréstimos sobre um plano de notificação ou não notificação. Sob o plano de notificação, os compradores de bens são informados de que suas contas foram atribuídas ao banco e, assim, passam a fazer os pagamentos diretamente ao banco, que os credita na conta do mutuário. Sob o plano de não notificação, os mutuários recolhem suas contas da maneira normal e depois amortizam o empréstimo bancário.

Factoring é a venda de contas a receber. Nesse contexto, os recebíveis são vendidos a um valor descontado para uma empresa especializada nesse tipo de operação. Algumas empresas de financiamento comercial também fazem *factoring*. No arranjo padrão, a empresa irá comprar os recebíveis do cliente imediatamente, sem recorrer, assim que o cliente gerá-los pela sua expedição de mercadorias para os seus clientes. A operação de *factoring* se ajusta a alguns negócios melhor que a outros, tendo se tornado quase tradicional nos setores têxtil e de fabricação de móveis, roupas, brinquedos, sapatos e plásticos.

---

* A Comissão de Valores Mobiliários ainda não regulamentou a modalidade de investimento no Brasil. (N.R.T.)

TABELA 8.1 FONTES COMUNS DA DÍVIDA

	Tipo de negócios financiados		Prazo do financiamento		
Fonte	Empresa iniciante	Empresa existente	Curto prazo	Prazo intermediário	Longo prazo
Crédito comercial	Sim	Sim	Sim	Não	Não
Bancos comerciais	Às vezes, mas somente se existir forte capital ou garantia	Sim	Frequentemente	Às vezes	Raramente
Peer-to-peer (P2P)	Sim	Sim	Sim	Às vezes	Não
Empresas de financiamento	Raramente	Sim	Mais frequente	Sim	Raramente
Empresas de *factoring*	Raramente	Sim	Mais frequente	Raramente	Não
Empresas de locação	Raramente	Sim	Não	Mais frequente	Ocasionalmente
Bancos de economia mútua (caixas econômicas) e associações de poupança e crédito	Raramente	Somente empreendimentos imobiliários	Não	Não	Somente empreendimentos imobiliários
Companhias de seguro	Exepcionalmente	Sim	Não	Não	Sim

Empresas de financiamento são aquelas baseadas em ativos que emprestam dinheiro em troca de bens como recebíveis, estoques e equipamentos. A vantagem de lidar com uma empresa de financiamento comercial é que ela costuma fazer empréstimos que os bancos não fariam, mas suas taxas de juros variam de 2% a 6% acima do que é cobrado por um banco. Os novos empreendimentos que não conseguem levantar dinheiro em bancos e *factoring* geralmente recorrem a empresas de financiamento.

8.2b Financiamento por capital próprio

O financiamento por capital próprio é o dinheiro investido no empreendimento sem que os empreendedores tenham a obrigação legal de reembolsar o montante principal ou de pagar juros sobre ele. O uso do financiamento por capital próprio não requer, portanto, nenhum reembolso na forma de dívida; no entanto, requer o compartilhamento da posse e dos lucros com a fonte de financiamento. Como nenhum reembolso é necessário, o capital social pode ficar mais protegido para novos empreendimentos que no caso do financiamento de dívida. Mas o empreendedor deve decidir conscientemente quanto a ceder parte da propriedade em troca desse financiamento.[6] Instrumentos financeiros de patrimônio líquido, que fornecem aos investidores uma parcela da posse, podem incluir:

- *Empréstimos com garantias.* Estes fornecem ao investidor o direito de comprar ações a um preço fixo em alguma data futura. Os prazos nas garantias são negociáveis, e a garantia normalmente prevê a compra de ações adicionais, como até 10% do total da emissão a 130% do preço da oferta original em um período de cinco anos, a partir da data da oferta.
- *Debêntures conversíveis.* São empréstimos sem garantia que podem ser convertidos em ações. O preço da conversão, a taxa de juros e as cláusulas do contrato de empréstimo são todas áreas para negociação.
- *Ação preferencial.* É o capital próprio que dá aos investidores um lugar privilegiado entre os credores em caso de dissolução do empreendimento. A ação também paga um dividendo e pode

aumentar de preço, fornecendo assim um retorno ainda maior aos investidores. Algumas emissões de ações preferenciais são convertidas em ações ordinárias, uma característica que pode torná-las mais atrativas.
- *Ação ordinária*. É a forma mais básica de posse. Essa ação costuma dar direito de voto no conselho administrativo. Quando um novo empreendimento está dando certo, os investidores com ações ordinárias obtêm um grande retorno sobre o investimento. Essas emissões de ação, geralmente, são vendidas por meio de ofertas públicas ou privadas.

Durante os últimos 40 anos, ocorreu uma grande expansão na indústria de capital social privado. Nos Estados Unidos, o grupo de fundos de patrimônio líquido — parcerias especializadas em capital de empreendimento, aquisição por endividamento, investimentos mezaninos*, acúmulos, dívida depreciada e investimentos relacionados — cresceu de 5 bilhões de dólares, em 1980, para mais de 900 bilhões de dólares estimados em 2014.[7]

O patrimônio líquido pode ser elevado por meio de duas fontes principais: ofertas de ações públicas e investimentos privados. Em ambos os casos, os empreendedores devem seguir as leis locais pertinentes ao aumento desses fundos e atender aos requisitos estabelecidos pela SEC, em um processo que, em sua totalidade, pode ser difícil, caro e demorado. As leis e regulamentações são complexas e costumam variar de estado para estado, de país para país. Por outro lado, as ofertas de ações bem-sucedidas podem ajudar uma empresa novata a levantar um grande montante de dinheiro.

OFERTAS PÚBLICAS

Entrada na bolsa é um termo usado para se referir a um aumento de capital da empresa por meio da venda de títulos nos mercados abertos. A seguir estão algumas das vantagens dessa abordagem:

- *Tamanho da quantidade de capital*. Vender títulos é uma das maneiras mais rápidas de elevar grandes somas de capital em um curto período.
- *Liquidez*. O mercado aberto fornece a liquidez para os proprietários, desde que estes possam vender prontamente suas ações.
- *Valor*. O mercado coloca um valor nas ações da empresa, que, por sua vez, permite que o valor seja colocado na corporação.
- *Imagem*. A imagem de uma corporação publicamente negociada costuma ser mais forte aos olhos de fornecedores, financiadores e clientes.[8]

OA3 Revisar ofertas públicas iniciais (IPOs – initial public offerings) como fonte de capital.

Durante as últimas duas décadas, muitos novos empreendimentos buscaram capital por meio dos mercados abertos. O termo **oferta pública inicial (IPO — initial public offering)** é usado para designar a oferta pública registrada de títulos de uma empresa pela primeira vez. Com frequência, o número de empresas que "entram na bolsa" não varia muito, mas o montante de financiamento levantado, certamente sim. Além disso, a economia tem um efeito maior sobre os mercados IPO, como evidenciado pela enorme demanda de IPOs de 1995 a 1999, quando 2.994 empresas entraram na bolsa durante o período econômico de crescimento contínuo e prosperidade nos Estados Unidos. O ano 2000 introduziu uma correção na economia, e tudo começou a se contrair, incluindo o mercado IPO. Em 2001, somente 91 empresas entraram na bolsa, levantando 37,1 bilhões de dólares, representando um declínio considerável em relação ao ápice histórico de 868 IPOs, em 1996. De 2003 a 2007 ocorreu uma atividade muito mais estável e conservadora nesse mercado, como evidenciado por uma média aproximada de 220 IPOs. Em seguida, 2008 trouxe uma recessão econômica global, e os IPOs caíram para uma baixa histórica de 37, com apenas 27 bilhões de dólares levantados. Contudo, desde aquele momento, os mercados lentamente se arrastaram de volta, com 2010 e 2011 apresentando aumento significativo, com médias de aproximadamente 180 IPOs e montantes se aproximando a 45 bilhões de dólares. Em 2015, os mercados IPO ganharam seus maiores montantes desde 2000, com números atingindo 288 IPOs, levantando 94 bilhões de dólares. Parte desse crescimento foi abastecido pelos recentes IPOs, que incluíram alguns dos maiores na história, inclusive Alibaba (25 bilhões de dólares), Visa (19,7 bilhões de dólares) e Facebook (16 bilhões de dólares).[9]

Essas cifras refletem a enorme *volatilidade* existente no mercado de ações ao longo dos anos; logo, os empreendedores devem estar cientes das preocupações que poderão enfrentar ao buscar o mercado IPO. Além disso, muitos novos empreendimentos começaram a identificar algumas outras desvantagens de se entrar no mercado; relacionamos algumas delas a seguir:

---
* Modalidade intermediária entre o investimento de *provate equity* e de crédito privado, sem participação imediata na empresa. (N.R.T.)

- *Custos.* As despesas envolvidas em uma oferta pública são significativamente maiores que as necessárias a outras fontes de capital. Honorários contábeis, encargos legais e impressão e distribuição de prospectos, bem como o custo de subscrição das ações, podem resultar altos custos.
- *Divulgação.* Informações pormenorizadas dos negócios da empresa devem se tornar públicas. Novas empresas empreendedoras, em geral, preferem manter essas informações no âmbito privado.
- *Requisitos.* A papelada envolvida nas regulamentações da SEC, bem como as informações de desempenho contínuo, drenam grande quantidade de tempo, energia e dinheiro para administrar. Muitos novos empreendimentos consideram que esses elementos seriam mais bem investidos como apoio ao crescimento da empresa.
- *Pressão do acionista.* As decisões de gestão, às vezes, têm, por natureza, um curto prazo para manter um bom desempenho recorde de lucros e dividendos para os acionistas. Essa pressão pode conduzir a uma falha ao dar a devida consideração à melhoria e ao crescimento de longo prazo da empresa.[10]

As vantagens e as desvantagens de se entrar no mercado devem ser ponderadas cuidadosamente. Se a decisão for assumir uma oferta pública, é importante que o empreendedor entenda o processo envolvido. O Capítulo 15 apresenta alguns dos requisitos complexos envolvidos no processo IPO. Aqui, resumimos, dizendo que os empreendedores que buscam a rota de títulos públicos devem estar preparados para a exigência de relatórios, declarações de divulgação e controle e posse compartilhados com acionistas externos.

INVESTIMENTOS PRIVADOS

Outro método de levantar capital é por meio da **colocação privada** de títulos, uma abordagem que costuma ser utilizada por pequenos empreendimentos.

A SEC fornece **Regulamentação D**, que permite a empresas menores vender ações por meio daquilo que é chamado de **ofertas públicas diretas** (DPOs), facilitando as regulamentações para os relatórios e demonstrativos exigidos para a venda de ações para entidades privadas, como para amigos, funcionários, clientes, parentes e profissionais locais. O tipo mais comum de DPO é o Registro de Oferta de Pequena Corporação ou SCOR* (incluído na Norma 504), que fornece isenção a empresas privadas que levantam mais de 1 milhão de dólares em qualquer período de 12 meses por meio da venda de ações. Não há restrições sobre o número ou o tipo de investidores, e as ações podem ser negociadas livremente. O processo SCOR é fácil o suficiente para que o proprietário de uma pequena empresa o conclua com a assistência de um contador e um advogado. A Regulamentação D define quatro isenções separadas, que se baseiam no montante de dinheiro que estiver sendo levantado. Juntamente com a regra complementar, essas isenções são as seguintes**:

1. **Norma 504 — investimentos de até 1 milhão de dólares.** Não há nenhum requisito de divulgação e/ou informações e nem há limite para o tipo de comprador. Isso torna as ofertas de marketing desse porte mais fáceis do que eram até então.

2. **Norma 505 — investimentos de até 5 milhões de dólares.** Os critérios para uma isenção de oferta pública são um pouco mais difíceis de cumprir que os de ofertas menores. As vendas de títulos podem ser feitas para, no máximo, 35 compradores não credenciados e para um número ilimitado de compradores credenciados. Se os compradores forem não credenciados, bem como credenciados, a empresa deve seguir os requisitos de divulgação das informações especificadas. Os investidores devem ter a oportunidade de obter informações adicionais sobre a empresa e sua gestão.

3. **Norma 506 — investimentos superiores a 5 milhões de dólares.** As vendas podem ser feitas para, no máximo, 35 compradores não autorizados e um número ilimitado de compradores credenciados. No entanto, os compradores não autorizados precisam ser "sofisticados" em matéria de investimento. Além disso, os requisitos específicos de divulgação são mais detalhados que aqueles para ofertas entre 500 mil dólares e 5 milhões de dólares. Os investidores devem ter a oportunidade de obter informações adicionais sobre a empresa e sua gestão.[11]

---

* Sigla para Small Corporate Offering Registration. (N. T.)
** Consultar CVM 461. (N.R.T.)

O PROCESSO EMPREENDEDOR

Bootstrapping: a arte de fazer mais com menos

Empreendedores, continuamente, iniciam empreendimentos sem fundos de investimento ou empréstimo bancários maiores. A National Federation of Independent Business* (NFIB) estima que mais de 25% das empresas pequenas foram iniciadas com menos de 500 dólares, o que agora está se tornando um "capital escasso". Mesmo assim, ano após ano, milhares de novos empreendimentos têm suportado momentos difíceis contando com apenas a coragem do empreendedor. Alguns dos principais aspectos para o *bootstrapping* são: controlar os custos, lembrar-se de que o dinheiro é quem manda, viver frugalmente, encontrar maneiras de emprestar ou de alavancar em vez de comprar, e manter-se sempre engenhoso e criativo.

Aqui estão algumas técnicas comprovadas de *bootstrapping* a serem lembradas:

1. Faça o máximo com o que você tem.
2. Seja frugal.
3. Pesquise sobre bazares ou vendas de garagem.
4. Alavanque recursos de terceiros.
5. Exerça múltiplas tarefas no empreendimento.
6. Compartilhe o espaço de escritório.
7. Contrate estagiários para auxiliar nos negócios.
8. Encontre móveis e equipamentos usados para comprar.
9. Estimule os clientes a pagar adiantado.
10. Negocie capital social por serviços, mas não em grande volume.

No fim, a chave é a sobrevivência; então, persistência é o verdadeiro bem do empreendedor. Como disse Winston Churchill, "nunca, nunca, nunca desista!".

Fonte: Adaptado de Laurie Lumenti Garty, "Portrait of a Modern Day Bootstrapper", *SVB Accelerator* (Silicon Valley Bank, 2012); e Andrew J. Sherman, *Raising Capital*, (AMACOM Books, 2012).

---

* Federação nacional de empresas independentes. (N. T.)

Conforme se pode ver nas Normas 505 e 506, o Regulamento D usa o termo **comprador credenciado**. Nessa categoria, estão incluídos investidores institucionais como bancos, companhias de seguro, empresas de capital de risco, empresas de investimento inscritas e empresas de investimento de pequeno negócio (SBICs**), pessoas ricas e certas organizações isentas de impostos com mais de 5 milhões de dólares em ativos. Qualquer pessoa não incluída nessas descrições é considerada comprador não credenciado.

Investidores "sofisticados" são indivíduos ricos, que investem mais ou menos regularmente em empreendimentos novos, em suas fases inicial e adiantada. Essas pessoas são bem informadas sobre as oportunidades e riscos técnicos e comerciais das empresas nas quais investem, sabendo o tipo de informações que querem sobre seus investimentos em potencial, e possuem a experiência e a capacidade necessárias para obter e analisar os dados fornecidos.

O objetivo da Regulamentação D é torná-la mais fácil e menos dispendioso para pequenos empreendimentos venderem ações. No entanto, muitos estados nos Estados Unidos não acompanharam o ritmo dessas regras; consequentemente, muitos novos empreendimentos ainda consideram oneroso e demorado tentar esclarecer suas ofertas em alguns estados. Além disso, muitos são desestimulados pelos requisitos de divulgação para as ofertas de 1 milhão de dólares e mais, que são citados sob as Normas 505 e 506. Apesar dessas dificuldades, o Regulamento D faz muito para simplificar o financiamento da pequena empresa.[12]

Crowdfunding Um fenômeno financeiro recente do século 21 é a criação de um veículo de financiamento para empreendimentos por meio do uso do público geral. Conhecido como *crowdfunding*, a prática busca financiamento para um empreendimento, levantando contribuições monetárias a partir de um grande número de pessoas, geralmente pela internet. Nos Estados Unidos, a legislação que é mencionada no 2012 Jobs Act permite que um conjunto maior de pequenos investidores com menos restrições sigam a implementação da lei. O modelo de *crowdfunding* possui três partes principais: o empreendedor que propõe a ideia e/ou o empreendimento a ser financiado; os indivíduos ou os grupos que apoiam a ideia; e uma organização moderadora ("plataforma") que coloca as partes juntas para lançar a ideia.[13] Há duas formas distintas de *crowdfunding*. Em uma, conhecida como "*crowdfunding* de recompensas", o empreendedor buscará o montante alvo do financiamento para lançar um conceito de negócios sem incorrer em dívida ou sacrificar o capital social; e, em troca pela doação feita pelos interessados no empreendimento, ele fornecerá algum tipo de incentivo

---

** Sigla para small-business investment companies. (N. T.)

pela participação (por exemplo, camiseta, cartão presente). A outra forma, que tem aumentado em popularidade, é o "*crowdfunding* de capital próprio" em que o empreendedor irá compartilhar o patrimônio líquido do empreendimento, em geral em seus estágios iniciais, em troca do dinheiro prometido.*[14]

Em 2014, havia mais de 450 plataformas de *crowdfunding* (Kickstarter e Indiegogo são as mais conhecidas), à medida que a indústria crescia para mais de 5,1 bilhões de dólares em todo o mundo. Agora, estima-se que o *crowdfunding* levante mais de 2 milhões de dólares por dia, com algumas previsões de 100% de aumento a cada ano.

Apesar desses números promissores e das previsões, há inúmeras críticas ao *crowdfunding*. Um cético adverte que o *equity crowdfunding* pode ser um exagero e que não conseguirá melhorar significativamente o suprimento de capital de investimento nem o retorno sobre o investimento dos investidores. O medo das futuras regulamentações ainda assusta alguns. Em comparação ao Regulamento D da SEC, o *crowdfunding* parece ser uma abordagem muito mais dura, porque o requisito de divulgação do Regulamento D é relativamente mais fácil e permite que um empreendimento levante um montante ilimitado de capital de um número ilimitado de investidores, contanto que estes sejam "credenciados". Então, os tipos de empreendimentos que buscam investidores não credenciados por meio de *crowdfunding* podem ser somente os desesperados.[15] Portanto, é sábio que o empreendedor esteja ciente das possíveis preocupações que ainda existem no *crowdfunding*, como:

- *Reputação.* Atingir objetivos financeiros e reunir com sucesso apoio público substancial, mas ser incapaz de entregar o empreendimento, pode ter um impacto negativo.
- *Proteção de propriedade intelectual.* Preocupações sobre ter a ideia roubada e proteção de propriedade intelectual.
- *Diluição do doador.* Caso a mesma rede de adeptos seja alcançada várias vezes, eles acabarão se cansando de dar o apoio necessário.
- *Medo público.* Sem uma estrutura regulamentar apropriada, é alta a probabilidade de uma fraude ou violação de fundos.[16]

Em todo caso, essa nova forma de financiamento por capital próprio chegou para ficar, e com as previsões de grande crescimento, o *crowdfunding* pode se tornar um veículo viável para levantar os dólares do estágio semente inicial. Como em qualquer mecanismo de financiamento em potencial, os empreendedores devem ser diligentes na busca de entendimento completo das regulamentações e dos contratempos envolvidos com os investimentos.

8.3 O MERCADO DO CAPITAL DE RISCO

OA5 Estudar o mercado de capital de risco e rever os critérios de avaliação de investidores de risco para novos empreendimentos.

Investidores de risco são investidores profissionais que investem em empreendimentos empresariais, fornecendo capital para a arrancada, para o estágio inicial ou para a expansão destes, e estão em busca de uma taxa de retorno maior que a fornecida por investimentos mais tradicionais. Eles constituem uma valiosa e poderosa fonte de financiamento de capital para novos empreendimentos. Esses profissionais experientes fornecem uma gama completa de serviços financeiros para empreendimentos novos ou crescentes, incluindo:

- Capital para arrancadas e expansão.
- Pesquisa de mercado e estratégia para empresas que não possuem seus próprios departamentos de marketing.
- Funções de consultoria de gestão, auditoria e avaliação de gestão.
- Contatos com potenciais clientes, fornecedores e outros empresários importantes.
- Assistência na negociação de contratos técnicos.
- Ajuda para estabelecer o gerenciamento e os controles contábeis.
- Ajuda no recrutamento de funcionários e desenvolvimento de contratos de trabalho.
- Ajuda no gerenciamento de risco e no estabelecimento de um programa de seguro eficaz.
- Aconselhamento e orientação em conformidade com uma série de regulamentações governamentais.

---

* No Brasil, o primeiro tipo é conhecido apenas como *crowdfunding*, e o segundo, pelo termo em inglês *equity crowdfunding*. (N. T.)

8.3a Desenvolvimentos recentes em capital de risco

Seguindo uma tendência ascendente de cinco anos — de 2004 a 2008 —, em que o capital de risco cresceu de um investimento de 22,4 bilhões de dólares em 3.178 negociações para um investimento de 30,6 bilhões dólares em 4.111 negociações, a recessão econômica global em 2008 provocou um grande encolhimento na atividade. Em 2009, os investidores de risco (VCs, do inglês *venture capitalists*) investiram somente 19 bilhões de dólares, em 3.065 negociações. No entanto, uma lenta subida foi testemunhada nos anos seguintes, com 3.526 negociações extraindo 23,2 bilhões de dólares em 2010 e 28,5 bilhões de dólares em 3.673 negociações em 2011. Em 2015, as negociações do capital de risco foram bem superiores a 4.300, com um excedente de 48 bilhões de dólares investidos.[17] Deve ficar claro que os VCs normalmente aumentam seus investimentos em empresas no estágio avançado e não no inicial. No entanto, recentemente eles têm aumentado os investimentos em financiamento do estágio inicial por inúmeras razões, incluindo:

- Facilidade e eficiência maiores que antes para se lançar um empreendimento, levar o produto até o mercado e atingir mercados.
- Reduções acentuadas nos custos de infraestrutura em razão da computação baseada na nuvem.
- Menores ciclos de produto e de processos de desenvolvimento iterativo.
- Viabilidade de venda a consumidores globais para empreendedores de empresas iniciantes, que podem acessar mercados muito maiores por meio da internet.
- Conhecimento muito mais sofisticado sobre alguns desenvolvimentos tecnológicos importantes, como dispositivos móveis, sociais e de nuvem, disponível para empreendedores com formação universitária.[18]

Mesmo com essse recente aumento do financiamento da fase inicial, deve ser entendido que os VCs de hoje são menos inclinados a financiar uma empresa iniciante do que uma com sua fase de desenvolvimento inicial mais amadurecida.

Além desses desenvolvimentos, um grande número de tendências tem ocorrido no capital de risco nos últimos anos.

Em primeiro lugar, a classe do investidor predominante está mudando de indivíduos, fundações e famílias para instituições de pensão. Portanto, o comprometimento das fontes de capital continuará se afastando muito da empresa de capital de risco menos experiente (com menos de três anos) para a mais experiente (com mais de três anos).

Em segundo, a inovação tornou-se mais global, não sendo mais domínio exclusivo do Vale do Silício e da Rota 128, em Boston; portanto, muitos VCs abriram escritórios na China, na Índia, em Israel e no Vietnã.[19]

Em terceiro, os fundos estão se tornando mais especializados e menos homogêneos. A indústria se tornou mais diversa, mais especializada e menos uniforme do que geralmente se pensava. Diferenças acentuadas são evidentes em termos de investimentos objetivos e critérios, estratégia e foco em estágios específicos, tamanhos e nichos de tecnologia de mercado. Alguns dos setores de tecnologia que possuem fundos focados exclusivamente neles são ciências biológicas, biotecnologia, tecnologia limpa e mídia digital.[20]

Em quarto, as negociações sindicalizadas estão surgindo. Acompanhando essa especialização está um novo sistema de "equipe de fazenda", em que empresas grandes e estabelecidas de capital de risco têm criado tanto relações formais quanto informais com novos fundos, bem como fundos de origem. Em geral, um sócio solidário do fundo estabelecido proporcionará tempo e experiência para o novo fundo. A equipe poderá compartilhar o fluxo de transações e coinvestir em uma negociação sindicalizada. Esses novos fundos costumam focar negociações no estágio semente ou na fase de arranque, que poderão alimentar negócios posteriores para a empresa de capital de risco mais convencional dominante, às quais estão associadas.[21]

Em quinto, pequenos investimentos em empresas na fase inicial se enfraqueceram durante a última década. Muitas empresas de capital de risco têm experimentado desafios com alguns dos empreendimentos de alto risco no ambiente tecnológico de hoje em seus portfólios. Como resultado, os sócios gerais — que, em geral, são mais experientes e hábeis para encontrar e cultivar empreendimentos tecnológicos inovadores — estão alocando tempo extra para salvar ou mudar a situação de empreendimentos com problemas. Além disso, como o investimento em estágios iniciais e primeiro estágio demanda maior intensidade de envolvimento por parte dos investidores de capital de risco, esse tipo de empreendimento sentiu os maiores efeitos. Por fim, outros fundos de capital de risco precisam de profissionais que possuam experiência com empreendimentos iniciantes e em primeiro estágio. Consequentemente, o nível de financiamento semente e de arranque é muito menor se comparado com o financiamento disponível para estágios iniciais, expansão e aquisição.[22]

Em sexto, como resultado do maior profissionalismo e da maior concorrência, o setor tornou-se mais eficiente e mais responsivo com as necessidades do empreendedor. Agora, a maioria dos VCs se enxerga como provedor de serviço, cujo trabalho é fornecer assessoria e consultoria, o que agrega mais valor à empresa do que apenas dinheiro. Muitos VCs de hoje foram empreendedores bem-sucedidos sozinhos, de modo que podem relatar os desafios enfrentados pelos empreendedores, bem como ajudar nas estratégias para finanças e na construção de uma empresa bem-sucedida. Os empreendedores devem procurar um VC que não seja apenas uma fonte de capital, mas também tenha um profundo conhecimento do setor e uma ampla rede.[23]

Por fim, em sétimo lugar, a tendência é rumo a um ambiente jurídico mais forte. A concorrência, aquecida pelo capital de risco nos últimos anos, resultou um ambiente contratual e jurídico mais sofisticado. A frequência e a extensão do litígio têm aumentado. Como exemplo, o documento final que rege a relação investidor/empreendedor, chamado "contrato de investimento", pode ter algumas polegadas de espessura e compreender dois volumes. Sobre isso, especialistas jurídicos recomendam que as seguintes disposições sejam cuidadosamente consideradas no contrato de investimento: escolha de títulos (ações preferenciais, ações ordinárias, dívidas conversíveis etc.), questões de controle (que mantêm o poder de voto), questões de avaliação e cláusulas financeiras (capacidade de continuar com fusões e aquisições) e recursos por violação de contrato (rescisão do contrato ou danos monetários).[24]

8.3b Desfazendo mitos de capital de risco

Como muitas pessoas possuem ideias errôneas sobre o papel e a função dos VCs, inúmeros mitos surgiram sobre eles. A seguir, apresentamos alguns deles, juntamente com suas refutações.

MITO 1: AS EMPRESAS DE CAPITAL DE RISCO QUEREM CONTROLAR A SUA EMPRESA E DIZER A VOCÊ COMO CONDUZIR SEUS NEGÓCIOS

Nenhuma empresa de capital de risco determina intencionalmente que irá possuir o controle de uma pequena empresa; os VCs não possuem esse desejo nem pretendem explicar aos empreendedores como tomar decisões do dia a dia, tampouco querem que lhes sejam feitos relatórios diários. Eles querem que o empreendedor e a equipe de gestão conduzam a empresa de forma lucrativa. E, de fato, querem ser consultados sobre quaisquer decisões principais, mas desejam dizer nada sobre as operações diárias do negócio.[25]

MITO 2: INVESTIDORES DE RISCO ESTÃO SATISFEITOS COM UM RETORNO RAZOÁVEL SOBRE OS INVESTIMENTOS

Os VCs esperam retornos muito altos, exorbitantes e irracionais. Eles podem obter retornos razoáveis de centenas de empresas publicamente negociáveis, assim como podem obter retornos razoáveis de muitos tipos de investimentos que não têm o grau de risco envolvido no financiamento de uma pequena empresa. Como todo investimento de capital de risco envolve um alto grau de risco, o retorno do investimento correspondentemente deve ser naturalmente alto.[26]

MITO 3: INVESTIDORES DE RISCO SÃO RÁPIDOS PARA INVESTIR

Demora um longo tempo para levantar o capital de risco; em média, de seis a oito semanas a partir do contato inicial — se o empreendedor tiver um plano de negócios bem-preparado, o investidor conseguirá levantar o dinheiro nesse período de tempo. Um VC analisa de 50 a 100 propostas por mês; dessas, dez despertarão algum interesse, e dessas dez, duas ou três receberão um grau considerável de análise, negociação e investigação — e apenas uma será financiada. Esse processo de afunilamento para selecionar 1 dentre 100 consome muito tempo. Depois que o investidor de risco tiver encontrado aquele "um", ele ainda vai passar um bom tempo investigando os possíveis rendimentos antes de financiá-lo.

MITO 4: OS INVESTIDORES DE RISCO ESTÃO INTERESSADOS EM APOIAR NOVAS IDEIAS OU INVENÇÕES DE ALTA TECNOLOGIA — GESTÃO É UMA CONSIDERAÇÃO SECUNDÁRIA

"Execução" é a palavra operante no mundo de VCs; portanto, eles apoiam somente a boa gestão. Se um empreendedor tiver uma ideia brilhante mas uma fraca experiência gerencial e nenhuma experiência no setor, esse indivíduo deve tentar encontrar alguém do setor e trazê-lo para a equipe. O VC terá dificuldades em acreditar que um empreendedor sem experiência no setor em que pretende empreender e sem habilidade gerencial em sua experiência profissional poderá acompanhar um plano de negócios. Uma boa ideia é importante, mas uma boa equipe de gestão é ainda mais importante.[27]

MITO 5: INVESTIDORES DE RISCO SÓ PRECISAM DE INFORMAÇÕES BÁSICAS, RESUMIDAS, ANTES DE FAZER UM INVESTIMENTO

Um plano de negócios detalhado e bem organizado é a única maneira de ganhar a atenção do investidor do capital de risco e de obter financiamento. Cada VC, antes de se envolver, deseja que o empreendedor tenha pensado no plano de negócios inteiro e que o tenha escrito com detalhes.[28]

8.3c Objetivo dos investidores de risco

Os VCs têm objetivos diferentes da maioria dos outros investidores que fornecem capital para novos empreendimentos. Os financiadores, por exemplo, estão interessados em segurança e retorno. Já os VCs, como proprietários parciais das empresas em que investem, estão mais preocupados com o retorno sobre o investimento (ROI — *return on investment*), por isso dedicam uma grande quantidade de tempo a ponderar o risco de um empreendimento em relação ao potencial retorno. Eles medem cuidadosamente o produto e/ou serviço e a gestão. A Figura 8.2 ilustra um sistema de avaliação para medir esses dois fatores críticos — *status* do produto e/ou serviço e *status* da gestão — em quatro níveis. A figura demonstra que as ideias, bem como os empreendedores, são avaliados quando a viabilidade de uma proposta de risco é determinada.

VCs estão particularmente interessados em criar um grande ROI. A Tabela 8.2 fornece algumas metas geralmente buscadas. Evidentemente flexíveis, essas metas seriam reduzidas, por exemplo, no caso de uma empresa ter um forte potencial de mercado, ser capaz de gerar um bom fluxo de caixa ou sua gestão ter investido parte considerável de seus próprios fundos no empreendimento. No entanto, um objetivo anual de 20% a 30% de ROI não seria considerado muito alto, independentemente dos riscos envolvidos.

O PROCESSO EMPREENDEDOR

Investigação dos capitalistas de risco quanto aos pontos "matadores de negócios"

Quando investidores de risco examinam um plano de negócios e depois fazem sua investigação do empreendimento proposto, certos pontos se destacam imediatamente como negativos. São os pontos conhecidos como "matadores de negócios", porque, algumas vezes, é impossível fechar um negócio se um desses pontos for identificado.

Uma equipe de gestão arrogante. Essa é uma equipe que não vai escutar ou que demonstrou falta de integridade ou está preocupada com o controle completo.

Nenhuma posição de mercado fundamentada. Isso ocorre quando não houver propriedade intelectual identificada a ser defendida ou algum nicho de mercado específico a ser ocupado.

Salários exorbitantes para o fundador. Se o foco parecer estar na distribuição rápida de receita (ou bônus) entre os fundadores, então haverá um problema no compromisso com o empreendimento.

Vulnerabilidade do fundador. Sempre que houver excessiva dependência de uma pessoa (um determinado fundador) por suas habilidades ou persona, pode haver um problema maior.

Notícias de ontem. Se um plano de negócios for apresentado excessivamente em um curto intervalo de tempo, então ele pode ser visto como uma "ideia velha".

Ignorância do cenário competitivo. Sempre que falta à equipe o entendimento das reais forças e fraquezas da concorrência, levanta-se uma grande bandeira vermelha para os investidores de risco.

Expectativas irreais. Um problema típico de empreendedores é a falta de entendimento da avaliação de seus empreendimentos e dos prazos de negociação envolvidos na proposta de investimento do investidor de risco. Em geral, os empreendedores pensam que seus empreendimentos são muito mais valiosos que a avaliação que lhes foi atribuída pelo investidor de risco.

Fonte: Adaptado de Andrew J. Sherman, *Raising Capital*, 3. ed., Nova York: Amacom Books, 2012, p. 196.

FIGURA 8.2 — SISTEMA DOS INVESTIDORES DE RISCO PARA AVALIAR O PRODUTO E/OU SERVIÇO E A GESTÃO.

Status do produto e/ou serviço (Mais arriscado ↓)

Status do produto e/ou serviço				
Nível 4 — Produto e/ou serviço totalmente desenvolvidos; Mercado estabelecido; Usuários satisfeitos	4/1	4/2	4/3	4/4
Nível 3 — Produto e/ou serviço totalmente desenvolvidos; Poucos usuários ainda; Assumido pelo mercado	3/1	3/2	3/3	3/4
Nível 2 — Piloto ou protótipo operável; Ainda não desenvolvido para produção; Assumido pelo mercado	2/1	2/2	2/3	2/4
Nível 1 — Ideia de produto e/ou serviço; Ainda não operável; Assumido pelo mercado	1/1	1/2	1/3	1/4

Status da gestão (← Mais arriscado)

- **Nível 1**: Fundador e/ou empreendedor individual
- **Nível 2**: Dois fundadores; Outra pessoa ainda não identificada
- **Nível 3**: Equipe de gestão parcial; Membros identificados para se associar à empresa quando o financiamento for recebido
- **Nível 4**: Equipe de gestão totalmente recrutada e experiente

Fonte: Stanley Rich e David Gumpert, *Business Plans That Win $$$*. New York: Harper & Row, 1985, p. 169.

TABELA 8.2 — RETORNOS DE INVESTIMENTO GERALMENTE BUSCADOS PELOS INVESTIDORES DE RISCO

Estágio dos negócios	Retorno de investimento anual esperado	Aumento esperado no investimento inicial
Negócios de start-up (estágio de ideia)	Acima de 60%	10 a 15 × investimento
Financiamento no primeiro estágio (novos negócios)	40% a 60%	6 a 12 × investimento
Financiamento no segundo estágio (estágio de desenvolvimento)	30% a 50%	4 a 8 × investimento
Financiamento no terceiro estágio (estágio de expansão)	25% a 40%	3 a 6 × investimento
Situação de inversão	Acima de 50%	8 a 15 × investimento

Fonte: Adaptado de W. Keith Schilit, "How to Obtain Venture Capital", *Business Horizons*, maio/junho 1987, p. 78. Copyright © 1987 pela Fundação para a Escola de Negócios na Universidade de Indiana.

8.3d Critérios de avaliação de propostas de um novo empreendimento

Além da avaliação de ideias de produtos e da força da gestão, inúmeros critérios são usados para avaliar as propostas de novo empreendimento. O pesquisador Dean A. Shepherd desenvolveu uma lista de oito fatores críticos que os VCs usam na avaliação de novos empreendimentos, como veremos a seguir:

1. Momento da entrada.
2. Estabilidade do fator-chave de sucesso.
3. Capacidade educacional.
4. Prazo de execução.
5. Rivalidade competitiva.
6. Carga de imitação de entrada.
7. Escopo.
8. Competência relacionada ao setor.[29]

Cada fator foi definido a partir da perspectiva alta para baixa (veja a Tabela 8.3 para obter as definições).

Outro grupo de pesquisadores desenvolveram 28 desses critérios, agrupados em seis grandes categorias:

1. Personalidade do empreendedor.
2. Experiência do empreendedor.
3. Características do produto ou serviço.
4. Características do mercado.
5. Considerações financeiras.
6. Natureza da equipe de empreendimento.[30]

Outros pesquisadores revelaram resultados semelhantes. Por exemplo, um estudo examinou os critérios que investidores de risco utilizam na triagem e avaliação de uma proposta (a Tabela 8.4 descreve os fatores usados no estudo[31]), e seus resultados revelaram que a decisão entre "segue/não segue" é tomada em seis minutos, em média, na triagem inicial, e, em menos de 21 minutos, na avaliação da proposta geral. Esses pesquisadores descobriram que as exigências da empresa de capital de risco e o crescimento a longo prazo e a lucratividade do setor do empreendimento proposto eram fatores críticos para a triagem inicial. Na avaliação mais detalhada, a experiência dos empreendedores, bem como as características da proposta em si, eram importantes.

Em um estudo que examinava o "lado da demanda" por capital de risco, os pesquisadores avaliaram 318 empreendedores privados que buscavam capital de risco em montantes de 100 mil dólares ou mais. O estudo descobriu que o sucesso dos empreendedores com a aquisição de financiamento estava relacionado com quatro categorias gerais e variáveis: (1) características dos empreendedores, incluindo educação, experiência e idade; (2) características da empresa, incluindo estágio, tipo de setor e localização (por exemplo, rural ou urbana); (3) características do pedido, incluindo montante, plano de negócios e provável fonte de capital; e (4) fontes de consultoria, incluindo tecnologia, preparação do plano de negócios e lugares para buscar financiamento.[32]

O plano de negócios é um elemento fundamental em uma proposta de novo empreendimento e deve ser completo, claro e bem apresentado. Os VCs costumam analisar cinco aspectos principais do plano: (1) tamanho da proposta, (2) projeções financeiras, (3) recuperação do investimento, (4) vantagem competitiva e (5) gerenciamento da empresa.

O processo de avaliação costuma acontecer em estágios, e os quatro mais comuns são descritos a seguir.

TABELA 8.3 FATORES NO PROCESSO DE AVALIAÇÃO DO INVESTIDOR DE RISCO

Atributo	Nível	Definição
Tempo da entrada	Pioneiro	Entra primeiro em um novo setor.
	Seguidor atrasado	Entra em um setor no final do seu estágio de desenvolvimento.
Estabilidade do fator-chave de sucesso	Alto	Os requisitos necessários para o sucesso não mudarão radicalmente durante o desenvolvimento do setor.
	Baixo	Os requisitos necessários para o sucesso mudarão radicalmente durante o desenvolvimento do setor.
Capacitação educacional	Alto	Recursos consideráveis e habilidades disponíveis para superar o desconhecimento de mercado pela educação.
	Baixo	Poucos recursos ou habilidades disponíveis para superar o desconhecimento de mercado pela educação.
Tempo de condução	Longo	Um período prolongado de monopólio para o primeiro participante antes que os concorrentes entrem no setor.
	Curto	Um período mínimo de monopólio para o primeiro participante antes que os concorrentes entrem nesse setor.
Rivalidade competitiva	Alto	Concorrência intensa entre os membros do setor durante o seu desenvolvimento.
	Baixo	Pouca concorrência entre os membros do setor durante o seu desenvolvimento.
Carga de imitação de entrada	Alto	Considerável imitação dos mecanismos usados por outras empresas para entrar nesse ou em qualquer outro setor, como o de franquia.
	Baixo	Imitação mínima dos mecanismos usados por outras empresas para entrar nesse ou em qualquer outro setor, como a introdução de um novo produto.
Escopo	Amplo	Uma empresa que propaga seus recursos em um amplo espectro do mercado, como muitos segmentos do mercado.
	Estreito	Uma empresa que se concentra em uma exploração intensiva de um pequeno segmento do mercado — por exemplo, visando um nicho.
Competências relacionadas ao setor	Alto	O empreendedor possui considerável experiência e conhecimento do setor em que se está entrando ou de outro relacionado.
	Baixo	O empreendedor possui experiência e conhecimento mínimos do setor em que se está entrando ou de outro relacionado.

Fonte: Dean A. Shepherd, "Venture Capitalists' Introspection: A Comparison of 'In Use' and 'Espoused' Decision Policies," *Journal of Small Business Management*, abril/1999, p. 76-87; e "Venture Capitalists' Assessment of New Venture Survival", *Management Science*, maio/1999, p. 621-32. Reimpresso mediante permissão. Copyright © 1999, Institute for Operation Research and the Management Sciences (INFORMS), 7240 Parkway Drive, Suite 310, Hanover, MD 21076 USA.

ESTÁGIO 1: TRIAGEM INICIAL

Esta é uma rápida análise do empreendimento básico, a fim de avaliar se ele atende a interesses particulares do VC.

ESTÁGIO 2: AVALIAÇÃO DO PLANO DE NEGÓCIOS

Uma leitura detalhada do plano é feita a fim de avaliar os fatores mencionados antes.

TABELA 8.4 CRITÉRIOS DE TRIAGEM DOS INVESTIDORES DE RISCO

Requisitos da empresa de capital de risco

Deve caber dentro das diretrizes de empréstimo da empresa de risco para o estágio e o porte do investimento,

O negócio proposto deve estar na área geográfica de interesse.

Prefere propostas recomendadas por alguém conhecido para arriscar o capital.

O setor proposto deve ser do tipo que empresa de risco costuma investir.

Natureza do negócio proposto

O crescimento projetado deve ser relativamente grande dentro de cinco anos de investimento.

Ambiente econômico do setor proposto

O setor deve ser capaz de crescimento de longo prazo e de lucratividade.

O ambiente econômico deve ser favorável a um novo participante.

Estratégia do negócio proposto

A seleção do canal ou dos canais de distribuição deve ser viável.

O produto deve demonstrar posição competitiva fundamentada.

Informações financeiras sobre o negócio proposto

As projeções financeiras devem ser realistas.

Características da proposta

Deve conter informações completas.

Deve ter um tamanho razoável, ser fácil de verificar, ter um resumo executivo e ter uma apresentação profissional.

Deve conter uma apresentação equilibrada.

Deve usar gráficos e letras grandes para enfatizar os pontos principais.

Características do empreendedor e/ou da equipe

Deve ter experiência relevante.

Deve ter uma equipe de gestão equilibrada em vigor.

A gestão deve estar disposta a trabalhar com os sócios empreendedores.

Empreendedor que tenha tido sucesso em negócios anteriores recebe atenção especial.

Fonte: John Hall e Charles W. Hofer, "Venture Capitalists' Decision Criteria in New Venture Evaluation", *Journal of Business Venturing*, janeiro/1993, p. 37.

ESTÁGIO 3: APRESENTAÇÃO ORAL

O empreendedor apresenta verbalmente o plano ao VC (consulte a Tabela 8.5 para um entendimento completo dos principais elementos necessários à apresentação para um VC).

ESTÁGIO 4: AVALIAÇÃO FINAL

Depois de analisar o plano e visitar fornecedores, clientes, consultores e outros, o VC toma uma decisão final.

Esse processo de quatro etapas elimina aproximadamente 98% de todos os planos de negócio, e o restante recebe algum grau de apoio financeiro.

8.3e Avaliando o investidor de risco

O VC avaliará cuidadosamente a proposta do empreendedor e este não deve hesitar em avaliar o investidor de risco. O VC entendeu a proposta? O indivíduo está familiarizado com o negócio? Trata-se de alguém com quem o empreendedor pode trabalhar? Se as respostas revelarem uma adaptação ruim, é melhor o empreendedor procurar outro VC.

TABELA 8.5 ELEMENTOS ESSENCIAIS PARA UMA APRESENTAÇÃO BEM-SUCEDIDA AO INVESTIDOR DE RISCO

A equipe deve:

- Conseguir se adaptar.
- Conhecer a concorrência.
- Conseguir gerenciar o rápido crescimento.
- Conseguir gerenciar um líder do setor.
- Ter conhecimento relevante e experiência no setor.
- Mostrar compromisso financeiro com a empresa além do suado capital próprio.
- Ser forte com um registro comprovado de acompanhamento no setor, a menos que a empresa seja uma start-up ou investimento semente

O produto deve:

- Ser realista e funcionar.
- Ser exclusivo.
- Ser próprio.
- Atender a uma necessidade bem definida no mercado.
- Demonstrar potencial para expansão do produto, para evitar ser uma empresa de um produto só.
- Enfatizar a utilidade.
- Resolver um problema ou melhorar um processo significativamente.
- Estar voltado para a produção em massa com potencial para a redução de custos.

O mercado deve:

- Ter clientes atuais e potenciais para muito mais.
- Crescer rapidamente, à taxa de 25% a 45% ao ano.
- Ter um potencial para o porte do mercado com excedente de 250 milhões de dólares.
- Mostrar onde e como você está competindo no mercado.
- Ter potencial para se tornar um líder de mercado.
- Delinear quaisquer barreiras à entrada.

O plano de negócio deve:

- Contar a história inteira, não só um capítulo.
- Promover uma empresa, não só um produto.
- Ser convincente.
- Mostrar potencial para rápido crescimento e conhecimento de seu setor, especialmente concorrência e visão de mercado. Inclui marcos para medir o desempenho.
- Mostrar como planeja bater ou exceder esses marcos.
- Atender todas as principais áreas.
- Detalhar as projeções e premissas; ser realista.
- Servir como um documento de vendas.
- Incluir um resumo executivo bem-escrito e forte.
- Mostrar entusiamo e cor.
- Mostrar taxa de retorno superior, no mínimo de 30% a 40% ao ano, com uma estratégia de saída clara

Fonte: Andrew J. Sherman, *Raising Capital*, 3. ed. New York: AMACOM Books, 2012, p. 190.

OA6 Discutir a importância de avaliar investidores de risco para uma seleção adequada.

Um pesquisador descobriu que, além do dinheiro que fornecem, os VCs agregam valor a uma empresa empreendedora, especialmente em empreendimentos de alta inovação. Diante disso, os empreendedores precisam escolher o VC apropriado no início, e, mais importante, eles devem manter os canais de comunicação abertos à medida que a empresa aumenta.[33]

Por outro lado, é importante perceber que a escolha de um VC pode ser limitada. Embora disponíveis hoje, os fundos tendem a ser controlados por grupos menores, e a qualidade do empreendimento deve ser promissora. Embora, hoje, a disponibilidade de dinheiro para o financiamento semente seja duas vezes e meia maior que os valores disponíveis dez anos atrás, o número de empresas de capital de risco não está aumentando. Além disso, a tendência rumo à concentração de capital de risco sob o controle de poucas empresas tem aumentado.[34]

Todavia, o empreendedor não deve desanimar por causa da avaliação dos prováveis VCs. Há inúmeras questões importantes que os empreendedores devem perguntar sobre os investidores de risco. Destas, selecionamos as sete mais importantes, que relacionamos a seguir, juntamente com suas lógicas:

1. A empresa de capital de risco investe de fato em sua indústria? Quantas negociações a empresa realmente fechou em seu campo?

2. Como é trabalhar com essa empresa de capital de risco? Obtenha referências. (Uma lista não rastreada de referências, incluindo CEOs das empresas com as quais a firma tenha sido bem-sucedida — bem como daquelas com as quais não foi — pode ser muito útil.)

3. Que experiência possui o sócio que está fazendo a negociação e qual é a influência dele junto à empresa? Investigue a experiência de outros empreendedores.

4. Quanto tempo o sócio vai gastar com a sua empresa se você tiver problemas? Uma empresa no estágio semente deve perguntar: "Vocês são uma grande fonte de financiamento e dizem que podem me abastecer com um quarto de milhão de dólares. Com qual frequência você estará disponível para me ver?". A resposta deve ser, pelo menos, uma vez por semana.

5. Como anda a saúde do fundo do capital de risco e quanto foi investido? Uma empresa de risco com inúmeros investimentos problemáticos não terá muito tempo livre. Se a maior parte do fundo for investido, pode não haver muito dinheiro disponível para continuar suas rodadas de acompanhamento.

6. As metas de investimento do investidor de risco são consistentes com as suas?

7. A empresa de risco e o parceiro que estiver defendendo o seu negócio passaram por alguma recessão econômica? Um bom investidor de risco não entrará em pânico quando as coisas forem mal.[35]

Tanto a avaliação quanto a negociação com o VC são essenciais para estabelecer o melhor financiamento por capital próprio. Talvez você fique preocupado, achando que a empresa de capital de risco perderá o interesse caso você force a barra, exigindo demais. É compreensível sua preocupação. Obter capital de risco é difícil mesmo, e se você tiver chegado até o processo de negociação, já estará entre os poucos sortudos.

Mas isso não significa que tenha de se fingir de morto. Um investimento de capital de risco é um negócio com o qual você pode ter de viver por um longo tempo. Embora tenha de recuar em muitas questões quando estiver na mesa de negociação, sempre haverá um ponto além do qual a negociação deixará de fazer sentido para você. Trace uma linha nesse ponto, determinando até onde você pode ir, e lute pelos pontos que realmente contam.[36]

8.4 CAPITAL DE RISCO INFORMAL: FINANCIAMENTO ANJO

OA7 Examinar o mercado de capital de risco informal existente ("capital anjo").

Nem todo capital de risco é levantado por meio de fontes formais, como investimentos públicos e privados. Nos Estados Unidos, muitas pessoas ricas estão procurando oportunidades de investimento; elas são conhecidas como **investidores anjo** ou **investidores de risco informal**. Essas pessoas constituem um imenso reservatório de investimento em potencial, como se pode ver nos cálculos apresentados a seguir. Usando a recente lista da *Forbes* com 400 mais ricos,[37] poderíamos fazer algumas suposições interessantes e criativas para demonstrar a capacidade desses indivíduos para financiar novos empreendimentos.

- O patrimônio líquido agregado dos 400 norte-americanos mais ricos da *Forbes* era de 2,29 trilhões de dólares (5,73 bilhões de dólares por pessoa).
- Dessa lista, 11 membros têm menos de 40 anos de idade.
- Dos 15 melhores, dez são empreendedores, incluindo: Bill Gates (Microsoft); Warren Buffett (Berkshire Hathaway); Larry Ellison (Oracle); Charles e David Koch (Koch Industries); Michael Bloomberg (Bloomberg); Mark Zuckerberg (Facebook); Larry Page & Sergey Brin (Google); Jeff Bezos (Amazon). O patrimônio total deles é de 444 bilhões de dólares.
- Se 1% da riqueza desses empreendedores estivesse disponível para o financiamento de risco, o conjunto de financiamento seria de 4,4 bilhões de dólares.
- Há 113 bilionários que nem chegaram a entrar na lista, e se 1% de seus fundos também estivesse disponível para financiamento de risco, o conjunto de fundos seria, no mínimo, de 1,1 bilhão de dólares.
- Se ambos os montantes pudessem ser disponibilizados para negócios de risco, haveria um total de 5,5 bilhões de dólares.
- Se um negócio de risco típico obtivesse 200 mil dólares desse total, haveria o potencial de 27.500 negócios!

William E. Wetzel, Jr., considerado o pesquisador pioneiro no campo do capital de risco informal, definiu esse tipo de investidor como alguém que já fez o seu dinheiro e agora busca empreendimentos jovens e promissores para apoiar financeiramente. "Os anjos costumam ser empreendedores, executivos corporativos aposentados ou profissionais que possuem um patrimônio líquido de mais de 1 milhão de dólares e uma receita de mais de 100 mil dólares ao ano. Eles são *self-starters** e

---

* Iniciadores independentes. (N. T.)

estão tentando perpetuar o sistema que os torna bem-sucedidos."[38] Aos empreendedores que estão procurando esse tipo de anjo, Wetzel aconselha: "Não olhe muito longe — no máximo, dentro do alcance de 80 quilômetros ou em um dia de viagem de carro. Isso porque essa não é uma profissão em tempo integral para eles".[39]

Porque esses indivíduos estariam interessados em investir em um novo empreendimento que, para os VCs profissionais, não oferece uma recompensa poderosa? Evidentemente, pode ser que o montante de investimento reduzido diminua o risco total envolvido. No entanto, os investidores informais buscam retornos não financeiros, como a criação de oportunidades de trabalho em áreas de alto desemprego, desenvolvimento de tecnologia para necessidades sociais (por exemplo, médica ou energética), revitalização urbana, assistência a minorias ou a desfavorecidos, e a satisfação pessoal de ajudar os empreendedores.[40]

Como os investidores informais encontram os projetos? Pesquisas indicam que eles usam uma rede de amigos. Além disso, nos Estados Unidos, muitos estados estão formulando redes de capital de risco, que tentam vincular os investidores informais aos empreendedores e a seus empreendimentos novos ou crescentes.

8.4a Tipos de investidores anjo

Os investidores anjo podem ser classificados em cinco grupos básicos:

- **Anjos corporativos.** Em geral, os conhecidos "anjos corporativos" são os gerentes seniores das mil corporações da *Fortune* que foram dispensados com generosas rescisões ou que se aposentaram mais cedo. O empreendedor, além de receber o dinheiro, pode persuadir o anjo corporativo a ocupar uma posição sênior na gestão do empreendimento.
- **Anjos empresariais.** Tipo predominante de investidor, a maioria desses indivíduos possui e opera negócios altamente bem-sucedidos. Como têm outras fontes de renda, e talvez um patrimônio significativo de IPOs ou de aquisições parciais, eles assumirão riscos maiores e investirão mais capital. A melhor maneira de comercializar seus negócios com esses anjos é, portanto, como uma oportunidade sinergética. Refletindo essa orientação, os anjos empreendedores raramente examinam as empresas fora de suas próprias áreas de competência e participarão de um número reduzido de investimentos por vez. Esses investidores quase sempre ocupam um lugar no conselho de diretores, mas raramente assumem obrigações de gestão. Eles farão investimentos de tamanho moderado, de 200 mil dólares a 500 mil dólares, em média, e investirão mais à medida que a empresa progredir.
- **Anjos entusiastas.** Embora anjos empreendedores tendam a ser de alguma forma calculistas, os entusiastas simplesmente gostam de estar envolvidos em negócios. A maioria deles tem 65 anos ou mais, é financeiramente independente do sucesso do negócio que tenha iniciado, e tem uma agenda de trabalho pequena. Para eles, investir é um *hobby*. Como resultado, geralmente não desempenham papel na gestão e raramente buscam ser colocados em um conselho. Como eles se espalham em excessivas empresas, o porte de seus investimento tende a ser pequeno, podendo ir de 10 mil dólares, até, talvez, algumas centenas de milhares de dólares.
- **Anjos de microgestão.** Os microgerentes são investidores muito sérios. Alguns deles nasceram ricos, mas a vasta maioria acumulou riqueza por meio de seus próprios esforços. Infelizmente, esse legado os torna perigosos. Como a maioria construiu uma empresa bem-sucedida, os microgerentes tentam impor as táticas que funcionaram para eles nas empresas de suas carteiras. Embora não busquem uma função ativa na gestão, costumam exigir um lugar no conselho de diretores. E se os negócios não estiverem indo bem, tentarão impor novos gerentes.
- **Anjos profissionais.** Nesse contexto, o termo *profissional* refere-se à ocupação do investidor, como médico, advogado e, em alguns casos muito raros, contador. Anjos profissionais gostam de investir em empresas que ofereçam um produto ou serviço com o qual tenham alguma experiência. Raras vezes buscam um lugar no conselho, mas pode ser desagradável lidar com eles quando o andamento for desfavorável, e podem ainda achar que a empresa está em dificuldades antes que realmente esteja. Os anjos profissionais investem em várias empresas de uma vez e suas contribuições de capital variam de 25 mil dólares a 200 mil dólares.[41]

A importância de entender o papel do capital de risco informal é ilustrada pelo fato de que o conjunto de capital anjo de hoje é cinco vezes o montante do mercado de capital de risco institucional, fornecendo dinheiro para 20 a 30 vezes mais quantidade de empresas. Os anjos investem mais de 25 bilhões de dólares por ano em 60 mil a 70 mil empresas no mundo inteiro, ou seja, duas vezes o montante de dinheiro e duas vezes o número de empresas de dez anos atrás.[42]

A pesquisa recente por Jeffrey Sohl, que trabalhou com William E. Wetzel, Jr. sobre **capital anjo** e agora é diretor do Centro para Pesquisa de Empreendimento na Universidade de New Hampshire, mostra um aumento acentuado na atividade de investimento anjo nos últimos anos. Em 2013, havia um total de 24,8 bilhões de dólares investidos em 70.730 empreendimentos comerciais, o que representou 298.800 investidores anjos ativos, com uma média de 83.050 dólares por investimento. *Software* manteve-se na posição principal dos setores, com 23% do total de investimentos anjo, seguido por meios de comunicação (16%), serviços de saúde/dispositivos médicos e equipamento (14%) e biotecnologia (11%). Os anjos aumentaram seus investimentos nos estágios semente e de arranque dos empreendimentos (45%), bem como aumentaram seu interesse pelo investimento em estágio inicial (41%). Os investimentos anjo continuam constituindo uma contribuição significativa para o crescimento de trabalho, com a criação de 290.020 novos empregos nos Estados Unidos em 2013, ou 4,1 empregos por investimento anjo.

Outra consideração importante para o *capital anjo* é que uma porcentagem maior de investimento informal é dedicada ao capital semente de empresas do tipo start-up e não a capital de risco. O porte médio de um investimento informal é de 350 mil dólares, o que indica a importância do capital de risco informal para empreendedores que buscam montantes menores de financiamento na start-up.[43] (Veja a Tabela 8.6 para conhecer algumas "estatísticas anjo".) Evidentemente, as redes informais são uma grande fonte de capital em potencial para os empreendedores. No entanto, é preciso ser cuidadoso e aprofundado ao abordar os investidores anjo, pois existem vantagens e desvantagens associadas a esse tipo de financiamento. A Tabela 8.7 traça alguns prós e contras fundamentais ao se lidar com investidores anjo. Somente por meio do reconhecimento desses problemas é que os empreendedores conseguirão estabelecer o melhor relacionamento com esses investidores.

TABELA 8.6 "ESTATÍSTICAS ANJO"

Tamanho típico do negócio	250 mil dólares a 600 mil dólares
Destinatário típico	Empresas em fase de arranque
Período para o resgate	Cinco a sete anos
Retorno esperado	35% a 50% ao ano
Participação proprietária	Menos de 50%

Fonte: Jeffrey Sohl, University of New Hampshire's Center for Venture Research, 2011; e Halo Report, 2011.

TABELA 8.7 PRÓS E CONTRAS DA NEGOCIAÇÃO COM INVESTIDORES ANJO

Prós:

1. Os anjos envolvem-se em negociações financeiras menores.
2. Os anjos preferem os estágios semente ou de arranque.
3. Os anjos investem em diversos setores da indústria.
4. Os anjos situam-se em áreas geográficas locais.
5. Os anjos estão genuinamente interessados no empreendedor.

Contras:

1. Os anjos não oferecem dinheiro adicional de investimento.
2. Os anjos não podem oferecer qualquer imagem nacional.
3. Os anjos não possuem contatos importantes para futura alavancagem.
4. Os anjos podem requerer alguma tomada de decisão com o empreendedor.
5. Os anjos estão ficando mais sofisticados em suas decisões de investimento.

RESUMO

Este capítulo examinou as inúmeras maneiras de formação de capital para os empreendedores. Considerou-se, inicialmente, o financiamento por meio de dívida e de capital próprio na forma de bancos comerciais, crédito comercial, financiamento de contas a receber, empresas financeiras e de *factoring*, e várias formas de instrumentos de patrimônio líquido.

As ofertas de ações no mercado possuem vantagens e desvantagens como fonte de patrimônio líquido. Embora grandes quantias de dinheiro possam ser levantadas em curtos períodos, o empreendedor deve sacrificar um grau de controle e de propriedade. Além disso, órgãos reguladores possuem uma miríade de requisitos e regulamentações a serem seguidos.

Investimentos privados são um meio alternativo de levantar patrimônio líquido para novos empreendimentos. Essa fonte costuma estar disponível a empreendedores que buscam capital de risco em montantes inferiores a 500 mil dólares, embora seja possível levantar até 5 milhões de dólares, com, no máximo, 35 compradores não autorizados. A Regulamentação D da SEC descreve claramente as isenções e os requisitos envolvidos em uma colocação privada. Para o empreendedor, a grande vantagem desse investimento é a divulgação da companhia limitada e somente um pequeno número de acionistas.

Em anos recentes, o mercado do capital de risco cresceu drasticamente. Bilhões de dólares agora são investidos anualmente para semear novos empreendimentos ou ajudar empresas inexperientes a crescer. As pessoas que investem nesses fundos são conhecidas como VCs, e os inúmeros mitos que surgiram sobre esses investidores foram discutidos e debatidos.

Os VCs usam diversos critérios diferentes ao avaliar as propostas de novo empreendimento, os quais se concentram principalmente em duas áreas: o empreendedor e o potencial de investimento do empreendimento. O processo de avaliação, em geral, envolve quatro estágios: triagem inicial, avaliação do plano de negócios, apresentação oral e avaliação final.

Mais recentemente, o capital de risco informal começou a desempenhar uma função importante no financiamento de novos empreendimentos. Qualquer pessoa com dinheiro para investir em novos empreendimentos pode ser considerada uma fonte desse tipo de capital. Algumas estimativas colocam o conjunto de capital de risco informal em mais de 25 bilhões de dólares. Empreendedores incapazes de obter financiamento por meio de bancos ou de ofertas de ações públicas ou privadas costumam recorrer ao mercado de capital de risco informal, buscando amigos, associados e outros contatos que possam ter — ou saber de alguém que tenha — dinheiro para investir em um novo empreendimento.

TERMOS-CHAVE

anjo de negócios
capital anjo
colocação privada
comprador credenciado
crédito comercial
crowdfunding
empresas de finanças
empréstimo *peer-to-peer* (P2P)
factoring
financiamento de contas a receber
financiamento de dívida
financiamento por capital próprio
investidor de risco
investidor sofisticado
investidores de risco informal
oferta pública direta (DPO)
oferta pública inicial (IPO)
Regulamentação D

PERGUNTAS DE REVISÃO E DISCUSSÃO

1. Usando a Figura 8.1, descreva algumas das fontes de capital disponíveis para os empreendedores e discuta como elas se correlacionam com os variados níveis de risco envolvidos em cada estágio do empreendimento.
2. Quais são os benefícios e os contratempos do financiamento por meio de capital próprio e de dívida? Discuta-os rapidamente.
3. Se um novo empreendimento tiver de escolher entre financiamento por capital próprio e dívida de longo prazo, qual você recomendaria? Por quê?
4. Por que um investidor de risco se interessaria mais em comprar uma debênture conversível para 500 mil dólares do que em emprestar a um novo negócio 500 mil dólares à taxa de juros de 4%?
5. Cite algumas das vantagens e desvantagens de entrar na bolsa.
6. Qual é o objetivo da Regulamentação D?
7. De que forma a Regulamentação D afetaria uma pessoa que tivesse herdado 100 mil dólares e decidido comprar ações em um novo empreendimento por meio de colocação privada?

8. Atualmente, é mais fácil ou mais difícil obter financiamento para um novo empreendimento? Por quê?
9. Alguns empreendedores não gostam de buscar financiamento para o novo empreendimento por achar que os investidores de risco são gananciosos. Em sua opinião, isso é verdadeiro? Esses investidores desejam demais?
10. Identifique e descreva três objetivos dos investidores de risco.
11. Como um investidor de risco usaria a Figura 8.2 para avaliar um investimento? Ilustre a sua resposta.
12. Identifique e descreva quatro dos critérios mais comumente usados pelos investidores de risco para avaliar uma proposta.
13. Na avaliação de um novo empreendimento, quais são os quatro estágios aos quais uma proposta costuma ser submetida? Descreva cada uma em detalhes.
14. Um empreendedor vai contatar três investidores de risco diferentes e pedir a cada um que avalie sua proposta de novo negócio. Que perguntas ele deve ser capaz de responder sobre cada um dos três?
15. Por não ter sido bem-sucedido na obtenção de financiamento junto a investidores de risco formais, um empreendedor de um novo empreendimento decidiu recorrer ao mercado de capital de risco informal. Quem está nesse mercado? Como você recomendaria que o empreendedor entrasse em contato essas pessoas?

NOTAS

1. Gavin Cassar, "The Financing of Business Start-Ups", *Journal of Business Venturing* 19, n. 2, 2004, p. 261-83; Brian T. Gregory, Matthew W. Rutherford, Sharon Oswald e Lorraine Gardiner, "An Empirical Investigation of the Growth Cycle Theory of Small Firm Financing", *Journal of Small Business Management*, n. 43, v. 4, 2005, p. 382-92; Jay Ebben e Alec Johnson, "Bootstrapping in Small Firms: An Empirical Analysis of Change over Time", *Journal of Business Venturing*, n. 21, v. 6, 2006, p. 851-65; Armin Schweinbacher, "A Theoretical Analysis of Optimal Financing Strategies for Different Types of Capital Constrained Entrepreneurs", *Journal of Business Venturing*, n. 22, v. 6, 2007, p. 753-81; Arnout Seghers, Sophie Manigart e Tom Vanacker, "The Impact of Human and Social Capital on Entrepreneurs' Knowledge of Finance Alternatives", *Journal of Small Business Management*, n. 50, v. 1, 2012, p. 63-86; e Sara Jonsson e Jessica Lindbergh, "The Development of Social Capital and Financing of Entrepreneurial Firms: From Financial Bootstrapping to Bank Funding", *Entrepreneurship Theory and Practice*, n. 37, v. 4, 2013, p. 661-86.
2. *The State of Small Business: A Report of the President*, 2007, Washington, DC: Government Printing Office, 2007, p. 25-48; Jean-Etienne de Bettignies and James A. Brander, "Financing Entrepreneurship: Bank Finance versus Venture Capital, *Journal of Business Venturing*, n. 22, v. 6, 2007, p. 808-32; veja também: http://www.sba.gov (Services-Financial Assistance), 2008.
3. John M. Mason, "The Number of Commercial Banks in the U.S Banking System Continues to Decline", *Seeking Alpha*, 23 ago. 2011. Dados atualizados para 2015.
4. Uma explanação completa pode ser encontrada em: Ralph Alterowitz e Jon Zonderman, *Financing Your New or Growing Business,* Irvine, CA: Entrepreneur Press, 2002; veja também: Elijah Brewer III, "On Lending to Small Firms", *Journal of Small Business Management*, n. 45, v. 1, 2007, p. 42-46; e Jess H. Chua, James J. Chrisman, Franz Kellermanns e Zhenyu Wu, " Family Involvement and New Venture Debt Financing", *Journal of Business Venturing*, n. 26, v. 4, 2011, p. 472-88.
5. Angus Loten, "Peer-to-Peer Loans Grow", *Wall Street Journal*, 17 jun. 2011; Disponível em: http://online.wsj.com/article/SB10001424052748703421204576331141779953526.html, acesso em: 21 fev. 2012; Garry Bruton, Susanna Khavul, Donald Siegel e Mike Wright, "New Financial Alternatives in Seeding Entrepreneurship: Microfinance, Crowdfunding, and Peer-to-Peer Innovations", *Entrepreneurship Theory and Practice*, n. 39, v. 1, 2015, p. 9-26; e Emanuele Brancati, "Innovation Financing and the Role of Relationship Lending for SMEs", *Small Business Economics*, n. 44, v. 2, 2015, p. 449-73.
6. Truls Erikson, "Entrepreneurial Capital: The Emerging Venture's Most Important Asset and Competitive Advantage", *Journal of Business Venturing*, n. 17, v. 3, 2002, p. 275-90; veja também: Larry D. Wall, "On Investing in the Equity of Small Firms", *Journal of Small Business Management*, n. 45, v. 1, 2007, p. 89-93.
7. PriceWaterhouseCoopers, MoneyTree™ Survey 2014, disponível em: https://www.pwcmoneytree.com/.
8. Veja: "Going Public", *NASDAQ Stock Market*, 2005, disponível em: http://www.nasdaq.com/about/GP2005_cover_toc.pdf, acesso em: 11 abr. 2008.
9. Jean-Sébastien Michel, "Return on Recent VC Investment and Long-Run IPO Returns", *Entrepreneurship Theory and Practice*, n. 38, v. 3, 2014, p. 527-49; J. J. McGrath, "2014 Biggest Year for US IPO Market Since 2000, with Alibaba Leading the Way", *International Business Times*, 5 jan. 2015, acesso em: 6 jan. 2015.
10. Veja: "Going Public", *NASDAQ Stock Market*, 2005, disponível em: http://www.nasdaq.com/about/GP2005 cover_toc.pdf, acesso em: 11 abr. 2008.
11. Um resumo pode ser encontrado em textos legais de negócios, como: Jane P. Mallor, A. James Barnes, Thomas Bowers e Arlen W. Langvardt, *Business Law: The Ethical, Global, and E-Commerce Environment*, 15. ed., New York: McGraw-Hill Irwin, 2013, p. 1150-55.
12. Para mais sobre locais privados, veja: T. B. Folta e J. J. Janney, "Strategic Benefits to Firms Issuing Private Equity Placements", *Strategic Management Journal*, n. 25, v. 3, março/2004, p. 223-42; Thomas J. Morgan, "Raising

Capital — What You Don't Know Could Hurt You", *The National Law Review*, 6 mar. 2013, acesso em: 7 jan. 2015.

13. Paul Belleflamme, Thomas Lambert e Armin Schwienbacher, "Crowdfunding: Tapping the Right Crowd", *Journal of Business Venturing*, n. 29, v. 5, 2014, p. 585-609; Ethan Mollick, "The Dynamics of Crowdfunding: An Exploratory Study", *Journal of Business Venturing*, n. 29, v. 1, 2014, p. 1-16; e John Prpic´, Prashant P. Shukla, Jan H. Kietzmann e Ian P. McCarthy, "How to Work a Crowd: Developing Crowd Capital Through Crowdsourcing", *Business Horizons*, n. 58, v. 1, 2015, p. 77-85.

14. Carol Tice, "The Myth of Magical Crowdfunding — And What Actually Works", *Forbes*, 10 out. 2014, acesso em: janeiro 6, 2015; Massimo G. Colombo, Chiara Franzoni e Cristina Rossi-Lamastra, "Internal Social Capital and the Attraction of Early Contributions in Crowdfunding", *Entrepreneurship Theory and Practice*, n. 39, v. 1, 2015, p. 75-100; e Magdalena Cholakova e Bart Clarysse, "Does the Possibility to Make Equity Investments in Crowdfunding Projects Crowd Out Reward-Based Investments?" *Entrepreneurship Theory and Practice*, n. 39, v. 1, 2015, p. 145-72.

15. Jim Saksa, "Equity Crowdfunding is a Disaster Waiting to Happen", *Slate*, 23 jun. 2014, acesso em: 6 jan. 2015.

16. Daniel Isenberg, "The Road to Crowdfunding Hell", *Harvard Business Review*, 23 abr. 2012, acesso em: 6 jan. 2015.

17. PricewaterhouseCoopers/National Venture Capital Association, MoneyTree™ Report, 2014; Bryan Pearce, "Adapting and Evolving: Global Venture Capital Insights and Trends 2014", E&Y Venture Capital Center of Excellence, Ernst & Young, 2014.

18. David Blumberg, "The Ascent of Early-Stage Venture Capital", *Tech Crunch*, 7 jun. 2014, acesso em: jan. 2015.

19. Douglas Cumming, Daniel Schmidt e Uwe Walz, "Legality and Venture Capital Governance Around the World", *Journal of Business Venturing*, n. 25, v. 1, 2010, p. 54-72; Joseph A. LiPuma and Sarah Park, "Venture Capitalists' Risk Mitigation of Portfolio Company Internationalization", *Entrepreneurship Theory and Practice*, n. 38, v. 5, 2014, p. 1183-205.

20. Edgar Norton e Bernard H. Tenenbaum, "Specialization versus Diversification as a Venture Capital Investment Strategy", *Journal of Business Venturing*, n. 8, v. 5, 1993, p. 431-42; Jens Burchardt, Ulrich Hommel, Dzidziso Samuel Kamuriwo e Carolina Billitteri, "Venture Capital Contracting in Theory and Practice: Implications for Entrepreneurship Research", *Entrepreneurship Theory and Practice*, 2015, no prelo.

21. Dirk De Clercq, Vance H. Fried, Oskari Lehtonen e Harry J. Sapienza, "An Entrepreneur's Guide to the Venture Capital Galaxy", *Academy of Management Perspectives*, n. 20, ago. 2006, p. 90-112; Dimo Dimov e Hana Milanov, "The Interplay of Need and Opportunity in Venture Capital Investment Syndication", *Journal of Business Venturing*, n. 25, v. 4, 2010, p. 331-48; e Michel Ferrary, "Syndication of Venture Capital Investment: The Art of Resource Pooling", *Entrepreneurship Theory and Practice*, n. 34, v. 5, 2010, p. 885-907.

22. Douglas Cumming e Sofia Johan, "Venture Capital Investment Duration", *Journal of Small Business Management*, n. 48, v. 2, 2010, p. 228-57; Sandip Basu, Corey Phelps e Suresh Kotha, "Towards Understanding Who Makes Corporate Venture Capital Investments and Why", *Journal of Business Venturing*, n. 26, v. 2, 2011, p. 153-71; e Jeffrey S. Petty e Marc Gruber, "In Pursuit of the Real Deal: A Longitudinal Study of VC Decision Making", *Journal of Business Venturing*, n. 26, v. 2, 2011, p. 172-88.

23. Entrevista com Sanjay Subhedar, sócio-fundador da Storm Ventures, Menlo Park, CA, maio/2014; Haemen Dennis Park e H. Kevin Steensma, "When Does Corporate Venture Capital Add Value for New Ventures", *Strategic Management Journal*, n. 33, v. 1, 2012, 1-22; Violetta Gerasymenko e Jonathan D. Arthurs, "New Insights into Venture Capitalists' Activity: IPO and Time-to-Exit Forecast as Antecedents of Their Post-Investment Involvement", *Journal of Business Venturing*, n. 29, v. 3, 2014, p. 405-20.

24. Ghislaine Bouillet-Cordonnier, "Legal Aspects of Start-Up Evaluation and Adjustment Methods", *Journal of Business Venturing*, n. 7, v. 2, 1992, p. 91-102; PriceWaterhouseCoopers, MoneyTree™ Report, 2011; e Cumming, Schmidt e Walz, "Legality and Venture Capital Governance Around the World".

25. Sharon Gifford, "Limited Attention and the Role of the Venture Capitalist", *Journal of Business Venturing*, n. 12, v. 6, 1997, p. 459-82; Dimo Dimov, Dean A. Shepherd e Kathleen M. Sutcliffe, "Requisite Expertise, Firm Reputation, and Status in Venture Capital Investment Allocation Decisions", *Journal of Business Venturing*, n. 22, v. 4, 2007, p. 481-502; e Will Drover, Matthew S. Wood e G. Tyge Payne, "The Effects of Perceived Control on Venture Capitalist Investment Decisions: A Configurational Perspective", *Entrepreneurship Theory and Practice*, n. 38, v. 4, 2014, p. 833-61.

26. Jonathan D. Arthurs e Lowell W. Busenitz, "Dynamic Capabilities and Venture Performance: The Effects of Venture Capitalists", *Journal of Business Venturing*, n. 21, v. 2, 2006, p. 195-216; e Dirk De Lercq and Harry J. Sapienza, "Effects of Relational Capital and Commitment on Venture Capitalists' Perception of Portfolio Company Performance", *Journal of Business Venturing*, n. 21, v. 3, 2006, p. 326-47. Veja também: Charles Baden-Fuller, Alison Dean, Peter McNamara e Bill Hilliard, "Raising the Returns to Venture Finance", *Journal of Business Venturing*, n. 21, v. 3, 2006, p. 265-85; Yixi Ning, Wei Wang e Bo Yu, "The driving forces of venture capital investments", *Small Business Economics*, n. 44, v. 2, 2015, p. 315-44.

27. Howard E. Van Auken, "Financing Small TechnologyBased Companies: The Relationship Between Familiarity with Capital and Ability to Price and Negotiate Investment", *Journal of Small Business Management*, n. 39, v. 3, 2001, p. 240-58; Joris J. Ebbers and Nachoem M. Wijnberg, "Nascent Ventures Competing for Start-up Capital: Matching Reputations and Investors", *Journal of Business Venturing*, n. 27, v. 3, 2012, p. 372-84; e Andrew L. Maxwell e Moren Lévesque, "Trustworthiness: A Critical gredient for Entrepreneurs Seeking Investors",

Entrepreneurship Theory and Practice, n. 38, v. 5, 2014, p. 1057-80.
28. Andrew J. Sherman, *Raising Capital*, 3. ed., New York: AMACOM Books, 2012; Yong Li e Joseph T. Mahoney, "When Are Venture Capital Projects Initiated?" *Journal of Business Venturing*, n. 26, v. 2, 2011, p. 239-54; Spyros Arvanitis e Tobias Stucki, "The Impact of Venture Capital on the Persistence of Innovation Activities of Start-ups", *Small Business Economics*, n. 42, v. 4, 2014, p. 849-70; e Kimberly A. Eddleston, Jamie J. Ladge, Cheryl Mitteness e Lakshmi Balachandra, "Do You See e I See? Signaling Effects of Gender and Firm Characteristics on Financing Entrepreneurial Ventures", *Entrepreneurship Theory and Practice*, 2015, no prelo.
29. Dean A. Shepherd, "Venture Capitalists' Introspection: A Comparison of 'In Use' and 'Espoused' Decision Policies", *Journal of Small Business Management*, n. 37, v. 2, 1999, p. 76-87; e Dean A. Shepherd, "Venture Capitalists' Assessment of New Venture Survival", *Management Science*, n. 45, v. 5, 1999, p. 621-32.
30. Ian C. MacMillan, Robin Siegel e P. N. Subba Narasimha, "Criteria Used by Venture Capitalists to Evaluate New Venture Proposals", *Journal of Business Venturing*, n. 1, v. 1, inverno/1985, p. 119-28.
31. John Hall e Charles W. Hofer, "Venture Capitalist's Decision Criteria in New Venture Evaluation", *Journal of Business Venturing*, n. 8, v. 1, 1993, p. 25-42; veja também: Nikolaus Franke, Marc Gruber, Dietmar Harhoff e Joachim Henkel, "What You Are Is What You Likec — Similarity Biases in Venture Capitalists' Evaluations of Start-Up Teams", *Journal of Business Venturing*, n. 21, v. 6, 2006, p. 802-26.
32. Ronald J. Hustedde e Glen C. Pulver, "Factors Affecting Equity Capital Acquisition: The Demand Side", *Journal of Business Venturing*, n. 7, v. 5, 1992, p. 363-74; Petty and Gruber, "In Pursuit of the 'Real Deal': A Longitudinal Study of VC Decision Making", *Journal of Business Venturing*, n. 26, v. 2, 2011, p. 172-88.
33. Harry J. Sapienza, "When Do Venture Capitalists Add Value?", *Journal of Business Venturing*, n. 7, v. 1, 1992, p. 9-28; veja também: Juan Florin, "Is Venture Capital Worth It? Effects on Firm Performance and Founder Returns", *Journal of Business Venturing*, n. 20, v. 1, 2005, p. 113-35; e Lowell W. Busenitz, James O. Fiet e Douglas D. Moesel, "Reconsidering the Venture Capitalists' 'Value Added' Proposition: An Interorganizational Learning Perspective", *Journal of Business Venturing*, n. 19, v. 6, 2004, p. 787-807.
34. B. Elango, Vance H. Fried, Robert D. Hisrich e Amy Polonchek, "How Venture Capital Firms Differ", *Journal of Business Venturing*, n. 10, v. 2, 1995, p. 157-79; Dean A. Shepherd e Andrew L. Zacharakis, "Venture Capitalists' Expertise: A Call for Research into Decision Aids and Cognitive Feedback", *Journal of Business Venturing*, n. 17, v. 1, 2002, p. 1-20; e Dick De Clercq e Harry J. Sapienza, "When Do Venture Capitalists Learn from Their Portfolio Companies?", *Entrepreneurship Theory and Practice*, n. 29, v. 4, 2005, p. 517-35; e Richard Fairchild, "An Entrepreneur's Choice of Venture Capitalist or Angel-Financing: A Behavioral Game-Theoretic Approach", *Journal of Business Venturing*, n. 26, v. 3, 2011, p. 359-74.
35. Marie-Jeanne Juilland, "What Do You Want from a Venture Capitalist?" agosto/1987 edição de *Venture, For Entrepreneurial Business Owners & Investors*, sob permissão especial. Copyright© 1987 Venture Magazine, Inc., 521 Fifth Ave., New York, NY 10175-0028; Will Drover, Matthew S. Wood e Yves Fassin, "Take the Money or Run? Investors' Ethical Reputation and Entrepreneurs' Willingness to Partner", *Journal of Business Venturing*, n. 29, v. 6, 2014, p. 723-40.
36. Harold M. Hoffman e James Blakey, "You Can Negotiate with Venture Capitalists", *Harvard Business Review*, n. 65, v. 2, março/abril/1987, p. 16; Andrew L. Zacharakis e Dean A. Shepherd, "The Nature of Information and Overconfidence on Venture Capitalist's Decision Making", *Journal of Business Venturing*, n. 16, v. 4, julho/2001, p. 311-32; Lowell W. Busenitz, James O. Fiet e Douglas D. Moesel, "Signaling in Venture Capitalist — New Venture Team Funding Decisions: Does It Indicate Long-Term Venture Outcomes?", *Entrepreneurship Theory and Practice*, n. 29, v. 1, 2005, p. 1-12; e Ebbers e Wijnberg, "Nascent Ventures Competing for Start-up Capital".
37. The Richest People in America, 2014. *The Forbes* 400. Disponível em: http://www.forbes.com/forbes-400, acesso em: 7 jan. 2015.
38. William E. Wetzel, Jr., como citado por Dale D. Buss, "Heaven Help Us", *Nation's Business*, novembro/1993, p. 29; também John R. Becker-Blease and Jeffrey E. Sohl, "The Effect of Gender Diversity on Angel Group Investment", *Entrepreneurship Theory and Practice*, n. 35, v. 4, 2011, p. 709-33.
39. William E. Wetzel, Jr., "Angel Money", *In-Business*, novembro/dezembro 1989, p. 44.
40. William E. Wetzel, Jr., "Angels and Informal Risk Capital", *Sloan Management Review*, n. 24, v. 4, verão/1983; veja também: John Freear, Jeffrey E. Sohl e William E. Wetzel, Jr., "Angels and Non-angels: Are There Differences?" *Journal of Business Venturing*, n. 19, v. 2, 1994, p. 109-23; Andrew L. Maxwell, Scott A. Jeffrey and Moren Lévesque, "Business Angel Early Stage Decision Making", *Journal of Business Venturing*, n. 26, v. 2, 2011, p. 212-25; Cheryl Mitteness, Richard Sudek e Melissa S. Cardon, "Angel Investor Characteristics That Determine Whether Perceived Passion Leads to Higher Evaluations of Funding Potential", *Journal of Business Venturing*, n. 27, v. 5, 2012, p. 592-606; Annaleena Parhankangas e Michael Ehrlich, "How Entrepreneurs Seduce business Angels: An Impression Management Approach", *Journal of Business Venturing*, n. 29, v. 4, 2014, p. 543-64; Veroniek Collewaert e Harry J. Sapienza, "How Does Angel Investor-Entrepreneur Conflict Affect Venture Innovation? It Depends", *Entrepreneurship Theory and Practice*, 2015. No prelo.
41. Mark Van Osnabrugge e Robert J. Robinson, *Angel Investing: Matching Startup Funds with Startup Companies*, San Francisco, CA: Jossy-Bass, 2000; Cheryl R. Mitteness, Rich DeJordy, Manju K. Ahuja e Richard Sudek, "Extending the Role of Similarity Attraction

in Friendship and Advice Networks in Angel Groups", *Entrepreneurship Theory and Practice*, 2015, no prelo; Douglas J. Cumming, J. Ari Pandes e Michael J. Robinson, "The Role of Agents in Private Entrepreneurial Finance", *Entrepreneurship Theory and Practice*, n. 39, v. 2, 2015, p. 345-74; e John R. Becker-Bleaseand Jeffrey E. Sohl, New Venture Legitimacy: The Conditions for Angel Investors, *Small Business Economics*, 2015, no prelo.

42. Buss, "Heaven Help Us", p. 29-30; veja também: John Freear, Jeffrey E. Sohl e William E. Wetzel, Jr., "Angels: Personal Investors in the Venture Capital Market", *Entrepreneurship & Regional Development*, n. 7, v. 1, 1995, p. 85-94; Jeffrey Sohl, "The Angel Investor Market in 2011", Center for Venture Research, University of New Hampshire, maio/2012; e SVB Financial Group, "2011 Halo Report: Angel Group Year In Review", março/2012.

43. Wetzel, "Angel Money", p. 42-44; e Colin M. Mason e Richard T. Harrison, "Is It Worth It? The Rates of Return from Informal Venture Capital Investments", *Journal of Business Venturing*, n. 17, v. 3, 2002, p. 211-36.

PARTE 3

Desenvolvimento do plano empreendedor

CAPÍTULO 9
Desafios jurídicos para empreendimentos empresariais 198

CAPÍTULO 10
Desafios de marketing para empreendimentos empresariais 224

CAPÍTULO 11
Preparação financeira para empreendimentos empresariais 248

CAPÍTULO 12
Desenvolvimento de um plano eficaz de negócios 280

CAPÍTULO 9

Desafios jurídicos para empreendimentos empresariais

OBJETIVOS DE APRENDIZAGEM

1. Apresentar a importância de assuntos jurídicos aos empreendedores
2. Conhecer a proteção de patentes, incluindo definições e preparação
3. Conhecer os direitos autorais e sua relevância para os empreendedores
4. Estudar marcas comerciais e seu impacto sobre novos empreendimentos
5. Conhecer formas jurídicas de organização – empresa individual, sociedade e corporação
6. Ilustrar as vantagens e as desvantagens de cada uma das três formas jurídicas
7. Explicar a natureza da sociedade limitada e da sociedade de responsabilidade limitada (do inglês limited liability partnership, LLP)
8. Examinar como funciona uma corporação S
9. Definir as classificações adicionais de corporação, incluindo as empresas de responsabilidade limitada (do inglês limited liability company, LLC), corporações B e empresas de responsabilidade limitada de baixa renda (L3Cs)
10. Apresentar os principais segmentos da legislação de falência que se aplicam aos empreendedores

Pensamento empreendedor

Uma das principais dificuldades para o empreendedor inexperiente é o grande número de termos e frases estranhas presentes na maioria dos documentos jurídicos. Quem não possui experiência nesse tipo de leitura deve ter algum conhecimento não apenas do conteúdo desses documentos, como também do porquê de as disposições terem sido incluídas. Se um empreendedor não tiver tempo ou interesse em ler e compreender a maioria dos contratos que sua empresa vai assinar, deve pensar se realmente quer essa ocupação.

– Patrick R. Liles, *Harvard Business School*

CAPÍTULO 9

Desafios jurídicos para empreendimentos empresariais

OA1 Apresentar a importância de assuntos jurídicos aos empreendedores.

Os empreendedores não precisam ter o conhecimento ou a experiência de um advogado, mas devem saber o suficiente sobre alguns conceitos jurídicos que influenciam o empreendimento.[1]

A Tabela 9.1 apresenta alguns dos principais conceitos jurídicos que podem afetar os empreendimentos empresariais. Esses conceitos podem ser divididos em três grupos: (1) relacionados ao início do empreendimento, (2) relacionados ao empreendimento atual e (3) relacionados ao crescimento e à continuidade do empreendimento. O foco deste capítulo são os conceitos jurídicos relacionados ao primeiro e ao terceiro grupo. Especificamente, serão examinadas a proteção da propriedade intelectual (patentes, direitos autorais, marcas comerciais), as formas jurídicas da organização e as leis sobre falência.

TABELA 9.1 PRINCIPAIS CONCEITOS JURÍDICOS E EMPREENDIMENTOS EMPRESARIAIS

I. Início de um empreendimento empresarial
   A. Leis que regem a propriedade intelectual
      1. Patentes
      2. Direitos autorais
      3. Marcas comerciais
   B. Formas de organização de negócios
      1. Empresa individual
      2. Sociedade
      3. Corporação
      4. Franquia
   C. Considerações fiscais
   D. Formação de capital
   E. Questões sobre passivos

II. Empreendimento em andamento: transações e desenvolvimento do negócio
   A. Leis trabalhistas
      1. Políticas de contratação e demissão
      2. Concessão de oportunidades de emprego iguais
      3. Acordo coletivo
   B. Direito contratual
      1. Contratos legais
      2. Contratos de venda
      3. Locações

III. Crescimento e continuidade de um empreendimento empresarial de sucesso
   A. Considerações fiscais
      1. Federal, estadual, local
      2. Folha de pagamento
      3. Incentivos
   B. Regulamentações governamentais
      1. Zoneamento (propriedade)
      2. Agências administrativas (reguladoras)
      3. Lei do consumidor
   C. Continuidade dos direitos de propriedade
      1. Leis de propriedade e posse
      2. Testamentos, fundos fiduciários, bens imóveis
      3. Falência

9.1 PROTEÇÃO DA PROPRIEDADE INTELECTUAL: PATENTES

OA2 Conhecer a proteção de patentes, incluindo definições e preparação.

A **patente** oferece ao titular direitos exclusivos de posse, transferência e licenciamento da produção e venda do produto ou processo patenteado. As patentes de design duram 14 anos; todas as outras duram 20 anos. O objetivo da patente é conceder ao titular um monopólio temporário de sua inovação, incentivando a criação e a divulgação de novas ideias e inovações no mercado. Entretanto, obter uma patente nem sempre é um processo fácil.

No Brasil, as patentes de invenção fornecem proteção pelo período de 20 anos, enquanto os modelos de utilidade (melhorias funcionais em produtos e processos que já existem) fornecem proteção pelo período de 15 anos. Já o registro de Desenho Industrial, outro ativo de propriedade industrial, oferece proteção por 10 anos, prorrogável por mais 15 anos.

A patente é um **direito de propriedade intelectual**. É o resultado de uma descoberta única, e os titulares recebem proteção contra o uso indevido de suas invenções. Em geral, há um grande número de itens que podem ser qualificados para a proteção de patentes, como processos, máquinas, produtos, plantas, composição de elementos (componentes químicos) e melhorias aos itens já existentes*.[2]

9.1a Proteção da patente: regras básicas

Dado que quase sempre o processo de patenteamento é complexo (veja a Figura 9.1), é necessário o planejamento criterioso. Para obter a patente, especialistas recomendam as seguintes regras básicas:

Regra nº 1: Procurar obter patentes abrangentes, comercialmente viáveis e que ofereçam posição sólida. Isso significa pesquisar a lei sobre patentes para obter a cobertura mais abrangente possível sobre a ideia ou o conceito. Além disso, a inovação deve ser bastante original para receber a patente. Registrar todas as etapas ou processos em um caderno, com uma testemunha, permite que a documentação tenha grande chance de ser patenteada.

Regra nº 2: Preparar um plano detalhado para a patente, que deve esboçar os custos para desenvolver e comercializar a inovação, além de analisar a concorrência e as semelhanças tecnológicas da ideia. Tentar detalhar o valor preciso da inovação.

Regra nº 3: Fazer com que suas ações se relacionem ao plano de patente original. Isso não significa que o plano não possa ser alterado. Contudo, é recomendável seguir o plano durante as etapas iniciais para estabelecer a patente. Posteriormente, o caminho que foi preparado pode mudar – por exemplo, licenciar a patente em vez de guardá-la para si.

Regra nº 4: Considerar **litígios no orçamento**. Os direitos de patente são eficazes somente se os potenciais infratores temerem os danos jurídicos. Portanto, é importante preparar um orçamento realista que considere os processos relacionados às disputas jurídicas pela patente.

Regra nº 5: Avaliar o plano de patente em âmbito estratégico. O processo normal de obtenção de patente leva três anos nos Estados Unidos** e deve ser comparado ao ciclo real da inovação ou tecnologia proposta. Valerá a pena defender a patente em três anos ou a fiscalização custará mais que os danos reunidos?[3]

Essas regras sobre definição, preparação, planejamento e avaliação adequados podem ajudar os empreendedores a estabelecer a proteção eficaz da patente. Além disso, podem auxiliar o advogado da patente a conduzir o processo de depósito e proteção.

9.1b Proteção de uma patente: o pedido

Os pedidos de patentes devem incluir especificações detalhadas da inovação que qualquer pessoa especializada na área possa entender. O pedido de patente possui duas partes:

---

* No Brasil, apenas produtos e processos, sendo completamente novos (patente de invenção) ou melhorias nos já existentes (modelos de utilidade). Plantas, assim como partes de seres vivos em geral (como genes), não são patenteáveis no país. (N.R.T.)

** No Brasil, a concessão de uma patente pode demorar, em alguns casos, 11 anos. O exame prioritário pode ser solicitado nos casos previstos na Resolução nº151/2015 do INPI. (N.R.T.)

CAPÍTULO 9 — Desafios jurídicos para empreendimentos empresariais

1. **Especificação** é o texto de uma patente que pode incluir quaisquer ilustrações que a acompanham. Dado que sua finalidade é ensinar a todos os conhecedores da área de tecnologia tudo que precisam saber, duplicar e utilizar a invenção pode levar algum tempo. A especificação geralmente inclui:

    h. Introdução explicando a utilidade da invenção.

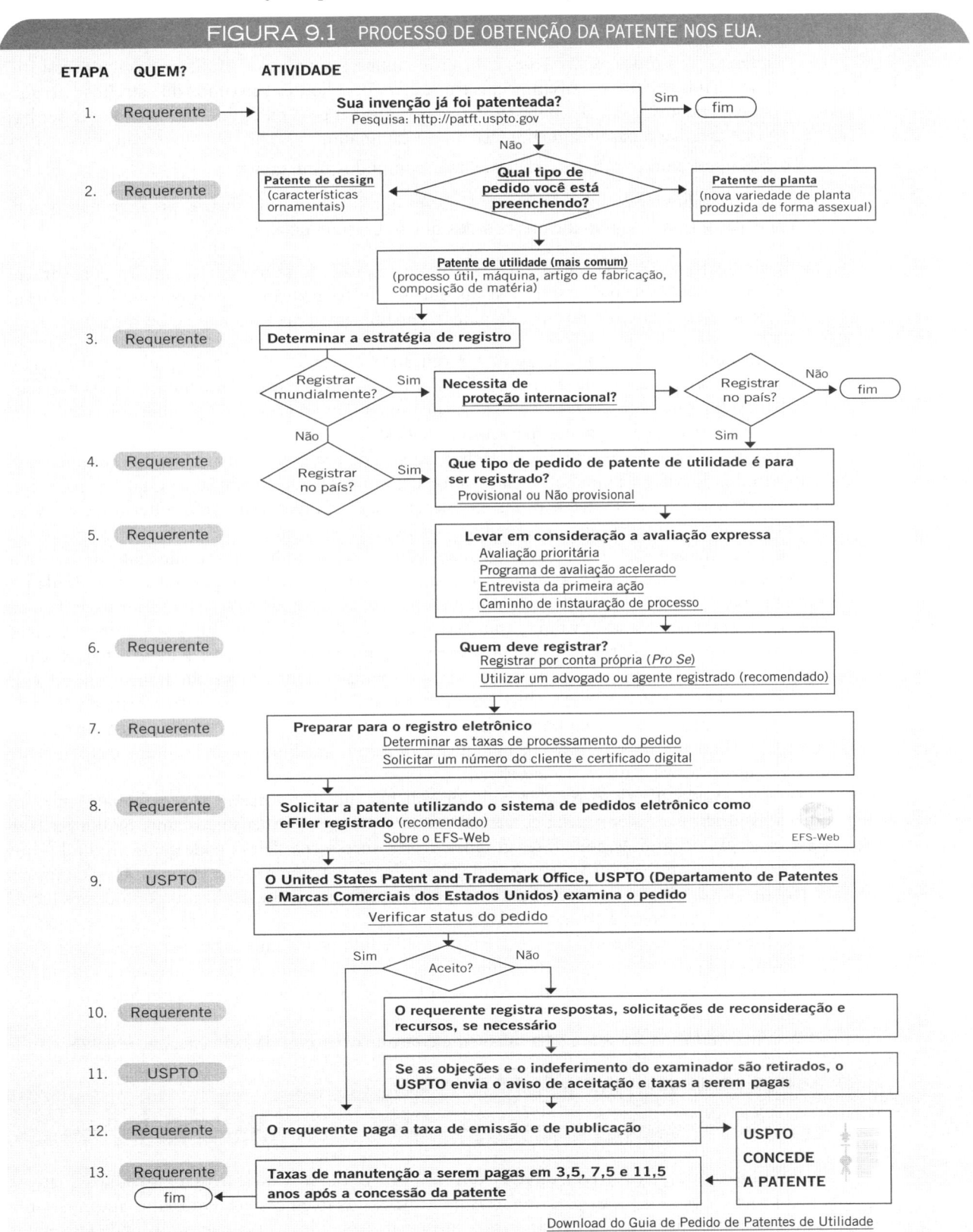

FIGURA 9.1 — PROCESSO DE OBTENÇÃO DA PATENTE NOS EUA.

ETAPA	QUEM?	ATIVIDADE
1.	Requerente	Sua invenção já foi patenteada? Pesquisa: http://patft.uspto.gov — Sim → fim / Não ↓
2.	Requerente	Qual tipo de pedido você está preenchendo? — Patente de design (características ornamentais) / Patente de planta (nova variedade de planta produzida de forma assexual) / Patente de utilidade (mais comum) (processo útil, máquina, artigo de fabricação, composição de matéria)
3.	Requerente	Determinar a estratégia de registro — Registrar mundialmente? Sim → Necessita de proteção internacional? → Registrar no país? Não → fim / Sim ↓ / Não ↓
4.	Requerente	Registrar no país? Sim → Que tipo de pedido de patente de utilidade é para ser registrado? Provisional ou Não provisional
5.	Requerente	Levar em consideração a avaliação expressa — Avaliação prioritária / Programa de avaliação acelerado / Entrevista da primeira ação / Caminho de instauração de processo
6.	Requerente	Quem deve registrar? Registrar por conta própria (*Pro Se*) / Utilizar um advogado ou agente registrado (recomendado)
7.	Requerente	Preparar para o registro eletrônico — Determinar as taxas de processamento do pedido / Solicitar um número do cliente e certificado digital
8.	Requerente	Solicitar a patente utilizando o sistema de pedidos eletrônico como eFiler registrado (recomendado) — Sobre o EFS-Web
9.	USPTO	O United States Patent and Trademark Office, USPTO (Departamento de Patentes e Marcas Comerciais dos Estados Unidos) examina o pedido — Verificar status do pedido — Aceito? Sim ↓ / Não ↓
10.	Requerente	O requerente registra respostas, solicitações de reconsideração e recursos, se necessário
11.	USPTO	Se as objeções e o indeferimento do examinador são retirados, o USPTO envia o aviso de aceitação e taxas a serem pagas
12.	Requerente	O requerente paga a taxa de emissão e de publicação → USPTO CONCEDE A PATENTE
13.	Requerente	Taxas de manutenção a serem pagas em 3,5, 7,5 e 11,5 anos após a concessão da patente → fim

Download do Guia de Pedido de Patentes de Utilidade

Fonte: United States Patent Office, 2015

i. Descrição de todo estado da arte de que se tem conhecimento e que pode estar relacionado com a invenção. A especificação relaciona, em geral, outras patentes por número – com uma breve descrição de cada uma –, mas também é possível citar e descrever outras tecnologias sem patente e publicações.

j. Resumo da invenção que descreve a essência da nova tecnologia e enfatiza a diferença da arte anterior, enquanto inclui todas as características necessárias, sejam originais ou não.

k. Descrição detalhada da invenção, incluindo todos os elementos, mesmo pouco relevantes, referências a todas as variações cabíveis e números envolvidos. Utilize o espaço necessário. Use quantos números forem necessários, incluindo limites próximos ou estreitos baseados na experiência, além de limites amplos baseados em possibilidades. Esta seção deve ser bastante detalhada para realmente instruir o examinador.

l. Exemplos e/ou resultados experimentais, com todos os detalhes.

A especificação é sempre extensa, uma vez que se destina a ensinar e, para ter mais praticidade, permitir a flexibilidade nos pedidos que se baseiam nela.

2. **Reivindicações** são uma série de parágrafos curtos, cada um dos quais identifica uma característica ou combinação de características que devem ser protegidas pela patente. Toda a seção de exigências, localizada no final da patente, possui, em geral, uma página ou menos.

As reivindicações definem e limitam a invenção patenteada. A invenção pode ser abrangente (por exemplo, um processo que requer "sólido inorgânico, não metal" abrangeria muitas possibilidades), mas bastante limitada para não cobrir nenhuma reinvindicação de patente anterior (outros processos existentes que utilizam orgânicos ou metais).[4]

Quando o pedido for registrado no **Departamento de Marcas e Patentes*** do Departamento de Comércio dos Estados Unidos, um examinador determinará se a inovação se qualifica para uma patente, pesquisando dados técnicos em publicações e em patentes emitidas anteriormente. Com base nos resultados do examinador, o pedido será negado ou aceito.

Somente uma tem pequena porcentagem das patentes concedidas valor comercial. Dessa forma, o empreendedor deve comparar o valor da inovação ao tempo e dinheiro gastos na obtenção da patente. Também é importante lembrar que muitas patentes concedidas pelo Departamento de Marcas e Patentes foram declaradas inválidas após serem contestadas juridicamente. Isso ocorre por diversos motivos: um é que o titular da patente esperou tempo demais antes de reivindicar seus direitos. O segundo motivo é que quem processa o titular da patente pode provar que houve uso indevido dos direitos da patente – por exemplo, quando este solicita compras de outros bens ou serviços como parte do acordo de uso da patente. Um terceiro motivo é que outras partes podem provar que a patente não atende aos requisitos de patenteamento[5] (no Brasil: novidade absoluta, envolvimento de atividade inventiva e aplicação industrial).

Se após exame criterioso o empreendedor concluir que a inovação vai se sobrepor em valor a disputas jurídicas e valer a pena comercialmente, o pedido deve ser depositado. Se houver contestação, as taxas jurídicas podem ser grandes, mas o sucesso na defesa pode gerar resultados que compensem os custos e os juros do tribunal. Na realidade, o tribunal pode compensar os danos em até três vezes seu valor. O infrator da patente também pode ser responsabilizado por todos os lucros resultantes da infração e pelas taxas jurídicas.[6]

No Brasil, além do formulário de "Depósito de Pedido de Patentes", deve-se anexar ao pedido os seguintes documentos: Guia de Recolhimento da União, Procuração, Documentos de Prioridade, Documento de Contrato de Trabalho, Relatório Descritivo, Reivindicações, Desenhos (se necessário), Resumo.

Para mais informação sobre a lei brasileira, consulte o Título I da Lei n. 9.279, de 1996.

9.2 PROTEÇÃO DA PROPRIEDADE INTELECTUAL: DIREITOS AUTORAIS

OA3 Conhecer os direitos autorais e sua relevância para os empreendedores.

Nos Estados Unidos, o **copyright/direitos autorais** fornece direitos exclusivos a indivíduos criativos para a proteção de suas produções literárias ou artísticas. Não é possível ter direitos autorais sobre uma ideia, mas sobre o modo de expressão particular dessa ideia. Essa expressão pode ter muitas

---

* No Brasil, é o Instituto Nacional de Propriedade Industrial (INPI). (N.R.T.)

formas, incluindo livros, periódicos, composições dramáticas ou musicais, arte, filmes, palestras, gravações de som e programas de computador.

Todas as obras criadas a partir de 1º de janeiro de 1978 que receberam direitos autorais são protegidas durante toda a vida do autor e por mais 70 anos após a sua morte nos Estados Unidos, e no Brasil, o prazo é determinado pela Lei n. 9610/98. O proprietário dos direitos autorais pode (1) reproduzir a obra, (2) preparar obras derivadas baseadas nesta (ex.: condensação ou versão cinematográfica de um romance), (3) distribuir cópias da obra por venda ou outros meios, (4) executar a obra ao público e (5) exibir a obra ao público. Cada um dos direitos apresentados, ou parte deles, também podem ser transferidos.[7]

9.2a Entendendo a proteção de direitos autorais

Para que o autor de material criativo obtenha proteção de direitos autorais, o material deve possuir forma tangível para ser comunicado ou reproduzido. Também deve ser a obra própria do autor, sendo o produto de suas habilidades ou opinião. Conceitos, princípios, processos, sistemas e descobertas não são válidos para a proteção de direitos autorais, até que apresentem forma tangível – escrita ou gravada.

É necessário realizar o registro formal dos direitos autorais com o Departamento de Direitos Autorais da Biblioteca do Congresso dos Estados Unidos antes de um autor abrir um processo de infração, já no Brasil o registro na Biblioteca Nacional é facultativo. Além disso, o autor pode ter seus direitos autorais invalidados se não for fornecido aviso.

Quem violar os direitos exclusivos do autor contidos no copyright é responsabilizado pela infração. Entretanto, em decorrência da **doutrina** *fair use*, pode ser difícil estabelecer a infração. O *fair use* consiste na reprodução de uma obra com direitos autorais para fins como crítica, comentários, notícias, educação (incluindo múltiplas cópias para uso em sala de aula), estudos ou pesquisa. Tais usos podem ser bons candidatos à defesa do *fair use*, tendo em vista que podem não constar como infração de direitos autorais. Ao se determinar se o uso de uma obra em qualquer caso é *fair use*, os fatores a serem considerados incluem: (1) a finalidade e o caráter do uso, incluindo se possui natureza comercial ou educacional sem fins lucrativos; (2) a natureza da obra com direitos autorais; (3) a quantidade e a importância da parte utilizada em relação à obra com direitos autorais como todo; e (4) o efeito do uso sobre o potencial mercado para mérito da obra com direitos autorais.[8]

Contudo, se for verificado que um autor infringiu direitos autorais, a solução normal é a recuperação dos danos reais mais lucros recebidos pelo infrator. Deve-se lembrar de que não há nenhum custo ou risco envolvidos na proteção do material gerado por direitos autorais. Portanto, é normal que qualquer texto escrito em que se passa bastante tempo deve receber direitos autorais, incluindo-se nele a marca de copyright (©). Não é necessário registrar os direitos autorais no Departamento de Direitos Autorais (Biblioteca Nacional, no Brasil), exceto se se desejar processar alguém por infração. Na grande maioria dos casos – presumindo-se que não se esteja no ramo editorial –, é possível simplesmente utilizar a marca de copyright, não sendo necessário gastar tempo e esforços para registrar os direitos autorais no Departamento de Direitos Autorais dos Estados Unidos.

9.2b Protegendo ideias?

A Lei sobre Direitos Autorais dos Estados Unidos exclui a proteção de direitos autorais para qualquer "ideia, procedimento, processo, sistema, método de operação, conceito, princípio ou descoberta, independentemente da forma em que é descrito, explicado, ilustrado ou expresso". Observe que não é possível obter direitos autorais sobre uma *ideia* – as ideias contidas em uma obra podem ser utilizadas de forma livre por todos. O que recebe direitos autorais é a forma particular em que a ideia é expressa. Quando uma ideia e uma expressão são inseparáveis, a expressão não pode receber direitos autorais.

Em geral, o que não é expressão original não será qualificado para proteção dos direitos autorais. Fatos amplamente conhecidos do público não podem possuir direitos autorais. Números de páginas não podem possuir direitos autorais por seguirem uma sequência conhecida universalmente. Cálculos matemáticos não podem possuir direitos autorais. Entretanto, compilações de fatos podem possuir direitos autorais. A Lei sobre Direitos Autorais dos Estados Unidos define compilação como "obra formada pela reunião e agrupamento de materiais de dados preexistentes selecionados, coordenados ou dispostos de modo que o trabalho resultante constitua uma obra de autoria original."[9]

9.3 PROTEÇÃO DA PROPRIEDADE INTELECTUAL: MARCAS COMERCIAIS

OA4 Estudar marcas comerciais e seu impacto sobre novos empreendimentos.

Marca comercial é um nome, uma marca, um símbolo ou uma forma usados para identificar o produto da empresa e registrado no Departamento de Marcas e Patentes. Graças à lei de marca comercial registrada, não deve haver confusão de um empreendimento utilizar o símbolo ou o nome distinto de outro.*

Os termos legais específicos diferenciam os tipos exatos de marcas. Por exemplo, as marcas de produto identificam e distinguem bens. As marcas de serviço identificam e distinguem serviços. As marcas de certificação denotam a qualidade, os materiais ou outros aspectos de bens e serviços utilizados por alguém que não o proprietário da marca. Marcas coletivas são marcas comerciais ou de serviço utilizadas por membros de grupos ou organizações para identificar a si próprios como fonte de bens e serviços.[10]

Geralmente, nomes pessoais ou palavras consideradas genéricas ou descritivas não possuem marca comercial, exceto se as palavras forem sugestivas ou fantasiosas ou se o nome pessoal estiver acompanhado de um design específico. Por exemplo, "couro inglês" pode não possuir marca comercial por descrever um couro processado na Inglaterra; entretanto, English Leather ("couro inglês") é uma marca registrada como nome de uma loção pós-barba, pois constitui uso fantasioso das palavras. Deve-se considerar também que mesmo o nome de um indivíduo pode receber marca comercial se estiver acompanhado de uma imagem ou design fantasioso que permita a fácil identificação do produto, tal como as pastilhas de tosse Smith Brothers.

Na maioria dos casos, o Departamento de Marcas e Patentes vai negar o pedido de marcas, símbolos ou nomes que são bandeiras ou insígnias de governos, retratos ou assinaturas de pessoas vivas, imorais ou enganosos, ou itens que possam causar problemas pela semelhança a uma marca registrada anteriormente. Uma vez emitida, a marca comercial fica listada no Registro Principal do Departamento de Marcas e Patentes nos EUA, ou no INPI, no Brasil. A listagem oferece diversas vantagens: (1) aviso útil a todo o país sobre o direito do proprietário de utilizar a marca (eliminando a necessidade de mostrar que o réu, em um processo de infração, teria conhecimento da marca), (2) proteção da alfândega contra importadores que utilizam a marca e (3) incontestabilidade da marca após cinco anos.[11]

Em 1995, o Congresso estadunidense emendou a Lei de Marca Comercial Registrada aprovando a Lei Federal de Diluição de Marcas Comerciais, que estendeu a proteção aos proprietários de marcas registradas ao criar uma causa federal de processo para a diluição da marca. Até a aprovação dessa emenda, a lei de marcas registradas estadunidense proibia apenas o uso não autorizado da mesma marca em bens e serviços concorrentes – ou não concorrentes, mas "relacionados" – quando o uso poderia confundir o consumidor quanto à sua origem. Em 2006, o Congresso estadunidense aprovou outra emenda conhecida como *Trademark Dilution Revision Act*, TDRA (Lei de Revisão de Diluição de Marcas Registradas) para proteger marcas registradas "distintas" ou "famosas" (como McDonald's, Google, Nike e Apple) de uso não autorizado, *independentemente* de haver concorrência ou probabilidade de confusão.[12]

No Brasil, nomeia-se esses casos como marcas de "alto renome", que transcendem o princípio da especialidade (ou seja, que garantem proteção apenas em uma categoria de produtos/serviços). As marcas de alto renome devem ser oficialmente reconhecidas pelo INPI.

Historicamente, o registro de marcas registradas durou 20 anos; mas os registros atuais valem somente por dez anos, com a possibilidade de renovação contínua a cada dez anos. É muito importante compreender que uma marca comercial pode ser invalidada de quatro maneiras específicas:

1. **Procedimento de cancelamento.** O desafio de um terceiro em relação ao caráter diferenciado da marca em cinco anos de sua emissão.

2. **Procedimento de limpeza.** O fracasso de um titular de marca em fazer uma declaração que está em uso ou em justificar sua falta de uso no prazo de cinco anos de registro.

3. **Abandono.** Não uso de uma marca por cinco anos consecutivos, sem justificação ou declaração sobre o abandono da marca.

---

* No Brasil, Título III, da Lei n. 9.279, de 1996. (N.R.T.)

O PROCESSO EMPREENDEDOR

Paródia ou infração da marca registrada?

A paródia é utilizada algumas vezes como defesa contra infração de marca e deve comunicar duas mensagens simultâneas e contraditórias: não apenas de que é a original, mas também de que não é a original, mas uma paródia. De acordo com o Departamento de Marcas Comerciais dos Estados Unidos, na realidade uma paródia verdadeira reduz a probabilidade de confusão, pois seu objetivo é criar uma distinção entre o produto e a piada na mente do espectador. O consumidor deve se divertir, não se confundir.

A Haute Diggity Dog é uma empresa que vende brinquedos para animais de estimação, produzindo uma série de produtos de paródia como Chewnel n. 5, Jimmy Chew e Dog Perignon. Mas seu brinquedo para *pets* chamado *Chewy Vuiton* enfureceu a empresa Louis Vuitton e sua marca com o monograma LV estilizado, que representa para seus consumidores uma imagem de qualidade e exclusividade, com produtos variando entre US$ 995 e US$ 4.500. O *Chewy Vuiton* imitava a forma, o design e a cor das bolsas Louis Vuitton, mas em vez de LV o brinquedo apresentava um padrão CV, com uma flor, uma cruz e um diamante que lembravam o padrão da Louis Vuitton, mas não era idêntico a ele. O brinquedo para morder custava menos de US$ 20 nos pet shops.

O juiz determinou que se tratava de uma paródia. O brinquedo *Chewy Vuiton* era semelhante, indicando que se tratava de uma imitação, mas também era diferente das bolsas originais: um brinquedo pequeno para cães, não uma bolsa de luxo cara. Ao determinar que o *Chewy Vuiton* era uma paródia, o tribunal ainda deveria examinar a infração (ou seja, se o uso gerou probabilidade de confusão).

Para avaliar se ocorreu infração da marca registrada, os tribunais consideram sete fatores: (1) grau de semelhança entre as marcas, (2) semelhança dos produtos para os quais é utilizado o nome, (3) área e forma de uso da concorrência, (4) importância dada pelos consumidores, (5) força da marca do reclamador, (6) se existe confusão do produto entre os compradores e (7) intenção por parte do suposto infrator de vender seus produtos como se fossem outros.

A paródia do *Chewy Vuiton* foi semelhante o bastante para evocar a famosa marca na mente dos consumidores e ainda assim distinguir os produtos. A dessemelhança dos produtos estava a favor da Haute Diggity Dog, uma vez que um se trata de um brinquedo de morder e outro, de uma bolsa de grife. Os produtos da Haute Diggity Dog são, em geral, vendidos em pet shops com outros produtos para animais de estimação, enquanto as bolsas da Louis Vuitton são vendidas nas boutiques da marca.

Não encontrando infração da marca, o tribunal voltou-se para a questão da diluição (Lei de Revisão de Diluição de Marcas Comerciais de 2006): se o uso do nome *Chewy Vuiton* pela Haute Diggity Dog poderia prejudicar a distinção ou a reputação das marcas Louis Vuitton. Nesse processo, os juízes examinam diversos fatores, incluindo: (1) grau de semelhança entre a marca ou nome comercial e a marca famosa; (2) grau de distinção inerente ou adquirido da marca famosa; (3) até onde o proprietário da marca famosa está empregando o uso exclusivo da marca; (4) grau de reconhecimento da marca famosa; (5) se o usuário da marca ou nome comercial pretendia criar uma associação com a marca famosa; e (6) associação real entre a marca ou nome comercial e a marca famosa. Pelo fato de o produto ser uma paródia, o tribunal apoiou a Haute Diggity Dog e não encontrou violação à Louis Vuitton.

O caso *Chewy Vuiton* traz diversas perguntas que toda empresa empreendedora deve levar em conta sempre que tentar fazer uma paródia:

A paródia é engraçada? Se não fizer você rir, preste atenção. Para ser uma paródia eficaz, deve comunicar o elemento necessário de sátira, ridicularização, piada ou brincadeira.

A marca proposta tem semelhanças e diferenças suficientes em relação à marca da qual se está fazendo a paródia? A Haute Diggity Dog escapou da responsabilidade como paródia da marca registrada pelo fato de cada elemento de sua marca e *design* serem similares, mas não idênticos aos da Louis Vuitton.

A marca de paródia proposta está em uma linha de produtos muito próxima àquela oferecida pelo alvo? No caso do Chewy Vuiton, os produtos não eram semelhantes, e o tribunal determinou que seria improvável que a Louis Vuitton vendesse brinquedos de morder para animais de estimação. Porém, atente para o fato de que os tribunais são bastante rígidos quando a marca é utilizada em um produto concorrente.

Você está preparado para uma ação judicial? Apesar de acabar tendo sucesso, o Haute Diggity Dog gastou centenas de milhares de dólares em sua defesa, perdeu distribuidores e teve mercadorias devolvidas em razão do processo. Vale a pena uma batalha jurídica contra empresas como Microsoft, Hard Rock Cafe, McDonald's, Coca-Cola ou Nike? As empresas estão ficando mais agressivas em proteger suas marcas, e um processo de infração submetido por uma empresa bem capitalizada pode significar anos de problemas judiciais e despesas jurídicas gigantescas.

Exemplos de outras sentenças do tribunal incluem:

- O Hard Rain Cafe poderia confundir os clientes com o Hard Rock Cafe.
- O Enjoy Cocaine não era paródia de Enjoy Coca-Cola, em que ambos utilizaram o famoso logotipo vermelho e branco.
- Lardash foi considerada uma paródia válida de Jordache.
- Mutant of Omaha e o subtítulo Nuclear Holocaust Insurance não consistia em uma paródia válida de Mutual of Omaha.
- Dogzilla foi uma piada autorizada de Godzilla e não confundiria os clientes.
- Spy Notes foi uma paródia válida de CliffsNotes.

Fonte: Adaptado de Lans, M. S., "Parody as a Marketing Strategy," *Marketing News*, 3 jan. 1994, p. 20; Burke, D. E., "Trademark Parody: Taking a Bite Out of Owner's Rights," postado em 2009, http://www.steptoejohnson.com/publications/publicationstory/TrademarkParodyTakingaBiteOutof, 249.aspx, acesso em: 15 jan. 2012; e Mallor, J. P.; Barnes, A. J.; Bowers, T.; Langvardt, A. W., *Business Law: The Ethical, Global, and E-Commerce Environment*, 15. ed. New York: McGraw-Hill Irwin, 2013, p. 288-92.

4. **Significado genérico.** Permissão de uma marca representar um agrupamento geral de produtos ou serviços. Por exemplo, o celofane passou a representar filme plástico e durex, fita adesiva. A Xerox está buscando, por meio de anúncios nacionais, evitar que seu nome seja utilizado para representar máquinas copiadoras.

Se uma marca comercial for registrada, utilizada e protegida de forma adequada, o proprietário pode obter um mandado contra o uso da marca que possa causar confusão. Além do mais, se as infrações e os danos puderem ser provados no tribunal, o proprietário da marca poderá receber uma compensação financeira.

9.3a Evitando as armadilhas da marca registrada

O registro e a proteção da marca comercial podem ser dispendiosos, podendo chegar a centenas de dólares. A infração da marca registrada pode ser ainda mais cara. Para evitar essas armadilhas, um autor enumerou cinco regras básicas que os empreendedores devem seguir ao selecionar marcas comerciais para seus novos empreendimentos, a saber:

- Nunca selecionar um nome ou uma marca corporativa sem primeiro realizar uma pesquisa de marcas.
- Se seu advogado afirmar que pode haver problemas com uma marca, confie no julgamento dele.
- Buscar um nome ou uma marca inventados antes de decidir por um nome descritivo ou muito sugestivo.
- Sempre que o marketing ou outras considerações ditarem o uso de um nome ou de uma marca altamente sugestivos do produto, selecionar um logotipo distintivo para as palavras descritivas ou sugestivas.
- Evitar abreviações e siglas sempre que possível e, quando não houver alternativas, selecionar um logotipo diferente, em que a abreviação/sigla apareça.[13]

O PROCESSO EMPREENDEDOR

Fontes da internet de informação de propriedade intelectual

http://www.uspto.gov
O site do Departamento de Marcas e Patentes dos Estados Unidos oferece muitas informações valiosas para empreendedores. Os usuários podem localizar informações sobre patentes e marcas comerciais, como formulários de registro, patentes internacionais, questões jurídicas e perguntas frequentes (FAQs). Também é possível verificar o status do pedido de uma marca ou patente neste site. No Brasil, as mesmas informações são consultadas em www.inpi.gov.br.

http://www.patents.com
O site oferece informações básicas sobre patentes de forma bem organizada. Também fornece acesso a patentes registradas por estado e um diretório de advogados de patentes. O site é atualizado com frequência.

http://www.bustpatents.com
Este site, financiado pela Source Translation and Optimization, oferece assistência com patentes de internet, biotecnologia e *e-commerce*. Os usuários também podem assinar o mailing com informações diárias gratuitas Internet Patent News Service neste site.

http://www.copyright.gov/
O site do Departamento de Direitos Autorais da Biblioteca do Congresso dos Estados Unidos fornece informações sobre obras de proteção de direitos autorais, licenças e assuntos legais. Os usuários também podem pesquisar registros de direitos autorais no site. No Brasil, a mesma busca pode ser feita em www.bn.br.

http://www.law.cornell.edu/
O site do Legal Information Institute da Cornell School of Law (Instituto de Informações Legais da Escola de Direito de Cornell) possui documentação jurídica e um histórico de leis de direitos autorais. Também oferece informações sobre direitos autorais no mundo e *links* para outros recursos de informações de direitos autorais.

http://www.findlaw.com
No site o usuário pode pesquisar qualquer tópico e obter informações sobre as leis escritas, precedentes dos tribunais e casos e interpretações atuais. Também fornece buscas por tópico que ajudam o usuário a iniciar a pesquisa, além de uma seção de negócios que auxilia a colocar as leis em questões práticas.

9.3b Segredos comerciais

Alguns processos de negócios e informações não podem ser patenteados, receber direitos autorais ou marcas comerciais, mas podem ser protegidos como **segredos comerciais**. Listas de clientes, planos, pesquisa e desenvolvimento, informações sobre preços, técnicas de marketing e técnicas de produção são exemplos de segredos comerciais. Geralmente, tudo que faz uma empresa individual única e tem valor para um concorrente pode ser segredo comercial.[14]

A proteção dos segredos comerciais estende-se tanto a ideias quanto à sua expressão. Por esse motivo e pelo fato de o segredo comercial não possuir requisitos de registro ou pedido, essa proteção é ideal para softwares. Obviamente a fórmula secreta, o método e outras informações devem ser revelados aos principais funcionários. Em geral, as empresas tentam proteger seus segredos comerciais fazendo com que todos os funcionários que utilizam o processo ou a informação concordem em seus contratos em nunca divulgá-los. O roubo de dados comerciais confidenciais pela espionagem industrial – como roubo de documentos da concorrência – é um roubo de segredos comerciais sem violação contratual e pode ser acionado.

A lei esboça claramente a área de segredos comerciais: a informação é um segredo comercial se (1) não for conhecida pela concorrência, (2) a empresa perderia a vantagem se a concorrência obtivesse a informação e (3) o proprietário tomou as medidas necessárias para proteger o segredo de ser divulgado.[15] Tenha em mente que o processo ainda é difícil em muitos desses casos.

9.3c Proteção de marca registrada na internet*

Dada a natureza única da internet, seu uso cria questões e problemas jurídicos únicos – em particular no que diz respeito aos direitos de propriedade intelectual. O corpo de leis emergente que governa o cyberespaço denomina-se *cyberlei*.

Uma das questões iniciais sobre marcas comerciais envolvendo a propriedade intelectual no cyberespaço é se os nomes de domínios (endereços da internet) devem ser tratados como marcas ou simplesmente meios de acesso, semelhantes ao endereço da rua no mundo físico. Cada vez mais, os tribunais estão ditando que os princípios da lei de marcas registradas devem ser aplicados aos nomes de domínios. Entretanto, um problema ao se aplicar a lei de marcas comerciais a domínios da internet é que permite que diversas partes utilizem a mesma marca – desde que a marca seja utilizada para bens ou serviços diferentes e não causem confusão ao consumidor. Na internet como está estruturada atualmente, apenas uma parte pode utilizar determinado nome de domínio, independentemente do tipo de bens ou serviços oferecidos. Em outras palavras, apesar de duas ou mais empresas poderem ser proprietárias da marca Entrevision.com, apenas uma delas pode operar na internet com esse nome. Dada essa característica restritiva dos nomes de domínio, surgiu uma questão sobre se devem funcionar como marcas. Até o momento, os tribunais que consideraram essa questão afirmaram que o uso não autorizado de uma marca de terceiros no nome do domínio pode constituir infração da marca registrada.[16]

A Tabela 9.2 mostra um resumo detalhado das formas de proteção da propriedade intelectual.

9.4 ESTRUTURAS JURÍDICAS PARA EMPREENDIMENTOS EMPRESARIAIS

[OA5] Conhecer formas jurídicas de organização – empresa individual, sociedade e corporação.

Os empreendedores potenciais devem identificar a estrutura jurídica mais adequada às demandas do empreendimento. Essa necessidade surge da legislação fiscal em mudança, de situações de responsabilidade, da disponibilidade de capital e da complexidade da formação do negócio.[17] Ao examinar essas formas jurídicas de organizações, os empreendedores devem levar em consideração alguns fatores importantes:

- Facilidade de implantação da forma de organização do negócio
- Quantidade de capital necessária para implantar a forma de organização do negócio
- Considerações jurídicas que podem limitar as opções disponíveis ao empreendedor
- Efeitos fiscais sobre a forma de organização selecionada
- Possível responsabilidade ao proprietário da forma de organização selecionada

---

* No Brasil, tratados pelo Sistema Administrativo de Conflitos de Internet. (N.R.T.)

TABELA 9.2 FORMAS DE PROPRIEDADE INTELECTUAL

	Patente	Direitos autorais	Marcas registradas (marcas de serviço e imagem comercial)	Segredos comerciais
Definição	Concessão do governo que dá ao inventor direitos exclusivos de determinada invenção.	Direito de propriedade intangível concedido aos autores e originadores de uma obra literária ou produção artística que se enquadra em categorias específicas.	Palavra, nome, símbolo ou dispositivo distintivo (imagem ou aparência), ou combinação destes, utilizado para identificar e distinguir seus bens ou serviços dos de outrem.	Qualquer informação (incluindo fórmulas, padrões, programas, dispositivos, técnicas e processos) que um negócio possui e que lhe concede vantagem sobre os concorrentes sem conhecimento da informação ou do processo.
Requisitos	A invenção deve ser: 1. Original. 2. Não óbvia. 3. Útil.[1]	As obras literárias ou artísticas devem ser: 1. Originais. 2. Fixas a um meio durável que possa ser percebido, reproduzido ou comunicado. 3. Pertencentes a uma categoria que possa ter direitos autorais.	Marcas comerciais, marcas de serviço e imagens comerciais devem ser distintivos o suficiente (ou ter adquirido significado secundário) para que os consumidores e outros possam distinguir os produtos/serviços do fabricante, vendedor ou usuário de negócios da concorrência.	Informações e processos que possuem valor comercial e que não são conhecidos ou determinados com facilidade pelo público em geral ou outros e que são protegidos da divulgação.
Tipos ou categorias	1. Utilidade (geral). 2. Design. 3. Plantas (flores, vegetais, e assim por diante).[2]	1. Obras literárias (incluindo programas de computador). 2. Obras musicais. 3. Obras teatrais. 4. Pantomima e obras coreográficas. 5. Obras pictóricas, gráficas e esculturas. 6. Filmes e obras audiovisuais. 7. Gravações de som.	1. Marcas robustas e distintivas (como obras fantásticas, arbitrárias ou sugestivas). 2. Marcas que adquiriram significado secundário pelo uso. 3. Outros tipos de marcas, incluindo de certificação e coletivas. 4. Conjunto imagem (como decoração, menu, estilo ou tipo de serviço distintivos).[3]	1. Listas de clientes. 2. Pesquisa e desenvolvimento. 3. Planos e programas. 4. Informação de preços. 5. Técnicas de produção. 6. Técnicas de marketing. 7. Fórmulas. 8. Compilações.
Como foi adquirida	Preenchendo um pedido de patente no Departamento de Marcas e Patentes dos EUA, ou INPI, no Brasil, e recebendo sua aprovação.	Automático (quando em formato tangível); para se recuperar da infração, os direitos autorais devem estar registrados no Departamento de Direitos Autorais dos EUA.	1. Na legislação comum, a propriedade é criada pelo uso da marca. 2. O registro (no Departamento de Marcas e Patentes dos EUA ou no departamento do estado correspondente) fornece um aviso útil da data de uso. 3. É permitido registro federal se a marca estiver atualmente em uso ou se o requerente pretender fazer uso em até seis meses (o período pode ser estendido até três anos). 4. O registro federal pode ser renovado entre o 5º e 6º ano e, após esse período, a cada dez anos.[4]	Pela originalidade e pelo desenvolvimento de informações e processos únicos de um negócio e desconhecidos por outros e que seriam de valor aos concorrentes caso tivessem conhecimento dessas informações e processos.

	Patente	Direitos autorais	Marca registrada	Segredo comercial
Direitos	O inventor tem o direito de fazer, usar, vender, ceder ou licenciar a invenção pela duração do período da patente. O primeiro a inventar tem direitos de patente.	O autor ou criador tem o direito exclusivo de reproduzir, distribuir, exibir, licenciar ou transferir uma obra com direitos autorais.	O proprietário tem o direito de utilizar a marca ou a imagem comercial e excluir outros do direito de uso. O direito de uso pode ser licenciado ou vendido (cedido) a outros.	O proprietário tem o direito de uso único e exclusivo dos segredos comerciais e o direito de uso de meios jurídicos para proteção contra apropriação indébita dos segredos comerciais. O proprietário pode licenciar ou ceder um segredo comercial.
Duração	20 anos da data do pedido para patentes de invenção; 14 anos modelos de utilidade.	1. Para autores: dura a vida do autor mais 70 anos. 2. Para editores: 95 anos da data de publicação ou 120 anos da criação.[5]	Ilimitado, desde que esteja em uso. Para continuar o aviso pelo registro, este deve ser renovado mediante apresentação.	Ilimitado, desde que não revelado a outras pessoas.
Medidas civis contra infração	Danos financeiros, que incluem *royalties* e perda de lucros, além de honorários advocatícios (podem ser julgados danos triplicados para infrações intencionais).	Danos reais mais lucros recebidos pelo infrator; ou danos regulamentares de US$ 500 a US$ 20 mil (US$ 100 mil se a infração for proposital); mais honorários advocatícios.[6]	1. Mandado proibindo o uso futuro da marca. 2. Danos reais mais lucros recebidos pelo infrator (pode ser aumentado em três vezes de acordo com a Lei Lanham). 3. Impedimento e destruição dos artigos infratores. 4. Mais custos e honorários advocatícios.	Danos financeiros de desapropriação (a Lei de Segredos Comerciais Uniforme estadunidense permite danos punitivos de até duas vezes o valor real dos danos, em casos de apropriação indébita proposital e maliciosa); mais honorários advocatícios.

1 *No caso brasileiro*: se se tratar de uma novidade absoluta, envolver uma atividade inventiva e possuir aplicação industrial. (N.R.T.)
2 *No Brasil*: Patente de Invenção ou Modelo de Utilidade. Desenhos industriais configuram outro tipo de ativo de PI.
3 *Marcas de produtos, serviços, de certificação ou coletivas. Registráveis como marcas nominais, figurativas, mistas ou tridimensionais*.
4 *Diferença muito importante para o Brasil*: nos EUA, o direito é adquirido pelo uso, enquanto, no Brasil, por quem solicitou o registro primeiro.
5 Art. 53 da Lei 9610/1998). Mediante contrato de edição, o editor, obrigando-se a reproduzir e a divulgar a obra literária, artística ou científica, fica autorizado, em caráter de exclusividade, a publicá-la e a explorá-la pelo prazo e nas condições pactuadas com o autor. (N.R.T.)
6 A lei brasileira apresenta a distinção entre "danos morais" ao autor e "danos patrimoniais", esses últimos mais relacionados aos aspectos financeiros.

Fonte: Cross, F. B.; Miller, R. L., *West's Legal Environment of Business*, 4. ed. © 2001 Cengage Learning; ver também: Miller, R. L.; Cross, F.B., *The Legal Environment Today: Business in Its Ethical, Regulatory, E-Commerce, and Global Setting*, 8. ed. (Mason, OH: South-Western/Cengage, 2016)

A empresa individual, a sociedade e a corporação são três principais formas jurídicas de organização. Uma vez que cada forma tem vantagens e desvantagens específicas, é impossível recomendar uma forma em detrimento de outra. Uma situação específica, preocupações e desejos do empreendedor vão guiar essa escolha.[18]

9.4a Empresa Individual

Empresa individual é um negócio pertencente a uma única pessoa e operado apenas por ela. A empresa não tem existência além de seu proprietário. Esse indivíduo tem o direito de todos os lucros e carrega toda a responsabilidade pelas dívidas e obrigações da empresa. Também possui **responsabilidade ilimitada**, o que significa que seu negócio e seus bens pessoais garantem a operação. Se a empresa não cumprir suas obrigações financeiras, o proprietário pode ser forçado a vender o carro da família, a casa e outros bens que satisfaçam os credores.

Para estabelecer a empresa individual, uma pessoa deve apenas obter as licenças locais e estaduais para iniciar as operações. Se o proprietário escolher um nome fantasia, também deve enviar um *certificado de nome assumido da empresa* na região. Pela facilidade de formação, a empresa individual é a forma jurídica de organização mais utilizada.[19]

No Brasil, de modo a legalizar mais facilmente as atividades do pequeno empresário, foi criada a Lei Complementar n. 128 (2008) que formaliza o Microempreendedor Individual (MEI), garantindo-lhe muitas vantagens em comparação às do profissional autônomo, dentre elas o registro no CNPJ e enquadramento no Simples Nacional.

VANTAGENS DAS EMPRESAS INDIVIDUAIS

> OA6 Ilustrar as vantagens e as desvantagens de cada uma das três formas jurídicas.

Algumas das vantagens associadas às empresas individuais são:

- *Facilidade de formação.* Menos formalidade e restrições são associadas ao estabelecimento de uma empresa individual que em qualquer outra forma jurídica. A posse necessita de pouca ou nenhuma aprovação governamental e geralmente é menos dispendiosa que uma sociedade ou corporação.
- *Propriedade exclusiva dos lucros.* O proprietário não precisa dividir os lucros com ninguém.
- *Tomada de decisões e controle conferidos a um proprietário.* Não é necessário consultar coproprietários ou sócios na execução da operação.
- *Flexibilidade.* A gerência pode responder rapidamente às necessidades do negócio na forma de decisões de rotina, regulamentadas por diversas leis e pelo bom senso.
- *Liberdade relativa do controle governamental.* Exceto para solicitar as licenças necessárias, ocorre muito pouca interferência governamental na operação.
- *Liberdade de impostos comerciais corporativos.* Os proprietários são taxados como contribuintes individuais, não como empresas.

DESVANTAGENS DAS EMPRESAS INDIVIDUAIS

As empresas individuais também possuem desvantagens. Seguem algumas delas:

- *Responsabilidade ilimitada.* O proprietário individual é pessoalmente responsável por todas as dívidas do negócio. Essa responsabilidade se estende a **todos** os ativos do proprietário.
- *Falta de continuidade.* A empresa pode ser invalidada ou desligada se o proprietário ficar doente ou vier a falecer.
- *Menos capital disponível.* Comumente, as propriedades possuem menos capital disponível que outros tipos de organizações, como sociedades e corporações.
- *Dificuldade em obter financiamento de longo prazo.* Pelo fato de a empresa depender exclusivamente de uma pessoa, é comum apresentar dificuldade em levantar capital a longo prazo.
- *Ponto de vista e experiência relativamente limitados.* A operação depende de uma pessoa, cuja capacidade, treinamento e conhecimento limitarão sua direção e seus objetivos.

9.4b Sociedades

A **sociedade**, conforme definição da **Lei de Sociedade Revisada e Uniforme (do inglês Revised Uniform Partnership Act, RUPA)**, é uma associação de duas ou mais pessoas que atuam como coproprietários de um negócio com fins lucrativos. Os sócios contribuem com dinheiro, propriedade, força de trabalho e habilidades, e dividem os lucros (e as perdas) do negócio.[20] Em geral são realizados e recomendados contratos por escrito da sociedade, apesar de não serem especificamente solicitados. Isso ocorre porque, exceto se acordado por escrito, os tribunais presumem que a sociedade seja igualitária – ou seja, divisão igualitária de lucros, perdas, ativos, gestão e outros aspectos do negócio.

Os contratos da sociedade esboçam com clareza as contribuições financeira e de gestão dos sócios e descrevem com cuidado os papéis no relacionamento da sociedade, incluindo itens como: duração do contrato; natureza dos sócios (geral ou limitada, ativa ou silenciosa); divisão de lucros e perdas; salários; morte de um sócio (dissolução e conclusão); autoridade (autoridade de um sócio sobre a conduta do negócio); resolução de disputas; adições, alterações ou modificações da sociedade.

Além dos contratos escritos, os empreendedores devem levar em consideração muitos tipos diferentes de acordos de sociedade. Dependendo das necessidades da empresa, podem ser utilizados um ou mais acordos. Os exemplos incluem porcentagem do investimento financeiro de cada sócio, porção do controle da gestão de cada sócio e os deveres atribuídos a cada um. É importante lembrar que, em um acordo de sociedade típico, ao menos um sócio deve ser o sócio geral responsável pelas dívidas da empresa e detentor da responsabilidade ilimitada.[21]

VANTAGENS DAS SOCIEDADES

As vantagens associadas à forma das organizações de sociedade são:

- *Facilidade de formação*. Formalidades e despesas jurídicas são poucas comparadas às de criar uma empresa mais complexa, como uma corporação.
- *Recompensas diretas*. Os sócios são motivados a oferecer seu melhor na divisão direta dos lucros.
- *Crescimento e desempenho facilitados*. Em geral, é possível obter mais capital e maior variedade de meios na sociedade que na empresa individual.
- *Flexibilidade*. A sociedade é frequentemente capaz de responder com rapidez às necessidades do negócio na forma de decisões do dia a dia.
- *Relativa liberdade do controle e regulamentação governamental*. Ocorre pouquíssima interferência governamental na operação das sociedades.
- *Possível benefício fiscal*. A maioria das sociedades paga impostos como pessoa física, escapando da taxa mais alta cobrada de corporações.

DESVANTAGENS DAS SOCIEDADES

As sociedades também têm desvantagens. Seguem algumas delas:

- *Responsabilidade ilimitada de ao menos um sócio*. Apesar de alguns sócios possuírem responsabilidade limitada, ao menos um deve ser o sócio geral que assume a responsabilidade ilimitada.
- *Falta de continuidade*. Em caso de falecimento, declarada insanidade de algum sócio ou este simplesmente se retirar do negócio, o acordo de sociedade é cessado. Contudo, a operação do negócio pode continuar com base no direito de sobrevivência e na possível criação de uma nova sociedade pelos membros restantes, ou ainda pela adição de novos membros.
- *Dificuldade em obter grandes somas de capital*. A maioria das sociedades enfrenta alguns problemas ao adquirir grande quantia de capital, em especial quando está envolvido financiamento de longo prazo. Em geral, os bens coletivos dos sócios ditam a quantidade de capital total que a sociedade pode levantar, especialmente no início.
- *Sujeito aos atos de um sócio*. Um sócio geral pode comprometer o negócio com contratos e obrigações que podem provar ser desastrosos para a empresa em geral e outros sócios em particular.
- *Dificuldade de descartar a participação da sociedade*. A aquisição do controle de um sócio pode ser difícil, exceto se disposto especificamente no contrato por escrito.

9.4c Corporações

De acordo com o ex-chefe da Justiça John Marshall (1819), a corporação é "um ser artificial, invisível, intangível e que existe apenas na contemplação da lei". Dessa forma, a corporação é uma entidade legal separada dos indivíduos que a possuem. É criada pela autoridade das leis estaduais e geralmente formada quando uma transferência de dinheiro ou propriedade por potenciais acionistas (proprietários) ocorre em troca de capital social (certificados de posse) na corporação.[22] Os procedimentos comumente necessários para formar uma corporação são (1) assinaturas do capital por ações devem ser recolhidas e a tentativa de organização criada e (2) a aprovação deve ser obtida da secretaria do estado em que a corporação será formada. A aprovação é na forma de um alvará para a corporação, que aponta os poderes e limitações da empresa. As corporações que fazem negócios em mais de um estado devem obedecer a leis federais sobre o comércio entre estados e a leis estaduais variáveis que abrangem corporações externas (fora do estado).

VANTAGENS DAS CORPORAÇÕES

Algumas das vantagens associadas às corporações são:

- *Responsabilidade limitada.* A responsabilidade do acionista é limitada ao investimento individual. Essa é a maior quantia que o indivíduo poderá perder.
- *Transferência de posse.* A posse pode ser transferida por meio da venda de títulos a compradores interessados.
- *Vida ilimitada.* A empresa tem vida separada e distinta da dos proprietários e pode continuar por período indefinido de tempo.
- *Facilidade relativa de assegurar capital em grandes quantias.* O capital pode ser adquirido por meio da emissão de títulos e participações e por empréstimos de curto prazo feitos em relação aos ativos do negócio ou às garantias pessoais dos principais acionistas.
- *Maior habilidade e conhecimento.* A corporação pode se valer do conhecimento e das habilidades de diversos indivíduos, desde os principais acionistas aos gerentes profissionais que foram trazidos a bordo.

DESVANTAGENS DAS CORPORAÇÕES

As corporações também têm desvantagens. Seguem algumas delas:

- *Restrições de atividades.* As atividades corporativas são limitadas pelo alvará e uma série de leis.
- *Falta de representação.* A minoria dos acionistas pode obter menos votos que a maioria, que exercerão sua vontade sobre os outros.

O PROCESSO EMPREENDEDOR

Incorporação na web

Hoje, formar uma corporação é mais fácil que nunca. Os indivíduos que desejam formar a corporação podem simplesmente acessar os serviços de uma das diversas empresas que oferecem serviços de incorporação on-line. Apesar de a incorporação sempre ter sido possível em estados fora da própria residência, os provedores de serviço de incorporação on-line têm tornado esse processo muito mais simples. Delaware tem sido o favorito de muitas das incorporações fora do estado nos Estados Unidos nos últimos anos. Isso se deve em grande parte às restrições limitadas do estado sobre a formação e operação das corporações.

Empresas de incorporação na web

Centenas de empresas oferecem serviços de criação de corporações on-line, e a maioria delas tem um processo bastante simples para a abertura em qualquer estado dos Estados Unidos. Boa parte desses sites também dispõe de informações valiosas, como as várias formas de corporação e os prós e contras das diferentes opções, perguntas frequentes sobre a incorporação, custo da incorporação e manutenção de uma corporação, além das vantagens e desvantagens da criação da corporação. Harvard Business Services (http://www.delawareinc.com), The Company Corporoation (http://www.incorporate.com) e American Incorporators Ltd. (http://www.ailcorp.com) são alguns exemplos de empresas de incorporação on-line. Para localizar outras empresas de incorporação on-line, os empreendedores também podem utilizar um mecanismo de busca e digitar a palavra "incorporation" (incorporação).

Considerações ao empreendedor

O empreendedor deve considerar o futuro do negócio que deseja criar. Na maioria dos casos, a incorporação on-line é adequada para quem está interessado em começar um negócio menor, com potencial de crescimento limitado, mas são recomendados outros caminhos para os empreendedores que planejam começar um negócio com maior potencial de crescimento. Se o crescimento alto é possível e provavelmente são necessárias grandes quantias de fundos, é recomendável que os empreendedores busquem suporte jurídico para o processo de criação da empresa.

Como criar a corporação na web

Na maioria dos casos, fazer uma solicitação de formação de corporação na web é simples, bastando preencher um formulário on-line em um desses sites. Nos Estados Unidos, as empresas reúnem as informações e registram os formulários necessários no departamento estadual dos Estados Unidos em que o empreendedor deseja ter a corporação. O estado então emitirá um certificado de incorporação.

- *Regulamentação*. Regulamentações governamentais extensas e relatórios exigidos por agências locais, estaduais e federais resultam, em geral, em muita documentação e burocracia.
- *Organização de despesas*. Há uma profusão de despesas envolvidas na criação de uma corporação.
- *Dupla tributação*. O imposto de renda é cobrado tanto sobre o lucro corporativo quanto sobre os salários individuais e os dividendos.

A Tabela 9.3 compara as características das empresas individuais, das sociedades e das corporações.

9.5 SOCIEDADES E CORPORAÇÕES: FORMAS ESPECÍFICAS

As diversas formas específicas de sociedades e corporações requerem atenção especial e são examinadas nas seções a seguir.

9.5a Sociedades limitadas

OA7 Explicar a natureza da sociedade limitada e da sociedade de responsabilidade limitada (do inglês limited liability partnership, LLP).

As **sociedades limitadas** são utilizadas em situações em que é necessária uma forma de organização empresarial que permita o investimento de capital sem a responsabilidade pela gestão *e* sem a responsabilidade por perdas além do investimento inicial. Essa organização concede o direito de dividir os lucros com responsabilidade limitada pelas perdas.

As sociedades limitadas são regidas pela **Lei de Sociedade Limitada Revisada e Uniforme (do inglês Revised Uniform Limited Partnership Act, RULPA)**.[23] A lei contém 11 artigos e 64 seções de diretrizes que abrangem áreas como (1) disposições gerais, (2) formação, (3) sócios limitados, (4) sócios gerais, (5) finanças, (6) distribuições e retiradas, (7) atribuição da participação da sociedade, (8) dissolução, (9) sociedades limitadas externas, (10) ações derivativas e (11) diversos. Se uma sociedade limitada parece ser a forma jurídica desejada de organização, os potenciais sócios devem examinar as diretrizes do RULPA.

9.5b Sociedades de responsabilidade limitada

A **sociedade de responsabilidade limitada (limited liability partnership, LLP)** é uma forma de sociedade relativamente nova, que permite aos profissionais os benefícios fiscais de uma sociedade, evitando responsabilidade pessoal pela negligência de outros sócios. Se um grupo profissional se organiza como LLP, sócios inocentes não são pessoalmente responsáveis pela irregularidade dos outros sócios.

A LLP é semelhante à *empresa de responsabilidade limitada* (do inglês *limited liability company, LLC*) discutida anteriormente. A diferença é que as LLPs são voltadas mais para profissionais que normalmente fazem negócios como sociedade. Do mesmo modo que com as LLCs, as LLPs devem ser formadas e operadas em conformidade com os estatutos estaduais.*

Um dos motivos pelos quais as LLPs estão se tornando tão populares entre os profissionais é que a maioria dos estatutos torna relativamente fácil criar uma LLP. Essa afirmação é verdadeira para uma sociedade já formal.

A conversão de uma sociedade em LLP também é fácil, porque a estrutura organizacional básica da empresa permanece a mesma. Além disso, todas as regras de estatutos e leis de direito comum que regem as sociedades ainda são aplicadas (além das modificadas pelo estatuto da LLP). Em geral, os estatutos das LLPs são simplesmente emendas a leis de sociedades já existentes no estado.[24]

A **sociedade limitada de responsabilidade limitada (limited liability limited partnership, LLLP)** é uma variante relativamente nova da sociedade limitada. Uma LLLP elege status de responsabilidade limitada para todos os sócios, incluindo os gerais. Exceto por esse status de responsabilidade dos sócios gerais, as sociedades limitadas e LLLPs são idênticas (veja na Tabela 9.4 as características das sociedades limitadas e LLLPs).

---

* Para conhecer as peculiaridades referentes ao Código Civil Brasileiro consultar: BRUSCATO, Wilges. As três limitadas. A sociedade por quotas de responsabilidade limitada após o Código Civil brasileiro de 2002. In: Âmbito Jurídico, Rio Grande, XIV, n. 91, ago 2011. Disponível em: <http://www.ambito-juridico.com.br/site/index.php?n_link=revista_artigos_leitura&artigo_id=10078>. Acesso em: set. 2016.

TABELA 9.3 CARACTERÍSTICAS GERAIS DAS FORMAS DE NEGÓCIOS

	Empresa individual	Sociedade	Sociedade de responsabilidade limitada	Sociedade limitada	Sociedade limitada de responsabilidade limitada	Corporação S	Corporação	Empresa de responsabilidade limitada
Formação	Quando uma pessoa tem posse de um negócio sem formar uma corporação ou LLC (empresa de responsabilidade limitada, do inglês *Limited Liability Company*)	Por acordo dos proprietários ou por padrão, quando dois ou mais proprietários conduzem negócios juntos, sem formar uma sociedade limitada, uma LLC ou corporação	Por acordo dos proprietários; deve seguir o estatuto da sociedade de responsabilidade limitada	Por acordo dos proprietários; deve seguir o estatuto da sociedade limitada	Por acordo dos proprietários; deve seguir o estatuto da sociedade limitada de responsabilidade limitada	Por acordo dos proprietários; deve seguir o estatuto da corporação	Por acordo dos proprietários; deve seguir o estatuto da corporação; deve eleger o status Corporação S no Subcapítulo S do Código de Receitas Internas	Por acordo dos proprietários; deve seguir o estatuto da empresa de responsabilidade limitada
Duração	Termina com a morte ou a saída do proprietário	Geralmente não afetada pela morte ou saída do sócio	Não afetada pela morte ou saída do sócio	Não afetada pela morte ou saída do sócio, exceto se o sócio geral se separar	Não afetada pela morte ou saída do sócio, exceto se o sócio geral se separar	Não afetada pela morte ou saída do acionista	Não afetada pela morte ou saída do acionista	Geralmente não afetada pela morte ou saída do membro
Gerência	Pelo único proprietário	Pelos sócios	Pelos sócios	Pelos sócios gerais	Pelos sócios gerais	Pelo conselho diretor	Pelo conselho diretor	Pelos gerentes ou membros
Responsabilidade do proprietário	Ilimitada	Ilimitada	Limitada principalmente à contribuição de capital	Ilimitada para sócios gerais; limitada para a contribuição de capital para sócios limitados	Limitada à contribuição de capital	Limitada à contribuição de capital	Limitada à contribuição de capital	Limitada à contribuição de capital
Transferência da participação dos proprietários	Nenhuma	Nenhuma	Nenhuma	Nenhuma, exceto se acordado de outra forma	Nenhuma, exceto se acordado de outra forma	Transferível livremente, apesar de os acionistas poderem concordar de outra forma	Transferível livremente, apesar de os acionistas geralmente concordarem de outra forma	Nenhuma, exceto se acordado em contrário
Imposto de renda federal	É cobrado imposto apenas do único proprietário	É cobrado imposto apenas dos sócios	Geralmente é cobrado imposto apenas dos sócios; pode ser cobrado como corporação	Geralmente é cobrado imposto apenas dos sócios; pode ser cobrado como corporação	Geralmente é cobrado imposto apenas dos sócios; pode ser cobrado como corporação	É cobrado imposto da corporação; imposto dos acionistas sobre os dividendos (dupla tributação)	É cobrado imposto apenas dos acionistas	Geralmente é cobrado imposto apenas dos membros; pode ser cobrado como corporação

Fonte: MALLOR, J. P.; BARNES, A. J.; BOWERS, T.; LANGVARDT, A. W., *Business Law: The Ethical, Global, and E-Commerce Environment*, 15. ed. (New York: McGraw-Hill/Irwin, 2016), p. 995. © The McGraw-Hill Companies, Inc.

9.5c Corporações S

OA8 Examinar como funciona uma corporação S.

Antes denominada Subcapítulo da corporação S, uma **corporação S** leva o nome do subcapítulo S do Código da Receita Federal (EUA), segundo o qual uma empresa pode evitar a imposição de impostos sobre a renda no nível corporativo, mas ainda mantém alguns dos benefícios de forma corporativa (em especial os de responsabilidade limitada).

Comumente conhecida como "corporação de opção fiscal", a corporação S é tributada de forma semelhante à sociedade.[12] Somente um formulário de informação é preenchido com a Receita Federal dos Estados Unidos para indicar a receita dos acionários. Dessa forma, é evitado o problema de dupla tributação de uma corporação. Não é cobrado imposto da receita da corporação, mas, em vez disso, é cobrado sobre a receita pessoal dos acionários do negócio.

Apesar desse procedimento ser muito útil para pequenas empresas, devem ser seguidas diretrizes rígidas:

1. A corporação deve ser nacional.
2. A corporação não deve ser membro de um grupo afiliado de corporações.
3. Os acionistas da corporação devem ser pessoas físicas, bens imóveis ou determinados consórcios. Corporações, sociedades e consórcios não qualificados não podem ser acionistas.
4. A corporação deve ter até 100 acionistas.
5. A corporação deve ter apenas uma classe de ações, apesar de nem todos os acionistas deverem ter os mesmos direitos de voto.
6. Nenhum acionista da corporação pode ser estrangeiro não residente.

A corporação S oferece muitos benefícios. Por exemplo, quando apresenta perdas, o Subcapítulo S permite que os acionistas utilizem essas perdas para compensar a receita tributável. Além disso, quando os acionistas estão em uma alíquota de imposto menor que a da corporação, o Subcapítulo S faz com que toda a receita da empresa seja tributada na alíquota dos acionistas, independentemente de ser ou não distribuída. Essa situação é particularmente atraente quando a corporação deseja acumular ganhos para objetivos futuros.

TABELA 9.4 PRINCIPAIS CARACTERÍSTICAS DAS SOCIEDADES LIMITADAS E LLLPs

1. A sociedade limitada ou LLLP pode ser *criada somente de acordo com um estatuto*.
2. A sociedade limitada ou LLLP possui dois tipos de sócios: *sócios gerais* e *sócios limitados*. Deve haver um ou mais de cada tipo.
3. Todos os sócios, limitados e gerais, *dividem os lucros* do negócio.
4. Cada sócio limitado tem responsabilidade limitada à *sua contribuição de capital* ao negócio. Cada sócio geral de uma sociedade limitada tem *responsabilidade ilimitada* sobre as obrigações do negócio. Um sócio geral em uma LLLP, entretanto, tem responsabilidade *limitada sobre sua contribuição de capital*.
5. Cada sócio geral tem o *direito de gerenciar* o negócio e constitui um agente da sociedade limitada ou LLLP. O sócio limitado *não tem direito de gerenciar* o negócio ou atuar como agente, mas tem o direito de voto em questões fundamentais. O sócio limitado pode gerenciar o negócio e ainda possui responsabilidade limitada pelas obrigações da sociedade.
6. Os sócios gerais, como agentes, são *fiduciários* do negócio. Os sócios limitados não são fiduciários.
7. Os direitos de um sócio em uma sociedade limitada ou LLLP *não podem ser transferidos livremente*. O beneficiário de transferência de uma sociedade geral ou limitada não tem a participação de um sócio, mas tem o direito apenas sobre a participação de capital e lucros do sócio que realizou a transferência.
8. A morte ou saída de um sócio não dissolve a sociedade limitada ou LLLP, exceto se não houver sócio geral em vida.
9. Geralmente, são cobrados impostos de uma sociedade limitada ou LLLP como sociedade.

Fonte: Adaptado de MALLOR, J. P.; BARNES, A. J.; BOWERS, T.; LANGVARDT, A.W., *Business Law: The Ethical, Global, and E-Commerce Environment*, 15. ed. New York: McGraw-Hill/Irwin, 2016, p. 1.056.

A receita tributável de uma corporação S é tributável apenas aos acionistas no final do ano corporativo, quando a receita é distribuída. A corporação S pode escolher um ano fiscal que permitirá adiar alguns dos impostos dos acionistas. Isso é importante porque os rendimentos não distribuídos não são taxados dos acionistas até após o ano fiscal da corporação (não dos acionistas). O acionista de uma corporação S também pode ceder algumas ações a outros membros da família que possuem alíquota de impostos menor. Além disso, até seis gerações de uma família podem optar por ser tratadas como acionistas. Finalmente, a corporação S pode oferecer alguns benefícios corporativos não tributáveis, que podem significar economia de impostos federais para os acionistas.

9.5d Empresas de responsabilidade limitada

Desde 1977, cada vez mais estados americanos têm autorizado uma nova forma de organização de negócios denominada **empresa de responsabilidade limitada (LLC)**. A LLC é uma forma híbrida de empresa que oferece a responsabilidade limitada de uma corporação, mas as vantagens fiscais de uma sociedade.

> OA9 Definir as classificações adicionais de corporação, incluindo as empresas de responsabilidade limitada (do inglês limited liability company, LLC), corporações B e empresas de responsabilidade limitada de baixa renda (L3Cs).

Uma grande vantagem da LLC é que não paga impostos para uma entidade; em vez disso, os lucros são "passados" à LLC e pagos pessoalmente pelos membros da empresa. Outra vantagem é que a responsabilidade dos membros é limitada ao valor de seus investimentos. Em uma LLC, os membros podem participar totalmente de atividades de gestão e – sob o estatuto de ao menos um estado – os gerentes da empresa não precisam ser membros da LLC. Outra vantagem é que as corporações e sociedades, além de investidoras estrangeiras, podem ser membros das LLCs. Não há ainda limites sobre o número de membros acionistas da LLC.

As desvantagens da LLC são relativamente pequenas. Talvez a maior seja que os estatutos diferem de estado a estado, e toda empresa envolvida em operações em vários estados pode enfrentar dificuldades. Em uma tentativa de promover uniformidade entre os estados no que diz respeito aos estatutos da LLC, a Conferência Nacional de Comissários sobre Legislação Estadual Uniforme dos Estados Unidos (do inglês National Conference of Commissioners on Uniform State Laws) adotou a Lei Uniforme Revisada das Sociedades Limitadas (Revised Uniform Limited Liability Company Act) em 2006. Contudo, até 2011 apenas nove estados americanos tinham aderido à lei. Até que todos os estados adotem a lei uniforme, a LLC de um estado deverá verificar as regras em outros estados em que a empresa faz negócio para garantir que retenha a responsabilidade limitada.[25]

No Brasil, até 2012, quando ainda se encontrava em vigor o Código Civil de 1916, existia a sociedade civil de responsabilidade limitada. Essa forma jurídica de organização apresenta um modelo societário no qual a tributação do imposto de renda poderia recair sobre os rendimentos na forma de pagamento a pessoa física e não do meio tradicional (parecido com o que ocorre nas corporações S americanas). Tal forma só era permitida no caso de empresas constituídas por profissionais de uma mesma profissão, como exemplo, apenas médicos, engenheiros ou advogados.

No entanto, com o novo Código Civil de 2002, essa chamada sociedade civil de responsabilidade limitada deixou de existir. Foram criadas em seu lugar as chamadas sociedades simples em que, assim como na anterior, apenas poderia ser formada por profissionais que explorem uma mesma atividade econômica de natureza intelectual, ou seja, sem caráter de mercancia.

Existem dois tipos de sociedade simples: a pura e a de responsabilidade limitada. No caso da segunda, tal como na sociedade empresária limitada, os sócios apenas respondem solidariamente com a empresa, dentro dos limites do capital social integralizado. Já na pura, os sócios respondem ilimitadamente, inclusive com seus bens, pelos passivos da sociedade. Portanto, não há equivalente à corporação S no Brasil atualmente. Por mais que o modelo de sociedade simples se assemelhe ao americano quanto à responsabilidade, o mesmo não ocorre no caso da tributação, uma vez que atualmente qualquer tipo de organização é tributada como empresa, inclusive pessoas físicas.

9.5e Corporações B*

Como discutido no Capítulo 4, existe uma nova forma jurídica de corporação socialmente responsável sendo introduzida nos Estados Unidos – a **corporação B**. As corporações B certificadas são uma nova maneira de as empresas resolverem problemas sociais e ambientais. A B Lab, organização sem fins lucrativos, certifica as corporações B, que lidam com dois problemas essenciais:

---

* Não existe nada formalizado no Brasil quanto a essas últimas classificações, mas os livros brasileiros traduzidos abordam esses temas.

1. As leis corporativas tornam difícil às empresas considerar os interesses dos funcionários, da comunidade e do ambiente durante a tomada de decisões.
2. A falta de normas transparentes dificulta a diferenciação entre uma empresa socialmente proativa de uma que possui apenas um bom marketing.

Para tratar dessas questões, a estrutura jurídica das corporações B expande a responsabilidade corporativa, exigindo a tomada de decisões que sejam boas para a sociedade, e não somente para seus acionistas.

Os padrões de desempenho das corporações B permitem aos consumidores apoiarem as empresas que se alinham a seus valores, aos investidores levarem capital a investimentos de maior impacto e aos governos e às corporações multinacionais implantarem políticas de compras sustentáveis.

As corporações B possuem requisitos específicos, que incluem:

1. Normas de desempenho ambiental e social transparentes e abrangentes.
2. Padrões de responsabilidade jurídica mais altos.
3. Relações com eleitorados estabelecidas para políticas públicas que apoiam negócios sustentáveis.

Existem mais de 500 corporações B certificadas em 60 diferentes áreas (de alimentos e vestuário até advogados e materiais de escritório). As corporações B podem ser bastante diferentes, mas compartilham uma meta comum: *redefinir o sucesso do negócio*. Por meio de um Relatório de Impactos B público de uma empresa, qualquer pessoa pode acessar os dados de desempenho sobre as práticas sociais e ambientais que estão por trás de seus produtos.[26]

9.5f L3C

A empresa de responsabilidade limitada, de baixo lucro e conhecida como **L3C**, pode oferecer uma estrutura que facilita os investimentos em empreendimentos de benefício social com fins lucrativos. Em 2008, Vermont foi o primeiro estado dos Estados Unidos a reconhecer a L3C como estrutura corporativa legal; mas leis semelhantes foram introduzidas na Geórgia, no Michigan, em Montana e na Carolina do Norte. A L3C pode exercer legalmente atividades em todos os Estados Unidos, pois visa atrair o investimento privado e capital filantrópico em empreendimentos concebidos para proporcionar um benefício social. Diferente de uma LLC padrão, a L3C tem missão filantrópica primária explícita e a preocupação com o lucro em segundo lugar. Ao contrário de uma instituição de caridade, a L3C é livre para distribuir os lucros aos proprietários ou investidores após o pagamento de impostos. A principal vantagem da L3C é sua qualificação como investimento relacionado ao programa (do inglês *program related investment*, PRI). Isso significa que ela é um investimento com propósito socialmente benéfico e que está consistente com a missão de uma fundação. Pelo fato de as fundações apenas poderem investir diretamente em empreendimentos com fins lucrativos qualificados como PRIs, o contrato de operação da L3C determina de forma específica sua finalidade qualificada para o PRI na formação, tornando mais fácil para as fundações identificar negócios de fins sociais e ajudar a garantir a segurança das isenções fiscais. Assim, as L3Cs atrairiam maior quantidade de capital privado de diversas fontes a fim de servirem a seus objetivos educacionais ou filantrópicos.

De forma semelhante à LLC padrão, a L3C pode formar sociedades flexíveis, em que os direitos de posse são ajustados para atender às necessidades de cada sócio. Essa flexibilidade permite a estrutura de posse em níveis. Como a fundação pode investir com PRIs a uma taxa menor que a do mercado, ao passo que admite riscos maiores, o risco para outros investidores é reduzido e a taxa potencial de retorno, aumentada. Portanto, as filiações restantes do L3C podem ser comercializadas com perfis de risco e retorno necessários para atrair investidores orientados pelo mercado. O resultado final é que a L3C pode alavancar os PRIs para acessar grande variedade de dólares de investimento. Da mesma forma que a LLC padrão, lucros e perdas fluem pela L3C até seus membros e são tributados de acordo com a situação fiscal particular de cada investidor.[27]

9.6 CONSIDERAÇÕES FINAIS SOBRE FORMAS JURÍDICAS

Conforme mencionado anteriormente, um empreendedor sempre deve buscar assistência jurídica para evitar mal-entendidos, erros e, claro, aumento de gastos. O empreendedor médio encontra muitos problemas e obstáculos na formação de um empreendimento. Por não possuir conhecimento profundo de legislação, contabilidade, imóveis, impostos e regulamentações governamentais, é imperativo o conhecimento de alguns conceitos básicos nessas áreas.

O material deste capítulo é um bom começo para compreender as formas jurídicas das organizações, pois pode oferecer aos empreendedores diretrizes para buscar cada vez mais assistência sobre a forma jurídica que parecer mais adequada à sua situação.

9.7 FALÊNCIA

OA10 Apresentar os principais segmentos da legislação de falência que se aplicam aos empreendedores.

A **falência** ocorre quando as obrigações financeiras de um empreendimento são maiores que seus ativos. Nenhum empreendedor busca a falência intencionalmente. Apesar de poderem surgir problemas de modo inesperado, seguem diversas formas de prever o estado falimentar iminente: (1) entrada de novos concorrentes no mercado, (2) outras empresas parecerem estar vendendo produtos que estão uma geração à frente, (3) orçamento de pesquisa e desenvolvimento proporcionalmente menor que o da concorrência e (4) varejistas sempre aparentam estar com o estoque cheio demais.[28]

9.7a A Lei de Falência*

A **Lei de Falência** (Bankruptcy Act) é uma lei federal norte-americana que dispõe de procedimentos específicos para tratar de **devedores insolventes** – quem não pode pagar as dívidas no vencimento. A lei inicial de 1912 foi completamente revisada em 1978: foram adicionadas emendas importantes em 1984, 1986, 1994, e houve uma revisão mais substancial em 2005. Os objetivos da Lei de Falência são (1) verificar se a propriedade do devedor é distribuída de forma justa aos credores, (2) proteger os credores da redução excessiva de seus ativos pelos devedores e (3) proteger os devedores de exigências extremas dos credores. A lei foi instaurada para fornecer assistência aos devedores e credores.

Cada um dos diversos tipos de ações de falência tem suas próprias disposições.** Para fins de empreendimentos de negócios, as três principais seções são chamadas falência direta (Capítulo 7), reorganização (Capítulo 11) e ajuste de dívidas (Capítulo 13). A Tabela 9.5 propõe uma comparação a esses três tipos de falência e as seções a seguir examinam cada tipo.

9.7b Capítulo 7: Falência direta

No Capítulo 7, a falência, às vezes denominada liquidação, requer que o devedor abdique de todas as propriedades para um fiduciário indicado pelo tribunal. O fiduciário em seguida vende os bens e rendimentos aos credores. As dívidas remanescentes (com algumas exceções) são liberadas, e o devedor é liberado de suas obrigações.

A ação judicial de liquidação pode ser voluntária ou involuntária. Na falência voluntária, o devedor envia uma petição ao tribunal e fornece uma lista de todos os credores, um extrato de operações financeiras, uma lista de todos os bens em sua posse e dos rendimentos e das despesas atuais. Na falência involuntária, os credores forçam o devedor a pedir falência. Para que isso ocorra, deve haver 12 ou mais credores (dos quais ao menos três tenham total de US$ 14.425 em reivindicações); caso haja menos de 12, um ou mais credores devem possuir uma reivindicação de US$ 14.425 contra o devedor.[29]

9.7c Capítulo 11: Reorganização

A reorganização é a forma mais comum de falência. Sob esse formato, o devedor tenta criar um plano de pagamento de parte das dívidas, ter o perdão da soma restante e continuar operando. O plano é essencialmente um contrato entre devedor e credores. Além de ser visto como "justo e correto", o plano deve (1) dividir os credores em classes, (2) definir como cada credor ficará satisfeito, (3) determinar quais exigências ou classes de exigências são impedidas ou prejudicadas pelo plano e (4) dispor do mesmo tratamento a cada credor de determinada classe.

Os mesmos princípios básicos que regem as petições de falência presentes no Capítulo 7 também regem as petições do Capítulo 11. Os processos podem ser voluntários ou involuntários, e as disposições de proteção e liberação são semelhantes às regulamentações presentes no Capítulo 7.

---

*   Lei n. 11.101, 2005, no Brasil. (N.R.T.)
** No Brasil, uma equivalência pode ser encontrada na recuperação judicial, extrajudicial e falência propriamente. (N.R.T.)

TABELA 9.5 FALÊNCIA: COMPARAÇÃO DOS CAPÍTULOS 7, 11 E 13

	Capítulo 7	Capítulo 11	Capítulo 13
Finalidade	Liquidação	Reorganização	Ajuste
Quem pode solicitar	Devedor (voluntário) ou credores (involuntário)	Devedor (voluntário) ou credores (involuntário)	Somente devedor (voluntário)
Quem pode ser devedor	Qualquer "pessoa" (incluindo sociedades e corporações), exceto vias férreas, companhias de seguro, bancos, instituições de poupança e empréstimo e cooperativas de crédito. Fazendeiros e instituições de caridade não podem receber petição involuntária.	Qualquer devedor elegível para o auxílio indicado no Capítulo 7.	Qualquer indivíduo (não sociedades ou corporações) com receita regular que possui dívida fixa não garantida de até US$ 360.475 ou dívida segura de até US$ 1.081.400.
Procedimento básico	A propriedade tributável é vendida com o rendimento a ser distribuído (em ordem) para grupos prioritários. As dívidas liberáveis são finalizadas.	É enviado um plano e, se aprovado e seguido, as dívidas são liberadas.	É enviado um plano em que os credores não garantidos devem receber no mínimo o valor de liquidação. Se for aprovado e seguido, as dívidas são liberadas.
Vantagens	Na liquidação e distribuição a maioria das dívidas é liberada, e o devedor tem a oportunidade de começar de novo.	O devedor continua atuando no negócio. O plano permite a reorganização e a liquidação de dívidas durante esse período.	O devedor continua atuando no negócio ou mantém a posse dos ativos. Se o plano for aprovado, a maioria das dívidas é liberada após período de três a cinco anos.

Fonte: Adaptado de MALLOR, J. P. et al. *Business Law: The Ethical, Global, and E-Commerce Environment*, 15. ed. New York: McGraw-Hill Irwin, 2016, p. 855; e também Clarkson, K. W.; Miller, R. L.; Cross, F. B., *Business Law*, 13. ed. Mason, OH: South-Western/Cengage, 2015, p. 601.

Quando o pedido de auxílio (petição) for enviado, o devedor de um processo do Capítulo 11 continua a operar o negócio como **devedor na posse do bem**, o que significa que o tribunal nomeia um fiduciário para fiscalizar a gestão do empreendimento. O plano é então enviado para aprovação dos credores. A aprovação geralmente requer que os credores em posse de dois terços da quantia e metade do número de cada classe de exigências prejudicadas devem aceitar o plano. Quando aprovado, o plano vai a tribunal para confirmação. Se for confirmado, o devedor é responsável por executá-lo.[30]

Quando o plano for confirmado pelos credores, se tornará obrigatório para o devedor. Esse tipo de falência fornece uma alternativa à liquidação de todo o negócio e estende aos credores e ao devedor os benefícios de manter a empresa em operação.

9.7d Capítulo 13: Ajuste de dívidas

Sob este acordo, os indivíduos podem (1) evitar uma declaração de falência, (2) pagar suas dívidas em parcelas e (3) ser protegidos pelo tribunal federal. Indivíduos ou proprietários com dívidas não garantidas de até US$ 360.475 e dívidas garantidas de até US$ 1.081.400 são qualificados para dar entrada em um procedimento como consta no Capítulo 13. Essa petição deve ser somente voluntária; os credores não podem dar entrada em um procedimento como o do Capítulo 13. Na petição, o devedor declara incapacidade de pagar suas dívidas e solicita uma forma de extensão em ganhos futuros (maior período para pagar) ou uma composição da dívida (redução do valor devido).

O devedor individual então envia um plano com os detalhes para tratamento das dívidas. O plano do Capítulo 13 deve incluir (1) movimentação dos ganhos ou renda futuros do devedor para o fiduciário, conforme necessário para a execução do plano, (2) pagamento integral em parcelas em dinheiro atrasadas de todas as exigências prioritárias e (3) o mesmo tratamento de cada exigência de uma classe particular.[31] O plano deve oferecer o pagamento em três anos, exceto se o tribunal especificamente conceder extensão para cinco anos.

Quando o devedor concluir todos os pagamentos agendados, o tribunal emitirá uma liberação de todas as outras dívidas consideradas no plano. Como sempre, há algumas exceções à liberação, como pensões de filhos e algumas dívidas de longo prazo. Além disso, o devedor pode ser liberado mesmo quando não concluir os pagamentos em três anos, se o tribunal estiver satisfeito de que o estado falimentar se deve a circunstâncias para as quais o devedor não pode ser responsabilizado justamente. Durante um procedimento do Capítulo 13, não é possível enviar outro pedido de falência (Capítulo 7 ou 11) contra o devedor. Assim, o indivíduo tem a oportunidade de liberar uma situação de dívida sem liquidação ou o estigma da falência. Além disso, os credores podem ter vantagem recuperando maior porcentagem do que teriam por meio da liquidação.

9.8 MINIMIZANDO DESPESAS LEGAIS

Durante procedimentos jurídicos, o empreendedor pode ter grandes despesas legais. A seguir estão algumas sugestões para minimizá-las:

- Estabelecer estrutura de honorários clara com o advogado antes de tratar de questões jurídicas. A estrutura pode ser baseada em despesa por hora, valor fixo (valor estabelecido em contrato) ou taxa de contingente (porcentagem do acordo negociado).
- Os advogados também operam em um ambiente competitivo; portanto, as estruturas de honorários são negociáveis.
- Estabelecer acordos claros por escrito sobre todas as principais questões que afetam as operações do negócio, incluindo acordos entre diretores, contratos de trabalho, de confidencialidade e de não concorrência.
- Sempre procurar resolver controvérsias em vez de recorrer ao litígio.
- Fazer com que o advogado compartilhe formulários em formato eletrônico que podem ser utilizados em transações de rotina.
- Utilizar um advogado menos dispendioso para transações menores.
- Sugerir métodos de economia ao advogado para questões de negócios comuns.
- Sempre procurar o advogado durante o horário comercial.
- A ineficiência do cliente recompensa os advogados: consultar o advogado sobre diversas questões ao mesmo tempo.
- Manter-se em dia sobre os desenvolvimentos jurídicos em sua área.
- Tratar sozinho de questões de sua "zona de conforto".
- Envolver os advogados cedo, quando for possível: mais vale prevenir que remediar.
- Procure bem seu advogado, mas não vá de um para outro. Quando encontrar um bom advogado, fique com ele. Um advogado familiarizado com seu negócio pode tratar de seus assuntos com maior eficiência que uma sucessão de advogados, dado que todos deverão pesquisar seu caso do princípio.[32]

CAPÍTULO 9 — Desafios jurídicos para empreendimentos empresariais

RESUMO

Patente é um direito de propriedade intelectual resultante de uma invenção. Os titulares de patentes possuem proteção contra a infração de terceiros que dura 14 anos no caso de patentes de design e 20 anos em todos os outros casos (EUA). No caso brasileiro, as patentes de invenção possuem duração de 20 anos, os modelos de utilidade de 15 anos e os Desenhos Industriais constituem outro ativo de Propriedade Intelectual, com duração de 10 anos, prorrogável por mais 15 anos.

Proteger uma patente pode ser um processo complexo, sendo necessário planejamento cuidadoso. Neste capítulo foram apresentadas algumas regras úteis para adquirir uma patente.

Uma patente pode ser declarada inválida por diversos motivos: falha em fazer valer a propriedade por tempo excessivo, uso inadequado e incapacidade de provar que a patente está em conformidade com as exigências para obtenção de patentes. Por outro lado, se uma patente é válida, o proprietário pode impedir que haja infração de terceiros; caso haja, o proprietário pode tomar medidas legais para impedi-la e, em alguns casos, obter compensação de danos financeiros.

Os direitos autorais oferecem direitos exclusivos de indivíduos criativos para a proteção de suas produções literárias ou artísticas. Essa proteção dura a vida do autor mais 70 anos. Em caso de infração, o autor (ou o proprietário dos direitos autorais) pode abrir um processo, que pode resultar em fim à infração e, em alguns casos, sentença de danos financeiros.

Marca registrada é um nome, uma marca, um símbolo ou uma forma identificada como produto(s) de uma empresa. Quando uma organização registra uma marca, tem o direito exclusivo de uso desta. O registro realizado antes de 1989 dura 20 anos, mas após 1989 dura por dez anos e pode ser renovado a cada dez anos (assim como ocorre no Brasil) Em caso de infração, o proprietário da marca registrada pode buscar ação jurídica e compensação por danos.

Este capítulo examinou as três principais formas de organização jurídica: empresa individual, sociedade e corporação. As vantagens e desvantagens de cada forma foram evidenciadas e comparadas. As características e considerações fiscais das sociedades também foram comparadas às das corporações.

Foram examinadas as formas específicas de sociedades e corporações. Em particular, foram apresentados os requisitos e benefícios das sociedades limitadas, LLLPs, corporações S, LLCs, corporações B e L3Cs.

Durante as últimas duas décadas, ocorreram inúmeras falências. As três principais seções da Lei de Falência são importantes para os empreendedores. O Capítulo 7 da Lei de Falência lida com a falência direta e prescreve a liquidação de todos os ativos para satisfazer as dívidas em aberto. O Capítulo 11 dessa mesma lei trata da reorganização, formato em que o negócio continua em operação e tenta formular um plano para pagar parte das dívidas, liberar parte destas, liberar o montante restante e continuar a pagar a dívida em parcelas. Já o Capítulo 13 trata dos devedores individuais que aprovam um plano de ajuste de suas dívidas. Esse se aplica às empresas individuais, por serem propriedade individual. Há mais conteúdo sobre falências de negócios no Capítulo 11 que nas outras duas seções da lei.

TERMOS-CHAVE

- abandono
- corporação
- Corporação B
- Corporação S
- Departamento de Marcas e Patentes
- devedor insolvente
- devedor na posse de bem
- direito de propriedade intelectual
- direitos autorais
- doutrina *fair use*
- empresa de responsabilidade limitada (LLC)
- empresa individual
- especificação
- exigências
- falência
- infração no orçamento
- L3C
- Lei de Falência
- Lei de sociedade limitada revisada e uniforme (Revised Uniform Limited Partnership Act, RULPA)
- Lei de sociedade revisada e uniforme (Revised Uniform Partnership Act, RUPA)
- liquidação
- marca registrada
- patente
- procedimento de limpeza
- procedimentos de cancelamento
- responsabilidade ilimitada
- segredos comerciais
- significado genérico
- sociedade
- sociedade de responsabilidade limitada (LLLP)
- sociedade limitada
- sociedade limitada de responsabilidade limitada (LLLP)

PEGUNTAS DE REVISÃO E DISCUSSÃO

1. Com suas próprias palavras, o que é patente? Qual seu valor para o empreendedor? Quais benefícios possui?
2. Cite são as quatro regras básicas das quais os empreendedores devem se lembrar para proteção de uma patente?
3. Quando uma patente pode ser declarada inválida? Cite dois exemplos.
4. Com suas próprias palavras, o que são direitos autorais? Quais benefícios possuem?
5. Que proteção os direitos autorais oferecem ao proprietário? Uma obra pode ser copiada sem o pagamento de uma taxa? Explique detalhadamente. Caso ocorra infração dos direitos autorais, qual recurso legal o proprietário possui?
6. Com suas próprias palavras, o que é marca registrada? Por que não são dados nomes genéricos ou descritivos às marcas registradas?
7. Quando uma marca registrada pode ser invalidada? Explique.
8. Quais são as três armadilhas que devem ser evitadas ao buscar uma marca registrada?
9. Identifique as formas jurídicas disponíveis para empreendedores que estão estruturando seus empreendimentos: empresa individual, sociedade e corporação.
10. Quais são as vantagens e desvantagens específicas associadas a cada forma primária jurídica de organização?
11. O que é ULPA? Descreva.
12. Explique a sociedade de responsabilidade limitada.
13. Qual é a natureza da Corporação S? Enumere cinco requisitos para essa corporação.
14. O que é uma empresa de responsabilidade limitada?
15. Explique o valor da Corporação B e da L3C como novas formas jurídicas.
16. Que tipo de proteção o Capítulo 7 da Lei de Falência oferece ao empreendedor em falência?
17. Que tipo de proteção o Capítulo 11 oferece ao empreendedor em falência? Por que muitas pessoas preferem o Capítulo 11 ao Capítulo 7?
18. Que tipo de proteção o Capítulo 13 oferece ao empreendedor em falência? Quais as diferenças do Capítulo 13 em relação aos capítulos 7 e 11?

NOTAS

1. Roger LeRoy Miller e Frank B. Cross, *The Legal Environment Today: Business in Its Ethical, Regulatory, E-Commerce, and Global Setting*, 8. ed., Mason, OH: South-Western/Cengage, 2016; veja também Constance E. Bagley e Craig E. Dauchy, *The Entrepreneur's Guide to Business Law*, 4. ed., Mason, OH: Cengage/South-Western, 2012; e Marianne M. Jennings, *Business: Its Legal, Ethical, and Global Environment*, 10. ed., Mason, OH: Thomson/South-Western, 2015.
2. Gerald R. Ferrera, Margo E. K. Reder, Robert C. Bird, Jonathan J. Darrow, Jeffrey M. Aresty, Jacqueline Klosek e Stephen D. Lichtenstein, *Cyberlaw*, 3. ed., Mason, OH: South-Western/Cengage, 2012; veja também Daniel V. Davidson e Lynn M. Forsythe, *The Entrepreneur's Legal Companion*, Upper Saddle River, NJ: Pearson/Prentice Hall, 2011.
3. Reimpressão permitida por *Harvard Business Review*. Excerto de "Making Patents Work for Small Companies", por Ronald D. Rothchild, julho/agosto 1987, p. 24-30. Copyright © 1987 pelo presidente e companheiros do Harvard College; todos os direitos reservados; veja também David Pressman, *Patent It Yourself: Your Step-by-Step Guide to Filing at the U.S. Patent Office*, 15. ed., Berkeley, CA: Nolo Press, 2011.
4. Veja Rothchild, p. 28; Pressman, p. 14.
5. Kenneth W. Clarkson, Roger LeRoy Miller e Frank B. Cross, *Business Law*, 13. ed., Mason, OH: Cengage/South-Western, 2015, p. 158-62; veja também H. Kevin Steensma, Mukund Chari e Ralph Heidl, "The Quest for Expansive Intellectual Property Rights and the Failure to Disclose Known Relevant Prior Art", *Strategic Management Journal*, n. 36, v. 8, 2015, p. 1.186-204.
6. Veja Jane P. Mallor, A. James Barnes, Thomas Bowers, Arlen W. Langvardt, Jamie Darin Prenkert e Martin A. McCrory, *Business Law: The Ethical, Global, and E-Commerce Environment*, 16. ed., New York: McGraw-Hill Irwin, 2016, p. 257-71.
7. Ibid., p. 271-74.
8. Ibid., p. 275.
9. Ibid., p. 271-72.
10. Trademark Basics, The United States Patent and Trademark Office, 2015, USPTO.Gov). Disponível em: http://www.uspto.gov/trademarks/basics/index.jsp#, acesso em: 8 jan. 2015.
11. "Trademark Portfolio Management Strategies", International Trademark Association, 2015. Disponível em: http://www.inta.org/TrademarkBasics/FactSheets/Pages/TrademarkPortfolioManagementStrategies. aspx, acesso em: 8 jan. 2015.
12. Mallor, *Business Law*, p. 286-87.
13. Michael Finn, "Everything You Need to Know About Trademarks and Publishing", *Publishers Weekly*, 6 jan. 1992, p. 41-44; Joern H. Block, Geertjan De Vries e Jan H. Schumann, Philipp Sandner, "Trademarks and Venture Capital Valuation, *Journal of Business Venturing*, n. 29, v. 4, 2014, p. 525-42.
14. Veja Mallor, *Business Law*, p. 296-98.
15. Ibid., p. 297.
16. Ferrera, *Cyberlaw*, p. 103-29; veja também Mallor, *Business Law*, p. 296.

17. Sandra Malach, Peter Robinson e Tannis Radcliffe, "Differentiating Legal Issues by Business Type", *Journal of Small Business Management* 44, n. 4, 2006, p. 563-76; Mina Baliamoune-Lutz e Pierre Garello, "Tax Structure and Entrepreneurship", *Small Business Economics*, n. 42, v. 1, 2014, p. 165-90.
18. Para uma discussão detalhada de cada forma, veja Clarkson, *West's Business Law*, p. 706-854.
19. Para futura discussão sobre os aspectos legais de direito de propriedade, veja Clarkson, *West's Business Law*, p. 706-708; veja também: Stephan F. Gohmann, Jose M. Fernandez, "Proprietorship and Unemployment in the United States, *Journal of Business Venturing*, n. 29, v. 2, 2014, p. 289-309.
20. Para uma boa análise sobre sociedades, veja Clarkson, *West's Business Law*, p. 719-36.
21. Para o texto completo das leis revisadas de sociedade e de sociedade limitada, veja Mallor, *Business Law*, p. 954-1.029.
22. Para uma discussão detalhada sobre leis corporativas e regulamentos, veja Mallor, *Business Law*, p. 1.223-417.
23. Para um bom esboço das leis revisadas de sociedade e de sociedade limitada, veja Clarkson, *West's Business Law*, p. 732.
24. Para mais detalhes sobre sociedade limitada, veja Mallor, *Business Law*, p. 956-59.
25. Veja Bagley e Dauchy, *The Entrepreneur's Guide to Business Law*. Veja também "Limited Liability Company", U.S. Small Business Administration, 2015. Disponível em: https://www.sba.gov/content/limited-liability-company-llc, acesso em: 9 jan. 2015; "The Revised Uniform Limited Liability Company Act", National Conference of Commissioners on Uniform State Laws, 2006. Disponível em: http://www.uniformlaws.org/shared/docs/limited%20liability%20company/ullca_final_06rev.pdf, acesso em: 9 jan. 2015. Para futura discussão sobre os aspectos legais das LLPs, veja Mallor, *Business Law*, p. 956-59.
26. Corporação B certificada, disponível em: http://www.bcorporation.net, acesso em: 9 jan. 2015; Jamie Raskin, "The Rise of Benefit Corporations", *The Nation*, 27 jun. 2011; James Surowiecki, "Companies with Benefits" *The New Yorker*, 4 ago. 2014, disponível em: http://www.newyorker.com/magazine/2014/08/04/companiesbenefits, acesso em: 9 jan. 2015.
27. Gene Takagi, L3C – Low Profit Limited Liability Company, *Non Profit Law Blog*: disponível em: http://www.nonprofitlawblog.com/home/2008/07/l3c.html, acesso em: 9 jan. 2015.
28. Harlan D. Platt, *Why Companies Fail*, Lexington, MA: Lexington Books, 1985, p. 83; Howard Van Auken, Jeffrey Kaufmann and Pol Herrmann, "An Empirical Analysis of the Relationship Between Capital Acquisition and Bankruptcy Laws", *Journal of Small Business Management*, n. 47, v. 1, 2009, p. 23-37; e Mike W. Peng, Yasuhiro Yamakawa e Seung-Hyun Lee, "Bankruptcy Laws and Entrepreneur-Friendliness", *Entrepreneurship Theory and Practice*, n. 34, v. 3, 2010, p. 517-30.
29. Para uma discussão detalhada sobre falência, Capítulo 7, veja Mallor, *Business Law*, p. 791-812; veja também Clarkson, *West's Business Law*, p. 581-94.
30. Para uma discussão detalhada sobre falência, Capítulo 11, veja Mallor, *Business Law*, p. 813-14; veja também Clarkson, *West's Business Law*, p. 595-96.
31. Para uma discussão detalhada sobre falência, Capítulo 13, veja Mallor, *Business Law*, p. 816-19; veja também Clarkson, *West's Business Law*, p. 596-99.
32. Entrevista com Mark E. Need, JD/MBA, diretor da Elmore Entrepreneurship Law Clinic, Indiana University, abril/2015.

CAPÍTULO 10

Desafios de marketing nos empreendimentos

OBJETIVOS DE APRENDIZAGEM

1. Apresentar o novo conceito de marketing para empreendedores.
2. Avaliar a importância da pesquisa de mercado para novos empreendimentos.
3. Identificar os elementos-chave de uma pesquisa mercadológica eficaz.
4. Apresentar os fatores que inibem a utilização do marketing.
5. Apresentar o uso crescente do marketing de mídia social e marketing móvel para empresas empreendedoras.
6. Identificar táticas empreendedoras na pesquisa de marketing.
7. Examinar o conceito de marketing: filosofia, segmentação e orientação do consumidor.
8. Estabelecer as áreas vitais para um plano de marketing.
9. Discutir as principais características de uma estratégia de precificação.
10. Discutir a precificação na era da mídia social.

Pensamento empreendedor

O novo marketing é dinâmico e está acontecendo em tempo real. Isso exige que o empresário aceite que o cliente está no controle e, portanto, toma decisões. Isso também exige uma reconceituação do mix de marketing com base na perspectiva do cliente: não apenas voltado para o cliente, mas feito para ele. Esta geração está conectada, é criativa, colaborativa e contextual. O cliente está no centro da atividade de marketing.

— Minet Schindehutte, Michael H. Morris e Leyland F. Pitt, *Rethinking Marketing*

10.1 O NOVO CONCEITO DE MARKETING PARA EMPREENDEDORES

OA1 Apresentar o novo conceito de marketing para empreendedores.

O marketing é e sempre será um importante fator para qualquer empreendimento. O desafio hoje é entender as mudanças fundamentais que acontecem em nosso mundo.

Os pesquisadores Minet Schindehutte, Michael H. Morris e Leyland F. Pitt descrevem o modo como a nova lógica do marketing requer um repensar essencial sobre as velhas regras que se aplicavam em um mundo de estabilidade e controle. A velocidade das transações é maior, dinâmica, e acontece em tempo real. Em uma economia baseada na procura, os empreendedores precisam aceitar que o cliente está no controle e, portanto, toma decisões. Isso requer uma reconceituação do mix de marketing: do voltado para o cliente para o feito para o cliente. Para ilustrar essa grande reavaliação do marketing, devemos mudar os 4Ps para 4Cs:

De Produto...........*para* Cocriação
De Promoção........*para* Comunidades
De Preço..............*para* Customização
De Posição...........*para* Conveniência

Esta é a era da Geração C, em que o C significa CONTEÚDO. Essa geração está conectada, é criativa, colaborativa e contextual. Os empresários devem perceber que o cliente está agora no centro de toda a atividade de marketing eficaz.[1]

Para os empreendedores, o novo *conceito de marketing* inclui saber em que consiste um mercado, a compreensão da pesquisa de mercado, o desenvolvimento de um plano de marketing, o correto entendimento e aplicação do marketing de mídia social e o enfoque adequado de uma estratégia de preços. Neste capítulo, examinaremos cada um desses conceitos-chave.

Mercado é um grupo de consumidores (clientes potenciais) que tem poder de compra e necessidades insatisfeitas.[2] Um novo empreendimento sobreviverá apenas se existir um mercado para seu produto ou serviço.[3] Isso é tão óbvio que parece que cada empreendedor prepara completamente a análise de mercado necessária para estabelecer um mercado-alvo. Muitos empreendedores, no entanto, conhecem pouquíssimo sobre seu mercado, e alguns até tentam lançar novos empreendimentos sem identificar qualquer mercado. (Ver Tabela 10.1 sobre as habilidades de marketing de grandes empreendedores.)

Uma série de técnicas e estratégias podem ajudar os empreendedores a analisarem um mercado potencial de forma eficaz. Ao utilizá-las, os empreendedores poderão adquirir conhecimento profundo sobre o mercado específico e conseguirão transmitir esse conhecimento a um plano de negócios bem formulado. A análise eficaz de marketing também poderá ajudar na nova posição do próprio empreendimento e fazer as mudanças que resultarão em aumento de vendas.[4] A chave para esse processo é a pesquisa de marketing.

10.2 PESQUISA DE MARKETING

OA2 Avaliar a importância da pesquisa de mercado para novos empreendimentos.

A **pesquisa de marketing** envolve a coleta de informações sobre determinado mercado, seguida pela análise dessas informações.[5] O conhecimento e a compreensão dos procedimentos envolvidos na pesquisa de marketing poderão ser muito úteis para o empreendedor na coleta, no processamento e na interpretação das informações de mercado.

10.2a Definindo o propósito e os objetivos da pesquisa

O primeiro passo para a pesquisa de marketing é definir com precisão as necessidades de informação da decisão a ser tomada. Embora isso possa parecer óbvio demais para ser mencionado, o fato é que as necessidades são, muitas vezes, identificadas sem sondagem suficiente. Se o problema não estiver claramente definido, a informação recolhida será inútil.

Além disso, objetivos específicos devem ser estabelecidos. Por exemplo, um estudo sugeriu as seguintes perguntas para estabelecer os objetivos para uma pesquisa de marketing em geral:

- Aonde os clientes potenciais vão comprar o bem ou o serviço em questão?
- Por que escolhem ir para lá?

> **TABELA 10.1 HABILIDADES DE MARKETING DE GRANDES EMPREENDEDORES**
>
> 1. Possuem visão única do ambiente, visão esta que usam para detectar oportunidades que os outros ignoram ou veem como problemas.
> 2. Desenvolvem novas estratégias de marketing que se baseiam em seus *insights* únicos. Veem o *status quo* e a sabedoria convencional como desafios.
> 3. Arriscam-se em situações que outros, sem visão empreendedora, consideram tolas.
> 4. Vivem com medo de que o mercado os superem.
> 5. São ferozmente competitivos.
> 6. Pensam nas implicações de qualquer estratégia proposta, avaliando-a com seus conhecimentos sobre como o mercado funciona. Identificam e resolvem problemas que outros nem sequer conhecem.
> 7. São meticulosos com os detalhes e estão sempre em busca de novas vantagens competitivas em qualidade e redução de custos, mesmo que pequenas.
> 8. Lideram e executam suas estratégias de gestão com entusiasmo e de forma autocrática. Mantêm próximo o controle das informações quando delegam.
> 9. Conduzem a si mesmos e a seus colaboradores.
> 10. Estão preparados para adaptar suas estratégias de forma rápida e a mantê-las em adaptação até que funcionem. Ainda perseveram muito tempo depois que outros já desistiram.
> 11. Têm visões claras do que querem alcançar mais adiante. Conseguem ver mais longe que o gestor médio.
>
> *Fonte*: Dickson, P. R., *Marketing Management*, 1. ed. © 1994 Cengage Learning; veja também: Babin, B. J. e Zikmund, W. G., *Essentials of Marketing Research*, 6. ed. (Mason, OH: Cengage/South-Western, 2016).

- Qual é o tamanho do mercado? Quanto do mercado o empreendimento consegue capturar?
- Como o empreendimento se compara em relação aos concorrentes?
- Qual impacto a promoção do empreendimento tem sobre os clientes?
- Que tipos de produtos ou serviços são desejados pelos clientes potenciais?[6]

10.2b Coletando dados secundários

Informações que já tenham sido compiladas são conhecidas como **dados secundários**. De modo geral, os dados secundários são mais baratos de serem colhidos que os dados novos ou primários. O empreendedor deve esgotar todas as fontes disponíveis de dados secundários antes de ir mais adiante com o processo de investigação. As decisões de marketing podem, muitas vezes, ser feitas completamente com dados secundários, os quais podem ser internos ou externos. Dados secundários internos consistem de informações que existem no próprio empreendimento. Os registros do negócio, por exemplo, podem conter informações úteis. Dados secundários externos estão disponíveis em vários periódicos, na literatura de negócios e em publicações governamentais.

Infelizmente, vários problemas acompanham o uso de dados secundários. Um deles é que tais dados podem estar ultrapassados e, portanto, são menos úteis. Outro é que as unidades de medida podem não se adequar ao problema atual. Por fim, a questão da validade está sempre presente. Algumas fontes de dados secundários são menos válidas que outras.

10.2c Coletando dados primários

Se os dados secundários são insuficientes, uma busca por novas informações, ou por **dados primários**, é a próxima etapa. Várias técnicas podem ser usadas para acumular dados primários; estas são, muitas vezes, classificadas como métodos de observação ou métodos interrogativos. Os métodos de observação evitam o contato com os entrevistados, enquanto os métodos interrogativos envolvem entrevistados em graus variados. A observação é, provavelmente, a forma mais antiga de investigação existente. Os métodos de observação podem ser utilizados de maneira muito ponderada e evitam uma predisposição potencial, que pode resultar no questionamento do entrevistado sobre os métodos interrogativos. Uma grande desvantagem dos métodos de observação, no entanto, é que são limitados a estudos descritivos.

As pesquisas e a experimentação são dois métodos interrogativos que envolvem o contato com os entrevistados. As *pesquisas* incluem o contato por e-mail, por telefone e entrevistas pessoais. As pesquisas por e-mail são usadas com frequência quando os entrevistados estão amplamente distribuídos; contudo, são caracterizadas por baixas taxas de resposta. As pesquisas por telefone e as entrevistas pessoais envolvem a comunicação verbal com os entrevistados e dão altos índices de resposta. As entrevistas pessoais, no entanto, são mais caras que as pesquisas por e-mail e por telefone. Além disso, as pessoas mostram-se, muitas vezes, relutantes em dar entrevistas pessoais, porque acreditam que seu objetivo é a venda de algum produto. (A Tabela 10.2 descreve as principais técnicas de pesquisa.)

A *experimentação* é uma forma de pesquisa que se concentra em investigar as relações de causa e efeito, e seu objetivo é estabelecer o efeito que uma variável experimental tem sobre uma variável dependente. Por exemplo, qual efeito uma alteração de preço terá sobre as vendas? Aqui, o preço é a variável experimental, e o volume de vendas é a variável dependente. A medição da relação entre essas duas variáveis não seria difícil se não houvesse muitas outras variáveis envolvidas.[7]

DESENVOLVIMENTO DE UM INSTRUMENTO DE COLETA DE INFORMAÇÕES

OA3 Identificar os elementos-chave de uma pesquisa mercadológica eficaz.

O questionário é o instrumento básico para orientar o pesquisador e o entrevistado em uma pesquisa e deve ser desenvolvido com cuidado antes de ser usado. Agora veremos algumas considerações importantes para a concepção de um questionário de pesquisa:

- Certifique-se de que cada questão se refere a um objetivo específico que está em conformidade com o propósito do estudo.
- Primeiro, faça questões simples. Deixe as perguntas com respostas difíceis no fim do questionário.
- Evite perguntas dirigidas e tendenciosas.
- Pergunte-se: "Como esta pergunta poderia ser mal interpretada?". Reformule as perguntas para reduzir ou eliminar a possibilidade de que sejam mal interpretadas.
- Dê instruções concisas, mas completas, no questionário. Sucintamente, explique a informação desejada e direcione os entrevistados a perguntas que possam não estar relacionadas a eles.
- Sempre que possível, utilize perguntas escalonadas no lugar de uma pergunta simples do tipo "sim/não" para medir a intensidade de uma atitude ou a frequência de uma experiência. Por exemplo, em vez de perguntar: "Nossos vendedores são cordiais?", faça a seguinte pergunta: "Como você avaliaria a cordialidade dos nossos vendedores?". Faça com que os entrevistados escolham uma resposta em uma escala de 1 a 5, variando de "muito hostil" (1) a "muito amigável" (5).[8]

10.2d Pesquisa de marketing: quantitativa *versus* qualitativa

A **pesquisa quantitativa** envolve avaliações empíricas que funcionam com medições numéricas e abordagens analíticas para comparar os resultados de alguma forma. O pesquisador é um observador "não envolvido" para que os resultados sejam "objetivos". Grandes amostras, no entanto, são necessárias para que uma análise estatística seja feita de maneira eficaz. A **pesquisa qualitativa** precisa de uma amostra muito menor, já que envolve o pesquisador no processo e é capaz de aprofundar as perguntas com as pessoas que darão as respostas. Como ela se baseia menos em testes analíticos e o pesquisador está envolvido no processo, os resultados são, portanto, considerados "subjetivos".[9]

10.2e Interpretando e relatando as informações

Após os dados necessários serem coletados, devem ser transformados em conteúdo. Grandes quantidades de dados são apenas fatos. Para serem úteis, devem ser organizados e transformados em informação significativa, em conteúdo. Os métodos de resumo e simplificação de informação para os usuários incluem tabelas, gráficos e outros métodos gráficos. Os Métodos da Estatística Descritiva – como média, moda e mediana – são mais úteis para esta etapa do processo de pesquisa.

TABELA 10.2 COMPARAÇÃO ENTRE AS PRINCIPAIS TÉCNICAS DE PESQUISA

	Entrevista porta a porta	Entrevista por e-mail	Entrevista telefônica	Pesquisa por e-mail	Pesquisa pela internet
Velocidade na coleta de dados	Moderada a rápida	Rápida	Muito rápida	Lenta; o pesquisador não tem controle sobre o retorno do questionário	Instantânea; 24/7 (24 horas por dia, 7 dias por semana)
Flexibilidade geográfica	Limitada a moderada	Confinada; mais utilizada para áreas urbanas	Alta	Alta	Alta (nível mundial)
Cooperação do entrevistado	Excelente	Moderada a baixa	Boa	Moderada; um questionário mal projetado terá baixo índice de resposta	Varia de acordo com o site; alta nos painéis de consumidores
Versatilidade nas perguntas	Muito versátil	Extremamente versátil	Moderada	Não versátil; requer formato altamente padronizado	Extremamente versátil
Tamanho do questionário	Longo	Moderado a longo	Moderado	Varia de acordo com o incentivo	Moderado; tamanho customizado baseado nas respostas
Taxa de não resposta	Baixa	Média	Média	Alta	*Software* poderá não garantir respostas
Possibilidade de não entendimento do entrevistado	Baixa	Baixa	Média	Alta	Alta
Grau de influência do entrevistador na resposta	Alto	Alto	Moderado	Nenhum; ausência do entrevistador	Nenhum
Supervisão dos entrevistadores	Moderada	Moderada a alta	Alta; especialmente com entrevista local	Não aplicável	Não aplicável
Anonimato dos entrevistados	Baixo	Baixo	Moderado	Alto	O entrevistado poderá ser anônimo ou desconhecido
Facilidade em "retorno de chamada" ou "acompanhamento"	Difícil	Difícil	Fácil	Fácil, mas demorado	Difícil; a menos que o e-mail seja conhecido
Custo	Alto	Moderado a alto	Baixo a moderado	O mais baixo	Baixo
Características especiais	Materiais visuais podem ser mostrados ou demonstrados; possível sondagem estendida	Testes de preferência, possível visualização de anúncios de televisão	Trabalho de campo e supervisão da coleta de dados são simplificados; bastante adaptável à tecnologia	Entrevistado pode responder a perguntas de acordo com sua própria conveniência: tem tempo para refletir sobre respostas	*Software* de *streaming* de mídia permite o uso de gráficos e animação

Fonte: Dickson, P. R., *Marketing Management*, 1. ed., © 1994 Cengage Learning; veja também: Babin, B. J. e Zikmund, W. G., *Essentials of Marketing Research*, 6. ed. (Mason, OH: Cengage/South-Western, 2016).

10.2f Perguntas na Pesquisa de Marketing

A necessidade da pesquisa de marketing antes e durante um empreendimento dependerá do tipo de empreendimento. As perguntas típicas de uma pesquisa, no entanto, podem incluir os seguintes temas:

Vendas

1. Você sabe tudo que precisa saber sobre o desempenho das vendas dos produtos e dos territórios de seus concorrentes?
2. Sabe quais são as contas rentáveis e como reconhecer uma conta potencialmente lucrativa?
3. Seu poder de vendas está implantado onde ele pode fazer o melhor e maximizar seu investimento em custos de venda?

Distribuição

1. Se você está considerando a introdução no mercado de um novo produto ou de uma linha de produtos, sabe tudo o que é necessário sobre as atitudes dos distribuidores e das concessionárias em relação ao tal produto ou à tal linha de produtos?
2. Os vendedores de seus distribuidores e de suas concessionárias estão dizendo as coisas certas sobre seus produtos ou serviços?
3. Seu padrão de distribuição foi alterado com as mudanças geográficas de seus mercados?

Mercados

1. Você sabe tudo que seria útil saber sobre os hábitos de compra e as preferências por território e tipo de produto?
2. Tem toda informação necessária sobre a marca ou a fidelidade do fabricante e de compras repetidas na sua categoria de produto?
3. Agora, consegue traçar, de período a período, sua quota de vendas de produtos no mercado?

Publicidade

1. Sua publicidade está alcançando as pessoas corretas?
2. Você sabe quanto sua publicidade é eficaz quando comparada à dos concorrentes?
3. Seu orçamento está alocado de forma adequada para obtenção de maior lucro, de acordo com os produtos, os territórios e o potencial de mercado?

Produtos

1. Você tem um método quantitativo confiável para testar a aceitação do mercado de novos produtos e mudanças de produto?
2. Tem um método confiável para testar o efeito de embalagens novas ou modificadas sobre as vendas?
3. Sabe se níveis mais baixos ou mais altos de qualidade fariam seus produtos mais lucrativos?

10.3 INIBIDORES DA PESQUISA DE MARKETING

OA4 Apresentar os fatores que inibem a utilização do marketing.

Apesar do fato de que a maioria dos empreendedores se beneficiaria da pesquisa de marketing, muitos não conseguem fazê-la. Existe uma série de razões para isso, entre elas o custo, a complexidade, o nível de necessidade de decisões estratégicas e a irrelevância. Vários artigos tratam da falta de pesquisa de marketing por parte dos empreendedores em face das vantagens óbvias e de sua importância vital para o sucesso das empresas.[10]

10.3a Custo

Uma pesquisa de mercado pode ser cara, e alguns empreendedores acreditam que apenas grandes organizações podem pagar por isso. De fato, algumas pesquisas de marketing de alto nível são caras, mas pequenas empresas também podem usar técnicas de marketing muito acessíveis.

10.3b Complexidade

Muitas técnicas de pesquisa de marketing dependem de amostragem, levantamento de dados e análise estatística. Essa complexidade, especialmente os aspectos quantitativos, é assustadora para muitos empreendedores, e eles a evitarão. O ponto importante a ser lembrado é que a principal preocupação é a interpretação dos dados, e um empreendedor poderá sempre obter o aconselhamento e a orientação de profissionais em concepção estatística e avaliação, apelando para serviços de especialistas em pesquisa de marketing ou professores universitários desta área.

10.3c Decisões estratégicas

Alguns empreendedores acreditam que apenas as principais decisões estratégicas precisam de apoio de pesquisa de marketing. Essa ideia está ligada às questões de custo e complexidade já mencionadas. O argumento é que, por causa do custo e da complexidade estatística de pesquisa de marketing, ela deve ser conduzida apenas quando as decisões a serem tomadas forem importantes. O problema não está apenas no mal-entendido sobre o custo e a complexidade, mas também na crença de que o valor da pesquisa de marketing está restrita a grandes decisões. Boa parte dos esforços de venda do empreendedor poderia ser intensificada com os resultados de tal pesquisa.[11]

10.3d Irrelevância

Muitos empreendedores acreditam que os dados da pesquisa de marketing conterão apenas informações que eles já conhecem ou consideram irrelevantes. Embora seja verdade que a pesquisa de marketing produz uma variedade de dados, alguns dos quais irrelevantes, também é verdade que muita informação obtida é útil. Além disso, mesmo que certos dados apenas confirmem o que o empreendedor já sabe, a informação foi averiguada, e isso permite que o indivíduo consiga agir sobre ela com mais confiança.

Conforme indicado por estes inibidores, os empreendedores não utilizam centro de pesquisa de marketing, quer por desconhecimento de seu valor, quer por medo de seu custo. No entanto, a abordagem de marketing não tem que ser cara e pode revelar-se extremamente valiosa.

10.4 MARKETING DE MÍDIA SOCIAL

[OA5] Apresentar o uso crescente do marketing de mídia social e marketing móvel para empresas empreendedoras.

"Otimização de aplicativos móveis, mídias sociais, redes de publicidade, streaming de vídeo, banda larga, Flash! Esses são apenas alguns dos termos relacionados à internet que entraram no vocabulário de marketing nos últimos anos... sugerindo quanto o trabalho de marketing tem se tornado complexo na era da internet."[12]

Hoje, nosso mundo é dominado por redes sociais, comunidades on-line, blogues, wikis e outros meios de comunicação de colaboração on-line. O **marketing de mídia social** descreve o uso dessas ferramentas para o marketing. As ferramentas mais comuns de marketing de mídia social incluem Twitter, blogs, LinkedIn, Facebook, Flickr, Instagram e YouTube. Há três aspectos importantes a serem considerados com esse tipo de marketing:

1. *Crie* algo de valor a um evento, um vídeo, um tweet ou um blogue, que atraia a atenção e torne-se viral. A replicação viral de uma mensagem entre usuários é o que faz o marketing de mídia social funcionar.
2. *Possibilite* que os próprios clientes promovam mensagens em várias mídias sociais, em diversos lugares. Páginas de fãs no Twitter e no Facebook são exemplos disso.
3. *Encoraje* a participação e o diálogo do usuário. Um programa de marketing de mídia social de sucesso deve envolver e respeitar os clientes plenamente em conversas on-line. Esse tipo de marketing não é controlado pela empresa.[13]

Como você pôde ver nesses três tópicos, o objetivo real do marketing de mídia social é a criação de um canal de diálogo entre os clientes em seu espaço de mercado – um tipo de marketing boca a boca que atinge um grupo importante. E por que isso é tão relevante para os empreendedores e seus empreendimentos start-up? Pesquisadores focados em marketing de mídia social apontam os seguintes fatos:

- O Facebook tem agora mais de 1 bilhão de usuários. (Maior que a população dos EUA, do Canadá e do México juntos.)
- De acordo com um estudo de mídia social, três quartos da população on-line é composta de usuários frequentes de mídia social.
- O Google processa mais de 3,5 milhões de buscas on-line todos os dias (ou 1,2 trilhão por ano).
- A Forrester Research estima que os gastos no varejo on-line dos EUA chegarão a US$ 414 bilhões até 2018, ou 11% de todo o mercado de varejo.[14]

Brasil

A média de gastos e investimentos em e-commerce no Brasil registrou crescimento de 103% entre 2006 e 2016 e as transações negócio a consumidor (B2C) representam 48,18% do valor do mercado* total.

10.4a Principais diferenças do marketing de mídia social

Como vimos neste capítulo, é um equívoco completo achar que o marketing de mídia social está apenas usando sites de mídia social para fazer marketing tradicional. O enfoque tradicional do marketing, que enfatiza os 4Ps (produto, preço, posição e promoção), ainda tem algumas lições importantes para o marketing, mas no novo terreno da mídia social tem de ser adaptado ou, em algumas áreas, alterado completamente. Foi por isso que apresentamos os 4Cs baseados no conceito "focado no cliente" nesta nova era do marketing.

Além disso, existem vários outros aspectos que distinguem o marketing de mídia social do marketing tradicional. Uma diferença é denominada *controle* versus *contribuições*. O marketing tradicional busca controlar o conteúdo visto pelo público e tenta dominar o território com a exclusão de mensagem dos concorrentes. O marketing de mídia social enfatiza a contribuição da audiência e abandona o controle sobre grandes partes do conteúdo. O marketing eficaz de mídia social pode, por vezes, influenciar o que os participantes dizem e pensam sobre uma marca, mas raramente conseguem controlar a conversa.

Uma segunda diferença importante é a *construção de confiança*. As empresas não conseguirão controlar totalmente o conteúdo que os usuários criarão, portanto um empreendimento deve desenvolver relações de confiança com o público consumidor. Diferentemente dos anúncios tradicionais nos quais os consumidores já esperam que haja algum exagero aplicado a um produto, em mídias sociais é importante ser completamente honesto. Qualquer empresa que atue de forma mentirosa será responsabilizada e terá que explicar suas ações.

Uma terceira distinção está em como as mensagens da mídia social são consumidas. O marketing tradicional era "one-way", ou seja, uma via de mão única, da empresa para os clientes. A mídia social envolve uma *comunicação de duas vias*, com um público que está interessado em responder. Se a mensagem a ser entregue é chata, imprecisa ou irrelevante, o cliente procurará outro lugar. A mídia social cria uma conversa entre o novo empreendimento e o consumidor.[15] A Tabela 10.3 proporciona uma excelente definição das diferenças entre o marketing tradicional e o marketing empreendedor.

10.4b Desenvolvendo um plano de marketing de mídia social

Um plano de marketing de mídia social detalha os objetivos de mídia social de uma organização e as ações necessárias para alcançá-los. A chave entre essas ações é a criação de estratégias de marketing sólidas, sem as quais há pouca chance de executar o plano com êxito. Aqui estão alguns passos importantes para se ter em mente:

Ouvir o que as pessoas estão dizendo sobre a empresa permite que a organização determine sua mídia social, que, por sua vez, orienta o estabelecimento de metas de mídia social e estratégias para alcançá-las.

---

* *Fonte:* 18ª Pesquisa de Comércio Eletrônico no Mercado Brasileiro (Gvcia e FGV/EAESP). (N.R.T.)

Identificar o mercado-alvo (*o nicho*) de modo que as estratégias de marketing possam ser organizadas para atingir e defender os clientes mais receptivos, de maneira mais eficiente.

Classificar as plataformas de mídia social por relevância de mercado-alvo. Em outras palavras, a empresa deve concentrar seus esforços nos sites de mídia social de maior público-alvo, resultando em maior retorno sobre o investimento (ROI).

Avaliar a localização, o comportamento, as preferências e as necessidades do público-alvo que, assim como a concorrência, necessitam ser avaliados para determinar pontos fortes e fracos de uma organização e as oportunidades e ameaças (Análise SWOT abordada no Capítulo 13) no ambiente.

Implementação. A escolha das ferramentas certas acontece quando se encontram os sites de mídia social de maior público-alvo e, em seguida, concentram-se os esforços de mídia social da empresa nessas plataformas.

Colaboração com os membros da plataforma como meio de estabelecer um relacionamento mutuamente benéfico com os participantes. A mídia social é uma forma importante de construir relacionamentos. As pessoas que se sentem em uma conexão pessoal com uma empresa tendem

TABELA 10.3 MARKETING TRADICIONAL *VERSUS* MARKETING EMPREENDEDOR

	Marketing tradicional	Marketing empreendedor
Premissa básica	Facilidade nas transações e no controle de mercado	Vantagem competitiva sustentável por meio da inovação de criação de valor
Orientações	Marketing como objetivo, ciência sem paixão	Papel central na paixão, zelo, persistência e criatividade em marketing
Contexto	Mercados estabelecidos, relativamente estáveis	Mercados imaginados, emergentes e fragmentados, com altos níveis de turbulência
Papel do gestor de negócios	Coordenador do mix de marketing; construtor da marca	Agente interno e externo de mudança; criador da categoria
Enfoque do mercado	Abordagem reativa e adaptativa para a atual situação do mercado, com inovação incremental	Abordagem proativa, levando o cliente com inovação dinâmica
Necessidades do cliente	Articuladas, assumidas, expressadas pelos clientes em pesquisa de opinião	Desarticuladas, descobertas e identificadas por meio de usuários-chave
Perspectiva de risco	Minimização do risco em ações de marketing	Marketing como veículo para a tomada de riscos calculados; ênfase em encontrar maneiras de atenuar, aplicar estágios ou compartilhar riscos
Gestão de recursos	Uso eficiente dos recursos existentes, mentalidade de escassez	Aproveitamento, uso criativo dos recursos de terceiros; fazendo mais com menos; ações não são limitadas por recursos atualmente controlados
Novos produtos/Desenvolvimento de serviços	Comercialização dá apoio a novas atividades de desenvolvimento de produto/serviço do Departamento de Pesquisa e Desenvolvimento e outros departamentos técnicos	Marketing é a casa de inovação; cliente é produtor coativo
Papel do cliente	Fonte externa de inteligência e *feedback*	Participante ativo no processo de decisão de marketing da empresa, conceito do produto, preço, distribuição e abordagens de comunicação

Fonte: Schindehutte, M.; Morris, M. H. e Pitt, L. F., *Rethinking Marketing* (Upper Saddle River, NJ. 2009), p. 30.

a gostar e a confiar na marca ou no produto associado. É muito improvável que uma empresa "sem cara" inspire confiança, mas observando-se as pessoas por trás da marca podem-se construir a lealdade e o apoio do cliente.

Contribuição com o conteúdo para construir reputação e tornar-se um membro valorizado, ajudando a melhorar a comunidade. Uma marca ou empresa pode ser posicionada como líder ou especialista em uma atividade apresentando seu conhecimento singular. Esse posicionamento pode desenvolver patrimônio positivo para aquela marca ou empresa; se uma empresa souber mais que qualquer pessoa sobre a área de atuação, sinalizará que seu produto provavelmente será de melhor qualidade.

Conversão da execução da estratégia em resultados desejados, como construção de marca, aumentando a satisfação do cliente, orientando recomendações boca a boca, produzindo novas ideias de produtos, gerando *leads*, gerindo crise de reputação, integrando marketing de mídia social com relações públicas e publicidade e aumentando o ranking no mecanismo de busca e tráfego do site.

Monitoramento. Avalie as iniciativas de marketing de mídia social da empresa.[16]

Esses passos fundamentais para um plano de marketing de mídia social são apenas um começo. É mais importante desenvolver uma abordagem que ligue as metas específicas do empreendedor com as estratégias de marketing. As especificidades dependerão das informações ouvidas e observadas no mercado-alvo.

10.4c Marketing móvel

Computação móvel é o uso de dispositivos portáteis sem fio para se conectar à internet. Ela permite que as pessoas acessem dados e interajam na web enquanto estão em movimento, conectadas em uma rede de celular ou wi-fi (Wireless Fidelity). Os dispositivos comuns de computação móvel incluem telefones celulares, PDAs (assistentes digitais portáteis ou palmtop), smartphones, tablets, PCs e netbooks. Os telefones celulares fornecem comunicações de voz sem fio e serviço de mensagens curtas (SMS) para enviar e receber mensagens de texto. Os PDAs são computadores portáteis que, frequentemente, funcionam com inserções de dados por meio de caneta específica em organizadores pessoais, permitindo aos usuários sincronizar arquivos com computadores maiores. Os smartphones combinam o poder de telefones celulares e PDAs; usando miniteclados para entrada mecânica ou *touchscreen*, podem receber e armazenar mensagens de texto e e-mail, atuam como navegadores da web, executam aplicativos móveis para realizar uma crescente variedade de tarefas e tiram fotos com câmeras digitais miniaturas com qualidade cada vez mais alta. Os tablets são semelhantes aos computadores portáteis, mas usam telas sensíveis ao toque para substituir grandes teclados, oferecendo uma forma mais compacta, com o tamanho máximo de uma tela. Os netbooks são basicamente computadores portáteis, mas em escala menor, mais leves e, aproximadamente, do tamanho de um livro de capa dura.

Os dispositivos móveis estão agora ao alcance de todos, e, portanto, as pessoas estão conectadas às suas redes sociais constantemente. Isso significa que os participantes de redes sociais estão sempre ligados e conectados. Como resultado, as pessoas tendem a postar e a compartilhar conteúdo com mais frequência. Os autores Melissa S. Barker, Donald I. Barker, Nicholas F. Bormann e Krista E. Neher relatam que cerca de um terço do 1 bilhão de usuários ativos acessam o Facebook de seus dispositivos móveis. O Twitter mostra estatísticas semelhantes, com relatos de que 95% de seus usuários possuem telefone celular, e metade dos usuários acessam a plataforma de seu dispositivo móvel. É esse o caminho do futuro.[17]

O marketing de mídia social móvel é uma ferramenta em ritmo acelerado e de alto impacto que muitas empresas começaram a usar com bastante sucesso como parte de sua estratégia global de marketing. Várias empresas já estão usando aplicativos de mídia social móvel como estratégia de comunicação padrão para se conectar com os consumidores. Isso pode ser definido como um conjunto de aplicações de marketing móvel que permite a criação e a troca de conteúdo gerado pelo usuário. A computação móvel oferece uma infinidade de oportunidades de marketing, como mensagens de texto, aplicações móveis e publicidade móvel.

As empresas que utilizam mídias sociais móveis, muitas vezes, obtêm dados pessoais sobre seus consumidores, como a posição geográfica no momento ou no espaço. As aplicações de redes sociais móveis podem ser diferenciadas com base na "sensibilidade local" (a mensagem leva em consideração a localização específica do usuário?), bem como na "sensibilidade do momento" (a mensagem é recebida e processada pelo usuário instantaneamente ou depois?). As formas mais sofisticadas de aplicações de mídia social móveis são aquelas responsáveis pelo tempo e pelo local simultaneamente.

A estratégia de mídia social global móvel pode ser complicada, mas o pesquisador Andreas Kaplan recomenda os "Quatro Is" para ajudar a compreender a estratégia geral: integrar, individualizar, interagir e implementar:[18]

1. **Integrar.** A melhor maneira de integrar a aplicação na vida diária do usuário é oferecendo-lhe incentivos, prêmios ou descontos.
2. **Individualizar.** O marketing móvel permite um nível mais elevado de comunicação individualizada empresa-consumidor, orientando mensagens personalizadas para usuários diferentes, com base na localização, nas preferências e nos hábitos de compras.
3. **Interagir.** Campanhas móveis eficazes envolvem o usuário de maneira interativa, com um tipo de história ou jogo. Os jogos de redes sociais móveis, muitas vezes, oferecem prêmios para os vencedores, geralmente sob a forma de descontos, cupons ou cartões-presentes. Mesmo sem prêmios, os usuários ainda estão motivados a ganhar um desses jogos interativos, porque sua rede de "amigos" verão se eles ganharem.
4. **Implementar.** As empresas, às vezes, precisam dar início à criação de conteúdo gerado pelo usuário, a fim de começar um diálogo significativo entre os diferentes consumidores, já que eles se comunicam on-line. Esse início de diálogo com o consumidor não é simples, e muitas empresas podem não conseguir isso, não importa quanto se esforcem.

No geral, o futuro do marketing de mídia social móvel é muito promissor, e as empresas devem tentar tirar proveito desse tipo de marketing o mais rápido possível. O futuro trará melhorias tecnológicas contínuas, e a integração entre a vida virtual e a vida real é inevitável. O uso da mídia de **marketing móvel** será revolucionário e potencialmente mais importante que quase qualquer outro tipo de marketing.

10.5 TÁTICAS EMPREENDEDORAS NA PESQUISA DE MERCADO

OA6 Identificar táticas empreendedoras na pesquisa de marketing.

Como os empreendimentos start-up geralmente contam com recursos limitados, os empreendedores precisam, às vezes, tornar-se inovadores no que diz respeito à pesquisa de mercado. Os pesquisadores Minet Schindehutte, Michael H. Morris e Leyland F. Pitt recomendam uma série de possíveis caminhos para os empreendedores prosseguirem com o processo de pesquisa de marketing.[19] Essas táticas incluem:

- *Marketing de guerrilha.* Aplicação de táticas não convencionais e práticas não ortodoxas aplicadas à pesquisa de marketing. Ciente de que há um número ilimitado de formas de coleta de informações sobre determinada questão, o empreendedor deve aproveitar as fontes não utilizadas de informação e a coleta de informação de maneira muito criativa.
- *Insights em padrões comuns.* O empreendedor precisa entender que os padrões emergem ao longo do tempo; assim, identificá-los e segui-los é inestimável. Aqui estão algumas das tendências identificáveis:
  - Clientes potenciais que compram em determinadas épocas do ano.
  - Perguntas que os clientes fazem aos funcionários em lojas semelhantes.
  - Fontes de informação nas quais os clientes confiam para diferentes tipos de compras.
  - Padrões nas características dos usuários reincidentes de produtos similares.
  - Métodos nos quais os clientes potenciais confiam para reduzir o risco quando estão comprando.

- *Ferramentas tecnológicas.* Hoje, a tecnologia pode ser extremamente valiosa para os empreendedores e seus esforços de pesquisa. Um software de monitoramento para ver exatamente como um visitante se comporta no site da empresa, quais recursos são examinados e quanto tempo ele permanece no site pode ser uma ferramenta viável. A tecnologia que facilita pesquisas, como o SurveyMonkey, pode revelar-se útil. O surgimento de smartphones que permitem aos clientes tirarem fotos de coisas que lhes interessam representa outra ferramenta de pesquisa com grande potencial. Ferramentas para controlar os índices de resposta a anúncios ou promoções colocados em certos meios de comunicação, especialmente a internet, também são importantes.

- *Observação do cliente.* Os *insights* podem ser adquiridos com base na observação de situações que possam ocorrer. As abordagens observacionais podem assumir muitas formas criativas e ser intrusivas, em que o sujeito está consciente de que está sendo observado, ou discretas, em que ele não tem esse conhecimento. Um exemplo de abordagem intrusiva seria fazer clientes potenciais utilizarem seus smartphones para identificar preferências e perguntas nas quais prosseguem às suas escolhas. Um exemplo de abordagem discreta é quando o empreendedor conta carros ou pessoas que passam em dado local, em determinados momentos do dia. Qualquer método pode ser um meio sistemático de captura de informações de mercado.

- *Pesquisas na internet.* Conforme mencionado, o SurveyMonkey é um exemplo de ferramenta fácil de ser utilizada na criação de pesquisas on-line. Esses serviços ajudam um empreendedor a projetar uma pesquisa, soltá-la em formato de questionário on-line estabelecido e postá-la em um site seguro. Esses serviços on-line formatarão os dados e também fornecerão a análise estatística. As pesquisas feitas na web são baratas e podem atingir grande número de pessoas em curto período de tempo.

- *Grupos focais.* Reunir pequenos grupos de clientes potenciais (geralmente 6-10) para uma discussão aprofundada sobre um novo empreendimento que está sendo proposto pode ser uma fonte inestimável de ideias. Os participantes falam sobre seus sentimentos, suas crenças, percepções e experiências sobre o novo empreendimento. Como são pequenos e menos representativos nos segmentos totais de mercado, os grupos de discussão são formas valiosas de obter ideias preliminares relevantes para a decisão de um risco particular.

- *Pesquisa com usuário especial.* Localize usuários especiais no mercado ou em atividades particulares – pessoas que têm necessidades para as quais não existe uma solução e que, muitas vezes, possuem ideias para produtos eficazes que ainda não foram desenvolvidos. Esses usuários às vezes experimentam protótipos que, com modificações, têm potencial para corresponder às suas necessidades. Os usuários especiais são frequentemente experimentados em determinado campo de atuação e levados a procurar uma solução para um problema que reconhecem. Os protótipos não produzem soluções satisfatórias, o que cria a oportunidade para a inovação. A abordagem do usuário especial permitiria ao empreendedor obter informações sobre o futuro e combiná-las de novas maneiras.

- *Mercado dos blogues.* Os blogues têm produzido nova fonte de *insights* para a pesquisa de mercado. Um blogue é um site que inclui conteúdo gerado pelo usuário, geralmente sobre algum tema específico, em que qualquer um pode postar opiniões ou informações que permitam discussões interativas. Fotos, vídeos, entradas de áudio e links para outros sites podem ser postados. A análise simples de conteúdo pode ser aplicada para identificar termos proeminentes ou que aparecem em discussões nos blogues. Hoje, existem tecnologias que também promovem a observação linguística e a análise de redes sociais (*data mining* e *webmining*).

- *Pesquisa em arquivos.* Arquivos são um conjunto de registros criados ou acumulados ao longo do tempo, que podem ser documentos escritos, revistas, vídeos, arquivos de computador, bases de dados on-line, registros de patentes, e assim por diante. O acesso à maioria dos arquivos é gratuito, e as informações são objetivas. Elas são um tipo de informação secundária que poderão revelar informações importantes para o pesquisador criativo. Por exemplo, os registros históricos do Country Business Patterns from the Bureau of the Census (equivalente ao Censo e ao IBGE, respectivamente) podem revelar padrões de crescimento para determinadas indústrias em diferentes regiões do país. Conforme discutimos na seção sobre a pesquisa secundária, existem inúmeros arquivos e dados disponíveis se o empreendedor estiver disposto a procurar por eles.

10.6 OS COMPONENTES DO MARKETING EFICAZ

OA7 Examinar o conceito de marketing: filosofia, segmentação e orientação do consumidor.

O marketing eficaz é baseado em três elementos fundamentais: filosofia de marketing, segmentação de mercado e comportamento do consumidor. Um novo empreendimento deverá integrar estes três elementos ao desenvolver seu conceito de marketing e sua abordagem de mercado. Essa abordagem ajuda a definir o cenário para a forma com a qual a empresa procurará comercializar seus produtos e serviços.

10.6a Filosofia de marketing

Existem três tipos de filosofias de marketing entre os novos empreendimentos: a direcionada à produção, a direcionada às vendas e a direcionada ao consumidor.

A **filosofia direcionada à produção** baseia-se na crença de que você deve "produzir de forma eficiente e se preocupar com as vendas mais tarde". A produção é o enfoque principal; as vendas seguem na esteira da produção. Novos empreendimentos que produzem resultados de alta tecnologia, de última geração, às vezes, usam uma filosofia direcionada à produção. A **filosofia direcionada às vendas** concentra se na venda pessoal e na publicidade para convencer os clientes a comprar o produto da empresa. Essa filosofia frequentemente vem à tona quando ocorre excesso de fornecimento no mercado. Revendedores de automóveis novos, por exemplo, dependem fortemente de uma filosofia direcionada às vendas. A **filosofia direcionada ao consumidor** baseia-se em pesquisa para descobrir as preferências dos consumidores, seus desejos e suas necessidades *antes* de a produção realmente começar. Essa filosofia salienta a necessidade da pesquisa de marketing para entender melhor onde ou a quem um mercado se direciona e desenvolver uma estratégia orientada a esse grupo. Das três filosofias, uma orientação direcionada ao consumidor é, muitas vezes, mais eficaz, embora muitos empreendimentos não a adotem.

Três fatores principais influenciam a escolha de uma filosofia de marketing:

1. **Pressão competitiva.** A intensidade da concorrência, muitas vezes, ditará a filosofia de um novo empreendimento. Por exemplo, uma forte concorrência forçará muitos empreendedores a desenvolverem uma orientação voltada ao consumidor, a fim de obter vantagem sobre os concorrentes. Se, por outro lado, existe pouca concorrência, o empreendedor pode permanecer com uma orientação voltada à produção na crença de que o que é produzido será vendido.

2. *Background* **do empreendedor.** A gama de habilidades e capacidades que os empreendedores possuem varia muito. Enquanto alguns têm conhecimento em vendas e marketing, outros possuem experiência em produção e operações. Os pontos fortes do empreendedor influenciarão a escolha de uma filosofia de mercado.

3. **Foco no curto prazo.** Às vezes, uma filosofia direcionada às vendas poderá ser escolhida por causa do foco no curto prazo em "movimentar a mercadoria" e gerar vendas. Embora esse foco pareça aumentar as vendas (por isso muitos empreendedores buscam essa filosofia), ele também pode evoluir para uma abordagem de venda agressiva, que logo ignora as preferências dos clientes e contribui para a insatisfação a longo prazo.

Qualquer uma das três filosofias de marketing poderá ser bem-sucedida para um novo empreendimento. É importante perceber, contudo, que a longo prazo a filosofia direcionada ao consumidor é a que tem maior sucesso, uma vez que essa abordagem foca nas necessidades, preferências e satisfações do consumidor e funciona para servir ao usuário final do produto ou serviço.

10.6b Segmentação de mercado

Segmentação de mercado é o processo de identificação de um conjunto específico de características que diferencia um grupo de consumidores do restante. Por exemplo, embora muitas pessoas tomem sorvete, o mercado de sorvete pode ser segmentado com base no gosto e no preço. Algumas pessoas preferem sorvete de alta qualidade, feito com açúcar e creme por causa do gosto; muitas outras não conseguem diferenciar entre ingredientes de alta e baixa qualidade e, com base unicamente no gosto, são indiferentes entre os dois tipos. O preço é mais elevado para o sorvete de alta qualidade, como Ben & Jerry ou Häagen-Dazs, então o nicho de mercado é menor para essas empresas do que para os concorrentes de menor preço. Esse processo de segmentação do mercado pode ser importante para novos empreendimentos com recursos muito limitados.

Para identificar segmentos específicos de mercado, os empreendedores precisam analisar uma série de variáveis. Como exemplo, duas variáveis principais que podem ser observadas são as *demográficas* e *de benefício*. As variáveis demográficas incluem a idade, o estado civil, o sexo, a ocupação, a renda, a localização, entre outros. Essas características são usadas para determinar um perfil geográfico e demográfico dos consumidores e de seu potencial de compra. As variáveis de benefícios ajudam a identificar as necessidades não satisfeitas que existem nesse mercado. Os exemplos podem incluir conveniência, custo, estilo, tendências e semelhanças, dependendo da natureza do novo empreendimento. Seja qual for o produto ou serviço, é extremamente valioso determinar os

10.6c Comportamento do consumidor

O comportamento do consumidor é definido por muitos tipos de padrões e características de consumo. No entanto, os empreendedores conseguem focar a atenção apenas em duas: as características pessoais e as características psicológicas. Tradicionalmente, alguns especialistas em marketing ligam essas características aos cinco tipos de consumidores: (1) os inovadores, (2) os pronto-adotadores, (3) a maioria inicial, (4) a maioria tardia e (5) os retardatários.

Diferenças de classe social, renda, ocupação, educação, habitação, influência da família e orientação temporal são todas características pessoais possíveis, enquanto as características psicológicas são necessidades, percepções, autoconceito, grupos de aspiração e grupos de referência. Esse tipo de divisão pode dar ao empreendedor uma imagem do tipo de consumidor, de forma que esta direcione seu esforço de vendas.

O próximo passo é ligar a característica dos consumidores potenciais com as tendências de compra no mercado. A Tabela 10.4 mostra as novas prioridades que moldam as decisões de compra no ciclo de vida familiar. Cada um desses fatores relaciona-se com as atitudes e os comportamentos dos consumidores com base na educação, na economia, no meio ambiente e/ou nas mudanças sociais. Usando algumas das características de consumo comuns e combinando-as com a Tabela 10.4, o empreendedor pode começar a examinar mais de perto o comportamento do consumidor.

Dados adicionais podem ser obtidos por meio da análise de como os consumidores veem o produto ou o serviço da empresa. Os empreendedores devem estar cientes das cinco principais classificações de consumo:

1. **Produtos de conveniência.** São bens de primeira necessidade (alimentos), bens de impulso (itens de balcão) e produtos e serviços de emergência. Os consumidores vão querer esses bens e serviços, mas não estarão dispostos a gastar tempo comprando-os.

2. **Produtos em prateleira.** Produtos que os consumidores terão tempo para examinar cuidadosamente e comparar qualidade e preço.

TABELA 10.4 MUDANÇA DE PRIORIDADES E COMPRAS NO CICLO DE VIDA FAMILIAR

Estágio	Prioridades	Principais compras
Inexperientes: adolescentes e início dos 20 anos	Própria pessoa, socialização, educação	Produtos de aparência, roupas, automóveis, recreação, passatempos, viagens
Cortejando: 20 anos	Eu e o outro; ligação com par; carreira	Mobiliário e decoração, entretenimento, poupança
Construção do ninho: 20 e início dos 30 anos	Bebês e carreira	Casa, jardim, itens do tipo faça você mesmo, produtos de puericultura, seguros
Ninho cheio: dos 30 aos 50 anos	Crianças e outros; carreira; crise da meia-idade	Alimentação infantil, vestuário, educação, transporte, ortodontia, carreira e aconselhamento de vida
Ninho vazio: 50-75 anos	Eu e os outros; relaxamento	Mobiliário e decoração, entretenimento, viagens, passatempos, automóveis de luxo, barcos, investimentos
Único sobrevivente: 70-90 anos	Eu; saúde; solidão	Planos de saúde, dieta, segurança e produtos de conforto, TV e livros, serviços de telefonia de longa distância

Fonte: Dickson, P. R., *Marketing Management*, 1. ed., © 1994, Cengage Learning; veja também: Pride, W. M.; Ferrel, O. C., *Marketing*, 18. ed. (Mason, OH: Cengage/South-Western, 2016).

3. **Produtos especiais.** Produtos ou serviços que os consumidores fazem um esforço especial para encontrar e comprar.

O PROCESSO EMPREENDEDOR

Informação do concorrente

A seguir está uma lista de técnicas potenciais para avaliar a concorrência e evitar o pagamento de uma empresa de pesquisa com alto preço de mercado para colher informações.

1. *Networking*. Falar com pessoas do segmento o ajudará a ter uma ideia do que está acontecendo em seu ramo. Fornecedores, clientes e qualquer um que faz negócios com empresas em seu ramo podem ter informações sobre a concorrência emergente. Capitalistas de risco podem ser uma grande fonte de informação por causa da prudência que devem ter para fornecer empréstimos aos empreendimentos. Semelhante ao que acontece durante a fase de arranque de um negócio, uma pessoa pode ficar tão imersa em um projeto, que desenvolverá a visão de túnel. O *networking* social também pode fornecer uma nova visão da atividade.
2. Produtos relacionados. Este mercado é o lugar óbvio para observar. Empresas que conseguem fornecer qualquer coisa que complemente seu produto ou serviço estão preparadas para se tornarem suas concorrentes, pois também sabem quais são as necessidades dos clientes e como satisfazê-las. Grandes empresas cujos clientes são empresas avaliarão essa questão de forma muito diferente, comparada a uma pequena empresa, com uma pessoa média como seu principal consumidor. Um bom exemplo de uma relação de complementaridade é a que existe entre as câmeras, os filmes, e assim por diante. O número e o tipo de produtos fotográficos disponíveis têm aumentado substancialmente nos últimos anos, e diferentes campos têm tirado proveito dessa tendência.
3. Cadeia de valor. Enquanto os produtos relacionados caem no eixo horizontal de uma atividade comercial, a exploração da cadeia de valor obriga uma avaliação vertical dos potenciais candidatos a concorrentes. A cadeia de valor de determinado produto ou serviço oferece muitas oportunidades de expansão, tanto para você quanto para seu potencial concorrente. Nessa situação, a potencial concorrência está plenamente consciente do ambiente de negócios em que opera e o entende por completo. Ela já tem fácil acesso a fornecedores, compradores e serviços com os quais você lida todos os dias.
4. Empresas com competências relacionadas. Um dos empreendimentos mais ignorados envolve empresas que podem levar seus conhecimentos a um campo indiretamente relacionado e aplicá-los. As competências podem ser tanto tecnológicas quanto não tecnológicas. Só porque uma empresa tem um serviço inigualável de atendimento ao cliente e vendas no setor de telefonia celular não significa que não possa usar um serviço a cabo. O exemplo perfeito de expansão em semelhanças tecnológicas é a Motorola, cuja intenção original era concentrar-se na indústria de defesa. Certamente essa não era uma área que as operadoras de telefonia celular buscavam quando tentavam antecipar a concorrência potencial.
5. Internet. Não é necessário dizer que a internet é uma das primeiras fontes de informação disponíveis para qualquer pessoa que saiba como usá-la. O uso de mecanismos de busca para acessar milhões de páginas da web permite facilmente que uma empresa faça uma pesquisa de qualquer pessoa ou empresa que ofereça produtos ou serviços semelhantes. As buscas podem ser amplas e definidas. Mais importante, podem ser feitas de forma barata e quantas vezes se desejar. É melhor utilizar as palavras que os clientes podem usar e evitar jargão tecnológico ou específico quando se navega, mas tente e faça *brainstorming* de todas as relações possíveis que consigam garantir uma busca completa e eficaz. As consultas em mecanismos de busca como Bing, Google e Yahoo! são registradas, com informações básicas de conectividade, como endereço IP e versão do navegador. No passado, os analistas tinham que contar com empresas externas para fornecer dados de comportamento de busca, mas cada vez mais os mecanismos de busca estão fornecendo ferramentas para extrair diretamente esses dados. Você pode usar os dados com maior grau de confiança, porque eles vêm diretamente do mecanismo de busca. No Google AdWords, você pode usar Keyword Tool, a ferramenta de palavras-chave com base na pesquisa e *insights* para pesquisa.
6. *Benchmarks* dos vendedores analíticos da web. Vendedores analíticos da web têm muitos clientes e, assim, grande quantidade de dados. Muitos vendedores agora agregam esses dados ao cliente real e o apresentam na forma de pontos de referência, que você pode usar para indexar o próprio desempenho. Os dados do *benchmarking* estão disponíveis no Fireclick, Coremetrics e Google Analytics. Muitas vezes, como é o caso do Google Analytics, os clientes têm de optar explicitamente por seus dados para esse serviço de *benchmarking*.

Uma vez que a informação suficiente foi coletada, um plano para vencer a concorrência atual e a emergente deve ser preparado. O plano criado será análogo às forças e aos recursos do negócio. Questões como perda de vendas para outra empresa podem ser abordadas, a (forças, fraquezas, oportunidades, ameaças) análise SWOT pode ser executada ou um plano para oferecer um novo produto ou troca por pontos pode ser planejado.

Fonte: Adaptado de Henricks, M., "Friendly Competition?," *Entrepreneur* (dez. 1999): 114-17; The Definitive Guide to Competitive Intelligence Data Sources, 22 fev. 2010, www.kaushik.net /avinash/competitive-intelligence-data-sources-best-practices/ (acesso em: 30 abr. 2012); e "Gathering Competitive Information," United Technologies Corporation, http://utc.com/StaticFiles/UTC/StaticFiles /info_englishlanguage.pdf (acesso em: 30 abr. 2012).

4. **Produtos não procurados.** Itens que os consumidores atualmente não precisam ou não procuram. Exemplos comuns são seguro de vida, enciclopédias e lotes em cemitério. Esses produtos requerem explicação ou demonstração.
5. **Novos produtos.** Itens desconhecidos pela falta de publicidade ou produtos novos que levam tempo para serem compreendidos. Quando os microcomputadores foram vendidos pela primeira vez, caíram nessa categoria.

10.7 DESENVOLVENDO UM PLANO DE MARKETING

OA8 Estabelecer as áreas vitais para um plano de marketing.

Plano de marketing é o processo de determinar uma abordagem clara e abrangente para a captação de clientes. Os elementos a seguir são fundamentais para o desenvolvimento desse plano:

- *Pesquisa de marketing atual.* Determinar quem são os clientes, o que eles querem e como eles compram.
- *Análise de vendas atual.* Promoção e distribuição de produtos de acordo com os resultados da pesquisa de marketing.
- *Sistema de informação de marketing.* Coleta, triagem, análise, armazenamento, recuperação e disseminação de informações de marketing para se basearem os planos, as decisões e as ações.
- *Previsão de vendas.* Coordenação do julgamento pessoal com *avaliação* de informações de mercado confiáveis: identificar e avaliar desvios dos planos de marketing.[20]

10.7a Pesquisa de mercado atual

O objetivo da pesquisa de mercado atual é identificar mercados e clientes-alvo para satisfazer seus desejos. Para a pesquisa de mercado atual ser eficaz para o empreendimento em crescimento, as seguintes áreas merecem consideração:

- *Principais pontos fortes e fracos da empresa.* Esses fatores oferecem *insights* sobre oportunidades rentáveis e problemas potenciais, além de fornecerem a base para uma tomada de decisão eficaz.
- *Perfil do mercado.* Traçar um perfil do mercado ajuda a empresa a identificar as necessidades atuais de serviço e de mercado: Quantos serviços existentes na empresa são rentáveis? Qual deles oferece maior potencial? Quais (se houver) são inadequados? O que os clientes deixarão de precisar no futuro?
- *Atuais e melhores clientes.* A identificação dos clientes atuais permite a gestão da alocação de recursos. A definição dos melhores clientes permite o gerenciamento do segmento de mercado de forma mais direta.
- *Consumidores potenciais.* Ao identificar clientes potenciais, seja geograficamente, seja pela análise de todo setor de sua área de comercialização, uma empresa aumenta a capacidade de atingir esse grupo, transformando, assim, clientes potenciais em clientes atuais.
- *Concorrência.* Ao identificar a concorrência, uma empresa pode determinar quais empresas estão mais dispostas a buscar o mesmo nicho básico de mercado.
- *Fatores externos.* Esta análise centra-se na evolução das tendências demográficas, econômicas, tecnológicas, nas atitudes culturais e nas políticas governamentais. Esses fatores podem ter impacto substancial sobre as necessidades dos clientes e, consequentemente, nos serviços esperados.
- *Alterações legais.* A pesquisa de mercado desempenha a importante tarefa de manter a gestão a par das mudanças significativas nos impostos governamentais, nas normas e leis fiscais.[21]

10.7b Análise de vendas atual

Um empreendedor precisa avaliar continuamente os métodos empregados nas vendas e na distribuição em relação à pesquisa de mercado que foi conduzida. Adequar o perfil do cliente correto às prioridades de vendas é uma meta importante na análise de vendas. A seguir você encontrará possíveis perguntas a serem respondidas por essa análise:

- Os vendedores fazem prospecções baseadas em prioridade e alocação de tempo?
- O setor de vendas força contato com os tomadores de decisão?
- Os territórios estão alinhados de acordo com o potencial de vendas e as habilidades dos vendedores?
- As chamadas de vendas são coordenadas com outros esforços de venda, como publicidade, feiras e mala direta?
- Os vendedores fazem as perguntas certas nas chamadas de vendas? Os relatórios de vendas contêm informações adequadas? A força de vendas entende as necessidades dos possíveis clientes?
- Como o crescimento ou o declínio de um cliente da empresa, ou de um cliente em prospecção, afeta as próprias vendas da companhia?

10.7c Sistema de informações de marketing

Um sistema de informação de marketing compila e organiza os dados relativos aos custos, à receita e ao lucro por intermédio da base de dados dos clientes. Essa informação pode ser útil para o monitoramento de estratégias, decisões e programas envolvidos com o marketing. Assim como acontece com todos os projetos de sistemas de informação, os principais fatores que afetam o valor desse sistema são: (1) confiabilidade dos dados, (2) utilidade de dados ou inteligibilidade, (3) pontualidade do sistema, (4) relevância dos dados e (5) custo do sistema.

10.7d Previsão de vendas

Previsão de vendas é o processo de projetar vendas futuras por intermédio de números de vendas históricos e da aplicação de técnicas estatísticas. O processo é limitado no valor por causa de sua dependência em dados históricos, que, muitas vezes, deixam de refletir as condições atuais de mercado. Como um segmento do processo de planejamento de comercialização abrangente, no entanto, a previsão de vendas pode ser muito valiosa.

10.7e Avaliação

O último fator importante do processo de planejamento de marketing é a avaliação. Como certo número de variáveis pode afetar o resultado do planejamento de marketing, é importante avaliar o desempenho. Ainda mais relevante, os relatórios devem ser gerados com base em uma análise do cliente: atração ou perda de clientes, com razões para ganho ou perda, bem como as preferências dos clientes estabelecidos e suas reações. Essa análise pode ser medida em relação ao desempenho no volume de vendas, às vendas brutas ou à participação no mercado. É somente por esse tipo de avaliação que a flexibilidade e o ajuste podem ser incorporados ao planejamento de marketing.

10.7f Considerações finais dos empreendedores

Os planos de marketing são parte de todo o esforço estratégico de um empreendimento.[22] Para ser eficaz, esses planos devem ser baseados em objetivos específicos. Você encontrará a seguir o exemplo de um programa de cinco etapas projetado para ajudar os empreendedores a criar uma metodologia estruturada para o desenvolvimento de um plano de marketing:

- **Passo 1:** Avalie os pontos fortes e fracos do marketing, enfatizando fatores que contribuirão para a "vantagem competitiva" da empresa. Considere o design do produto, a confiabilidade, a durabilidade, a razão preço/qualidade, a capacidade e as limitações de produção, os recursos e a necessidade de conhecimentos especializados.
- **Passo 2:** Desenvolva objetivos de marketing com metas de venda a médio e a longo prazo necessárias para satisfazer esses objetivos. Em seguida, desenvolva planos específicos de vendas para o período fiscal atual. Esses objetivos devem ser claramente indicados, mensuráveis e de acordo com as capacidades da empresa. Para ser realista, essas metas devem exigir apenas esforços razoáveis e despesas acessíveis.
- **Passo 3:** Desenvolva estratégia de produtos/serviços. A estratégia do produto começa com a identificação dos usuários finais, atacadistas e varejistas, bem como de suas necessidades e especificações. O design do produto, as características, o desempenho, o custo e o preço devem ser adequados a essas necessidades.

- **Passo 4:** Desenvolva estratégias de marketing. As estratégias são necessárias para atingir as metas de vendas de médio e longo prazo da empresa e os objetivos de marketing de longo prazo.

O PROCESSO EMPREENDEDOR

O plano de marketing de guerrilha

Um plano de negócios é essencial para qualquer empreendedor planejar o início de uma implementação; no entanto, quando você incluir os resultados de pesquisa de mercado, as declarações pró-forma e os riscos críticos, seu plano de negócios se tornará um pacote denso de informações que serão usadas para direcionar todo seu empreendimento, um documento que poucos lerão por completo. Desse modo, os empreendedores devem ser capazes de articular rapidamente os aspectos-chave do seu empreendimento. Um instrumento que pode ser utilizado para este fim é conhecido como *plano de marketing de guerrilha*, porque obriga o empreendedor a especificar as sete questões de marketing mais importantes enfrentadas por sua empresa. Certamente, haverá mais que sete áreas-chave para abordar; no entanto, passando pelo exercício de consolidação dos temas de marketing que exigem mais foco, um empreendedor estará mais bem preparado para chegar ao âmago de seu conceito, tanto na apresentação a potenciais investidores quanto na gestão do negócio.

A chave é tratar cada área utilizando não mais que uma frase. Os planos de marketing de guerrilha dão às pessoas uma compreensão rápida sobre o que exatamente é de extrema preocupação para seu negócio, eliminando muitos detalhes fornecidos no plano de negócios completo. Grandes empresas fazem uso disso, desenvolvendo planos diferentes para produtos diferentes. Por exemplo, a Procter & Gamble desenvolveu um plano de marketing de guerrilha para cada um de seus produtos.

Embora algumas empresas prefiram anexar várias páginas de documentação a seus planos, a chave é ter as sete frases corretas. A seguir estão as diretrizes para o desenvolvimento de um plano de marketing de guerrilha:

- Você deve começar seu plano de marketing de guerrilha com uma frase que descreva o propósito de sua comercialização. Essa frase deve ser muito específica e deverá abordar o impacto que sua iniciativa de marketing deve ter em um cliente potencial. Metas como "ser mais bem-sucedido que meus concorrentes" ou "para ser mais rentável" não são eficientes. A frase deve quantificar seu objetivo global de modo que seja mensurável. O ponto é prever exatamente o que você quer que seu cliente faça; em seguida, estabeleça uma meta para assegurar que os clientes vão agir dessa forma.
- A frase seguinte é pensada para que você resolva as vantagens competitivas da empresa; em outras palavras, quais são as características do negócio que o tornam singularmente posicionado para oferecer valor ao público? O objetivo dessa frase é estabelecer os pontos fortes e mais originais do seu negócio, de forma que você possa destacá-los em suas peças de marketing.
- Você abordará o público-alvo na terceira frase. Ao especificar exatamente quem será exposto a uma campanha de marketing, você descobrirá o processo de construção de um plano efetivo muito mais simples. As empresas, muitas vezes, têm mais de um público-alvo, então os planos de marketing de guerrilha devem ser escritos para tratar todos os clientes potenciais, com a intenção de evitar a perda de vendas para os concorrentes.
- Para o quarto ponto, é mais adequado uma lista. Esse tópico aborda as armas de marketing que você utilizará. A principal ideia desta seção é incluir apenas as ferramentas que a empresa pode entender, pagar e utilizar corretamente. Inúmeras ferramentas estão prontamente disponíveis aos empreendedores; então, filtrar aquelas que não atendem a esses três critérios ajudará a evitar a realização de investimentos mal dirigidos.
- Na quinta frase, você deve discutir o nicho de mercado da empresa. Agora que já abordou a finalidade, os benefícios e o mercado-alvo, compreender seu nicho de mercado é o próximo passo lógico. O nicho de mercado deve apreender o que os clientes associam mais facilmente à sua empresa. Pode ser a velocidade, o valor, a variedade ou quaisquer outras características. Você não conseguirá agradar a todos, por isso definir o que sua empresa é ou não é ajudará a estreitar o foco quando a promover a clientes potenciais.
- A sexta frase é aquela em que você estabelecerá a identidade de sua empresa. Os empreendedores devem assegurar que a imagem de marketing que transmitem ao mundo é apoiado pela identidade de suas empresas, o que significa que os procedimentos operacionais das companhias precisam reforçar qualquer identidade que estabeleçam.
- A última frase em seu plano de marketing de guerrilha precisa declarar explicitamente o percentual de vendas brutas projetadas que você está disposto a destinar no seu orçamento de marketing. A qualidade de seus materiais de marketing refletirá claramente em seu negócio, de modo que esse passo requer quantidade significativa de investigação para garantir que o valor que você alocou será suficiente para dar apoio a todas as etapas anteriores.

Ao desenvolver seu plano de marketing de guerrilha, todos os passos subsequentes devem estar alinhados à primeira frase que você escreveu, que se destina a definir a finalidade do seu plano. Teoricamente, os empreendedores deveriam ser capazes de escrever um plano dessa natureza em cinco minutos, dada sua brevidade. Quanto mais prática você adquirir na articulação de seus objetivos de negócios, mais fácil encontrará ferramentas – como o plano de marketing de guerrilha – para comunicá-los.

Fonte: Adaptado de Levinson, J. C. e Levinson, J., "Here's the Plan," *Entrepreneur*, fevereiro 2008, www.entrepreneur.com/magazine/entrepreneur/2008/february/188842.html (acesso em: 20 mar. 2008).

Essas estratégias devem incluir publicidade, campanhas de promoção de vendas, feiras, mala direta e telemarketing. As estratégias também podem ser necessárias para aumentar o tamanho da força de vendas ou comercializar novos produtos. Os planos de contingência serão necessários em caso de mudanças tecnológicas, mudanças geográficas de mercado ou inflação.

- **Passo 5:** Determine uma estrutura de preços. A estrutura de preços de uma empresa determina quais clientes serão atraídos, bem como o tipo ou a qualidade dos produtos/serviços que serão fornecidos. Muitas empresas acreditam que o mercado dita uma estrutura "competitiva" de preços. No entanto, nem sempre é o caso; muitas empresas com estrutura de preços altos são muito bem-sucedidas. Independentemente das estratégias, os clientes devem acreditar que o preço do produto é adequado. O preço de um produto ou serviço, portanto, não deve ser definido até que as estratégias de marketing tenham sido desenvolvidas.[23]

10.8 ESTRATÉGIAS DE PRECIFICAÇÃO

[OA9] Discutir as principais características de uma estratégia de precificação.

Uma questão final sobre o marketing que precisa ser abordada é a das estratégias de precificação. Muitos empreendedores não sabem como precificar seu produto ou serviço, mesmo após a pesquisa de marketing ser conduzida. Vários fatores afetam essa decisão: grau de pressão competitiva, disponibilidade de abastecimento suficiente, mudanças sazonais ou cíclicas de procura, custos de distribuição, estágio do ciclo de vida do produto, mudanças nos custos de produção, condições econômicas vigentes, serviços de atendimento ao cliente fornecidos pelo vendedor, quantidade de promoção feita e poder de compra do mercado. Obviamente, a decisão do preço final equilibrará muitos desses fatores e, geralmente, não satisfará *todas* as condições. No entanto, a consciência dos vários fatores é importante.

Outras considerações, por vezes esquecidas, são de natureza psicológica:

- Em algumas situações, a qualidade de um produto é interpretada pelos clientes de acordo com o preço desse produto.
- Alguns grupos de clientes inibem a compra de um produto quando não há nenhum preço indicado.
- Um enfoque sobre o custo mensal de compra de um item caro, muitas vezes, resulta em maiores vendas que uma ênfase no preço de venda total.
- A maioria dos compradores espera pagar um preço "x" em itens diferenciados e preços "y" em produtos comuns.
- Quanto maior o número de benefícios significativos ao cliente, menor a resistência ao preço (em geral).[24]

10.8a Perspectivas de precificação

A precificação pode ser vista como valor, variável, variedade, visível e virtual. Quando vista como *valor*, a quantia que um cliente está disposto a pagar é, em última análise, uma declaração da quantidade de valor que ele percebe do produto ou serviço. A precificação pode ser *variável*, como a variação dos componentes de pagamento, o que está realmente sendo pago, o momento do pagamento, a forma de pagamento, as condições de pagamento e a pessoa que está fazendo parte ou a totalidade do pagamento. Há uma *variedade* de precificação porque as empresas geralmente vendem vários produtos e serviços e podem usar o preço de alguns itens para influenciar as vendas de outros, ou o preço para empurrar itens com margens de lucro altas *versus* produtos com margens de lucro mais baixas. A natureza *visível* da precificação significa que os clientes veem e estão conscientes dos preços da maioria das coisas que compram, o que sinaliza ao consumidor as ideias sobre valor, imagem, disponibilidade do produto, condições de demanda e exclusividade. Concluindo, a precificação é *virtual* porque é a mais fácil e a mais rápida de ser alterada em resposta às condições de mercado, especialmente na atual era tecnológica.[25]

10.8b Precificação do ciclo de vida do produto

Os procedimentos de precificação diferem, dependendo da natureza do empreendimento: varejo, manufatura ou serviço. A precificação do ciclo de vida do produto, como apresentado na Tabela 10.5, no entanto, pode ser aplicada a qualquer tipo de negócio. A tabela mostra os passos básicos do desenvolvimento de um sistema de precificação e indica como esse sistema deve estar relacionado aos objetivos de precificação desejados.

10.8c Precificação na era da mídia social

OA10 Discutir a precificação na era da mídia social.

As mídias sociais das start-ups de hoje estão encontrando maneiras originais de gerar receita desde o início. Há variações nos modelos de receita, incluindo *freemium*, associado, inscrição, bens virtuais e publicidade. Vamos analisar brevemente estes:

Modelo freemium. Oferece um serviço básico gratuito, enquanto cobra por um serviço premium com recursos avançados. Exemplos de empresas que têm utilizado esse método incluem Flickr e LinkedIn. O maior desafio das empresas que utilizam o **modelo freemium** é descobrir quanto dar de graça para que os usuários ainda precisem e queiram fazer o *upgrade* para um plano de pagamento. Se a maioria dos usuários conseguir sobreviver com o plano básico gratuito, não terão necessidade de se atualizar.

Modelo associado. O negócio gera receita por direcionar o tráfego, os *leads* ou as vendas para o website de outra empresa associada. As empresas que vendem um produto, por sua vez, dependem de sites afiliados para terem o tráfego ou os *leads* de que precisam para efetuar vendas. Como as empresas que dependem de publicidade, os sites de alto tráfego têm mais tempo para ganhar dinheiro usando os links de associados que dos sites que estão apenas começando. O maior desafio pode ser o "leitor de confiança" e a "segmentação adequada". Vale a pena pesquisar aqueles em seu nicho de mercado e iniciar conversas com eles.

TABELA 10.5 PRECIFICAÇÃO DO CICLO DE VIDA DO PRODUTO

A demanda dos clientes e o volume de vendas variarão de acordo com o desenvolvimento de um produto. Assim, os preços dos produtos necessitam ser ajustados em cada fase do seu ciclo de vida. O esboço a seguir fornece alguns métodos de preços sugeridos que se relacionam com as diferentes fases do ciclo de vida do produto. Com esse esboço geral em mente, os empreendedores potenciais podem formular a estratégia de preços mais adequada.

Estágio do ciclo de vida do produto	Estratégia de precificação	Razões/efeitos
Estágio introdutório		
Produtos únicos	*Skimming* – estabelecer deliberadamente um preço alto para maximizar os lucros a curto prazo	Preço inicial definido alto para estabelecer uma imagem de qualidade, para fornecer capital para compensar os custos de desenvolvimento e para permitir reduções de preços futuros para lidar com a concorrência
Produto não exclusivo	**Penetração** – estabelecimento de preços a níveis tão baixos que os produtos são vendidos com perda.	Permite ganhos rápidos na fatia de mercado, definindo-se um preço abaixo dos preços dos concorrentes
Estágio de crescimento	**Preço ao consumidor** – combina a penetração e os preços competitivos para ganhar fatia de mercado; depende da percepção de valor que o consumidor tem do produto	Depende do número de concorrentes potenciais, do tamanho total do mercado e da distribuição desse mercado
Estágio de maturidade	**Precificação orientada pelo mercado** estratégia flexível que baseia as decisões de precificação ao nível de demanda para o produto	Crescimento das vendas declina, os clientes são muito sensíveis ao preço
Estágio de declínio	**Preço abaixo do custo/preço chamariz** – preços de produto abaixo do custo, em uma tentativa de atrair clientes para outros produtos	O produto possui pouca ou nenhuma atração dos clientes; a ideia é fazer com que os preços baixos tragam clientes para novas linhas de produtos

Fonte: Adpatado de Green, C., "Strategic Pricing," *Small Business Reports* (agosto 1989): 27-33; atualizados em fevereiro 2015.

Modelo de assinatura. Isso exige que os usuários paguem uma taxa (geralmente mensal ou anual) para acessar um produto ou serviço. Se você está criando um relacionamento de longo prazo com os clientes, esse modelo é ideal. No entanto, precisará de conteúdos e particularidades novos e excitantes. Você também deve reconhecer que os sites de assinatura mensais têm alta taxa de desgaste, tendo em vista que após a primeira vez que o login é efetuado eles são esquecidos e o usuário nunca mais volta.

Modelo de bens virtuais Os usuários pagam por bens virtuais, como *upgrades*, pontos ou presentes, em um site ou em um jogo. Bens virtuais vêm em todos os formatos e tamanhos. A atração por esse tipo de bens é por causa das altas margens, uma vez que produtos custam essencialmente apenas o consumo de velocidade para atendê-los, o que, em geral, é quase zero.

Modelo de publicidade. Os anúncios geram receita com o tráfego do site. Simplificando, quanto mais tráfego houver em seu site, mais você lucrará com anúncios (informações demográficas adicionais sobre os visitantes, como idade, gênero, localização e interesses, também influenciam quanto se pode cobrar dos anunciantes para incluir propagandas em seu site). No entanto, nunca é fácil rentabilizar algo que fica no topo de um serviço gratuito. Manter e aumentar a proposta de valor é um desafio diário. Os testes gratuitos podem ser a chave, já que demonstram respeito pelos usuários, assim como confiança no valor que o serviço oferece.[26]

RESUMO

A nova lógica de marketing exige um repensar fundamental das regras antigas e compreende que o marketing de hoje é dinâmico, acontece em tempo real e que o cliente está no controle. O novo conceito de marketing para os empreendedores inclui saber em que um mercado consiste, a compreensão da pesquisa de mercado, o desenvolvimento de um plano de marketing, o correto entendimento e a aplicação do marketing de mídia social e o enfoque adequado de uma estratégia de preços.

A pesquisa de mercado envolve a coleta de informações sobre determinado mercado, seguida de uma análise dessas informações. O processo de pesquisa de marketing tem cinco etapas: (1) definir a finalidade e os objetivos da pesquisa, (2) coletar dados secundários, (3) recolher dados primários, (4) desenvolver um instrumento de coleta de informações (se necessário) e (5) interpretar e relatar as informações.

Os quatro principais motivos pelos quais os empreendedores não conseguem efetuar a pesquisa de marketing são: (1) custo, (2) complexidade da empresa, (3) crença de que apenas as principais decisões estratégicas precisam ser apoiadas na pesquisa de marketing e (4) crença de que os dados serão irrelevantes para as operações da empresa. Normalmente, eles não entendem o valor da pesquisa de mercado ou temem seu custo.

O marketing de mídia social descreve o uso de redes sociais, comunidades on-line, blogues, wikis e outros meios de comunicação on-line para fins de marketing. As ferramentas mais comuns de marketing de mídia social incluem Twitter, blogues, LinkedIn, Facebook, Flickr e YouTube. Um plano de marketing de mídia social deverá detalhar os objetivos de um empreendimento e as ações necessárias para alcançá-los. Os dispositivos móveis estão agora ao alcance de todos, e, portanto, as pessoas estão conectadas com suas redes sociais constantemente. Marketing de mídia social móvel é uma ferramenta de marketing em ritmo acelerado e de alto impacto que muitas empresas começaram a usar com sucesso como parte de sua estratégia global de marketing. Diversas empresas estão usando aplicativos de mídia social móvel como estratégia de comunicação padrão para se conectar com os consumidores.

Como os novos empreendimentos start-up têm recursos limitados, o capítulo cobriu alguns métodos inovadores para os empreendedores conduzirem pesquisas de mercado. A partir daí, examinamos o desenvolvimento de um conceito de marketing que tem três partes importantes. A primeira é a formulação de uma filosofia de marketing. Alguns empreendedores são direcionados à produção, outros às vendas e outros ainda são direcionados ao consumidor. Os valores do empreendedor e as condições de mercado ajudarão a determinar essa filosofia. A segunda parte é a segmentação do mercado, que é o processo de identificação de um conjunto específico de características que diferencia um grupo de consumidores do restante. As variáveis demográficas e de benefícios são, muitas vezes, utilizadas nesse processo. A terceira parte é a compreensão do comportamento do consumidor. Como existem muitos tipos e padrões de comportamento, os empreendedores precisam se concentrar nas características pessoais e psicológicas de seus clientes. Dessa forma, podem determinar uma estratégia sob medida, direcionada ao consumidor. Essa análise do cliente concentra-se em fatores tão importantes quanto as tendências gerais de compra no mercado, as tendências de compra específicas de consumidores-alvo e os tipos de produtos e serviços que estão sendo vendidos.

Plano de marketing é o processo de determinar uma abordagem clara e abrangente para a captação de clientes. Os seguintes elementos são fundamentais para o desenvolvimento desse plano: pesquisa de marketing atual, análise de vendas atuais, sistema de informação de marketing, previsão de vendas e avaliação.

Estratégias de preços são um reflexo de pesquisa de mercado e devem considerar fatores como competitividade de marketing, demanda do consumidor, ciclo de vida dos produtos ou serviços que estão sendo vendidos, custos e condições econômicas. As atuais mídias sociais das start-ups estão encontrando maneiras originais de gerar receita desde o início. No capítulo, apresentamos cinco modelos de receita, incluindo freemium, modelo associado, modelo de assinatura, bens virtuais e publicidade.

TERMOS-CHAVE

dados primários
dados secundários
envolver
filosofia direcionada à produção
filosofia direcionada ao consumidor
filosofia direcionada às vendas
implementar
individualizar
integrar
marketing de guerrilha

marketing de mídia social
marketing móvel
mercado
modelo afiliado
modelo de assinatura
modelo de bens virtuais
modelo de publicidade
modelo freemium
monitoramento de blogue
penetração

pesquisa de marketing
pesquisa qualitativa
pesquisa quantitativa
precificação orientada pela procura
preço chamariz
preços ao consumidor
segmentação de mercado
skimming

PERGUNTAS DE REVISÃO E DISCUSSÃO

1. Descreva o "novo" conceito de marketing para os empreendedores com os 4Cs.
2. Escreva, com suas palavras, o que é mercado? Como a pesquisa de marketing poderá ajudar um empreendedor a identificar um mercado?
3. Quais são as cinco etapas do processo de pesquisa de marketing? Faça uma breve descrição de cada uma delas.
4. Quais dados possuem maior valor para o empreendedor: os primários ou secundários? Por quê?
5. Identifique e descreva três dos principais obstáculos para a realização de pesquisas de marketing.
6. Descreva o marketing de mídia social e o marketing móvel. Seja específico em sua resposta.
7. Discuta algumas das táticas empreendedoras em pesquisa de mercado realizadas com recursos limitados.
8. Como a estratégia de um novo empreendimento seria diferente em cada uma das seguintes filosofias de marketing: direcionada à produção, direcionada às vendas, direcionada ao consumidor? Dê uma resposta completa.
9. Responda com suas palavras, o que é segmentação do mercado? Qual é o papel que as variáveis demográficas e de benefício desempenham no processo de segmentação?
10. Identifique e discuta três das características psicológicas que ajudam um empreendedor a reconhecer e descrever os clientes. Além disso, explique como o ciclo de vida do produto afetará o comportamento de compra desses clientes.
11. Quais são as cinco etapas particularmente úteis para o desenvolvimento de um plano de marketing? Identifique e descreva cada uma delas.
12. Quais são alguns dos principais fatores ambientais que afetam as estratégias de precificação? Quais são alguns dos principais fatores psicológicos que afetam os preços? Identifique e discuta três de cada um deles.
13. Explique como a precificação é vista de diferentes maneiras. Seja específico.
14. Como as estratégias de precificação diferem de acordo com o ciclo de vida do produto?
15. Identifique os cinco modelos de receita para a mídia social das start-ups.

NOTAS

1. Minet Schindehutte, Michael H. Morris e Leyland F. Pitt, *Rethinking Marketing*. Upper Saddle River, NJ. Pearson/Prentice Hall, 2009.
2. Para uma discussão dos mercados, veja: Louis E. Boone e David L. Kurtz, *Contemporary Marketing*, 17. ed. Mason, OH: Cengage/South-Western, 2016; Philip Kotler e Gary Armstrong, *Principles of Marketing*, 16. ed. Upper Saddle River, NJ: Pearson/Prentice Hall, 2016; William M. Pride e O. C. Ferrell, *Marketing*, 18. ed. Mason, OH: Cengage/South- Western, 2016.
3. Minet Schindehutte, Michael H. Morris e Akin Kocak. "Understanding Market-Driven Behavior: Increasing Strategic Choices", *Journal of Small Business Management*, n. 46, v. 1, 2008, p. 4-26; Jonas Dahlqvist e Johan Wiklund, "Measuring the Market Newness of New Ventures", *Journal of Business Venturing*, n. 27, v. 2, 2012, p. 185-96.
4. Bret Golan, "Achieving Growth and Responsiveness: Process Management and Market Orientation in Small Firms", *Journal of Small Business Management*, n. 44, v. 3, 2006, p. 369-85; Michael Song, Tang Wang e Mark E. Parry, "Do Market Information Processes Improve New Venture Performance?", *Journal of Business Venturing*, n. 25, v. 6, 2010, p. 556-68.
5. Para uma apresentação completa, veja: R. Ganeshasundaram e N. Henley, "The Prevalence and Usefulness of Market Research: An Empirical Investigation into 'Background' versus 'Decision' Research," *International Journal of Market Research*, n. 48, v. 5, 2006, p. 525-50; Malte Brettel, Andreas Engelen, Thomas Müller e Oliver Schilke, "Distribution Channel Choice of New Entrepreneurial Ventures", *Entrepreneurship Theory and Practice*, n. 35, v. 4, 2011, p. 683-708; Barry J. Babin e William G. Zikmund, *Essentials of Marketing Research*, 6. ed. Mason, OH: Cengage/South- Western, 2016.
6. Timothy M. Baye, "Relationship Marketing: A Six-Step Guide for the Business Start-Up", *Small Business Forum*, primavera/1995, p. 26-41; William G. Zikmund e Barry J. Babin, *Exploring Marketing Research*, 11. ed. Mason, OH: Cengage/South-Western, 2016.
7. Thomas J. Callahan e Michael D. Cassar, "Small Business Owners' Assessments of Their Abilities to Perform and Interpret Formal Market Studies", *Journal of Small Business Management*, n. 33, v. 4, 1995, p. 1-9.
8. Stephen W. McDaniel e A. Parasuraman, "Practical Guidelines for Small Business Marketing Research", *Journal of Small Business Management*, n. 24, v. 1, 1986, p. 5.
9. Zikmund e Babin, *Essentials of Marketing Research*.
10. Como exemplo, veja: Morris Schindehutte e Kocak, "Understanding Market-Driving Behavior: The Role of Entrepreneurship", *Journal of Small Business Management*, n. 46, v. 1, 2008, p. 4-26; Frank Hoy, "Organizational Learning at the Marketing/Entrepreneurship Interface", *Journal of Small Business Management*, n. 46, v. 1, 2008, p. 152-58.
11. John A. Pearce II e Steven C. Michael, "Marketing Strategies That Make Entrepreneurial Firms Recession- Resistant", *Journal of Business Venturing*, n. 12, v. 4, 1997, p. 301-14; Matthew Bumgardner, Urs Buehlmann, Albert Schuler e Jeff Crissey, "Competitive Actions of Small Firms in a Declining Market", *Journal of Small Business Management*, n. 49, v. 4, 2011, p. 578-98.
12. Melissa S. Barker, Donald I. Barker, Nicholas F. Borman e Krista E. Neher, *Social Media Marketing: A Strategic Approach*. Mason, OH: South-Western/Cengage, 2013.
13. Para uma revisão completa sobre mídia social e marketing móvel, consulte: Barker, Barker, Borman e Neher, *Social Media Marketing*; Mary Lou Roberts e Debra Zahay, *Internet Marketing: Integrating Online and Offline Strategies*. Mason, OH: South-Western/Cengage 2013; veja também: Maria Teresa Pinheiro Melo Borges Tiago e José Manuel Cristóvão Veríssimo, "Digital marketing and social media: Why bother?", *Business Horizons*, n. 57, v. 6, 2014, p. 703-708; Ana Margarida Gamboa e Helena Martins Gonçalves, "Customer Loyalty Through Social Networks: Lessons from Zara on Facebook", *Business Horizons*, n. 57, v. 6, 2014, p. 709-717; e Paola Barbara Floreddu, Francesca Cabiddu e Roberto Evaristo, "Inside Your Social Media Ring: How to Optimize Online Corporate Reputation", *Business Horizons*, n. 57, v. 6, 2014, p. 737-45.
14. Barker, Barker, Borman e Neher, *Social Media Marketing*; Allison Enright, "U.S. Online Retail Sales Will Grow 57% by 2018", Internet Retailer, 12 maio 2014. Acesso em: 9 jan. 2015.
15. Morris Schindehutte e Pitt, *Rethinking Marketing*; veja também: Hélia Gonçalves Pereira, Maria de Fátima Salgueiro e Inês Mateus, "Say Yes to Facebook and Get your Customers Involved! Relationships in a World of Social Networks", *Business Horizons*, n. 57, v. 6, 2014, p. 695-702.
16. Roberts e Zahay, *Internet Marketing*; Barker, Barker, Borman e Neher, *Social Media Marketing*; veja também: Jordi Paniagua e Juan Sapena, "Business Performance and Social Media: Love or Hate?", *Business Horizons*, n. 57, v. 6, 2014, p. 719-28.
17. Barker, Barker, Borman e Neher, *Social Media Marketing*; veja também: Eileen Fischer e A. Rebecca Reuber, "Online Entrepreneurial Communication: Mitigating Uncertainty and Increasing Differentiation via Twitter", *Journal of Business Venturing*, n. 29, v. 4, 2014, p. 565-83.
18. Andreas Kaplan, "If You Love Something, Let It Go Mobile: Mobile Marketing and Mobile Social Media 4×4", *Business Horizons*, n. 55, v. 2, 2012, p. 129-39.
19. Morris Schindehutte and Pitt, *Rethinking Marketing*; veja também: Gerald E. Hills, Claes M. Hultman e Morgan P. Miles, "The Evolution and Development of Entrepreneurial Marketing", *Journal of Small Business Management*, n. 46, v. 1, 2008, p. 99-112; Rex Yuxing Du, Ye Hu e Sina Damangir, "Leveraging Trends in Online Searches for Product Features in Market Response Modeling", *Journal of Marketing*, n. 79, v. 1, 2015, p. 29-43; William C. Moncrief, Greg W. Marshall e John M. Rudd, "Social Media and Related Technology: Drivers of Change in Managing the Contemporary Sales Force", *Business Horizons*, n. 58, v. 1, 2015, p. 45-55.
20. "Marketing Planning", *Small Business Reports* (abr. 1986): 68-72; e Philip Kotler e Kevin Lane Keller, *Marketing Management*, 15. ed. Upper Saddle, NJ: Pearson/Prentice Hall, 2016.
21. "Marketing Planning", 70; e Kotler e Keller, *Marketing Management*.

22. Boyd Cohen e Monika I. Winn, "Market Imperfections, Opportunity, and Sustainable Entrepreneurship", *Journal of Business Venturing*, n. 22, v. 1, jan. 2007, p. 29-49; Bumgardner, Buehlmann, Schuler e Crissey, "Competitive Actions of Small Firms in a Declining Market".
23. "Marketing Planning", 71; veja também: Timothy Matanovich, Gary L. Lilien e Arvind Rangaswamy, "Engineering the Price-Value Relationship", *Marketing Management*, primavera/1999, p. 48-53.
24. Babin e Zikmund, *Essentials of Marketing Research*; and Kotler and Keller, *Marketing Management*.
25. Morris Schindehutte e Pitt, *Rethinking Marketing*; veja também: Tessa Christina Flatten, Andreas Engelen, Timo Möller e Malte Brettel, "How Entrepreneurial Firms Profit from Pricing Capabilities: An Examination of Technology-Based Ventures", *Entrepreneurship Theory and Practice*, 2015, no prelo.
26. Jun Loayza, "5 Business Models for Social Media Start-Ups", *Mashable Business*, 14 jul. 2009, http://mashable.com/2009/07/14/social-mediabusinessmodels, a Acesso em: 1º maio 2012; Aylin Aydinli, Marco Bertini e Anja Lambrecht, "Price Promotion for Emotional Impact", *Journal of Marketing*, n. 78, v. 4, 2014, p. 80-96.

CAPÍTULO 11

Preparação financeira para empreendimentos empresariais

OBJETIVOS DE APRENDIZAGEM

1. Explicar os principais demonstrativos financeiros necessários a qualquer empreendimento empresarial: balanço patrimonial, demonstração de resultados e demonstração de fluxo de caixa.
2. Descrever o processo de preparação de um orçamento operacional.
3. Discutir a natureza do fluxo de caixa e explicar como elaborar esse documento.
4. Descrever como as declarações pró-forma são preparadas.
5. Explicar como o orçamento de capital pode ser usado no processo de tomada de decisão.
6. Ilustrar o modo como usar a análise do ponto de equilíbrio.
7. Descrever a análise de indicadores e ilustrar o uso de algumas das medidas importantes e seus significados.

Pensamento empreendedor

Gestores de pequenas empresas são muito inclinados a delegar a contadores externos cada decisão sobre os demonstrativos financeiros de suas empresas. De fato, é muito injusto supor que os contadores possam produzir – sem a assessoria e a consultoria da gerência – o demonstrativo perfeito de uma empresa. Ao contrário, afirmo que os principais gestores de pequenas empresas em crescimento devem trabalhar com seus contadores independentes na preparação dos demonstrativos financeiros da empresa para assegurar que a mensagem correta seja transmitida...

—James Mcneill Stancill, *Growing Concerns*

11.1 A IMPORTÂNCIA DAS INFORMAÇÕES FINANCEIRAS PARA OS EMPREENDEDORES

Os empreendedores de hoje operam em um ambiente competitivo caracterizado por forças restritivas de regulamentação governamental, concorrência e recursos. Quanto ao último, nenhuma empresa tem acesso a uma quantidade ilimitada de recursos. Portanto, para competir efetivamente, o empreendedor deve alocá-los de forma eficiente. Três tipos de recursos estão disponíveis ao empreendedor: humano, material e financeiro. Este capítulo tem como foco os recursos financeiros do ambiente empresarial e inicia com uma discussão dos demonstrativos financeiros como ferramenta de planejamento gerencial. É apresentado como o processo orçamentário se traduz na preparação das declarações pró-forma e também é dada atenção à análise de ponto de equilíbrio e à análise de indicadores como ferramentas de planejamento de lucro.

As informações financeiras englobam todas as informações apresentadas nos outros segmentos de negócios: marketing, distribuição, fabricação e gestão, além de quantificar todas as suposições e informações históricas a respeito das operações de negócios.[1]

É importante lembrar que os empreendedores fazem suposições para explicar como os números são derivados e correlacionam essas suposições com as informações apresentadas em outras partes das operações de negócios. O conjunto de suposições no qual as projeções são baseadas deve ser apresentado claramente e com precisão; sem elas, os números terão pouco significado. Somente após considerar cuidadosamente as suposições é que o empreendedor poderá avaliar a validade das projeções financeiras. Como o restante do plano financeiro é uma consequência dessas suposições, essa é a parte mais integral de qualquer segmento financeiro. (Consulte a Tabela 11.1 para obter um glossário financeiro para empreendedores.)

Para que os empreendedores desenvolvam os principais componentes de um segmento financeiro, devem seguir um processo claro, descrito na próxima seção.

TABELA 11.1 GLOSSÁRIO FINANCEIRO PARA O EMPREENDEDOR

Ativo. Qualquer coisa de valor que seja de propriedade sua ou de sua empresa.

Ativos correntes. Caixa e ativos que podem ser facilmente convertidos em caixa, como contas a receber e estoque. Os ativos correntes devem exceder os passivos correntes.

Balanço patrimonial. Demonstrativo detalhado que lista o total de ativos e passivos de sua empresa em dado momento. Também chamado *demonstrativo de condição financeira*.

Capital. (1) Montante investido em um negócio pelo(s) proprietário(s) ou acionistas. (2) Dinheiro disponível para investimento ou dinheiro investido.

Capital de giro. Excesso de ativos correntes sobre os passivos correntes.

Capital próprio. Participação na propriedade ou em um negócio sujeita aos credores anteriores. O capital próprio de um proprietário é a diferença entre o valor dos ativos e a dívida de propriedade da empresa. Por exemplo, se você empresta $ 30.000 para comprar ativos para os quais pagam um total de $ 50.000, seu capital próprio é de $ 20.000.

Custo das mercadorias vendidas. É determinado subtraindo-se o valor do estoque final da soma do estoque inicial e das compras feitas durante o período. As vendas brutas menos o custo das mercadorias vendidas fornecem o lucro bruto.

Custo variável Custos que variam com o nível de produção nas vendas, como trabalho direto, material e comissões de vendas.

Demonstração de lucros e prejuízos. O mesmo que *demonstração de resultado*.

Demonstração de resultado. Também chamada *demonstração de lucros e prejuízos*. Demonstração que resume a receita de um negócio durante um período específico.

Demonstrativo financeiro. Relatório que resume a condição financeira de um negócio. Normalmente inclui um balanço patrimonial e uma demonstração de resultado.

Demonstrativo financeiro pessoal. Relatório que resume sua condição financeira pessoal. Normalmente, inclui uma listagem de seus ativos, passivos, grandes despesas mensais e fontes de renda.

Depreciação. Perda de utilidade; utilidade vencida; diminuição do rendimento de serviço de um ativo fixo ou grupo de ativos fixos que não pode ser ou que não será restaurado por reparos ou por substituição de peças.

(Continua)

TABELA 11.1   GLOSSÁRIO FINANCEIRO PARA O EMPREENDEDOR (Continuação)

Despesa. Custo vencido; qualquer item ou classe de custo (ou perda) na execução de uma atividade; gasto presente ou passado que cobre um custo operacional presente ou que representa um custo ou uma perda irrecuperável; item de despesas de capital amortizado ou reduzido; ou termo usado frequentemente com alguma expressão de qualificação que denota função, organização ou tempo, como uma despesa de venda, despesa de fabricação ou despesa mensal.

Fluxo de caixa. Cronograma de suas entradas e desembolsos de dinheiro.

Garantia. Propriedade que você possui e que promete ao credor como fiança para um empréstimo até que este seja pago de volta. A garantia pode ser carro, casa, ações, títulos ou equipamentos.

Juros. Custo pelo empréstimo do dinheiro. É pago ao credor e geralmente expresso como porcentagem anual do empréstimo. Ou seja, se você emprestar $ 100 a 12%, pagará 1% (0,01 $100 $1) de juros ao mês. Os juros são uma despesa para a execução dos negócios.

Lucro. (Consulte *Lucro líquido e Lucro bruto*.) "Lucro" geralmente se refere a lucro líquido.

Lucro bruto. Vendas menos o custo das mercadorias vendidas. Por exemplo, se você vender $ 100.000 em mercadoria para a qual paga $ 80.000, seu lucro bruto será de $ 20.000. Para obter o lucro líquido, no entanto, você terá que reduzir outras despesas incorridas durante o período em que as vendas são feitas, como aluguel, seguro e salários da equipe de vendas.

Lucro líquido. Receita total menos as despesas totais para o período. (Consulte *Lucro bruto*.)

Passivo. Dinheiro que você deve aos credores. Os passivos podem estar na forma de empréstimo bancário, contas a pagar, e assim por diante. Representam um exigível em seus ativos.

Passivos correntes. Dívidas que você deve pagar em um ano (também chamados *passivos de curto prazo*).

Patrimônio líquido. O mesmo que *capital próprio*.

Perdas. Quando as despesas totais de um negócio para o período forem maiores que a receita.

Regime de caixa de contabilidade. Método de contabilidade no qual a receita e as despesas são registradas quando recebidas e pagas, respectivamente, sem considerar o período no qual se aplicam.

Regime de competência de contabilidade. Método de registrar e alocar a receita e os custos para o período em que cada um está envolvido, independentemente da data do pagamento ou do recolhimento. Por exemplo, se você recebesse $ 100 em abril para as mercadorias que vendeu em março, os $ 100 seriam a receita para março sob o regime de competência. (*Competência* é o oposto de regime de caixa na contabilidade.)

11.2 PRINCIPAIS DEMONSTRATIVOS FINANCEIROS

Demonstrativos financeiros são ferramentas poderosas que os empreendedores podem usar para gerenciar seus empreendimentos.[2] Os demonstrativos financeiros básicos com os quais um empreendedor precisa estar familiarizado são o balanço patrimonial, a demonstração de resultados e a demonstração de fluxo de caixa. As seções a seguir examinam cada um desses demonstrativos detalhadamente, fornecendo uma base para entender os livros de registro de que todos os empreendimentos necessitam.

11.2a Balanço patrimonial

OA1 Explicar os principais demonstrativos financeiros necessários a qualquer empreendimento empresarial: balanço patrimonial, demonstração de resultados e demonstração de fluxo de caixa.

Balanço patrimonial é um demonstrativo que relata a posição financeira de um negócio em um momento específico. Muitos contadores gostam de pensar nele como um retrato tirado no fechamento dos negócios em determinado dia, como 31 de dezembro. Geralmente, a data de fechamento é aquela que marca o fim do ano comercial para a organização.

O balanço patrimonial é divido em duas partes: os recursos financeiros de propriedade da empresa e os exigíveis em relação a esses recursos. Tradicionalmente, esses exigíveis em relação aos recursos vêm de dois grupos: credores que possuem um exigível nos ativos da empresa e que podem processá-la se as obrigações não forem pagas, e proprietários que possuem os direitos a qualquer coisa restante após os exigíveis dos credores serem pagos.

Os recursos financeiros que a empresa possui são chamados *ativos*. Os exigíveis que os credores possuem são chamados *passivos*. A participação residual dos proprietários é conhecida como *capital próprio do proprietário*. Quando os três são colocados no balanço patrimonial, os ativos são listados à esquerda e os passivos e o capital próprio do proprietário, à direita.

Ativo é algo de valor que a empresa possui. Para determinar o valor de um ativo, o proprietário/gerente deve fazer o seguinte:

6. Identificar o recurso.
7. Fornecer uma medida monetária desse valor de recurso.
8. Estabelecer o grau de propriedade no recurso.

A maioria dos ativos pode ser identificada facilmente. Eles são *tangíveis*, por exemplo: dinheiro, terreno e equipamento. No entanto, também existem os *ativos intangíveis*, que são aqueles que não podem ser vistos como direitos autorais e patentes.

Passivos são dívidas de negócios. São incorridos por meio de operações normais ou do processo de obtenção de fundos para financiar as operações. Passivo comum é uma conta de curto prazo a pagar, na qual a empresa solicita alguma mercadoria, esta é recebida e ainda não foi paga. Isso geralmente acontece quando uma empresa recebe a mercadoria durante a terceira semana do mês e não paga por ela até pagar todas as suas contas no primeiro dia do mês seguinte. Se o balanço patrimonial foi construído baseado no fim do mês, a conta ainda poderia ser paga nesse momento.

Os passivos são divididos em duas categorias: curto e longo prazo. **Passivos de curto prazo** (também chamados **passivos correntes**) são aqueles que devem ser pagos durante os próximos 12 meses. **Passivos de longo prazo** são aqueles que não estão programados para serem pagos nos próximos 12 meses, como hipoteca de um prédio ou um empréstimo bancário de cinco anos.

Patrimônio líquido do proprietário é o que resta depois que os passivos da empresa forem subtraídos de seus ativos – é o exigível que os proprietários possuem contra os ativos da empresa. Se a empresa perder dinheiro, o patrimônio líquido do proprietário diminuirá. Esse conceito ficará mais claro quando explicarmos por que um balanço patrimonial sempre fica equilibrado.[3]

ENTENDENDO O BALANÇO PATRIMONIAL

Para explicar o balanço patrimonial, é necessário examinar um que seja típico e determinar o que cada entrada significa. A Tabela 11.2 apresenta uma explicação. Observe que ela fornece três seções: ativos, passivos e patrimônio líquido do proprietário. Em cada uma dessas classificações estão diversos tipos de contas. As seções a seguir examinam cada tipo de conta apresentada na tabela.

Ativos correntes
Consistem em dinheiro e em outros ativos que se espera razoavelmente ser transformados em dinheiro, vendidos ou usados durante o ciclo operacional normal. Os tipos mais comuns de ativos correntes são aqueles apresentados na Tabela 11.2.

Caixa refere-se a moeda, dinheiro e cheque à vista. Também inclui o dinheiro que a empresa tem na conta corrente e na poupança.

Contas a receber são exigíveis da empresa contra seus clientes para saldos não pagos sobre a venda de mercadorias ou a prestação de serviços. Por exemplo, muitas empresas vendem a crediário e esperam que seus clientes paguem no fim do mês. Ou, em muitos casos, enviam aos clientes uma fatura no fim do mês para pagamento em 10 dias.

A **permissão para contas não cobráveis** refere-se a contas a receber julgadas como não cobráveis. Como uma empresa sabe quando os recebíveis são não cobráveis? Essa pergunta pode ser difícil de responder, e não há uma resposta definitiva. No entanto, imagine que a empresa peça que todos os clientes paguem nos 10 primeiros dias do mês após a compra. Além disso, um envelhecimento das contas a receber mostra que os seguintes montantes são devidos à empresa:

Número de dias a compensar	Montante de recebíveis
1-11	$ 325.000
11-20	25.000
21-30	20.000
31-60	5.000
61-90	7.500
91+	17.500

Nesse caso, a empresa pode achar que qualquer coisa além de 60 dias não será pago e registrará isso como não cobrável. Observe que, na Tabela 11.2, a permissão para as contas não cobráveis é de US$ 25.000, o montante que tem ficado para compensação por mais de 60 dias.

TABELA 11.2 BALANÇO PATRIMONIAL DA KENDON CORPORATION PARA O ANO QUE TERMINA EM 31 DE DEZEMBRO DE 2018

Ativos

Ativos correntes

Caixa		US$ 200.000
Contas a receber	US$ 375.000	
Menos: permissão para contas não cobráveis	US$ 25.000	350.000
Estoque		150.000
Despesas pré-pagas		35.000
Total de ativos correntes		US$ 735.000

Ativos fixos

Terreno	US$ 330.000	
Prédio	US$ 315.000	
Menos: depreciação acumulada do prédio	80.000	
Equipamento	410.000	
Menos: depreciação acumulada do equipamento	60.000	
Total de ativos fixos		915.000
Total de ativos		US$ 1.650.000

Passivos

Passivos correntes

Contas a pagar	US$ 150.000	
Notas a pagar	US$ 25.000	
Impostos a pagar	75.000	
Empréstimo a pagar	50.000	
Total de passivos correntes		US$ 300.000
Empréstimo bancário		200.000
Total de passivos		US$ 500.000

Patrimônio líquido do proprietário

Capital contribuído

Ação ordinária, US$ 10 nominais, 40.000 ações	US$ 400.000	
Ação preferencial, US$ 100 nominais, 500 ações		
Autorizada, nenhuma vendida		
Rendimentos retidos	750.000	
Total de patrimônio líquido do proprietário		1.150.000
Total de passivos e capital do proprietário		US$ 1.650.000

© Cengage Learning

Estoque é a mercadoria retida pela empresa para revenda aos clientes. O estoque corrente em nosso exemplo é de US$ 150.000, mas esse não é todo o estoque que a empresa teve em mãos o ano todo. Naturalmente, a companhia iniciou o ano com algum estoque e adquiriu mais conforme as vendas foram feitas. Essa figura do balanço patrimonial é o que restou no fim do ano fiscal.

Despesas pré-pagas são despesas que a empresa já pagou, mas que ainda não foram utilizadas. Por exemplo, o seguro pago pelo carro a cada seis meses é uma entrada de despesa pré-paga porque ocorrerá seis meses antes que todo o prêmio tenha sido usado. Como resultado, o contador deve reduzir o montante pré-pago por um sexto a cada mês. Às vezes, suprimentos, serviços e aluguel também são pré-pagos; nesse caso, a mesma abordagem é seguida.

Ativos fixos Consistem em terrenos, prédios, equipamentos e outros ativos que deverão permanecer com a empresa por período prolongado. Eles não são totalmente usados na produção das mercadorias e serviços. Alguns dos tipos mais comuns são mostrados na Tabela 11.2.

Terreno é a propriedade usada na operação da empresa. Não é o terreno que foi adquirido para expansão ou especulação; que seria listado como investimento e não como ativo fixo. O terreno é listado no balanço patrimonial nos custos, e seu valor, em geral, é alterado apenas periodicamente. Por exemplo, a cada cinco anos, o valor do terreno pode ser recalculado de modo que seu valor no balanço patrimonial e seu valor de revenda sejam iguais.

Prédio consiste das estruturas que acomodam os negócios. Se a empresa tiver mais de um prédio, o custo total de todas as estruturas será listado.

Depreciação acumulada do prédio refere-se ao montante da construção que foi reduzida dos livros em decorrência do desgaste e da depreciação. Por exemplo, referindo-se à Tabela 11.2, o custo original do prédio era de US$ 315.000, mas a depreciação acumulada é de US$ 80.000, deixando um valor líquido de US$ 235.000. O montante de depreciação cobrado a cada ano é determinado pela contabilidade da empresa depois de consultar as regras de serviço de receita interna. Uma depreciação padrão é de 5% ao ano para novos prédios, embora um método acelerado, às vezes, seja utilizado. Em qualquer dos casos, o montante reduzido é uma despesa dedutível do imposto. Portanto, a depreciação reduz o montante de receita tributável para a empresa e ajuda a reduzir a obrigação fiscal. Dessa maneira, a empresa tem a oportunidade de recuperar parte de seu investimento.

Equipamento é o maquinário que a empresa usa para produzir mercadorias. Isso é registrado nos livros como custo e então depreciado e listado como *depreciação acumulada do equipamento*. Em nosso exemplo, é de US$ 60.000. A lógica por trás da depreciação do equipamento e seu efeito nos impostos de renda da empresa é a mesma que para a depreciação acumulada do prédio.

Passivos correntes São obrigações que serão devidas e a pagar no próximo ano ou no próximo ciclo operacional. Os passivos correntes mais comuns estão listados na Tabela 11.2.

Contas a pagar são passivos incorridos quando as mercadorias ou os suprimentos são adquiridos a crédito. Por exemplo, se a empresa comprar à base de 30 dias líquidos, durante esses 30 dias a fatura das mercadorias constituirá uma conta a pagar.

Nota a pagar é uma nota promissória fornecida como reconhecimento tangível de um exigível do fornecedor ou uma nota fornecida em conjunto com uma aquisição dos fundos, como um empréstimo bancário. Alguns fornecedores exigem que uma nota seja fornecida quando uma empresa comprar a mercadoria e não for capaz de pagar por ela imediatamente.

Impostos a pagar são passivos de propriedade do governo – federal, estadual e municipal. A maioria das empresas paga seus impostos de renda federais e estaduais trimestralmente*. Em geral, os pagamentos são feitos em 15 de abril, 15 de junho e 15 de setembro do ano atual e 15 janeiro do ano seguinte. Em seguida, a empresa encerra seus livros, determina se ainda possui algum imposto e faz os pagamentos necessários em 15 de abril. Outros impostos a pagar são impostos sobre vendas. Por exemplo, a maioria dos estados (e algumas cidades) arrecada um imposto sobre vendas**. Cada mercadoria deve recolher os impostos e remetê-los à agência apropriada.

Empréstimo a pagar é a parcela atual sobre uma dívida de longo prazo que deve ser paga este ano. Como resultado, ele se torna parte dos passivos correntes. O restante é executado como dívida de longo prazo. Observe que, na Tabela 11.2, US$ 50.000 dessa dívida foi paga em 2018 pela Kendon Corporation.

Passivos de longo prazo Como dissemos, os passivos de longo prazo consistem de obrigações que não se tornarão devidas ou a pagar por, pelo menos, um ano ou não no ciclo operacional corrente. Os mais comuns são empréstimos bancários.

Empréstimo bancário é um passivo de longo prazo decorrente de um empréstimo de uma instituição de crédito. Embora não esteja clara no balanço patrimonial na Tabela 11.2 a dimensão do empréstimo bancário original, ele está sendo pago na taxa de US$ 50.000 anualmente. Portanto, vai demorar mais quatro anos para pagar o empréstimo.

---

* No Brasil, à opção do contribuinte, o lucro real também pode ser apurado anualmente.
** Salvando algumas exceções: ICMS, ISS, IE, Cofins e contribuição para o PIS.

Capital contribuído A Kendon Corporation é propriedade de indivíduos que compraram ações. Diversos tipos de ações podem ser vendidos por uma corporação; os mais típicos são ações ordinárias e ações preferenciais. Somente a ação ordinária foi vendida por essa empresa.

A ação ordinária é a forma mais básica de propriedade corporativa. Essa propriedade fornece ao indivíduo o direito de votar no conselho de diretores. Normalmente, para cada ação ordinária retida, o indivíduo tem direito a um voto. Conforme mostrado na Tabela 11.2, a corporação emitiu 40.000 títulos de ações ordinárias de US$ 10 nominais, aumentando US$ 400.000. Embora o termo *valor nominal* possa ter pouco significado para a maioria dos acionistas, isso tem implicações legais: ele determina o capital legal da corporação, que constitui um montante abaixo do qual o total de capital próprio dos acionistas não pode ser reduzido, exceto sob certas circunstâncias (o mais comum é uma série de perdas líquidas). Por motivos legais, o total do valor nominal da ação é mantido nos registros contábeis. No entanto, isso não tem efeito no *valor de mercado* da ação.

A ação preferencial difere da ordinária porque seus proprietários possuem preferência nos ativos da empresa, no caso de dissolução. Isso significa que, depois que os credores forem pagos, os acionistas preferenciais terão o próximo exigível sobre o ativo que restar. Os exigíveis dos acionistas ordinários vêm por último. A Tabela 11.2 mostra que 500 ações preferenciais foram emitidas, cada uma com valor nominal de US$ 100, mas nenhuma foi vendida. Portanto, ela não é mostrada como número no balanço patrimonial.

Rendimentos retidos São o resultado líquido acumulado ao longo da vida dos negócios até o momento. Na Tabela 11.2, os ganhos retidos são mostrados como US$ 750.000. Todo ano esse montante aumenta pelo lucro que se tem e se mantém na empresa. Se os dividendos forem declarados na ação, certamente serão pagos do total de rendimentos líquidos. Os rendimentos retidos são o que resta depois disso.

POR QUE O BALANÇO PATRIMONIAL SEMPRE SE EQUILIBRA?

Por definição, o balanço patrimonial sempre se equilibra.[4] Se algo acontecer em um lado da balança patrimonial, isso será compensado por algo no outro lado. Portanto, o balanço patrimonial permanece em equilíbrio. Antes de examinar alguns exemplos, vamos refazer as equações do balanço patrimonial:

$$\text{Ativos} = \text{Passivos} + \text{Patrimônio líquido do proprietário}$$

Com isso em mente, vamos examinar alguns exemplos típicos das transações de negócios e seus efeitos no balanço patrimonial.

Transação de crédito A Kendon Corporation chama um de seus fornecedores e pede a entrega de US$ 11.000 em materiais. Os materiais chegam no dia seguinte, e a empresa toma posse deles.

A fatura deve ser paga em 30 dias. Como o balanço patrimonial é afetado? O *estoque* sobe em US$ 11.000 e as *contas a pagar* aumentam em US$ 11.000. O aumento nos ativos correntes é compensado pelo aumento nos passivos correntes.

Continuando essa ilustração, o que acontece quando a fatura é paga? A empresa emite um cheque de US$ 11.000 e o *caixa* diminui esse montante. Ao mesmo tempo, *as contas a pagar* diminuem em US$ 11.000. Novamente, essas são as transações de compensação, e o balanço patrimonial permanece em equilíbrio.

A Tabela 11.2 de **empréstimo bancário** mostra que a Kendon Corporation teve um empréstimo bancário a compensar de US$ 200.000 em 2018. Imagine que a empresa aumente esse empréstimo em US$ 110.000 em 2016. Como o balanço patrimonial é afetado? O *caixa* sobe em US$ 110.000 e o *empréstimo bancário* aumenta no mesmo montante; novamente, o balanço é alcançado. No entanto, o que acontece se a empresa usar esses US$ 110.000 para comprar novo maquinário? Nesse caso, o *caixa* diminui em US$ 110.000 e o *equipamento* aumenta em um montante equivalente. De novo, existe um balanço. Por fim, o que acontece se a Kendon decidir pagar seu empréstimo bancário? Nesse caso, a primeira situação é invertida; caixa e *empréstimo bancário* (passivos de longo prazo) diminuem em montantes iguais.

Venda de ações Imagine que a empresa emita e venda outras 40.000 ações de US$ 10 nominais a ação *ordinária*. Como essa ação afeta o balanço patrimonial? (A resposta é simples.) As *ações ordinárias* aumentam em US$ 400.000 e assim compõem o *caixa*. Mais uma vez, existe um balanço.

O PROCESSO EMPREENDEDOR

Observando suas contas a receber

Um dos principais problemas que atormentam as empresas start-up é o fraco fluxo de caixa, e um dos grandes contribuintes para esse problema são contas a receber não recolhidas ou extremamente atrasadas. Quando a empresa está em declínio, a primeira tática empregada por ela é prorrogar, o máximo possível, os pagamentos sobre suas contas a pagar, o que representa um problema para seus fornecedores. A maioria dos empreendedores oferece crédito a seus clientes a fim de incentivar os negócios, mas quando esses clientes optam por não pagar esse crédito no devido momento, as empresas que os atendem podem se deparar com um déficit de caixa, tornando os pagamentos para seus fornecedores problemáticos. Em alguns casos, os empreendedores não têm outra opção senão assumir cartões de crédito que cobram taxas de juros absurdas apenas para manter seus negócios funcionando.

Evitar essa situação requer significativa previsão por parte da equipe de gestão. Uma boa regra geral é sempre proteger o financiamento antes que sua empresa precise dele. Você geralmente encontrará caixa quando estiver em momentos difíceis, mas o custo desse capital pode ser significativo. Proteger uma linha operacional de crédito e manter suas contas a receber ajudará a evitar enganos onerosos quando as coisas ficarem difíceis.

A seguir estão cinco dicas para assegurar que está recebendo por aquilo que está chegando a você:

Acompanhe suas contas a receber com *softwares*. Considerando a grande quantidade de *softwares* gratuitos e baratos para criação e acompanhamento de fatura, o único motivo para não usar um é se você não tem computador ou smartphone. Um exemplo é o Quickbooks, que é econômico e simples para o usuário. Contudo, também existem inúmeras outras opções.

Desenvolva um processo. Os clientes prorrogarão os pagamentos se pensarem que podem fazê-lo; não permita. Ser consistente ao lidar com seus clientes permitirá que eles saibam que você leva a sério o recolhimento de seus recebíveis. Estabeleça uma data de vencimento de pagamento e reforce-a. Se você deixar seus clientes "soltos", estará enviando a eles a mensagem de que podem pagar quando quiserem, o que pode funcionar bem quando a empresa estiver nivelada com o caixa.

Faça algum ruído. Depois de ter fornecido um produto ou serviço, você tem o direito de ser pago. Você não deve se sentir culpado por contatar seu cliente a respeito de um pagamento inadimplente. Afinal de contas, você sustentou o fim da negociação. Seus clientes irão pagar os fornecedores que estão mais comprometidos em serem pagos. Se optar por sentar e esperar, talvez você nunca receba seu dinheiro.

Receba adiantado. Na dúvida, não existe outra maneira de assegurar o pagamento além de determinar que seus clientes paguem adiantado; isso é especialmente útil ao trabalhar com novos clientes. É sempre possível cobrar uma porcentagem para que você e seus clientes compartilhem a carga de responsabilidade. Caso você opte por emitir o crédito a um cliente, certifique-se de executar primeiro uma verificação de crédito.

Encontre um "intercessor". É muito provável que a pessoa que paga sua empresa não seja o empreendedor. Descubra quem é o responsável pelos pagamentos, de modo que possa conhecê-lo. A ordem na qual os pagamentos são submetidos geralmente será a critério dessa pessoa, então você tem uma chance maior de estar no topo dessa lista se essa pessoa o conhecer.

Descontos para pagamento antecipado. Incentive os clientes a pagarem o mais rápido possível oferecendo-lhes descontos. Um dos termos de crédito mais populares é 2%/10, 30 dias líquidos. Isso significa que um cliente recebe desconto de 2% se pagar em 10 dias e o saldo total será devido em 30 dias da data da fatura.

Saiba quando abandonar. Apesar daquilo que o pensamento tradicional sugere, os clientes nem sempre têm razão e nem sempre são lucrativos. O tempo gasto recolhendo impostos e o custo de execução de crédito de um cliente podem sobrecarregar sua empresa. Se esse for o caso, não tenha medo de descontinuar o relacionamento. Geralmente, os custos excedem demais o que aparece nos demonstrativos financeiros, considerando que o tempo gasto com clientes problemáticos poderia ser gasto conseguindo novos negócios. Para evitar que esses problemas sobrecarreguem sua empresa, conduza auditorias anuais de seus clientes e considere eliminar aqueles que lhe dão prejuízo.

A gestão de fluxo de caixa é um processo que nunca termina para um empreendedor. A liquidez é uma métrica importante ao considerar a saúde de seus negócios; se você estiver permitindo que seus clientes adiem os pagamentos, arriscará que eles coloquem a vida de sua empresa em perigo.

Fontes: Adaptado de Prince, C. J., "Time Bomb", *Entrepreneur*, janeiro de 2008, http://www.entrepreneur.com/magazine/entrepreneur/2008 /january/187658.html (acesso em: 12 maio 2012); e Khanna, R., "Tips on Managing Your Accounts Receivable", *Toolbox.com*, 23 nov. 2010, http://finance.toolbox.com/blogs/montreal-financial/tips-on -managing-your-accounts- -receivable-42717. (acesso em: 12 maio 2012).

Com esses exemplos em mente, deve ser óbvio o motivo pelo qual o balanço patrimonial sempre se equilibra. Cada entrada tem uma entrada igual e de compensação para manter essa equação:

Ativos = Passivos + Patrimônio líquido do proprietário

Tenha em mente que, na linguagem contábil, os termos *débito* e *crédito* denotam aumentos e reduções nos ativos, nos passivos e no patrimônio líquido do proprietário. A tabela a seguir relaciona os débitos e créditos a aumentos e reduções.

Categoria	Uma transação que aumenta o montante	Uma transação que diminui o montante
Ativo	Débito	Crédito
Passivo	Crédito	Débito
Patrimônio líquido do proprietário	Crédito	Débito

Aplicar essa ideia aos exemplos anteriores resulta em:

	Débito	Crédito
Transação de crédito		
Estoque	US$ 11.000	
Contas a pagar		US$ 11.000
Empréstimo bancário		
Caixa	110.000	
Empréstimo bancário		110.000
Venda de ações		
Caixa	400.000	
Ação ordinária		400.000
	US$ 511.000	US$ 511.000

11.2b Demonstração de resultados

A demonstração de resultados é um demonstrativo financeiro que mostra a mudança ocorrida em uma posição da empresa como resultado de suas operações sobre um período específico. Isso se contrasta com o balanço patrimonial, que reflete a posição da empresa em determinado ponto no tempo.

A demonstração de resultado, algumas vezes conhecida como "demonstração de lucros e prejuízos" ou "L&P", relata o sucesso (ou a falha) dos negócios durante o período. Em essência, ela mostra se as receitas foram maiores ou menores que as despesas. Essas *receitas* são o dinheiro que as pequenas empresas receberam da venda de seus bens e serviços. As *despesas* são os custos dos recursos usados para obter as receitas. Esses custos variam desde o custo de materiais usados nos produtos que a empresa produz até os salários que paga a seus funcionários.

A maioria das demonstrações de resultado cobre um intervalo de um ano, mas não é incomum encontrar demonstrações mensais, trimestrais ou semestrais. Todas as receitas e despesas acumuladas durante esse tempo são determinadas, e o lucro líquido para o período é identificado. Muitas empresas preparam demonstrações de resultado trimestrais, mas constroem um balanço patrimonial somente uma vez ao ano. Isso acontece porque estão muito mais interessadas nos lucros e prejuízos que em examinar a posição de seus ativos, passivos e patrimônio líquido do proprietário. No entanto, deve ser observado que a demonstração de resultado extraída no fim do ano vai coincidir com o ano fiscal da empresa, assim como ocorre com o balanço patrimonial. Como resultado, no fim do ano comercial, a organização terá um balanço patrimonial e uma demonstração de resultado. Dessa maneira, podem ser considerados juntos, e a inter-relação entre eles pode ser estudada. Inúmeros tipos diferentes de receita e despesas são relatados na demonstração de resultado. Contudo, para simplificar, a demonstração de resultado pode ser reduzida em três categorias principais: (1) receitas, (2) despesas e (3) renda líquida.

Receitas são vendas brutas que a empresa fez durante o período específico em análise e, geralmente, consiste no dinheiro recebido de fato das vendas, mas nem sempre esse é o caso. Por exemplo, vendas feitas por conta ainda são reconhecidas como receitas, como quando uma loja de móveis vende US$ 500 para um cliente hoje, entrega o móvel amanhã e recebe o pagamento daqui a duas semanas. Do momento em que as mercadorias são entregues, a empresa pode alegar aumento na receita.

Despesas são os custos associados à produção de bens ou serviços. Para a loja de móveis do parágrafo anterior, as despesas associadas à venda incluiriam os custos de adquirir, vender e entregar a mercadoria. Algumas vezes, essas são despesas que serão pagas posteriormente. Por exemplo, as pessoas que entregam o móvel podem ser pagas a cada duas semanas, de modo que o escoamento real do dinheiro gasto na forma de salários não ocorrerá ao mesmo tempo em que o trabalho é realizado. Não obstante, isso é tratado como despesa.

Renda líquida é o excesso da receita sobre os gastos durante o período específico em discussão. Se as receitas excederem as despesas, o resultado será um *lucro líquido*. Se o inverso for verdadeiro, a empresa sofrerá uma *perda líquida*. No fim do período contábil, todas as receitas e despesas associadas a todas as vendas de mercadorias e serviços serão adicionadas juntas e depois as despesas serão subtraídas das receitas. Dessa maneira, a empresa saberá se teve lucro ou se sofreu prejuízo.[5]

ENTENDENDO A DEMONSTRAÇÃO DE RESULTADO

Para explicar a demonstração de resultado por completo, é necessário examinar uma e determinar o que é cada conta. A Tabela 11.3 ilustra uma demonstração típica de resultado. Ela possui cinco seções principais: (1) receita de vendas, (2) custo de mercadorias vendidas, (3) despesas operacionais, (4) despesas financeiras e (5) impostos sobre rendimentos estimados.

Receita Sempre que uma empresa vende um produto ou executa um serviço, obtém receita. Isso é conhecido, em geral, como *receita bruta* ou *receita de vendas*. No entanto, na maioria das vezes, é uma figura exagerada, porque a empresa descobre que algumas de suas mercadorias são devolvidas ou alguns clientes tiram proveito dos descontos de pagamento imediato.

TABELA 11.3 DEMONSTRAÇÃO DE RESULTADO DA KENDON CORPORATION PARA O ANO QUE TERMINA EM 31 DE DEZEMBRO DE 2018*

Receita de vendas	US$ 1.750.000	
Menos: devoluções de vendas e descontos	50.000	
Vendas líquidas		US$ 1.700.000
Custo de mercadorias vendidas		
Estoque, janeiro de 2000	US$ 150.000	
Compras	1.050.000	
Mercadorias disponíveis para venda	US$ 1.200.000	
Menos: estoque, dezembro de 2000	200.000	
Custo de mercadorias vendidas		1.000.000
Margem bruta		US$ 700.000
Despesas operacionais		
Despesas com vendas	US$ 150.000	
Despesas administrativas	100.000	
Total de despesas operacionais		250.000
Receita operacional		US$ 450.000
Despesas financeiras		US$ 20.000
Receita antes dos impostos sobre rendimento		US$ 430.000
Impostos sobre rendimento estimados		172.000
Lucro líquido		US$ 258.000

* Para empresas que se enquadram no Simples Nacional, a alíquota única incide diretamente sobre a receita de vendas.

Na Tabela 11.3, a receita de vendas é US$ 1.750.000. No entanto, a empresa também tem devoluções de vendas e descontos de US$ 50.000. Essas devoluções são comuns para empresas que operam em uma política de "satisfação ou seu dinheiro de volta". Em qualquer dos casos, uma pequena empresa deve manter controle dessas devoluções e descontos para ver se o total é alto em relação ao total de receita de vendas. Se for, saberá que algo está errado com o que está vendendo e poderá tomar providências para corrigir a situação.

Deduzindo as devoluções de vendas e os descontos da receita de vendas, a empresa encontrará suas *vendas líquidas*. Esse montante deve ser grande o suficiente para compensar as despesas associadas a fim de assegurar o lucro.

Custo de mercadorias vendidas

Como o próprio nome diz, a seção de custos de mercadorias vendidas relata o custo da mercadoria vendida durante o período contábil. Simplificando, o custo de mercadorias para determinado período é igual ao estoque inicial mais qualquer compra que a empresa faça menos o estoque em mãos no fim do período. Observe que, na Tabela 11.3, o estoque em janeiro de 2000 era de US$ 150.000 e as compras totalizavam US$ 1.050.000. Isso proporcionou à Kendon mercadorias disponíveis para venda de US$ 1.200.000. O estoque final para o período era de US$ 200.000, de modo que o custo de mercadorias vendidas era de US$ 1.000.000. Isso foi o que custou para a empresa comprar o estoque que vendeu. Quando esse custo de mercadorias vendidas é subtraído das vendas líquidas, o resultado é a *margem bruta*, que é o montante disponível para atender às despesas e fornecer algum resultado líquido para os proprietários da empresa.

Despesas operacionais

As principais despesas, exclusivas de custos de mercadorias vendidas, são classificadas como **despesas operacionais** e representam os recursos gastos, exceto para as compras de estoque, para gerar a receita para o período. As despesas, geralmente, são divididas em duas vastas subclassificações: despesas com vendas e despesas administrativas.

As *despesas com vendas* resultam de atividades como exibir, vender, entregar e instalar um produto ou realizar um serviço. As despesas pela exibição de um produto incluem espaço de armazenamento, depreciação em móveis e equipamentos, seguro de propriedade e despesas com utilidade pública e impostos. Despesas de vendas, salários, comissões e publicidade também se enquadram nessa categoria. Custos associados a levar o produto da loja até o cliente também são considerados despesas de vendas. Finalmente, se a empresa instalar o produto para o cliente, todos os custos – incluindo as peças usadas no trabalho – serão considerados nesse total. No conjunto, essas são as despesas de vendas.

Despesas administrativas é um termo para as despesas operacionais não relacionadas diretamente com venda ou apropriação. Em linhas gerais, essas despesas incluem os custos associados ao funcionamento da empresa, como salários dos gerentes, despesas associadas à operação do escritório, despesas gerais que não possam estar diretamente relacionadas às atividades de compra ou venda e despesas que surgem de contas inadimplentes ou não cobráveis.

Quando essas despesas administrativas e de vendas forem agrupadas, o resultado será o *total de despesas operacionais*. Subtraí-las da margem bruta dá à empresa seu *resultado operacional*. Observe que, na Tabela 11.3, as despesas de vendas são de US$ 150.000, as despesas administrativas são de US$ 100.000 e o total de despesas operacionais é de US$ 250.000. Quando subtraídas da margem bruta de US$ 700.000, o resultado operacional será US$ 450.000.

Despesas financeiras

A **despesa financeira** é aquela com juros sobre empréstimos de longo prazo. Como visto na Tabela 11.3, essa despesa é de US$ 20.000. Além disso, muitas empresas incluem suas despesas com juros em obrigações de longo prazo como parte de suas despesas financeiras.

Impostos sobre rendimentos estimados

Conforme observado anteriormente, as corporações pagam impostos estimados sobre receitas; em seguida, em algum tempo predeterminado (por exemplo, 31 de dezembro), os livros são fechados, os impostos reais são determinados e todos os pagamentos adicionais são feitos (ou reembolsos reclamados). Quando esses impostos são subtraídos do resultado antes dos impostos sobre receita, o resultado é o *lucro líquido*. Em nosso exemplo, a Kendon Corporation gerou US$ 258.000.

11.2c Demonstração de fluxo de caixa

A **demonstração de fluxo de caixa** mostra os efeitos de atividades de operação, investimento e financiamento de uma empresa em seu saldo em caixa. O propósito principal dessa demonstração é fornecer informações relevantes sobre os recebimentos e pagamentos da empresa durante um período contábil específico. Isso é útil para responder a questões como:

- Quanto dinheiro a empresa gerou das operações? Como ela financia os gastos de capital fixos?
- Quanta dívida nova a empresa adquiriu?
- O caixa das operações foi suficiente para financiar as compras de ativo fixo?

A demonstração de fluxo de caixa é um suplemento para o balanço patrimonial e as demonstrações de resultado. Uma das limitações das demonstrações de resultado e de balanço patrimonial é que elas são baseadas na contabilidade de regime de competência. Nesse regime, receitas e despesas são registradas quando incorridas – não quando o dinheiro muda de mãos. Por exemplo, se for feita uma venda a crédito, sob o regime de competência a venda será reconhecida, mas o dinheiro não foi recebido. De forma semelhante, a despesa com impostos pode ser apresentada na demonstração de resultado, mas pode não ser paga até data posterior. A demonstração de fluxo de caixa reconcilia as figuras baseadas em competência nas demonstrações de resultado e no balanço patrimonial para o saldo real em caixa relatado no balanço patrimonial.

A demonstração de fluxo de caixa é dividida em atividades *operacionais*, *de investimento* e *de financiamento*. A Tabela 11.4 fornece o esboço de uma demonstração de fluxo de caixa. O *fluxo de caixa operacional* refere-se ao caixa gerado ou usado no curso das operações comerciais da empresa. Os fluxos de caixa operacional líquidos serão positivos para a maioria das empresas, pois seus fluxos operacionais de entrada (principalmente de recolhimento de receita) excederão os fluxos operacionais de saída (por exemplo, pagamento de matéria-prima e salários).

As *atividades de investimento* referem-se aos efeitos de fluxo de caixa das atividades de investimento de longo prazo, como compra ou venda de instalações e equipamento. O fluxo de caixa líquido das atividades de investimento pode ser positivo ou negativo. Uma empresa que ainda está em fase de crescimento estaria acumulando ativos fixos (instalando novo equipamento ou construindo novas instalações) e, portanto, mostraria fluxos de caixa negativos das atividades de investimento. Por outro lado, a companhia que está alienando divisões não lucrativas pode perceber fluxos de entrada de caixa da venda de ativos e, portanto, mostraria fluxo de caixa positivo das atividades de investimento.

As *atividades de financiamento* referem-se aos efeitos de fluxo de caixa de decisões de financiamento da empresa, incluindo a venda de novos seguros (como ações e títulos), recompra de seguros e pagamento de dividendos. Observe que o pagamento de juros aos credores *não* está incluído nas atividades de financiamento. A convenção contábil na determinação da demonstração de fluxo de caixa assume que os pagamentos de juros fazem parte dos fluxos de caixa operacionais. Tão logo identificados os fluxos de caixa das três fontes diferentes – operacional, de investimento e de financiamento –, os saldos iniciais e finais de caixa são reconciliados.

Como essa demonstração é usada com mais frequência por pessoas que analisam a empresa, a utilização de um orçamento de caixa pode ser a melhor abordagem para um empreendedor que inicia um negócio. O procedimento de orçamento de caixa será coberto na próxima seção.

TABELA 11.4 DEMONSTRAÇÃO DE FLUXO DE CAIXA

Fluxo de caixa das atividades operacionais	$ 50.000
Fluxo de caixa de atividades de investimento	($ 10.000)
Fluxo de caixa de atividades de financiamento	$ 5.000
Aumento líquido (redução) no caixa	$ 45.000
Caixa no início do período	$ 400.000
Caixa no fim do período	$ 445.000

© Cengage Learning

11.3 PREPARANDO OS ORÇAMENTOS FINANCEIROS

Uma das ferramentas mais poderosas que o empreendedor pode usar no planejamento das operações financeiras é um **orçamento**.[6] *Orçamento operacional* é uma demonstração da receita e das despesas estimadas durante um período de tempo especificado. Outro tipo comum de orçamento é o *orçamento de fluxo de caixa*, que é uma demonstração dos recebimentos e gastos estimados durante um período de tempo específico. É comum que uma empresa prepare ambos os tipos de orçamentos calculando primeiro um orçamento operacional e depois construindo um orçamento de caixa baseado no operacional. Um terceiro tipo comum é o *orçamento de capital*, usado para planejar as despesas sobre os ativos cujos retornos são esperados para durarem além de um ano. Esta seção examina os três orçamentos: operacional, fluxo de caixa e capital. Em seguida, a preparação de declarações financeiras pró-forma desses orçamentos é discutida.

11-3a Orçamento operacional

OA2 Descrever o processo de preparação de um orçamento operacional.

Geralmente, a primeira etapa para a criação de um **orçamento operacional** é a preparação da **previsão de vendas**.[7] Um empreendedor pode preparar a previsão de vendas de diversas maneiras, e uma delas é implementando uma técnica de previsão estatística como **regressão linear simples**. A regressão linear simples é uma técnica na qual uma equação linear indica o relacionamento entre as três variáveis:

$$Y = a + bx$$

Y é uma variável dependente (depende dos valores de a, b e x), x é uma variável independente (não depende de qualquer outra variável), a é uma constante (na análise de regressão, Y é dependente da variável x, e todas as outras coisas são mantidas constantes) e b é a inclinação da linha (a mudança em Y dividida pela mudança em x). Para estimativa de vendas, Y é a variável usada para representar as vendas esperadas e x é a variável utilizada para representar o fator do qual as vendas são dependentes. Algumas lojas de varejo podem acreditar que suas vendas dependem dos gastos com publicidade, enquanto outras podem achar que suas vendas dependem de alguma outra variável, como a quantidade de pessoas que passa pela loja.

Ao usar a análise de regressão, o empreendedor vai extrair as conclusões sobre o relacionamento entre, por exemplo, vendas de produto e gastos com publicidade. A seguir é apresentado um exemplo de como Mary Tindle, proprietária de uma loja de roupas, usou a análise de regressão.

Mary começou com duas hipóteses iniciais: (1) se nenhum dinheiro for gasto com publicidade, o total de vendas será de $ 200.000 e (2) para cada dólar gasto com publicidade, as vendas serão aumentadas em duas vezes o montante. Relacionar essas duas observações produz a seguinte fórmula simples de regressão linear:

$$V = \$\,200.000 + 2D$$

em que:

V = vendas projetadas
D = despesas com publicidade

(Observe que, geralmente, é mais fácil substituir letras mais significativas em uma equação. Nesse caso, a letra V foi substituída pela letra Y porque a palavra *vendas* começa com essa letra. O mesmo é verdadeiro para a letra D, que foi substituída pela letra x.) Para determinar o nível de vendas esperado, Mary deve inserir diferentes despesas com publicidade e concluir a fórmula de regressão linear simples para cada gasto diferente. Os seguintes dados e a Figura 11.1 demonstram os resultados.

Outra técnica normalmente utilizada para a preparação de uma previsão de vendas é a estimativa de que as vendas correntes aumentarão certa porcentagem sobre as vendas do período anterior. Essa porcentagem é baseada em uma análise da linha de tendências que cobre os cinco períodos de venda anteriores e assume que as variações sazonais continuarão em execução no mesmo padrão. Obviamente, como é necessário cinco períodos de vendas anteriores, a análise da linha de tendência é usada para empreendimentos mais estabelecidos. Todavia, essa é uma ferramenta importante da qual os empreendedores devem estar cientes à medida que o empreendimento aumenta e se torna

FIGURA 11.1 ANÁLISE DE REGRESSÃO.

Regressão linear simples ($000)		
D	2D	S = $200 × 2D
US$ 50	US$ 100	US$ 300
100	200	400
150	300	500
200	400	600
250	500	700
300	600	800

mais estabelecido. A seguir está um exemplo de como John Wheatman, proprietário da North Central Scientific, usou a análise da linha de tendências para prever as vendas de sua loja de varejo de computadores:

Após considerável análise da história de vendas de sua loja, John Wheatman decidiu usar a análise de tendências e estimou que as vendas aumentariam 5% durante o próximo ano, com variações sazonais seguindo praticamente o mesmo padrão. Como possui um computador pessoal com um programa de planilha eletrônica, John optou por usar a entrada das figuras de vendas do último ano na planilha e depois aumentar cada mês em 5%. Os resultados são mostrados na Tabela 11.5.

Depois que a empresa tiver previsto suas vendas para o período de orçamento, as despesas deverão ser estimadas. O primeiro tipo de despesa que deve ser estimado é o custo de mercadorias vendidas, que seguem as vendas na demonstração de resultado. Para empresas de varejo, essa é uma questão de projetar as compras e os estoques iniciais e finais desejados correspondentes. Muitas empresas preferem ter em mãos certa porcentagem das vendas do mês seguinte no estoque. Eis como John Wheatman determina os requisitos de estoque e compras esperadas de sua loja:

Para determinar os requisitos de compra, John Wheatman acredita que o lucro bruto representará 20% de suas vendas. Isso é baseado na análise da demonstração de resultados dos últimos cinco anos. Consequentemente, o custo de mercadorias vendidas representará 80% das vendas para o mês corrente. Além disso, John deseja ter em mãos o estoque de aproximadamente uma semana. Portanto, estima-se que o estoque final será de 25% das vendas do próximo mês. Os resultados são mostrados na Tabela 11.6.

TABELA 11.5 NORTH CENTRAL SCIENTIFIC: PREVISÃO DE VENDAS PARA 2018

	Janeiro	Fevereiro	Março	Abril	Maio	Junho
Vendas	$ 300	$ 350	$ 400	$ 375	$ 500	$ 450
X1,05	315	368	420	394	525	473
	Julho	Agosto	Setembro	Outubro	Novembro	Dezembro
Vendas	$ 475	$ 480	$ 440	$ 490	$ 510	$ 550
X1,05	499	504	462	515	536	578

TABELA 11.6 NORTH CENTRAL SCIENTIFIC: ORÇAMENTO DE REQUISITOS DE COMPRA PARA 2018

	Jan.	Fev.	Mar.	Abr.	Maio	Jun.	Jul.	Ago.	Set.	Out.	Nov.	Dez.
Receita de vendas	US$315	US$368	US$420	US$394	US$525	US$473	US$499	US$504	US$462	US$515	US$536	US$578
Custo de mercadorias vendidas												
Estoque inicial	US$63	US$74	US$84	US$79	US$105	US$95	US$100	US$101	US$92	US$103	US$107	US$116
Compras	263	305	331	341	410	383	400	395	380	416	437	413
Custo de mercadorias disponíveis	US$326	US$379	US$415	US$420	US$515	US$478	US$500	US$496	US$472	US$519	US$544	US$529
Estoque final	74	85	79	105	95	100	101	92	102	107	116	66
Custo de mercadorias vendidas	US$252	US$294	US$336	US$315	US$420	US$378	US$399	US$403	US$370	US$412	US$428	US$462
Lucro bruto	US$63	US$74	US$84	US$79	US$105	US$95	US$100	US$101	US$92	US$103	US$108	US$116

Custo de mercadorias vendidas = vendas no período atual × ,80

Estoque final = vendas do mês seguinte × (0,80)(0,25) (uma vez que o estoque é registrado no custo)

Custo de mercadorias disponíveis = custo de mercadorias vendidas − estoque final

Estoque inicial = estoque final do mês anterior ou vendas do mês atual × (0,80)(0,25)

Compras = custo de mercadorias disponíveis − estoque inicial

Lucro bruto = vendas − custo de mercadorias vendidas

Uma empresa de manufatura, por outro lado, precisará estabelecer seu orçamento de produção, um orçamento de compras de material com base no orçamento de produção e um orçamento de mão de obra direta correspondente. O orçamento de produção é a estimativa de gestão do número de unidades que precisa ser produzido para atender à previsão de vendas. Esse orçamento é preparado trabalhando novamente a seção de custos de mercadorias vendidas. Primeiro, é determinado o número previsto de unidades que serão vendidas durante este mês. Em seguida, o saldo desejado do nível do estoque final é adicionado a essa figura. A soma dessas duas figuras é o número de unidades que serão necessárias no estoque. Depois de determinar os requisitos do estoque, o empreendedor deve determinar quantas dessas unidades serão consideradas pelo estoque inicial (que é o estoque final do mês anterior) e quantas unidades terão de ser produzidas. O requisito de produção é calculado subtraindo o estoque inicial do período do estoque necessário para esse período, conforme mostra o exemplo a seguir:

Tom B. Good, presidente e fundador da Dynamic Manufacturing, decidiu programar um orçamento para ajudar a planejar o crescimento de sua empresa. Depois que recebeu de seu gerente de vendas a previsão das vendas unitárias, Tom examinou os relatórios de movimento de produto do ano passado e determinou que gostaria de ter em mãos 11% das vendas do mês seguinte como folga contra possíveis flutuações na demanda. Também recebeu um relatório de seu gerente de produção cuja previsão é de que seu estoque final seja de 12.000 artefatos, que também será o estoque inicial para o período de orçamento. A Tabela 11.7 mostra os resultados.

Depois de calcular o orçamento de produção, os materiais necessários para produzir o número especificado de unidades podem ser determinados com base em uma análise da lista de materiais para o produto sendo fabricado. Além disso, ao examinar a quantidade de mão de obra direta necessária para produzir cada unidade, a administração poderá determinar a quantidade de mão de obra direta que será necessária durante o período de orçamento futuro.

TABELA 11.7 DYNAMIC MANUFACTURING: PLANILHA ORÇAMENTÁRIA DE PRODUÇÃO PARA 2018

	Jan.	Fev.	Mar.	Abr.	Maio	Jun.	Jul.	Ago.	Set.	Out.	Nov.	Dez.
Vendas projetadas (unidades)	125	136	123	143	154	234	212	267	236	345	367	498
Estoque final desejado	14	12	14	15	23	21	27	24	35	37	50	26
Disponível para venda	139	148	137	158	177	255	239	291	271	382	417	524
Menos: estoque inicial	12	14	12	14	15	23	21	27	24	35	37	50
Total de requisitos de produção	127	134	125	144	162	232	218	264	247	347	380	474

A última etapa na preparação do orçamento operacional é estimar as despesas operacionais para o período. Três dos principais conceitos no desenvolvimento de um orçamento de despesa são: custos fixos, variáveis e mistos. **Custo fixo** é aquele que não muda em resposta às mudanças na atividade por determinado período de tempo; aluguel, depreciação e determinados salários são exemplos. **Custo variável** é aquele que muda na mesma direção que, e em proporção direta a, mudanças na atividade operacional; mão de obra direta, materiais diretos e comissões sobre vendas são exemplos. **Custos mistos** são uma mistura de custos fixos e variáveis. Um exemplo é de utilitários, porque parte dessa despesa seria responsiva à mudança na atividade e o restante seria despesa fixa, mantendo-se relativamente estável durante o período de orçamento. Os custos mistos podem apresentar um problema para a gestão, porque, às vezes, é difícil determinar quanto da despesa é variável e quanto é fixa.

Depois que as despesas forem orçadas, as vendas, o custo de mercadorias e o orçamento de despesa serão combinados para formar o orçamento operacional. A Tabela 11.8 descreve as despesas antecipadas da North Central Scientific para o ano orçamentário e o orçamento operacional concluído para o período. Cada mês representa receita e despesas pró-forma, ou projetadas, para esse período.

11.3b Orçamento de fluxo de caixa

OA3 Discutir a natureza do fluxo de caixa e explicar como elaborar esse documento.

Depois de preparar o orçamento operacional, o empreendedor pode ir para a próxima fase do processo orçamentário: o **orçamento do fluxo de caixa**. Esse orçamento, que geralmente é preparado com a assistência de um contador, fornece uma visão geral do fluxo de entrada e de saída de caixa durante o período. Ao apontar problemas de caixa antecipadamente, a gestão pode tomar as providências necessárias de financiamento.[8]

A primeira etapa na preparação do orçamento de fluxo de caixa são a identificação e a sincronização de fluxos de entrada de caixa. Para os negócios típicos, os fluxos de entrada de caixa virão de três fontes: (1) vendas em caixa, (2) pagamento em caixa recebido na conta e (3) rendimentos de empréstimos. Nem todas as receitas de vendas de uma empresa são caixa. No esforço para aumentar as vendas, a maioria dos negócios permitirá que alguns clientes comprem mercadorias em parcelas. Consequentemente, parte dos fundos chegará em períodos posteriores e será identificado como pagamentos de caixa recebidos em parcela. Rendimentos de empréstimos representam outra forma de fluxo de entrada de caixa que não estão diretamente ligados às receitas de vendas. Uma empresa pode receber os rendimentos de empréstimo por vários motivos – por exemplo, a expansão planejada da empresa (novo prédio e equipamento) ou atender a problemas de fluxo de caixa decorrentes de uma incapacidade de pagar as faturas correntes.

Alguns negócios possuem um saldo mínimo desejado de caixa indicado no orçamento de fluxo de caixa, destacando o ponto no qual será necessário buscar financiamento adicional. A Tabela 11.9 fornece um exemplo de como a North Central Scientific preparou seu orçamento de fluxo de caixa.

TABELA 11.8 NORTH CENTRAL SCIENTIFIC: DESPESA E ORÇAMENTOS OPERACIONAIS

Para identificar o comportamento das diferentes contas de despesas, John Wheatman decidiu analisar as demonstrações de resultado dos últimos cinco anos. A seguir, os resultados de sua análise:

- O aluguel é uma despesa constante e espera-se que permaneça o mesmo durante o ano seguinte.
- A despesa com folha de pagamento muda na proporção das vendas, porque, quanto mais vendas a loja tiver, mais pessoas ela deve contratar para atender às demandas maiores do consumidor.
- Espera-se que os serviços públicos permaneçam relativamente constantes durante o período do orçamento.
- Os impostos são baseados principalmente nas vendas e, portanto, são considerados despesa variável.
- Os suprimentos variarão na proporção das vendas. Isso ocorre porque a maioria dos suprimentos será usada para sustentar as vendas.
- Os reparos são relativamente estáveis e são despesa fixa. John possui contratos de manutenção sobre o equipamento na loja e o custo não está programado para aumentar durante o período do orçamento.

North Central Scientific: Orçamento de despesas para 2018

	Jan.	Fev.	Mar.	Abr.	Maio	Jun.	Jul.	Ago.	Set.	Out.	Nov.	Dez.
Despesas operacionais antecipadas												
Aluguel	US$ 2	US$ 2	US$ 2	US$ 2	US$ 2	US$ 2	US$ 2	US$ 2	US$ 2	US$ 2	US$ 2	US$ 2
Folha de pagamento	32	37	42	39	53	47	50	50	46	51	54	58
Utilitários	5	5	5	5	5	5	5	5	5	5	5	5
Impostos	3	4	4	4	5	5	5	5	5	5	5	6
Suprimentos	16	18	21	20	26	24	25	25	23	26	27	29
Reparos	2	2	2	2	2	2	2	2	2	2	2	2
Total de gastos	US$ 60	US$ 68	US$ 76	US$ 72	US$ 93	US$ 85	US$ 89	US$ 89	US$ 83	US$ 91	US$ 95	US$ 102
Receita de vendas	US$ 315	US$ 368	US$ 420	US$ 394	US$ 525	US$ 473	US$ 499	US$ 504	US$ 462	US$ 515	US$ 536	US$ 578
Custo de mercadorias vendidas												
Estoque inicial	US$ 63	US$ 74	US$ 84	US$ 79	US$ 105	US$ 95	US$ 100	US$ 101	US$ 92	US$ 103	US$ 107	US$ 116
Compras	263	305	331	341	410	383	400	395	380	416	437	413
Custo de mercadorias disponíveis	US$ 326	US$ 379	US$ 415	US$ 420	US$ 515	US$ 478	US$ 500	US$ 496	US$ 472	US$ 519	US$ 544	US$ 529
Estoque final	74	85	79	105	95	100	101	92	102	107	116	66
Custo de mercadorias vendidas	US$ 252	US$ 294	US$ 336	US$ 315	US$ 420	US$ 378	US$ 399	US$ 403	US$ 370	US$ 412	US$ 428	US$ 462
Lucro bruto	US$ 63	US$ 74	US$ 84	US$ 79	US$ 105	US$ 95	US$ 100	US$ 101	US$ 92	US$ 103	US$ 108	US$ 116
Despesas operacionais												
Aluguel	US$ 2	US$ 2	US$ 2	US$ 2	US$ 2	US$ 2	US$ 2	US$ 2	US$ 2	US$ 2	US$ 2	US$ 2
Folha de pagamento	32	37	42	39	53	47	50	50	46	51	54	58
Utilitários	5	5	5	5	5	5	5	5	5	5	5	5
Impostos	3	4	4	4	5	5	5	5	5	5	5	6
Suprimentos	16	18	21	20	26	24	25	25	23	26	27	29
Reparos	2	2	2	2	2	2	2	2	2	2	2	2
Total de despesas	US$ 60	US$ 68	US$ 76	US$ 72	US$ 93	US$ 85	US$ 89	US$ 89	US$ 83	US$ 91	US$ 95	US$ 102
Lucro líquido	US$ 3	US$ 6	US$ 8	US$ 7	US$ 12	US$ 10	US$ 11	US$ 12	US$ 9	US$ 12	US$ 12	US$ 14

TABELA 11.9 NORTH CENTRAL SCIENTIFIC: ORÇAMENTO DE FLUXO DE CAIXA

John Wheatman completou com êxito seu orçamento operacional e agora está pronto para preparar sua planilha de fluxo de caixa. Depois de analisar as figuras de vendas e os recebimentos de caixa, John determinou que 80% das vendas mensais serão em caixa. Dos 20% restantes, 15% serão recolhidos no próximo mês e 5% finais serão recolhidos no mês seguinte (veja a planilha de recebimentos de caixa a seguir). As compras de Wheatman geralmente são pagas durante a semana que segue a compra. Portanto, aproximadamente um quarto das compras são pagas no mês seguinte. As despesas com aluguel são pagas com um mês de antecedência. No entanto, como não se espera que aumente durante o período do orçamento, as saídas em caixa mensais para o aluguel permanecem as mesmas. Todas as outras despesas são pagas no mês do consumo (veja a planilha de desembolso de caixa a seguir). Finalmente, a planilha de fluxo de caixa é construída pegando o saldo inicial de caixa, adicionando os recebimentos para esse mês e deduzindo os reembolsos para o mesmo mês.

North Central Scientific: Planilha de Recebimentos de Caixa para 2018

	Jan.	Fev.	Mar.	Abr.	Maio	Jun.	Jul.	Ago.	Set.	Out.	Nov.	Dez.
Vendas	US$ 315	US$ 388	US$ 420	US$ 394	US$ 525	US$ 473	US$ 499	US$ 504	US$ 462	US$ 515	US$ 536	US$ 578
Mês corrente	US$ 252	US$ 294	US$ 336	US$ 315	US$ 420	US$ 378	US$ 399	US$ 403	US$ 370	US$ 412	US$ 428	US$ 462
Mês anterior	82	47	55	63	59	79	71	75	76	69	77	80
Dois meses atrás	26	28	16	18	21	19	26	24	24	25	24	26
Recebimentos em caixa	US$ 360	US$ 369	US$ 407	US$ 396	US$ 500	US$ 476	US$ 496	US$ 502	US$ 470	US$ 506	US$ 529	US$ 568

North Central Scientific: Planilha de desembolsos de caixa para 2018

	Jan.	Fev.	Mar.	Abr.	Maio	Jun.	Jul.	Ago.	Set.	Out.	Nov.	Dez.
Compras	US$ 263	US$ 305	US$ 331	US$ 341	US$ 410	US$ 383	US$ 400	US$ 395	US$ 380	US$ 416	US$ 437	US$ 413
Mês corrente	US$ 197	US$ 228	US$ 248	US$ 256	US$ 307	US$ 287	US$ 300	US$ 296	US$ 285	US$ 312	US$ 328	US$ 309
Mês anterior	98	66	76	83	85	102	96	100	99	95	104	109
Pagamentos de compra	US$ 295	US$ 294	US$ 324	US$ 339	US$ 392	US$ 396	US$ 396	US$ 396	US$ 384	US$ 407	US$ 432	US$ 419
Despesas operacionais	US$ 60	US$ 68	US$ 76	US$ 72	US$ 93	US$ 85	US$ 89	US$ 89	US$ 83	US$ 91	US$ 95	US$ 102
Pagamentos de caixa	US$ 355	US$ 362	US$ 400	US$ 412	US$ 485	US$ 481	US$ 485	US$ 485	US$ 467	US$ 498	US$ 527	US$ 521

North Central Scientific: Planilha de fluxo de caixa para 2018

	Jan.	Fev.	Mar.	Abr.	Maio	Jun.	Jul.	Ago.	Set.	Out.	Nov.	Dez.
Caixa inicial	US$ 122	US$ 127	US$ 134	US$ 141	US$ 127	US$ 141	US$ 143	US$ 154	US$ 170	US$ 173	US$ 181	US$ 184
Mais: Recebimentos	360	369	407	396	500	476	496	502	470	506	529	568
Caixa disponível	US$ 482	US$ 496	US$ 541	US$ 537	US$ 627	US$ 617	US$ 639	US$ 656	US$ 640	US$ 679	US$ 710	US$ 752
Menos: Pagamentos	355	362	400	411	485	481	485	485	467	498	527	521
Caixa final	US$ 127	US$ 134	US$ 141	US$ 126	US$ 142	US$ 136	US$ 154	US$ 171	US$ 173	US$ 181	US$ 183	US$ 231
Caixa inicial	US$ 122	US$ 127	US$ 134	US$ 141	US$ 127	US$ 141	US$ 143	US$ 154	US$ 170	US$ 173	US$ 181	US$ 184
Mais: Recebimentos	360	369	407	396	500	476	496	502	470	506	529	568
Caixa disponível	US$ 482	US$ 496	US$ 541	US$ 537	US$ 627	US$ 617	US$ 639	US$ 656	US$ 640	US$ 679	US$ 710	US$ 752
Menos: Pagamentos	355	362	400	411	485	481	485	485	467	498	527	521
Caixa final	US$ 127	US$ 134	US$ 141	US$ 126	US$ 142	US$ 136	US$ 154	US$ 171	US$ 173	US$ 181	US$ 183	US$ 231

O PROCESSO EMPREENDEDOR

Características verossímeis de finanças

Embora cada seção de um plano de negócios tenha seu propósito, a seção financeira necessita de exame mais detalhado. Os demonstrativos financeiros são merecedores dessa atenção por dois motivos: (1) a equipe de gestão possui discernimento significativo sobre como as finanças são construídas e (2) os investidores potenciais que analisam um plano de negócios estarão interessados na viabilidade financeira da estratégia da empresa. A seguir estão as características que os demonstrativos financeiros convincentes possuem em comum.

- **Holístico.** A demonstração de resultados informa apenas parte do histórico financeiro de seus negócios; o balanço patrimonial e a demonstração de fluxo de caixa são necessários para preencher os detalhes restantes. Investidores e credores estão interessados em cada detalhe da saúde financeira de sua empresa; portanto, nunca exclua informações relevantes, como o montante e o prazo para o caixa de que você precisará.

- **Preciso.** Embora investidores analisem cuidadosamente seus demonstrativos financeiros, ajudá-los a localizar com precisão os detalhes importantes assegurará que não percam a paciência pesquisando em seu plano. Para auxiliar os leitores de seu plano, foque os números de vendas e o custo de mercadorias vendidas nas linhas de produto principais. Além disso, preste atenção em como você identifica os itens de linha para assegurar que seus leitores entenderão o que está tentando comunicar. Por exemplo, "custo" é o que você paga pelo que está vendendo, enquanto "despesas", como salário e aluguel, são encargos de custo que você teria sem as vendas.

- **Realista.** Ao ajustar seus valores para atingir uma meta de receita predeterminada, terá problemas para justificar seus números quando questionado. Em vez disso, construa as finanças iniciando com os custos e as vendas em seu mercado local para ancorar seus valores à realidade. Além disso, suas projeções além do primeiro ano devem ser anuais ou trimestrais.

- **Simples.** A volatilidade significativa em sua indústria deve ser observada, bem como os negócios afetados pela sazonalidade; no entanto, afundar seu plano com explicações extensas a respeito da lucratividade de suas projeções servirá somente para confundir o leitor. Incluir o esclarecimento das demonstrações, como "mais provável", e apoiar adendos, como sua análise de ponto de equilíbrio, serão suficientes.

- **Exato.** Investidores sabem que seu plano mudará repetidamente à medida que constrói seus negócios; no entanto, negligenciar despesas simples, como pagamentos de juros, pode lançar dúvida sobre sua atenção aos detalhes. Depois que tiver os demonstrativos financeiros concluídos, verificar os pontos mais delicados, como a exatidão dos juros e taxas de impostos, mostrará que você é capaz de conduzir seus negócios do plano à implementação.

Fontes: Adaptado de Berry, T., "The Facts About Financial Projections", *Entrepreneur* (maio/2007). Obtido em 21 jun. 2008, de https:// www.entrepreneur.com/startingabusiness/businessplans/businessplancoachtimberry/ article178210.html; Casparie, J., "Realistic Projections That Attract Investors", *Entrepreneur* (abril/2006). Obtido em 21 jun. 2008, de http://www.entrepreneur.com/money/financing/raisingmoneycoachjimcasparie/ article159516.html; e "5 Tips for Coming Up with Financial Projections for Your Business Plan", *National Federation of Independent Business*, http://www.nfib.com/business-resources/businessresourcesitem? cmsid=55331. Acesso: 29 maio 2012.

11.4 DECLARAÇÕES PRÓ-FORMA

OA4 Descrever como as declarações pró-forma são preparadas.

A etapa final no processo de orçamento é a preparação de **declarações pró-forma**, que são projeções de uma posição financeira da empresa durante um período futuro (demonstração de resultado pró-forma) ou em data futura (balanço patrimonial pró-forma). No ciclo contábil normal, a demonstração de resultado é preparada primeiro, seguida do balanço patrimonial. De forma semelhante, na preparação de declarações pró-forma, a demonstração de resultado pró-forma é seguida do balanço patrimonial pró-forma.

Durante a preparação do orçamento operacional, a empresa já terá preparado as demonstrações de resultado pró-forma para cada mês no período do orçamento. Cada mês apresenta a receita antecipada e a despesa para esse período específico, que é o que as demonstrações de resultado mensais fazem. Para preparar uma demonstração de resultado pró-forma anual, a empresa combina todos os meses do ano.

O processo de preparação do balanço patrimonial pró-forma é mais complexo: o último balanço patrimonial preparado antes de o período de orçamento ter iniciado, o orçamento operacional e o orçamento de fluxo de caixa são necessários para fazê-lo. Começando com saldos iniciais do balanço patrimonial, as mudanças projetadas conforme descritas nos orçamentos são incluídas para criar os totais projetados do balanço patrimonial.

CAPÍTULO 11 — Preparação financeira para empreendimentos empresariais

TABELA 11.10 NORTH CENTRAL SCIENTIFIC: DECLARAÇÕES PRÓ-FORMA

Nesse momento do processo de orçamento, John Wheatman tem as informações necessárias para preparar os demonstrativos financeiros pró-forma. O primeiro conjunto que ele decidiu preparar foi de demonstrações de receita pró-forma. Para fazê-lo, John simplesmente copia as informações do orçamento operacional (veja as demonstrações de receitas comparativas a seguir e compare-as com o orçamento operacional). O próximo conjunto de declarações pró-forma é o balanço patrimonial pró-forma. A fim de compilá-los, John usa as seguintes informações com o orçamento operacional e a planilha de fluxo de caixa que ele preparou:

Caixa: balanço de caixa final para cada mês da planilha de fluxo de caixa.

Contas a receber: 20% das vendas do mês corrente mais 5% das vendas do mês anterior.

Estoque: estoque final do mês corrente nas demonstrações de resultado pró-forma.

Aluguel pré-pago: espera-se que os US$ 2.000 se mantenham constantes em todo o período de orçamento e sempre seja pago com um mês de antecedência.

Prédio e equipamento: nenhuma nova aquisição é esperada nessa área, de modo que o montante permanecerá constante.

Depreciação acumulada: como nenhuma nova aquisição é antecipada, ela se manterá a mesma; as taxas de depreciação de todos os prédios e equipamentos serão totalmente descontadas.

Contas a pagar: 25% das compras correntes.

Capital: saldo de capital do mês anterior mais a receita líquida do mês corrente.

North Central Scientific: Demonstrações de Receitas Pró-Forma Comparativas												
	Jan.	Fev.	Mar.	Abr.	Maio	Jun.	Jul.	Ago.	Set.	Out.	Nov.	Dez.
Vendas	US$ 315	US$ 388	US$ 420	US$ 394	US$ 525	US$ 473	US$ 499	US$ 504	US$ 462	US$ 515	US$ 536	US$ 578
Custo de mercadorias vendidas												
Estoque inicial	US$ 63	US$ 74	US$ 84	US$ 79	US$ 105	US$ 95	US$ 100	US$ 101	US$ 92	US$ 103	US$ 107	US$ 116
Compras	263	305	331	341	410	383	400	395	380	416	437	413
Custo de mercadorias disponíveis	US$ 326	US$ 379	US$ 415	US$ 420	US$ 515	US$ 478	US$ 500	US$ 496	US$ 472	US$ 519	US$ 544	US$ 529
Estoque final	74	85	79	105	95	100	101	92	102	107	116	66
Custo de mercadorias vendidas	US$ 252	US$ 294	US$ 336	US$ 315	US$ 420	US$ 378	US$ 399	US$ 403	US$ 370	US$ 412	US$ 428	US$ 462
Lucro bruto	US$ 63	US$ 74	US$ 84	US$ 79	US$ 105	US$ 95	US$ 100	US$ 101	US$ 92	US$ 103	US$ 108	US$ 116
Despesas operacionais												
Aluguel	US$ 2	US$ 2	US$ 2	US$ 2	US$ 2	US$ 2	US$ 2	US$ 2	US$ 2	US$ 2	US$ 2	US$ 2
Folha de pagamento	32	37	42	39	53	47	50	50	46	51	54	58
Utilitários	5	5	5	5	5	5	5	5	5	5	5	5
Impostos	3	4	4	4	5	5	5	5	5	5	5	6
Suprimentos	16	18	21	20	26	24	25	25	23	26	27	29
Reparos	2	2	2	2	2	2	2	2	2	2	2	2
Total de despesas	US$ 60	US$ 68	US$ 76	US$ 72	US$ 93	US$ 85	US$ 89	US$ 89	US$ 83	US$ 91	US$ 95	US$ 102
Lucro líquido	US$ 3	US$ 6	US$ 8	US$ 7	US$ 12	US$ 10	US$ 11	US$ 12	US$ 9	US$ 12	US$ 12	US$ 14
Ativos												
Caixa	US$ 127	US$ 134	US$ 141	US$ 126	US$ 142	US$ 136	US$ 154	US$ 171	US$ 173	US$ 181	US$ 183	US$ 231
Contas a receber	91	89	102	100	125	121	123	126	117	126	133	142
Estoque	74	84	79	105	95	100	101	92	103	107	116	66
Aluguel pré-pago	2	2	2	2	2	2	2	2	2	2	2	2
Prédio e equipamento	350	350	350	350	350	350	350	350	350	350	350	350
Menos: depreciação acumulada	-350	-350	-350	-350	-350	-350	-350	-350	-350	-350	-350	-350
Total de ativos	US$ 294	US$ 309	US$ 324	US$ 333	US$ 364	US$ 359	US$ 380	US$ 391	US$ 395	US$ 416	US$ 434	US$ 441
Passivos												
Contas a pagar	US$ 66	US$ 76	US$ 83	US$ 85	US$ 102	US$ 96	US$ 100	US$ 99	US$ 95	US$ 104	US$ 109	US$ 103
Capital	228	234	242	249	261	270	280	292	300	312	326	339
Total de passivos e capital próprio	US$ 294	US$ 310	US$ 325	US$ 334	US$ 363	US$ 366	US$ 380	US$ 391	US$ 395	US$ 416	US$ 435	US$ 442

Depois de preparar o balanço patrimonial pró-forma, o empreendedor deve verificar a exatidão de seu trabalho com a aplicação da equação tradicional de contabilidade:

$$\text{Ativos} = \text{Passivos} + \text{Patrimônio líquido do proprietário}$$

Se a equação não estiver em equilíbrio, o trabalho deve ser verificado novamente. A Tabela 11.10 fornece uma breve conta do processo de preparação de demonstrativos financeiros pró-forma para a North Central Scientific.

11.5 ORÇAMENTO DE CAPITAL

OA5 Explicar como o orçamento de capital pode ser usado no processo de tomada de decisão.

Os empreendedores podem ser obrigados a tomar diversas decisões de investimento no processo de gestão de suas empresas. O impacto de algumas dessas decisões deve ser sentido, principalmente, em um ano. No entanto, espera-se que os retornos sobre outros investimentos se estendam além desse período. Os investimentos que se enquadram nessa segunda categoria são chamados, em geral, investimentos de capital ou despesas de capital. Uma técnica que o empreendedor pode utilizar para ajudar a planejar as despesas de capital é o **orçamento de capital**.[9]

A primeira etapa no orçamento de capital é identificar o fluxo de caixa e sua temporização. Os fluxos de entrada – ou retornos, como são normalmente chamados – são iguais à receita operacional líquida antes da dedução de pagamentos para as fontes de financiamento, mas após a dedução de impostos aplicáveis e com depreciação adicionada de volta, conforme representado pela seguinte fórmula:

$$\text{Retornos esperados} = X(1 - 2T)1 \text{ Depreciação}$$

X é igual ao resultado operacional líquido e T é definido como a taxa de impostos apropriada. Veja o exemplo a seguir.

John Wheatman depara-se com um dilema. Tem dois projetos mutuamente exclusivos e ambos requerem um gasto de US$ 1.000. O problema é que ele pode bancar somente um dos projetos. Depois de discutir o problema com o contador, John descobre que a primeira etapa que ele precisa executar é determinar o retorno esperado em cada projeto. Para coletar essas informações, ele estudou o provável efeito nas operações da loja e desenvolveu os dados mostrados na Tabela 11.11.

TABELA 11.11 NORTH CENTRAL SCIENTIFIC: PLANILHA DE RETORNO ESPERADO

Proposta A					
Ano	X	$(1 - T)$ $(T = ,40)$	$X(1 - T)$	Depreciação	$X(1 - T)$ + Depreciação
1	US$ 500	US$ 0,60	US$ 300	US$ 200	US$ 500
2	333	0,60	200	200	400
3	167	0,60	100	200	300
4	–300	0,60	–180	200	20
5	–317	0,60	–190	200	10
Proposta B					
Ano	X	$(1 - T)$ $(T = 0,40)$	$X(1 - T)$	Depreciação	$X(1 - T)$ + Depreciação
1	–US$ 167	US$ 0,60	US$ 100	US$ 200	US$ 100
2	0	0,60	100	200	200
3	167	0,60	100	200	300
4	333	0,60	200	200	400
5	500	0,60	300	200	500

X = Mudança antecipada na receita líquida
T = Taxa de imposto aplicável (0,40)
Depreciação = Depreciação (calculado com base em linha direta) Custo/Vida útil 1.000/5

A Tabela 11.11 fornece uma boa ilustração dos retornos esperados para os dois projetos de John Wheatman. No entanto, nesse ponto, os fluxos de entrada de caixa de cada ano são mostrados sem levar em consideração o valor do dinheiro ao longo do tempo. O fluxo de saída de caixa é usado para se referir à saída de caixa inicial que deve ser feita no começo (o preço de compra). Ao reunir os dados para estimar os fluxos de caixa sobre a vida útil de um projeto, é obrigatório obter as estimativas confiáveis das economias e despesas associadas ao projeto.

O objetivo principal do orçamento de capital é maximizar o valor da empresa. Ele é elaborado para responder a duas perguntas básicas:

1. Qual dos diversos projetos mutuamente exclusivos deve ser selecionado? (Projetos mutuamente exclusivos são métodos alternativos de fazer o mesmo trabalho. Se um método for escolhido, os outros não serão necessários.)

2. Quantos projetos, no total, devem ser selecionados?[10]

Os três métodos mais comuns utilizados no orçamento de capital são o *payback*, o método do valor presente líquido (VPL) e o método de taxa interna de retorno (TIR). Cada um possui certas vantagens e desvantagens. Nesta seção, a mesma proposta será usada com cada método para ilustrar mais claramente as três técnicas.

11.5a *Payback*

Uma das técnicas mais fáceis de orçamento de capital é entender o **método de retorno de pagamento** ou, como às vezes é chamado, o *payback*. Nesse método, o período de tempo necessário para "retornar o pagamento" do investimento original é o critério de determinação. O empreendedor selecionará o período de tempo máximo para o período de retorno de pagamento. Qualquer projeto que precise de um período maior será rejeitado, e os projetos que cabem no cronograma serão aceitos. A seguir está um exemplo do método de retorno de pagamento usado pela North Central Scientific:

John Wheatman tem uma decisão a tomar. Ele gostaria de comprar uma nova caixa registradora para sua loja, mas não está certo sobre qual das duas propostas aceitar. Cada máquina custa US$ 1.000. Uma análise dos retornos projetados revela as seguintes informações:

Ano	Proposta A	Proposta B
1	US$ 500	US$ 100
2	400	200
3	300	300
4	20	400
5	11	500

Após cuidadosa consideração, John decide usar o método de *payback* com um período de corte de três anos. Nesse caso, descobre que a Proposta A retornaria o pagamento de seu investimento em 28 meses; US$ 900 do investimento original terá o pagamento retornado nos dois primeiros anos e os últimos US$ 100 no terceiro ano. A Proposta B, por outro lado, exigirá quatro anos para o retorno de pagamento. Com base nesse critério, John escolhe a Proposta A e rejeita a Proposta B.

Um dos problemas desse método é que ele ignora o fluxo de caixa além do período de retorno de pagamento. Portanto, é possível tomar a decisão errada. Todavia, muitas empresas, especialmente empreendedoras, continuam usando esse método por diversos motivos: (1) é muito simples utilizar em comparação a outros métodos, (2) projetos com *payback* menor normalmente possuem efeitos mais favoráveis de longo prazo sobre os ganhos e (3) se uma empresa tiver pouco em caixa, pode preferir usar o *payback* porque fornece retorno de fundos mais rápidos.

11.5b Valor presente líquido

O **método de valor presente líquido** (VPL) é uma técnica que ajuda a minimizar algumas das deficiências do *payback* reconhecendo os fluxos de caixa futuros além do período de retorno de pagamento. O conceito trabalha com a premissa de que um dólar hoje vale mais que um dólar no futuro – quanto a mais depende do custo aplicável de capital para a empresa. O custo de oportunidade é a taxa usada para ajustar o fluxo de caixa futuro para determinar seu valor nos prazos de período presentes. Esse procedimento é referido como *desconto do fluxo de caixa futuro*, e o valor de caixa descontado é determinado pelo valor presente do fluxo de caixa.

Para utilizar essa abordagem, o empreendedor deve encontrar o valor presente do fluxo de caixa líquido esperado do investimento, descontado no custo apropriado de capital, e subtrair dele a saída de custo inicial do projeto. O resultado é o VPL do projeto proposto. Muitos livros de finanças e contabilidade financeira incluem tabelas (chamadas *tabelas de valor presente*) que listam os fatores de desconto apropriados a multiplicar pelo fluxo de caixa futuro para determinar o valor presente. Além disso, estão disponíveis calculadoras financeiras que vão calcular o valor presente considerando o custo de capital, o fluxo de caixa futuro e o ano do fluxo de caixa. Finalmente, levando em consideração os dados apropriados, as planilhas eletrônicas podem ser programadas para determinar o valor presente. Depois que o VPL tiver sido calculado para todas as propostas, o empreendedor pode selecionar o projeto com VPL mais alto. A seguir está um exemplo do método VPL usado pela North Central Scientific:

John Wheatman não está muito satisfeito com os resultados que obteve do método de *payback*, então decidiu usar o método VPL para ver qual resultado produziria. Após o aconselhamento do contador, John aprende que o custo de capital para sua empresa é de 11%. Em seguida, prepara as seguintes tabelas:

Proposta A			
Ano	Fluxo de caixa	Taxa de desconto	Valor presente
1	US$ 500	0,9091	US$ 454,55
2	400	0,8264	330,56
3	300	0,7513	225,39
4	20	0,6830	13,66
5	11	0,6209	6,21
			US$ 1.030,37
Menos: saída inicial			−1.000,00
Valor presente líquido			US$ 30,37

Proposta B			
Ano	Fluxo de caixa	Taxa de desconto	Valor presente
1	US$ 100	0,9091	US$ 90,91
2	200	0,8264	165,28
3	300	0,7513	225,39
4	400	0,6830	273,20
5	500	0,6209	311,45
			US$ 1.065,23
Menos: saída inicial			−1.000,00
Valor presente líquido			US$ 65,23

Como a Proposta B tem VPL mais alto, John seleciona a Proposta B e rejeita a Proposta A.

11.5c Taxa interna de retorno

O **método da taxa interna de retorno (TIR)** é semelhante ao VPL porque os fluxos de caixa futuros são descontados em uma taxa que torna o VPL do projeto igual a zero. Essa taxa é conhecida como *taxa interna de retorno*. O projeto com a mais alta TIR é então selecionado. Portanto, um projeto que seria selecionado sob o método VPL também o seria sob o método TIR.

Uma das principais desvantagens do uso do método TIR é a dificuldade que pode ser encontrada ao utilizar essa técnica. Ao usar o método VPL, é bem simples examinar os fatores de desconto apropriados nas tabelas de valor presente. No entanto, ao utilizar o conceito de TIR, o empreendedor deve iniciar com um VPL zero e trabalhar voltando nas tabelas. Em essência, isso significa que o empreendedor deve estimar a taxa aproximada e, ao final, tentar rastrear a TIR real do projeto. Embora isso possa não parecer muito difícil para projetos com fluxos de caixa nivelados (por exemplo, fluxos de caixa que sejam claramente iguais nos períodos de negócios), projetos com fluxos de caixa irregulares (períodos flutuantes do fluxo de entrada e de saída de caixa) podem ser um pesadelo. Infelizmente, a realidade sugere que a maioria dos projetos provavelmente tenha fluxos de caixa irregulares. Felizmente, estão disponíveis calculadoras eletrônicas e programas de planilha que podem determinar a TIR real considerando os fluxos de caixa, as saídas de caixa iniciais e os períodos de fluxo de caixa apropriados. A seguir está um exemplo do método de TIR usado pela North Central Scientific:

Tendo obtido diferentes resultados do período de retorno de pagamento e do método VPL, John Wheatman está confuso quanto à alternativa a ser selecionada. Para minimizar essa confusão, ele escolheu usar a TIR para avaliar as duas propostas e decidiu que o projeto com a TIR mais alta será selecionado (afinal, ganharia duas das três vezes). Então, preparou as seguintes tabelas com a ajuda de sua calculadora:

Proposta A (11,83% TIR)			
Ano	Fluxo de caixa	Taxa de desconto	Valor presente
1	US$ 500	0,8942	US$ 447,11
2	400	0,7996	319,84
3	300	0,7151	214,53
4	20	0,6394	12,80
5	11	0,5718	5,73
			US$ 1.000,00
Menos: saída inicial			−1.000,00
Valor presente líquido			US$ 0,00

Proposta B (12,01% TR)			
Ano	Fluxo de caixa	Taxa de desconto	Valor presente
1	US$ 100	0,8928	US$ 89,27
2	200	0,7971	159,42
3	300	0,7117	213,51
4	400	0,6354	254,15
5	500	0,5673	283,65
			US$ 1.000,00
Menos: saída inicial			−1.000,00
Valor presente líquido			US$ 0,00

A Proposta B é selecionada porque possui a TIR mais alta. Essa conclusão sustenta a afirmação de que o projeto com o VPL mais alto também terá a TIR mais alta.

Os exemplos da North Central Scientific ilustram o uso dos três métodos de orçamento de capital. Embora a Proposta A fosse escolhida pelo primeiro método (*payback*), a Proposta B veio à tona como a melhor quando os outros dois métodos (VPL e TIR) foram utilizados. É importante para os empreendedores entender os três métodos e usar aquele que melhor se adapta às suas necessidades. Se o *payback* fosse a única consideração de John Wheatman, a Proposta A teria sido selecionada. Quando os fluxos de caixa futuros além do *payback* tiverem de ser considerados, os métodos VPL e TIR determinarão a melhor proposta.

Os conceitos de orçamento discutidos até aqui são ferramentas de planejamento extremamente poderosas. Mas como os empreendedores podem monitorar seu progresso durante o período de orçamento? Como podem usar as informações acumuladas durante o curso dos negócios para ajudar a planejar os períodos futuros? Essas informações podem ser utilizadas para precificar as decisões? A resposta para a terceira pergunta é "sim", e as outras questões serão respondidas nas seções a seguir.

11.6 ANÁLISE DO PONTO DE EQUILÍBRIO

OA6 Ilustrar o modo como usar a análise do ponto de equilíbrio.

No mercado competitivo de hoje, os empreendedores precisam de informações relevantes, oportunas e exatas que lhes permitirão precificar seus produtos e serviços competitivamente e ainda obter um lucro justo. A **análise do ponto de equilíbrio** fornece essas informações.

11.6a Cálculo do ponto de equilíbrio

A análise do ponto de equilíbrio é uma técnica normalmente utilizada para avaliar a lucratividade esperada do produto. Ela ajuda a determinar quantas unidades devem ser vendidas para empatar em determinado preço de venda.

ABORDAGEM DE MARGEM DE CONTRIBUIÇÃO

Uma abordagem comum para a análise de ponto de equilíbrio é a **abordagem de margem de contribuição**. Margem de contribuição é a diferença entre o preço de venda e o custo variável por unidade. Trata-se do montante por unidade contribuído para cobrir todos os outros custos.[11] Como o ponto de equilíbrio ocorre quando a receita é igual às despesas, a fórmula de abordagem de margem de contribuição é:

$$0 = (PV - CV)V - CF \text{ ou } CF = (PV - CV)V$$

Em que:

PV = Preço de venda unitário
CV = Custo variável por unidade
V = Vendas em unidades
CF = Custo fixo

Esse modelo também pode ser usado para o planejamento de lucro, incluindo o lucro desejado como parte do custo fixo.

ABORDAGEM GRÁFICA

Outra abordagem para a análise de ponto de equilíbrio obtida pelas empresas empreendedoras é a gráfica. Para utilizá-la, o empreendedor precisa colocar em gráfico pelo menos dois números: total da receita e total de custos. A interseção dessas duas linhas (ou seja, em que o total de receitas é igual ao total de custos) é o ponto de equilíbrio da empresa. Dois custos adicionais – custos variáveis e custos fixos – também podem ser representados em gráfico. Fazer isso permite ao empreendedor visualizar as diversas relações na estrutura de custo da empresa.

MANUSEANDO CUSTOS QUESTIONÁVEIS

Embora as duas primeiras abordagens sejam adequadas para situações nas quais os custos possam ser quebrados em componentes fixos e variáveis, algumas empresas possuem despesas difíceis de serem designadas. Por exemplo, reparos e despesas com manutenção são despesas fixas ou variáveis?

Empresas que enfrentam esse tipo de problema podem usar a análise de ponto de equilíbrio para o planejamento de lucro? A resposta é "sim", graças a uma nova técnica projetada especificamente para empresas empreendedoras. Essa técnica calcula os pontos de equilíbrio sob hipóteses alternativas de custos fixos e variáveis para ver se a lucratividade do produto é sensível ao comportamento de custos. As regras de decisão para esse conceito são: se as vendas esperadas excederem o ponto de equilíbrio mais alto, o produto deve ser lucrativo, independentemente do outro ponto de equilíbrio; se as vendas esperadas não excederem o ponto de equilíbrio mais baixo, então o produto deve ser desvantajoso. Somente se as vendas esperadas estiverem entre os dois pontos de equilíbrio é que a investigação adicional do comportamento de custo questionável será necessária.[12]

O conceito funciona substituindo o custo em questão (QC) primeiro como custo fixo e, em seguida, como custo variável. As fórmulas de ponto de equilíbrio apresentadas anteriormente teriam que ser modificadas para determinar os níveis de ponto de equilíbrio sob duas suposições. Para a suposição de custo fixo, o empreendedor usaria a seguinte equação:

$$0 = (PV - CV)V - CF = QC$$

Para calcular o ponto de equilíbrio assumindo que QC é variável, a seguinte equação seria usada:

$$0 = [PV - CV - (QC/U)]V - CF$$

U é o número de unidades para as quais o custo questionável normalmente seria apropriado. O que o empreendedor está determinando é o custo unitário apropriado que deve ser usado se o custo for variável. A seguir está um exemplo de como um empreendedor poderia utilizar a técnica:

Tim Goodman, presidente da Dynamic Manufacturing – pequeno fabricante de *widgets* arredondados –, decidiu usar a análise de ponto de equilíbrio como ferramenta de planejamento de lucro. Ele acredita que utilizar essa técnica permitirá que sua empresa concorra com mais eficiência no mercado. Com base em uma análise dos custos operacionais, Tim determinou que o custo variável por unidade é US$ 9, enquanto os custos fixos são estimados em US$ 1.200 por mês. O preço de venda antecipado por unidade é US$ 15. Ele também descobriu que não consegue classificar um custo como variável ou fixo. É uma alocação de despesa de reparo e manutenção de US$ 200. Esses US$ 200 são apropriados para um nível de atividade de 400 unidades; portanto, se os custos fossem variáveis, seriam de US$ 0,50 por unidade (US$ 200/400). Finalmente, as vendas são projetadas para serem de 400 unidades durante o próximo período do orçamento.

A primeira etapa nesse processo é determinar o ponto de equilíbrio assumindo que o custo em questão é fixo. Consequentemente, Tim usaria a seguinte equação:

$$\begin{aligned}0 &= (PV - CV)V - CF - QC \\ &= (15 - 9)V - 1.200 - 200 \\ &= 6V - 1.400 \\ 1.400 &= 6V \\ 234 &= V\end{aligned}$$

A Figura 11.2 fornece uma ilustração gráfica dos resultados. A quantidade final foi arredondada para cima até a próxima unidade, porque uma empresa normalmente não venderá parte de uma unidade.

A próxima etapa no processo é calcular o ponto de equilíbrio assumindo que o custo em questão é variável. Tim usaria a seguinte equação para determinar o segundo ponto de equilíbrio:

$$\begin{aligned}0 &= [PV - VC - (QC/U)]V - CF \\ &= [15 - 9 - (200/400)]V - 1.200 \\ &= (6 - 0,50)V - 1.200 \\ 1.200 &= 5,50V \\ 219 &= V\end{aligned}$$

A Figura 11.3 apresenta uma ilustração gráfica dos resultados.

Agora que os dois pontos de equilíbrio possíveis foram estabelecidos, Tim deve compará-los a suas vendas projetadas. As vendas de custo variável de 400 unidades são maiores que o ponto de equilíbrio de 234 unidades. Portanto, será assumido que o produto é lucrativo independentemente do comportamento de custo da despesa de reparo e manutenção. Não importa se o custo é variável ou fixo; a empresa ainda será lucrativa.

274 Empreendedorismo: teoria, processo e prática

FIGURA 11.2 DYNAMIC MANUFACTURING: SUPOSIÇÃO DE CUSTO FIXO

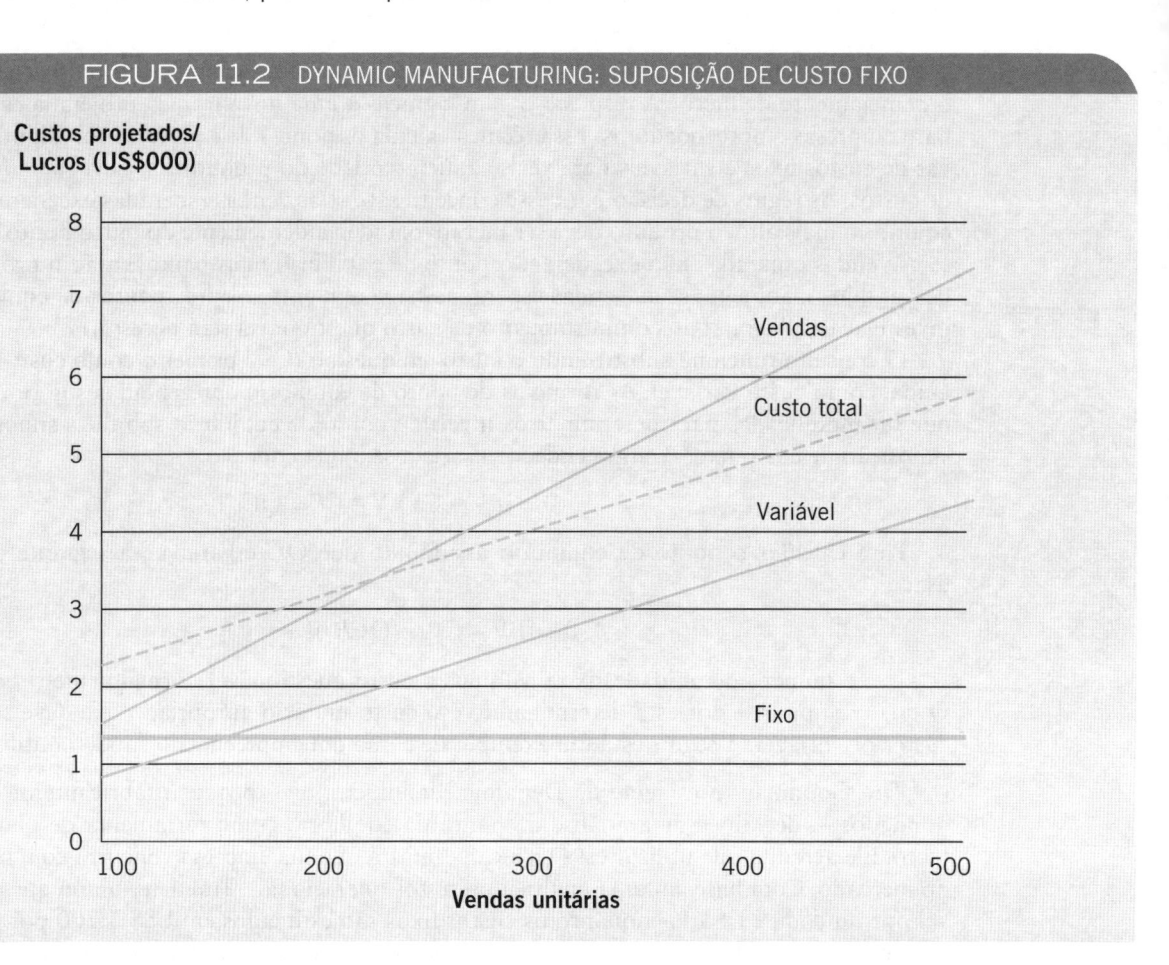

FIGURA 11.3 DYNAMIC MANUFACTURING: SUPOSIÇÃO DE CUSTO VARIÁVEL

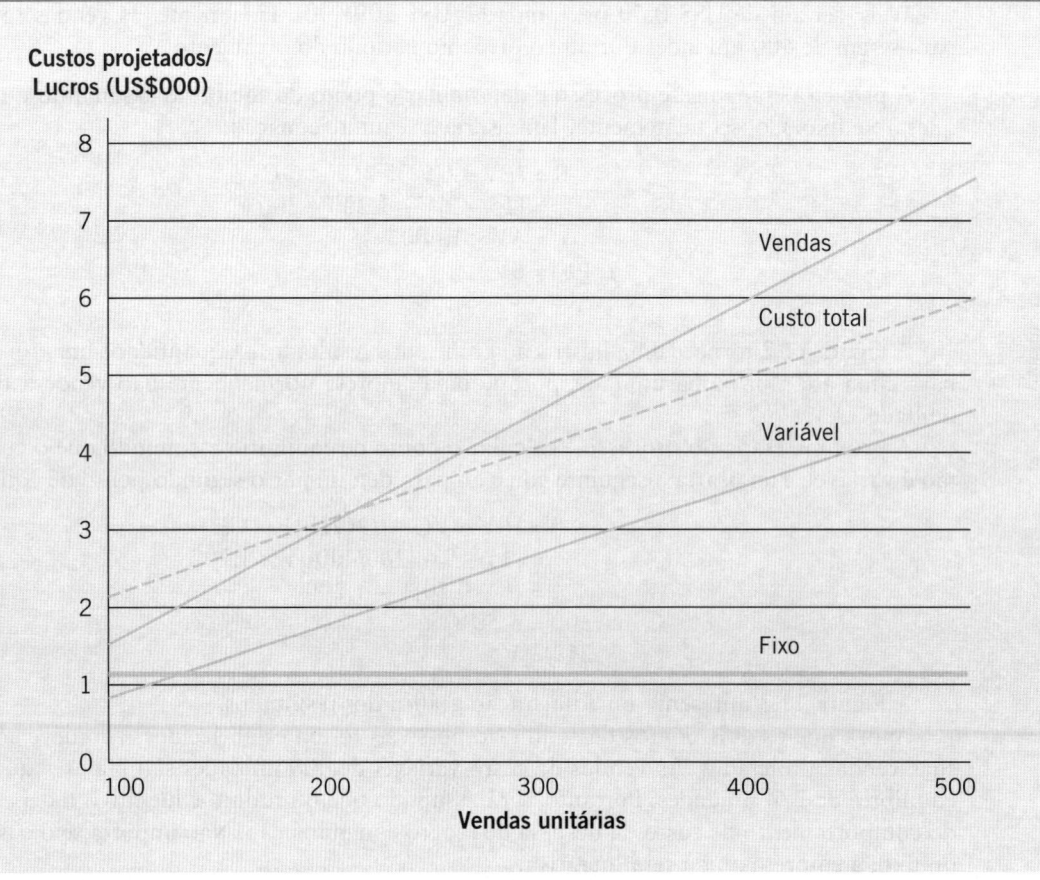

11.7 ANÁLISE DE INDICADORES

OA7 Descrever a análise de indicadores e ilustrar o uso de algumas das medidas importantes e seus significados.

Os demonstrativos financeiros relatam tanto a posição de uma empresa em determinado ponto no tempo quanto suas operações durante algum período passado. No entanto, o valor real dos demonstrativos financeiros apoia-se no fato de que podem ser usados para ajudar a prever os ganhos da empresa e os dividendos. Da perspectiva do investidor, prever o futuro é tudo o que a análise de demonstrativo financeiro faz. Da perspectiva do empreendedor, a análise de demonstrativo financeiro é útil tanto como maneira de antecipar as condições quanto – o mais importante – como ponto de partida para planejar as ações que influenciarão o curso dos eventos.

Geralmente, a análise dos indicadores da empresa é a etapa principal em uma análise financeira. Os **indicadores** são projetados para mostrar as relações entre as contas do demonstrativo financeiro. Por exemplo, a Empresa A pode ter uma dívida de US$ 6.250.000 e taxas de juros de US$ 520.000, enquanto a Empresa B pode ter uma dívida de US$ 62.800.000 e taxas de juros de US$ 5.840.000. Qual empresa é mais forte? A verdadeira carga dessas dívidas, e a capacidade das empresas de reembolsá-las, pode ser apurada (1) comparando a dívida de cada empresa com seus ativos e (2) comparando os juros que cada uma deve pagar com o resultado que possui disponível para pagamento desses juros. Essas comparações são feitas pela análise de indicadores.[13]

A Tabela 11.12 exibe uma série de indicadores financeiros úteis para entender as relações entre os demonstrativos financeiros. As fórmulas de cálculo são fornecidas com explicações do que cada indicador significa para a tomada de decisão dos negócios usando a abordagem "dólares e centavos". Os diferentes indicadores são importantes para proprietários, gerentes e credores por diversas razões. Como a tabela demonstra, os empreendedores podem usar os indicadores para calibrar a conveniência de diversas decisões comerciais, de modo que saibam, por exemplo, quando faz sentido tomar um empréstimo e se possuem capacidade de atender às obrigações de débito de curto prazo. Os indicadores podem ser focados no balanço patrimonial, em que problemas de liquidez (por exemplo, corrente, imediata ou monetária) e de estabilidade (por exemplo, dívida patrimonial) podem ser mensurados, ou na demonstração de resultado, em que as margens de lucratividade podem ser examinadas. Também existem indicadores de eficiência que calculam os retornos gerais sobre ativos e sobre investimentos além de pontos específicos, como rotatividade de estoque ou de contas a receber. Esses indicadores fornecem as ferramentas mais eficazes para monitorar o desempenho do empreendimento ao longo do tempo. No entanto, deve-se ter em mente que a análise de indicador efetiva deve ser feita em comparação com empresas do mesmo setor, a fim de ganhar os maiores *insights* possíveis.

A análise de indicadores pode ser aplicada de duas direções. **Análise vertical** é a aplicação da análise de indicadores para um conjunto de demonstrativos financeiros; a análise de "subidas e descidas" dos demonstrativos é feita para descobrir sinais de forças e fraquezas. **Análise horizontal** observa os demonstrativos financeiros e o índice ao longo do tempo. Na análise horizontal, as tendências são essenciais: os números estão aumentando ou diminuindo? Os componentes específicos da posição financeira da empresa estão ficando melhores ou piores?[14]

TABELA 11.12 INDICADORES FINANCEIROS

Nome do indicador	Como calcular	O que isso significa em dólares e centavos
Índices do balanço patrimonial		
Corrente	Ativos correntes / Passivos correntes	Mede a solvência: número de dólares nos ativos correntes para cada US$ 1 nos passivos correntes
		Exemplo: Um indicador corrente de 1,76 significa que, para cada US$ 1 de passivo corrente, a empresa possui US$ 1,76 em ativos correntes com o qual os paga.

(Continua)

TABELA 11.12 INDICADORES FINANCEIROS (Continuação)

Imediata	$\dfrac{\text{Caixa + Contas a receber}}{\text{Passivo corrente}}$	Mede a liquidez: número de dólares em caixa e contas a receber para cada US$ 1 nos passivos correntes
		Exemplo: Um indicador imediato de 1,14 significa que, para cada US$ 1 de passivos correntes, a empresa possui US$ 1,14 em caixa e contas a receber com o qual os paga.
Dinheiro	$\dfrac{\text{Caixa}}{\text{Passivos correntes}}$	Mede a liquidez mais rigorosamente: número de dólares em caixa para cada US$ 1 nos passivos correntes
		Exemplo: Um indicador de caixa de 0,17 significa que, para cada US$ 1 de passivos correntes, a empresa possui US$ 0,17 em caixa com o qual os paga.
Dívida patrimonial	$\dfrac{\text{Passivos totais}}{\text{Patrimônio líquido}}$	Mede o risco financeiro: número de dólares da obrigação devida para cada US$ 1 no patrimônio líquido
		Exemplo: Um indicador de dívida patrimonial de 1,05 significa que, para cada US$ 1 de patrimônio líquido que os proprietários investiram, a empresa deve US$ 1,05 para os credores.

Indicadores da demonstração de resultado

Margem bruta	$\dfrac{\text{Margem bruta}}{\text{Vendas}}$	Mede a lucratividade no nível de lucro bruto: número de dólares da margem bruta produzida a cada US$ 1 de vendas
		Exemplo: Uma margem bruta de 34,4% significa que, para cada US$ 1 de vendas, a empresa produz 34,4¢ de margem bruta.
Margem líquida	$\dfrac{\text{Lucro Líquido antes dos impostos}}{\text{Vendas}}$	Mede a lucratividade no nível de lucro líquido: número de dólares do lucro líquido produzido para cada US$ 1 de vendas
		Exemplo: Um indicador de margem líquida de 2,9% significa que, para cada US$ 1 de vendas, a empresa produz 2,9¢ de margem líquida.

Indicadores de eficiência geral

Vendas para ativos	$\dfrac{\text{Vendas}}{\text{Ativos totais}}$	Mede a eficiência dos ativos totais na geração de vendas: número de dólares em vendas produzidas para cada US$ 1 investido em ativos totais
		Exemplo: Um indicador de vendas para ativos de 2,35 significa que, para cada US$ 1 investido nos ativos totais, a empresa gera US$ 2,35 em vendas.
Retorno sobre ativos	$\dfrac{\text{Lucro líquido antes dos impostos}}{\text{Ativos totais}}$	Mede a eficiência de ativos totais na geração do lucro líquido: número de dólares no lucro líquido produzido para cada US$ 1 investido em ativos totais
		Exemplo: Um indicador de retorno sobre ativos de 7,1% significa que, para cada US$ 1 investido em ativos, a empresa está gerando 7,1¢ em lucro líquido antes dos impostos.
Retorno sobre investimento	$\dfrac{\text{Lucro líquido antes dos impostos}}{\text{Lucro líquido}}$	Mede a eficiência do patrimônio líquido na geração do lucro líquido: número de dólares em lucro líquido produzido para cada US$ 1 investido no patrimônio líquido
		Exemplo: Um indicador de retorno sobre investimento de 16,1% significa que, para cada US$ 1 investido em patrimônio líquido, a empresa está gerando 16,1¢ em lucro líquido antes dos impostos.

(Continua)

TABELA 11.12 INDICADORES FINANCEIROS (Continuação)

Indicadores de eficiência específica

Rotatividade do estoque	$\dfrac{\text{Custo de mercadorias vendidas}}{\text{Estoque}}$	Mede o índice no qual o estoque está sendo usado anualmente *Exemplo:* Um indicador de rotatividade de estoque de 9,81 significa que o volume médio de dólares do estoque é usado até quase dez vezes durante o ano fiscal.
Dias corridos do estoque	$\dfrac{360}{\text{Rotatividade do estoque}}$	Converte o indicador de rotatividade de estoque em uma figura da média de "dias de estoque em mãos" *Exemplo:* Um indicador de dias corridos do estoque de 37 significa que a empresa mantém uma média de 37 dias de estoque em mãos durante todo o ano.
Rotatividade de contas a receber	$\dfrac{\text{Vendas}}{\text{Contas a receber}}$	Mede o índice no qual as contas a receber estão sendo recolhidas anualmente *Exemplo:* Um indicador de rotatividade de contas a receber de 8,00 significa que o volume médio em dólares de contas a receber é recolhido oito vezes durante o ano.
Período médio de recolhimento	$\dfrac{360}{\text{Rotatividade de contas a receber}}$	Converte o indicador de rotatividade de contas a receber no número médio de dias em que a empresa deve esperar para que suas contas a receber sejam pagas *Exemplo:* Um indicador de período médio de recolhimento de 45 significa que a empresa demora, em média, 45 dias para recolher seus recebíveis.
Rotatividade de contas a pagar	$\dfrac{\text{Custos de mercadorias vendidas}}{\text{Contas a pagar}}$	Mede o índice no qual as contas a pagar estão sendo pagas anualmente *Exemplo:* Um indicador de rotatividade de contas a pagar de 12,04 significa que o volume médio em dólares de contas a pagar é pago aproximadamente 12 vezes durante o ano.
Período médio de pagamento	$\dfrac{360}{\text{Rotatividade de contas a pagar}}$	Converte o indicador de rotatividade de contas a pagar no número médio de dias que uma empresa leva para pagar suas contas *Exemplo:* Um indicador de rotatividade de contas a pagar de 30 significa que a empresa demora, em média, 30 dias para pagar suas faturas.

© Cengage Learning

RESUMO

Três principais demonstrativos financeiros são importantes para os empreendedores: balanço patrimonial, demonstração de resultado e demonstração de fluxo de caixa. O processo de orçamento facilita a preparação do demonstrativo financeiro. Alguns dos principais orçamentos que os empreendedores devem preparar são o orçamento operacional, o orçamento de fluxo de caixa e o orçamento de capital. O orçamento operacional geralmente inicia com uma previsão de vendas, seguido de uma estimativa de despesas operacionais. O orçamento de fluxo de caixa fornece uma visão geral de fluxos de entrada e de saída durante um período específico. As declarações financeiras pró-forma então são preparadas como projeções da posição financeira da empresa sobre um período futuro (demonstração de receita pró-forma) ou em data futura (balanço patrimonial pró-forma). Os orçamentos operacionais e de fluxo de caixa geralmente são usados para preparar essas declarações. O orçamento de capital é usado para ajudar os empreendedores a tomarem decisões de investimento. Os três métodos mais comuns de orçamento de capital são o *payback*, o VPL e o TIR.

Outra ferramenta de tomada de decisão em geral utilizada é a análise de ponto de equilíbrio, que informa quantas unidades devem ser vendidas para nivelar determinado preço de venda. É possível usar essa análise mesmo quando os custos fixos ou variáveis puderem somente ser estimados. A última parte do capítulo examinou a análise de indicadores, que pode ser uma ferramenta analítica útil para empreendedores. Os indicadores são designados a mostrar as relações entre as contas de demonstrativos financeiros.

TERMOS-CHAVE

abordagem de margem de contribuição
análise de ponto de equilíbrio
análise horizontal
análise vertical
ativos fixos
balanço patrimonial
caixa
contas a pagar
contas a receber
custo fixo
custo variável
custos mistos
declarações pró-forma
demonstração de fluxo de caixa
demonstração de resultado
despesa financeira
despesas
despesas administrativas
despesas operacionais
despesas pré-pagas
empréstimo a pagar
estoque
ganhos retidos
impostos a pagar
indicadores
método de retorno de pagamento
método de valor presente líquido (VPL)
notas a pagar
orçamento
orçamento de capital
orçamento de fluxo de caixa
orçamento operacional
passivos
passivos de curto prazo (passivos correntes)
passivos de longo prazo
patrimônio líquido do proprietário
previsão de vendas
receita líquida
receitas
regressão linear simples
taxa interna de retorno (TIR)

REVISÃO E QUESTÕES DE DISCUSSÃO

1. Qual é a importância das informações financeiras para os empreendedores? Descreva brevemente os principais componentes.
2. Quais são os benefícios do processo de orçamento?
3. Como a técnica de previsão de estatística de regressão linear simples é usada ao fazer uma previsão de vendas?
4. Descreva como um orçamento operacional é construído.
5. Descreva como um orçamento de fluxo de caixa é construído.
6. Quais são as declarações pró-forma? Como são construídas? Forneça uma resposta completa.
7. Descreva como um orçamento de capital é construído.
8. Uma das técnicas de orçamento de capital mais populares é o *payback*. Como esse método funciona? Exemplifique.
9. Descreva o método de valor presente líquido. Quando um empreendedor o usaria? Por quê?
10. Descreva o método de taxa interna de retorno. Quando um empreendedor o usaria? Por quê?
11. Quando um empreendedor ficaria interessado na análise de ponto de equilíbrio?
12. Se um empreendedor deseja utilizar a análise de ponto de equilíbrio, mas tiver problemas para atribuir alguns custos como fixos ou variáveis, essa análise ainda pode ser usada? Explique.
13. O que é análise de indicadores? Qual a diferença entre análise horizontal e análise vertical?

NOTAS

1. Veja: Richard G. P. McMahon e Leslie G. Davies, "Financial Reporting and Analysis Practices in Small Enterprises: Their Association with Growth Rate and Financial Performance", *Journal of Small Business Management* 32, n. 1, 1994, 9-17; Jan Brinckmann, Soeren Salomo e Hans Georg Gemuenden, "Financial Management Competence of Founding Teams and Growth of New Technology-Based Firms", *Entrepreneurship Theory and Practice* 35, n. 2, 2011, 217-43.
2. Kenneth M. Macur e Lyal Gustafson, "Financial Statements as a Management Tool," *Small Business Forum*, 1992, 23-34; veja também: Robert Dove, "Financial Statements," *Accountancy*, 2000, 7; James M. Whalen, Stephen P. Baginski e Mark Bradshaw, *Financial Reporting, Financial Statement Analysis, and Valuation: A Strategic Perspective*, 8. ed. (Mason, OH: South-Western/Cengage, 2015).
3. Veja: Carl S. Warren, James M. Reeve e Jonathan Duchac, *Accounting*, 26. ed. (Mason, OH: South-Western/Cengage, 2016).
4. Veja: Jacqueline Emigh, "Balance Sheet", *ComputerWorld*, 1999, 86.
5. Veja: John Capel, "Balancing the Books", *Supply Management*, 1999, 94; Eugene F. Brigham e Joel F. Houston, *Fundamentals of Financial Management*, 14. ed. (Mason, OH: South-Western/Cengage, 2016).
6. Neil C. Churchill, "Budget Choice: Planning vs. Control", *Harvard Business Review*, 1984, p. 151; James M. Whalen, Jefferson P. Jones e Donald P. Pagach, *Intermediate Accounting: Reporting and Analysis*, 2. ed. (Mason, OH: South-Western/Cengage, 2016).
7. Whalen, Baginski e Bradshaw, *Financial Reporting, Financial Statement Analysis, and Valuation*.
8. Fred Waedt, "Understanding Cash Flow Statements, or What You Need to Know Before You Ask for a Loan", *Small Business Forum*, 1995, 42-51; veja também: Ram Mudambi e Monica Zimmerman Treichel, "Cash Crisis in Newly Public Internet-Based Firms: An Empirical Analysis", *Journal of Business Venturing* 20, n. 4, 2005,

543-71; Pam Newman, "The Ins and Outs of Cash Flow Statements: Understanding Your Cash Flow-Statement Is Key to Tracking Your Business's Financial Health", *Entrepreneur*, 2007 (acesso em: 10 jan. 2015); Analyze Cash Flow the Easy Way, *Forbes*, 28 nov. 2012 (acesso em: 10 jan. 2015).

9. Veja: J. Chris Leach e Ronald W. Melicher, *Entrepreneurial Finance*, 4. ed. (Mason, OH: South-Western/Cengage, 2012); Brigham e Houston, *Fundamentals of Financial Management*.
10. Ibid.
11. Reeve Warren e Duchac, *Accounting*.
12. Kenneth P. Sinclair e James A. Talbott Jr., "Using Break-Even Analysis When Cost Behavior Is Unknown", *Management Accounting*, 1986, 53; veja também: Whalen, Baginski e Bradshaw, *Financial Reporting, Financial Statement Analysis, and Valuation*.
13. Veja: Brigham e Houston, *Fundamentals of Financial Management*.
14. Macur e Gustafson, "Financial Statements as a Management Tool"; veja também: Robert Hitchings, "Ratio Analysis as a Tool in Credit Assessment", *Commercial Lending Review*, 1999, 45-49. Para uma discussão interessante, veja: Patricia Lee Huff, "Should You Consider Company Size When Making Ratio Comparisons?", *National Public Accountant*, 2000, 8-12; Donna Marie Thompson, "3 Key Financial Ratios to Gauge the Health of Your Small Business", *Firepole Marketing*, 2013; veja também: Whalen, Baginski e Bradshaw, *Financial Reporting, Financial Statement Analysis, and Valuation*.

CAPÍTULO 12

Desenvolvendo um plano de negócio eficaz

OBJETIVOS DE APRENDIZAGEM

1. Explorar as armadilhas de planejamento que afligem novos empreendimentos.
2. Explicar o quadro de modelo de negócio como etapa inicial no processo de planejamento.
3. Definir o plano de negócio e demonstrar o seu valor.
4. Descrever os benefícios de um plano de negócio.
5. Definir os pontos de vista daqueles que leem um plano de negócio.
6. Enfatizar a importância de coordenar os segmentos do plano de negócio.
7. Revisar as principais recomendações de especialistas em capital de risco a respeito de um plano.
8. Apresentar uma descrição completa de um plano de negócio eficaz.
9. Apresentar algumas dicas úteis para compor um plano de negócio eficaz.
10. Destacar os pontos a serem lembrados na apresentação de um plano de negócio.

Pensamento empreendedor

Está comprovado que não se pode levantar dinheiro sem um plano de negócio... Um plano de negócio é um trabalho de arte de pleno direito. É o documento que personifica e expressa a sua empresa. Cada plano, como cada floco de neve, deve ser diferente. Cada um é uma obra-prima única. Cada um deve refletir a individualidade do empreendedor. Assim como você não copiaria as técnicas de romance de outra pessoa, então você deve procurar distinguir o seu plano por suas diferenças.

— Joseph R. Mancuso, *How to Write a Winning Business Plan*

12.1 ARMADILHAS A SEREM EVITADAS NO PROCESSO DE PLANEJAMENTO DO EMPREENDIMENTO

OA1 Explorar as armadilhas de planejamento que afligem novos empreendimentos.

Uma série de armadilhas no processo do plano de negócio devem ser evitadas. As cinco armadilhas apresentadas nesta seção representam os erros mais comuns cometidos pelos empreendedores. Para tornar essas zonas de perigo mais facilmente reconhecíveis, apresentamos alguns indicadores, ou sinais de alerta, e também uma solução possível para cada armadilha, a fim de ajudar os empreendedores a evitar um determinado problema que limita a oportunidade de sucesso de um novo empreendimento.

12.1a Armadilha 1: Falta de metas realistas

Embora essa armadilha possa soar autoexplicativa, os seguintes indicadores demonstram como ela pode ser comum e bem disfarçada: falta de quaisquer metas tangíveis, falta de um cronograma na realização das atividades, falta de prioridades e falta de etapas de ação.

Uma maneira de evitar essa armadilha é configurar um calendário com as etapas específicas a serem realizadas durante um período específico.

12.1b Armadilha 2: Falha na antecipação de barreiras

Uma das armadilhas mais comuns ocorre quando o empreendedor está tão imerso em sua ideia que acaba se esquecendo de ser objetivo. Em outras palavras, a pessoa não reconhece os possíveis problemas que podem surgir. Os indicadores dessa armadilha são: não reconhecer a probabilidade de problemas futuros, não admitir possíveis erros ou pontos fracos no plano, e não ter um plano de contingência ou alternativo.

A melhor maneira de evitar essa armadilha é relacionar (1) os possíveis obstáculos que possam surgir e (2) as alternativas, indicando o que se pode ser feito para superar os obstáculos.

12.1c Armadilha 3: Falta de comprometimento ou dedicação

Muitos empreendedores parecem não ter um comprometimento real com seus empreendimentos. Embora os empreendimentos possam ter se iniciado a partir de um *hobby* ou de um esforço em meio período, os empreendedores devem ser cuidadosos para evitar a impressão de que não levam seus empreendimentos a sério. Os indicadores dessa armadilha são: copiar as últimas tendências das mídias sociais, não se interessar em pesquisar a ideia, não ter a intenção de investir dinheiro pessoal e o pensamento de que fará "dinheiro fácil" a partir de um "aplicativo" ou "site".

A maneira mais fácil de evitar essa armadilha é agir rapidamente e certificar-se de seguir todas as indicações profissionais. Além disso, é preciso estar pronto e disposto a demonstrar um comprometimento financeiro com o empreendimento.

12.1d Armadilha 4: Falta de experiência demonstrada (empresarial ou técnica)

Muitos investidores pesam fortemente a experiência real do empreendedor em um empreendimento, de modo que é importante que estes demonstrem qual conhecimento possuem. Como muitos iniciantes tentam promover ideias que fogem à sua área de conhecimento, eles são condenados a falhar, simplesmente porque é possível perceber que não conhecem as particularidades dos negócios propostos. Os indicadores dessa armadilha são: nenhuma experiência no negócio, nenhuma experiência na área específica do empreendimento, falta de entendimento do setor em que o empreendimento se encaixa e falha em transmitir uma imagem clara de como e por que o empreendimento funcionará e quem irá aceitá-lo.

Para evitar essa armadilha, os empreendedores precisam evidenciar sua experiência pessoal e seu conhecimento em relação ao empreendimento. Se lhes faltar conhecimento específico ou habilidades, devem obter assistência de pessoas que os possuam. Demonstrar um senso de equipe em relação àqueles que ajudam também pode ser útil.

12.1e Armadilha 5: Falta de um nicho de mercado (segmento)

Muitos empreendedores propõem uma ideia sem estabelecer quem serão os potenciais clientes. Só porque o empreendedor gosta do produto ou do serviço não significa que outras pessoas irão querer comprá-lo. Inúmeras invenções no Instituto de Patentes dos Estados Unidos nunca chegaram ao mercado porque nenhum cliente buscou comprá-las — nenhum mercado chegou a ser estabelecido para elas. Os indicadores dessa armadilha são: incerteza sobre quem comprará a(s) ideia(s) básica(s) do empreendimento, nenhuma prova de que existe uma necessidade ou um desejo pela mercadoria ou pelo produto proposto e a suposição de que os clientes comprarão apenas porque o empreendedor pensa assim.

A melhor maneira de evitar essa armadilha é ter um segmento de mercado especificamente direcionado e demonstrar o motivo e o modo pelo qual o produto ou serviço específico atenderá as necessidades ou os desejos desse grupo-alvo. (Consulte o Capítulo 10 para obter informações específicas sobre a pesquisa de mercado)

As cinco armadilhas detalhadas aqui representam os pontos mais comuns de falha que os empreendedores vivenciam *antes* que seus planos de negócios cheguem a ser revisados. Em outras palavras, essas áreas críticas devem ser cuidadosamente tratadas antes que um plano de negócio seja desenvolvido. Se essas armadilhas puderem ser evitadas, o plano de negócio inteiro será escrito mais cuidadosamente e, assim, será revisado mais integralmente. Essa preparação ajuda os empreendedores a estabelecer uma base sólida sobre a qual desenvolver um plano de negócio efetivo.

12.2 QUADRO DE MODELO DE NEGÓCIO: INICIANDO O PROCESSO DE FORMAÇÃO DO EMPREENDIMENTO

OA2 Explicar o quadro de modelo de negócio como etapa inicial no processo de planejamento.

O **quadro de modelo de negócio** é uma ferramenta de coleta de ideias para os empreendedores usarem, a fim de definir e entender o foco estratégico e as perguntas que precisam ser respondidas em cada um dos nove blocos de construção de um negócio. O **plano de negócio** completo fornece uma explicação mais específica e detalhada das metas e das operações do empreendimento, com um caminho claro sobre como ele será bem-sucedido. Vamos examinar o *quadro de modelo de negócio* como um ponto de partida.

Um **modelo de negócio** é uma descrição de como um empreendimento criará, entregará e captará o valor. Como é uma ferramenta estratégica que foi introduzida há décadas, os níveis de sofisticação aumentaram através dos anos. No entanto, o *quadro de modelo de negócio* foi introduzido como uma maneira de simplificar o processo.[1] Essa ferramenta empreendedora permite descrever, projetar, desafiar, inventar e articular visualmente o seu modelo empresarial. Conforme mostrado na Figura 12.1, esse modelo de projeto ajuda o empreendedor a entender, projetar e implantar sistematicamente um modelo comercial decisivo. Durante o percurso, um empreendedor pode ganhar um entendimento mais profundo a respeito do seu cliente, dos canais de distribuição, bem como dos parceiros, dos fluxos de receita, dos custos e da proposta de valor fundamental. Existem nove componentes essenciais:[2]

1. **Proposta de valor.** Produtos e serviços que criam valor para um segmento de cliente específico. A proposta de valor de um novo empreendimento é o que o distingue do concorrente em potencial. O valor pode ser fornecido por meio de diversos elementos, como novidade, desempenho, customização, *design*, marca, *status*, preço, redução de risco, acessibilidade e conveniência ou usabilidade.

2. **Segmentos de clientes.** São os diferentes grupos de pessoas ou entidades que a empresa visa alcançar e servir. Conforme discutido no Capítulo 10, a respeito de marketing, os clientes podem ser segmentados (agrupados em nichos) com base em seus diferentes atributos e necessidades, a fim de assegurar que a implementação apropriada da estratégia corporativa atenda as características de grupos seletos de clientes.

3. **Canais.** São as maneiras pelas quais a empresa alcança seus segmentos de clientes e se comunica com eles. Um novo empreendimento pode entregar sua proposta de valor para seus clientes-alvo por meio de diferentes canais, como a abertura de uma loja, o uso de distribuidores

maiores ou uma combinação de ambos. Os canais efetivos distribuirão a proposta de valor do empreendimento de maneira rápida, eficiente e econômica.

4. **Relacionamento com os clientes.** São os tipos de relacionamentos que um empreendimento estabelece com segmentos específicos de clientes. Para assegurar a sobrevivência e o sucesso de qualquer negócio, os empreendedores devem identificar o tipo de relacionamento que desejam criar com seus segmentos de clientes. O relacionamento com os clientes pode incluir assistência pessoal, autoatendimento, serviços automatizados ou plataformas de comunidade.

5. **Fluxos de receita.** As diversas maneiras de gerar um fluxo de receita a partir de um nicho de mercado específico incluem venda de um item, taxas de serviço, taxas de assinatura, receita com locação ou aluguel, taxas de licenciamento ou receitas com publicidade.

6. **Atividades principais.** Esses são os elementos mais importantes que um empreendimento deve desenvolver para fazer o seu modelo empresarial funcionar. Por exemplo, se a proposta de valor exclusiva for preços mais baixos, então uma atividade principal seria a criação de uma cadeia de suprimento eficiente para baixar os custos.

7. **Recursos-chave.** São os ativos mais importantes necessários para fazer que o modelo empresarial trabalhe e crie valor para o cliente. Eles são necessários para sustentar e dar suporte aos negócios e podem ser humanos, financeiros, físicos ou intelectuais.

8. **Parceiros-chave.** É a rede de fornecedores e parceiros que otimizam as operações e reduzem os riscos para que o modelo empresarial funcione. Alianças complementares também podem ser consideradas por meio de *joint ventures* ou alianças estratégicas com outras empresas.

9. **Estrutura de custo.** É composta dos custos mais significativos incorridos para operar o modelo empresarial. As características de estruturas de curso incluem:
    - Custos fixos — Custos que são inalterados em diferentes aplicações; por exemplo, salários, aluguel.
    - Custos variáveis — Custos que variam, dependendo do montante de produção de mercadorias ou de serviços; por exemplo, energia e matéria-prima.
    - Economias de escala — Custos que diminuem à medida que o montante de mercadoria é solicitado ou produzido.
    - Economias de escopo — Custos que diminuem em razão da incorporação de outros negócios que têm relação direta com o produto original e compartilhamento de algumas atividades com esses negócios.

Depois que os nove elementos do quadro do plano de negócio estiverem completos, o empreendedor terá um entendimento muito maior do valor viável inerente ao empreendimento proposto. Se a avaliação for positiva, a próxima etapa será desenvolver o *plano de negócio* completo, que servirá como um documento descritivo maior do empreendimento.

12.3 O QUE É UM PLANO DE NEGÓCIO?

OA3 Definir o plano de negócio e demonstrar o seu valor.

Um **plano de negócio** é o documento que detalha o empreendimento proposto. Deve descrever o *status* atual, as necessidades previstas e os resultados projetados do novo negócio. Cada aspecto do empreendimento precisa ser coberto: projeto, marketing, pesquisa e desenvolvimento (P&D), gerenciamento, riscos críticos, projeções financeiras e metas ou um cronograma. A descrição de todos esses aspectos do empreendimento proposto é necessária para permitir que se forme uma imagem clara daquilo que é o empreendimento, aonde se quer chegar com ele e como o empreendedor pretende chegar lá. O plano de negócio é o *roteiro* do empreendedor para uma empresa bem-sucedida.[3]

Em algumas áreas profissionais, o plano de negócio é chamado de plano empresarial, proposta de empréstimo ou prospecto de investimento. Independente do nome, o plano de negócio é o mínimo exigido por qualquer fonte financeira e é o documento que permite a entrada do empreendedor no processo de investimento. Embora ele deva ser usado como um documento de trabalho assim que o empreendimento é estabelecido, o maior impulso do plano de negócio é condensar o desenvolvimento estratégico do projeto em um documento abrangente para que investidores externos possam ler e entender.

O plano de negócio descreve aos investidores e às fontes financeiras todos os eventos capazes de afetar o empreendimento proposto. Detalhes são necessários para diversas ações projetadas do empreendimento, com receitas associadas e custos destacados. É fundamental indicar explicitamente os pressupostos sobre os quais o plano é baseado. Por exemplo, aumentos ou quedas de mercado, períodos de recuperação ou de retração da economia durante o período de inicialização do novo empreendimento devem ser indicados.

A ênfase do plano de negócio deve ser sempre a implementação final do empreendimento. Em outras palavras, o que importa não é apenas a composição de um plano efetivo, mas também a conversão desse plano em um empreendimento bem-sucedido.[4]

O plano de negócio abrangente, que deve ser o resultado de reuniões e reflexões rumo ao novo empreendimento, é a principal ferramenta para determinar a operação essencial de um empreendimento, além de ser também o documento básico para gerenciar tal empreendimento. Um dos principais benefícios desse plano é que ele ajuda a empresa a evitar as armadilhas comuns que foram mencionadas e que, em geral, comprometem todos os esforços anteriores.

12.4 BENEFÍCIOS DE UM PLANO DE NEGÓCIO

OA4 Descrever os benefícios de um plano de negócio.

Todo o processo de planejamento do negócio força o empreendedor a analisar todos os aspectos do empreendimento e preparar uma estratégia eficaz para tratar as incertezas que surgem. Portanto, um plano de negócio pode ajudar um empreendedor a evitar um projeto fadado ao fracasso. Como afirma um pesquisador, "se, na melhor das hipóteses, o empreendimento proposto for marginal, o plano de negócio mostrará o motivo e o ajudará a não ter de pagar o alto preço da falência comercial. É muito mais barato não começar um negócio fadado ao fracasso do que aprender na prática aquilo que um plano de negócio poderia ter ensinado a um custo de horas de trabalho concentrado".[5]

É importante que os empreendedores preparem seus próprios planos de negócios. Se a equipe empreendedora estiver envolvida, então todos os principais membros devem participar da elaboração do plano; nesse caso, é importante que o empreendedor líder entenda a contribuição de cada um. Caso se procurem consultores para ajudar na preparação do plano de negócio, o empreendedor deve continuar sendo a força motriz por trás do plano. Buscar aconselhamento e assistência de profissionais de fora é sempre sábio, mas o empreendedor precisa entender cada aspecto do plano de negócio, pois é ele quem irá aparecer diante das fontes financeiras. Assim, o plano de negócio permanece fiel à descrição do empreendedor e à previsão para o seu empreendimento, e deve ser defendido pelo empreendedor — simplificando, é responsabilidade do empreendedor.[6]

Outros benefícios derivam de um plano de negócio, tanto para o empreendedor quanto para as fontes financeiras que o lerão e avaliarão o empreendimento. Para o empreendedor, os benefícios alcançados são os seguintes:

- O tempo, o esforço, a pesquisa e a disciplina necessárias para agrupar um plano de negócio formal força o empreendedor a visualizar o empreendimento de maneira crítica e objetiva.
- As análises competitiva, econômica e financeira incluídas no plano de negócio sujeitam o empreendedor a um exame minucioso de seus pressupostos sobre o sucesso do empreendimento.
- Como todos os aspectos do empreendimento devem ser abordados no plano, o empreendedor desenvolve e examina as estratégias operacionais e os resultados esperados para avaliadores externos.
- O plano de negócio quantifica os objetivos, fornecendo referências mensuráveis para comparar as previsões com os resultados reais.
- O plano de negócio completo fornece ao empreendedor uma ferramenta de comunicação com fontes financeiras externas, bem como uma ferramenta operacional para direcionar a empresa rumo ao sucesso.[7]

As fontes financeiras que leem o plano podem obter dele os seguintes benefícios:

- O plano de negócio fornece os detalhes do potencial do mercado e planos para garantir uma parte desse mercado.
- Por meio das demonstrações financeiras em potencial, o plano de negócio ilustra a capacidade do empreendimento de sustentar uma dívida ou de fornecer um rendimento adequado sobre o capital.

- O plano identifica os riscos críticos e os eventos cruciais com uma discussão acerca dos planos de contingência que proporcionam uma oportunidade para o sucesso do empreendimento.
- Ao fornecer uma visão abrangente de toda a operação, o plano de negócio apresenta às fontes financeiras um documento claro e conciso que contém as informações necessárias para uma minuciosa avaliação financeira e do negócio como um todo.
- Para uma fonte financeira sem conhecimento anterior do empreendedor ou do empreendimento, o plano de negócio fornece um guia útil para avaliar a capacidade gerencial e de planejamento do empreendedor individual.[8]

12.5 DESENVOLVENDO UM PLANO DE NEGÓCIO BEM CONCEBIDO

A maioria dos investidores concorda que somente um plano de negócio bem concebido e bem desenvolvido pode reunir o suporte necessário que conduzirá ao financiamento. O plano de negócio deve descrever o novo empreendimento com entusiasmo e exatidão.

12.5a Quem lê o plano?

OA5 Definir os pontos de vista daqueles que leem um plano de negócio.

É importante entender o público para quem o plano de negócio é escrito. Embora inúmeros profissionais possam estar envolvidos na leitura do plano de negócios, como investidores de risco, banqueiros, investidores anjo, potenciais clientes, advogados, consultores e fornecedores, os empreendedores precisam entender claramente três pontos de vista ao preparar o plano.[9]

O primeiro ponto de vista é, obviamente, o do empreendedor, porque ele é quem desenvolve o empreendimento e, claramente, possui o conhecimento mais aprofundado sobre a tecnologia ou a ideia envolvida. Esse é o ponto de vista mais comum em planos de negócios, e é essencial. No entanto, muitos planos o enfatizam e negligenciam os pontos de vista dos clientes e dos possíveis investidores.

Mais importante que a alta tecnologia ou o talento criativo é a comercialização de um novo empreendimento. Esse tipo de empresa, conhecido como "orientada para o mercado", demonstra convincentemente os benefícios para os usuários (determinado grupo de clientes para o qual está destinado) e a existência de um mercado substancial. Esse ponto de vista — do mercado — é a segunda ênfase fundamental que um empreendedor deve acrescentar a um plano de negócio. Contudo, embora o valor real dessas informações seja considerado alto, muitos empreendedores tendem a minimizar o aprofundamento das informações de mercado em seus planos de negócios.[10] Estabelecer um mercado real, determinando quem comprará o produto ou usará o serviço, e documentar qual porcentagem desse mercado é necessária para o sucesso do empreendimento são critérios valiosos para o plano de negócio.

O terceiro ponto de vista está relacionado à ênfase de mercado já discutida. O ponto de vista do investidor está concentrado na previsão financeira. Projeções financeiras saudáveis são necessárias caso os investidores tenham de avaliar o valor de seus investimentos. Isso não quer dizer que um empreendedor deva encher o plano de negócio com planilhas de números. Na verdade, muitas empresas de capital de risco empregam um "fator de desconto de projeção", que representa meramente a crença dos capitalistas de risco de que novos empreendimentos bem-sucedidos costumam atingir aproximadamente 50% de seus objetivos financeiros planejados.[11] No entanto, uma projeção financeira de três a cinco anos é essencial para que os investidores formem seus julgamentos acerca do futuro sucesso do empreendimento.

Esses três pontos de vista foram apresentados em ordem de importância decrescente, a fim de apontar a ênfase que um plano de negócio bem concebido deve ter. Se esses pontos de vista forem indicados cuidadosamente no plano, o empreendedor terá preparado o que os especialistas chamam de **leitura de cinco minutos**. As seis etapas a seguir representam o processo de leitura do plano de negócio típico, que muitos capitalistas de risco usam (menos de um minuto é dedicado a cada etapa):

- **Passo 1:** Determine as características do empreendimento e seu setor.
- **Passo 2:** Determine a estrutura financeira do plano (quantidade de dívida ou investimento de capital próprio necessário).
- **Passo 3:** Leia o último balanço patrimonial (para determinar liquidez, patrimônio líquido e dívida/capital próprio).

- **Passo 4:** Determine a qualidade dos empreendedores que participam do empreendimento (às vezes, o passo mais importante).
- **Passo 5:** Estabeleça a característica única neste empreendimento (descubra em que ele é diferente).
- **Passo 6:** Leia o plano inteiro ligeiramente (isso se o pacote inteiro tiver sido paginado para uma visualização casual dos gráficos, quadros, exibições e outros componentes do plano).[12]

Essas etapas fornecem o *insight* sobre como o plano de negócio médio é lido. Pode parecer um pouco injusto que o tanto de esforço que o empreendedor coloca no plano receba somente uma leitura de cinco minutos. No entanto, essa é a natureza do processo para muitos investidores de risco. Outras fontes financeiras ou profissionais podem dedicar mais tempo à análise do plano. Mas tenha em mente que o investidor de risco lê inúmeros planos de negócios; portanto, saber as etapas em seus processos de leitura é valioso para o desenvolvimento de qualquer plano. Relacionado ao processo de investidores de risco, existe uma versão atualizada de uma antiga máxima que vincula empreendedores e a investidores de risco: "As pessoas que gerenciam pessoas, gerenciam pessoas que gerenciam coisas; *mas* as pessoas que gerenciam dinheiro, gerenciam as pessoas que gerenciam pessoas".[13]

12.5b Elaborando o pacote

OA6 Enfatizar a importância de coordenar os segmentos do plano de negócio.

Ao apresentar um plano de negócio a potenciais investidores, o empreendedor deve perceber que o pacote inteiro é importante. A seguir, apresentamos um resumo dos principais problemas aos quais o empreendedor precisa prestar atenção para que seu plano seja visualizado com êxito. Um plano de negócio proporciona aos financiadores as primeiras impressões de uma empresa e de seus diretores.

Os potenciais investidores esperam que o plano pareça bom, mas não tão bom; que tenha a extensão correta; que explique com clareza e consistência (anteriormente) todos os aspectos dos negócios da empresa; e que não contenha erros gramaticais, de grafia ou de digitação.

Os investidores estão procurando evidências de que os diretores tratam suas próprias propriedades com cuidado — e, da mesma forma, tratarão o investimento cuidadosamente. Em outras palavras, assim como o conteúdo é importante, os investidores sabem que a boa forma reflete um bom conteúdo e vice-versa.

Entre os problemas de formato, consideramos que os mais importantes são os seguintes:

Aparência — A encadernação e a impressão não devem ser descuidadas; e a apresentação não deve ser extravagante. Uma compilação grampeada de páginas fotocopiadas pode parecer amadorística, enquanto a encadernação de páginas impressas pode levantar a preocupação a respeito de gasto excessivo e inapropriado. A encadernação em espiral de plástico, que mantém unidas folhas de uma única cor, impressas só na frente, fornece aparência limpa e forte o suficiente para suportar, sem danos, o manuseio por inúmeras pessoas.

Total de páginas — Um plano de negócio não deve ter entre 20 a 25 páginas. O primeiro esboço, provavelmente, será superior a isso, mas a edição deve produzir uma versão final que caiba no tamanho ideal, que são 20 páginas. A adesão a esse total de páginas força os empreendedores a afiar suas ideias e resultados em um documento que, provavelmente, prenderá a atenção dos investidores.

Detalhes de fundo podem ser incluídos em um volume adicional, que os empreendedores podem disponibilizar para os investidores durante o período investigativo, após a expressão inicial de interesse.

Capa e página de título — A capa deve conter o nome da empresa, seu endereço e número de telefone, e o mês e o ano no qual o plano foi emitido. Surpreendentemente, um grande número de planos de negócios é submetido a potenciais investidores sem endereço ou número de telefone para retorno. Um investidor interessado quer ser capaz de entrar em contato com uma empresa facilmente para solicitar informações adicionais ou expressar seu interesse, seja na empresa, seja em algum aspecto do plano.

Dentro da capa frontal deve haver uma página de título bem projetada, na qual as informações da capa são repetidas e, em um canto superior ou inferior, se encontre o "número da cópia". Além de ajudar os empreendedores a acompanhar os planos em circulação, manter o número de cópias em destaque — geralmente, não mais de dez — gera uma vantagem psicológica. Afinal, nenhum investidor gosta de pensar que o potencial investimento está desgastado.

Resumo executivo — As duas a três páginas que seguem imediatamente a página de título devem explicar de forma concisa o *status* atual da empresa, seus produtos ou serviços, os benefícios aos clientes, as previsões financeiras, os objetivos do empreendimento em três a sete anos, o montante de financiamento necessário e como os investidores se beneficiarão.

É uma tarefa difícil fazer esse resumo de duas páginas, mas isso, ou convencerá os investidores na leitura do restante do plano, ou os convencerá a esquecer a coisa toda.

Sumário — Após o resumo executivo, inclua um sumário bem elaborado. Enumere cada uma das seções do plano de negócio e marque as páginas de cada seção.

Aparência atraente, quantidade de páginas eficaz, resumo executivo, índice, gramática apropriada, digitação correta e uma página de capa — todos são fatores importantes na elaboração de um pacote completo. Esses pontos costumam separar os planos bem-sucedidos dos não aceitos.

12.5c Diretrizes a serem lembradas

OA7 Revisar as principais recomendações de especialistas em capital de risco a respeito de um plano.

Os pontos a seguir são uma coleta de recomendações feitas por especialistas em capital de risco e desenvolvimento de novos empreendimentos.[14] Essas diretrizes são apresentadas como dicas para o desenvolvimento de um plano de negócio bem-sucedido. Os empreendedores precisam aderir a eles para entender a importância de diversos segmentos do plano de negócio que criam, o que será discutido na próxima seção.

MANTENHA O PLANO RESPEITAVELMENTE CURTO
Os leitores de planos de negócios são pessoas importantes, que se recusam a perder tempo. Portanto, os empreendedores devem explicar o empreendimento não só de maneira cuidadosa e clara, como também concisa (é preferível que o plano não tenha entre 20 a 25 páginas no total, excluindo o apêndice).

ORGANIZE E ACONDICIONE O PLANO CORRETAMENTE
Sumário, resumo executivo, apêndice, exibições, gráficos, gramática apropriada, organização lógica de segmentos e limpeza geral são elementos fundamentais para a apresentação eficaz de um plano de negócio.

ORIENTE O PLANO EM DIREÇÃO AO FUTURO
Os empreendedores devem tentar criar um clima de entusiasmo no plano. Devem desenvolver tendências e previsões que descrevam o que o empreendimento *pretende* fazer e quais são as oportunidades para o uso do produto ou serviço.

EVITE EXAGERO
O potencial de vendas, as estimativas de receita e o potencial crescimento de empreendimento não devem ser inflados. Muitas vezes, um cenário melhor, um pior e um provável devem ser desenvolvidos para o plano. A documentação e a pesquisa são vitais para a credibilidade do plano. (Consulte a Tabela 12.1 para as frases do plano de negócio.)

DESTACAR RISCOS CRÍTICOS
O segmento de riscos críticos do plano de negócio é importante, porque demonstra aos empreendedores a capacidade de analisar os potenciais problemas e desenvolver o curso alternativo de ação.

DAR EVIDÊNCIA DE UMA EQUIPE GESTÃO EFICAZ
O segmento de gerenciamento do plano de negócio deve identificar claramente as habilidades de cada pessoa-chave, bem como demonstrar de que maneira essas pessoas podem trabalhar juntas e de forma eficaz, como uma equipe, para gerenciar o empreendimento.

NÃO DIVERSIFICAR DEMAIS
Concentre a atenção do plano em uma oportunidade principal para o empreendimento. Um novo negócio não deve tentar criar múltiplos mercados nem perseguir múltiplos empreendimentos até que tenha desenvolvido com êxito uma força principal.

IDENTIFICAR O MERCADO-ALVO
Fundamente o grau de negociabilidade do produto ou serviço do empreendimento, identificando o nicho específico de mercado que está sendo buscado. Este segmento do plano de negócio é o pivô

TABELA 12.1 — FRASES COMUNS DO PLANO DE NEGÓCIOS: AFIRMAÇÃO *VERSUS* REALIDADE

Afirmação	Realidade
Nós, conservadoramente, projetamos...	Lemos em um livro que tínhamos de ser uma empresa de 50 milhões de dólares em cinco anos e fizemos a engenharia reversa dos números.
Fizemos nossa melhor aposta e dividimos por dois.	Acidentalmente dividimos por 0,5.
Projetamos uma margem de 10%.	Não modificamos nenhum dos pressupostos do modelo do plano de negócio que baixamos da internet.
O projeto está 98% completo.	Para concluir os 2% restantes, levaremos o mesmo tempo que levamos para criar os 98%, mas custará o dobro.
Nosso modelo de negócio é comprovado...	...considerando o movimento do melhor de nossos 50 locais na semana passada e extrapolando isso para todos os outros.
Temos uma vantagem de seis meses.	Tentamos não descobrir quantas outras pessoas têm uma vantagem de seis meses.
Necessitamos de uma participação de mercado de somente 10%.	Assim como os outros 50 concorrentes que estão começando a ser financiados.
Os clientes estão bradando por nosso produto.	Ainda não pedimos que paguem por ele. Além disso, todos nossos clientes são parentes.
Somos um produtor de baixo custo.	Ainda não produzimos nada, mas temos convicção de que conseguiremos.
Não temos concorrência.	Só a IBM, a Microsoft, a Netscape e a Sun, que anunciaram os planos de entrar no negócio.
Nossa equipe administrativa tem muita experiência...	...no consumo do produto ou serviço.
Um grupo selecionado de investidores está avaliando o plano.	Enviamos uma cópia do plano para todos da área.
Buscamos um investidor com valor agregado.	Estamos procurando um investidor passivo e sem conhecimento.
Se investir em nossos termos, você receberá uma taxa interna de retorno de 68%.	Se tudo o que puder dar certo funcionar, talvez você receba o seu dinheiro de volta.

para o sucesso das outras partes. A pesquisa de mercado deve ser incluída, para demonstrar como esse segmento de mercado foi identificado.

MANTER O PLANO ESCRITO NA TERCEIRA PESSOA

Em vez de dizer continuamente "eu", "nós" ou "nos", o empreendedor deve redigir na terceira pessoa, utilizando "ele", "ela", "eles" ou "deles". Em outras palavras, deve evitar personalizar o plano e manter a escrita objetiva.

CAPTURAR O INTERESSE DO LEITOR

Em razão dos inúmeros planos de negócios enviados a investidores e da pequena porcentagem de planos de negócios financiados, os empreendedores precisam capturar o interesse do leitor imediatamente, destacando a singularidade do empreendimento. Use a página de títulos e o resumo executivo como ferramentas-chave para capturar a atenção do leitor, criando nele o desejo de ler mais.

12.5d Perguntas a serem respondidas

Um plano de negócio bem escrito é como uma obra de arte: é visualmente agradável e faz uma declaração sem dizer uma palavra. Infelizmente, os dois também são comparáveis por terem valor apenas se forem bons. Os pesquisadores Donald F. Kuratko e Jeffrey S. Hornsby recomendam que as seguintes perguntas-chave sejam consideradas na elaboração de um plano de negócio eficaz:

- *Seu plano está organizado de modo que os fatos-chave saltem ao leitor?* As aparências realmente contam. Seu plano é a representação de você mesmo; portanto, não espere que um plano desorganizado e inferior ao aceitável seja seu meio de obtenção de fundos.
- *A missão do seu negócio e produto/serviço é clara e simples?* Sua missão deve indicar muito simplesmente o valor que você fornecerá a seus clientes; e ela não deve ter mais de um parágrafo.
- *Você está focado nas coisas certas?* Determine em qual fase do negócio você realmente está, concentre-se nas tarefas certas e use os recursos corretamente.
- *Quem é o seu cliente?* O plano descreve os clientes ideais dos negócios e como você os alcançará? A participação de mercado que você almeja está identificada, é razoável e tem base?
- *Por que os clientes comprarão? Quão melhor é o seu produto/serviço?* Defina a necessidade que as pessoas têm do seu produto e apresente referências e depoimentos de suporte para aprimorá-lo. Tente ser detalhado na explicação a respeito de como o cliente se beneficiará comprando o seu produto.
- *Você possui uma vantagem competitiva?* Foque as diferenças e as qualidades exclusivas. Os processos e/ou tecnologia de sua propriedade e itens e/ou ideias patenteáveis são coisas boas a serem destacadas como forças competitivas.
- *Você possui uma estrutura de custo favorável?* As margens brutas são fundamentais. A análise de ponto de equilíbrio leva em consideração as dinâmicas de preço e custos variáveis? Identifique, se possível, quaisquer economias de escala que seriam vantajosas para os negócios.
- *A equipe de gestão pode construir um negócio?* Dê uma segunda olhada na equipe de gestão para ver se seus membros possuem experiência relevante em pequenos negócios e no setor. Reconheça o fato de que a equipe pode precisar evoluir com os negócios.
- *De quanto dinheiro você precisa?* Demonstrativos financeiros, incluindo demonstrativos de resultados, demonstrativos de fluxo de caixa e balanço patrimonial, devem ser fornecidos mensalmente no primeiro ano, e trimestralmente nos dois ou três anos seguintes.
- *Como o seu investidor receberá um retorno de dinheiro?* Seja por meio de uma operação de compra ou de uma oferta pública inicial, certifique-se de que seu plano define claramente essa importante pergunta a respeito de uma estratégia de colheita.[15]

Essas diretrizes e perguntas foram apresentadas para ajudar os empreendedores que estão se preparando para elaborar um plano de negócio. A seção a seguir analisa os dez principais segmentos de um plano de negócio.

12.6 ELEMENTOS DE UM PLANO DE NEGÓCIOS

OA8 Apresentar uma descrição completa de um plano de negócio eficaz.

Em geral, um plano de negócio detalhado inclui algo entre seis a dez seções (dependendo da ideia, do setor e dos detalhes técnicos). O ideal é que tenha 25 páginas, embora, dependendo da necessidade de detalhes, possa variar de 20 páginas para mais de 30 páginas, se tiver um apêndice incluído.[16] A Tabela 12.2 fornece uma descrição de um plano típico, e o restante desta seção descreve suas partes específicas. O Apêndice 12A, no fim deste capítulo, contém um plano de negócio completo para a Hydraulic Wind Power.

12.6a Resumo executivo

Muitas pessoas que leem planos de negócios (banqueiros, capitalistas de risco, investidores) gostam de ver um resumo do plano que contenha suas partes mais importantes. Esse resumo fornece uma breve visão geral daquilo que vem a seguir, ajuda a colocar todas as informações em perspectiva e não deve ter mais que duas a três páginas. O resumo deve ser escrito somente depois que o plano de negócio inteiro tiver sido concluído. Dessa maneira, algumas frases específicas ou descrições de cada segmento podem ser incluídas no resumo. Como o resumo é a primeira — e às vezes a única — parte de um plano que é lido, ele deve apresentar a qualidade do relatório inteiro —o resumo deve ser uma captura instantânea inteligente do plano completo.

As declarações selecionadas para um segmento de resumo devem abordar ligeiramente o empreendimento em si, as oportunidades de mercado, as necessidades financeiras e suas projeções, e quaisquer pesquisas ou tecnologias especiais associadas ao empreendimento. Isso deve ser feito de tal maneira, que o avaliador ou o investidor queira ler. Se essas informações não forem apresentadas

TABELA 12.2 DESCRIÇÃO COMPLETA DE UM PLANO DE NEGÓCIOS

Seção I: Resumo executivo

Seção II: Descrição do negócio
A. Descrição geral do negócio
B. Histórico do setor
C. Objetivos, potencial do negócio e metas (se houver)
D. Singularidade do produto ou serviço

Seção III: Mercado
A. Pesquisa e análise
   1. Mercado-alvo (clientes) identificado
   2. Tamanho e tendências do mercado
   3. Concorrência
   4. Estimativa de participação no mercado
B. Plano de marketing
   1. Estratégia de marketing — vendas e distribuição
   2. Precificação
   3. Publicidade e promoções

Seção IV: Operações
A. Identificar o local: vantagens
B. Procedimentos operacionais específicos
C. Necessidades e usos dos funcionários
D. Proximidade e acessibilidade dos fornecedores

Seção V: Gestão
A. Equipe de gestão — principais funcionários
B. Estrutura legal — acordos de ações, contratos com funcionários, propriedade
C. Conselho diretor, assessores, consultores

Seção VI: Financeiro
A. Previsão financeira
   1. Lucros e perdas
   2. Fluxo de caixa
   3. Análise do ponto de equilíbrio
   4. Controles de custo
   5. Planos de orçamento

Seção VII: Riscos críticos
A. Possíveis problemas
B. Obstáculos e riscos
C. Formas alternativas de ação

Seção VIII: Estratégia de colheita Realizada por oferta pública inicial, mas deve ser bem compreendida.
A. Evento de liquidez (IPO ou venda)
B. Continuidade da estratégia de negócios
C. Identificação do sucessor

Seção IX: Cronograma de metas
A. Programação e objetivos
B. Prazos e metas
C. Relação dos eventos

Seção X: Apêndice ou bibliografia

Fonte: Donald F. Kuratko, *The Complete Entrepreneurial Planning Guide* (Bloomington: Kelley School of Business, Indiana University, 2015).

de uma maneira concisa e competente, o leitor pode deixar o plano de lado ou, simplesmente, concluir que o projeto não oferece garantia para o financiamento.

12.6b Descrição do negócio

Primeiro, o nome do empreendimento deve ser identificado, juntamente com qualquer significado especial, como nome de família ou nome técnico. Em segundo lugar, os antecedentes do setor devem ser apresentados em termos de situação atual e tendências futuras. É importante observar qualquer desenvolvimento especial do setor que possa afetar o plano. Se a empresa tiver um negócio ou uma franquia, esse é o local apropriado para discutir o assunto. Em terceiro lugar, o novo empreendimento deve ser inteiramente descrito, juntamente com o seu potencial proposto. Todos os termos-chave devem ser definidos e tornados compreensíveis. Especificações ou descrições funcionais devem ser fornecidas. Desenhos e fotos também podem ser incluídos.

Em quarto lugar, as potenciais vantagens do novo empreendimento sobre a concorrência devem ser discutidas em profundidade. Essa discussão pode incluir patentes, *copyrights* e marcas, bem como vantagens tecnológicas especiais ou de mercado.

12.6c Segmento de mercado

No **segmento de mercado** do plano, o empreendedor deve convencer os investidores de que existe um mercado, que as projeções de vendas *podem ser alcançadas* e que a concorrência pode ser superada. Essa parte do plano costuma ser uma das mais difíceis de se preparar, além de ser uma das mais críticas, pois todas as seções subsequentes do plano dependem das estimativas de vendas aqui desenvolvidas. Os níveis de vendas projetados — que são baseados em pesquisa de mercado e análise — influenciam diretamente o tamanho da operação de produção, o plano de marketing, bem como o montante da dívida e o capital necessário.

A maioria dos empreendedores tem dificuldade na preparação e na apresentação da pesquisa de mercado e da análise que convencerá os investidores de que as estimativas de vendas do empreendimento são precisas e realizáveis. A seguir, estão os aspectos que devem ser tratados ao desenvolver uma exposição abrangente do mercado.

12.6d Nicho de mercado e participação de mercado

Um **nicho de mercado** é um grupo homogêneo com características comuns, ou seja, todas as pessoas que têm necessidade do produto ou do serviço recém-proposto. Ao descrever esse nicho, o redator deve abordar as bases das decisões de compra do cliente: preço, qualidade, serviço, contatos pessoais ou uma combinação desses fatores.

Em seguida, uma lista de potenciais clientes que manifestaram interesse no produto ou serviço deve ser incluída, juntamente com uma explicação de seu interesse. Se for um negócio existente, os principais clientes atuais devem ser identificados e a tendência de vendas deve ser discutida. É importante descrever o potencial geral do mercado. As projeções de vendas devem ser estabelecidas para, pelo menos, três anos, e os principais fatores que afetam o crescimento de mercado, como tendências do setor, tendências socioeconômicas, políticas governamentais e mudanças populacionais, devem ser discutidos. Uma revisão das tendências de mercado anteriores deve ser incluída, e quaisquer diferenças entre as taxas de crescimento anuais passadas e projetadas devem ser explicadas. As fontes de todos os dados, bem como os métodos usados para fazer as projeções, devem ser indicados. Então, se qualquer um dos principais clientes estiver disposto a assumir compromissos de compra, ele deve ser identificado e a extensão desses compromissos deve ser indicada. Com base nas vantagens do produto ou dos serviços, no porte e nas tendências de mercado, nos clientes e nas tendências de vendas dos anos anteriores, o redator do plano deve estimar a participação de mercado e as vendas em unidades e em dólares para cada um dos próximos três anos. O crescimento das vendas da empresa e sua participação estimada de mercado devem estar relacionados ao crescimento do setor e à base de clientes.

ANÁLISE DE COMPETITIVIDADE

O empreendedor deve fazer uma tentativa de avaliar os pontos fortes e fracos dos produtos ou serviços da concorrência. Quaisquer fontes usadas para avaliar a concorrência devem ser citadas. Essa discussão deve comparar os produtos ou serviços concorrentes em relação a preço, desempenho, serviços, garantias e outros recursos pertinentes. Deve incluir também uma breve discussão das vantagens e desvantagens atuais dos produtos e serviços concorrentes e do motivo pelo qual eles não estão atendendo as necessidades do cliente. Qualquer conhecimento das ações do concorrente que possam levar a produtos novos ou melhores e a uma posição vantajosa também devem ser apresentados.

Por fim, uma avaliação das empresas concorrentes deve ser incluída. A participação de cada concorrente no mercado, bem como suas vendas e seus recursos de distribuição e de produção devem ser discutidos. A atenção deve ser focada na lucratividade e na tendência de lucro de cada concorrente. Quem lidera em preço? Que lidera em qualidade? Quem está ganhando? Quem está perdendo? Alguma empresa entrou ou saiu do mercado nos últimos anos?

ESTRATÉGIA DE MARKETING

A filosofia de marketing geral e a abordagem da empresa devem ser descritas na **estratégia de marketing**. Uma estratégia de marketing deve ser desenvolvida a partir de dados de avaliação e pesquisa de mercado e deve incluir uma discussão sobre (1) os grupos de clientes a serem alcançados pelo esforço de vendas inicial intensivo; (2) os grupos de clientes a serem alcançados por esforços de venda posteriores; (3) os métodos para identificar e contactar os potenciais clientes nesses grupos; (4) os recursos do produto ou serviço (qualidade, preço, entrega, garantia etc.) a serem enfatizados para gerar vendas; e (5) qualquer conceito de marketing inovador ou incomum que aprimore a aceitação do cliente, como aluguel onde, antes, só se tentavam vendas.

Esta seção também deve indicar se, de início, o produto ou o serviço será introduzido nacionalmente ou regionalmente. Também devem ser consideradas quaisquer tendências sazonais e o que pode ser feito para promover as vendas contrassazonais.

POLÍTICA DE PRECIFICAÇÃO

O preço deve ser "certo" para penetrar no mercado, manter uma posição de mercado e produzir lucros. Inúmeras estratégias de precificação devem ser examinadas e, em seguida, devem ser apresentadas de maneira convincente. Essa política de precificação deve ser comparada às políticas dos principais concorrentes. A margem bruta de lucro, aquela apurada entre os custos de produção e as vendas finais, deve ser discutida, a fim de saber se essa margem é grande o suficiente para permitir distribuição, vendas, garantia e despesas de serviço; para a amortização dos custos de desenvolvimento e de equipamento; e para o lucro. A atenção também deve ser dada para justificar quaisquer aumentos de preço de itens mais competitivos com base em novidade, qualidade, garantia ou serviço.

PLANO DE PUBLICIDADE

Para produtos industriais, é preciso apresentar fichas técnicas e material promocional, planos de participação em feiras comerciais, anúncios em revistas de comércio e malas diretas, bem como deve ser informado o uso de agências de publicidade. Para produtos e serviços em geral, é preciso incluir uma discussão da campanha promocional e de publicidade prevista para apresentar o produto e os tipos de promoção de vendas a serem fornecidos aos negociantes. Além disso, o cronograma e os custos de publicidade e promoção devem ser apresentados; caso a publicidade seja uma parte significativa das despesas, deve-se incluir uma explicação de como e quando esses custos serão incorridos.

Esses cinco subconjuntos do segmento de marketing são necessários para detalhar o plano de marketing geral, que deve descrever *o que* deve ser feito, *como* será feito e *quem* o fará.

12.6e Pesquisa, projeto e desenvolvimento do produto/serviço

A extensão de qualquer pesquisa, projeto e desenvolvimento em relação a custo, tempo e teste especial deve ser coberta neste segmento. Os investidores precisam saber o *status* do projeto em termos de protótipos, testes de laboratório e possíveis atrasos no cronograma. Observe que esse segmento é aplicável somente se a P&D fizer parte do plano de negócio.

Para conseguir uma seção abrangente, o empreendedor deve ter (ou buscar) assistência técnica na preparação de uma discussão detalhada. Esquemas, esboços, desenhos e modelos costumam ser importantes.

É igualmente importante identificar o projeto ou o trabalho de desenvolvimento que ainda tiver de ser feito e discutir as possíveis dificuldades ou riscos que possam atrasar ou alterar o projeto. A respeito disso, um orçamento de desenvolvimento que mostre os custos associados a mão de obra, materiais, pesquisa, *design* e afins deve ser construído e apresentado.

12.6f Segmento de operações

Esse segmento sempre deve começar por descrever a localização do novo empreendimento. O local escolhido deve ser apropriado em termos de disponibilidade de trabalho, faixa salarial, proximidade e disponibilidade de fornecedores e clientes e apoio da comunidade. Além disso, os requisitos de zoneamento e impostos locais devem ser resolvidos e o suporte dos bancos de área para novos empreendimentos deve ser abordado.

Necessidades específicas devem ser discutidas em termos de como a empresa realmente opera e das instalações necessárias para manusear o novo empreendimento, como planta, depósitos de armazenamento e escritórios, ou qualquer equipamento que precise ser adquirido, como ferramentas especiais, maquinário, computadores e veículos.

Outros fatores que podem ser considerados são os fornecedores (quantidade e proximidade) e os custos de transporte envolvidos no envio dos materiais. Oferta de mão de obra, salários e cargos qualificados necessários também devem ser apresentados.

Por fim, os dados de custo associados a qualquer um dos fatores de operação devem ser apresentados. As informações financeiras usadas aqui podem ser aplicadas posteriormente, para as projeções financeiras.

O PROCESSO EMPREENDEDOR

Erros comuns do planejamento de negócios

Empreendedores enfrentam incertezas em quase tudo o que fazem, desde a contratação de funcionários corretos até a localização de fornecedores confiáveis. A construção de um negócio requer que o empreendedor lide diariamente com significativa pressão. Considerando a variabilidade inerente a qualquer novo empreendimento, um plano de negócio é crucial para o gerenciamento eficaz. Apesar da importância do planejamento do negócio, não há atividade mais assustadora para os empreendedores do que formalizar seus pensamentos no papel. Para que os empreendedores se mantenham orientados para o sucesso, eles devem permanecer otimistas, então o medo de descobrir algum obstáculo insuperável durante o planejamento conduz algumas equipes de gestão a evitar o processo no conjunto. Independentemente de o negócio ser uma start-up ou uma corporação bem estabelecida, um plano de negócio, quando feito corretamente, serve como a planta da empresa para assegurar que todas as partes envolvidas estejam de acordo em relação ao propósito abrangente do negócio. Nas seções do plano de negócio a seguir, apresentamos alguns dos erros comuns que os empreendedores cometem ao desenvolver seus planos.

Erros gerais

- Os empreendedores não conseguem articular claramente sua visão no plano.
- Os empreendedores usam acrônimos e jargões técnicos sem explicá-los claramente no início do plano de negócio.
- Os empreendedores falham em fornecer detalhes suficientes a respeito da implantação de suas estratégias.
- Os empreendedores apresentam de forma ineficaz as metas e os objetivos que são mais importantes para o sucesso dos negócios.
- Os empreendedores não apresentam a base de suas estratégias de maneira convincente.
- Os empreendedores não melhoram seus planos com base no *feedback* dos investidores.

Resumo executivo

- Os empreendedores não são precisos em relação às suas necessidades e capacidades.
- Os empreendedores desperdiçam palavras com "enrolação" e informações supérfluas.

Gerência

- Os empreendedores se esquecem de incluir seus sucessos e/ou falhas anteriores.
- Os empreendedores ignoram a importância que os investidores dão a uma equipe de gestão experiente.

Marketing

- Os empreendedores dependem intensamente da pesquisa de mercado secundária, em vez de solicitar a opinião de seus potenciais clientes.
- Os empreendedores declaram a porcentagem do mercado que suas empresas terão sem suporte de pesquisa.

Financeiros

- Os empreendedores negligenciam e, por sua vez, subestimam suas necessidades de fluxo de caixa.
- Os empreendedores inflam ou menosprezam suas margens a fim de chegar à sua lucratividade ideal.

Fonte: Adaptado de Mark Henricks, "Build a Better Business Plan", *Entrepreneur* (fevereiro/2007). Obtido em 21/junho/2008 em: www.entrepreneur.com/startingabusiness/businessplans/article174002.html; Andrew J. Sherman, *Grow Fast, Grow Right: 12 Strategies to Achieve Breakthrough Business Growth* (Chicago: Kaplan Publishing, 2007): p. 20-26; e Jay Snider, "Don't Make These 5 Business Plan Mistakes", *Up and Running Blog*, http://upandrunning.bplans.com/2012/04/20/dont-make-these-5-business-plan-mistakes/, acesso em: 29 maio 2012.

12.6g Segmento de gestão

Este segmento identifica a equipe-chave, suas posições e responsabilidades e a experiência profissional que qualifica seus membros para essas funções específicas. Devem ser fornecidos currículos completos de cada membro da equipe de gestão. Nesta seção, a função do empreendedor deve ser claramente descrita. Por fim, quaisquer assessores, consultores ou membros do conselho devem ser identificados e discutidos.

A estrutura de pagamento e de propriedade (acordos de ações, honorários de consultoria e assim por diante) deve ser descrita claramente nesta seção. Em resumo, a discussão deve ser suficiente para que os investidores possam entender cada um dos seguintes fatores que tenham sido apresentados: (1) estrutura organizacional, (2) equipe de gestão e pessoal essencial, (3) experiência e recursos técnicos da equipe, (4) estrutura de propriedade e acordos de compensação, e (5) conselho administrativo e assessores e consultores externos.

12.6h Segmento financeiro

O segmento financeiro de um plano de negócio deve demonstrar a potencial viabilidade do empreendimento. Três demonstrativos financeiros básicos devem ser apresentados nessa parte do plano: balanço patrimonial pró-forma, demonstrativo de resultados e demonstrativo de fluxo de caixa.

BALANÇO PATRIMONIAL PRÓ-FORMA

Pró-forma significa "projetado", em oposição a real. O balanço patrimonial pró-forma projeta o que a condição financeira do empreendimento será em determinado ponto no tempo. Os balanços patrimoniais pró-forma devem ser preparados na inicialização do projeto; semestralmente, nos primeiros anos; e ao fim de cada um dos três primeiros anos. O balanço patrimonial detalha os ativos necessários para dar suporte ao nível projetado de operações e mostra como esses ativos devem ser financiados (passivos e capital próprio). Os investidores vão querer examinar os balanços patrimoniais projetados para determinar se as relações entre dívida/capital próprio, capital de giro, indicadores correntes, rotatividade de estoque, e assim por diante, estão dentro dos limites aceitáveis, necessários para justificar os futuros financiamentos projetados para o empreendimento.

DEMONSTRATIVO DE RESULTADOS

O demonstrativo de resultados ilustra os resultados operacionais projetados com base em lucros e perdas. A previsão de vendas, que foi desenvolvida no segmento de marketing, é essencial para esse documento. Uma vez que a previsão de vendas (projeção de ganhos) está em vigor, os custos de produção devem ser orçados com base no nível de atividade necessário para suportar os ganhos projetados. Despesas com material, mão de obra, serviço e fabricação (fixas e variáveis) devem ser consideradas, além de despesas como distribuição, armazenamento, publicidade e descontos e despesas administrativas e gerais, como salários, assessoria jurídica e contábil, aluguel, serviços públicos e telefone.

DEMONSTRATIVO DE FLUXO DE CAIXA

O demonstrativo do fluxo de caixa pode ser o documento mais importante na criação do novo empreendimento, pois define o montante e a sincronização das entradas e saídas do fluxo de caixa esperado. Esta seção do plano de negócio deve ser construída com cuidado.

Considerando um nível de vendas projetadas e despesas de capital para um período específico, a previsão do fluxo de caixa destacará a necessidade e a sincronização de financiamento adicional e indicará as demandas máximas para o capital de giro. A gestão deve decidir como o financiamento adicional deve ser obtido, em que termos, e como deve ser reembolsado. O montante total do financiamento necessário pode ser fornecido de várias fontes: parte pelo financiamento de capital, parte por empréstimos bancários, e o saldo por linhas de crédito de curto prazo de bancos. Essas informações se tornam parte da previsão final de fluxo de caixa. Um fluxo de caixa detalhado, se corretamente compreendido, pode direcionar a atenção do empreendedor para problemas operacionais antes que surjam graves crises de caixa.

No segmento financeiro, é importante mencionar quaisquer pressupostos usados para preparar os números. Nada deve ser considerado como garantido. Este segmento também deve incluir como o demonstrativo foi preparado (por um contador público profissional certificado ou pelo empreendedor) e quem será responsável pela gestão das finanças do negócio.

O documento final que deve ser incluído no segmento financeiro é um gráfico de ponto de equilíbrio, que mostra o nível de vendas (e produção) necessário para cobrir todos os custos. Isso inclui os custos que variam com o nível de produção (mão de obra de fabricação, materiais, vendas) e os custos que não mudam com a produção (aluguel, taxas de juros, salários executivos).

12.6i Segmento de risco crítico

Neste segmento, riscos potenciais, como os mencionados a seguir, devem ser identificados: efeito de tendências desfavoráveis no setor, custos de projeto de fabricação que excederam as estimativas, dificuldades com prazos de entrega longos ao comprar peças ou materiais e que não haviam sido planejados e nova concorrência.

Além desses riscos, é sábio abordar os "e se". Por exemplo, e se a concorrência cortar os preços, o setor se retrair, as projeções de mercado estiverem erradas, as projeções de vendas não forem alcançadas, as patentes não forem concedidas ou a equipe de gestão se desentender?

Por fim, sugestões para linhas de ação alternativas devem ser incluídas. Certamente, atrasos, projeções inexatas e recessões no setor podem acontecer, e as pessoas que leem o plano vão querer saber se o empreendedor reconhece esses riscos e se está preparado para esses eventos críticos.

12.6j Segmento de estratégia de colheita

Cada plano de negócio deve fornecer *insights* sobre a futura estratégia de colheita. É importante para o empreendedor ter um plano de evento de liquidez como estratégia de colheita, ou para uma transição ordenada do empreendimento, se o plano for crescer e se desenvolver. Esta seção deve lidar com problemas como estratégias de sucessão de gestão e de saída dos investidores. Além disso, deve ser dada alguma atenção ao gerenciamento de mudanças, ou seja, à transferência ordenada dos ativos da empresa, caso a propriedade dos negócios mude; à continuidade da estratégia de negócios durante a transição; e à designação de indivíduos-chave para levar os negócios adiante, caso a equipe de gestão atual mude. Com a previsão, os empreendedores podem manter seus sonhos vivos, garantir a segurança de seus investidores e, frequentemente, fortalecer seus negócios no processo. Por essa razão, uma estratégia de colheita é essencial.

12.6k Segmento de cronograma de metas

O **segmento de cronograma de metas** fornece aos investidores um calendário para que diversas atividades sejam realizadas. É importante mostrar que foram planejados prazos realistas e que a inter-relação dos eventos nesse limite de tempo seja entendida. O cronograma de metas é uma abordagem passo a passo para ilustrar as realizações de uma maneira fragmentada. Essas metas podem ser estabelecidas em qualquer prazo apropriado, como trimestral, mensal ou semanalmente. No entanto, é importante coordenar o prazo não só com essas atividades precoces, como projeto de produto e desenvolvimento, projeções de vendas, estabelecimento da equipe de gestão, produção e planejamento de operações e planejamento de mercado, mas com outras atividades também, como:

- Incorporação do empreendimento.
- Conclusão do projeto e desenvolvimento, conclusão de protótipos.
- Contratação de representantes de vendas, exibição do produto em demonstrações de negócios.
- Inscrição de distribuidores e concessionárias.
- Solicitação de quantidades de produção de materiais, recebimento dos primeiros pedidos.
- Primeiras vendas e primeiras entregas (datas de interesse máximo, porque se relacionam diretamente à credibilidade do empreendimento e à necessidade de capital).
- Pagamento de contas a receber (entrada de caixa).

Esses itens são os tipos de atividades que devem ser incluídos no segmento de cronograma de metas. Quanto mais detalhado for o cronograma, mais provável será que o empreendedor convença os investidores em potencial de que ele ponderou as coisas e, portanto, é um bom risco.

12.6l Segmento de apêndice e/ou bibliografia

O segmento final não é obrigatório, mas permite incluir documentação adicional, o que não é apropriado nas partes principais do plano. Diagramas, plantas, dados financeiros, vida dos membros

O PROCESSO EMPREENDEDOR

Afastando-se do seu plano de negócio?

Um plano de negócio ponderado e bem escrito é uma ferramenta importante para qualquer empreendedor; no entanto, mesmo a estratégia mais conservadora pode falhar ao considerar alguns obstáculos que existem entre a concepção de um conceito e a eventual colheita do negócio. Um exemplo dessa barreira ocorre quando um negócio encontra uma recessão econômica. Qual é a estratégia apropriada quando a economia geral tiver começado a ceder, conduzindo os consumidores a esconderem os dólares que, do contrário, gastariam em seu negócio?

A resposta é que não há solução para lidar com uma economia doente. Apesar da necessidade de um plano de negócios, os empreendedores, em geral, descobrem que obedecer rigorosamente seus planos é tão perigoso quanto não ter nenhum plano. A chave é saber quando se afastar de seu plano. A seguir, estão os passos a serem dados quando o seu plano não atender efetivamente o ambiente no qual seu negócio se encontrar:

Faça parcerias. A parceria com empresas que oferecem produtos complementares ao seu é uma maneira eficaz de compartilhar a responsabilidade de construir o mercado. Você pode não apenas dividir as despesas de propaganda, mas também pode introduzir incentivos de consumo que estimulem a compra casada a clientes que, de outro modo, não comprariam da sua empresa. Uma estratégia comum é determinar quais compras seus clientes estão fazendo atualmente em outros estabelecimentos que sejam intimamente associados às compras em seu negócio. Por exemplo, se você possuir uma cafeteria e seus clientes costumam chegar com salgadinhos comprados de uma padaria local, uma parceria com a padaria poderia ser um ajuste lógico. A chave é tirar proveito do comportamento de seus clientes em vez de tentar mudá-lo.

Comunique-se com os clientes. Em tempos de "vacas magras", seus clientes existentes são sua força vital, de modo que mantê-los felizes se tornará cada vez mais importante. Se seu orçamento de marketing não permitir publicidade extravagante, mude o foco para trabalhar intensamente com seus clientes atuais. Em geral, você descobrirá que eles estão mais dispostos a compartilhar suas perspectivas sobre o seu negócio, o que poderá levar a modificações fáceis e baratas, que construirão fidelidade. Ao manter o controle de clientes em potencial, você estará em uma posição melhor para continuar com eles quando o momento estiver fraco. Por exemplo, se seu negócio envolver o fornecimento de cotações para clientes em potencial, tome nota daqueles que optam por não fazer uma compra. Ao falar com eles, você receberá o *insight* sobre o motivo de eles terem ido embora, e seus esforços podem convencê-los a pensar de novo em fazer negócio com você.

Permaneça flexível. Quando a economia vacila, os consumidores se tornam mais conservadores em suas compras e são mais inclinados a fundamentá-las apenas no preço. O problema com o corte nos preços durante uma recessão econômica é que os consumidores vão esperar que eles permaneçam baixos quando a economia melhorar. Uma maneira para evitar ter de recorrer a medidas de corte de custo é oferecer mais pelo mesmo preço. Por exemplo, estender o horário do seu negócio para acomodar melhor a agenda de seu cliente ou oferecer estimativas gratuitas em domicílio para negócios relacionados ao serviço são medidas rápidas a serem tomadas, que podem ajudar o seu negócio a destacar-se da concorrência.

Construa redes. Como empreendedor, a capacidade de fazer uma rede é uma habilidade importante, especialmente quando o seu negócio começar a decair. Um importante fórum para muitos novos empreendimentos é a câmara local de comércio. Ao interagir com os negócios locais, os empreendedores podem acompanhar de perto quais são as tendências econômicas locais, bem como ganhar acesso a potenciais clientes comerciais. Além disso, trabalhar com outros negócios pode ajudá-lo a localizar recursos em sua comunidade, como talentos locais e fontes de financiamento, e mais: ter um grupo de empreendedores amigos pode ser útil para examinar as ideias bem como para apoio moral.

Essa lista não deve ser exaustiva. O tema subjacente é que os empreendedores precisam manter a versatilidade que tinham quando iniciaram seus negócios. Desenvolver uma estratégia é importante para que os empreendedores gerenciem seus negócios de forma eficaz, e documentar formalmente essa estratégia é importante para assegurar a continuidade de seus negócios. No entanto, os empreendedores que dependem exclusivamente de seus planos de negócios para direcionar suas decisões correm o risco de se prender a uma estratégia que poderia se tornar rapidamente obsoleta em razão de uma mudança no ambiente. O planejamento é crucial para seus negócios, mas saber quando mudar o plano é igualmente importante.

Fonte: Adaptado de Rich Sloan, "Bad Economy? Time to Get Aggressive", *Fortune Small Business*, 3/março/2008, http://money.cnn.com/2008/03/03/smbusiness/startup_nation.fsb/index.htm, acesso em: 12 maio 2012.

---

da equipe de gestão e quaisquer informações bibliográficas que deem suporte a outros segmentos do plano são exemplos de material que pode ser incluído. Depende do empreendedor a decisão de qual item colocar neste segmento, se houver. No entanto, o material deve ser limitado a informações relevantes e de suporte.

A Tabela 12.3 fornece uma recapitulação importante dos principais segmentos de um plano de negócio, utilizando dicas úteis como lembretes práticos para os empreendedores. Ao revisar isso, os empreendedores podem ganhar uma visão macro do processo de planejamento. A Tabela 12.4 é uma lista de verificação pessoal, que fornece aos empreendedores a oportunidade de avaliar seus planos de negócios para cada segmento. A avaliação passo a passo é baseada na cobertura do segmento em particular, na clareza da apresentação e na completude. Embora se saiba que títulos e cabeçalhos usados em planos de negócios podem variar (consulte o Apêndice 12A), ainda é importante avaliar cada um dos segmentos completos, para ver se e como eles estão apresentados no plano de negócio final.

TABELA 12.3 DICAS ÚTEIS PARA DESENVOLVER O PLANO DE NEGÓCIO

I. Resumo executivo

- Até três páginas. Esta é a parte mais crucial de seu plano, pois é necessário prender a atenção do leitor.
- Devem ser resumidos os pontos: o quê, como, por quê, onde, e assim por diante.
- Complete esta parte após terminar o plano de negócio.

II. Segmento de descrição do negócio

- Dê um nome ao seu negócio.
- O histórico do setor, juntamente com o histórico de sua empresa, se houver, deve ser mencionado nesta seção.
- O potencial do novo empreendimento deve ser descrito com clareza.
- As singularidades e as características exclusivas do empreendimento devem ser descritas com clareza.

III. Segmento de mercado e marketing

- Convença os investidores de que as projeções de vendas e a concorrência podem ser alcançadas.
- Use e apresente estudos de mercado.
- Identifique o mercado-alvo, a posição e a participação no mercado.
- Avalie toda a concorrência e explique especificamente por que e como você será melhor que seus concorrentes.
- Identifique todas as fontes do mercado e assistência usadas neste segmento.
- Demonstre a estratégia de precificação. Seu preço deve penetrar e manter a participação de mercado para gerar lucro; portanto, o menor preço não é necessariamente o melhor.
- Identifique seus planos de publicidade, com estimativa de custos, para validar a estratégia proposta.

IV. Segmento de operações

- Descreva as vantagens de seu local (zoneamento, legislação tributária, bases salariais). Enumere as necessidades de produção em termos de instalações (instalação fabril, armazenamento, espaço de escritório) e equipamentos (maquinário, móveis, suprimentos).
- Descreva as operações específicas do empreendimento.
- Indique a proximidade com seus fornecedores.
- Mencione a necessidade e o uso dos funcionários na operação.
- Forneça estimativas dos custos operacionais, mas tenha cautela: muitos empreendedores subestimam seus custos.

V. Segmento de gestão

- Forneça o currículo de todas as pessoas essenciais à gestão de seu empreendimento.
- Por fim, descreva atentamente a estrutura legal de seu empreendimento (individual, sociedade ou corporação).
- Mencione a assistência adicional (se houver) de assessores, consultores e diretores.
- Forneça informações sobre como eles serão compensados e de quanto será a compensação.

VI. Segmento financeiro

- Forneça a estimativa real de prestação de contas.
- Descreva as fontes necessárias para seus fundos e o uso pretendido.
- Desenvolva e apresente um orçamento.
- Crie fases de financiamento, a fim de permitir que os investidores façam a avaliação por parte em vários pontos.

(Continua)

TABELA 12.3 DICAS ÚTEIS PARA DESENVOLVER O PLANO DE NEGÓCIO (Continuação)

VII. Segmento de riscos importantes

- Discuta os possíveis riscos antes que os investidores os apontem; por exemplo:
  - Corte de preço pelos concorrentes.
  - Quaisquer tendências potencialmente desfavoráveis do setor.
  - Custos de criação ou fabricação além dos estimados.
  - Projeção de vendas não alcançada.
  - Cronograma de desenvolvimento do produto não alcançado.
  - Dificuldades ou longos prazos de entrega encontrados na aquisição de peças ou matérias-primas, superiores aos custos de inovação e desenvolvimento esperados para manter-se competitivo.
  - Forneça algumas linhas de ação alternativas.

VIII. Segmento de estratégia de colheita

- Esboce um plano de evento de liquidez — IPO ou venda.
- Descreva o plano de transição de liderança.
- Mencione as preparações (seguro, fundos fiduciários etc.) necessárias para a continuidade do negócio.

IX. Segmento de cronograma de etapa

- Crie um calendário ou gráfico para demonstrar quando cada fase do empreendimento será concluída. Mostre a relação entre os eventos e forneça um prazo para a realização.

X. Apêndice ou bibliografia

Fonte: Donald F. Kuratko, *The Complete Entrepreneurial Planning Guide* (Bloomington: Escola de Negócios Kelley, Universidade de Indiana, 2015).

TABELA 12.4 AVALIAÇÃO DO PLANO DE NEGÓCIO: UMA FERRAMENTA DE AVALIAÇÃO COMPLETA

Os componentes

Aqui estão sendo apresentados os dez componentes de um plano de negócio. Ao desenvolver um plano de negócio é necessário avaliar cada componente. Seja honesto em sua avaliação, pois o principal objetivo é aprimorá-lo e aumentar suas chances de sucesso. Por exemplo, se seu objetivo é obter financiamento externo, será solicitado que envie um plano de negócio completo do seu empreendimento, que irá ajudar uma fonte de investimento a avaliar mais adequadamente a sua ideia de negócio.

Instruções de avaliação: A descrição breve de cada componente irá ajudá-lo a escrever esta seção do plano. Ao completar seu plano, use a escala a seguir para avaliar cada componente.

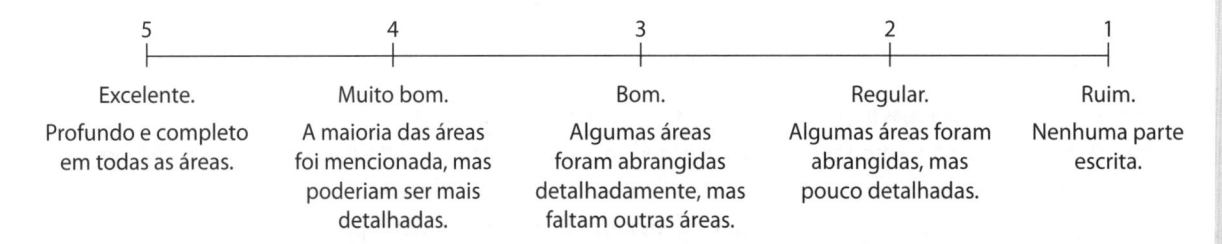

5	4	3	2	1
Excelente.	Muito bom.	Bom.	Regular.	Ruim.
Profundo e completo em todas as áreas.	A maioria das áreas foi mencionada, mas poderiam ser mais detalhadas.	Algumas áreas foram abrangidas detalhadamente, mas faltam outras áreas.	Algumas áreas foram abrangidas, mas pouco detalhadas.	Nenhuma parte escrita.

Os dez componentes de um plano de negócio

1. **Resumo executivo.** Esta é a seção mais importante, pois deve convencer o leitor de que o negócio terá sucesso. Em até três páginas, é necessário resumir os principais pontos de todo o plano. Desta forma, devem ser mencionados os elementos principais dos componentes a seguir.

    O resumo executivo deve ser independente. Este segmento não é apenas uma introdução ao restante do plano de negócio, mas discute quem irá comprar o seu produto ou serviço, o que torna o seu negócio exclusivo e como você planeja crescer no futuro. Pelo fato de esta seção resumir o plano, é sempre melhor escrevê-la por último.

(Continua)

TABELA 12.4 AVALIAÇÃO DO PLANO DE NEGÓCIO: UMA FERRAMENTA DE AVALIAÇÃO COMPLETA
(Continuação)

Classifique este componente:

5	4	3	2	1
Excelente	Muito bom	Bom	Regular	Ruim

2. **Descrição do negócio.** Esta seção deve fornecer informações sobre o histórico do seu setor e da sua empresa, e fazer uma descrição geral do seu produto ou serviço e da missão específica que você está tentando cumprir. Seu produto ou serviço deve ser descrito com relação às qualidades exclusivas e ao valor para o cliente. Os objetivos específicos de curto e de longo prazo devem ser definidos. É necessário informar com clareza os objetivos de vendas, a participação no mercado e a lucratividade que você deseja que seu negócio atinja.

Elementos-chave	Você tratou disso no plano?	A resposta é clara? (sim ou não)	A resposta é completa? (sim ou não)
a. Qual tipo de negócio você terá?			
b. Quais produtos ou serviços irá vender?			
c. Por que o seu negócio promete ser um sucesso?			
d. Qual é o potencial de crescimento?			
e. Qual é a sua singularidade?			

Classifique este componente:

5	4	3	2	1
Excelente	Muito bom	Bom	Regular	Ruim

3. **Mercado e marketing.** Há duas partes principais na seção de mercado e marketing. A primeira parte consiste de pesquisa e análise do mercado. Nela, é necessário explicar quem compra o produto ou serviço; em outras palavras: identifique o mercado visado. Meça o tamanho e as tendências do seu mercado e estime a participação esperada. Não deixe de incluir as referências para as suas projeções de vendas. Por exemplo, se seus números forem baseados em dados de pesquisas de mercado publicadas, cite a fonte. Esforce-se ao máximo para fazer projeções realistas e convincentes. Descreva os seus concorrentes com bastantes detalhes, identificando seus pontos fortes e fracos. Por fim, explique como você será melhor que seus concorrentes.

A segunda parte é o seu plano de marketing. Esta seção fundamental deve incluir a sua estratégia de marketing, vendas e de distribuição, determinação de preços, publicidade, promoção e visibilidade. Demonstre como a sua estratégia de preços apresentará lucros. Identifique seus planos de publicidade, com estimativas de custos, para validar a estratégia proposta.

Elementos-chave	Você tratou disso no plano?	A resposta é clara? (sim ou não)	A resposta é completa? (sim ou não)
a. Quem serão os seus clientes? (*mercado-alvo*)			
b. Qual é o tamanho do mercado? (número de clientes)			
c. Quem serão os seus concorrentes?			
d. Como os seus negócios estão prosperando?			
e. Como você irá promover as vendas?			
f. Que participação no mercado você deseja?			
g. Você possui uma estratégia de preços?			
h. Qual estratégia de publicidade e promoção você utilizará?			

(Continua)

TABELA 12.4 AVALIAÇÃO DO PLANO DE NEGÓCIO: UMA FERRAMENTA DE AVALIAÇÃO COMPLETA
(Continuação)

Classifique este componente:

5	4	3	2	1
Excelente	Muito bom	Bom	Regular	Ruim

4. Operações. Neste segmento, você deve descrever as operações reais e esboçar suas vantagens. Procedimentos operacionais específicos, proximidade dos fornecedores, necessidades e usos pessoais devem ser considerados nesta seção.

Elementos-chave	Você tratou disso no plano?	A resposta é clara? (sim ou não)	A resposta é completa? (sim ou não)
a. Você identificou um local específico?			
b. Você descreveu as vantagens deste local?			
c. Há algum procedimento operacional que deva ser considerado?			
d. Quais são as necessidades dos funcionários?			
e. Seus fornecedores estarão acessíveis?			

Classifique este componente:

5	4	3	2	1
Excelente	Muito bom	Bom	Regular	Ruim

5. Gerência. Comece descrevendo a equipe de gestão, suas qualificações únicas e seus planos de compensação (incluindo salários, contratos de funcionários, planos de compra de ações, níveis de propriedade e outras considerações). Discuta como a sua organização está estruturada; considere incluir um organograma. Também inclua uma discussão da possível contribuição do conselho diretor, de assessores ou de consultores. Por fim, descreva atentamente a estrutura legal do seu empreendimento (individual, sociedade ou corporação).

Elementos-chave	Você tratou disso no plano?	A resposta é clara? (sim ou não)	A resposta é completa? (sim ou não)
a. Quem irá gerir o negócio?			
b. Que qualificações possui?			
c. Quantos funcionários você possui?			
d. O que eles farão?			
e. Qual será o salário de seus funcionários e que tipos de benefícios serão oferecidos?			
f. Quais consultores ou especialistas serão utilizados?			
g. Qual será forma jurídica da sua propriedade?			
h. Que regulamentações afetarão o seu negócio?			

Classifique este componente:

5	4	3	2	1
Excelente	Muito bom	Bom	Regular	Ruim

(Continua)

TABELA 12.4 AVALIAÇÃO DO PLANO DE NEGÓCIO: UMA FERRAMENTA DE AVALIAÇÃO COMPLETA
(Continuação)

6. **Financeiro.** Devem ser apresentados três demonstrativos financeiros principais: balanço, demonstrativo de resultado e demonstrativo de fluxo de caixa, que, em geral, abrangem um período de um ano. Certifique-se de informar as considerações e projeções feitas para o cálculo dos números.

    Determine os estágios em que o seu negócio necessitará de financiamento externo e identifique as fontes de financiamento esperadas (de dívidas e patrimônio líquido). Além disso, mostre com clareza o retorno que essas fontes obterão ao investir em seu negócio. O item final a ser incluído é uma análise do ponto de equilíbrio, que deve mostrar o nível de vendas necessário para cobrir todos os custos.

    Se o trabalho tiver sido bem feito, os demonstrativos financeiros representarão as conquistas financeiras de fato esperadas do seu plano de negócio, além de fornecer um padrão pelo qual se pode medir os resultados reais da operação do seu negócio. Os demonstrativos são ferramentas valiosas, que irão ajudá-lo a administrar e controlar o seu negócio.

Elementos-chave	Você tratou disso no plano?	A resposta é clara? (sim ou não)	A resposta é completa? (sim ou não)
a. Qual é a receita total esperada do negócio para o primeiro ano? E a trimestral, para os próximos dois anos? (*previsão*)			
b. Qual é o fluxo de caixa mensal esperado no primeiro ano?			
c. Foi incluída uma forma de pagamento para você?			
d. Qual é o volume de vendas necessário para gerar lucro durante os três anos?			
e. Qual será o ponto de equilíbrio?			
f. Qual é a projeção de ativos, de passivos e de patrimônio líquido?			
g. Quais são suas necessidades financeiras totais?			
h. Quais são suas fontes de financiamento?			

Classifique este componente:

5 — Excelente | 4 — Muito bom | 3 — Bom | 2 — Regular | 1 — Ruim

7. **Riscos críticos.** Discuta os possíveis riscos antes que eles ocorram. Os exemplos incluem: redução de preços pela concorrência, tendências desfavoráveis do setor, custos de criação ou fabricação maiores que as estimativas, e projeção de vendas não alcançada. A ideia é reconhecer os riscos e identificar formas alternativas de ação. Seu objetivo principal é mostrar que você pode antecipar e controlar (até um grau razoável) seus riscos.

Elementos-chave	Você tratou disso no plano?	A resposta é clara? (sim ou não)	A resposta é completa? (sim ou não)
a. Quais possíveis problemas foram identificados?			
b. Os riscos foram calculados?			
c. Quais formas de ação alternativas existem?			

Classifique este componente:

5 — Excelente | 4 — Muito bom | 3 — Bom | 2 — Regular | 1 — Ruim

(Continua)

TABELA 12.4 AVALIAÇÃO DO PLANO DE NEGÓCIO: UMA FERRAMENTA DE AVALIAÇÃO COMPLETA
(*Continuação*)

8. **Estratégia de colheita.** Estabelecer uma saída para um empreendimento é um trabalho árduo. Para o fundador, o sentimento de proteção de uma ideia criada do zero dificulta a luta contra problemas como sucessão de gestão e estratégia de colheita. No entanto, com previsão, o empreendedor pode manter o sonho vivo e garantir a segurança de seu empreendimento ou estabelecer um plano de evento de liquidez, como uma IPO ou a venda do empreendimento. Assim, é essencial elaborar um plano de sucessão de seu negócio por escrito.

Elementos-chave	Você tratou disso no plano?	A resposta é clara? (sim ou não)	A resposta é completa? (sim ou não)
a. Se um evento de liquidez, como uma IPO ou uma venda, foi estabelecido, você planejou a transferência ordenada dos ativos do empreendimento?			
b. Caso o empreendimento não esteja buscando uma saída, existe alguma estratégia de continuidade do negócio para que a transição ocorra de forma ordenada?			

Classifique este componente:

5 — Excelente   4 — Muito bom   3 — Bom   2 — Regular   1 — Ruim

9. **Programação de etapas.** Esta seção é um segmento importante do plano de negócio, porque requer a determinação das tarefas necessárias para alcançar os objetivos. As etapas e os prazos devem ser estabelecidos e monitorados continuamente. Cada etapa se relaciona a todas as outras, e juntas elas fornecem uma representação hábil de como o seu objetivo será alcançado.

Elementos-chave	Você tratou disso no plano?	A resposta é clara? (sim ou não)	A resposta é completa? (sim ou não)
a. Como você definiu os seus objetivos?			
b. Você determinou prazos para cada estágio de crescimento?			

Classifique este componente:

5 — Excelente   4 — Muito bom   3 — Bom   2 — Regular   1 — Ruim

10. **Apêndice.** Esta seção inclui informações de histórico importantes, que não foram incluídas nas outras seções. É onde você irá colocar itens como currículos da equipe de gestão, nomes de referências e consultores, esboços, documentos, licenças, contratos e qualquer material que dê suporte ao plano. Você também pode adicionar uma bibliografia, com as fontes nas quais você buscou informações.

Elementos-chave	Você tratou disso no plano?	A resposta é clara? (sim ou não)	A resposta é completa? (sim ou não)
a. Você incluiu documentos, esboços, contratos e qualquer material que forneça base ao plano?			
b. Há nomes de referências, consultores ou fontes técnicas que devam ser incluídas?			
c. Existem outros documentos de apoio?			

(*Continua*)

TABELA 12.4 AVALIAÇÃO DO PLANO DE NEGÓCIO: UMA FERRAMENTA DE AVALIAÇÃO COMPLETA (*Continuação*)

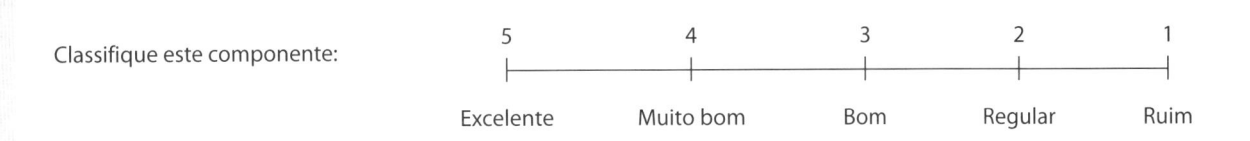

Classifique este componente:

5	4	3	2	1
Excelente	Muito bom	Bom	Regular	Ruim

Resumo: Seu plano

Instruções: No quadro a seguir, circule a pontuação atribuída a cada seção do plano de negócio avaliada anteriormente e, em seguida, some o total de pontos circulados.

Seção do plano de negócio	Pontos				
1. Resumo executivo	5	4	3	2	1
2. Descrição do negócio	5	4	3	2	1
3. Mercado em marketing	5	4	3	2	1
4. Operações	5	4	3	2	1
5. Gerência	5	4	3	2	1
6. Financeiro	5	4	3	2	1
7. Riscos críticos	5	4	3	2	1
8. Estratégia de colheita	5	4	3	2	1
9. Programação de etapas	5	4	3	2	1
10. Apêndice	5	4	3	2	1

Total de pontos: _____

Análise da pontuação:

- **50 pontos** — **Excelente!** O plano de negócio ideal. Sólido!
- **45-49 pontos** — **Muito bom.**
- **40-44 pontos** — **Bom.** O plano é sólido, com algumas áreas a serem aprimoradas.
- **35-39 pontos** — **Acima da média.** O plano tem algumas áreas boas, mas necessita de melhoria antes da apresentação.
- **30-34 pontos** — **Na média.** Algumas áreas foram mencionadas detalhadamente, mas outras mostram fraqueza.
- **20-29 pontos** — **Abaixo da média.** A maioria das áreas requer detalhamento e aprimoramento.
- **Menos de 20 pontos** — **Insatisfatório.** O plano necessita de muito mais pesquisa e documentação.

Fonte: Donald F. Kuratko, *The Complete Entrepreneurial Planning Guide* (Bloomington: Kelley School of Business, Indiana University, 2015).

12.7 ATUALIZANDO O PLANO DE NEGÓCIO

OA9 Apresentar algumas dicas úteis para compor um plano de negócio eficaz.

O plano de negócio deve servir como ferramenta de planejamento para ajudar a guiar a fase inicial e a execução de um novo empreendimento. Uma vez iniciado o empreendimento, o plano de negócio continua sendo uma ferramenta vital para planejar o crescimento contínuo e/ou a lucratividade. Existem diversos motivos para atualizar o plano de negócio, como:

- **Mudanças financeiras.** Atualize o seu plano, no mínimo, uma vez ao ano, a fim de planejar as finanças e as obrigações fiscais.
- **Financiamento adicional.** Caso seja necessário capital contínuo, o plano de negócio atualizado deverá refletir os números atuais e não aqueles apresentados antes do início do empreendimento.
- **Mudanças no mercado.** Mudanças na base de clientes e na concorrência devem ser rastreadas e consideradas em uma estratégia no que diz respeito à forma como poderão afetar o empreendimento.
- **Lançamento de um novo produto ou serviço.** Atualizar o plano de negócio é uma forma essencial de avaliar a viabilidade de qualquer novo produto ou serviço proposto.
- **Nova equipe de gestão.** Os novos membros da equipe de gestão devem desenvolver seu próprio plano, a fim de criar estratégias de crescimento.
- **Refletir a nova realidade.** Os planos de negócios são escritos com base em estimativas de números e projeções que podem não ser precisas após a abertura do empreendimento, e devem ser atualizados de maneira que reflita a nova realidade da experiência empreendedora.[17]

12.7a Um exemplo prático de plano de negócio

Conforme salientado neste capítulo, todo novo empreendimento deve possuir um plano de negócio. Contudo, muitos empreendedores não têm ideia dos detalhes necessários para um plano completo. Um exemplo de plano de negócio real, preparado para possíveis competições de financiamento de planos está incluído no Apêndice 12A, no final do capítulo. O plano, chamado "Hydraulic Wind Power LLC.", foi preparado para um investimento real e foi apresentado em cinco competições de planos de negócios dos Estados Unidos. As partes específicas de um plano de negócio discutidas anteriormente no capítulo são ilustradas em detalhes neste exemplo. Ao analisar cuidadosamente este plano de negócio, você terá uma perspectiva muito melhor da aparência final necessária para o plano de um empreendedor.

12.8 APRESENTAÇÃO DO PLANO DE NEGÓCIOS: O "PITCH"

OA10 Destacar os pontos a serem lembrados na apresentação de um plano de negócio.

Quando o plano de negócio for preparado, o segundo maior desafio é apresentá-lo a um indivíduo responsável pelo financiamento ou, em algumas partes dos Estados Unidos, a um fórum que reúne inúmeros investidores.[18] A apresentação oral, bastante conhecida como *pitch* ou **discurso de elevador** (para enfatizar o tamanho que essa apresentação deve ter, convencionou-se dizer que ela deve ser rápida o suficiente para ser apresentada em um elevador, no breve tempo em que ele se desloca de um andar para o outro), oferece a chance de vender o plano de negócio a possíveis investidores.

A apresentação deve ser organizada, bem preparada, interessante e flexível. Os empreendedores devem desenvolver um esboço dos destaques importantes que irão captar o interesse do público. Embora o projeto deva ser seguido, os empreendedores devem se sentir à vontade para adicionar ou remover partes das informações à medida que a apresentação progride — uma apresentação decorada torna-se fria, sem emoção nem energia e, portanto, desinteressante a quem ouve.

O empreendedor deve utilizar os seguintes passos para preparar uma apresentação oral:

- Conhecer o projeto a fundo.
- Usar palavras-chave do projeto que o ajudem a lembrar-se de exemplos, bem como valer-se de recursos visuais ou outros detalhes.
- Fazer um ensaio da apresentação para saber sua duração.
- Conhecer todos os equipamentos utilizados na apresentação — use seu próprio *notebook*.
- Na véspera, praticar a apresentação completa, passando por cada *slide*.

12.8a Sugestões para apresentação

Empreendedores são naturalmente ansiosos para contar — e vender — sua história, mas a maioria dos investidores de risco concorda que o conteúdo deve ser focado e o resultado deve ser pontual. No conteúdo da apresentação, é importante ser breve e ir direto ao ponto, a fim de resumir os fatores críticos ou o "gancho" de originalidade do seu empreendimento, e não usar mais do que 12 a 15 *slides*. A seguir, estão algumas sugestões importantes sobre o que você realmente deve entregar na apresentação para possíveis investidores:

- Foque na "**dor**" para a qual seu empreendimento será o remédio. Os investidores querem saber exatamente qual problema o seu empreendimento irá resolver. Aponte o alvo da sua solução.
- Demonstre o **mercado acessível**. Em vez de tratar de um **mercado potencial**, descreva o grupo imediatamente alcançável de clientes que serão o seu alvo.
- Explique o **modelo de negócio**. De que maneira este empreendimento que foi criado para gerar lucros é essencial aos investidores. Demonstrar uma forma clara de entrar no mercado de vendas indicará um começo de sucesso para o novo empreendimento.
- Elogie a **equipe de gestão**. Todo investidor quer saber das habilidades e capacidades da equipe do empreendimento para entregar resultados e operacionalizar o conceito. Enfatize as pessoas experientes da sua equipe, bem como quaisquer assessores técnicos que estiverem participando.
- Explique suas **métricas**. Em vez de usar pressuposições genéricas, como a famosa "regra do 1%" (quando alguém afirma que irá obter 1% de um mercado enorme sem pesquisas que sustentem tal afirmação), ressalte as métricas usadas para calcular suas projeções de receita.
- **Motive** a audiência. O propósito da apresentação de um empreendimento é mover a audiência para a próxima etapa: outra reunião para discutir com mais detalhes. Portanto, lembre-se de que entusiasmo é extremamente importante. Os investidores devem acreditar que você está entusiasmado antes de se entusiasmarem com o seu projeto.
- Por que *você* e por que *agora*? O ponto final deve responder às perguntas mais assustadoras vindas da mente dos investidores: Por que você é o empreendimento certo? Por que este é o momento certo para lançá-lo? Seja confiante em você e em sua equipe. Sempre exiba uma linha do tempo para mostrar a velocidade em que seu empreendimento pretende conquistar um mercado importante.[19]

12.8b O que esperar

Os empreendedores devem saber que as pessoas que estarão avaliando o seu plano de negócio e ouvindo o seu *pitch* costumam ser cínicas e, por vezes, hostis. As fontes de capital de risco, em geral, pressionam os empreendedores para testar o seu empreendimento e a sua coragem; desse modo, eles devem esperar uma audiência crítica (e, por vezes, cética) de fontes financeiras e preparar-se para enfrentá-la. Quando fizer o *pitch* e enviar o seu plano de negócio, o investidor de risco irá ouvir e dar uma olhada no plano antes de começar a fazer os comentários iniciais. Não importa quanto você ache que seu plano de negócio é bom; o investidor jamais irá olhar e dizer que está diante do plano de negócio mais incrível que ele já viu. Não espere uma aceitação entusiasmada, tampouco elogios educados. É muito provável que as observações sejam de natureza crítica e, mesmo que não sejam, parecerão ser. Não se desespere. Mesmo se tiver a sensação de estar sendo atingido por uma avalanche de objeções, lembre-se de que alguns dos melhores negócios de capital de risco do mundo enfrentaram as mesmas oposições. Nunca espere resultados em 20 minutos. Cada *pitch* será uma experiência de aprendizado que aumentará a sua confiança para a próxima oportunidade.

Os empreendedores devem estar preparados para lidar com as perguntas dos avaliadores e para aprender com suas críticas sem nunca se sentir vencidos, mas, sim, comprometendo-se a melhorar o plano de negócio para uma análise futura. A Tabela 12.5 trata de algumas das principais perguntas que um empreendedor pode fazer quando seu plano de negócio for rejeitado. As respostas a essas perguntas devem ser usadas para revisar, refazer e aprimorar o plano de negócio. Lembre-se: você está partindo em uma jornada mais parecida com uma maratona do que com uma corrida de velocidade. *A meta não é ter sucesso na primeira vez, mas sim ter sucesso.*[20]

TABELA 12.5 — O QUE FAZER AO SER RECUSADO POR UM INVESTIDOR DE RISCO

Confirme a decisão: "Quer dizer que você não deseja participar desta vez?".

Venda para o futuro: "Podemos contar com você para uma segunda rodada de financiamento após concluirmos a primeira?".

Descubra por que foi recusado: "Por que decidiu não participar do negócio?". (Tempo? Adequação? Já não há oportunidades?)

Peça conselho: "Se estivesse em minha posição, como você procederia?".

Peça sugestões: "Você poderia me sugerir uma fonte que investe nesse tipo de negócio?".

Obtenha o nome: "Com quem devo falar lá?".

Descubra o motivo: "Por que está sugerindo essa empresa e por que acha que essa é a melhor pessoa com quem falar?".

Organize uma apresentação: "Quem seria a melhor pessoa para me apresentar?".

Crie uma desculpa razoável: "Posso dizer à pessoa que a sua decisão de nos recusar foi baseada em...?".

Conheça sua referência: "O que você dirá à pessoa quando ela ligar?".

Fonte: Joseph R. Mancuso, *How to Write a Winning Business Plan* (Englewood Cliffs, NJ: Prentice Hall, 1985): p. 37. Reimpresso mediante autorização de Simon & Schuster Adult Publishing Group. Copyright © 1985 by Prentice Hall, Inc.

APÊNDICE 12A Hydraulic Wind Power, LLC

12A.1 RESUMO EXECUTIVO

12A.1a Visão geral

A Hydraulic Wind Power, LLC (HWP) é uma empresa de energia renovável, com patente da tecnologia depositada, que pode tornar a produção de energia eólica muito mais viável economicamente. A unidade de tração hidráulica de alta eficiência reduz os custos gerais e aumenta a produção de energia total. Com essas vantagens, as turbinas que utilizam a tecnologia podem produzir um custo de energia (COE, do inglês *cost of energy*) diretamente competitivo com outras fontes de energia, como carvão, energia nuclear e hidrelétrica, que possuem COE de 3 a 5 centavos de dólar por kWh.

Nosso objetivo é ser especialista no setor em sistemas de transmissão hidráulica para parques eólicos e fornecer projetos alternativos para turbinas eólicas de grande porte, que melhorem a confiabilidade, a durabilidade e a lucratividade desse tipo de energia. Constituída em 17 de agosto de 2010 como uma empresa de responsabilidade limitada (LLC, do inglês *limited liability company*) de Indiana, também formalizamos um contrato de licenciamento exclusivo com a Indiana University Research and Technology Corporation (IURTC) na mesma data. A empresa está localizada em Hoosier Hatchery em Bloomington, IN.

Informações de contato:
Hydraulic Wind Power, LLC
c/o Hoosier Hatchery
2719 E 10th St
Bloomington, IN 47408
info@hydraulicwindpower.com

Gestão:
Adam Johnson — CEO
Justin Otani — COO

Diretor de P&D:
Dr. Afshin Izadian

Consultores de negócios:
Dr. Donald F. Kuratko
Mark Long
Mark Need
Matt Rubin

Capital recebido até o momento:
US$ 112.000

Capital buscado:
US$ 1,8 milhão (Série A)

Investidores até o momento:
Os fundadores
Universidade de Indiana

12A.2 MERCADO

Em 2008, o mercado de caixas de engrenagens nos Estados Unidos estava acima de 4,5 bilhões de dólares, o que representa parte do grande mercado de 151,3 bilhões de dólares da energia eólica.[a] A energia eólica, atualmente, gera cerca de 2% da eletricidade dos Estados Unidos, mas há projeção de que esse percentual cresça substancialmente no futuro.[b] Em 2008, o Departamento de Energia dos Estados Unidos lançou um plano para que, até 2030, 20% da eletricidade fornecida nos Estados Unidos seja proveniente da energia eólica.[c] Uma análise mais recente da integração do vento na região leste dos Estados Unidos chegou a conclusões semelhantes.[d]

Apesar da queda significativa na demanda de energia eólica em 2010, essa modalidade parece estar crescendo novamente nos Estados Unidos. Os números do primeiro trimestre de 2011 indicam um possível renascimento da indústria. Os números em construção representam quase o dobro de megawatts que a indústria relatou em 2009 e 2010; além disso, dois terços desses megawatts já estão comprometidos em contratos de compra de energia de longo prazo com empresas de serviços de eletricidade, indicando uma indústria duradoura, capaz de enfrentar uma série de condições econômicas e políticas.[e]

No entanto, a energia eólica ainda enfrenta diversos desafios importantes, que demandam o aumento da viabilidade econômica do vento essencial para o seu sucesso futuro, como:

O baixo preço do gás natural — A 35 dólares por megawatt-hora, a energia eólica parecia um bom negócio em 2007, quando os preços da eletricidade variavam entre 45 dólares e 85 dólares por megawatt-hora. Mas o *boom* do gás natural, alinhado à recessão de 2008, fez os preços ficarem inferiores a 30 dólares em 2009, eliminando a margem financeira da energia eólica. O preço do gás natural caiu 77% desde 2008, e o custo da produção de eletricidade nas usinas de gás caiu 40%, em parte por causa dos avanços da perfuração horizontal e da eficácia, embora muito controversa, da técnica de fratura hidráulica.[f]

A instabilidade das taxas de crédito para a produção — As taxas de crédito sobre a produção de energia renovável (PTC, do inglês *production tax credits*), que corresponde a 2,1 centavos de dólar por quilowatt-hora, é um incentivo federal primário nos Estados Unidos para a energia eólica e tem sido essencial ao crescimento do setor. A indústria de energia eólica enfrenta dois desafios em relação ao PTC. Primeiro, o crédito é continuamente estendido por períodos de apenas um e dois anos, desencorajando as empresas de fazer investimentos grandes, de longo prazo, na produção e no desenvolvimento de energia eólica. Segundo, o atual clima financeiro adverso, em que a demanda por créditos fiscais está limitada, o PTC está oferecendo pouco incentivo para estimular o desenvolvimento da energia eólica. Além disso, os protestos contrários à instalação de parques eólicos, como a campanha "Não em meu quintal", tornaram a obtenção de aprovação para parques de energia eólica nos Estados Unidos tão difícil quanto para usinas termoelétricas.[g]

Aumento da concorrência de fornecedores chineses — Os produtores chineses de turbinas eólicas viram sua participação de mercado subir muito nos últimos anos, e os dois maiores estão, agora, entre os três principais fabricantes globais de geradores de megawatts de capacidade vendidos. Tal ascensão foi promovida pela demanda doméstica de energia eólica, com suporte das metas do governo, e pela exigência de que 70% dos componentes das turbinas eólicas fossem fabricados localmente. Com seu mercado doméstico saturado e com sinais evidentes de excesso de capacidade, e próximos da consolidação desse cenário, os maiores produtores chineses anunciaram planos de expansão internacional.

---

a. SBI–Wind Power Market: Turbine Components & Subcomponents and Demand in the U.S. and the World (www.sbireports.com).
b. Global Wind Energy Council (www.gwec.net/index.php?id=121).
c. www.20percentwind.org.
d. NREL 2010: Eastern Wind Integration and Transmission Study (www.nrel.gov/wind/systemsintegration/ewits.html).
e. Center for Environmental Innovation and Leadership (CEIL) (www.ceileadership.org/index.php/energy-efficiency-and-renewable-energy/2693-
-uswind-industry-reports-enduring-growth-in-first-quarter-of-2011).
f. http://m.wired.com/magazine/2012/01/ff_solyndra/all/1.
g. Ibid.

12A.3 PROBLEMA

A abordagem alternativa de obter e transferir energia do rotor para o gerador pode resolver um dos maiores e mais caros problemas das turbinas eólicas atuais. Atualmente, a maioria das turbinas eólicas utiliza um projeto baseado em caixas de engrenagens, que são caras, pesadas e quebram com frequência. Essas caixas devem ser substituídas a cada 5 a 7 anos, em média, e cada uma custa mais de 500 mil dólares.[h] A solução da empresa utiliza um sistema hidráulico com uma configuração exclusiva, que elimina essas caixas, aumentando significativamente a confiabilidade, a durabilidade e a lucratividade das turbinas eólicas.

Falhas de caixas de engrenagens representam o maior tempo de paralisação, de manutenção e de perda de produção de energia. Tais falhas são dispendiosas, podendo custar de 15% a 20% do preço da turbina.[i] Os requisitos frequentes de manutenção e substituições de caixas de engrenagens (caras) mostraram-se particularmente problemáticos para os desenvolvedores de grandes parques de produção de energia eólica. Atualmente, a maioria desses parques, também conhecidos como fazendas eólicas, possui equipes de manutenção para gerir e substituir as caixas de engrenagens. Muitos modelos econômicos enfatizam as substituições totais de caixas de engrenagens a cada 5 a 7 anos em cada turbina.[j] O grande número de turbinas em um grande parque de produção de energia eólica e a capacidade dos desenvolvedores para amortizar os custos com funcionários, equipamentos e bens de consumo de um parque de turbinas conseguem reduzir apenas em parte o risco financeiro representado pela necessidade de substituição de caixas de engrenagens.

As caixas de engrenagens são problemáticas pela própria natureza das inúmeras peças móveis e subsistemas necessários para sua operação, bem como pela própria exigência da sua aplicação na turbina eólica. É sabido que a complexidade e a grande quantidade de peças móveis envolvidas no projeto relacionado às caixas de engrenagens estão criando mais oportunidades de insucesso, mais requisitos de manutenção e consertos mais caros.[k]

Também não é de se surpreender que caixas de engrenagens possuam tantas falhas, especialmente se comparadas ao câmbio de carros. As engrenagens de um carro têm funcionalidade semelhante à caixa de engrenagem de uma turbina eólica. Esperar que funcione por 20 anos de operação contínua seria como esperar que as engrenagens de um carro durem 6 milhões de quilômetros, o que é absurdo.[l]

Nas últimas duas décadas, a indústria tentou resolver esses problemas com fabricantes de turbinas eólicas, projetistas de câmbio, fabricantes de rolamentos, consultores e engenheiros de lubrificação, todos trabalhando juntos para melhorar a previsão de carga, o projeto, a fabricação e a operação. Essa colaboração resultou padrões internacionalmente reconhecidos de projetos de caixas de engrenagens para turbinas eólicas. Contudo, apesar de ter havido adesão razoável à prática de projetos aceitos, as caixas de engrenagens das turbinas eólicas ainda devem alcançar a meta de durar 20 anos, com a maioria dos sistemas necessitando de reparo ou de revisão geral muito antes de atingir o fim previsto de sua vida útil. A indústria de energia eólica atingiu um ponto em que as práticas de projeto para caixas de engrenagens não produzem vida útil suficiente, e as barreiras institucionais estão dificultando o progresso.[m]

12A.4 TECNOLOGIA

12A.4a Histórico

Desde a aceitação da configuração baseada na caixa de câmbio (que, durante a década de 1990, foi eleita a configuração dominante e é utilizada na maioria das turbinas eólicas atualmente), apesar

---

h. www.albusiness.com/energy-uti l ities/utilitiesindustry-electric-power-power/11716155-1.html) e (www.nrel.gov/features/20090417_wind.html.
i. Renewable Energy World, setembro/2008.
j. The Gearbox Problem – Julho/2009 (http://getmore.northernpower.com/downloads/the-gearbox-problem.pdf).
k. Ibid.
l. Ibid.
m. Improving Wind Turbine Gearbox Reliability–2007 (www.nrel.gov/wind/pdfs/41548.pdf).

dos custos elevados e da alta taxa de falha, os projetistas e fabricantes de turbinas eólicas norte-americanos dedicaram-se somente a pequenas etapas de melhoria do projeto. Melhorias de projeto e eficácia são obtidas, em grande parte, aumentando o tamanho do tubo. O foco em alterações incrementais tem reduzido o risco do projeto; no entanto, como as hélices se tornam mais longas, elas desafiam a capacidade doa projetos e dos materiais atuais para apoiar seu próprio peso e suportar cargas de vento.[n]

Uma tentativa da indústria para lidar com esses problemas foi a criação do sistema de acionamento direto, criado especificamente para evitar o uso da caixa de engrenagens. O sistema anexa o rotor diretamente ao gerador e utiliza um sistema eletrônico de velocidade variável, de valor elevado, para converter a geração instável de eletricidade em um fluxo contínuo, que pode ser alimentado na grade de energia. Para funcionar, esses sistemas requerem o uso de ímãs permanentes especializados, que são raros. O gerador especializado e o sistema eletrônico de velocidade variável tornam o sistema de acionamento direto quase duas vezes mais caro que o projeto tradicional de caixas de engrenagens.

O uso obrigatório de metais terras-raras também serve como barreira importante à ampla adoção desse sistema. Os terras-raras são elementos necessários em muitas indústrias de alta tecnologia, incluindo a fabricação de turbinas de energia eólica. Atualmente, a China atende a mais de 90% da demanda global por esses elementos e, no último ano, Pequim começou a aplicar graves restrições às exportações.[o] O custo de disponibilidade desses elementos limitou o uso do sistema de acionamento direto, principalmente para aplicações no exterior, uma vez que a localização das turbinas torna mais difícil o reparo e as unidades maiores devem gerar energia suficiente para justificar custos mais altos.

12A.4b Oportunidade

No início da década de 1980, foram realizadas algumas tentativas malsucedidas de criar uma unidade de tração que incluísse uma bomba e um motor para a transmissão principal de energia. Os principais problemas identificados foram capacidade, eficiência, confiabilidade e vida útil inadequadas dos componentes hidráulicos existentes na época. A falta de componentes especificamente criados para as necessidades de geração de energia eólica levou à determinação de que esses sistemas não eram comercialmente viáveis, como as unidades de tração baseadas em caixas de engrenagens. Contudo, os avanços nos últimos trinta anos na fabricação de bombas para a indústria de petróleo e gás e em áreas como ciência de materiais, dinâmicas de fluidos e ferramentas de design computacional, resolveram muitos desses problemas e reabriram o leque de oportunidades para esses conceitos inovadores de unidade de tração do passado.[p]

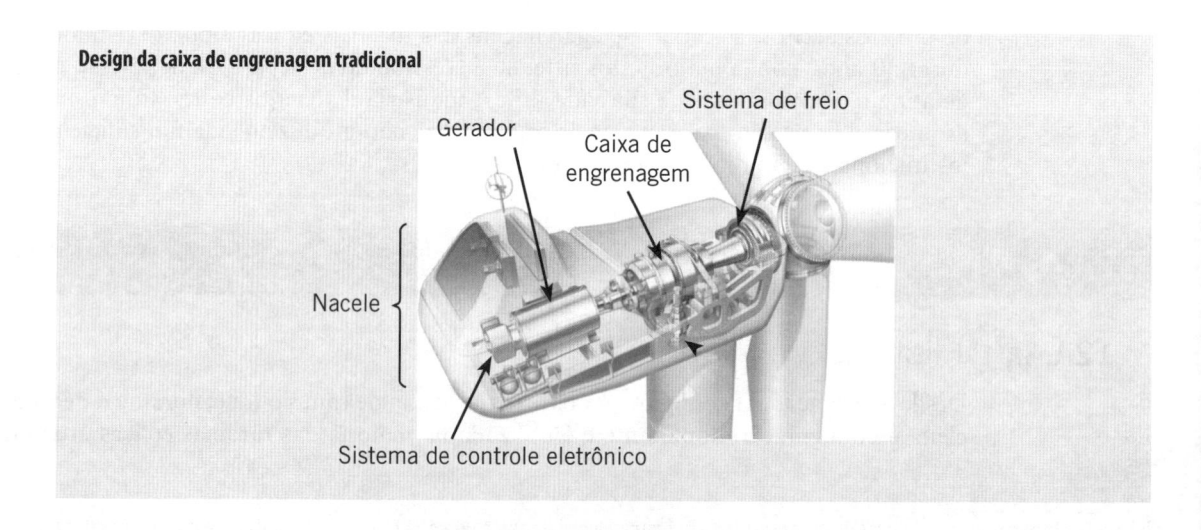

Design da caixa de engrenagem tradicional

---

n. SBI–Wind Power Market: Turbine Components & Subcomponents and Demand in the U.S. and the World (www.sbireports.com).
o. *Bridges Trade BioRes* 11, n. 14 (25 jul. 2011).
p. Departamento de Energia, *Advanced Wind Turbine Drivetrain Concepts* (2010).

Evolução do design de turbinas eólicas nos últimos 25 anos

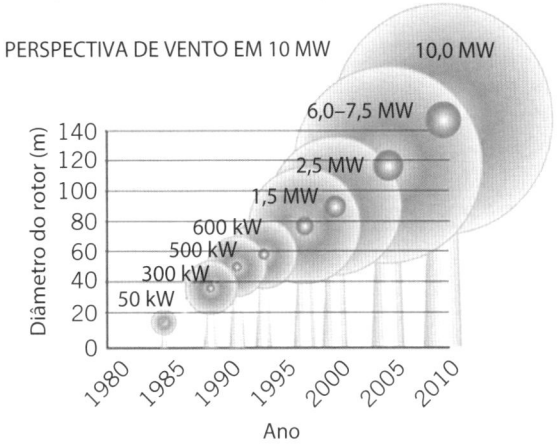

PERSPECTIVA DE VENTO EM 10 MW

O tamanho das novas turbinas de 10 MW é mais adequado em comparação com o das gerações anteriores. As turbinas Clipper Windpower Britannia, por exemplo, terão torres da altura de um prédio de 50 andares.

Design de acionamento direto

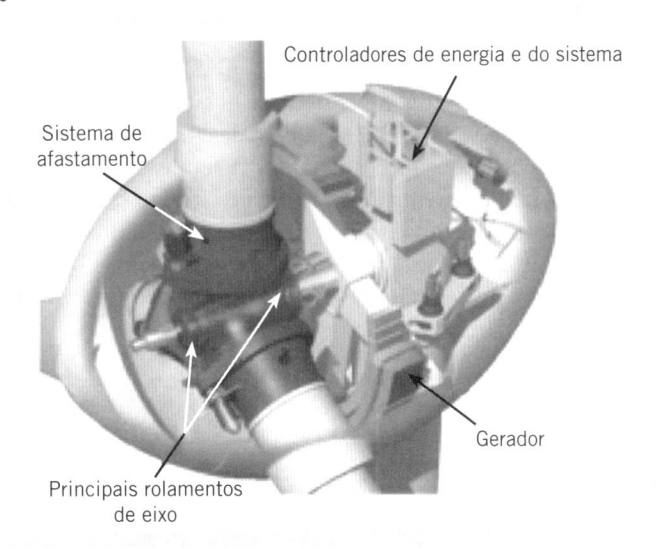

12A.5 SOLUÇÃO DA EMPRESA

A empresa criou uma solução exclusiva para o problema de transferência de energia, que combina um sistema de transmissão hidráulica novo a um sistema de controle de circuito fechado especializado. Os sistemas de transmissão hidráulica são bem conhecidos como meios excepcionais de transmissão de energia para aplicações em fabricação, automação e veículos pesados.[q] O sistema de transmissão hidráulica criado pela HWP permite que o rotor opere em velocidades variáveis, bem como permite o uso de componentes hidráulicos eficientes e de geradores síncronos (sem o caro sistema eletrônico de velocidade variável).

---

q. K. Dasgupta, "Analysis of a hydrostatic transmission system using a low speed high torque motor," *Mechanism and Machine Theory* 35, 2000, p. 1481-99.

Componentes do sistema

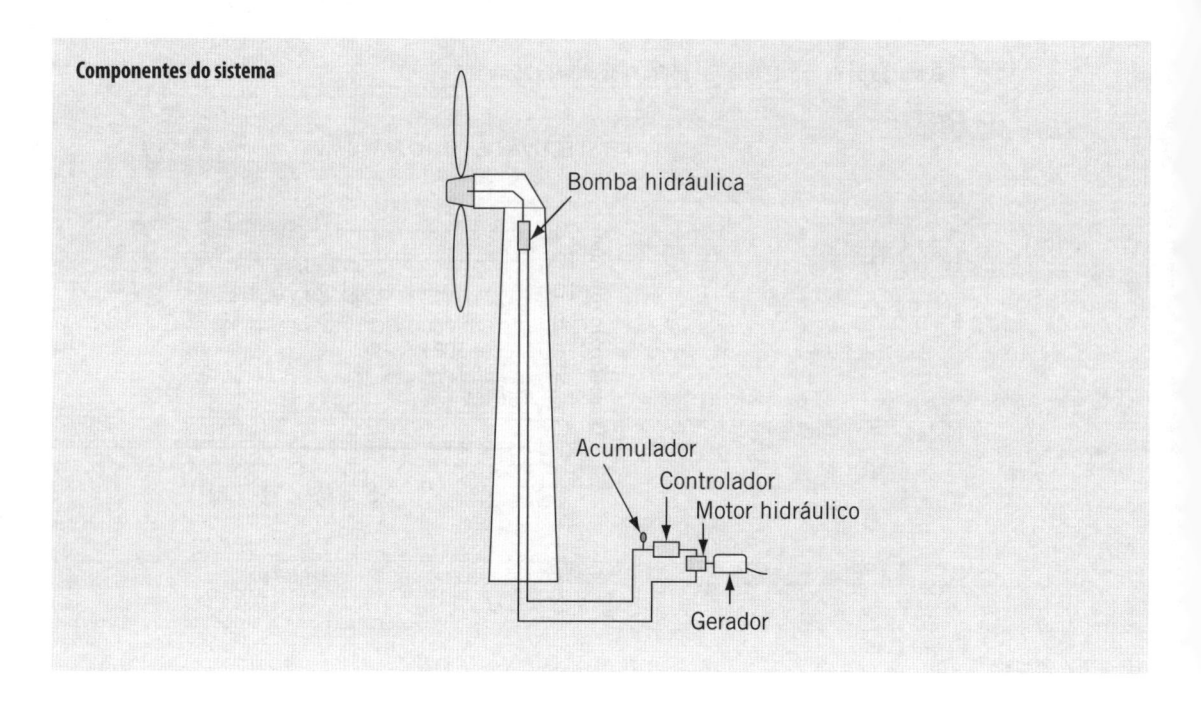

- Bomba hidráulica
- Acumulador
- Controlador
- Motor hidráulico
- Gerador

Operar em velocidades variáveis aumenta a quantidade de energia utilizada, o sistema hidráulico de rotação é extremamente durável e eficiente, e os geradores síncronos não requerem corrente de magnetização reativa nem sistema de compensação de energia reativa (diferente dos geradores de indução encontrados na maioria das turbinas eólicas atuais), que reduzem a eficiência do sistema.

Utilizando o sistema de controle de circuito fechado especializado da HWP, a unidade de tração da empresa pode manter uma frequência constante no gerador, enquanto transfere a energia usada pelo rotor para um gerador no chão, e permite que os fabricantes incorporem diversas turbinas em uma unidade de geração de energia centralizada (um recurso ideal para aplicação em fazendas de energia eólica).

Abordagem integrada multitorre da HWP

Visão geral do layout do sistema

Unidade de geração central

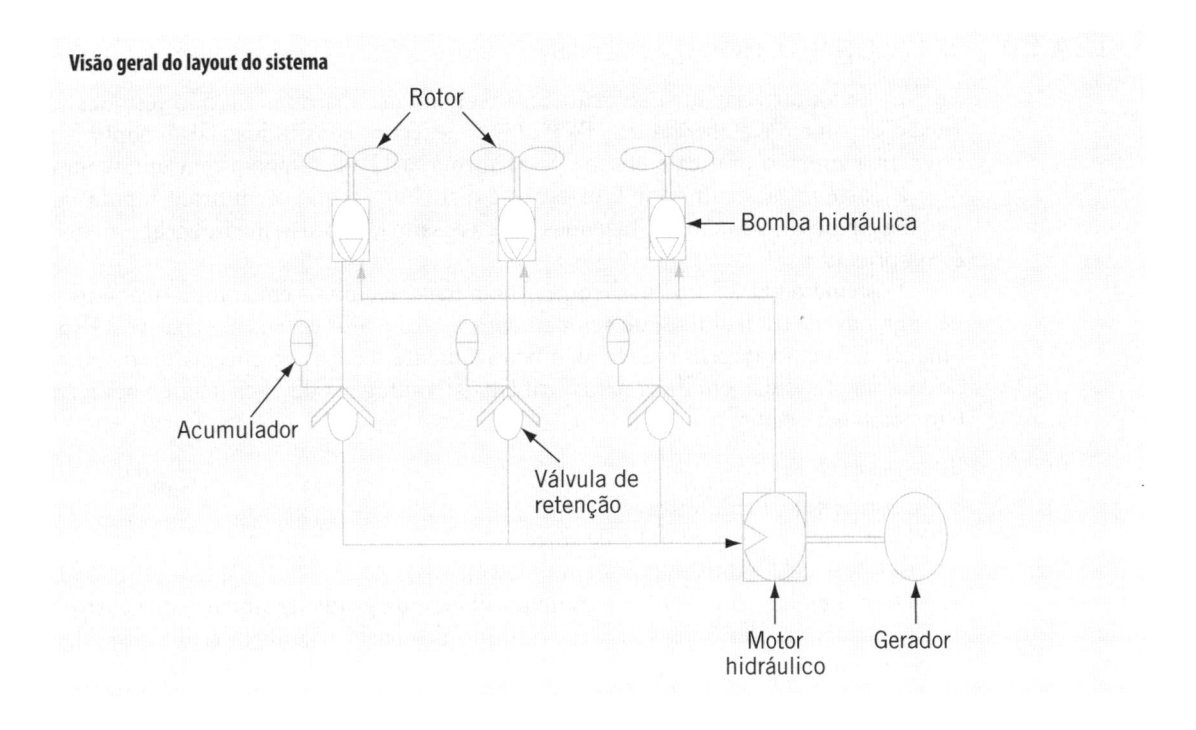

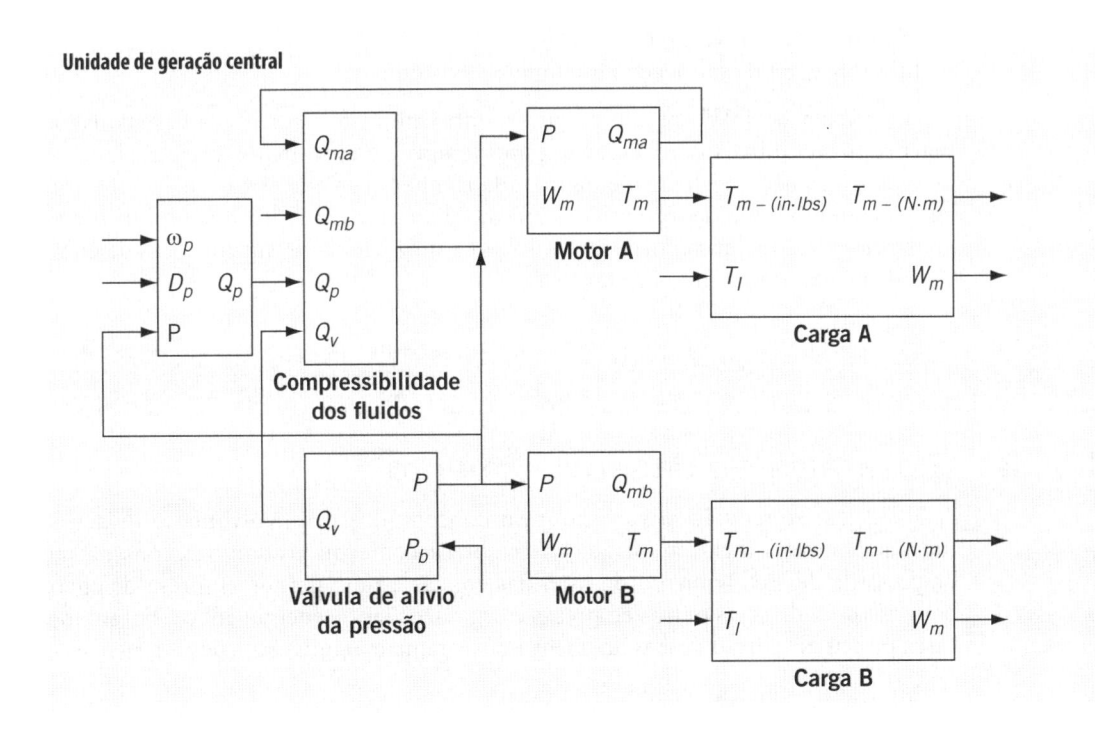

12A.5a Validação externa

Recebemos um *feedback* inicial bastante incentivador do Departamento de Energia dos Estados Unidos (DOE — Department of Energy) sobre a tecnologia, certificando o seu potencial. O DOE identificou algumas áreas que merecem atenção; trabalhamos bastante para tratar dessas questões e fizemos grandes progressos no desenvolvimento da tecnologia. O dr. Izadian também possui dois artigos sobre a tecnologia, que foram revisados por colegas e foram aceitos para publicação (esses artigos estão disponíveis mediante solicitação).

12A.5b Vantagem competitiva

Em vez de tentar criar uma solução com tecnologias abstratas ou não testadas, o sistema de conversão de controle e energia da HWP alavanca tecnologias industriais e conhecimento atuais para criar uma solução prática e eficaz. Desta forma, a HWP também tem uma vantagem única, dado que já existe infraestrutura de fabricação e distribuição que permitirá a rápida implantação de seu sistema em novos projetos de fazendas eólicas assim que o sistema integral estiver completo, testado e comprovado.

O sistema da HWP possui diversas vantagens adicionais em comparação aos projetos de caixas de engrenagens tradicionais, de acionamento direto e hidráulicos alternativos. Espera-se que a combinação dessas vantagens reduza significativamente o custo de energia da turbina. Essas vantagens podem ser divididas em duas áreas principais: vantagens de eficiência e vantagens de custo, e são enumeradas a seguir:

Vantagens de eficiência:

- Rotor de velocidade variável.
- Maior velocidade nominal e de corte.
- Peso da nacele reduzido (também reduz custos).
- Maior eficiência do gerador e compatibilidade da grade (também reduz custos).
- Eliminação de eletrônicos de alto consumo de energia (também reduz custos).
- Armazenamento de energia.

Vantagens de custo:

- Menor tempo de paralisação e custos de reparo.
- Menor risco de investimento.
- Infraestrutura de fabricação atualmente existente.

O sistema da HWP permitirá que os fabricantes forneçam aos desenvolvedores uma turbina mais confiável e mais durável, ao mesmo tempo gerando maior lucratividade. Adquirir a licença de uma tecnologia existente e comprovada também permite aos licenciados evitar atrasos, riscos e custos inerentes ao desenvolvimento interno. Esse sistema reduz o *lead time* necessário para criar e construir novas turbinas, fornecendo acesso a uma cadeia de suprimentos de componentes e a uma rede de fornecedores consagradas.

12A.6 PLANO DE DESENVOLVIMENTO

12A.6a Estratégia de desenvolvimento

A HWP tem se movido ativamente pela concepção e desenvolvimento de seu sistema de tração hidráulica e tecnologias associadas. A empresa começou a criar parcerias na indústria com uma empresa de desenvolvimento de fazendas eólicas e uma grande empresa de energia, e estabeleceu contatos com diversas outras empresas e organizações de energia eólica. Foram identificadas quatro fases principais para o desenvolvimento do sistema e algumas opções alternativas, que são:

- Modelo e simulação em pequena escala.
- Modelo em escala média; simulação em grande escala.
- Estrutura em escala completa.
- Estrutura média (opção alternativa).

MODELO E SIMULAÇÃO EM PEQUENA ESCALA (COMPLETO)

A fase inicial do desenvolvimento incluiu criação de um modelo matemático, simulação em computador e protótipo do sistema em pequena escala. O desenvolvimento simultâneo dessas três abordagens diferentes garantiu a precisão dos resultados e criou uma base sólida e confiável para escalonar o sistema para um tamanho comercial.

O resultado dessa fase foi a implantação bem-sucedida de estratégias de controle baseadas em modelos para sistemas de coleta de energia, que mantêm uma frequência constante no gerador. O sistema de transmissão de energia da turbina eólica foi pensado matematicamente com uma bomba de deslocamento fixa e dois motores hidráulicos. O modelo matemático obtido foi comparado ao modelo de computador criado a partir do *toolbox* SimHydraulic, no Matlab/Simulink, e os resultados experimentais foram obtidos de um protótipo de pequena escala do sistema hidráulico. O resultado foi que os dados experimentais do protótipo de pequena escala foram equivalentes aos modelos simulados, ilustrando que o sistema de transferência de energia hidráulica sem caixa de engrenagens é um meio eficiente de se transferir energia.

SIMULAÇÃO EM MÉDIA ESCALA (EM PROGRESSO)

A empresa está em processo de escalonar o sistema para um sistema de três torres de tamanho médio, de aproximadamente 100 kW por torre. Escalonar para um sistema de tamanho médio antes de um sistema de tamanho completo é essencial para garantir que os resultados dos projetos de pequena escala sejam traduzidos com precisão para o sistema. O sistema de tamanho médio também pode ser utilizado como base para um projeto de desenvolvimento econômico com um parceiro da indústria, para demonstrar a viabilidade da tecnologia. As metas dessa fase são determinar com exatidão os efeitos da altura da torre no sistema e da distância do sistema, determinar especificações de componentes mais precisas e refinar mais os cálculos de custo de energia.

Errol Dogar, assessor da HWP e cofundador da American Tool & Machining, Inc., atualmente tem uma planta subutilizada de 371 m^2 em um lote de 0,40 hectares no noroeste de Indianápolis, que inclui todas as máquinas necessárias e energia trifásica de 480 volts. Com pequenas modificações, espera-se que este imóvel e o lote sejam a base de operações do protótipo. As instalações possuem capacidade de abrigar todos os equipamentos e funcionários necessários, além de poder executar maquinários, soldas, montagens e testes necessários para concluir com sucesso a fase de protótipo de média escala do desenvolvimento. Espera-se que o acesso da HWP a essas instalações reduza o custo do protótipo de média escala em, aproximadamente, 60%.

Os resultados desse protótipo de tamanho real demonstrarão o custo mais vantajoso e os aspectos da manutenção do sistema hidráulico da empresa. Além disso, também fornecerão informações valiosas para identificar áreas problemáticas e formas de aprimorá-lo. Uma vez que o conceito tiver sido comprovado em níveis reais de energia, serão abertas novas fontes de financiamento no futuro, bem como financiamento interno, por meio de vendas de modernização e instalações de turbinas de tamanho médio.

SIMULAÇÕES EM GRANDE ESCALA

Após o desenvolvimento do sistema de tamanho médio, a empresa continuará a escalonar o sistema até chegar ao tamanho completo, que é 1,5 MW por torre. Essa fase incluirá identificar novos componentes, determinar as principais métricas técnicas e de desempenho, atualizar a análise de custo de energia, identificar e quantificar as melhorias esperadas por área, em comparação às tecnologias existentes, atualizar o cronograma e as estimativas de custo e concluir uma análise de custo de fabricação de novos componentes. Essa fase também incluirá os projetos exatos para o sistema de duas torres que será utilizado para uma estrutura de tamanho completo.

ESTRUTURA DE TAMANHO COMPLETO

A HWP identificou duas possíveis vias para criar um protótipo de tamanho completo com base nas simulações em larga escala e nos resultados do protótipo médio. A empresa planeja desenvolver parceria com um colaborador da indústria que permita aperfeiçoar duas torres maiores com o seu sistema. As necessidades de pré-construção desse sistema inicial devem levar cerca de quatro meses, e a construção em si deve levar mais seis meses. Durante esse período, espera-se que a HWP otimize o produto e trate de desafios inesperados que possam surgir. Então, a HWP usará os seis meses seguintes para testar o sistema sob diferentes condições de vento e usar os dados coletados para completar seu projeto do sistema integrado de seis torres.

12A.7 PLANO DE COMERCIALIZAÇÃO

12A.7a Modelo de negócio

A HWP está se posicionando para ser especialista no setor em sistemas de tração hidráulica para fazendas de energia eólica com base terrestre. Seu plano é surgir como uma empresa de projeto de engenharia, que expandirá sua principal competência, que é criar sistemas hidráulicos para turbinas eólicas, para incluir também construção, operação e manutenção, além do conhecimento da cadeia de suprimentos e da assistência para os sistemas projetados. Por meio dessas atividades, os clientes integrarão o sistema da HWP de forma rápida e ininterrupta em seus produtos ou projetos de desenvolvimento.

A empresa planeja comercializar a tecnologia garantindo contratos de licenciamento para uso de seu sistema. Em troca de uma taxa de licenciamento antecipada e de uma taxa fixa de direito de comercialização determinada pelas vendas brutas com base em cada torre, a HWP fornecerá aos fabricantes um pacote de produtos completo. Esse pacote incluirá o direito de comprar e vender turbinas utilizando o sistema de transmissão hidráulica a sistema de controle fechado da empresa, desenhos de componentes e especificações, conta de materiais (lista de peças), assistência de desenvolvimento da cadeia de suprimentos, documentação de montagem e testes, documentação de transporte e logística, procedimentos de instalação e comissionamento, manuais de operação e de manutenção, serviços de consultoria de engenharia e programa de treinamento para fabricação e serviço.

Os clientes terão a vantagem de poder adquirir uma licença para uma tecnologia existente e comprovada. Dessa forma, os licenciados poderão evitar atrasos, riscos e custos inerentes ao desenvolvimento interno. A HWP permite que os fabricantes incorporem uma tecnologia inovadora em suas turbinas, cheguem a um ponto de equilíbrio e gerem grandes lucros mais rapidamente. O tempo necessário para criar e construir novas turbinas é reduzido, fornecendo acesso a uma cadeia de suprimentos de componentes e rede de fornecedores consagradas. Os licenciados também têm acesso a treinamento e suporte profissional de alta qualidade, desde o estágio de desenvolvimento até a implantação completa do sistema.

Como principais especialistas na compreensão e no desenvolvimento de unidades de tração hidráulica e componentes relacionados (em oposição a expandir para a criação de hélices e torres), a empresa espera expandir no futuro o fluxo de receita (à medida que a solução da empresa for mais amplamente adotada), para incluir também serviços de operação e manutenção, além de serviços adicionais de consultoria.

12A.7b Estratégia de entrada

A empresa planeja buscar diversas estratégias de marketing para levar sua tecnologia ao mercado, o que inclui estabelecer parcerias e relacionamentos na indústria. Quando a fase de desenvolvimento da tecnologia estiver próxima à conclusão, a empresa planeja alavancar esses relacionamentos para estabelecer um programa-piloto com um fabricante de turbinas ou fazenda de energia eólica, o qual deve envolver a implantação do sistema da empresa em um projeto de desenvolvimento de fazenda de energia eólica menor ou como parte menor de um projeto maior. Esse projeto inicial ajudará a estabelecer a aceitação da tecnologia no mercado, minimizando o risco para os parceiros da empresa.

12A.7c Clientes-alvo

A HWP antecipa três tipos diferentes de clientes em potencial: fabricantes de turbinas eólicas atuais, desenvolvedores de fazendas de energia eólica e fabricantes de componentes hidráulicos. A empresa, inicialmente, visará fabricantes de turbinas atuais para as suas primeiras licenças. Licenciar diretamente para fabricantes de turbinas eólicas aumenta não só a influência da empresa na cadeia de valor, como também sua capacidade de entrar rapidamente no mercado. Tais fabricantes possuem conhecimento na fabricação de turbinas eólicas e já têm relacionamentos com desenvolvedores de fazendas de energia eólica.

Como alternativa, a HWP também buscará licenciar a tecnologia com os próprios desenvolvedores de fazendas de energia eólica e fabricantes de componentes hidráulicos. Os projetos de desenvolvimento de fazendas de energia eólica exigem capital inicial alto, o que tem levado os desenvolvedores a se tornarem cada vez mais verticalmente integrados, a fim de reduzir esses custos. Os desenvolvedores de fazendas de energia eólica que fabricam suas próprias turbinas também são prováveis candidatos a licenciar os projetos da HWP.

A solução da HWP também representa uma grande oportunidade para fabricantes de componentes hidráulicos entrarem em um novo mercado de alto crescimento. Há dezenas de grandes empresas hidráulicas, como Caterpillar, Flowserve, Sulzer e Eaton, que podem ter interesse em licenciar a tecnologia da HWP. O sistema é proprietário, mas os componentes utilizados são bastante conhecidos por essas empresas. Para esses fabricantes, licenciar o sistema da HWP será a oportunidade de acessar um novo mercado sem a necessidade de olhar além de suas principais competências.

12A.7d Estratégia de saída

A indústria de energia eólica é caracterizada por um grande número de aquisições estratégicas. Em 2010, havia 35 ofertas na América do Norte, totalizando 3,98 bilhões de dólares. Os maiores fabricantes têm sido rápidos em adquirir empresas menores, com tecnologias melhoradas. A GE, por exemplo, adquiriu recentemente a Wind Tower Systems LLC para obter acesso a uma tecnologia para a construção de torres mais barata. HWP acredita que o seu sistema de transmissão alternativa será um forte alvo de aquisição para um fabricante maior, por causa da proposta de alto valor da sua tecnologia e da capacidade de diversificar a carteira de produtos de uma empresa maior.

12A.8 EQUIPE EXECUTIVA

12A.8a Gestão inicial

Chefe Executivo Interino (CEO) — *Adam Johnson (MBA)* concluiu recentemente seu MBA em empreendedorismo na Escola de Negócios Kelley, na Universidade de Indiana. Possui experiência no setor de energia renovável, trabalhando para a empresa iniciante Microbial Energy Systems, adquirir conhecimentos em finanças, trabalhando na Smith Barney Financial.

Chefe Executivo de Operações (COO) — *Justin Otani (JD/MBA)* atualmente está concluindo doutorado em direto empresarial e propriedade intelectual na Escola de Direito Maurer, da Universidade de Indiana, e MBA em empreendedorismo e finanças corporativas na Escola de Negócios Kelley, na Universidade de Indiana. Trabalhou no escritório de transferência de tecnologia da Universidade de Indiana.

Diretor de P&D — *Dr. Afshin Izadian* é o inventor da tecnologia da HWP e está oferecendo consultoria técnica e assistência de desenvolvimento para a HWP. Dr. Izadian é professor de Engenharia Elétrica na Universidade de Indiana — Universidade Purdue de Indianápolis (IUPUI — *Indiana University — Purdue University Indianapolis*), além de membro pesquisador no Energy Center, Discovery Park — Universidade de Purdue, e membro do conselho de pesquisas do Richard Lugar Center for Renewable Energy.

12A.8b Conselho consultivo

O conselho consultivo tem uma sólida formação em empreendedorismo, propriedade intelectual e em trazer novas tecnologias ao mercado. Ele presta assistência com o plano de negócio da empresa e sua apresentação aos investidores, serviços jurídicos e orientação geral em desenvolvimento de negócios. Atualmente, o conselho consultivo é constituído pelo dr. Donald F. Kuratko ("Dr. K"), pelo professor Mark Need e por Matt Rubin. "Dr. K" é diretor executivo do Centro Johnson de Empreendedorismo e Inovação da Universidade de Indiana, Mark Need é diretor da Clínica Jurídica de Empreendedorismo Elmore, da Universidade de Indiana, e Matt Rubin é gerente de desenvolvimento de negócios na Corporação de Pesquisa e Tecnologia da Universidade de Indiana.

12A.9 RISCOS

12A.9a Risco do setor

O PTC de energia renovável, um crédito de 2,1 centavos de dólar por quilowatt-hora, é um incentivo federal primário dos Estados Unidos para a energia eólica e é essencial ao crescimento do setor. A indústria de energia eólica enfrenta dois desafios sobre o PTC. Primeiro, o crédito é continuamente estendido por períodos de um e dois anos, desencorajando as empresas a realizar investimentos grandes de longo prazo na produção e desenvolvimento da energia eólica. Segundo, o atual clima financeiro adverso, em que a oferta de crédito é limitada — o PTC está oferecendo pouco incentivo para estimular o desenvolvimento da energia eólica.

O sistema da HWP tem o potencial de tornar o custo de energia eólica competitivo sem esses subsídios do governo, o que é uma forte vantagem competitiva para o nosso sistema. Contudo, existe um risco de que esses PTCs não sejam renovados antes do desenvolvimento e da aceitação do sistema da HWP. Se isso ocorrer, pode haver uma diminuição substancial na demanda por projetos de energia eólica ou de investimentos em tecnologias de energia eólica, o que pode retardar significativamente a entrada da empresa no mercado. Mas esse risco é reduzido, porque o mercado de turbinas eólicas é global e, mesmo que esse evento ocorra, a empresa ainda poderá comercializar sua tecnologia em outros lugares.

12A.9b Riscos da tecnologia alternativa

Os principais fabricantes de turbinas têm se esforçado para tornar as caixas de engrenagens mais confiáveis. A HWP reconhece a possibilidade de que essas empresas possam desenvolver uma solução mais competitiva para o problema das caixas de engrenagens, mas acredita que, atualmente, tal risco seja mínimo, levando em consideração o tempo e o esforço já gastos por essas empresas tentando aprimorar as caixas de engrenagens existentes. A HWP acredita também que sua tecnologia terá sucesso, mesmo se a vida útil das caixas de engrenagens for enormemente estendida por conta de reduções no custo do capital inicial, no peso da turbina e no custo de reparos.

12A.9c Fluido hidráulico

As questões ambientais sobre o uso do fluido hidráulico representam uma área de preocupação constante. A empresa já identificou diversos fluidos hidráulicos ecológicos disponíveis no mercado. Quando o sistema completo for criado e analisado, as propriedades ideais do fluido hidráulico, como viscosidade, pressão estática, pressão de vapor, densidade etc., serão mais conhecidas. A HWP prevê que haverá um fluido com essas propriedades ideais que não agrida o ambiente. Contudo, na ausência de um fluido cujas propriedades exatas otimizem a eficácia da energia transferida, podem ser necessárias pesquisas adicionais para o desenvolvimento do fluido com as propriedades químicas desejadas.

12A.10 RESUMO FINANCEIRO

12A.10a Finanças

As informações financeiras *pro-forma* aqui apresentadas são projeções baseadas, em parte, no sucesso da Windtec, utilizando um modelo de licenciamento semelhante. A HWP confia em sua capacidade de atingir esses números de receita ao levar em conta as vantagens do sistema da empresa em detrimento dos sistemas baseados em caixas de engrenagens da Windtec. A empresa espera assinar seu primeiro contrato de licenciamento dentro de dois anos, possivelmente antes, e sua meta é fechar uma rodada da Série A de 1,8 milhão de dólares para financiar o desenvolvimento tecnológico e preparar a empresa para criar um protótipo em escala real.

O financiamento também permitirá à empresa contratar funcionários-chave. Após receber a rodada de financiamento da Série A, a empresa espera contratar um diretor-chefe de tecnologia (CTO) e um diretor executivo (CEO). O CTO será encarregado do desenvolvimento da equipe de engenharia e o CEO será responsável por gerir o negócio e garantir capital adicional.

A HWP acredita que trazer o desenvolvimento tecnológico "*in house*" será fundamental para o seu sucesso. A empresa também prevê a necessidade de contratar um engenheiro eletricista sênior e um engenheiro de sistemas de controle sênior no primeiro ano, e um engenheiro mecânico e um engenheiro eletricista no segundo ano, que serão importantes à medida que a empresa começar a se preparar para a estrutura do protótipo em escala real.

A HWP prevê ainda fechar quotas Série B no valor de 4 milhões de dólares, para construir um protótipo em escala real. As projeções financeiras são consistentes com a parceria da HWP com um desenvolvedor de fazendas de energia eólica, que irá aperfeiçoar duas torres existentes. No entanto, essa parceria pode tomar muitas formas diferentes, o que poderia reduzir em muito o custo da estrutura em escala real. Os custos de peças incluem um fundo de contingência de 500 mil dólares no terceiro ano e de 250 mil dólares no quarto ano, caso a empresa enfrente complicações com sua estrutura. Além desse fundo de contingência de peças sobressalentes, a empresa nunca deverá ficar com menos de 380 mil dólares em caixa. Esse dinheiro extra garantirá que a empresa seja capaz de sobreviver mesmo diante de complicações ou despesas inesperadas.

A HWP não precisará investir muito em gastos de capital além do protótipo, em razão da sua estratégia de licenciamento. Tal abordagem lhe permitirá ser uma empresa autossustentável a longo prazo, e eliminará a necessidade de uma terceira rodada de financiamento.

A empresa espera ter fluxo de caixa positivo em três anos. A maioria das despesas, além do protótipo em escala real, será focada em P&D contínuos, bem como na expansão e melhoria das equipes de engenharia e vendas.

Declaração de renda	1º ano	2º ano	3º ano	4º ano	5º ano
Taxas de licenciamento		$ —	$ 500.000	$ 1.000.000	$ 3.000.000
Receita de juros	$ 26.591	$ 112.886	$ 120.586	$ 91.472	$ 65.095
Royalties			$ 2.250.000	$ 10.500.000	$ 30.000.000
Outra receita					
Receita total	$ 26.591	$ 112.886	$ 2.870.586	$ 11.591.472	$ 33.065.095
Transferência de *royalties* US$ -	$ —	$ —	$ 1.125.000	$ 5.250.000	$ 15.000.000
Total de salários	$ 450.000	$ 796.167	$ 1.061.050	$ 1.495.595	$ 2.724.341
Total de despesas da IUPUI	$ 140.394	$ 140.394			
Fornecedores externos	$ 100.000	$ 115.000	$ 132.250	$ 152.088	$ 174.901
Total de suprimentos para a construção inicial		$ 1.310.122	$ 1.560.122	$ 375.000	$ 125.000
Gastos para a construção inicial		$ 500.000	$ 500.000		
Despesas operacionais					
Total de custos de operação	$ 214.100	$ 161.385	$ 202.698	$ 300.805	$ 378.512
Custo total	$ 904.494	$ 3.023.067	$ 4.581.119	$ 7.573.487	$ 18.402.753
Sem impostos	$ (877.903)	$ (2.910.181)	$ (1.710.533)	$ 4.017.984	$ 14.662.342
Impostos (35%)	$ —	$ —	$ —	$ (1.406.295)	$ (5.131.820)
Rendimento líquido	**$ (877.903)**	**$ (2.910.181)**	**$ (1.710.533)**	**$ 2.611.690**	**$ 9.530.522**

* Consulte o anexo para obter informações mais detalhadas.

12A.10b Saída

Enquanto o modelo de licenciamento da HWP a posiciona como uma empresa autossustentável, há grande probabilidade de que ela seja comprada por um fabricante de turbinas eólicas ou de bombas hidráulicas, ou por um desenvolvedor de fazendas de energia eólica. Portanto, com base em uma saída por meio de aquisição no quinto ano, a empresa tem um valor previsto de 162,8 milhões de dólares. O valor foi baseado em um padrão atual do setor, de 11 vezes o rendimento sem juros, impostos, depreciação e amortização (do inglês *earnings before interest, taxes, depreciation and amortization*, EBITDA). As grandes empresas estão se mostrando rápidas na aquisição de empresas menores. Este fato foi evidenciado pela aquisição da Artemis IP e da American pela Mitsubishi Heavy Industries' (MHI).

Balanço	1º ano	2º ano	3º ano	4º ano	5º ano
Ativos					
Ativos correntes					
Dinheiro	$ 943.075	$ 2.131.570	$ 386.284	$ 4.861.830	$ 19.851.153
Contas a receber		$ —	$ —	$ —	$ —
Total de ativos	$ 943.075	$ 2.131.570	$ 386.284	$ 4.861.830	$ 19.851.153
Passivos					
Passivos correntes					
Contas a pagar	$ 20.978	$ 119.653	$ 84.900	$ 242.462	$ 569.444
Total de passivos	$ 20.978	$ 119.653	$ 84.900	$ 242.462	$ 569.444
Patrimônio líquido					
Ações	$ 1.800.000	$ 5.800.000	$ 5.800.000	$ 5.800.000	$ 5.800.000
Rendimentos retidos	$ (877.903)	$ (3.788.083)	$ (5.498.616)	$ (1.480.632)	$ 13.181.710
Patrimônio líquido total	$ 922.097	$ 2.011.917	$ 301.384	$ 4.319.368	$ 18.981.710
Total de passivos e patrimônio líquido	**$ 943.075**	**$ 2.131.570**	**$ 386.284**	**$ 4.561.830**	**$ 19.551.153**

Demonstração de fluxo de caixa	1º ano	2º ano	3º ano	4º ano	5º ano
Rendimento líquido (perda)	$ (877.903)	$ (2.910.181)	$ (1.710.533)	$ 4.017.984	$ 14.662.342
Mudanças de capital de trabalho:					
Contas a receber (aumento)	$ —	$ —	$ —	$ 300.000	$ —
Contas a pagar (aumento)	$ 20.978	$ 98.676	($ 34.753)	$ 157.562	$ 326.982
Caixa usado em operações	$ (856.925)	$ (2.811.505)	$ (1.745.286)	$ 4.475.547	$ 14.989.323
Caixa usado em investimentos					
Caixa de financiamento de atividades					
Ações					
Mudança de caixa por período	$ (856.925)	$ (2.811.505)	$ (1.745.286)	$ 4.475.547	$ 14.989.323
Caixa: início do período	$ 1.800.000	$ 943.075	$ 2.131.570	$ 386.284	$ 4.861.830
Caixa: final do período	$ 943.075	$ 2.131.570	$ 386.284	$ 4.861.830	$ 19.851.153

* Consulte o anexo para obter informações mais detalhadas.

Retorno financeiro esperado da série A					
EBITA 5º ano	14,8 (milhões)				
Múltiplo	11				
Valor terminal	$ 162.8				
Série B	Valor real	TIR	Períodos	DTV (Direto ao fornecedor)	
VP (Valor presente)	$ 163	0,94	3,5	$ 16,15	
Investimento	$ 4			25%	Propriedade final série B
Taxa de retenção	75%				
Série A	Valor real	TIR	Períodos	DTV	
VP	$ 163	0,94	5	$ 6,00	
Investimento	$ 1,8			30%	Propriedade final série A
				40%	Propriedade final série A
Propriedade	Pós-A	Pós-B	Avaliação da série A		
Fundadores	45%	28%	Pré-investimento	$ 2,72	Série A
ICP	5%	10%	Série A	$ 1,80	Retorno *cash-on-cash*
Conjunto de opções	10%	8%	Pós-investimento	$ 4,52	27
Série A	40%	30%			Retorno de saída
Série B		25%			$ 48,83
Total	100%	100%			

Aquisição da Windtec pela Superconductor (AMSC). Não foram divulgados detalhes da negociação da Artemis IP, mas a MHI comprometeu-se com mais de 160 milhões de dólares em uma negociação maior, que incluiu a aquisição. Na negociação da Windtec, a AMSC comprou a Windtec por 12,4 milhões de dólares em ações da AMSC. A Windtec também possuía uma enorme pendência em pedidos que não poderia honrar na época.

ANEXO

Uso de fundos

	Taxa de crescimento	1º ano	2º ano	3º ano	4º ano	5º ano
Despesas trabalhistas						
Diretor executivo	10%	$ 125.000	$ 137.500	$ 151.250	$ 166.375	$ 183.013
Adam Johnson, CFO	10%	$ 60.000	$ 80.000	$ 88.000	$ 96.800	$ 106.480
Justin Otani, COO	10%	$ 40.000	$ 80.000	$ 88.000	$ 96.800	$ 106.480
Diretor-chefe de tecnologia	10%	$ 100.000	$ 110.000	$ 121.000	$ 133.100	$ 133.100
Engenheiro eletricista sênior	10%	$ 75.000	$ 100.000	$ 110.000	$ 121.000	$ 121.000
Engenheiro de sistemas de controle sênior	10%	$ 50.000	$ 100.000	$ 110.000	$ 121.000	$ 121.000
Engenheiro mecânico júnior	10%		$ 50.000	$ 55.000	$ 60.500	$ 66.550
Engenheiro eletricista júnior	10%		$ 50.000	$ 55.000	$ 60.500	$ 66.550
Gerente de vendas	10%		$ 23.333	$ 70.000	$ 77.000	$ 84.700
Gerente de vendas	10%		$ 23.333	$ 70.000	$ 77.000	$ 84.700
Outros salários	240%		$ 42.000	$ 142.800	$ 485.520	$ 1.650.768
Total de salários		$ 450.000	$ 796.167	$ 1.061.050	$ 1.167.155	$ 1.283.871
Universidade de Indiana — Universidade Purdue de Indianápolis (IUPUI)						
Pesquisador chefe		$ 6.590	$ 6.590			
Copesquisador chefe		$ 4.000	$ 4.000			
Dois bolsistas de PhD		$ 36.000	$ 36.000			
Dois assistentes de pesquisa pós-graduados		$ 14.400	$ 14.400			
Salários da IUPUI		$ 60.990	$ 60.990			
		$ 0	$ 0			
Benefícios adicionais/Folha de pagamento						
Pesquisador chefe/Pesquisador chefe II		$ 2.783	$ 2.783			
Dois assistentes de pesquisa pós-graduados		$ 2.278	$ 2.278			
Bolsistas de PhD		$ 15.120	$ 15.120			
Total de benefícios da IUPUI		$ 20.181	$ 20.181			
		$ 0	$ 0			

(Continua)

Uso de fundos (*continuação*)

	Taxa de crescimento	1º ano	2º ano	3º ano	4º ano	5º ano
Isenção da taxa do aluno de pós-graduação		$ 11.000	$ 11.000			
		0	0			
Suprimentos/Materiais						
Um motor síncrono						
Sistemas de informática						
Peças de reposição						
Total de suprimentos/ Materiais da IUPUI		$ 2.500	$ 2.501			
		$ 0	$ 1			
Custos indiretos da IUPUI		$ 45.723	$ 45.723			
Total da IUPUI		$ 140.394	$ 140.394			
Fornecedores externos						
Consultoria de engenharia	15%	$ 100.000	$ 115.000	$ 132.250	$ 152.088	$ 174.901
Suprimentos para a construção inicial						
Eixos de velocidade baixa			$ 195.000			
Juntas homocinéticas			$ 12.000			
Rolamentos			$ 70.200			
Freio			$ 17.550			
Mecanismo de orientação e rolamento			$ 75.000			
Sistema de controle/ Segurança			$ 204.750			
Mainframe			$ 420.000			
Conexão elétrica			$ 274.743			
Bomba hidráulica grande			$ 180.000			
Gerador			$ 300.000			
Tanque hidráulico			$ 21.000			
Válvulas de passagem			$ 60.000			
Controle elétrico de desligamento da válvula			$ 45.000			
Válvulas de verificação			$ 30.000			
Válvulas de alívio da pressão			$ 30.000			
Conv. energia tamanho pequeno			$ 90.000			
Válvula de controle de fluxo			$ 30.000			

(*Continua*)

Uso de fundos (continuação)

	Taxa de crescimento	1º ano	2º ano	3º ano	4º ano	5º ano
Bomba de pressurização			$ 24.000			
Tubulação			$ 36.000			
Gerador secundário			$ 225.000			
Bomba hidráulica			$ 120.000			
Acumulador			$ 60.000			
Peças sobressalentes			$ 100.000	$ 500.000	$ 250.000	
Total de suprimentos para a construção inicial			$ 2.620.243	$ 500.000	$ 250.000	
Custos da construção inicial			$ 1.000.000			
Custos de operação	8%					
Taxas de processamento da folha de pagamento		$ 2.000	$ 3.000	$ 3.000	$ 3.000	$ 3.000
Aluguel do escritório	5%		$ 15.000	$ 15.750	$ 15.750	$ 15.750
Benefícios adicionais	35%	$ 6.000	$ 12.000	$ 16.200	$ 21.870	$ 29.525
Despesas com viagem	15%	$ 30.000	$ 34.500	$ 39.675	$ 45.626	$ 52.470
Feiras comerciais	15%	$ 4.000	$ 4.600	$ 5.290	$ 6.084	$ 6.996
Brochuras e publicações	15%	$ 2.000	$ 2.300	$ 2.645	$ 3.042	$ 3.498
Pesquisa de marketing	15%	$ 5.000	$ 5.750	$ 6.613	$ 7.604	$ 8.745
Despesas postais	15%	$ 500	$ 575	$ 661	$ 760	$ 875
Celulares	15%	$ 1.500	$ 1.725	$ 1.984	$ 2.281	$ 2.624
Honorários advocatícios	15%	$ 10.000	$ 11.500	$ 13.225	$ 15.209	$ 17.490
Outros honorários profissionais	15%	$ 10.000	$ 11.500	$ 13.225	$ 15.209	$ 17.490
Desenvolvimento e manutenção de site		$ 20.000	$ 1.500	$ 1.500	$ 1.500	$ 1.500
Mensalidades e assinaturas	15%	$ 900	$ 1.035	$ 1.190	$ 1.369	$ 1.574
Custos de patentes		$ 80.000	$ 15.000	$ 30.000	$ 100.000	$ 150.000
Computadores e softwares (SimHydraulics)	18.200	$ 13.800	$ 20.000	$ 25.000	$ 25.000	
Equipamentos e suprimentos de escritório	15%	$ 7.000	$ 8.050	$ 9.258	$ 10.646	$ 12.243
Despesas de telefone e serviços públicos	15%	$ 3.000	$ 3.450	$ 3.968	$ 4.563	$ 5.247
Serviços de contabilidade	15%	$ 4.000	$ 4.600	$ 5.290	$ 6.084	$ 6.996
Diversos	15%	$ 10.000	$ 11.500	$ 13.225	$ 15.209	$ 17.490
Total de custos de operação		$ 214.100	$ 161.385	$ 202.698	$ 300.805	$ 378.512
Custo total		$ 904.494	$ 4.833.188	$ 1.895.998	$ 1.870.047	$ 1.837.283

(Continua)

Declaração de renda (1º ano)

Declaração de renda	1	2	3	4	5	6	7	8	9	10	11	12	1º ano
Receita de licenciamento													
Receita de juros	$ 3.159	$ 2.819	$ 2.698	$ 2.575	$ 2.453	$ 2.330	$ 2.207	$ 1.961	$ 1.784	$ 1.660	$ 1.535	$ 1.410	$ 26.591
Royalties													
Outras receitas													
Receita total	$ 3.159	$ 2.819	$ 2.698	$ 2.575	$ 2.453	$ 2.330	$ 2.207	$ 1.961	$ 1.784	$ 1.660	$ 1.535	$ 1.410	$ 26.591
Despesa de licenciamento													
Custos trabalhistas e relacionados													
Custos													
Diretor executivo	$ 10.417	$ 10.417	$ 10.417	$ 10.417	$ 10.417	$ 10.417	$ 10.417	$ 10.417	$ 10.417	$ 10.417	$ 10.417	$ 10.417	$ 125.000
Adam Johnson, CFO	s$ 5.000	$ 5.000	$ 5.000	$ 5.000	$ 5.000	$ 5.000	$ 5.000	$ 5.000	$ 5.000	$ 5.000	$ 5.000	$ 5.000	$ 60.000
Justin Otani, COO	$ 3.333	$ 3.333	$ 3.333	$ 3.333	$ 3.333	$ 3.333	$ 3.333	$ 3.333	$ 3.333	$ 3.333	$ 3.333	$ 3.333	$ 40.000
Diretor-chefe de tecnologia	$ 8.333	$ 8.333	$ 8.333	$ 8.333	$ 8.333	$ 8.333	$ 8.333	$ 8.333	$ 8.333	$ 8.333	$ 8.333	$ 8.333	$ 100.000
Engenheiro eletricista sênior	$ 0	$ 0	$ 8.333	$ 8.333	$ 8.333	$ 8.333	$ 8.333	$ 8.333	$ 8.333	$ 8.333	$ 8.333	$ 8.333	$ 75.000
Engenheiro de sistemas de controle sênior	$ 0	$ 0	$ 0	$ 8.333	$ 8.333	$ 8.333	$ 8.333	$ 8.333	$ 8.333	$ 8.333	$ 8.333	$ 8.333	$ 50.000
Engenheiro mecânico júnior	$ 0	$ 0	$ 0	$ 0	$ 0	$ 0	$ 0	$ 0	$ 0	$ 0	$ 0	$ 0	$ —
Engenheiro eletricista júnior	$ 0	$ 0	$ 0	$ 0	$ 0	$ 0	$ 0	$ 0	$ 0	$ 0	$ 0	$ 0	$ —
Gerente de vendas	$ 0	$ 0	$ 0	$ 0	$ 0	$ 0	$ 0	$ 0	$ 0	$ 0	$ 0	$ 0	$ —
Gerente de vendas	$ 0	$ 0	$ 0	$ 0	$ 0	$ 0	$ 0	$ 0	$ 0	$ 0	$ 0	$ 0	$ —
Outros salários	0	0	0	0	0	0	0	0	0	0	0	0	$ —
Total de salários	$ 27.083	$ 27.083	$ 27.083	$ 35.417	$ 35.417	$ 35.417	$ 43.750	$ 43.750	$ 43.750	$ 43.750	$ 43.750	$ 43.750	$ 450.000
Total de despesas da Universidade de Indiana — Universidade Purdue de Indianápolis	$ 140.394												
Fornecedores externos	$ 8.333	$ 8.333	$ 8.333	$ 8.333	$ 8.333	$ 8.333	$ 8.333	$ 8.333	$ 8.333	$ 8.333	$ 8.333	$ 8.333	$ 100.000
Total de suprimentos para a construção inicial													
Custos da construção inicial													

(Continua)

Declaração de renda (1º ano) *(continuação)*

Declaração de renda	1	2	3	4	5	6	7	8	9	10	11	12	1º ano
Despesas operacionais													
Taxas de processamento da folha de pagamento	$ 167	$ 167	$ 167	$ 167	$ 167	$ 167	$ 167	$ 167	$ 167	$ 167	$ 167	$ 167	$ 2.000
Aluguel do escritório	$ —	$ —	$ —	$ —	$ —	$ —	$ —	$ —	$ —	$ —	$ —	$ —	$ —
Benefícios adicionais	$ 500	$ 500	$ 500	$ 500	$ 500	$ 500	$ 500	$ 500	$ 500	$ 500	$ 500	$ 500	$ 6.000
Despesas com viagem	$ 2.500	$ 2.500	$ 2.500	$ 2.500	$ 2.500	$ 2.500	$ 2.500	$ 2.500	$ 2.500	$ 2.500	$ 2.500	$ 2.500	$ 30.000
Feiras comerciais	$ 333	$ 333	$ 333	$ 333	$ 333	$ 333	$ 333	$ 333	$ 333	$ 333	$ 333	$ 333	$ 4.000
Brochuras e publicações	$ 167	$ 167	$ 167	$ 167	$ 167	$ 167	$ 167	$ 167	$ 167	$ 167	$ 167	$ 167	$ 2.000
Pesquisa de marketing	$ 417	$ 417	$ 417	$ 417	$ 417	$ 417	$ 417	$ 417	$ 417	$ 417	$ 417	$ 417	$ 5.000
Despesas postais	$ 42	$ 42	$ 42	$ 42	$ 42	$ 42	$ 42	$ 42	$ 42	$ 42	$ 42	$ 42	$ 500
Celulares	$ 125	$ 125	$ 125	$ 125	$ 125	$ 125	$ 125	$ 125	$ 125	$ 125	$ 125	$ 125	$ 1.500
Honorários advocatícios	$ 833	$ 833	$ 833	$ 833	$ 833	$ 833	$ 833	$ 833	$ 833	$ 833	$ 833	$ 833	$ 10.000
Outros honorários profissionais	$ 833	$ 833	$ 833	$ 833	$ 833	$ 833	$ 833	$ 833	$ 833	$ 833	$ 833	$ 833	$ 10.000
Desenvolvimento de site	$ 1.667	$ 1.667	$ 1.667	$ 1.667	$ 1.667	$ 1.667	$ 1.667	$ 1.667	$ 1.667	$ 1.667	$ 1.667	$ 1.667	$ 20.000
Mensalidades e assinaturas	$ 75	$ 75	$ 75	$ 75	$ 75	$ 75	$ 75	$ 75	$ 75	$ 75	$ 75	$ 75	$ 900
Custos de patentes	$ 6.667	$ 6.667	$ 6.667	$ 6.667	$ 6.667	$ 6.667	$ 6.667	$ 6.667	$ 6.667	$ 6.667	$ 6.667	$ 6.667	$ 80.000
Computadores e softwares (SimHydraulics)	$ 1.517	$ 1.517	$ 1.517	$ 1.517	$ 1.517	$ 1.517	$ 1.517	$ 1.517	$ 1.517	$ 1.517	$ 1.517	$ 1.517	$ 18.200
Equipamentos e suprimentos de escritório	$ 583	$ 583	$ 583	$ 583	$ 583	$ 583	$ 583	$ 583	$ 583	$ 583	$ 583	$ 583	$ 7.000
Despesas de telefone e serviços públicos	$ 250	$ 250	$ 250	$ 250	$ 250	$ 250	$ 250	$ 250	$ 250	$ 250	$ 250	$ 250	$ 3.000
Serviços de contabilidade	$ 333	$ 333	$ 333	$ 333	$ 333	$ 333	$ 333	$ 333	$ 333	$ 333	$ 333	$ 333	$ 4.000
Diversos	$ 833	$ 833	$ 833	$ 833	$ 833	$ 833	$ 833	$ 833	$ 833	$ 833	$ 833	$ 833	$ 10.000
Total de custos de operação	$ 17.842	$ 17.842	$ 17.842	$ 17.842	$ 17.842	$ 17.842	$ 17.842	$ 17.842	$ 17.842	$ 17.842	$ 17.842	$ 17.842	$ 214.100
Custo total	$ 193.652	$	$ 53.258	$ 61.592	$ 61.592	$ 61.592	$ 69.925	$ 69.925	$ 69.925	$ 69.925	$ 69.925	$ 69.925	$ 904.494
Rendimento líquido (sem impostos)	$ (190.493)	$	$ (50.561)	$ (59.016)	$ (59.139)	$ (59.261)	$ (67.718)	$ (67.964)	$ (68.141)	$ (68.265)	$ (68.390)	$ (68.515)	$ (877.903)

Balanço (1º ano)

Balanço	1	2	3	4	5	6	7	8	9	10	11	12	1º ano
Ativos													
Ativos correntes													
Dinheiro	$ 1.667.603	$ 1.575.046	$ 1.524.485	$ 1.467.969	$ 1.408.830	$ 1.349.569	$ 1.284.351	$ 1.216.387	$ 1.148.246	$ 1.079.980	$ 1.011.590	$ 943.075	$ 943.075
Contas a receber													
Total de ativos	$ 1.667.603	$ 1.575.046	$ 1.524.485	$ 1.467.969	$ 1.408.830	$ 1.349.569	$ 1.284.351	$ 1.216.387	$ 1.148.246	$ 1.079.980	$ 1.011.590	$ 943.075	$ 943.075
Passivos													
Passivos correntes													
Contas a pagar	$ 58.096	$ 15.978	$ 15.978	$ 18.478	$ 18.478	$ 18.478	$ 20.978	$ 20.978	$ 20.978	$ 20.978	$ 20.978	$ 20.978	$ 20.978
Total de passivos	$ 58.096	$ 15.978	$ 15.978	$ 18.478	$ 18.478	$ 18.478	$ 20.978	$ 20.978	$ 20.978	$ 20.978	$ 20.978	$ 20.978	$ 20.978
Patrimônio líquido													
Ações	$ 1.800.000	$ 1.800.000	$ 1.800.000	$ 1.800.000	$ 1.800.000	$ 1.800.000	$ 1.800.000	$ 1.800.000	$ 1.800.000	$ 1.800.000	$ 1.800.000	$ 1.800.000	$ 1.800.000
Lucros acumulados	$ (190.493)	$ (240.932)	$ (291.492)	$ (350.509)	$ (409.647)	$ (468.909)	$ (536.627)	$ (604.591)	$ (672.732)	$ (740.997)	$ (809.387)	$ (877.903)	$ (877.903)
Patrimônio líquido total	$ 1.609.507	$ 1.559.068	$ 1.508.508	$ 1.449.491	$ 1.390.353	$ 1.331.091	$ 1.263.373	$ 1.195.409	$ 1.127.268	$ 1.059.003	$ 990.613	$ 922.097	$ 922.097
Total de passivos e patrimônio líquido	$ 1.667.603	$ 1.575.046	$ 1.524.485	$ 1.467.969	$ 1.408.830	$ 1.349.569	$ 1.284.351	$ 1.216.387	$ 1.148.246	$ 1.079.980	$ 1.011.590	$ 943.075	$ 943.075

Fluxo de caixa (1º ano)

Demonstrativo de fluxo de caixa	1	2	3	4	5	6	7	8	9	10	11	12	1º ano
Rendimento líquido (perda)	$ (190.493)	$ (50.439)	$ (50.561)	$ (59.016)	$ (59.139)	$ (59.261)	$ (67.718)	$ (67.964)	$ (68.141)	$ (68.265)	$ (68.390)	$ (68.515)	$ (877.903)
Mudanças de capital de trabalho:													
Contas a receber (aumento)	$ —	$ —	$ —	$ —	$ —	$ —	$ —	$ —	$ —	$ —	$ —	$ —	$ —
Contas a pagar (aumento)	$ 58.096	$ (42.118)	$ 0	$ 2.500	$ 0	$ 0	$ 2.500	$ 0	$ 3.500	$ 0	$ 0	$ 0	$ 20.978
Caixa usado em operações	$ (132.397)	$ (92.557)	$ (50.561)	$ (56.516)	$ (59.139)	$ (59.261)	$ (65.218)	$ (67.964)	$ (68.141)	$ (68.265)	$ (68.390)	$ (68.515)	$ (856.925)
Caixa usado em investimentos													
Caixa de financiamento de atividades													
Ações	$ 1.800.000												
Mudança de caixa por período	$ 1.667.603	$ (92.557)	$ (50.561)	$ (56.516)	$ (59.139)	$ (59.261)	$ (65.218)	$ (67.964)	$ (68.141)	$ (68.265)	$ (68.390)	$ (68.515)	$ (856.925)
Caixa: início do período	$ 1.800.000	$ 1.667.603	$1.575.046	$1.524.485	$ 1.467.969	$ 1.408.830	$ 1.349.569	$ 1.284.351	$ 1.216.387	$ 1.148.246	$1.079.980	$1.011.590	$ 1.800.000
Caixa: final do período	$ 1.667.603	$ 1.575.046	$1.524.485	$1.467.969	$ 1.408.830	$ 1.349.569	$ 1.284.351	$ 1.216.387	$ 1.148.246	$ 1.079.980	$1.011.590	$ 943.075	$ 943.075

Declaração de renda (2º ano)

Declaração de renda	13	14	15	16	17	18	19	20	21	22	23	24	2º ano
Receita de licenciamento													$ —
Receita de juros	$ 1.210		$ 978		$ 745	$ 13.030	$ 12.815	$ 12.599	$ 12.400	$ 12.208	$ 12.016	$ 11.822	$ 11.629	$ 11.434	$ 112.886
Royalties													
Outras receitas													
Receita total	$ 1.210		$ 978		$ 745	$ 13.030	$ 12.815	$ 12.599	$ 12.400	$ 12.208	$ 12.016	$ 11.822	$ 11.629	$ 11.434	$ 112.886
Despesa de licenciamento													
Custos trabalhistas e relacionados													
Diretor executivo	$ 11.458	$ 11.458	$ 11.458	$ 11.458	$ 11.458	$ 11.458	$ 11.458	$ 11.458	$ 11.458	$ 11.458	$ 11.458	$ 11.458	$ 137.500
Adam Johnson, CFO	$ 6.667	$ 6.667	$ 6.667	$ 6.667	$ 6.667	$ 6.667	$ 6.667	$ 6.667	$ 6.667	$ 6.667	$ 6.667	$ 6.667	$ 80.000
Justin Otani, COO	$ 6.667	$ 6.667	$ 6.667	$ 6.667	$ 6.667	$ 6.667	$ 6.667	$ 6.667	$ 6.667	$ 6.667	$ 6.667	$ 6.667	$ 80.000
Diretor-chefe de tecnologia	$ 9.167	$ 9.167	$ 9.167	$ 9.167	$ 9.167	$ 9.167	$ 9.167	$ 9.167	$ 9.167	$ 9.167	$ 9.167	$ 9.167	$ 110.000
Engenheiro eletricista sênior	$ 8.333	$ 8.333	$ 8.333	$ 8.333	$ 8.333	$ 8.333	$ 8.333	$ 8.333	$ 8.333	$ 8.333	$ 8.333	$ 8.333	$ 100.000
Engenheiro de sistemas de controle sênior	$ 8.333	$ 8.333	$ 8.333	$ 8.333	$ 8.333	$ 8.333	$ 8.333	$ 8.333	$ 8.333	$ 8.333	$ 8.333	$ 8.333	$ 100.000
Engenheiro mecânico júnior	$ 4.167	$ 4.167	$ 4.167	$ 4.167	$ 4.167	$ 4.167	$ 4.167	$ 4.167	$ 4.167	$ 4.167	$ 4.167	$ 4.167	$ 50.000
Engenheiro eletricista júnior	$ 4.167	$ 4.167	$ 4.167	$ 4.167	$ 4.167	$ 4.167	$ 4.167	$ 4.167	$ 4.167	$ 4.167	$ 4.167	$ 4.167	$ 50.000
Gerente de vendas	$ 0	$ 0	$ 0	$ 0	$ 0	$ 0	$ 0	$ 0	$ 5.833	$ 5.833	$ 5.833	$ 5.833	$ 23.333
Gerente de vendas	$ 0	$ 0	$ 0	$ 0	$ 0	$ 0	$ 0	$ 0	$ 5.833	$ 5.833	$ 5.833	$ 5.833	$ 23.333
Outros salários	$ 3.500	$ 3.500	$ 3.500	$ 3.500	$ 3.500	$ 3.500	$ 3.500	$ 3.500	$ 3.500	$ 3.500	$ 3.500	$ 3.500	$ 42.000
Total de salários	$ 62.458	$ 62.458	$ 62.458	$ 62.458	$ 62.458	$ 62.458	$ 62.458	$ 62.458	$ 74.125	$ 74.125	$ 74.125	$ 74.125	$ 796.167
Total de despesas da IUPUI	$ 140.394												$ 140.394
Fornecedores externos	$ 9.583	$ 9.583	$ 9.583	$ 9.583	$ 9.583	$ 9.583	$ 9.583	$ 9.583	$ 9.583	$ 9.583	$ 9.583	$ 9.583	$ 115.000
Total de suprimentos para a construção inicial								$ 218.354	$ 218.354	$ 218.354	$ 218.354	$ 218.354	$ 1.310.122
Custos da construção inicial								$ 83.333	$ 83.333	$ 83.333	$ 83.333	$ 83.333	$ 83.333	$ 500.000

(Continua)

Declaração de renda (2º ano) *(continuação)*

Declaração de renda	13	14	15	16	17	18	19	20	21	22	23	24	2º ano
Despesas operacionais													
Taxas de processamento da folha de pagamento	$ 250	$ 250	$ 250	$ 250	$ 250	$ 250	$ 250	$ 250	$ 250	$ 250	$ 250	$ 250	$ 3.000
Aluguel do escritório	$ 1.250	$ 1.250	$ 1.250	$ 1.250	$ 1.250	$ 1.250	$ 1.250	$ 1.250	$ 1.250	$ 1.250	$ 1.250	$ 1.250	$ 15.000
Benefícios adicionais	$ 1.000	$ 1.000	$ 1.000	$ 1.000	$ 1.000	$ 1.000	$ 1.000	$ 1.000	$ 1.000	$ 1.000	$ 1.000	$ 1.000	$ 12.000
Despesas com viagem	$ 2.875	$ 2.875	$ 2.875	$ 2.875	$ 2.875	$ 2.875	$ 2.875	$ 2.875	$ 2.875	$ 2.875	$ 2.875	$ 2.875	$ 34.500
Feiras comerciais	$ 383	$ 383	$ 383	$ 383	$ 383	$ 383	$ 383	$ 383	$ 383	$ 383	$ 383	$ 383	$ 4.600
Brochuras e publicações	$ 192	$ 192	$ 192	$ 192	$ 192	$ 192	$ 192	$ 192	$ 192	$ 192	$ 192	$ 192	$ 2.300
Pesquisa de marketing	$ 479	$ 479	$ 479	$ 479	$ 479	$ 479	$ 479	$ 479	$ 479	$ 479	$ 479	$ 479	$ 5.750
Despesas postais	$ 48	$ 48	$ 48	$ 48	$ 48	$ 48	$ 48	$ 48	$ 48	$ 48	$ 48	$ 48	$ 575
Celulares	$ 144	$ 144	$ 144	$ 144	$ 144	$ 144	$ 144	$ 144	$ 144	$ 144	$ 144	$ 144	$ 1.725
Honorários advocatícios	$ 958	$ 958	$ 958	$ 958	$ 958	$ 958	$ 958	$ 958	$ 958	$ 958	$ 958	$ 958	$ 11.500
Outros honorários profissionais	$ 958	$ 958	$ 958	$ 958	$ 958	$ 958	$ 958	$ 958	$ 958	$ 958	$ 958	$ 958	$ 11.500
Desenvolvimento de site	$ 125	$ 125	$ 125	$ 125	$ 125	$ 125	$ 125	$ 125	$ 125	$ 125	$ 125	$ 125	$ 1.500
Mensalidades e assinaturas	$ 86	$ 86	$ 86	$ 86	$ 86	$ 86	$ 86	$ 86	$ 86	$ 86	$ 86	$ 86	$ 1.035
Custos de patentes	$ 1.250	$ 1.250	$ 1.250	$ 1.250	$ 1.250	$ 1.250	$ 1.250	$ 1.250	$ 1.250	$ 1.250	$ 1.250	$ 1.250	$ 15.000
Computadores e softwares (SimHydraulics)	$ 1.150	$ 1.150	$ 1.150	$ 1.150	$ 1.150	$ 1.150	$ 1.150	$ 1.150	$ 1.150	$ 1.150	$ 1.150	$ 1.150	$ 13.800
Equipamentos e suprimentos de escritório	$ 671	$ 671	$ 671	$ 671	$ 671	$ 671	$ 671	$ 671	$ 671	$ 671	$ 671	$ 671	$ 8.050
Despesas de telefone e serviços públicos	$ 288	$ 288	$ 288	$ 288	$ 288	$ 288	$ 288	$ 288	$ 288	$ 288	$ 288	$ 288	$ 3.450
Serviços de contabilidade	$ 383	$ 383	$ 383	$ 383	$ 383	$ 383	$ 383	$ 383	$ 383	$ 383	$ 383	$ 383	$ 4.600
Diversos	$ 958	$ 958	$ 958	$ 958	$ 958	$ 958	$ 958	$ 958	$ 958	$ 958	$ 958	$ 958	$ 11.500
Total de custos de operação	$ 13.449	$ 13.449	$ 13.449	$ 13.449	$ 13.449	$ 13.449	$ 13.449	$ 13.449	$ 13.449	$ 13.449	$ 13.449	$ 13.449	$ 161.385
Custo total	$ 225.884	$ 85.490	$ 85.490	$ 85.490	$ 85.490	$ 85.490	$ 387.177	$ 387.177	$ 398.844	$ 398.844	$ 398.844	$ 398.844	$ 3.023.067
Rendimento líquido (sem impostos)	$ (224.674)	$ (84.513)	$ (84.746)	$ (72.460)	$ (72.675)	$ (72.891)	$ (374.777)	$ (374.969)	$ (386.828)	$ (387.022)	$ (387.215)	$ (387.410)	$ (2.910.181)

Balanço (2º ano)

Balanço	13	14	15	16	17	18	19	20	21	22	23	24	2º ano
Ativos													
Ativos correntes													
Dinheiro	$ 765.188	$ 638.557	$ 553.812	$ 4.481.351	$ 4.408.676	$ 4.335.785	$ 4.051.514	$ 3.676.545	$ 3.293.216	$ 2.906.195	$ 2.518.979	$ 2.131.570	$ 2.131.570
Contas a receber							$	$	$	$	$	$	$
Total de ativos	$ 765.188	$ 638.557	$ 553.812	$ 4.481.351	$ 4.408.676	$ 4.335.785	$ 4.051.514	$ 3.676.545	$ 3.293.216	$ 2.906.195	$ 2.518.979	$ 2.131.570	$ 2.131.570
Passivos													
Passivos correntes													
Contas a pagar	$ 67.765	$ 25.647	$ 25.647	$ 25.647	$ 25.647	$ 25.647	$ 116.153	$ 116.153	$ 119.653	$ 119.653	$ 119.653	$ 119.653	$ 119.653
Total de passivos	$ 67.765	$ 25.647	$ 25.647	$ 25.647	$ 25.647	$ 25.647	$ 116.153	$ 116.153	$ 119.653	$ 119.653	$ 119.653	$ 119.653	$ 119.653
Patrimônio líquido													
Ações	$ 1.800.000	$ 1.800.000	$ 5.800.000	$ 5.800.000	$ 5.800.000	$ 5.800.000	$ 5.800.000	$ 5.800.000	$ 5.800.000	$ 5.800.000	$ 5.800.000	$ 5.800.000	$ 5.800.000
Lucros acumulados	$ (1.102.577)	$ (1.187.090)	$ (1.271.835)	$ (1.344.296)	$ (1.416.971)	$ (1.489.862)	$ (1.864.640)	$ (2.239.609)	$ (2.626.437)	$ (3.013.459)	$ (3.400.674)	$ (3.788.083)	$ (3.788.083)
Patrimônio líquido total	$ 697.423	$ 612.910	$ 4.528.165	$ 4.455.704	$ 4.383.029	$ 4.310.138	$ 3.935.360	$ 3.560.391	$ 3.173.563	$ 2.786.541	$ 2.399.326	$ 2.011.917	$ 2.011.917
Total de passivos e patrimônio líquido	$ 765.188	$ 638.557	$ 4.553.812	$ 4.481.351	$ 4.408.676	$ 4.335.785	$ 4.051.514	$ 3.676.545	$ 3.293.216	$ 2.906.195	$ 2.518.979	$ 2.131.570	$ 2.131.570

Fluxo de caixa (2º ano)

Demonstração de fluxo de caixa	13	14	15	16	17	18	19	20	21	22	23	24	2º ano
Rendimento líquido (perda)	$ (224.674)	$ (84.513)	$ (84.746)	$ (72.460)	$ (72.675)	$ (72.891)	$ (374.777)	$ (374.969)	$ (386.828)	$ (387.022)	$ (387.215)	$ (387.410)	$ (2.910.181)
Mudanças de capital de trabalho:													
Contas a receber (aumento)	$ —	$ —	$ —	$ —	$ —	$ —	$ —	$ —	$ —	$ —	$ —	$ —	$ —
Contas a pagar (aumento)	$ 46.788	($42.118)	$ 0	$ 0	$ 0	$ 0	$ 90.506	$ 0	$ 3.500	$ 0	$ 0	$ 0	$ 98.676
Caixa usado em operações	$ (177.886)	$ (126.631)	$ (84.746)	$ (72.460)	$ (72.675)	$ (72.891)	$ (284.271)	$ (374.969)	$ (383.328)	$ (387.022)	$ (387.215)	$ (387.410)	$ (2.811.505)
Caixa usado em investimentos													
Caixa de financiamento de atividades													
Ações				$ 4.000.000									
Mudança de caixa por período	$ (177.886)	$ (126.631)	$ (84.746)	$ 3.927.540	$ (72.675)	$ (72.891)	$ (284.271)	$ (374.969)	$ (383.328)	$ (387.022)	$ (387.215)	$ (387.410)	$ (2.811.505)
Caixa: início do período	$ 943.075	$ 765.188	$ 638.557	$ 553.812	$ 4.481.351	$ 4.408.676	$ 4.335.785	$ 4.051.514	$ 3.676.545	$ 3.293.216	$ 2.906.195	$ 2.518.979	$ 943.075
Caixa: final do período	$ 765.188	$ 638.557	$ 553.812	$ 4.481.351	$ 4.408.676	$ 4.335.785	$ 4.051.514	$ 3.676.545	$ 3.293.216	$ 2.906.195	$ 2.518.979	$ 2.131.570	$ 2.131.570

Declaração de renda (3º ano)

Declaração de renda	25	26	27	28	29	30	31	32	33	34	35	36	3º ano
Receita de licenciamento	$ 500.000												$ 500.000
Receita de juros	$ 11.228	$ 11.016	$ 10.803	$ 10.590	$ 10.375	$ 10.161	$ 9.945	$ 9.729	$ 9.512	$ 9.294	$ 9.076	$ 8.857	$ 120.586
Royalties	$ 125.000	$ 125.000	$ 125.000	$ 125.000	$ 125.000	$ 125.000	$ 250.000	$ 250.000	$ 250.000	$ 250.000	$ 250.000	$ 250.000	$ 2.250.000
Outras receitas													
Receita total	$ 636.228	$ 136.016	$ 135.803	$ 135.590	$ 135.375	$ 135.161	$ 259.945	$ 259.729	$ 259.512	$ 259.294	$ 259.076	$ 258.857	$ 2.870.586
Despesa de licenciamento	$ 62.500	$ 62.500	$ 62.500	$ 62.500	$ 62.500	$ 62.500	$ 125.000	$ 125.000	$ 125.000	$ 125.000	$ 125.000	$ 125.000	$ 1.125.000
Custos trabalhistas e relacionados													
Diretor executivo	$ 12.604	$ 12.604	$ 12.604	$ 12.604	$ 12.604	$ 12.604	$ 12.604	$ 12.604	$ 12.604	$ 12.604	$ 12.604	$ 12.604	$ 151.250
Adam Johnson, CFO	$ 7.333	$ 7.333	$ 7.333	$ 7.333	$ 7.333	$ 7.333	$ 7.333	$ 7.333	$ 7.333	$ 7.333	$ 7.333	$ 7.333	$ 88.000
Justin Otani, COO	$ 7.333	$ 7.333	$ 7.333	$ 7.333	$ 7.333	$ 7.333	$ 7.333	$ 7.333	$ 7.333	$ 7.333	$ 7.333	$ 7.333	$ 88.000
Diretor-chefe de tecnologia	$ 10.083	$ 10.083	$ 10.083	$ 10.083	$ 10.083	$ 10.083	$ 10.083	$ 10.083	$ 10.083	$ 10.083	$ 10.083	$ 10.083	$ 121.000
Engenheiro eletricista sênior	$ 9.167	$ 9.167	$ 9.167	$ 9.167	$ 9.167	$ 9.167	$ 9.167	$ 9.167	$ 9.167	$ 9.167	$ 9.167	$ 9.167	$ 110.000
Engenheiro de sistemas de controle sênior	$ 9.167	$ 9.167	$ 9.167	$ 9.167	$ 9.167	$ 9.167	$ 9.167	$ 9.167	$ 9.167	$ 9.167	$ 9.167	$ 9.167	$ 110.000
Engenheiro mecânico júnior	$ 4.583	$ 4.583	$ 4.583	$ 4.583	$ 4.583	$ 4.583	$ 4.583	$ 4.583	$ 4.583	$ 4.583	$ 4.583	$ 4.583	$ 55.000
Engenheiro eletricista júnior	$ 4.583	$ 4.583	$ 4.583	$ 4.583	$ 4.583	$ 4.583	$ 4.583	$ 4.583	$ 4.583	$ 4.583	$ 4.583	$ 4.583	$ 55.000
Gerente de vendas	$ 5.833	$ 5.833	$ 5.833	$ 5.833	$ 5.833	$ 5.833	$ 5.833	$ 5.833	$ 5.833	$ 5.833	$ 5.833	$ 5.833	$ 70.000
Gerente de vendas	$ 5.833	$ 5.833	$ 5.833	$ 5.833	$ 5.833	$ 5.833	$ 5.833	$ 5.833	$ 5.833	$ 5.833	$ 5.833	$ 5.833	$ 70.000
Outros salários	$ 11.900	$ 11.900	$ 11.900	$ 11.900	$ 11.900	$ 11.900	$ 11.900	$ 11.900	$ 11.900	$ 11.900	$ 11.900	$ 11.900	$ 142.800
Total de salários	$ 88.421	$ 88.421	$ 88.421	$ 88.421	$ 88.421	$ 88.421	$ 88.421	$ 88.421	$ 88.421	$ 88.421	$ 88.421	$ 88.421	$ 1.061.050
Total de despesas IUPUI													
Fornecedores externos	$ 11.021	$ 11.021	$ 11.021	$ 11.021	$ 11.021	$ 11.021	$ 11.021	$ 11.021	$ 11.021	$ 11.021	$ 11.021	$ 11.021	$ 132.250
Total de suprimentos para a construção inicial	$ 218.354	$ 218.354	$ 218.354	$ 218.354	$ 218.354	$ 218.354	$ 41.667	$ 41.667	$ 41.667	$ 41.667	$ 41.667	$ 41.667	$ 1.560.124
Custos da construção inicial	$ 83.333	$ 83.333	$ 83.333	$ 83.333	$ 83.333	$ 83.333							$ 500.000

(Continua)

Declaração de renda (3º ano) *(continuação)*

Declaração de renda	25	26	27	28	29	30	31	32	33	34	35	36	3º ano
Despesas operacionais													
Taxas de processamento da folha de pagamento	$ 250	$ 250	$ 250	$ 250	$ 250	$ 250	$ 250	$ 250	$ 250	$ 250	$ 250	$ 250	$ 3.000
Aluguel do escritório	$ 1.313	$ 1.313	$ 1.313	$ 1.313	$ 1.313	$ 1.313	$ 1.313	$ 1.313	$ 1.313	$ 1.313	$ 1.313	$ 1.313	$ 15.750
Benefícios adicionais	$ 1.350	$ 1.350	$ 1.350	$ 1.350	$ 1.350	$ 1.350	$ 1.350	$ 1.350	$ 1.350	$ 1.350	$ 1.350	$ 1.350	$ 16.200
Despesas com viagem	$ 3.306	$ 3.306	$ 3.306	$ 3.306	$ 3.306	$ 3.306	$ 3.306	$ 3.306	$ 3.306	$ 3.306	$ 3.306	$ 3.306	$ 39.675
Feiras comerciais	$ 441	$ 441	$ 441	$ 441	$ 441	$ 441	$ 441	$ 441	$ 441	$ 441	$ 441	$ 441	$ 5.290
Brochuras e publicações	$ 220	$ 220	$ 220	$ 220	$ 220	$ 220	$ 220	$ 220	$ 220	$ 220	$ 220	$ 220	$ 2.645
Pesquisa de marketing	$ 551	$ 551	$ 551	$ 551	$ 551	$ 551	$ 551	$ 551	$ 551	$ 551	$ 551	$ 551	$ 6.613
Despesas postais	$ 55	$ 55	$ 55	$ 55	$ 55	$ 55	$ 55	$ 55	$ 55	$ 55	$ 55	$ 55	$ 661
Celulares	$ 165	$ 165	$ 165	$ 165	$ 165	$ 165	$ 165	$ 165	$ 165	$ 165	$ 165	$ 165	$ 1.984
Honorários advocatícios	$ 1.102	$ 1.102	$ 1.102	$ 1.102	$ 1.102	$ 1.102	$ 1.102	$ 1.102	$ 1.102	$ 1.102	$ 1.102	$ 1.102	$ 13.225
Outros honorários profissionais	$ 1.102	$ 1.102	$ 1.102	$ 1.102	$ 1.102	$ 1.102	$ 1.102	$ 1.102	$ 1.102	$ 1.102	$ 1.102	$ 1.102	$ 13.225
Desenvolvimento de site	$ 125	$ 125	$ 125	$ 125	$ 125	$ 125	$ 125	$ 125	$ 125	$ 125	$ 125	$ 125	$ 1.500
Mensalidades e assinaturas	$ 99	$ 99	$ 99	$ 99	$ 99	$ 99	$ 99	$ 99	$ 99	$ 99	$ 99	$ 99	$ 1.190
Custos de patentes	$ 2.500	$ 2.500	$ 2.500	$ 2.500	$ 2.500	$ 2.500	$ 2.500	$ 2.500	$ 2.500	$ 2.500	$ 2.500	$ 2.500	$ 30.000
Computadores e softwares (SimHydraulics)	$ 1.667	$ 1.667	$ 1.667	$ 1.667	$ 1.667	$ 1.667	$ 1.667	$ 1.667	$ 1.667	$ 1.667	$ 1.667	$ 1.667	$ 20.000
Equipamentos e suprimentos de escritório	$ 771	$ 771	$ 771	$ 771	$ 771	$ 771	$ 771	$ 771	$ 771	$ 771	$ 771	$ 771	$ 9.258
Despesas de telefone e serviços públicos	$ 331	$ 331	$ 331	$ 331	$ 331	$ 331	$ 331	$ 331	$ 331	$ 331	$ 331	$ 331	$ 3.968
Serviços de contabilidade	$ 441	$ 441	$ 441	$ 441	$ 441	$ 441	$ 441	$ 441	$ 441	$ 441	$ 441	$ 441	$ 5.290
Diversos	$ 1.102	$ 1.102	$ 1.102	$ 1.102	$ 1.102	$ 1.102	$ 1.102	$ 1.102	$ 1.102	$ 1.102	$ 1.102	$ 1.102	$ 13.225
Total de custos de operação	$ 16.891	$ 16.891	$ 16.891	$ 16.891	$ 16.891	$ 16.891	$ 16.891	$ 16.891	$ 16.891	$ 16.891	$ 16.891	$ 16.891	$ 202.698
Custo total	$ 480.520	$ 480.520	$ 480.520	$ 480.520	$ 480.520	$ 480.520	$ 283.000	$ 283.000	$ 283.000	$ 283.000	$ 283.000	$ 283.000	$ 4.581.121
Rendimento líquido (sem impostos)	$ 155.708	$ (344.504)	$(344.717)	$ (344.930)	$ (345.145)	$ (345.359)	$(23.055)	$ (23.271)	$ (23.488)	$ (23.706)	$ (23.924)	$(24.143)	$(1.710.535)

Balanço (3º ano)

Balanço	25	26	27	28	29	30	31	32	33	34	35	36	3º ano
Ativos													
Ativos correntes													
Dinheiro	$ 2.461.780	$ 1.967.276	$ 1.622.559	$ 1.277.629	$ 932.484	$ 587.125	$ 504.814	$ 481.543	$ 458.054	$ 434.349	$ 410.425	$ 386.282	$ 386.282
Contas a receber	$ 150.000												$ —
Total de ativos	$ 2.611.780	$ 1.967.276	$ 1.622.559	$ 1.277.629	$ 932.484	$ 587.125	$ 504.814	$ 481.543	$ 458.054	$ 434.349	$ 410.425	$ 386.282	$ 386.282
Passivos													
Passivos correntes													
Contas a pagar	$ 144.156	$ 144.156	$ 144.156	$ 144.156	$ 144.156	$ 144.156	$ 84.900	$ 84.900	$ 84.900	$ 84.900	$ 84.900	$ 84.900	$ 84.900
Total de passivos	$ 144.156	$ 144.156	$ 144.156	$ 144.156	$ 144.156	$ 144.156	$ 84.900	$ 84.900	$ 84.900	$ 84.900	$ 84.900	$ 84.900	$ 84.900
Patrimônio líquido													
Ações	$ 5.800.000	$ 5.800.000	$ 5.800.000	$ 5.800.000	$ 5.800.000	$ 5.800.000	$ 5.800.000	$ 5.800.000	$ 5.800.000	$ 5.800.000	$ 5.800.000	$ 5.800.000	$ 5.800.000
Lucros acumulados	$(3.632.376)	$(3.976.880)	$(4.321.597)	$(4.666.527)	$(5.011.672)	$(5.357.031)	$(5.380.086)	$(5.403.358)	$(5.426.846)	$(5.450.551)	$(5.474.475)	$(5.498.618)	$(5.498.618)
Patrimônio líquido total	$ 2.167.624	$ 1.823.120	$ 1.478.403	$ 1.133.473	$ 788.328	$ 442.969	$ 419.914	$ 396.642	$ 373.154	$ 349.449	$ 325.525	$ 301.382	$ 301.382
Total de passivos e patrimônio líquido	$ 2.311.780	$ 1.967.276	$ 1.622.559	$ 1.277.629	$ 932.484	$ 587.125	$ 504.814	$ 481.543	$ 458.054	$ 434.349	$ 410.425	$ 386.282	$ 386.282

Fluxo de caixa (3º ano)

Demonstrativo de fluxo de caixa	25	26	27	28	29	30	31	32	33	34	35	36	3º ano
Rendimento líquido (perda)	$ 155.708	$ (344.504)	$ (344.717)	$ (344.930)	$(345.145)	$(345.359)	$ (23.055)	$ (23.271)	$ (23.488)	$ (23.706)	$ (23.924)	$ (24.143)	$ (1.710.535)
Mudanças de capital de trabalho:													
Contas a receber (aumento)	$ 150.000	$ (150.000)	$ —	$ —	$ —	$ —	$ —	$ —	$ —	$ —	$ —	$ —	$ —
Contas a pagar (aumento)	$ 24.503	$ 0	$ 0	$ 0	$ 0	$ 0	$ (59.256)	$ 0	$ 0	$ 0	$ 0	$ 0	$ (34.753)
Caixa usado em operações	$ 330.211	$ (494.504)	$ (344.717)	$ (344.930)	$(345.145)	$(345.359)	$ (82.311)	$ (23.271)	$ (23.488)	$ (23.706)	$ (23.924)	$ (24.143)	$ (1.745.288)
Caixa usado em investimentos													
Caixa de financiamento de atividades													
Ações													
Mudança de caixa por período	$ 330.211	$ (494.504)	$ (344.717)	$ (344.930)	$(345.145)	$(345.359)	$ (82.311)	$ (23.271)	$ (23.488)	$ (23.706)	$ (23.924)	$ (24.143)	$ (1.745.288)
Caixa: início do período	$ 2.131.570	$ 2.461.780	$ 1.967.276	$ 1.622.559	$ 1.277.629	$ 932.484	$ 587.125	$ 504.814	$ 481.543	$ 458.054	$ 434.349	$ 410.425	$ 2.131.570
Caixa: final do período	$ 2.461.780	$ 1.967.276	$ 1.622.559	$ 1.277.629	$ 932.484	$ 587.125	$ 504.814	$ 481.543	$ 458.054	$ 434.349	$ 410.425	$ 386.282	$ 386.282

Declaração de renda (4º ano)

Declaração de renda	37	38	39	40	41	42	43	44	45	46	47	48	4º ano
Receita de licenciamento	$ 1.000.000												$ 1.000.000
Receita de juros	$ 8.661,32	$ 8.474,94	$ 8.287,78	$ 8.099,83	$ 7.911,08	$ 7.721,55	$ 7.531,22	$ 7.340,10	$ 7.148,46	$ 6.956,82	$ 6.765,19	$ 6.573,55	$ 91.471,83
Royalties	$ 500.000	$ 500.000	$ 500.000	$ 750.000	$ 750.000	$ 750.000	$ 1.000.000	$ 1.000.000	$ 1.000.000	$ 1.250.000	$ 1.250.000	$ 1.250.000	$ 10.500.000
Outras receitas													
Receita total	$ 1.508.661	$ 508.475	$ 508.288	$ 758.100	$ 757.911	$ 757.722	$ 1.007.531	$ 1.007.340	$ 1.007.148	$ 1.256.957	$ 1.256.765	$ 1.256.574	$ 11.591.472
Despesas de licenciamento	$ 250.000	$ 250.000	$ 250.000	$ 375.000	$ 375.000	$ 375.000	$ 500.000	$ 500.000	$ 500.000	$ 625.000	$ 625.000	$ 625.000	$ 5.250.000
Custos trabalhistas e relacionados													
Diretor executivo	$ 13.865	$ 13.865	$ 13.865	$ 13.865	$ 13.865	$ 13.865	$ 13.865	$ 13.865	$ 13.865	$ 13.865	$ 13.865	$ 13.865	$ 166.375
Adam Johnson, CFO	$ 8.067	$ 8.067	$ 8.067	$ 8.067	$ 8.067	$ 8.067	$ 8.067	$ 8.067	$ 8.067	$ 8.067	$ 8.067	$ 8.067	$ 96.800
Justin Otani, COO	$ 8.067	$ 8.067	$ 8.067	$ 8.067	$ 8.067	$ 8.067	$ 8.067	$ 8.067	$ 8.067	$ 8.067	$ 8.067	$ 8.067	$ 96.800
Diretor-chefe de tecnologia	$ 11.092	$ 11.092	$ 11.092	$ 11.092	$ 11.092	$ 11.092	$ 11.092	$ 11.092	$ 11.092	$ 11.092	$ 11.092	$ 11.092	$ 133.100
Engenheiro eletricista sênior	$ $ 10.083	$ 10.083	$ 10.083	$ 10.083	$ 10.083	$ 10.083	$ 10.083	$ 10.083	$ 10.083	$ 10.083	$ 10.083	$ 10.083	$ 121.000
Engenheiro de sistemas de controle sênior	$ 10.083	$ 10.083	$ 10.083	$ 10.083	$ 10.083	$ 10.083	$ 10.083	$ 10.083	$ 10.083	$ 10.083	$ 10.083	$ 10.083	$ 121.000
Engenheiro mecânico júnior	$ 5.042	$ 5.042	$ 5.042	$ 5.042	$ 5.042	$ 5.042	$ 5.042	$ 5.042	$ 5.042	$ 5.042	$ 5.042	$ 5.042	$ 60.500
Engenheiro eletricista júnior	$ $ 5.042	$ 5.042	$ 5.042	$ 5.042	$ 5.042	$ 5.042	$ 5.042	$ 5.042	$ 5.042	$ 5.042	$ 5.042	$ 5.042	$ 60.500
Gerente de vendas	$ 6.417	$ 6.417	$ 6.417	$ 6.417	$ 6.417	$ 6.417	$ 6.417	$ 6.417	$ 6.417	$ 6.417	$ 6.417	$ 6.417	$ 77.000
Gerente de vendas	$ 6.417	$ 6.417	$ 6.417	$ 6.417	$ 6.417	$ 6.417	$ 6.417	$ 6.417	$ 6.417	$ 6.417	$ 6.417	$ 6.417	$ 77.000
Outros salários	$ 40.460	$ 40.460	$ 40.460	$ 40.460	$ 40.460	$ 40.460	$ 40.460	$ 40.460	$ 40.460	$ 40.460	$ 40.460	$ 40.460	$ 485.520
Total de salários	$ 124.633	$ 124.633	$ 124.633	$ 124.633	$ 124.633	$ 124.633	$ 124.633	$ 124.633	$ 124.633	$ 124.633	$ 124.633	$ 124.633	$ 1.495.595
Total de despesas IUPUI													
Fornecedores externos	$ 12.674	$ 12.674	$ 12.674	$ 12.674	$ 12.674	$ 12.674	$ 12.674	$ 12.674	$ 12.674	$ 12.674	$ 12.674	$ 12.674	$ 152.088
Total de suprimentos para a construção inicial	$ 41.667	$ 41.667	$ 41.667	$ 41.667	$ 41.667	$ 41.667	$ 20.833	$ 20.833	$ 20.833	$ 20.833	$ 20.833	$ 20.833	$ 375.000
Custos da construção inicial													

(Continua)

Declaração de renda (4º ano) *(continuação)*

Declaração de renda	37	38	39	40	41	42	43	44	45	46	47	48	4º ano
Despesas operacionais													
Taxas de processamento da folha de pagamento	$ 250	$ 250	$ 250	$ 250	$ 250	$ 250	$ 250	$ 250	$ 250	$ 250	$ 250	$ 250	$ 3.000
Aluguel do escritório	$ 1.313	$ 1.313	$ 1.313	$ 1.313	$ 1.313	$ 1.313	$ 1.313	$ 1.313	$ 1.313	$ 1.313	$ 1.313	$ 1.313	$ 15.750
Benefícios adicionais	$ 1.823	$ 1.823	$ 1.823	$ 1.823	$ 1.823	$ 1.823	$ 1.823	$ 1.823	$ 1.823	$ 1.823	$ 1.823	$ 1.823	$ 21.870
Despesas com viagem	$ 3.802	$ 3.802	$ 3.802	$ 3.802	$ 3.802	$ 3.802	$ 3.802	$ 3.802	$ 3.802	$ 3.802	$ 3.802	$ 3.802	$ 45.626
Feiras comerciais	$ 507	$ 507	$ 507	$ 507	$ 507	$ 507	$ 507	$ 507	$ 507	$ 507	$ 507	$ 507	$ 6.084
Brochuras e publicações	$ 253	$ 253	$ 253	$ 253	$ 253	$ 253	$ 253	$ 253	$ 253	$ 253	$ 253	$ 253	$ 3.042
Pesquisa de marketing	$ 634	$ 634	$ 634	$ 634	$ 634	$ 634	$ 634	$ 634	$ 634	$ 634	$ 634	$ 634	$ 7.604
Despesas postais	$ 63	$ 63	$ 63	$ 63	$ 63	$ 63	$ 63	$ 63	$ 63	$ 63	$ 63	$ 63	$ 760
Celulares	$ 190	$ 190	$ 190	$ 190	$ 190	$ 190	$ 190	$ 190	$ 190	$ 190	$ 190	$ 190	$ 2.281
Honorários advocatícios	$ 1.267	$ 1.267	$ 1.267	$ 1.267	$ 1.267	$ 1.267	$ 1.267	$ 1.267	$ 1.267	$ 1.267	$ 1.267	$ 1.267	$ 15.209
Outros honorários profissionais	$ 1.267	$ 1.267	$ 1.267	$ 1.267	$ 1.267	$ 1.267	$ 1.267	$ 1.267	$ 1.267	$ 1.267	$ 1.267	$ 1.267	$ 15.209
Desenvolvimento de site	$ 125	$ 125	$ 125	$ 125	$ 125	$ 125	$ 125	$ 125	$ 125	$ 125	$ 125	$ 125	$ 1.500
Mensalidades e assinaturas	$ 114	$ 114	$ 114	$ 114	$ 114	$ 114	$ 114	$ 114	$ 114	$ 114	$ 114	$ 114	$ 1.369
Custos de patentes	$ 8.333	$ 8.333	$ 8.333	$ 8.333	$ 8.333	$ 8.333	$ 8.333	$ 8.333	$ 8.333	$ 8.333	$ 8.333	$ 8.333	$ 100.000
Computadores e softwares (SimHydraulics)	$ 2.083	$ 2.083	$ 2.083	$ 2.083	$ 2.083	$ 2.083	$ 2.083	$ 2.083	$ 2.083	$ 2.083	$ 2.083	$ 2.083	$ 25.000
Equipamentos e suprimentos de escritório	$ 887	$ 887	$ 887	$ 887	$ 887	$ 887	$ 887	$ 887	$ 887	$ 887	$ 887	$ 887	$ 10.646
Despesas de telefone e serviços públicos	$ 380	$ 380	$ 380	$ 380	$ 380	$ 380	$ 380	$ 380	$ 380	$ 380	$ 380	$ 380	$ 4.563
Serviços de contabilidade	$ 507	$ 507	$ 507	$ 507	$ 507	$ 507	$ 507	$ 507	$ 507	$ 507	$ 507	$ 507	$ 6.084
Diversos	$ 1.267	$ 1.267	$ 1.267	$ 1.267	$ 1.267	$ 1.267	$ 1.267	$ 1.267	$ 1.267	$ 1.267	$ 1.267	$ 1.267	$ 15.209
Total de custos de operação	$ 25.067	$ 25.067	$ 25.067	$ 25.067	$ 25.067	$ 25.067	$ 25.067	$ 25.067	$ 25.067	$ 25.067	$ 25.067	$ 25.067	$ 300.805
Custo total	$ 454.041	$ 454.041	$ 454.041	$ 579.041	$ 579.041	$ 579.041	$ 683.207	$ 683.207	$ 683.207	$ 808.207	$ 808.207	$ 808.207	$ 7.573.487
Rendimento líquido (sem impostos)	$ 1.054.620	$ 54.434	$ 54.247	$ 179.059	$ 178.870	$ 178.681	$ 324.324	$ 324.133	$ 323.942	$ 448.750	$ 448.558	$ 448.367	$ 4.017.984

Balanço (4º ano)

Balanço	37	38	39	40	41	42	43	44	45	46	47	48	4º ano
Ativos													
Ativos correntes													
Dinheiro	$ 1.792.214	$ 1.546.648	$ 1.600.895	$ 1.817.454	$ 1.996.324	$ 2.175.005	$ 2.530.579	$ 2.854.712	$ 3.178.653	$ 3.664.903	$ 4.113.461	$ 4.561.828	$ 4.561.828
Contas a receber	$ 300.000												$ —
Total de ativos	$ 2.092.214	$ 1.546.648	$ 1.600.895	$ 1.817.454	$ 1.996.324	$ 2.175.005	$ 2.530.579	$ 2.854.712	$ 3.178.653	$ 3.664.903	$ 4.113.461	$ 4.561.828	$ 4.561.828
Passivos													
Passivos correntes													
Contas a pagar	$ 136.212	$ 136.212	$ 136.212	$ 173.712	$ 173.712	$ 173.712	$ 204.962	$ 204.962	$ 204.962	$ 242.462	$ 242.462	$ 242.462	$ 242.462
Total de passivos	$ 136.212	$ 136.212	$ 136.212	$ 173.712	$ 173.712	$ 173.712	$ 204.962	$ 204.962	$ 204.962	$ 242.462	$ 242.462	$ 242.462	$ 242.462
Patrimônio líquido													
Ações	$ 5.800.000	$ 5.800.000	$ 5.800.000	$ 5.800.000	$ 5.800.000	$ 5.800.000	$ 5.800.000	$ 5.800.000	$ 5.800.000	$ 5.800.000	$ 5.800.000	$ 5.800.000	$ 5.800.000
Lucros acumulados	$(4.443.998)	$(4.389.564)	$(4.335.317)	$(4.156.258)	$(3.977.388)	$(3.798.708)	$(3.474.383)	$(3.150.250)	$(2.826.309)	$(2.377.559)	$(1.929.001)	$(1.480.634)	$(1.480.634)
Patrimônio líquido total	$ 1.356.002	$ 1.410.436	$ 1.464.683	$ 1.643.742	$ 1.822.612	$ 2.001.292	$ 2.325.617	$ 2.649.750	$ 2.973.691	$ 3.422.441	$ 3.870.999	$ 4.319.366	$ 4.319.366
Total de passivos e patrimônio líquido	$ 1.492.214	$ 1.546.648	$ 1.600.895	$ 1.817.454	$ 1.996.324	$ 2.175.005	$ 2.530.579	$ 2.854.712	$ 3.178.653	$ 3.664.903	$ 4.113.461	$ 4.561.828	$ 4.561.828

Fluxo de caixa (4º ano)

Demonstrativo de fluxo de caixa	37	38	39	40	41	42	43	44	45	46	47	48	4º ano
Rendimento líquido (perda)	$ 1.054.620	$ 54.434	$ 54.247	$ 179.059	$ 178.870	$ 178.681	$ 324.324	$ 324.133	$ 323.942	$ 448.750	$ 448.558	$ 448.367	$ 4.017.984
Mudanças de capital de trabalho:													
Contas a receber (aumento)	$ 300.000	$ —	$ —	$ —	$ —	$ —	$ —	$ —	$ —	$ —	$ —	$ —	$ —
Contas a pagar (aumento)	$ 51.312	$ —	$ —	$ 37.500	$ —	$ —	$ 31.250	$ —	$ —	$ 37.500	$ —	$ —	$ 157.562
Caixa usado em operações	$ 1.405.933	(245.566)	$ 54.247	$ 216.559	$ 178.870	$ 178.681	$ 355.574	$ 324.133	$ 323.942	$ 486.250	$ 448.558	$ 448.367	$ 4.175.546
Caixa usado em investimentos													
Caixa de financiamento de atividades													
Ações													
Mudança de caixa por período	$ 1.405.933	$ —	$ 54.247	$ 216.559	$ 178.870	$ 178.681	$ 355.574	$ 324.133	$ 323.942	$ 486.250	$ 448.558	$ 448.367	$ 4.175.546
Caixa: início do período	$ 386.282	$ —	$ 1.546.648	$ 1.600.895	$ 1.817.454	$ 1.996.324	$ 2.175.005	$ 2.530.579	$ 2.854.712	$ —	$ —	$ —	$ 386.282
Caixa: final do período	$ 1.792.214	$ 1.546.648	$ 1.600.895	$ 1.817.454	$ 1.996.324	$ 2.175.005	$ 2.530.579	$ 2.854.712	$ 3.178.653	$ 3.664.903	$ 4.113.461	$ 4.561.828	$ 4.561.828

Declaração de renda (5º ano)

Declaração de renda	49	50	51	52	53	54	55	56	57	58	59	60	5º ano
Receita de licenciamento	$ 3.000.000												$ 3.000.000
Receita de juros	$ 6.393	$ 6.217	$ 6.041	$ 5.865	$ 5.689	$ 5.513	$ 5.337	$ 5.161	$ 4.984	$ 4.808	$ 4.632	$ 4.456	$ 65.095
Royalties	$ 2.750.000	$ 1.750.000	$ 1.750.000	$ 2.250.000	$ 2.250.000	$ 2.250.000	$ 2.750.000	$ 2.750.000	$ 2.750.000	$ 3.250.000	$ 3.250.000	$ 3.250.000	$ 30.000.000
Outras receitas													
Receita total	$ 5.756.393	$ 1.756.217	$ 1.756.041	$ 2.255.865	$ 2.255.689	$ 2.255.513	$ 2.755.337	$ 2.755.161	$ 2.754.984	$ 3.254.806	$ 3.254.632	$ 3.254.456	$ 33.065.095
Despesa de licenciamento	$ 875.000	$ 875.000	$ 875.000	$ 1.125.000	$ 1.125.000	$ 1.125.000	$ 1.375.000	$ 1.375.000	$ 1.375.000	$ 1.625.000	$ 1.625.000	$ 1.625.000	$ 15.000.000
Custos trabalhistas e relacionados													
Diretor executivo	$ 15.251	$ 15.251	$ 15.251	$ 15.251	$ 15.251	$ 15.251	$ 15.251	$ 15.251	$ 15.251	$ 15.251	$ 15.251	$ 15.251	$ 183.013
Adam Johnson, CFO	$ 8.873	$ 8.873	$ 8.873	$ 8.873	$ 8.873	$ 8.873	$ 8.873	$ 8.873	$ 8.873	$ 8.873	$ 8.873	$ 8.873	$ 106.480
Justin Otani, COO	$ 8.873	$ 8.873	$ 8.873	$ 8.873	$ 8.873	$ 8.873	$ 8.873	$ 8.873	$ 8.873	$ 8.873	$ 8.873	$ 8.873	$ 106.480
Diretor-chefe de tecnologia	$ 11.092	$ 11.092	$ 11.092	$ 11.092	$ 11.092	$ 11.092	$ 11.092	$ 11.092	$ 11.092	$ 11.092	$ 11.092	$ 11.092	$ 133.100
Engenheiro eletricista sênior	$ 10.083	$ 10.083	$ 10.083	$ 10.083	$ 10.083	$ 10.083	$ 10.083	$ 10.083	$ 10.083	$ 10.083	$ 10.083	$ 10.083	$ 121.000
Engenheiro de sistemas de controle sênior	$ 10.083	$ 10.083	$ 10.083	$ 10.083	$ 10.083	$ 10.083	$ 10.083	$ 10.083	$ 10.083	$ 10.083	$ 10.083	$ 10.083	$ 121.000
Engenheiro mecânico júnior	$ 5.546	$ 5.546	$ 5.546	$ 5.546	$ 5.546	$ 5.546	$ 5.546	$ 5.546	$ 5.546	$ 5.546	$ 5.546	$ 5.546	$ 66.550
Engenheiro eletricista júnior	$ 5.546	$ 5.546	$ 5.546	$ 5.546	$ 5.546	$ 5.546	$ 5.546	$ 5.546	$ 5.546	$ 5.546	$ 5.546	$ 5.546	$ 66.550
Gerente de vendas	$ 7.058	$ 7.058	$ 7.058	$ 7.058	$ 7.058	$ 7.058	$ 7.058	$ 7.058	$ 7.058	$ 7.058	$ 7.058	$ 7.058	$ 84.700
Gerente de vendas	$ 7.058	$ 7.058	$ 7.058	$ 7.058	$ 7.058	$ 7.058	$ 7.058	$ 7.058	$ 7.058	$ 7.058	$ 7.058	$ 7.058	$ 84.700
Outros salários	$ 137.564	$ 137.564	$ 137.564	$ 137.564	$ 137.564	$ 137.564	$ 137.564	$ 137.564	$ 137.564	$ 137.564	$ 137.564	$ 137.564	$ 1.650.768
Total de salários	$ 227.028	$ 227.028	$ 227.028	$ 227.028	$ 227.028	$ 227.028	$ 227.028	$ 227.028	$ 227.028	$ 227.028	$ 227.028	$ 227.028	$ 2.724.341
Total de despesas IUPUI													
Fornecedores externos	$ 14.575	$ 14.575	$ 14.575	$ 14.575	$ 14.575	$ 14.575	$ 14.575	$ 14.575	$ 14.575	$ 14.575	$ 14.575	$ 14.575	$ 174.901
Total de suprimentos para a construção inicial	$ 20.833	$ 20.833	$ 20.833	$ 20.833	$ 20.833	$ 20.833							$ 124.998
Custos da construção inicial													

(Continua)

Declaração de renda (5º ano): *(continuação)*

Declaração de renda	49	50	51	52	53	54	55	56	57	58	59	60	5º ano
Despesas operacionais													
Taxas de processamento da folha de pagamento	$ 250	$ 250	$ 250	$ 250	$ 250	$ 250	$ 250	$ 250	$ 250	$ 250	$ 250	$ 250	$ 3.000
Aluguel do escritório	$ 1.313	$ 1.313	$ 1.313	$ 1.313	$ 1.313	$ 1.313	$ 1.313	$ 1.313	$ 1.313	$ 1.313	$ 1.313	$ 1.313	$ 15.750
Benefícios adicionais	$ 2.460	$ 2.460	$ 2.460	$ 2.460	$ 2.460	$ 2.460	$ 2.460	$ 2.460	$ 2.460	$ 2.460	$ 2.460	$ 2.460	$ 29.525
Despesas com viagem	$ 4.373	$ 4.373	$ 4.373	$ 4.373	$ 4.373	$ 4.373	$ 4.373	$ 4.373	$ 4.373	$ 4.373	$ 4.373	$ 4.373	$ 52.470
Feiras comerciais	$ 583	$ 583	$ 583	$ 583	$ 583	$ 583	$ 583	$ 583	$ 583	$ 583	$ 583	$ 583	$ 6.996
Brochuras e publicações	$ 292	$ 292	$ 292	$ 292	$ 292	$ 292	$ 292	$ 292	$ 292	$ 292	$ 292	$ 292	$ 3.498
Pesquisa de marketing	$ 729	$ 729	$ 729	$ 729	$ 729	$ 729	$ 729	$ 729	$ 729	$ 729	$ 729	$ 729	$ 8.745
Despesas postais	$ 73	$ 73	$ 73	$ 73	$ 73	$ 73	$ 73	$ 73	$ 73	$ 73	$ 73	$ 73	$ 875
Celulares	$ 219	$ 219	$ 219	$ 219	$ 219	$ 219	$ 219	$ 219	$ 219	$ 219	$ 219	$ 219	$ 2.624
Honorários advocatícios	$ 1.458	$ 1.458	$ 1.458	$ 1.458	$ 1.458	$ 1.458	$ 1.458	$ 1.458	$ 1.458	$ 1.458	$ 1.458	$ 1.458	$ 17.490
Outros honorários profissionais	$ 1.458	$ 1.458	$ 1.458	$ 1.458	$ 1.458	$ 1.458	$ 1.458	$ 1.458	$ 1.458	$ 1.458	$ 1.458	$ 1.458	$ 17.490
Desenvolvimento de site	$ 125	$ 125	$ 125	$ 125	$ 125	$ 125	$ 125	$ 125	$ 125	$ 125	$ 125	$ 125	$ 1.500
Mensalidades e assinaturas	$ 131	$ 131	$ 131	$ 131	$ 131	$ 131	$ 131	$ 131	$ 131	$ 131	$ 131	$ 131	$ 1.574
Custos de patentes	$ 12.500	$ 12.500	$ 12.500	$ 12.500	$ 12.500	$ 12.500	$ 12.500	$ 12.500	$ 12.500	$ 12.500	$ 12.500	$ 12.500	$ 150.000
Computadores e softwares (SimHydraulics)	$ 2.083	$ 2.083	$ 2.083	$ 2.083	$ 2.083	$ 2.083	$ 2.083	$ 2.083	$ 2.083	$ 2.083	$ 2.083	$ 2.083	$ 25.000
Equipamentos e suprimentos de escritório	$ 1.020	$ 1.020	$ 1.020	$ 1.020	$ 1.020	$ 1.020	$ 1.020	$ 1.020	$ 1.020	$ 1.020	$ 1.020	$ 1.020	$ 12.243
Despesas de telefone e serviços públicos	$ 437	$ 437	$ 437	$ 437	$ 437	$ 437	$ 437	$ 437	$ 437	$ 437	$ 437	$ 437	$ 5.247
Serviços de contabilidade	$ 583	$ 583	$ 583	$ 583	$ 583	$ 583	$ 583	$ 583	$ 583	$ 583	$ 583	$ 583	$ 6.996
Diversos	$ 1.458	$ 1.458	$ 1.458	$ 1.458	$ 1.458	$ 1.458	$ 1.458	$ 1.458	$ 1.458	$ 1.458	$ 1.458	$ 1.458	$ 17.490
Total de custos de operação	$ 31.543	$ 31.543	$ 31.543	$ 31.543	$ 31.543	$ 31.543	$ 31.543	$ 31.543	$ 31.543	$ 31.543	$ 31.543	$ 31.543	$ 378.512
Custo total	$ 1.168.979	$ 1.168.979	$ 1.168.979	$ 1.418.979	$ 1.418.979	$ 1.418.979	$ 1.648.146	$ 1.648.146	$ 1.648.146	$ 1.898.146	$ 1.898.146	$ 1.898.146	$ 18.402.751
Rendimento líquido (sem impostos)	$ 3.587.414	$ 587.238	$ 587.062	$ 836.886	$ 836.710	$ 836.533	$ 1.107.190	$ 1.107.014	$ 1.106.838	$ 1.356.662	$ 1.356.486	$ 1.356.310	$ 14.662.344

Balanço (5º ano)

Balanço	49	50	51	52	53	54	55	56	57	58	59	60	5º ano
Ativos													
Ativos correntes													
Dinheiro	$ 9.157.473	$ 8.844.711	$ 9.431.773	$ 10.343.658	$ 11.180.368	$ 12.016.901	$ 13.192.842	$ 14.299.856	$ 15.406.695	$ 16.838.357	$ 18.194.843	$ 19.551.153	$ 19.551.153
Contas a receber	$ 900.000												$ —
Total de ativos	$ 10.057.473	$ 8.844.711	$ 9.431.773	$ 10.343.658	$ 11.180.368	$ 12.016.901	$ 13.192.842	$ 14.299.856	$ 15.406.695	$ 16.838.357	$ 18.194.843	$ 19.551.153	$ 19.551.153
Passivos													
Passivos correntes													
Contas a pagar	$ 350.694	$ 350.694	$ 350.694	$ 425.694	$ 425.694	$ 425.694	$ 494.444	$ 494.444	$ 494.444	$ 569.444	$ 569.444	$ 569.444	$ 569.444
Total de passivos	$ 350.694	$ 350.694	$ 350.694	$ 425.694	$ 425.694	$ 425.694	$ 494.444	$ 494.444	$ 494.444	$ 569.444	$ 569.444	$ 569.444	$ 569.444
Patrimônio líquido													
Ações	$ 5.800.000	$ 5.800.000	$ 5.800.000	$ 5.800.000	$ 5.800.000	$ 5.800.000	$ 5.800.000	$ 5.800.000	$ 5.800.000	$ 5.800.000	$ 5.800.000	$ 5.800.000	$ 5.800.000
Lucros acumulados	$ 2.106.780	$ 2.694.017	$ 3.281.079	$ 4.117.965	$ 4.954.674	$ 5.791.208	$ 6.898.398	$ 8.005.412	$ 9.112.251	$ 10.468.913	$ 11.825.399	$ 13.181.710	$ 13.181.710
Patrimônio líquido total	$ 7.906.780	$ 8.494.017	$ 9.081.079	$ 9.917.965	$ 10.754.674	$ 11.591.208	$ 12.698.398	$ 13.805.412	$ 14.912.251	$ 16.268.913	$ 17.625.399	$ 18.981.710	$ 18.981.710
Total de passivos e patrimônio líquido	$ 8.257.473	$ 8.844.711	$ 9.431.773	$ 10.343.658	$ 11.180.368	$ 12.016.901	$ 13.192.842	$ 14.299.856	$ 15.406.695	$ 16.838.357	$ 18.194.843	$ 19.551.153	$ 19.551.153

Fluxo de caixa (5º ano)

Demonstrativo de fluxo de caixa	49	50	51	52	53	54	55	56	57	58	59	60	5º ano
Rendimento líquido (perda)	$ 3.587.414	$ 587.238	$ 587.062	$ 836.886	$ 836.710	$ 836.533	$ 1.107.190	$ 1.107.014	$ 1.106.838	$ 1.356.662	$ 1.356.486	$ 1.356.310	$ 14.662.344
Mudanças de capital de trabalho:													
Contas a receber (aumento)	$ 900.000	$ (900.000)	$ —	$ —	$ —	$ —	$ —	$ —	$ —	$ —	$ —	$ —	$ —
Contas a pagar (aumento)	$ 108.232	$ —	$ —	$ 75.000	$ —	$ —	$ 68.750	$ —	$ —	$ 75.000	$ —	$ —	$ 326.982
Caixa usado em operações	$ 4.595.645	$ (312.762)	$ 587.062	$ 911.886	$ 836.710	$ 836.533	$ 1.175.941	$ 1.107.014	$ 1.106.838	$ 1.431.662	$ 1.356.486	$ 1.356.310	$ 14.989.325
Caixa usado em investimentos													
Caixa de financiamento de atividades													
Ações													
Mudança de caixa por período	$ 4.595.645	$ (312.762)	$ 587.062	$ 911.886	$ 836.710	$ 836.533	$ 1.175.941	$ 1.107.014	$ 1.106.838	$ 1.431.662	$ 1.356.486	$ 1.356.310	$ 14.989.325
Caixa: início do período	$ 4.561.828	$ 9.157.473	$ 8.844.711	$ 9.431.773	$ 10.343.658	$ 11.180.368	$ 12.016.901	$ 13.192.842	$ 14.299.856	$ 15.406.695	$ 16.838.357	$ 18.194.843	$ 4.561.828
Caixa: final do período	$ 9.157.473	$ 8.844.711	$ 9.431.773	$ 10.343.658	$ 11.180.368	$ 12.016.901	$ 13.192.842	$ 14.299.856	$ 15.406.695	$ 16.838.357	$ 18.194.843	$ 19.551.153	$ 19.551.153

CAPÍTULO 12 — Desenvolvendo um plano de negócio eficaz

RESUMO

Este capítulo forneceu uma completa definição e análise de um plano de negócio eficaz. Foram discutidos fatores fundamentais do planejamento e armadilhas a serem evitadas, e apresentados indicadores dessas armadilhas e formas de evitá-las.

Em seguida, foram revisados os benefícios tanto para empreendedores quanto para fontes de financiamento, e foi apresentado o desenvolvimento de um plano bem concebido, a partir do ponto de vista do público para o qual foi escrito. Também foi apresentado o típico processo de leitura de seis etapas, a fim de ajudar os empreendedores a compreender melhor como colocar o plano de negócio conjuntamente. Foram disponibilizadas dez diretrizes para o desenvolvimento do plano de negócio, obtidas a partir de conselhos de especialistas em capital de risco e desenvolvimento de novos negócios.

A seção seguinte ilustrou algumas das principais perguntas que devem ser respondidas de forma completa em um plano de negócio completo e abrangente, um plano de negócio foi delineado, e cada segmento importante foi abordado e explicado.

O capítulo, então, incluiu algumas dicas úteis para preparar um plano de negócio, juntamente com uma lista de autoanálise, a fim de que o empreendedor possa realizar uma crítica cuidadosa do plano antes de apresentá-lo aos investidores.

Por fim, o capítulo fechou com uma revisão de como apresentar um plano de negócio para um público composto de fontes de capital de risco, e foram enumeradas algumas dicas básicas de apresentação, juntamente com a discussão sobre o que esperar dos avaliadores.

TERMOS-CHAVE

cronograma de etapa
dor
discurso de elevador (ou *pitch*)
equipe de gestão
estratégia de marketing

leitura de 5 minutos
mercado acessível
métricas
modelo de negócio
nicho de mercado

plano de negócio
quadro de modelo de negócio
segmentação de mercado

PERGUNTAS DE REVISÃO E DISCUSSÃO

1. O que é um plano de negócios?
2. Descreva cada uma das cinco armadilhas de planejamento frequentemente encontradas por empreendedores.
3. Identifique um indicador de cada armadilha enumerada na Pergunta 2. O que você faria em relação a cada uma?
4. Identifique as vantagens de um plano de negócio (a) para o empreendedor e (b) para fontes financeiras.
5. Quais são os três principais pontos de vista a serem considerados no desenvolvimento de um plano de negócio?
6. Descreva o processo de seis etapas seguido pelos capitalistas de risco ao ler um plano de negócio.
7. Cite alguns dos componentes a serem considerados na elaboração de um plano de negócio.
8. Identifique cinco das dez diretrizes a serem utilizadas na elaboração de um plano de negócio.
9. Descreva sucintamente cada um dos principais segmentos a serem incluídos no plano de negócio.
10. Por que o segmento de resumo de um plano de negócio é escrito por último? Por que não é feito primeiro?
11. Quais são os cinco elementos incluídos na segmentação de mercado de um plano de negócio?
12. Qual é o significado do termo *riscos críticos*?
13. Descreva cada um dos três demonstrativos financeiros obrigatórios para o segmento financeiro de um plano de negócio.
14. Por que o plano de negócio deve ser atualizado?
15. Delineie alguns dos pontos importantes que irão captar o interesse do público em um *pitch*.

NOTAS

1. Alexander Osterwalder e Yves Pigneur, *Business Model Generation*: A Handbook for Visionaries, Game Changers, and Challengers (Hoboken, NJ Wiley, 2010).
2. Adaptado de ibid.
3. Veja: Jeffrey A. Timmons, Andrew Zacharakis e Stephen Spinelli, *Business Plans That Work* (Nova York:

McGraw-Hill, 2004); Jan Brinckmann, Dietmar Grichnik, e Diana Kapsa, "Should Entrepreneurs Plan or Just Storm the Castle? A Meta-Analysis on Contextual Factors Impacting the Business Planning – Performance Relationship in Small Firms", *Journal of Business Venturing* 25, n. 1 (2010): p. 24-40; e Anne Chwolka and Matthias G. Raith, "The Value of Business Planning Before Start-up — A Decision-Theoretical Perspective", *Journal of Business Venturing* 27, n. 3 (2012): p. 385-99.

4. James W. Henderson, *Obtaining Venture Financing* (Lexington, MA: Lexington Books, 1988): p. 13-14; veja também: Stephen C. Perry, "The Relationship Between Written Business Plans and the Failure of Small Businesses in the U.S.", *Journal of Small Business Management* 39, n. 3 (2001): p. 201-208; Gavin Cassar, "Are Individuals Entering Self-Employment Overly Optimistic? An Empirical Test of Plans and Projections on Nascent Entrepreneur Expectations", *Strategic Management Journal* 31, n. 8 (2010): p. 822-40; e Gerard George e Adam J. Bock, "The Business Model in Practice and Its Implications for Entrepreneurship Research", *Entrepreneurship Theory and Practice* 35, n. 1 (2011): p. 83-111.
5. Joseph R. Mancuso, *How to Write a Winning Business Plan* (Englewood Cliffs, NJ: Prentice Hall, 1985); p. 44.
6. Veja: Donald F. Kuratko, "Demystifying the Business Plan Process: An Introductory Guide", *Small Business Forum* (1990/1991): p. 33-40.
7. Adaptado de Henderson, *Obtaining Venture Financing*: p. 14-15; e Mancuso, *How to Write*: p. 43.
8. Henderson, *Obtaining Venture Financing*: p. 15.
9. Stanley R. Rich e David E. Gumpert, "How to Write a Winning Business Plan", *Harvard Business Review* 63, n. 2 (maio/junho de 1985): p. 156-66; veja também: Colin Mason e Matthew Stark, "What Do Investors Look for in a Business Plan?" *Journal of Business Venturing* 22, n. 3 (2004): p. 227-48.
10. Gerald E. Hills, "Market Analysis in the Business Plan: Increasing Strategic Choices", *Journal of Small Business Management* 23, n. 1 (1985): Schindehutte, Morris e Pitt, Rethinking Marketing; veja também: Gerald E. Hills, Claes M. Hultman e Morgan P. Miles, "The Evolution and Development of Entrepreneurial Marketing", *Journal of Small Business Management* 46, n. 1 (2008): p. 99-112.
11. Rich e Gumpert, *How to Write*: p. 159.
12. Mancuso, *How to Write*: p. 52; veja também: Bruce R. Barringer, *Preparing Effective Business Plans*: An Entrepreneurial Approach. 2. ed. (Upper Saddle River, NJ: Pearson/ Prentice Hall, 2015).
13. Mancuso, *How to Write*: p. 65.
14. Essas diretrizes foram adaptadas de Jeffrey A. Timmons, "A Business Plan Is More Than a Financing Device", *Harvard Business Review* 58, n. 2 (março/abril de 1980): p. 25-35; W. Keith Schilit, "How to Write a Winning Business Plan", *Business Horizons* 30, n. 5 (setembro/outubro de 1987): Adaptado de William A. Sahlman, "How to Write a Great Business Plan" (julho/agosto de 1997): Donald F. Kuratko, *The Complete Entrepreneurial Planning Guide* (Bloomington: Kelley School of Business, Indiana University, 2015).
15. Donald F. Kuratko e Jeffrey S. Hornsby, *New Venture Management*: The Entrepreneur's Roadmap (Upper Saddle River, NJ: Pearson/ Prentice Hall, 2009).
16. Veja: Donald F. Kuratko, "Cutting Through the Business Plan Jungle", *Executive Female* (julho/agosto de 1993): p. 17-27; Andrew Burke, Stuart Fraser e Francis J. Greene, "The Multiple Effects of Business Planning on New Venture Performance", *Journal of Management Studies* 47, n. 3 (2010): p. 391-415; Donald F. Kuratko, "The Business Plan", *Wiley Encyclopedia of Entrepreneurship* (West Sussex, UK: Wiley, 2014), v. 3; e Kuratko, *The Complete Entrepreneurial Planning Guide*.
17. Kuratko e Hornsby, *New Venture Management*.
18. Por exemplo, o Massachusetts Institute of Technology promoveu um fórum de planejamento de negócios em Boston, e o Plug and Play Tech Center em Silicon Valley fornece diversos fóruns onde novas ideias são "abordadas".
19. Para mais apresentações de "abordagem" de empreendedorismo, veja: Barringer, *Preparing Effective Business Plans*; e Andrew J. Sherman, *Start Fast and Start Right* (Nova York: Kaplan Publishing, 2007).
20. Para obter excelentes recursos relacionados a planejamento de negócios, preparação e apresentação, veja: Garage Technology Ventures, http://www.garage.com/resources.

PARTE 4

Estratégias de crescimento para empresas empreendedoras

CAPÍTULO 13
Crescimento empreendedor estratégico 364

CAPÍTULO 14
Valoração de empresas empreendedorass 390

CAPÍTULO 15
Colhendo frutos da empresa empreendedora 419

CAPÍTULO 13

Crescimento empreendedor estratégico

OBJETIVOS DE APRENDIZAGEM

1 Apresentar a importância do planejamento estratégico para as empresas emergentes.

2 Aprofundar-se na natureza do planejamento estratégico.

3 Examinar os desafios de administrar o crescimento empreendedor.

4 Discutir os cinco estágios do ciclo de vida comum do empreendimento: desenvolvimento, início, crescimento, estabilização e inovação ou declínio.

5 Examinar a transição que ocorre no movimento de um estilo empreendedor para uma abordagem de gestão.

6 Identificar os fatores essenciais que exercem papel principal no estágio de crescimento.

7 Discutir a gestão complexa de paradoxo e contradição.

8 Apresentar etapas úteis para romper a parede de crescimento.

9 Explorar os elementos para a construção de uma empresa empreendedora.

10 Identificar as preocupações gerenciais únicas com os negócios em crescimento.

Pensamento empreendedor

Sem crescimento e progresso contínuos, palavras como melhoria, realização e sucesso não têm significado.

— Benjamin Franklin, Fundador dos Estados Unidos

Não há limites para o crescimento porque não há limites para a inteligência, a imaginação e a curiosidade humana.

— Ronald W. Reagan, 40° presidente dos Estados Unidos

13.1 PLANEJAMENTO ESTRATÉGICO E EMPRESAS EMERGENTES

OA1 Apresentar a importância do planejamento estratégico para as empresas emergentes.

Apesar de a maioria dos empreendedores realizar alguma forma de planejamento, este geralmente tende a ser informal e assistemático.[1] A necessidade real do planejamento sistemático varia de acordo com a natureza, o tamanho e a estrutura do negócio. Em outras palavras, uma empresa pequena pode utilizar o planejamento informal com êxito em razão da baixa complexidade. Entretanto, um empreendimento emergente em rápida expansão, com constante aumento no quadro de funcionários e nas operações de mercado, deverá formalizar seu planejamento, por sua grande complexidade.

A forma de planejamento de um empreendedor deverá mudar de um estilo sistemático informal para um formal por outros motivos. O primeiro é o grau de incerteza com o qual o empreendimento está tentando se estabelecer e crescer. Com níveis mais elevados de complexidade, os empreendedores têm maior necessidade de lidar com os desafios que o empreendimento enfrenta, e um planejamento mais formal pode ajudá-los. Segundo, a força da concorrência (em número e qualidade dos concorrentes) contribui para a importância de um planejamento mais sistemático, para que um novo empreendimento monitore suas operações e seus objetivos mais de perto.[2] Finalmente, a quantidade e o tipo de experiência do empreendedor podem ser um fator para decidir o nível do planejamento formal. A falta de experiência adequada, seja tecnológica ou de negócios, pode conter a compreensão do empreendedor e assim necessitar de planejamento formal para ajudar a determinar os caminhos futuros da organização. É somente por meio desse tipo de planejamento que os empreendedores podem administrar o crescimento empreendedor.

13.2 NATUREZA DO PLANEJAMENTO ESTRATÉGICO

OA2 Aprofundar-se na natureza do planejamento estratégico.

Planejamento estratégico é a formulação de planos de longo alcance para a gestão eficaz das oportunidades e ameaças do ambiente diante dos pontos fortes e fracos de um empreendimento. Inclui definir a missão do empreendimento, especificar os objetivos que podem ser atingidos, desenvolver estratégias e estabelecer políticas. De natureza dinâmica, o processo de gestão estratégica (veja a Figura 13.1) é o conjunto completo de compromissos, decisões e ações necessários para que uma empresa alcance competitividade estratégica e retorno acima da média. As informações estratégicas relevantes de análises dos ambientes interno e externo são necessárias para a formulação e implantação de estratégias eficazes. Por sua vez, as ações estratégicas são pré-requisito para alcançar os resultados desejados de competitividade estratégica e retorno acima da média. Portanto, o processo de gestão estratégica é utilizado para corresponder às condições de um mercado em constante mudança e estrutura competitiva com os recursos, os potenciais e as competências essenciais de uma empresa em constante evolução (as fontes de informações estratégicas). As ações estratégicas eficazes tomadas em um contexto de formulação de estratégias e ações de implantação cuidadosamente integradas têm resultados estratégicos desejados.[3] Dessa forma, o planejamento estratégico é a etapa principal ao determinar a direção que um negócio tomará no futuro. O "melhor" plano estratégico será influenciado por muitos fatores, como as capacidades do empreendedor, a complexidade do empreendimento e a natureza da indústria. Ainda assim, em qualquer que seja a situação específica, há cinco etapas básicas a serem seguidas no planejamento estratégico:

3. Examinar os ambientes interno e externo do empreendimento (pontos fracos e fortes, oportunidades, perigos).

4. Formular as estratégias de longo e curto alcance do empreendimento (missão, objetivos, estratégias, políticas).

5. Implantar o plano estratégico (programas, orçamentos, procedimentos).

6. Avaliar o desempenho da estratégia.

7. Tomar medidas de acompanhamento por meio do *feedback* contínuo.

A Figura 13.1 ilustra essas etapas básicas em um fluxograma.

A primeira etapa – examinar o ambiente – pode ser uma das mais essenciais para um empreendimento emergente. As análises dos ambientes externo e interno oferecem à empresa as informações necessárias para desenvolver suas intenções e missão estratégicas. Conforme ilustrado na Figura 13.1,

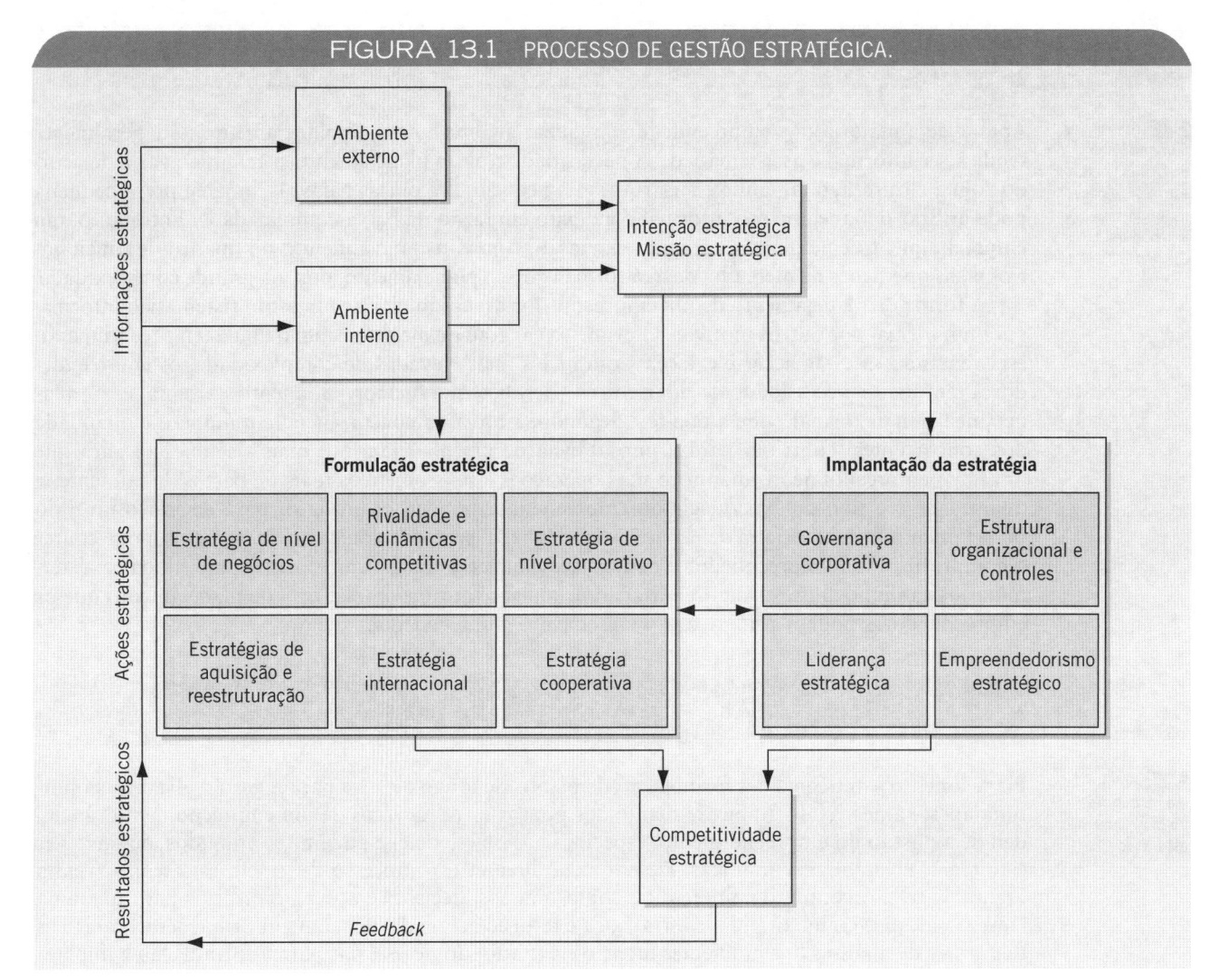

FIGURA 13.1 PROCESSO DE GESTÃO ESTRATÉGICA.

Informações estratégicas
- Ambiente externo
- Ambiente interno
- Intenção estratégica / Missão estratégica

Ações estratégicas

Formulação estratégica
- Estratégia de nível de negócios
- Rivalidade e dinâmicas competitivas
- Estratégia de nível corporativo
- Estratégias de aquisição e reestruturação
- Estratégia internacional
- Estratégia cooperativa

Implantação da estratégia
- Governança corporativa
- Estrutura organizacional e controles
- Liderança estratégica
- Empreendedorismo estratégico

Resultados estratégicos
- Competitividade estratégica
- Feedback

Fonte: Hitt, M. A.; Ireland, R. D.; Hoskisson, R. E. *Strategic Management*, 11. ed., © 2015 Cengage Learning.

a intenção e a missão estratégicas influenciam a formulação da estratégia e a implantação de ações. É necessária uma revisão clara dos fatores interno e externo do empreendimento, e ambos devem ser considerados ao analisar o ambiente. Em geral, a análise é chamada **análise SWOT**; SWOT é a sigla dos *pontos fortes* (do inglês *strengths*) e *pontos fracos* (do inglês *weaknesses*) internos e de suas *oportunidades* (do inglês *opportunities*) e *perigos* (do inglês *threats*) externos. A análise deve incluir não apenas os fatores externos com maior probabilidade de ocorrer e de possuir impacto importante sobre a empresa, mas também os fatores internos com maior probabilidade de afetar a implantação de decisões estratégicas para o presente e o futuro. Ao focar nessa análise, o empreendimento emergente pode continuar com as outras etapas de formulação, implantação, avaliação e *feedback*.[4]

O grande valor do processo de planejamento estratégico está no "pensamento estratégico" que ele promove entre os proprietários de negócios. Apesar de o pensamento estratégico não ser sempre articulado formalmente, sintetiza a intuição e a criatividade de um empreendedor na visão do futuro.[5]

13.2a A carência de planejamento estratégico

Para a economia, a importância de novos empreendimentos é essencial em termos de inovação, geração de empregos e vendas, e o planejamento efetivo pode ajudar essas novas empresas a sobreviver e crescer. Infelizmente, pesquisas evidenciaram falta distinta de planejamento por parte dos novos empreendimentos. Foram encontrados cinco motivos para a falta de planejamento estratégico:

1. **Falta de tempo suficiente.** Os empreendedores relatam que seu tempo é escasso e difícil de alocar para planejamento em vez de gastá-lo nos programas operacionais de rotina.

2. **Não saber fazer.** Os empreendedores possuem mínima orientação e conhecimento do processo de planejamento, e os componentes do processo e sua sequência lhes são incertos. Também não estão familiarizados com muitas fontes de informação sobre como planejar e com o modo como podem ser utilizadas.
3. **Falta de conhecimentos específicos/competências.** Os empreendedores normalmente são generalistas e podem não possuir a experiência especializada necessária ao processo de planejamento.
4. **Falta de confiança e de abertura.** Os empreendedores são muito sensíveis e reservados em relação a seus negócios e às decisões que os afetam. Como consequência, hesitam em criar um plano estratégico que necessite da participação de funcionários ou de consultores externos.
5. **Percepção de alto custo.** Os empreendedores acreditam que o custo associado ao planejamento seja muito alto. Esse medo do planejamento dispendioso faz com que muitos proprietários de negócios o evitem ou ignorem como um processo viável.[6]

Além desses motivos, outros fatores foram relatados como dificuldades do processo de planejamento. Por exemplo, tanto empreendimentos de alto quanto de baixo desempenho enfrentam problemas com o planejamento de longo prazo. O tempo e os gastos são os principais obstáculos. Além disso, as empresas de baixo desempenho relatam que planejamento fraco, gerentes inexperientes e condições econômicas desfavoráveis representam problemas. Evidentemente, o planejamento estratégico não é tarefa fácil para os novos empreendimentos, mas, por outro lado, muitos benefícios podem ser obtidos dele.

13.2b Valor do planejamento estratégico

O planejamento estratégico compensa? Pesquisas demonstram que sim. Diversos estudos focaram no impacto do planejamento em empresas empreendedoras[7], que sustentam que o planejamento estratégico é importante para o empreendimento. A maioria dos estudos indica – ou afirma diretamente – que o planejamento influencia a sobrevivência de um empreendimento. Em um estudo com 70 mil empresas falidas, a falta de planejamento foi identificada como principal causa do estado falimentar[8]; outra pesquisa demonstrou que as empresas que realizaram o planejamento estratégico tiveram melhor atuação que as que não o realizaram.[9] Um estudo com 220 pequenas empresas estabeleceu a importância de selecionar uma estratégia adequada (estratégia de nicho) para que o empreendimento crie competência distintiva e uma vantagem competitiva sustentável.[10] Outro estudo examinou os efeitos dinâmicos das estratégias sobre o desempenho de empresas na área de software e observou que, quando estabelecidas estratégias de foco ou diferenciação, o desempenho dessas empresas aumentou.[11] Finalmente, um estudo observou 253 microempresas para determinar a relação entre desempenho e sofisticação de planejamento e as classificou nas seguintes categorias:

Categoria I: Nenhum plano escrito (101 empresas ou 39,9%).
Categoria II: Planejamento de sofisticação moderada, incluindo um plano por escrito e/ou algumas metas quantificáveis, alguns planos específicos e orçamentos, identificação de fatores no ambiente externo e procedimentos para antecipar ou detectar diferenças entre o desempenho planejado e o real (89 empresas ou 35,2%).
Categoria III: Planejamento sofisticado, incluindo um plano por escrito contendo: algumas metas quantificáveis, alguns planos específicos e orçamentos, identificação de fatores no ambiente externo e procedimentos para antecipar ou detectar diferenças entre o desempenho planejado e o real (63 empresas ou 24,9%).

Os resultados demonstraram que mais de 88% das empresas com planejamento de Categoria II ou III apresentaram desempenho na média do mercado ou acima, se comparado a somente 40% dessas empresas com planejamento de Categoria I.[12]

Resumindo, toda a pesquisa indica que as empresas emergentes que se comprometem com o planejamento estratégico são mais eficazes que as que não utilizam esse método. Mais relevante, os estudos enfatizam a importância de um processo de planejamento em vez de somente planos como chave para um desempenho de sucesso.[13]

13.2c Visões críticas no planejamento estratégico

A execução real de uma estratégia é quase tão importante quanto a própria estratégia. Muitos empreendedores cometem erros involuntários ao aplicarem uma estratégia específica a seu próprio empreendimento. As situações competitivas diferem, e a aplicação particular de estratégias conhecidas deve ser ajustada a essas situações únicas.

O pesquisador Michael E. Porter observou cinco erros fatais que os empreendedores cometem continuamente ao tentar implantar uma estratégia.[14] A seguir essas falhas são esboçadas e explicadas.

- *Visão fatal 1: Entender errado o que significa atratividade de um setor.* Muitos empreendedores associam atratividade a crescimento rápido, charme ou uso de uma tecnologia mais especial. Isso é um erro, pois as barreiras impostas aos que querem entrar é grande, enquanto o número de ingressantes bem-sucedido é pequeno. Quanto mais tecnológico e pomposo um negócio, maior a probabilidade de novos concorrentes entrarem no mercado, tornando-o desvantajoso.
- *Visão fatal 2: Nenhuma vantagem competitiva real.* Alguns empreendedores apenas copiam ou imitam a estratégia dos concorrentes. Esta pode ser uma tática fácil, e é decerto menos arriscada, porém significa que o empreendedor não possui vantagem competitiva. Para ter sucesso, os novos empreendimentos devem desenvolver formas únicas de competir.
- *Visão fatal 3: Buscar posição competitiva inatingível.* Muitos empreendedores agressivos buscam posição de dominância em uma indústria em rápido crescimento, mas estão tão ocupados fazendo o negócio decolar e tentando encontrar quem compre seus produtos que se esquecem do que irá acontecer se o empreendimento tiver êxito. Por exemplo: um programa de software de sucesso será imitado rapidamente; portanto, a vantagem oferecida não se sustenta. A vantagem competitiva real de softwares está em oferecer serviços e suporte aos compradores, com *upgrades* regulares, e em começar, com os clientes, uma empresa on-line, para que seus departamentos de informática dependam da organização. Esse fato cria barreiras à entrada. Às vezes, empresas pequenas simplesmente não conseguem sustentar uma vantagem.
- *Visão fatal 4: Comprometer a estratégia de crescimento.* Deve haver equilíbrio cuidadoso entre crescimento e estratégia competitiva que faça com que o novo empreendimento tenha sucesso. Se um empreendedor sacrifica a estratégia única de seu negócio para obter rápido crescimento, o empreendimento pode sair do mercado. Apesar de o rápido crescimento ser tentador em algumas indústrias, é imperativo que os empreendedores também mantenham e cultivem sua vantagem estratégica.
- *Visão fatal 5: Não comunicar de maneira explícita a estratégia do empreendimento aos colaboradores.* É essencial que todo empreendedor comunique, de forma clara, a estratégia da empresa a todos os colaboradores. Nunca presuma que os colaboradores já conheçam a estratégia; seja sempre explícito.

De acordo com Porter,

Uma das vantagens fundamentais de desenvolver uma estratégia é que se cria a unidade ou a coerência da ação na empresa. Todo departamento da organização trabalha visando aos mesmos objetivos. Mas se as pessoas não sabem quais são os objetivos, como podem trabalhar para alcançá-los? Se não possuem uma ideia clara, por exemplo, de que os custos baixos são o principal objetivo, suas ações diárias não sustentarão esse objetivo. Em qualquer empresa, os colaboradores fazem escolhas importantes a todo momento. Uma estratégia explícita os ajudará a fazer as escolhas certas.[15]

13.2d Ações empreendedoras e estratégicas

O empreendedorismo e a gestão estratégica são processos dinâmicos relacionados ao desempenho da empresa. A gestão estratégica requer que as empresas estabeleçam e explorem as vantagens competitivas em determinado ambiente. O empreendedorismo promove a busca por vantagens competitivas por meio de inovação de produtos, processos e mercado. Em geral, um novo empreendimento é criado para buscar a promessa de inovações do mercado.

Os pesquisadores R. Duane Ireland, Michael A. Hitt, S. Michael Camp e Donald L. Sexton argumentam que as ações empreendedoras e estratégicas, geralmente, são voltadas a encontrar um novo mercado ou espaço competitivo para que uma empresa gere riqueza. Em essência, as empresas tentam encontrar novas formas de fazer negócio que irão chacoalhar as regras competitivas existentes no setor, levando ao desenvolvimento de novos modelos de negócios, que criam novas formas de vida competitivas. O nível em que uma empresa atua em termos de inovatividade, aceitação de riscos e proatividade está relacionado às dimensões da gestão estratégica. Dentro dessa intersecção entre o empreendedorismo e a gestão estratégica estão domínios específicos de inovação, redes, internacionalização, aprendizado organizacional, equipes e governança da alta gerência e crescimento (ver a Figura 13.2). Ao compreender as intersecções essenciais desses domínios, os empreendedores aumentam seu conhecimento, o que leva a ações empreendedoras e estratégicas de maior qualidade.[16]

FIGURA 13.2 INTEGRAÇÃO DAS AÇÕES EMPREENDEDORAS E ESTRATÉGICAS.

Ações empreendedoras

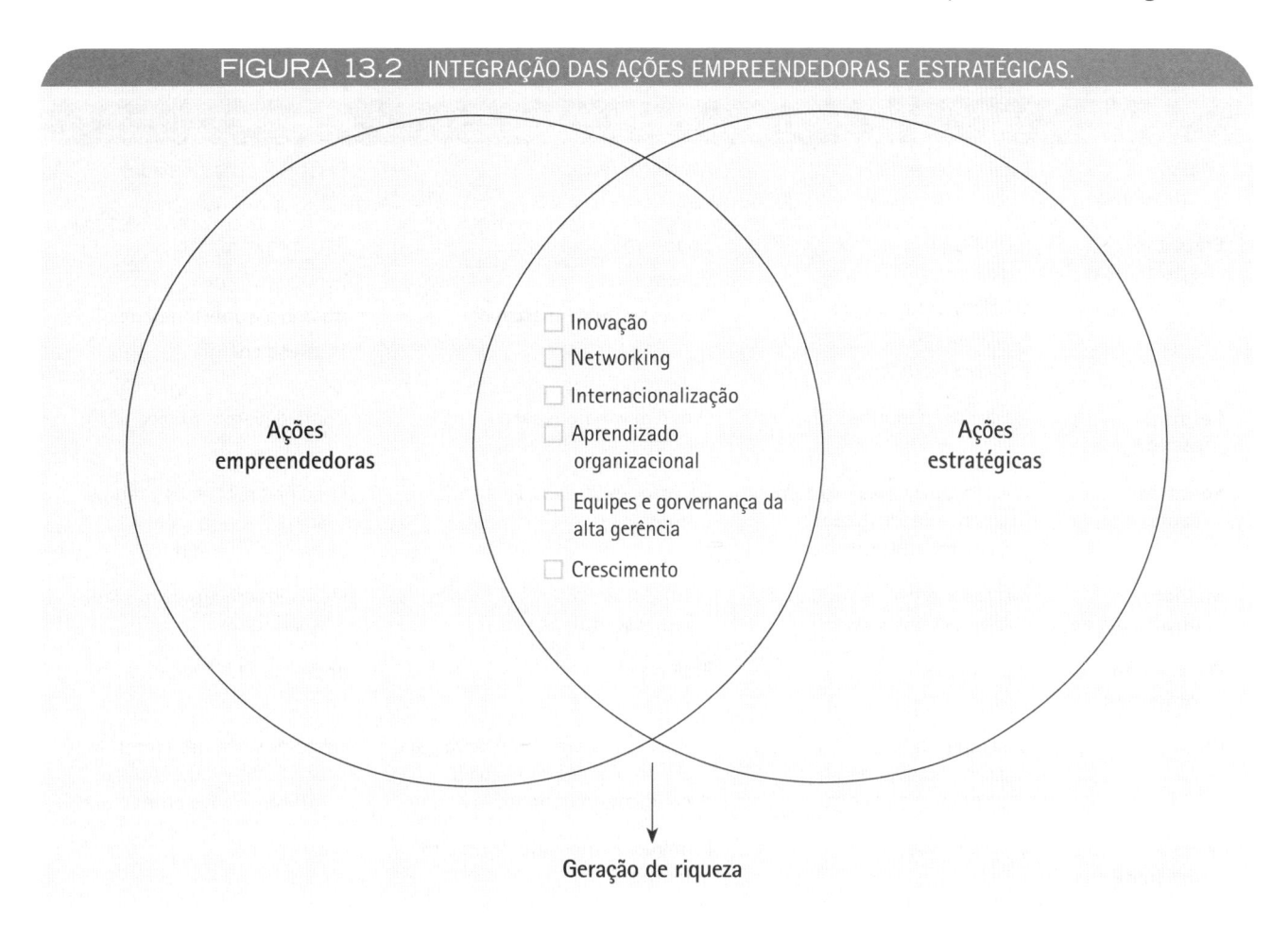

- Inovação
- Networking
- Internacionalização
- Aprendizado organizacional
- Equipes e gorvernança da alta gerência
- Crescimento

Ações estratégicas

↓

Geração de riqueza

Fonte: Ireland, R. D.; Hitt, M. A.; Camp, S. M.; Sexton, D. L., "Integrating Entrepreneurship and Strategic Management Actions to Create Firm Wealth", *Academy of Management Executive* n. 15, v. 1, fevereiro de 2001, p. 51.

13.2e Posicionamento estratégico: vantagem empreendedora

A competição estratégica pode ser pensada como o processo de percepção de novas posições que atraem clientes vindos de posições estabelecidas ou tragam novos clientes para dentro do mercado. Em princípio, empresas dominantes e empreendedores enfrentam os mesmos desafios ao buscar novas posições estratégicas. Na prática, os empreendedores quase sempre têm vantagem.

Os **posicionamentos estratégicos,** em geral, não são óbvios, e encontrá-los requer criatividade e visão. Empreendedores descobrem, com frequência, posições excepcionais que estavam disponíveis, mas que foram deixadas de lado. Além disso, empresas empreendedoras podem prosperar ao ocupar uma posição que um concorrente antes ocupava, mas cedeu após anos de imitação e visão equivocada.

As abordagens fundamentais para um posicionamento estratégico incluem estabelecer e preservar uma posição defensível, alavancando recursos para dominar um mercado e buscando oportunidades de estabelecer novos mercados (ver Tabela 13.1). Os empreendedores devem compreender que a busca de oportunidades oferece a melhor opção para capitalizar sobre a mudança.

É mais comum que novos posicionamentos sejam abertos por causa da mudança: surgem novos grupos de clientes ou ocasiões de compra; novas necessidades emergem à medida que as sociedades evoluem; novos canais de distribuição aparecem; novas tecnologias se desenvolvem; novos equipamentos ou sistemas de informação tornam-se disponíveis. Quando tais mudanças ocorrem, empresas empreendedoras que não necessitam valorizar sua tradição no setor podem perceber com mais facilidade o potencial de novas formas de competir. Diferentemente das empresas estabelecidas, essas organizações podem ser mais flexíveis porque não enfrentam decisões que exijam sacrifícios em suas atividades.[17]

TABELA 13.1 ABORDAGENS ESTRATÉGICAS: POSIÇÃO, ALAVANCAGEM, OPORTUNIDADES

	Posição	Alavancagem	Oportunidades
Lógica estratégica	Estabelecer posição	Alavancar recursos	Perseguir oportunidades
Etapas estratégicas	Identificar um mercado atraente Localizar uma posição defensível Fortalecer e defender	Estabelecer uma visão Construir recursos Alavancar entre mercados	Entrar na confusão Seguir em frente Agarrar as oportunidades Manter a energia
Pergunta estratégica	Onde deveríamos estar?	O que deveríamos ser?	Como devemos proceder?
Fonte de vantagem	Posição única e valiosa com sistema de atividades intimamente integrado	Recursos exclusivos, valiosos e inimitáveis	Principais processos e regras simples e sem igual
Melhores resultados em	Mercados em lenta mudança e bem estruturados	Mercados em mudança moderada e bem estruturados	Mercados em rápida mudança e ambíguos
Duração da vantagem	Prolongada	Prolongada	Imprevisível
Risco	Será muito difícil alterar a posição quando as condições mudarem	A empresa estará muito lenta para criar novos recursos quando as condições mudarem	Gestores serão hesitantes ao executar com base em oportunidades promissoras
Meta de desempenho	Lucratividade	Domínio do mercado por muito tempo	Crescimento

Fonte: De "Strategy as Simple Rules", de Eisenhardt, K. M.; Sull, D. N., janeiro de 2001, p. 109. Copyright © 2001 by the Harvard Business School Publishing. Todos os direitos reservados.

13.2f Modelo matricial de estratégia empreendedora

Com base nas estruturas de matrizes de estratégias tradicionais (como a matriz do Boston Consulting Group [BCG]) utilizadas para análise de portfólio, os pesquisadores Matthew C. Sonfield e Robert N. Lussier desenvolveram uma **matriz de estratégia empreendedora** que mede o risco e a inovação.[18] Para essa matriz, **inovação** é definida como a criação de algo novo e diferente. Em termos de medidas, quanto mais novo e mais diferente o produto ou serviço proposto, mais alta sua classificação na escala de medição.

Risco é definido como a probabilidade de grandes perdas financeiras. Quais as chances de falha da empresa empreendedora? Qual seria a gravidade da perda financeira? Enquanto há diversas formas de aumentar a inovação, a redução dos riscos foca principalmente nos fatores financeiros, com uma consideração secundária da autoimagem e do ego.

O modelo permite até que os empreendedores mais inexperientes caracterizem as situações preexistentes de seu empreendimento e identifiquem as estratégias adequadas. O modelo posiciona a inovação no eixo vertical e o risco no eixo horizontal e denota os níveis dessas duas variáveis utilizando I e R para os níveis mais altos e i e r para níveis mais baixos (ver Figura 13.3).

A vantagem da matriz de estratégia empreendedora é que ela sugere caminhos adequados para diferentes empreendedores. Quando o empreendedor identifica a célula que melhor descreve o empreendimento novo ou existente em análise, determinadas estratégias são indicadas com maior probabilidade de eficácia (ver Figura 13.4).

É evidente que algumas células são mais vantajosas que outras. Um empreendimento de alta inovação/baixo risco certamente é preferível em relação a um de baixa inovação/alto risco. Mas para todo empreendimento encontrado em I-r podem ser encontrados grandes números de empreendimentos em i-R. No mundo dos negócios, o risco é mais comum que a inovatividade.

FIGURA 13.3 MATRIZ DE ESTRATÉGIA EMPREENDEDORA: VARIÁVEIS INDEPENDENTES.

Inovação
(Criação de um produto/serviço exclusivo e diferente)

	Baixo	Alto
Alta	Alta inovação / Baixo risco	Alta inovação / Alto risco
Baixa	Baixa inovação / Baixo risco	Baixa inovação / Alto risco

Risco
(Probabilidade de grande perda financeira)

Fonte: Sonfield, M. C.; Lussier, R. N. "The Entrepreneurial Strategic Matrix: A Model for New and Ongoing Ventures". Reimpresso com permissão de *Business Horizons*, maio/junho de 1997, por agentes da Indiana University, Kelley School of Business.

FIGURA 13.4 MATRIZ DE ESTRATÉGIA EMPREENDEDORA: ESTRATÉGIAS ADEQUADAS.

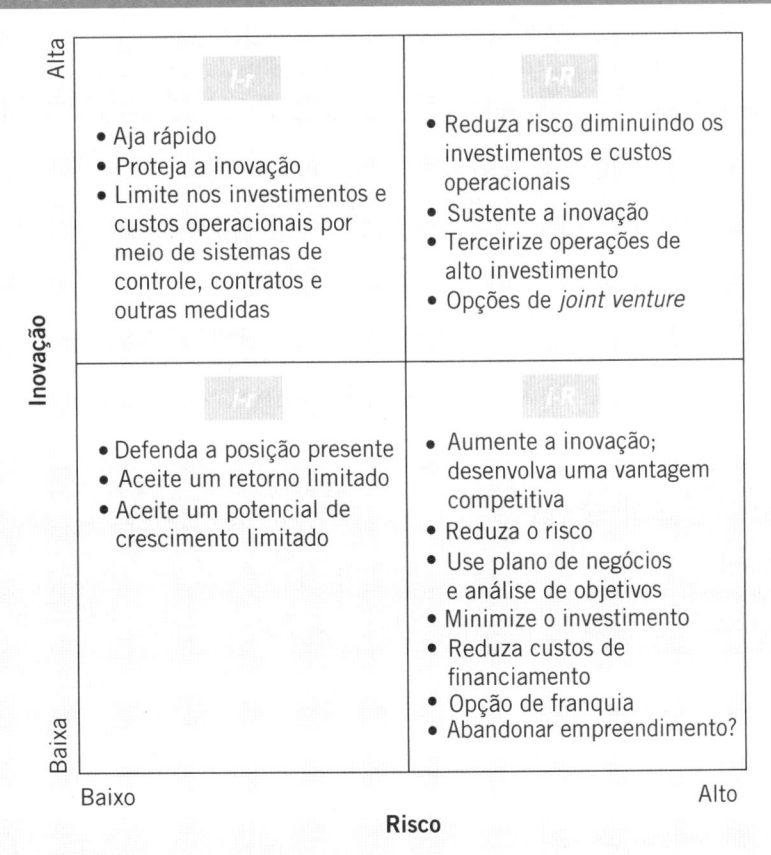

Alta inovação / Baixo risco (I-r):
- Aja rápido
- Proteja a inovação
- Limite nos investimentos e custos operacionais por meio de sistemas de controle, contratos e outras medidas

Alta inovação / Alto risco (I-R):
- Reduza risco diminuindo os investimentos e custos operacionais
- Sustente a inovação
- Terceirize operações de alto investimento
- Opções de *joint venture*

Baixa inovação / Baixo risco (i-r):
- Defenda a posição presente
- Aceite um retorno limitado
- Aceite um potencial de crescimento limitado

Baixa inovação / Alto risco (i-R):
- Aumente a inovação; desenvolva uma vantagem competitiva
- Reduza o risco
- Use plano de negócios e análise de objetivos
- Minimize o investimento
- Reduza custos de financiamento
- Opção de franquia
- Abandonar empreendimento?

Fonte: Sonfield, M. C.; Lussier, R. N. "The Entrepreneurial Strategic Matrix: A Model for New and Ongoing Ventures". Reimpresso com permissão de *Business Horizons*, n. 40, v. 3 (maio/junho) 1997, por agentes da Indiana University, Kelley School of Business.

As implicações estratégicas da matriz são duas. Primeiro, os empreendedores terão preferência por algumas células em detrimento de outras, e um conjunto de estratégias adequadas envolve mudar de uma célula para outra. Segundo, essa mudança não é sempre possível para o empreendedor, portanto estratégias adequadas envolvem a redução dos riscos e o aumento da inovação na célula.

13.3 GERENCIANDO O CRESCIMENTO EMPREENDEDOR

OA3 Examinar os desafios de administrar o crescimento empreendedor.

Administrar o crescimento empreendedor pode ser a tática mais importante para o sucesso futuro dos negócios. Após o começo de um novo empreendimento, o empreendedor deve compreender a mudança de gestão. Esse é um grande desafio, pois engloba a arte de equilibrar os fatores móveis e dinâmicos.[19]

Dessa forma, a sobrevivência e o crescimento de um novo empreendimento exigem que o empreendedor possua habilidades e conhecimentos tanto estratégicos quanto táticos. As habilidades e capacidades necessárias dependem em parte do desenvolvimento atual do empreendimento; a Figura 13.5 ilustra o ciclo de vida típico do empreendimento. Administrar o crescimento pode ser um desafio imenso para o desenvolvimento de sucesso de qualquer empreendimento.

13.3a Estágios de desenvolvimento de um empreendimento

OA4 Discutir os cinco estágios do ciclo de vida comum do empreendimento: desenvolvimento, início, crescimento, estabilização e inovação ou declínio.

Conforme observado, a Figura 13.5 representa os **estágios do ciclo de vida** tradicionais de uma empresa, que incluem desenvolvimento do novo empreendimento, atividades da start-up, crescimento, estabilização e inovação ou declínio. Outros autores descrevem esses estágios com diferentes termos. Por exemplo, Alfred Chandler identifica os seguintes estágios da evolução de uma empresa:

1. Expansão inicial e acúmulo de recursos.
2. Racionalização do uso de recursos.
3. Expansão em novos mercados para assegurar o uso contínuo de recursos.
4. Desenvolvimento de novas estruturas para garantir a mobilização contínua dos recursos.[20]

Esses quatro estágios são efetivamente os mesmos ilustrados na Figura 13.5, com exceção da estabilização. Em poucas palavras, os autores geralmente concordam sobre o ciclo de vida de um empreendimento. A seguir são apresentados os cinco principais estágios.

DESENVOLVIMENTO DE NOVO EMPREENDIMENTO

O primeiro estágio, **desenvolvimento de novo empreendimento**, consiste de atividades associadas à criação do empreendimento. Essa fase é a base do processo empreendedor e requer criatividade e avaliação. Além do acúmulo e da expansão de recursos, este é um estágio de criatividade, avaliação

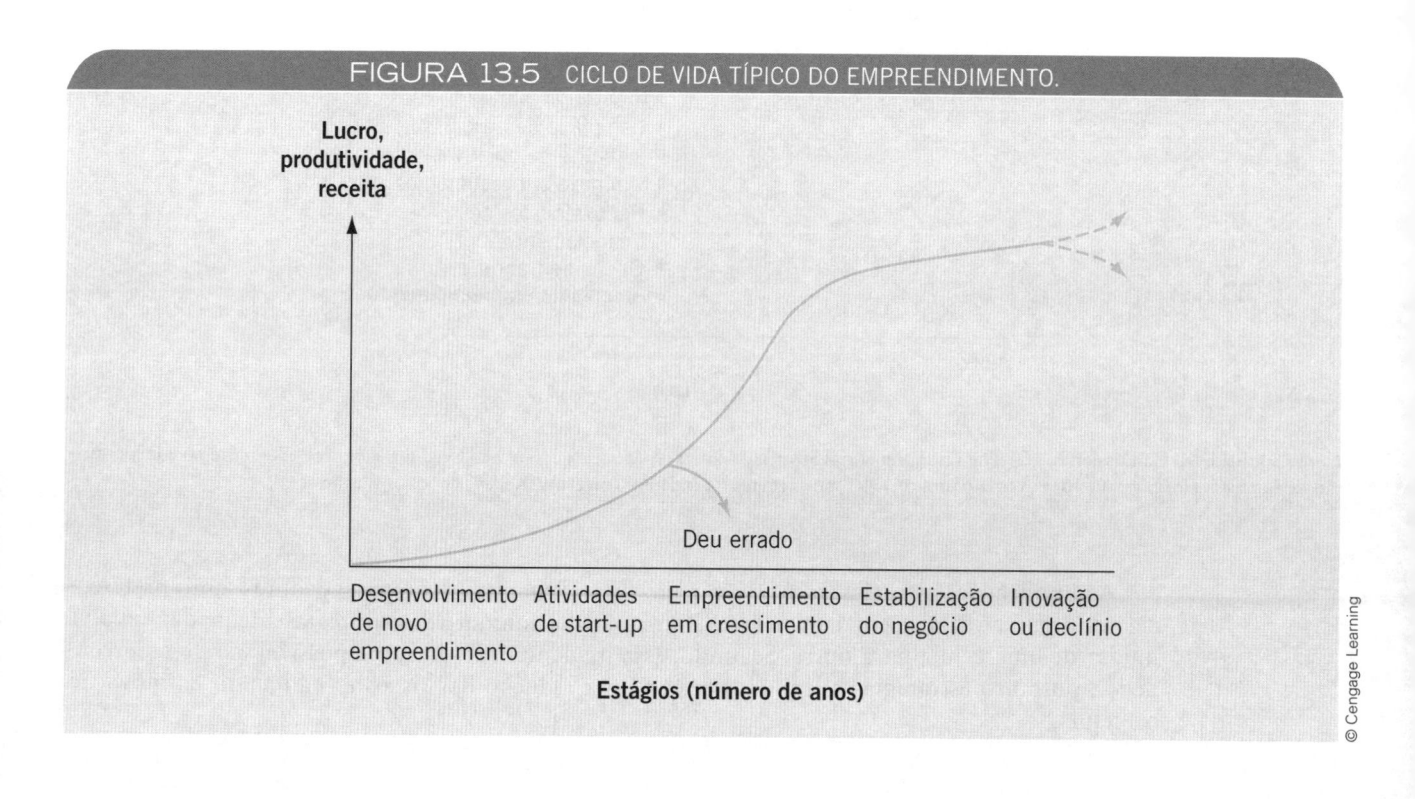

FIGURA 13.5 CICLO DE VIDA TÍPICO DO EMPREENDIMENTO.

Eixo vertical: Lucro, produtividade, receita

Eixo horizontal: Estágios (número de anos) — Desenvolvimento de novo empreendimento; Atividades de start-up; Empreendimento em crescimento; Estabilização do negócio; Inovação ou declínio

Deu errado

© Cengage Learning

e networking para a formulação das estratégias empreendedoras iniciais. A filosofia geral, a missão, o objetivo e a direção da empresa são determinados durante esse estágio.

ATIVIDADES DE START-UP

O segundo estágio, **atividades de start-up**, engloba o trabalho de base necessário para criar um plano de negócios formal, buscar capital, realizar atividades de marketing e desenvolver uma equipe empreendedora eficaz. Essas atividades geralmente demandam uma estratégia empreendedora agressiva, com o máximo de esforços dedicados à abertura do empreendimento. Esse estágio é semelhante à descrição de Chandler da racionalização do uso dos recursos e é caracterizado por etapas estratégicas e operacionais criadas para identificar a vantagem competitiva da empresa e descobrir fontes de financiamento. O marketing e as considerações financeiras tendem a ser essenciais durante esse estágio.[21]

CRESCIMENTO

O estágio de **crescimento**, em geral, exige grandes mudanças na estratégia empreendedora. A competição e outras forças do mercado demandam a reformulação das estratégias. Por exemplo, algumas empresas estão em falência porque não conseguem lidar com o crescimento de seu negócio. Os empreendedores altamente criativos, às vezes, não podem ou não querem alcançar os objetivos administrativos que acompanham esse estágio de crescimento. Como resultado, deixam a empresa e partem em direção a outros empreendimentos.

Esse estágio de crescimento apresenta problemas novos e mais substanciais que os enfrentados pelo empreendedor no estágio de start-up.[22] Esses desafios mais novos forçam o empreendedor a desenvolver um conjunto de habilidades diferentes enquanto mantém uma "perspectiva empreendedora" para a organização.[23] O estágio de crescimento é a transição da liderança empreendedora por uma pessoa para a liderança de gestão orientada para equipes.

ESTABILIZAÇÃO DO NEGÓCIO

O estágio de **estabilização** é resultado tanto das condições do mercado quanto dos esforços do empreendedor. Durante ele, é comum ocorrerem diversos desenvolvimentos, incluindo aumento da concorrência, indiferença do consumidor em relação ao produto ou serviço do empreendedor e saturação do mercado com uma série de "sósias e cópias". As vendas, em geral, começam a estabilizar, e o empreendedor deve começar a pensar sobre o caminho da empresa nos próximos três a cinco anos. Esse estágio geralmente é a "virada" que antecipa o período em que a empresa ou acelera em direção a uma lucratividade maior ou retrai em direção ao declínio e à falência. Durante ele, a inovação é essencial ao sucesso no futuro.

INOVAÇÃO OU DECLÍNIO

Empresas que não inovam desaparecem, e empresas de sucesso financeiro geralmente tentam adquirir outras empresas inovadoras, garantindo o próprio crescimento. Além disso, muitas empresas trabalham no desenvolvimento de novos produtos/serviços para complementar as ofertas atuais.

Todos os estágios do ciclo de vida do empreendimento são pontos estratégicos importantes, e cada um deles requer estratégias diferentes. Contudo, este capítulo concentra-se especificamente no estágio de crescimento, em geral ignorado pelos empreendedores. Isso ocorre não por incompetência, mas pelo efeito quase hipnótico do estágio de crescimento. Agora examinaremos os fatores-chave que afetam a capacidade de administrar esse estágio.

13.3b Mudando de empreendedor para gerencial

OA5 Examinar a transição que ocorre no movimento de um estilo empreendedor para uma abordagem de gestão.

As transições entre os estágios de um empreendimento são complementadas (ou, em alguns casos, inibidas) pela capacidade do empreendedor de fazer a transição de maneira adequada. Uma transição essencial ocorre durante o estágio de crescimento de um empreendimento, quando o empreendedor muda para um estilo gerencial. Essa mudança não é fácil de executar. Conforme observado pelos pesquisadores Charles W. Hofer e Ram Charan, entre as possíveis transições, provavelmente a mais difícil de realizar – e, talvez, a mais importante para o desenvolvimento organizacional – é a transformação da empresa administrada por uma pessoa empreendedora para uma empresa administrada por uma equipe funcionalmente organizada e profissional.[24]

Diversos problemas podem ocorrer durante essa transição, em especial se a empresa for caracterizada por fatores como (1) sistema de tomada de decisões altamente centralizado, (2) dependência demasiada de uma ou duas pessoas-chave, (3) repertório inadequado de habilidades e treinamento de gestão e (4) ambiente paternalista.[25] Apesar de essas características geralmente serem eficazes na fase de abertura e sobrevivência inicial do empreendimento, são uma ameaça ao desenvolvimento da empresa durante o estágio de crescimento. Essas características quase sempre inibem o desenvolvimento, pois reduzem a capacidade do empreendedor de gerenciar o estágio de crescimento de forma bem-sucedida.

EQUILIBRANDO O FOCO: EMPREENDEDOR *VERSUS* GERENCIAL

Ao administrar o estágio de crescimento, os empreendedores devem lembrar de dois pontos importantes. Primeiro, uma empresa adaptável deve reter algumas características empreendedoras para incentivar a inovação e a criatividade. Segundo, o empreendedor deve transladar esse espírito de inovação e criatividade para seus funcionários enquanto realiza a transição para um estilo mais gerencial.[26] Esse equilíbrio empreendedor/gestor é essencial e extremamente difícil de alcançar. Apesar de todas as empresas desejarem ser tão inovadoras, flexíveis e criativas quanto Apple, Google e Facebook, há milhares de novos restaurantes, negócios on-line, lojas e empreendimentos de alta tecnologia que tentaram ser inovadores e crescer, mas falharam.

Permanecer empreendedor enquanto se faz a transição para um negócio mais administrativo é vital para o crescimento bem-sucedido de um empreendimento. A Tabela 13.2 oferece uma estrutura de comparação das características empreendedora e administrativa e das pressões relacionadas aos cinco principais fatores: orientação estratégica, compromisso para aproveitar oportunidades, compromisso com os recursos, controle de recursos e estrutura gerencial. Cada uma das cinco áreas é essencial ao equilíbrio necessário para administrar de forma empreendedora. Nos dois extremos do contínuo (do foco empreendedor ao foco administrativo) estão pontos de vista específicos. Um estudo caracterizou esses pontos de vista utilizando o formato de pergunta.

Ponto de vista do empreendedor
- Onde está a oportunidade?
- Como capitalizar a oportunidade?
- De quais recursos preciso?
- Como obtenho controle sobre eles?
- Qual é a melhor estrutura?

Ponto de vista administrativo

- Quais recursos controlo?
- Qual estrutura determina a relação de nossa organização com seu mercado?
- Como posso minimizar o impacto de outras pessoas sobre minha capacidade de atuação?
- Qual oportunidade é adequada?[27]

A lógica por trás da divergência na direção dessas perguntas pode ser apresentada de diversas maneiras. Por exemplo, o comprometimento de recursos na estrutura de raciocínio empreendedor responde às necessidades ambientais em transição, enquanto o ponto de vista gerencial foca na redução dos riscos. No controle dos recursos, os empreendedores evitam imobilizar ativos por causa do risco da obsolescência e da necessidade de mais flexibilidade, enquanto os gestores veem esses ativos imobilizados como meio de obter eficiência e estabilidade. Em termos de estrutura, a ênfase empreendedora está na necessidade de flexibilidade e independência, ao passo que o foco administrativo está em garantir a integração com uma complexidade de tarefas, uma busca pela ordem, e sistemas de recompensa controlados.

Esses exemplos de diferenças de foco ajudam a estabelecer as questões importantes envolvidas nos dois extremos do espectro gerencial. Cada ponto de vista – empreendedor e administrativo – tem considerações importantes que devem ser equilibradas para que um crescimento efetivo possa ocorrer.

13.3c Entendendo o estágio de crescimento

OA6 Identificar os fatores essenciais que exercem papel principal no estágio de crescimento.

O estágio de crescimento, geralmente, sinaliza o começo da metamorfose de um empreendimento pessoal para uma operação estruturada em grupos. A dominação do empreendedor líder dá espaço a uma abordagem de equipe fortemente baseada em coordenação e flexibilidade.

TABELA 13.2 CULTURA EMPREENDEDORA *VERSUS* CULTURA ADMINISTRATIVA

	Foco empreendedor		Foco administrativo	
	Características	**Pressões**	**Características**	**Pressões**
Orientação estratégica	Orientada pela percepção da oportunidade	Oportunidades decrescentes Tecnologia em rápida mudança, economia do consumidor, valores sociais e normas políticas	Orientada por recursos controlados	Contratos sociais Critérios de medição do desempenho Sistemas e ciclos de planejamento
Compromisso para aproveitar oportunidades	Revolucionário, de curta duração	Orientação para a ação Janelas de decisão estreitas Aceitação de riscos razoáveis Grupo pequeno de decisão	Progressivo, de longa duração	Reconhecimento de diversos grupos de decisão Negociação sobre o caminho estratégico Redução de riscos Coordenação com base de recursos existentes
Compromisso com os recursos	Muitos estágios, com exposição mínima em cada um deles	Falta de necessidades previsíveis de recursos Falta de controle sobre o ambiente Demandas sociais para o uso adequado dos recursos Competição internacional Demandas por uso mais eficiente	Um único estágio, com comprometimento completo com base em uma decisão	Necessidade de redução de riscos Compensação por incentivos Rotatividade de gerentes Sistemas de orçamentação de capital Sistemas formais de planejamento
Controle de recursos	Uso casual ou aluguel de recursos necessários	Maior especialização de recursos Vida longa do recurso comparada à necessidade Risco de obsolescência Risco inerente à oportunidade identificada Inflexibilidade do comprometimento permanente aos recursos	Propriedade ou emprego dos recursos necessários	Poder, *status* e recompensas financeiras Coordenação da atividade Medidas de eficiência Inércia e custo da mudança Estruturas do setor
Estrutura gerencial	Nivelada, com múltiplas redes informais	Coordenação dos principais recursos não controlados Desafio da hierarquia Desejo de independência dos funcionários	Hierarquia	Necessidade de autoridade e responsabilidade claramente definidas Cultura organizacional Sistemas de recompensa Teoria de gestão

Fonte: Trecho de "The Heart of Entrepreneurship", de Stevenson, H. H.; Gumpert, D. E., março/abril de 1985, p. 89. Copyright © 1985 by the President and Fellows of Harvard College. Todos os direitos reservados.

PRINCIPAIS FATORES DURANTE O ESTÁGIO DE CRESCIMENTO

Os empreendedores devem compreender quatro fatores-chave sobre as ações de gestão específicas necessárias durante o estágio de crescimento. São eles: controle, responsabilidade, tolerância a erros e mudança.

Controle O crescimento gera problemas de comando e controle. Ao lidar com esses problemas, os empreendedores devem responder a três perguntas essenciais: (1) O sistema de controle dá a entender que há confiança? (2) O sistema de alocação de recursos dá a entender que há confiança? (3) É mais fácil pedir permissão que pedir perdão? Essas perguntas revelam muito sobre o controle de um empreendimento. Se a resposta a elas for "sim", o empreendimento está caminhando em direção a uma boa combinação de controle e participação. Caso a resposta seja "não", os motivos de cada negativa devem ser examinados cuidadosamente.

Responsabilidade À medida que a empresa cresce, a distinção entre autoridade e responsabilidade se torna mais aparente. Isso ocorre porque autoridade sempre pode ser delegada, mas é mais importante criar um senso de responsabilidade. Esta ação promove flexibilidade, inovação e um ambiente que apoie. Se um senso de responsabilidade for desenvolvido, as pessoas tendem a olhar para além do trabalho. Assim, o estágio de crescimento é mais bem alimentado pela atividade inovativa e pela responsabilidade compartilhada de todos os membros da empresa.

Tolerância a erros Mesmo se um empreendimento evitou as armadilhas iniciais e se expandiu até o estágio de crescimento, ainda é importante manter certa tolerância a erros. O nível do erro que o empreendedor vivenciou e aprendeu no início do empreendimento deve ser o mesmo esperado, tolerado e aprendido no estágio de crescimento. Apesar de nenhuma empresa desejar errar, para inovar e crescer continuamente é necessário tolerar certos erros em vez de puni-los.

Três formas de erros devem ser distinguidas:

- **Erro moral**. Essa forma de erro é uma violação da confiança. Pelo fato de uma empresa ser baseada em confiança e expectativas mútuas, essa violação é um erro grave, que pode ter consequências negativas.
- **Erro pessoal**. Forma de erro provocada por falta de habilidade ou aplicação. Em geral, a responsabilidade por esse erro é compartilhada pela empresa e pelo indivíduo. Portanto, normalmente realiza-se uma tentativa de consertar a situação de maneira mutuamente benéfica.
- **Falha incontrolável**. Essa forma de erro é causada por fatores externos e é a mais difícil de enfrentar ou lidar. Limitações de recursos, direção estratégica e mudanças do mercado são exemplos de forças fora do controle dos funcionários. A alta gerência deve analisar com cuidado o contexto dessa forma de erro e trabalhar para prevenir sua recorrência.

Mudança Planejamento, operações e implantação estão sujeitos a mudanças contínuas, à medida que o empreendimento se move pelo estágio de crescimento em diante. Manter uma postura inovativa e oportunista durante o crescimento requer senso de mudança e de variação da norma. Entretanto, os empreendedores devem perceber que a mudança contém muitas implicações para a empresa em termos de recursos, pessoas e estruturas. É importante, portanto, que, durante o crescimento, a flexibilidade em relação à mudança seja preservada. Esta qualidade permitirá reações gerenciais mais rápidas às condições ambientais.

13.3d Gerenciando o paradoxo e a contradição

OA7 Discutir a gestão complexa de paradoxo e contradição.

Quando o empreendimento passa por surtos de crescimento, diversos fatores estruturais começam a apresentar múltiplos desafios. Os empreendedores esforçam-se constantemente para organizar esses fatores – como elementos culturais, seleção de equipe e desenvolvimento dos funcionários, além de avaliações e recompensas – em uma estrutura rígida e burocrática ou flexível e orgânica.

Pesquisas demonstraram que gestores de novos empreendimentos enfrentando crescimento, particularmente em mercados emergentes, devem adotar estruturas flexíveis e orgânicas.[28] Estruturas rígidas e burocráticas são mais adequadas a empresas desenvolvidas e estabilizadas. Portanto, os elementos culturais devem seguir uma estrutura flexível de autonomia, de tomada de riscos e empreendedorismo. Esse tipo de cultura é uma renovação da força original do empreendedor que criou o empreendimento. Apesar de o foco do empreendedor transitar para um estilo mais administrativo, como mencionado anteriormente, a cultura da organização deve ser permeada pela renovação constante das virtudes da inovação e do empreendedorismo.

Quando os empreendedores criam uma estrutura flexível para alto crescimento, devem saber que há algumas forças contraditórias trabalhando em outros fatores estruturais. Considere o seguinte.

BUROCRATIZAÇÃO VERSUS DESCENTRALIZAÇÃO

Maior número de contratações estimula a burocracia: as empresas formalizam os procedimentos à medida que a equipe duplica e triplica. A participação e a autonomia dos funcionários diminuem, e as especializações laborais e desenvolvem. Mas há maior diversidade na oferta de produtos atrelada ao crescimento que favorece os processos decisivos menos formalizados, maior descentralização e reconhecimento de que os recursos humanos da empresa não dispõem das habilidades para gerenciar o portfólio em ampliação.

AMBIENTE *VERSUS* ESTRATÉGIA

A alta turbulência ambiental e as condições competitivas favorecem as culturas das empresas que apoiam a tomada de riscos, a autonomia e a participação dos colaboradores na tomada de decisões. Entretanto, as empresas enfrentam os concorrentes com estratégias cuja implantação depende da criação de sistemas formais que inibem a tomada de riscos e a autonomia.

ÊNFASE ESTRATÉGICA: QUALIDADE *VERSUS* CUSTO *VERSUS* INOVAÇÃO

Empresas com rápido crescimento lutam para controlar custos, aumentar a qualidade dos produtos e melhorar a oferta deles, tudo ao mesmo tempo. Porém, minimizar custos e oferecer produtos com preços mais baixos que os da concorrência são uma estratégia mais eficiente com sistemas hierárquicos tradicionais de tomada de decisões e avaliações. No entanto, essas estratégias entram em conflito com os tipos de processos autônomos que têm mais tendência de incentivar a busca da qualidade do produto e a inovação.[29]

Esses fatores enfatizam a importância de lidar com o paradoxo e a contradição. O crescimento envolve desafios relacionados (1) ao estresse e às pressões gerados pela tentativa de controlar custos, ao mesmo tempo melhorando a qualidade e criando novos produtos para manter a paridade competitiva, e (2) a centralizar para reter o controle, enquanto se descentraliza para incentivar as contribuições de profissionais autônomos à cultura corporativa embrionária. As empresas em rápido crescimento são desafiadas a encontrar equilíbrio entre esses diversos desafios ao criar o sistema gerencial.

13.3e Confrontando a parede de crescimento

OA8 Apresentar etapas úteis para romper a parede de crescimento.

Na tentativa de desenvolver a capacidade gerencial para lidar com o crescimento do empreendimento, muitos proprietários empreendedores acabam enfrentando uma **parede de crescimento** que parece grande demais de superar, tornando-os incapazes de lidar com os desafios trazidos pelo crescimento.

Pesquisadores identificaram diversos desafios fundamentais enfrentados pelas empresas em rápido crescimento, incluindo aumento instantâneo de porte, sensação de infalibilidade, confusão interna e necessidades extraordinárias de recursos. Ao tratar desses desafios, que podem criar uma parede de crescimento, as empresas de sucesso orientadas para o crescimento apresentaram alguns temas consistentes:

- O empreendedor consegue enxergar na sua mente e antecipar a empresa como uma entidade maior.
- A equipe necessária amanhã é contratada e desenvolvida hoje.
- A visão fundamental original da empresa é reforçada de maneira constante e zelosa.
- Novos processos de "empresa de grande porte" são introduzidos gradualmente como suplementos, em vez de serem feitas substituições às abordagens existentes.
- A hierarquia é minimizada.
- Os colaboradores possuem um interesse financeiro na empresa.[30]

É importante que o empreendedor tenha esses temas em mente quando for desenvolver as habilidades de administrar o crescimento.

Um pesquisador observou que limitações internas, como falta de fundos para crescer, amplitude limitada de controle e perda da vitalidade empreendedora, ocorrem nas empresas que estão crescendo e lutam para sobreviver e não nas que alcançam um alto crescimento com sucesso. Além disso, há diferenças fundamentais na abordagem das empresas no que diz respeito às mudanças e tendências ambientais.[31] Assim, são recomendadas algumas etapas importantes para superar a incapacidade de lidar com mudanças ou tendências ambientais, que incluem: *criar uma força-tarefa de crescimento* para organizar e interpretar dados ambientais, identificar os pontos fortes e fracos do empreendimento, pensar em novas ideias que alavanquem os pontos fortes da empresa e recomendar ideias importantes a serem desenvolvidas posteriormente; *planejar-se para o crescimento* com estratégias que resolvam a estagnação, um conjunto de possíveis resultados e a identificação dos recursos necessários; *manter uma cultura de crescimento* que incentive e recompense uma atitude orientada ao crescimento; e *desenvolver um comitê de consultores externos* para ser parte integrante do crescimento do empreendimento. O comitê deve ajudar a determinar, criar e implantar uma estrutura organizacional para aumentar o desejo de crescimento.[32]

O PROCESSO EMPREENDEDOR

De empreendedor a gestor

Uma das tarefas mais difíceis para muitos empreendedores é fazer a transição de empreendedor criativo e multitarefa para gestor habilidoso nos negócios. Diversos empreendedores tiveram sucesso nessa transição difícil, enquanto outros fracassaram. Na maioria das vezes, o sucesso está relacionado à capacidade do empreendedor de crescer e desenvolver sua força de trabalho. Hoje, existem estratégias de gestão essenciais que os empreendedores devem conhecer ao enfrentar o desafio de aprimorar as habilidades dos colaboradores à medida que fazem o empreendimento crescer.

Há ainda práticas de gestão de recursos humanos eficazes que os empreendedores devem desenvolver e aprimorar à medida que expandem seu negócio. Em muitas empresas, o proprietário deve tratar pessoalmente de todas as práticas de recursos humanos, e, dessa forma, ineficiências podem ocorrer por causa da quantidade de outras atividades executadas por ele. Essa situação cria o perigo de que pequenos empreendedores possam não reconhecer ou compreender os problemas graves de recursos humanos.

Os pesquisadores Jeffrey S. Hornsby e Donald F. Kuratko apontam que lidar com problemas de recursos humanos pode ser o pior desafio enfrentado pelos empreendedores no século 21. Em diversos estudos conduzidos sobre a visão dos empreendedores em relação ao desafio de recursos humanos, eles descobriram diversos problemas graves que permanecem constantes independentemente da velocidade de crescimento do negócio. Questões como disponibilidade e retenção de trabalhadores qualificados, tecnologia no local de trabalho, motivação da equipe e moral dos colaboradores são consideradas mais importantes para a maioria dos empreendedores que buscam administrar uma empresa em crescimento.

Ao tentar aprimorar constantemente o desempenho do colaborador, o empreendedor atenta para duas áreas relacionadas ao controle: a ligação entre pagamento e desempenho; e o espírito de equipe.

Ligação entre pagamento e desempenho. Uma das causas mais comuns do baixo desempenho pode ser a relação entre pagamento e desempenho. Quem faz o melhor trabalho recebe o salário mais alto? Em muitos empreendimentos em crescimento, todos os salários são mantidos em segredo. Somente o proprietário e o respectivo colaborador sabem quanto ganham. Entretanto, com o tempo, os colaboradores acabam recebendo aumentos, que não são uniformes; algumas pessoas recebem um valor maior que outras. Esse fato pode causar um problema de motivação quando os colaboradores sentirem que os aumentos são arbitrários e não estão vinculados ao desempenho. Quando esse for o caso, podem ocorrer duas coisas: primeiro, quem pode receber um salário mais alto em outro lugar, vai aproveitar as oportunidades de trabalho; segundo, quem ficar, trabalhará menos, com o pensamento "Posso não estar recebendo o que mereço, mas também não estou me esforçando tanto quanto antes". É importante, portanto, que o empreendedor-gestor, sempre que possível, tente relacionar os aumentos ao desempenho. Não é possível quantificar o trabalho de todos. Pode ser fácil avaliar o desempenho de um vendedor apenas por suas vendas, mas o desempenho de um desenvolvedor de software pode pedir uma avaliação mais subjetiva. É por esse motivo que algum tipo de sistema de avaliação deve ser usado. O empreendedor-gestor também deve permanecer ciente dos salários competitivos locais. Algumas empresas não conseguem igualar os salários aos de outros empregadores, mas devem aproximá-los ou arriscarão perder os funcionários mais importantes. Contudo, em geral, poucas pessoas desistem do emprego somente por insatisfação com o pagamento – em muitos casos, esse é apenas um dos motivos. O outro é a insatisfação com o ambiente de trabalho, como quando não há sensação de trabalho em equipe, o que leva os colaboradores a não gostarem da empresa.

Desenvolver trabalho em equipe: Apesar de alguns empreendedores-gestores acreditarem que incentivam o trabalho em equipe, na realidade promovem a competição. Por exemplo: o proprietário que vai longe demais ao elogiar e recompensar o melhor vendedor, logo vai perceber que outros vendedores estarão planejando sabotar esse indivíduo – o resultado é a rivalidade entre eles. A melhor forma de garantir o desenvolvimento do trabalho em equipe verdadeiro é recompensar quem executa esse tipo de trabalho e, mais importante, reprimir (e, em alguns casos, demitir) quem se recusa a cooperar pelo bem geral.

Lembre-se de que, atualmente, o clima no trabalho é mais importante entre os funcionários mais jovens. As pessoas querem encontrar satisfação no trabalho. Pesquisas mostram que estar atento ao lado psicológico do ambiente de trabalho, incluindo aspectos como a sensação de importância, ter a oportunidade de fazer um trabalho significativo e a crença de que os trabalhadores estão contribuindo para o negócio, é, geralmente, mais importante para os funcionários que o salário e as condições de trabalho. Quando esses bons sentimentos estão presentes, a motivação tende a ser alta e o desempenho, a ser bom.

Como ótimo exemplo dessas questões, o autor Carmine Gallo, em seu livro *The Innovation Secrets of Steve Jobs*, descreve vários princípios de gestão significativos originados do fundador e CEO da Apple, Steve Jobs. Eis alguns que se aplicam ao desafio da motivação dos funcionários:

- **Ajudar as pessoas a encontrarem o que amam em seu trabalho.** Se as pessoas fizerem o que amam, a motivação e o desempenho nunca serão questionados.
- **Deixar uma marca no universo.** Inspire seus colaboradores a desenvolverem uma noção de sentido ao desempenho que esteja relacionado ao que a empresa está tentando realizar. Desenvolva um sentimento de propósito ao trabalho de todos.
- **Venda sonhos, não produtos.** Todos querem trabalhar com algo significativo neste mundo. Crie um sonho que seja maior que a força de trabalho toda.
- **Diga não a 1.000 coisas.** Permaneça focado na simplicidade do que pode ser feito. Evite a tentação de "adicionar" constantemente e mantenha todos concentrados nas poucas áreas de excelência.
- **Domine a mensagem.** Comunique-se com seus funcionários continuamente. Use histórias e exemplos para que entendam a verdadeira mensagem que deseja passar para o ambiente de trabalho.

Ao examinar a lista anterior, você poderá ver como os princípios estão relacionados à criação de uma experiência única e significativa para todos de uma empresa em crescimento. Quando o empreendedor conseguir compreender, e executar, de forma eficaz, tudo sobre o desafio dos recursos humanos, a transição de empreendedor para gestor será realizada com êxito.

Fonte: © Cengage Learning.

13.4 CONSTRUINDO UMA EMPRESA EMPREENDEDORA NO SÉCULO 21

OA9 Explorar os elementos para a construção de uma empresa empreendedora.

O ritmo e a magnitude da mudança continuam a acelerar na segunda década do século 21, e fazer com que a evolução e a transformação das empresas empreendedoras acompanhem esse ritmo é essencial. O modo como construir um potencial dinâmico diferente do dos concorrentes emergentes é o maior desafio para as empresas em crescimento que buscam se adaptar ao cenário de mudanças. Há duas formas de construir o potencial dinâmico: uma é interna (utilização da criatividade e do conhecimento dos colaboradores) e outra, externa[33] (busca de competências externas para complementar o potencial existente da empresa).[34] A tendência da globalização, o advento de novas tecnologias e o movimento da informação são exemplos de forças deste novo milênio que estão fazendo com que as empresas examinem sua cultura, sua estrutura e seus sistemas para obter flexibilidade e adaptabilidade. A inovação e o raciocínio empreendedor são elementos essenciais para as estratégias dos empreendimentos em crescimento.

Foi observado que os empreendedores (1) percebem uma oportunidade, (2) perseguem essa oportunidade e (3) acreditam que o sucesso do empreendimento é possível.[35] Essa crença geralmente se deve à singularidade da ideia, à força do produto ou aos conhecimentos/habilidades especiais do empreendedor. Esses mesmos fatores devem ser traduzidos na própria organização à medida que o empreendimento cresce.

13.4a Mentalidade empreendedora

É importante que o gestor do negócio mantenha um pensamento empreendedor. A Figura 13.6 ilustra o perigo de os empreendedores se tornarem burocratas repressores da inovação. A Tabela 13.3 fornece um esboço das diferenças entre mentalidade gerencial *versus* mentalidade empreendedora, com base na perspectiva de pressuposições de tomada de decisões, valores, crenças e abordagens dos problemas.

Em alguns casos, o sucesso afeta a vontade do empreendedor de mudar e inovar. Esse fato é verdadeiro principalmente quando a empresa desenvolveu uma noção de complacência e o empreendedor gosta desse ambiente: ele não quer mudar. Na realidade, alguns empreendedores vão criar um ambiente burocrático, no qual as ordens são dadas de cima para baixo e a mudança iniciada nos níveis mais baixos não é tolerada.[36] Como resultado, ninguém no empreendimento terá vontade de (ou será incentivado a) se tornar inovador ou empreendedor, pois o proprietário/fundador reprime essa atividade.

Um estudo descobriu que o empreendedor afeta diretamente a orientação do crescimento da empresa, medido pelas metas de rentabilidade, de produto/mercado, de recursos humanos e flexibilidade.[37] Se o empreendedor espera manter o clima criativo que o ajudou a lançar o empreendimento, devem ser tomadas medidas específicas.

13.4b Principais elementos para uma empresa empreendedora

É importante que os empreendedores estabeleçam um negócio que permaneça flexível depois da fase de start-up. A **empresa empreendedora** aumenta a oportunidade para seus colaboradores, inicia mudança e incute o desejo de ser inovador. Os empreendedores podem criar esse tipo de empresa de diversas formas.[38] A seguir estão regras que não são inflexíveis, mas que aumentam as chances do empreendimento de permanecer aberto a adaptações durante e após o estágio de crescimento.

FIGURA 13.6 MENTALIDADE EMPREENDEDORA.

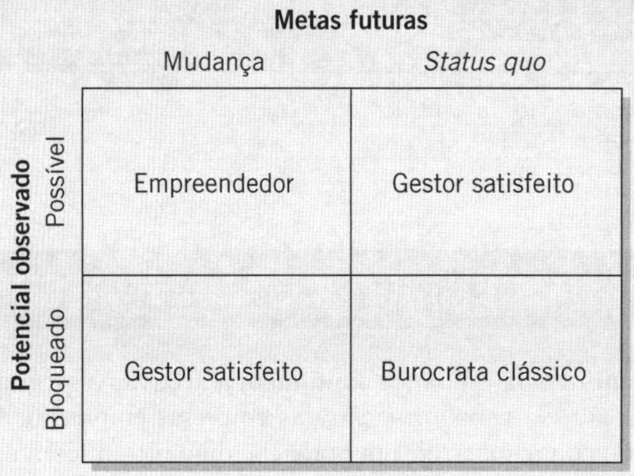

	Metas futuras	
	Mudança	*Status quo*
Potencial observado — Possível	Empreendedor	Gestor satisfeito
Potencial observado — Bloqueado	Gestor satisfeito	Burocrata clássico

TABELA 13.3 MENTALIDADE GERENCIAL *VERSUS* MENTALIDADE EMPREENDEDORA

	Mentalidade gerencial	Mentalidade empreendedora
Pressuposições de tomada de decisões	O passado é o melhor previsor do futuro. A maioria das decisões de negócios pode ser quantificada.	É provável que uma nova ideia ou visão criada com base em uma experiência única forneça a melhor estimativa das tendências emergentes.
Valores	As melhores decisões são as baseadas em análises quantitativas. / As análises rigorosas são muito valorizadas na tomada de decisões importantes.	Novas visões e experiências no mundo real são mais valorizadas que resultados baseados em dados históricos.
Crenças	Lei dos grandes números: o caos e a incerteza podem ser resolvidos analisando sistematicamente os dados certos.	Lei dos pequenos números: um incidente único ou vários incidentes isolados se tornam rapidamente essenciais para tomar decisões sobre tendências futuras.
Abordagem dos problemas	Os problemas representam uma mudança ruim nos eventos que ameaçam as projeções financeiras. / Os problemas devem ser resolvidos com análises comprovadas.	Os problemas representam uma oportunidade de detectar mudanças emergentes e, possivelmente, novas oportunidades de negócios.

Fonte: wright, M.; Hoskisson, R. E.; Busenitz, L. W. "Firm Rebirth: Buyouts as Facilitators of Strategic Growth and Entrepreneurship", *Academy of Management Executive*, n. 15, v. 1, 2001, p. 114.

COMPARTILHAR A VISÃO DO EMPREENDEDOR

A visão do empreendedor deve ser propagada em toda a organização para que os colaboradores compreendam a direção da empresa e compartilhem a responsabilidade do crescimento. A visão pode ser comunicada diretamente aos colaboradores em reuniões, conversas ou palestras, bem como em eventos ou atividades simbólicas, como reuniões sociais, eventos de reconhecimento e exibições. Qualquer que seja o formato, ter a visão compartilhada permite que os colaboradores embarquem no sonho e se tornem parte integral da criação do futuro.[39]

AUMENTAR A PERCEPÇÃO DA OPORTUNIDADE

Esta tarefa pode ser realizada com o planejamento cuidadoso do cargo. O trabalho deve ter objetivos definidos com os respectivos responsáveis. Cada nível de hierarquia deve ser informado de seu papel em produzir o resultado final do produto ou serviço. Esse procedimento é conhecido como "ficar próximo do cliente". Outra forma de aumentar a percepção da oportunidade é por meio de coordenação e integração cautelosas das áreas funcionais, permitindo que os colaboradores de diferentes áreas trabalhem juntos, como um todo.

INSTITUCIONALIZAR A MUDANÇA COMO OBJETIVO DO EMPREENDIMENTO

Dessa forma, há a preferência pela inovação e pela mudança em vez da preservação do *status quo*. Se a oportunidade deve ser percebida, o ambiente empresarial não deve apenas incentivá-la, mas também estabelecê-la como meta. Nesse contexto, o desejo de oportunidade pode existir se forem disponibilizados recursos e as barreiras entre os departamentos forem reduzidas.

INFUNDIR O DESEJO DE SER INOVADOR

O desejo dos colaboradores de buscar oportunidades deve ser cultivado com cautela. O uso de palavras, por si só, não criará o clima inovador.[40] Medidas específicas, como as que serão mencionadas adiante, devem ser seguidas.

Sistema de recompensa   Devem ser concedidas formas explícitas de reconhecimento para quem buscar oportunidades inovadoras. Por exemplo, bônus, prêmios, adiantamentos de salário e promoções devem estar vinculados diretamente às tentativas de inovação dos colaboradores.

Ambiente que permita falhas   O medo de falhar deve ser minimizado pelo reconhecimento geral de que, com frequência, são necessárias muitas tentativas antes de atingir o sucesso. Isso não implica que há busca ou desejo pela falha, mas promove a atitude de aprender com os erros, em vez de esperar punição por eles. Quando há esse tipo de ambiente, as pessoas ficam dispostas a aceitar os desafios de mudança e inovação.

Operações flexíveis   A flexibilidade cria a possibilidade de ocorrer mudança com efeito positivo. Se o empreendimento permanecer rigidamente ligado a planos ou estratégias não responderá a novas tecnologias, mudanças de clientes ou de ambiente. A inovação não ocorrerá porque "não terá lugar".

Desenvolvimento de equipes do empreendimento   Para que o ambiente promova a inovação, devem ser estabelecidas equipes e metas de desempenho de equipe. Estas equipes não devem ser somente grupos de trabalho, mas equipes visionárias e comprometidas, que possuam autoridade de criar novas direções, definir novos padrões e desafiar o *status quo*.[41]

13.5 PREOCUPAÇÕES GERENCIAIS PRÓPRIAS DOS EMPREENDIMENTOS EM CRESCIMENTO

OA10 Identificar as preocupações gerenciais únicas com os negócios em crescimento.

Os negócios emergentes diferem de muitas formas das empresas maiores e mais estruturadas. Há várias preocupações gerenciais relacionadas, em particular, aos negócios em crescimento que podem parecer insignificantes à operação de uma empresa grande, mas que são importantes aos empreendedores emergentes.

13.5a Especificidade do porte

A distinção de *pequenez* confere aos negócios emergentes algumas desvantagens. O mercado limitado, por exemplo, restringe uma empresa pequena. Em razão do pequeno porte, há uma limitação à capacidade da empresa de se expandir em uma região ou em um estado; a empresa deve, portanto, reconhecer e atender seu mercado disponível. Outra desvantagem são os custos mais altos de pedidos que dificultam a operação de muitas empresas pequenas. Por não fazerem pedidos de lotes grandes de fornecedores, os empreendimentos pequenos geralmente não recebem descontos por quantidade e devem pagar preços mais altos. Por fim, o tamanho restrito da empresa força-a a aceitar menos especialização de trabalho. Portanto, espera-se que os funcionários e gerentes atuem em diversas funções.

Contudo, a distinção de pequeno porte não é de todo ruim, e as vantagens de ser pequeno devem ser reconhecidas e capitalizadas. Uma vantagem é a maior flexibilidade. Em empreendimentos menores, as decisões podem ser tomadas e implantadas imediatamente, sem a necessidade de comitês e sem burocracia. Produção, marketing e serviço são áreas que podem ser ajustadas rapidamente para uma vantagem competitiva sobre empreendimentos maiores do mesmo segmento. Uma segunda vantagem é a comunicação constante com a comunidade.[42] O empreendedor mora na comunidade e está pessoalmente envolvido em seus assuntos. A visão especial desse envolvimento permite que o empreendedor ajuste os produtos ou serviços para se adequar às necessidades ou aos desejos específicos da comunidade. Isso leva à terceira vantagem e, provavelmente, a mais importante da proximidade com o cliente: a capacidade de oferecer serviço pessoal. Atualmente, o serviço pessoal que o empreendedor pode fornecer é um dos principais elementos de sucesso. As principais corporações trabalham incansavelmente para duplicar ou imitar a ideia do serviço pessoal. A oportunidade de oferecer esse tipo de serviço é uma vantagem das empresas emergentes pela natureza de seu porte e *deve* ser capitalizada.

13.5b Síndrome do centralizador

A maioria dos empreendedores começa seu negócio sozinho, com alguns membros da família ou com colegas próximos. De fato, o negócio é o empreendedor e o empreendedor é o negócio.[43] Mas surge um perigo se o empreendedor se recusar a abrir mão de qualquer autoridade à medida que o negócio emergente cresce. A **síndrome do centralizador** existe quando um empreendedor não consegue delegar a responsabilidade aos empregados, centralizando, assim, *todas* as tomadas de decisão. Um estudo revelou que a maior parte do planejamento nas empresas empreendedoras é realizada apenas pelo proprietário, bem como outras atividades operacionais.[44] Essa síndrome, em geral, é derivada do mesmo padrão de independência que ajudou a começar o negócio. Mas o proprietário que continua a atuar sozinho pode restringir o crescimento da empresa, pois sua capacidade é limitada. Como se pode alcançar o planejamento adequado para o negócio se o proprietário estiver imerso em operações diárias? Dessa forma, o empreendedor deve reconhecer a importância da delegação de responsabilidades. Se o proprietário puder se liberar da tendência natural de fazer tudo, o negócio será beneficiado com maior variedade de habilidades.

13.5c Gerenciamento de tempo

O gerenciamento de tempo adequado não é um desafio exclusivo dos empreendedores, mas o tamanho e a equipe limitados forçam o empreendedor a enfrentar esse desafio com mais diligência. Diz-se que uma pessoa nunca *terá* tempo de fazer tudo, mas deve *criar* tempo. Em outras palavras, os empreendedores devem aprender a usar o tempo como recurso e não deixar que o tempo os use.[45] Para realizar atividades gerenciais diárias usando o tempo da maneira mais eficaz, os proprietários/gestores devem seguir quatro passos essenciais:

1. **Avaliação.** O proprietário do negócio deve analisar suas atividades diárias e classificá-las em ordem de importância. (É recomendável fazer uma lista em um caderno.)
2. **Priorização.** O proprietário deve dividir e categorizar as atividades com base em sua habilidade de dedicar tempo necessário à tarefa **naquele** dia. Em outras palavras, o proprietário deve evitar a procrastinação de tarefas.
3. **Criação de procedimentos.** As atividades diárias repetitivas podem ser tratadas com facilidade por um colaborador se instruções forem fornecidas. A organização de tarefas pode economizar muito tempo ao proprietário, permitindo-lhe executar a quarta e última etapa.

4. **Delegação.** A delegação de responsabilidades pode ser realizada quando o proprietário criar procedimentos para diversos cargos. Conforme mencionado na descrição da síndrome do centralizador, a delegação é uma habilidade essencial que deve ser desenvolvida pelos empreendedores.

Todas essas etapas para o gerenciamento de tempo eficaz requerem disciplina por parte dos empreendedores.

13.5d Pressões da comunidade

A proximidade com a comunidade foi mencionada antes como vantagem para empreendimentos emergentes pequenos. Entretanto, diferentemente das grandes corporações com departamento de relações públicas, o empreendedor está envolvido diretamente com as atividades da comunidade, a qual apresenta uma pressão singular de três formas: participação, liderança e doações.

Cada uma dessas expectativas requer que os empreendedores planejem e gastem com cautela. Muitos membros das comunidades acreditam que o empreendedor tenha "excesso" de tempo porque é dono do negócio e que possui habilidades de liderança necessárias para diversas atividades da comunidade. Apesar de a última afirmação poder ser verdadeira, o proprietário geralmente não dispõe de tempo de sobra. Portanto, os empreendedores devem planejar cuidadosamente as atividades que acreditam ser mais benéficas. Uma consideração é a quantidade de publicidade ou de reconhecimento que o negócio vai receber pela participação do proprietário. Quando este puder justificar seu envolvimento na comunidade, tanto o negócio quanto a comunidade serão beneficiados.

As doações financeiras também necessitam de análise e orçamento criteriosos. Mais uma vez, em razão de os consumidores possuírem acesso ao empreendedor (ao contrário do CEO de uma grande corporação), este pode ser tomado por solicitações de doações para organizações de caridade e da comunidade. Por mais que a causa dessas organizações seja nobre, o empreendedor não pode apoiar a todas e ainda manter a saúde financeira. Assim, o proprietário deve decidir quais organizações ajudar e fazer o orçamento de uma quantia predeterminada para doações anuais. As demais solicitações de doações devem ser realizadas por escrito e enviadas ao empreendedor para consideração. Essa é a única forma de os empreendedores evitarem realizar doações constantes sem considerar o orçamento com cautela.

Um fato essencial a ser lembrado é que tempo e dinheiro são recursos extremamente valiosos para o empreendedor e devem ser avaliados no orçamento como itens significativos. Portanto, os empreendedores devem analisar seu envolvimento na comunidade e reavaliar continuamente os custos em relação aos benefícios.[46]

13.5e Aprendizado contínuo

Uma preocupação importante do empreendedor deve ser o aprendizado contínuo. Todas as preocupações mencionadas anteriormente deixam pouco tempo aos proprietários para manter ou aprimorar seu conhecimento gerencial e empreendedor. Contudo, o ambiente do século 21 produziu mudanças dramáticas que podem afetar os procedimentos, os processos, os programas, a filosofia ou até o produto de um negócio em crescimento. De acordo com o filósofo grego da Antiguidade, Epicteto, "é impossível para um homem aprender o que acha que já sabe". Essa frase ilustra a necessidade de os empreendedores dedicarem tempo ao aprendizado de novas técnicas e princípios para seu negócio. Associações comerciais, palestras, conferências, publicações e cursos em universidades oferecem oportunidades para que os empresários continuem sua educação empreendedora. Estar a par das mudanças do mercado é outra forma para os empreendedores poderem manter uma margem competitiva.

13.6 ATINGINDO A LIDERANÇA EMPREENDEDORA NO NOVO MILÊNIO

A liderança empreendedora pode ser o elemento mais primordial da gestão de empreendimentos de alto crescimento. Termos como *visionário* e *estratégico* foram utilizados para descrever diferentes tipos de líderes. A Tabela 13.4 oferece uma descrição abrangente de líderes estratégicos, líderes visionários e líderes gerenciais. Estudos demonstraram que o conceito por trás da liderança estratégica é o mais eficaz em organizações em crescimento.[47] Os pesquisadores R. Duane Ireland e Michael

TABELA 13.4 LIDERANÇA ESTRATÉGICA, VISIONÁRIA E GERENCIAL

Líderes estratégicos

- √ Fazem combinação sinérgica dos estilos de liderança gerencial e visionária.
- √ Dão ênfase ao comportamento ético e às decisões baseadas em valor.
- √ Inspecionam as responsabilidades operacionais (dia a dia) e estratégicas (longo prazo).
- √ Formulam e implantam estratégias para impacto e preservação imediatos de metas de longo prazo visando aumentar a sobrevivência, o crescimento e a viabilidade da organização.
- √ Possuem expectativas grandes e positivas do desempenho que esperam de seus superiores, colegas, subordinados e de si mesmos.
- √ Usam controles estratégicos e financeiros com ênfase nos estratégicos.
- √ Usam e trocam conhecimentos tácitos e explícitos sobre os níveis individual e organizacional.
- √ Usam padrões de raciocínio lineares e não lineares.
- √ Acreditam na escolha estratégica, ou seja, suas escolhas fazem a diferença em suas organizações e no ambiente.

Líderes visionários	Líderes gerenciais
√ São proativos, modelam ideias, mudam o modo de pensar das pessoas sobre o que é desejável, possível e necessário.	√ São reativos; adotam atitudes passivas em relação às metas; as metas surgem das necessidades, não dos desejos e sonhos; metas baseadas no passado.
√ Trabalham para desenvolver escolhas, novas abordagens para problemas antigos; trabalham a partir de posições de alto risco.	√ Veem o trabalho como processo capacitador que envolve a combinação de ideias e pessoas que interagem para estabelecer estratégias.
√ Estão preocupados com ideias; relacionam-se com as pessoas de forma intuitiva e empática.	√ Relacionam-se com as pessoas de acordo com seu papel no processo de tomada de decisões.
√ Sentem-se separados de seu ambiente; trabalham nas organizações, mas não pertencem a elas; a noção de quem são não depende do trabalho.	√ Veem a si próprios como conservadores e reguladores da ordem existente; a noção de quem são depende de sua função na organização.
√ Influenciam atitudes e opiniões de outros na organização.	√ Influenciam ações e decisões das pessoas com quem trabalham.
√ São preocupados em garantir o futuro da organização, especialmente desenvolvendo e gerenciando pessoas.	√ São envolvidos em situações e contextos típicos das atividades diárias.
√ São mais integrados na complexidade, na ambiguidade e na sobrecarga de informações; envolvidos em tarefas multifuncionais e integrativas.	√ São preocupados e sentem-se mais confortáveis com áreas funcionais de responsabilidades.
√ Sabem menos que seus especialistas de áreas funcionais.	√ São especialistas em sua área funcional.
√ São mais passíveis de tomar decisões com base em valores.	√ Menos passíveis de tomar decisões com base em valores.
√ Estão mais dispostos a investir em inovação, capital humano e a criar e manter uma cultura eficaz para garantir a viabilidade de longo prazo.	√ Envolvem-se e apoiam o comportamento de curto prazo e menor custo para melhorar números de desempenho financeiro.
√ Focam no conhecimento tácito e desenvolvem estratégias como formas comunitárias de conhecimento tácito que promovam a representação de uma visão.	√ Focam em administrar a troca e a combinação de conhecimento explícito e garantir a adequação a procedimentos de operação padrão.
√ Utilizam o pensamento não linear.	√ Utilizam o pensamento linear.
√ Acreditam na escolha estratégica, ou seja, suas escolhas fazem a diferença em suas organizações e no ambiente.	√ Acreditam no determinismo, ou seja, as escolhas que fazem são determinadas pelos ambientes interno e externo.

Fonte: Rowe, W. G. "Creating Wealth in Organizations: The Role of Strategic Leadership", *Academy of Management Executive*, n. 15, v. 1, 2001, p. 82

A. Hitt identificaram alguns dos conceitos mais importantes na liderança estratégica de sucesso.[48] Esse tipo de liderança pode ser classificado como **liderança empreendedora**, que surge quando o empreendedor tenta gerenciar uma empresa de ritmo acelerado orientada ao crescimento.[49]

A liderança empreendedora pode ser definida como a capacidade de um empreendedor de antecipar, visionar, manter a flexibilidade, pensar estrategicamente e trabalhar com outros para iniciar mudanças que criarão um futuro viável para a empresa. Se esses processos de liderança são difíceis de compreender pelos concorrentes – e, portanto, de imitar –, a empresa criará uma vantagem competitiva.

A economia de ritmo acelerado atual criou um novo cenário competitivo – um em que os eventos mudam de forma constante e imprevisível. Essas mudanças são de natureza revolucionária – ou seja, ocorrem de maneira rápida e com frequência contínua, afetando praticamente todas as partes da organização ao mesmo tempo. A ambiguidade que resulta das mudanças revolucionárias desafia as empresas e sua capacidade estratégica a aumentar a velocidade dos processos de tomada de decisão em que as estratégias são formuladas e implantadas.[50]

As empresas orientadas ao crescimento devem adotar uma nova mentalidade competitiva – uma em que a flexibilidade, a velocidade, a inovação e a liderança estratégica sejam altamente valorizadas. Com essa mentalidade, as empresas podem identificar e explorar totalmente as oportunidades que surgem no novo cenário competitivo. Tais oportunidades surgem primeiro por causa do desequilíbrio criado pelas mudanças contínuas (em especial as tecnológicas). De modo mais específico, apesar de a incerteza e do desequilíbrio geralmente resultarem em condições hostis e de intensa rivalidade, podem, ao mesmo tempo, gerar grandes oportunidades de crescimento orientadas ao produto. As empresas em crescimento podem adaptar seu comportamento e explorar essas oportunidades por meio da liderança empreendedora.[51]

RESUMO

Apesar de existirem muitas formas de planejar estrategicamente um empreendimento, todas têm um elemento em comum: cada uma é uma extensão da visão do empreendedor – cada uma toma o conceito de negócio do proprietário e o coloca em ação. Os empreendedores podem não usar o planejamento estratégico por muitos motivos, entre eles falta de tempo, falta de conhecimento sobre como planejar, falta de experiência no processo de planejamento e falta de confiança nos outros.

Há diversos benefícios do planejamento estratégico. Em particular, estudos mostraram que empresas pequenas que usam esse processo tendem a ter desempenho financeiro melhor que as que não usam. Outros benefícios incluem alocação mais eficiente de recursos, melhor posicionamento competitivo, maior motivação do funcionário e tomada de decisões mais rápida.

Dessa forma, os desafios de gerenciar o crescimento empreendedor foram examinados. O ciclo de vida comum do empreendimento tem cinco estágios: desenvolvimento, abertura, crescimento, estabilização e inovação ou declínio. Este capítulo focou em formas de manter uma estrutura de raciocínio empreendedor, fazendo, ao mesmo tempo, os ajustes necessários para lidar com a fase de crescimento. O equilíbrio das abordagens empreendedora e gerencial foi revisado nesta seção. O equilíbrio foi demonstrado levando em consideração cinco grandes fatores: orientação estratégica, compromisso em aproveitar oportunidades, comprometimento com recursos, controle de recursos e estrutura gerencial. Tal diferenciação dos principais fatores é importante para analisar os aspectos do empreendimento que necessitam de ênfase mais administrativa ou mais empreendedora.

Em seguida, o capítulo examinou a importância do estágio de crescimento do empreendimento. Salientando a metamorfose à qual o empreendimento é submetido, foram discutidos quatro fatores: controle, responsabilidade, tolerância ao erro e mudança. Além disso, foi apresentado o desafio de administrar o paradoxo e a contradição.

Os elementos envolvidos na construção da empresa empreendedora foram, então, discutidos. Ao criar a empresa empreendedora, os empreendedores devem se preocupar com três responsabilidades importantes: (1) aumentar a percepção de oportunidade, (2) institucionalizar a mudança como meta do empreendimento e (3) infundir o desejo de ser inovador. Além disso, as preocupações exclusivamente gerenciais também foram salientadas aos empreendedores.

Finalmente, a liderança empreendedora foi apresentada como forma de um empreendedor antecipar, visionar, manter a flexibilidade, pensar estrategicamente e trabalhar com outros para iniciar mudanças que criarão um futuro viável para o empreendimento orientado ao crescimento.

TERMOS-CHAVE

análise SWOT
atividades da start-up
desenvolvimento de empreendimento novo
empresa empreendedora
erro moral
erro pessoal
escassez de tempo
estágio de crescimento
estágio de estabilização
estágios do ciclo de vida
falha incontrolável
falta de confiança e abertura
falta de conhecimento
falta de experiência/competências
inovação
liderança empreendedora
matriz de estratégia empreendedora
parede de crescimento
percepção de alto custo
planejamento estratégico
reposicionamento estratégico
síndrome do centralizador

PERGUNTAS DE REVISÃO E DISCUSSÃO

1. De que forma a visão do empreendedor afeta o plano estratégico da empresa?
2. Como o plano estratégico do empreendedor engenheiro/cientista pode ser diferente do empreendedor cuja força principal está na área de fabricação?
3. Cite três motivos pelos quais os empreendedores não gostam de formular planos estratégicos.
4. O planejamento estratégico realmente compensa para as empresas empreendedoras?
5. Descreva a matriz de estratégia empreendedora e explique por que é eficaz para os empreendedores.
6. Identifique de maneira breve e descreva os estágios de desenvolvimento de um novo empreendimento.
7. Empresas que não inovam desaparecem. O que essa afirmação significa no contexto de novos empreendimentos?
8. Como os empreendedores podem criar uma empresa empreendedora? Dê resposta completa.
9. Os empreendimentos de sucesso equilibram as características empreendedoras com estilo gerencial. O que essa declaração quer dizer?
10. Comparar o foco empreendedor com o foco administrativo envolve cinco grandes áreas de consideração. Quais são elas?
11. Identifique e descreva os quatro fatores principais que devem ser considerados durante o estágio de crescimento.
12. O que significa administrar o paradoxo e a contradição?
13. Identifique cinco preocupações gerenciais únicas dos negócios em crescimento.
14. Defina a síndrome do centralizador.
15. Explique o conceito de liderança empreendedora.

NOTAS

1. Amar Bhide, "How Entrepreneurs Craft Strategies That Work," *Harvard Business Review*, n. 72, v. 2, março/abril 1994, p. 150-61; e Marc Gruber, "Uncovering the Value of Planning in New Venture Creation: A Process and Contingency Perspective", *Journal of Business Venturing*, n. 22, v. 6, 2007, p. 782-807.
2. Scott Shane e Frédéric Delmar, "Planning for the Market: Business Planning before Marketing and the Continuation of Organizing Efforts", *Journal of Business Venturing*, n. 19, v. 6, novembro/2004, p. 767-85.
3. Michael A. Hitt, R. Duane Ireland e Robert E. Hoskisson, *Strategic Management: Competitiveness and Globalization*, 11. ed. Mason, OH: Cengage Learning, 2015.
4. Veja: James R. Lang, Roger J. Calantone e Donald Gudmundson, "Small Firm Information Seeking as a Response to Environmental Threats and Opportunities", *Journal of Small Business Management*, n. 35, v. 1, 1997, p. 11-23; Reginald M. Beal, "Competing Effectively: Environmental Scanning, Competitive Strategy, and Organizational Performance in Small Manufacturing Firms", *Journal of Small Business Management*, n. 38, v. 1, 2000, p. 27-47; e Andreea N. Kiss and Pamela S. Barr, "New Venture Strategic Adaptation: The Interplay of Belief Structures and Industry Context", *Strategic Management Journal*, n. 36, v. 8, 2015, p. 1.245-63.
5. Henry Mintzberg, "The Fall and Rise of Strategic Planning", *Harvard Business Review*, n. 72, v. 1, janeiro/fevereiro 1994, p. 107-14.
6. Charles H. Matthews e Susanne G. Scott, "Uncertainty and Planning in Small and Entrepreneurial Firms: An Empirical Assessment", *Journal of Small Business Management*, n. 33, v. 4, 1995, p. 34-52; e Sigal Haber e Arie Reichel, "The Cumulative Nature of the Entrepreneurial Process: The Contribution of Human Capital, Planning, and Environmental Resources to Small Venture Performance", *Journal of Business Venturing*, n. 22, v. 1, 2007, p. 119-45.
7. John W. Mullins e David Forlani, "Missing the Boat or Sinking the Boat: A Study of New Venture Decision Making", *Journal of Business Venturing*, n. 20, v. 1, janei-

ro/2005, p. 47-69; e Michael D. Ensley, Craig L. Pearce e Keith M. Hmieleski, "The Moderating Effect of Environmental Dynamism on the Relationship Between Entrepreneur Leadership Behavior and New Venture Performance", *Journal of Business Venturing*, n. 21, v. 2, 2006, p. 243-63.
8. "The Business Failure Record," *Dun & Bradstreet*, 1995; veja também: "Global Business Failure Report", *Dun & Bradstreet Special Report*, junho/2012.
9. Richard B. Robinson, "The Importance of Outsiders in Small Firm Strategic Planning", *Academy of Management Journal*, n. 25, v. 2, março/1982, p. 80-93.
10. A. Bakr Ibrahim, "Strategy Types and Small Firm's Performance: An Empirical Investigation", *Journal of Small Business Strategy*, n. 4, v. 1, primavera/1991, p. 13-22.
11. Elaine Mosakowski, "A Resource-Based Perspective on the Dynamic Strategy – Performance Relationship: An Empirical Examination of the Focus and Differentiation Strategies in Entrepreneurial Firms", *Journal of Management*, n. 19, v. 4, 1993, p. 819-39.
12. Leslie W. Rue e Nabil A. Ibrahim, "The Relationship Between Planning Sophistication and Performance in Small Business", *Journal of Small Business Management*, n. 36, v. 4, 1998, p. 24-32.
13. Charles R. Schwenk e Charles B. Shrader, "Effects of Formal Strategic Planning on Financial Performance in Small Firms: A Meta Analysis", *Entrepreneurship Theory and Practice*, n. 17, v. 3, primavera/1993, p. 53-64; veja também: Philip D. Olson e Donald W. Bokor, "Strategy Process – Content Interaction: Effects on Growth Performance in Small, Startup Firms", *Journal of Small Business Management*, n. 33, v. 1, 1995, p. 34-44; e Patrice Perry-Rivers, "Stratification, Economic Adversity, and Entrepreneurial Launch: The Effect of Resource Position on Entrepreneurial Strategy", *Entrepreneurship Theory and Practice*, 2015, no prelo.
14. Michael E. Porter, "Knowing Your Place – How to Assess the Attractiveness of Your Industry and Your Company's Position in It", *Inc.* Setembro/1991, p. 90-94.
15. Ibidem, p. 93.
16. R. Duane Ireland, Michael A. Hitt, S. Michael Camp e Donald L. Sexton, "Integrating Entrepreneurship and Strategic Management Actions to Create Firm Wealth", *Academy of Management Executive*, n. 15, v. 1, fevereiro/2001, p. 49-63.
17. Michael E. Porter, "What Is Strategy?" *Harvard Business Review*, n. 74, v. 5, novembro/dezembro 1996, p. 61-78.
18. Matthew C. Sonfield e Robert N. Lussier, "The Entrepreneurial Strategy Matrix: A Model for New and Ongoing Ventures", *Business Horizons*, n. 40, v. 3, maio/junho 1997, p. 73-77.
19. Hyung Rok Yim, "Quality Shock vs. Market Shock: Lessons from Recently Established Rapidly Growing U.S. Startups", *Journal of Business Venturing*, n. 23, v. 2, 2008, p. 141-64; Alexander McKelvie e Johan Wiklund, "Advancing Firm Growth Research: A Focus on Growth Mode Instead of Growth Rate", *Entrepreneurship Theory and Practice*, n. 34, v. 2, 2010, p. 261-88; e Lorraine M. Uhlaner, André van Stel, Valérie Duplat e Haibo Zhou, "Disentangling the Effects of Organizational Capabilities, Innovation and Firm size on SME Sales Growth", *Small Business Economics*, n. 41, v. 3, 2013, p. 581-607.
20. Alfred Chandler, *Strategy and Structure*. Cambridge: MIT Press, 1962; veja também: Enno Masurel e Kees van Montfort, "Life Cycle Characteristics of Small Professional Service Firms", *Journal of Small Business Management*, n. 44, v. 3, 2006, p. 461-73.
21. Jeffrey G. Covin, Dennis P. Slevin e Michael B. Heeley, "Pioneers and Followers: Competitive Tactics, Environment, and Firm Growth", *Journal of Business Venturing*, n. 15, v. 2, 2000, p. 175-210; e Brandon A. Mueller, Varkey K. Titus, Jr., Jeffrey G. Covin e Dennis P. Slevin, "Pioneering Orientation and Firm Growth: Knowing When and to What Degree Pioneering Makes Sense", *Journal of Management*, n. 38, v. 5, 2012, p.1.517-49.
22. David E. Terpstra e Philip D. Olson, "Entrepreneurial Start-up and Growth: A Classification of Problems", *Entrepreneurship Theory and Practice*, n. 17, v. 3, 1993, p. 5-20; e Bret Golan, "Achieving Growth and Responsiveness: Process Management and Market Orientation in Small Firms", *Journal of Small Business Management*, n. 44, v. 3, 2006, p. 369-85.
23. Veja: Michael H. Morris, Nola N. Miyasaki, Craig R. Watters e Susan M. Coombes, "The Dilemma of Growth: Understanding Venture Size Choices of Women Entrepreneurs," *Journal of Small Business Management*, n. 44, v. 2, 2006, p. 221-44; e Donald F. Kuratko e Michael H. Morris, *Entrepreneurship & Leadership*. Cheltenham, UK: Edward Elgar Publishing, 2013.
24. Charles W. Hofer e Ram Charan, "The Transition to Professional Management: Mission Impossible?" *American Journal of Small Business*, n. 9, v. 1, verão/1984, p. 1-11; e Morten T. Hansen, Nitin Nohria e Thomas Tierney, "What's Your Strategy for Managing Knowledge?" *Harvard Business Review*, n. 77, v. 2, 1999, p. 106-16.
25. Shaker A. Zahra, "The Changing Rules of Global Competitiveness in the 21st Century", *Academy of Management Executive*, n. 13, v. 1, 1999, p. 36-42.
26. Howard H. Stevenson e Jose Carlos Jarillo-Mossi, "Preserving Entrepreneurship as Companies Grow", *Journal of Business Strategy*, n. 7, v. 1, verão/1986, p. 10; Jonathan Rowe, "Turning Darkness into Light: Strategic Thinking for Entrepreneurial Managers", *Engineering Management*, n. 16, v. 4, 2006, p. 42-45; e Steven W. Bradley, Johan Wiklund e Dean A. Shepherd, "Swinging a Double-edged Sword: The Effect of Slack on Entrepreneurial Management and Growth", *Journal of Business Venturing*, n. 26, v. 6, 2011, p. 537-54.
27. Jill Kickul e Lisa K. Gundry, "Prospecting for Strategic Advantage: The Proactive Entrepreneurial Personality and Small Firm Innovation", *Journal of Small Business Management*, n. 40, v. 2, 2002, p. 85-97.
28. Lanny Herron e Richard B. Robinson, Jr., "A Structural Model of the Effects of Entrepreneurial Characteristics on Venture Performance," *Journal of Business Venturing*, n. 8, v. 3, maio/1993, p. 281-94; Alvarez, S.A. e Barney, J.B., "How Do Entrepreneurs Organize Firms Under Conditions of Uncertainty?" *Journal of Management*, n. 31, v. 5,

2005, p. 776-93; Daniel V. Holland e Dean A. Shepherd, "Deciding to Persist: Adversity, Values, and Entrepreneurs' Decision Policies", *Entrepreneurship Theory and Practice*, n. 37, v. 2, 2013, p. 331-58.

29. Donald F. Kuratko, Jeffrey S. Hornsby e Laura M. Corso, "Building an Adaptive Firm," *Small Business Forum*, n. 14, v. 1, primavera/1996, p. 41-48; e Jonathan T. Eckhardt e Scott A. Shane, "Industry Changes in Technology and Complementary Assets and the Creation of High-Growth Firms", *Journal of Business Venturing*, n. 26, v. 4, 2011, p. 412-30.

30. Steven H. Hanks e L. R. McCarrey, "Beyond Survival: Reshaping Entrepreneurial Vision in Successful Growing Ventures", *Journal of Small Business Strategy*, n. 4, v. 1, primavera/1993, p. 1-12; Joern H. Block, Karsten Kohn, Danny Miller e Katrin Ullrich, "Necessity Entrepreneurship and Competitive Strategy", *Small Business Economics*, n. 44, v. 1, 2015, p. 37-54.

31. Veja: Sanjay Prasad Thakur, "Size of Investment, Opportunity Choice, and Human Resources in New Venture Growth: Some Typologies", *Journal of Business Venturing*, n. 14, v. 3, maio/1999, p. 283-309; e Massimo G. Colombo e Luca Grilli, "On Growth Drivers of High-Tech Start-ups: Exploring the Role of Founders' Human Capital and Venture Capital", *Journal of Business Venturing*, n. 25, v. 6, 2010, p. 610-26.

32. Jon R. Katzenbach e Douglas K. Smith, "The Discipline of Teams," *Harvard Business Review*, n. 70, v. 2, março/abril 1993, p. 111-20; Alexander L. M. Dingee, Brian Haslett e Leonard E. Smollen, "Characteristics of a Successful Entrepreneurial Management Team", in *Annual Editions 00/01*, Guilford, CT: Dushkin/McGraw-Hill, 2000/2001, p. 71-75; e G. Page West III, "Collective Cognitions: When Entrepreneurial Teams, Not Individuals, Make Decisions", *Entrepreneurship Theory and Practice*, n. 31, v. 1, 2007, p. 77-102.

33. Hofer e Charan, p. 3; veja também: William Lowell, "An Entrepreneur's Journey to the Next Level", *Small Business Forum*, n. 14, v. 1, primavera/1996, p. 68-74.

34. Hofer e Charan, p. 4.

35. John B. Miner, "Entrepreneurs, High Growth Entrepreneurs, and Managers: Contrasting and Overlapping Motivational Patterns," *Journal of Business Venturing*, n. 5, v. 4, julho/1990, p. 221-234; e Michael J. Roberts, "Managing Growth", in *New Business Ventures and the Entrepreneur*. New York: Irwin/McGraw-Hill, 1999, p. 460-64.

36. Howard H. Stevenson e David E. Gumpert, "The Heart of Entrepreneurship," *Harvard Business Review* n. 63, v. 2, março/abril 1985, p. 86-87; Jesper B. Sorensen, "Bureaucracy and Entrepreneurship: Workplace Effects on Entrepreneurial Entry," *Administrative Science Quarterly*, n. 52, v. 3, 2007, p. 387-412.

37. Jeffrey G. Covin e Dennis P. Slevin, "New Venture Strategic Posture, Structure, and Performance: An Industry Life Cycle Analysis", *Journal of Business Venturing*, n. 5, v. 4, março/1990, p. 123-33; veja também: Jeffrey G. Covin, Kimberly M. Green e Dennis P. Slevin, "Strategic Process Effects on the Entrepreneurial Orientation-Sales Growth Rate Relationships", *Entrepreneurship Theory and Practice*, n. 30, v. 1, 2006, p. 57-82.

38. Charles J. Fombrun e Stefan Wally, "Structuring Small Firms for Rapid Growth", *Journal of Business Venturing*, n. 4, v. 2, março/1989, p. 107-22; Donna J. Kelley e Mark P. Rice, "Advantage Beyond Founding: The Strategic Use of Technologies", *Journal of Business Venturing*, n. 17, v. 1, 2002, p. 41-58; veja também, Andrew J. Sherman, *Grow Fast Grow Right*. Chicago: Kaplan, 2007.

39. Donald C. Hambrick e Lynn M. Crozier, "Stumblers and Stars in the Management of Rapid Growth", *Journal of Business Venturing*, n. 1, v. 1, janeiro/1985, p. 31-45.

40. Richard L. Osborne, "Second Phase Entrepreneurship: Breaking Through the Growth Wall," *Business Horizons*, n. 37, v. 1, janeiro/fevereiro 1994, p. 80-86.

41. Ibidem, p. 82-85.

42. Veja: Jerry R. Cornwell, "The Entrepreneur as a Building Block for Community", *Journal of Developmental Entrepreneurship*, n. 3, v. 2, outono/inverno 1998, p. 141-48; e Ana María Peredo e James J. Chrisman, "Toward a Theory of Community-Based Enterprise", Academy of Management Review, n. 31, v. 2, 2006, p. 309-28.

43. David E. Gumpert e David P. Boyd, "The Loneliness of the Small Business Owner", *Harvard Business Review*, n. 62, v. 5, novembro/dezembro 1984, p. 19-24.

44. Douglas W. Naffziger e Donald F. Kuratko, "An Investigation into the Prevalence of Planning in Small Business", *Journal of Business and Entrepreneurship*, n. 3, v. 2, outubro/1991, p. 99-110; veja também: Marjorie A. Lyles, Inga S. Baird, J. Burdeane Orris e Donald F. Kuratko, "Formalized Planning in Small Business: Increasing Strategic Choices", *Journal of Small Business Management*, n. 31, v. 1, 1993, p. 38-50.

45. Charles R. Hobbs, "Time Power", *Small Business Reports*, janeiro/1990, p. 46-55; Jack Falvey, "New and Improved Time Management", *Small Business Reports*, julho/1990, p. 14-17; e Julie Morgenstern, *Time Management from the Inside Out: The Foolproof System for Taking Control of Your Schedule – and Your Life*, 2. ed. Nova York: Henry Holt/Owl Books, 2004.

46. Terry L. Besser, "Community Involvement and the Perception of Success Among Small Business Operators in Small Towns", *Journal of Small Business Management*, n. 37, v. 4, outubro/1999, p. 16-29; e Rhonda Walker Mack, "Event Sponsorship: An Exploratory Study of Small Business Objectives, Practices, and Perceptions", *Journal of Small Business Management*, n. 37, v. 3, julho/1999, p. 25-30.

47. W. Glenn Rowe, "Creating Wealth in Organizations: The Role of Strategic Leadership", *Academy of Management Executive*, n. 15, v. 1, 2001, p. 81-94.

48. R. Duane Ireland e Michael A. Hitt, "Achieving and Maintaining Strategic Competitiveness in the 21st Century: The Role of Strategic Leadership", *Academy of Management Executive*, n. 13, v. 1, 1999, p. 43-57.

49. Michael A. Hitt, R. Duane Ireland, S. Michael Camp e Donald L. Sexton, "Strategic Entrepreneurship: Entrepreneurial Strategies for Wealth Creation", *Strategic Management Journal*, n. 22, v. 6, 2001, p. 479-92; veja também: John L. Thompson, "A Strategic Perspective of

Entrepreneurship", *International Journal of Entrepreneurial Behavior & Research*, n. 5, v. 6, 1999, p. 279-96; Catherine M. Daily, Patricia P. McDougall, Jeffrey G. Covin e Dan R. Dalton, "Governance and Strategic Leadership in Entrepreneurial Firms", *Journal of Management*, n. 28, v. 3, 2002, p. 387-412; e Kuratko e Morris, *Entrepreneurship & Leadership*.

50. E. H. Kessler e A. K. Chakrabarti, "Innovation Speed: A Conceptual Model of Context, Antecedents, and Outcomes", *Academy of Management Review*, n. 21, 1996, p. 1.143-91; Kathleen M. Eisenhardt, Nathan R. Furr e Christopher B. Bingham, "Microfoundations of Performance: Balancing Efficiency and Flexibility in Dynamic Environments", *Organization Science*, n. 21, v. 6, 2005, p. 1.263-73; e Donald F. Kuratko, "The Entrepreneurial Imperative of the 21st Century", *Business Horizons*, n. 52, v. 5, 2009, p. 421-28.

51. Donald F. Kuratko, R. Duane Ireland e Jeffrey S. Hornsby, "Improving Firm Performance Through Entrepreneurial Actions: Acordia's Corporate Entrepreneurship Strategy", *Academy of Management Executive*, n. 15, v. 4, 2001, p. 60-71; V. Gupta, Ian C. MacMillan e G. Surie, "Entrepreneurial Leadership: Developing and Measuring a Cross-Cultural Construct", *Journal of Business Venturing*, n. 19, n. 2, 2004, p. 241-60.

CAPÍTULO 14

Valoração de empresas empreendedoras

OBJETIVOS DE APRENDIZAGEM

1. Explicar a importância da valoração.
2. Examinar os problemas subjacentes ao processo de aquisição.
3. Descrever os elementos básicos da diligência devida (*due diligence*).
4. Descrever os diversos aspectos da análise de um negócio.
5. Apresentar os principais pontos a serem considerados ao estabelecer um valor para a empresa.
6. Destacar os métodos disponíveis para valorar um empreendimento.
7. Examinar os três principais métodos atualmente adotados nas valorações de negócios.
8. Considerar os fatores adicionais que afetam a valoração do empreendimento.

Pensamento empreendedor

Não há nada mais subjetivo do que definir o valor da empresa que você criou do zero. Não existe um mercado de empresas de capital fechado com o qual você consiga definir um preço de referência para empresas iguais à sua nos seus ativos intangíveis, como marca, mercado conquistado, negócios mal feitos, erros cometidos, lições aprendidas.

— José Antonio Lerosa de Siqueira, Revisor técnico

14.1 A IMPORTÂNCIA DA AVALIAÇÃO DO NEGÓCIO

OA1 Explicar a importância da valoração.

Todo empreendedor deve conseguir calcular o valor do seu negócio e, também, determinar o valor da operação do concorrente. Essa **valoração do negócio** é essencial nas seguintes situações:

- Comprar ou vender um negócio, divisão ou ativo maior.
- Estabelecer um plano de participação acionária para os funcionários (ESOP — *employee stock option plan*) ou de divisão de lucros.
- Levantar capital para crescimento por meio de garantias de ações ou empréstimos conversíveis.
- Determinar os passivos fiscais de herança (potenciais passivos fiscais de espólio).
- Fazer doação de ações para membros da família.
- Estruturar um acordo de compra e venda com acionistas.
- Tentar comprar a parte do sócio.
- Abertura do capital da empresa ou venda privada de ações.

Saber o valor real do empreendimento é igualmente importante. Essa valoração pode fornecer uma maneira de rastrear periodicamente os aumentos ou as reduções no valor do negócio.[1]

14.2 PROBLEMAS SUBJACENTES AO ADQUIRIR UM EMPREENDIMENTO

OA2 Examinar os problemas subjacentes ao processo de aquisição.

Conforme demonstramos no Capítulo 6, adquirir um empreendimento é um caminho para entrar na arena empreendedora. Um dos principais motivos de se avaliar um empreendimento é o fato de ele estar à venda; por isso, examinaremos alguns pontos a mais a respeito da aquisição de um empreendimento. Três questões interferem na valoração adequada de um empreendimento a ser adquirido: (1) objetivos diferentes do comprador e do vendedor, (2) o viés emocional do vendedor, e (3) os motivos para a aquisição.

14.2a Objetivos do comprador e do vendedor

É importante lembrar os motivos para a valoração de uma empresa. Ambas as partes principais da transação — comprador e vendedor — atribuirão valores diferentes para a empresa em razão de seus objetivos básicos. O vendedor tentará estabelecer o maior valor possível para o negócio, sem prestar atenção às considerações realistas do mercado, do ambiente ou da economia — para ele, a empresa pode representar um investimento de uma vida ou, no mínimo, um investimento que lhe custou muito esforço. O comprador, por outro lado, tentará determinar o menor preço possível a ser pago; para ele, a empresa é considerada um investimento, e sua avaliação foca o potencial de lucro. Como resultado, ele tem, muitas vezes, uma visão pessimista. É importante que haja a compreensão da posição de ambas as partes no processo de valoração.

14.2b Viés emocional

O segundo problema na valoração de um negócio é o **viés emocional** do vendedor. Sempre que alguém inicia um empreendimento, cultiva-o na fase de crescimento e torna-o um negócio lucrativo, essa pessoa tende a acreditar que a empresa vale muito mais que as pessoas de fora acham que vale. Portanto, os empreendedores devem tentar ser o mais objetivo possível na determinação de um valor justo para a empresa (percebendo que esse montante justo será negociável).

14.2c Motivos para a aquisição

O terceiro problema na valoração de um negócio é o motivo pelo qual o empreendedor o está adquirindo. A seguir estão alguns dos motivos mais comuns para a aquisição:

- Desenvolver mais produtos em fase de crescimento mediante a aquisição de um negócio que tenha desenvolvido novos produtos em seu setor.
- Aumentar o número de clientes mediante a aquisição de um negócio cujos clientes atuais aumentarão substancialmente a carteira de clientes da empresa.

- Aumentar a participação no mercado mediante a aquisição de um negócio no setor da empresa.
- Melhorar ou alterar os canais de distribuição mediante a aquisição de um negócio com superioridade reconhecida no canal de distribuição atual da empresa.
- Expandir a linha de produtos mediante a aquisição de um negócio cujos produtos complementem e completem a linha de produtos da empresa.
- Desenvolver ou melhorar as operações de atendimento ao cliente mediante a aquisição de um negócio com uma operação de serviços estabelecida, bem como uma rede de serviços ao cliente que inclua os produtos da empresa.
- Reduzir a alavancagem operacional e aumentar a absorção de custos fixos mediante a aquisição de um negócio com menor grau de alavancagem operacional e potencial para absorver os custos fixos da empresa.
- Usar a capacidade ociosa ou excedente da fábrica mediante a aquisição de um negócio que possa operar nas instalações da fábrica atual da empresa.
- Integrar verticalmente, seja para cima ou para baixo, mediante a aquisição de um negócio que seja um fornecedor ou distribuidor
- Reduzir os níveis de estoque mediante a aquisição de um negócio que seja um cliente (mas não um usuário final) e ajustar os níveis de estoque da empresa para conciliar melhor com as encomendas da empresa adquirida.
- Reduzir os custos operacionais indiretos mediante a aquisição de uma empresa que permitirá a eliminação de custos operacionais redundantes, como armazenamento e distribuição.
- Reduzir os custos fixos mediante a aquisição de uma empresa que permitirá a eliminação de custos fixos redundantes, como grupos funcionais corporativos e de pessoal.[2]

Em resumo, é importante que o empreendedor e todas as outras partes envolvidas visualizem objetivamente as operações e o potencial da empresa. Uma avaliação dos seguintes pontos pode ajudar nesse processo:

- O potencial de a empresa se pagar por si própria em um período razoável.
- As dificuldades que os novos proprietários enfrentarão durante o período de transição.
- O montante de títulos ou riscos envolvidos na transação; mudanças nas taxas de juros.
- O efeito sobre o valor da empresa caso uma reversão seja necessária.
- O número de potenciais compradores.
- A predisposição dos gestores atuais em permanecer na empresa.
- Os impostos associados à compra ou venda de um empreendimento.

14.3 DILIGÊNCIA DEVIDA

OA3 Descrever os elementos básicos da diligência devida.

Ao considerar a aquisição de um empreendimento, um empreendedor deve executar uma **diligência devida** (*due diligence*) completa, o que significa fazer uma análise detalhada de todas as facetas do negócio existente. A Tabela 14.1 fornece um esboço de diligência que é usado para avaliar a viabilidade do plano de negócios de uma empresa. Observe como cada um dos grandes segmentos é analisado, pela aplicação de questões específicas a essa parte.

TABELA 14.1 REALIZANDO A DILIGÊNCIA DEVIDA

Entender as principais perguntas a serem feitas em uma avaliação de diligência devida pode ser uma etapa fundamental para qualquer empreendedor que considere uma aquisição. Aqui são fornecidas as perguntas que afetam cada uma das principais seções analisadas em um possível candidato a aquisição.

I. **Análise do setor**
   A. Questões gerais do setor
      1. Quais são as principais características do setor (econômica, tecnológica, política, social, de mudança)?
      2. Como o plano as aborda? De que modo o empreendimento proposto é afetado por elas?

(Continua)

TABELA 14.1 REALIZANDO A DILIGÊNCIA DEVIDA (*Continuação*)

   3. Qual é a atratividade do setor em termos de perspectivas de rentabilidade acima da média?
   4. Qual é a taxa de crescimento do setor nos últimos cinco anos e o que está previsto para os próximos cinco? Forneça suporte específico ou justificativa para essas projeções.
   5. Já houve alguma transação recente no setor, como IPOs, LBOs, investimentos privados, fusões ou aquisições? Descreva as transações e forneça uma breve explicação dos acordos financeiros de cada uma.

  B. Questões de ambiente competitivo
   1. Quais forças competitivas (barreiras de entrada, substitutos, poder de compradores e fornecedores — a rivalidade é mencionada na próxima seção) estão em vigor no setor e quão fortes elas são?
   2. O plano identificou o ambiente competitivo? E como a empresa caberá nesse ambiente, incluindo o grau de saturação do mercado?
   3. Calcule o mercado total disponível em dólares.

  C. Análise primária do concorrente
   1. Compare e confronte os *principais* concorrentes, juntamente com dimensões competitivas fundamentais, incluindo:

Produto/Serviço	Pioneiro
Precificação	Participação no mercado
Distribuição	Tecnologia
Marketing	Apoio financeiro
Parcerias estratégicas	Desempenho financeiro

   2. Calcule a participação no mercado disponível para essa empresa ainda não capturada pelos concorrentes (dólares e usuários). Essa participação é suficiente para alcançar as projeções financeiras no plano?
   3. Quais empresas estão na posição competitiva mais forte/mais fraca?
   4. Quem, provavelmente, será o próximo a fazer quais movimentos competitivos?
   5. Quais fatores principais determinarão o sucesso ou a falha competitiva?

II. **Análise do mercado-alvo**
  A. Descreva o **mercado-alvo**: tamanho, escopo, crescimento, potencial de crescimento, impulsionadores de demanda, sensibilidade de preço, ciclo de vendas.
  B. Qual necessidade ou desejo a empresa está satisfazendo?
  C. Quais são as barreiras que impedirão os concorrentes de copiar o produto ou serviço desse empreendimento? Quais ineficiências de mercado existem?
  D. Quão forte é a força competitiva (rivalidade, substitutos) nesse mercado-alvo?
  E. Qual é a taxa de crescimento do mercado-alvo dos últimos cinco anos e o que está previsto para os próximos cinco? Forneça suporte/justificativa para essas projeções.

III. **Análise do empreendimento**
  A. Proposta de valor
   1. O que o empreendimento faz e como isso fornecerá valor para seus clientes e investidores?
  B. Equipe de gerência
   1. Essa equipe tem o que é preciso para tornar esse empreendimento um sucesso?
   2. O sucesso depende de uma pessoa-chave? Em caso afirmativo, isso é reconhecido ou tratado no plano (sucessão, substituição de pessoa-chave etc.)?
   3. Faltas de colaboradores: há planos para lidar com isso?
  C. Modelo de negócio
   1. Como a empresa ganha dinheiro?
   2. Como e quando ela planeja ser lucrativa?
   3. O plano segue uma fórmula de sucesso demonstrada? Por exemplo, discuta uma empresa semelhante em termos de porte (receitas/funcionários), operações e modelo de receita e/ou de negócios. Essas empresas podem ser concorrentes diretos ou empresas semelhantes que não estão no mesmo mercado, mas, em vez disso, apenas um tipo parecido de empresa/modelo.

(*Continua*)

TABELA 14.1 REALIZANDO A DILIGÊNCIA DEVIDA (*Continuação*)

- D. Estratégia
    1. Como o empreendimento planeja alcançar o sucesso em seu modelo de negócio?
    2. Que outras abordagens estratégicas podem funcionar bem nessa situação?
- E. Plano de marketing
    1. Como o empreendimento vai transformar prospectos em clientes?
    2. Quem toma as decisões de compra do cliente? Quando e como essas decisões são tomadas? Que dimensões são fundamentais para o cliente em sua tomada de decisão? O plano é específico na identificação de estratégias nessa área?
    3. O empreendimento possui uma base de clientes atuais?
- F. Operações
    1. O plano operacional do empreendimento faz sentido em termos de dar suporte à sua estratégia e ao seu modelo de negócio?

IV. **Análise da situação**
- A. Quais são as forças, as fraquezas, as oportunidades e as ameaças da empresa?
- B. Consulte a análise de seu concorrente: a empresa é competitiva em relação a custos? Ela é diferenciada em comparação aos concorrentes? Como?
- C. Quão forte é a posição competitiva da empresa? Existem barreiras de entrada que a protejam? Quais são os principais fatores estratégicos que suportam essa proposta? Que fatores se contrapõem ao seu sucesso?
- D. Quais são os problemas estratégicos enfrentados pela empresa?

V. **Análise financeira**
- A. Análise de indicadores: liquidez, solvência, lucratividade, viabilidade.
- B. Compare os índices de crescimento projetados com os índices de crescimento histórico do setor. Indique por que essa empresa conseguirá sustentar o índice projetado acima do índice de seu setor. Se for determinado que as projeções são otimistas demais, o que pode ser esperado?
- C. Valoração
    1. Calcule a valoração pré-dinheiro. O que sustenta essa valoração (número de ações, preço por ação, balanço patrimonial auditado atual/múltiplos de receita aceita etc.)?
    2. Triangule* essa valoração (1) comparando os indicadores P/E ou múltiplos de receita de empresas semelhantes e (2) descontando as projeções de fluxo de caixa da empresa.
- D. Outras considerações financeiras:
    1. Dinheiro gasto ou necessário à fase de start-up da empresa.
    2. Taxa de combustão (*burn rate*) do caixa corrente.
    3. Caixa necessário para os primeiros cinco anos.
    4. Receitas de cinco anos.
    5. Lucros de cinco anos.
    6. Ponto de equilíbrio:
        a. Receitas
        b. Cronograma
- E. Considerações adicionais:
    1. Acurácia
    2. Anormalidades. O orçamento está alinhado ou fora de controle? A contabilidade está correta?
    3. Premissas necessárias
        a. O plano está bem escrito? Ele é conciso e vai direto ao ponto?
        b. Um "leigo" é capaz de entendê-lo?
        c. A ideia é viável?

---

* Usar para comparação os resultados obtidos por meio de dois outros métodos distintos. (N.R.T.)

(*Continua*)

TABELA 14.1 REALIZANDO A DILIGÊNCIA DEVIDA (Continuação)

    d. Isso é apropriado para um investimento de risco? Podemos esperar crescimento suficiente? Qual é a relação risco/benefício?

    e. Outros.

Apêndices

    A. Existem recursos e/ou uma bibliografia relacionada a ser verificada?

    B. Existe algum outro suporte detalhado para seções específicas do plano?

O empreendedor também pode aplicar uma abordagem mais geral para avaliar melhor a viabilidade da potencial aquisição; no entanto, uma área crítica que sempre precisa ser estudada é de *futuras tendências do negócio*, que requer um exame geral das tendências do setor, em particular, e de como esse negócio irá caber nele. Além disso, a saúde financeira do negócio precisa ser projetada e o *capital necessário para a sua compra* deve ser determinado; essa etapa requer a compreensão de que o preço de compra final não é o único fator a ser levado em conta. Reparos, novo estoque, despesas com abertura e capital de giro são apenas alguns dos custos adicionais a serem considerados. A Figura 14.1 ilustra como calcular o montante total necessário para se comprar um negócio.[4]

FIGURA 14.1 MONTANTE TOTAL NECESSÁRIO PARA COMPRAR UM NEGÓCIO.

Custo de vida familiar	Do último pagamento ao dia da posse	$ _____
	Despesas com transporte	_____
	Por três meses após o dia da posse	_____
Preço de compra	Montante total (ou adiantamento e mais três prestações mensais)	_____
Imposto sobre vendas	No mobiliário e equipamento comprado	_____
Serviços profissionais	Caução, contabilidade, jurídico	_____
Depósitos, pré-pagamentos, licenças	Aluguel do último mês (aluguel do primeiro mês na despesa operacional a seguir)	_____
	Depósitos de serviços públicos	_____
	Depósito do imposto sobre as vendas	_____
	Licenças de negócios	_____
	Prêmio de seguro	_____
Anúncios da aquisição	Publicidade em jornal	_____
	Anúncios por e-mail	_____
	Mudanças de sinalização externa	_____
	Nova papelada e formulários	_____
Novo estoque		_____
Novos equipamentos e instalações		_____
Remodelagem e redecoração		_____
Despesas operacionais de três meses	Inclusão de pagamentos de empréstimos	_____
Reserva para cumprir as contas dos clientes		_____
Dinheiro	Dinheiro em espécie, câmbio etc.	_____
	Total	$ _____

Nota: O dinheiro para despesas pessoais e de negócio para, pelo menos, três meses deve ser separado em uma caderneta de poupança e não usado para qualquer outro propósito. Isso serve de proteção para ajudar a passar pelo período inicial com um mínimo de preocupação. Se der para reservar dinheiro para um período maior, isso trará mais tranquilidade e ajudará o comprador a se concentrar na construção do negócio.

14.4 ANALISANDO OS NEGÓCIOS

OA4 Descrever os diversos aspectos da análise de um negócio.

Ao analisar empresas pequenas de capital fechado, os empreendedores não devem fazer comparações com grandes corporações. Muitos fatores distinguem esses tipos de corporações, e fatores de valoração que não têm nenhum efeito sobre grandes empresas podem ser significativamente importantes para empresas menores. Por exemplo, muitos empreendimentos de capital fechado possuem as seguintes limitações:

- *Falta de profundidade de gerenciamento*. Os graus de habilidade, versatilidade e competência são limitados.
- **Subcapitalização**. A quantidade de investimento de capital geralmente é baixa, muitas vezes indicando um elevado nível de endividamento.
- *Controles insuficientes*. Em razão da falta de gestão disponível e de capital extra, as medidas em vigor para o monitoramento e o controle das operações costumam ser limitadas.
- **Objetivos divergentes**. O empreendedor tem uma visão para o empreendimento que difere dos objetivos dos acionistas ou dos desejos dos investidores, causando assim conflitos internos na empresa.

Essas fragilidades indicam a necessidade de análise cuidadosa da empresa de pequeno porte.

A lista de verificação na Tabela 14.2, que é padronizada após as informações necessárias para um plano de negócios efetivo (consulte o Capítulo 12), fornece um método conciso para examinar os vários fatores que diferenciam uma empresa de outra.

TABELA 14.2 LISTA DE VERIFICAÇÃO PARA ANÁLISE DE UM NEGÓCIO

Histórico do negócio

O nome original do negócio e qualquer mudança subsequente de nome.

Data em que a empresa foi fundada.

Nomes de todas as subsidiárias e divisões, data em que foram formadas e suas funções.

Estados em que a empresa tem filial.

Revisão dos estatutos corporativo e social e das minutas.

Linha de negócios original da empresa e qualquer mudança subsequente.

Mercado e concorrência

Negócios importantes da empresa e do mercado.

Descrição dos principais projetos.

Literatura de venda dos produtos.

Potencial de crescimento dos principais mercados em que a empresa opera.

Nome, porte e posição de mercado dos principais concorrentes.

Como o produto da empresa difere do produto da concorrência?

Nicho de mercado da empresa.

Informações a respeito de nomes de marca, de negócio e de produto.

Padrão de vendas de linhas de produto — ou seja, as vendas são sazonais ou cíclicas?

Revisão de quaisquer informações estatísticas disponíveis no mercado, como associações comerciais e relatórios governamentais e do mercado de ações.

Precificação de produtos comparáveis.

Margem de lucro bruto em cada linha de produtos (analise o crescimento das vendas e as mudanças de lucro por três anos).

Concentração de negócios do governo.

Despesas com pesquisa e desenvolvimento — históricas e projetadas.

(Continua)

TABELA 14.2 LISTA DE VERIFICAÇÃO PARA ANÁLISE DE UM NEGÓCIO (*Continuação*)

Vendas e distribuição

Como a empresa vende: com equipe de vendas própria ou por meio de representantes do fabricante?

Compensação da equipe de vendas.

Detalhes sobre métodos de publicidade e despesas.

Detalhes sobre filiais de vendas, se houver.

Detalhes sobre termos de vendas padrão, descontos oferecidos e políticas de devolução e descontos.

Alguma venda é feita em consignação?

A empresa armazena seu estoque?

Se a empresa usar distribuidores, como eles são pagos e quais são suas responsabilidades? (Por exemplo: eles fornecem serviços de garantia?)

Os produtos da empresa são distribuídos nacionalmente ou em certa área geográfica?

Nomes e endereços dos principais clientes da empresa.

Volume de vendas para os principais clientes por linha de produto nos últimos anos.

Há quanto tempo os clientes compram da empresa?

Classificação de crédito dos principais clientes.

Histórico da experiência de inadimplência da empresa.

Detalhes sobre negócios de marca própria, se houver.

Os termos de vendas envolvem algum contrato de manutenção?

Os termos de vendas oferecem alguma garantia expressa ou implícita?

A empresa vivenciou algum problema de responsabilidade pelo produto?

A empresa aluga, além de vender, qualquer um de seus produtos?

Qual é a porcentagem do negócio em outros países? Como esse negócio é vendido, financiado e entregue?

Chegou algum novo produto no mercado que torna os produtos da empresa obsoletos ou menos competitivos?

Algum grande consumidor foi perdido? Se foi, por quê?

Porte e natureza do mercado: fragmentado ou controlado por grandes empresas?

Manufatura

Lista completa de todas as instalações da manufatura.

As instalações são próprias ou alugadas?

A empresa fabrica a partir de matérias-primas básicas ou sua operação é de montagem?

Tipos e disponibilidade de materiais necessários para fabricar o produto.

Duração total do ciclo de produção.

A empresa cria um produto padrão, tipo prateleira, fabrica por especificação ou faz ambas as coisas?

Como o controle de qualidade é tratado na fábrica?

Qual é o sistema de contabilidade para o trabalho no processo?

Alguma licença é necessária para fabricar o produto?

Qual é a capacidade de vendas presente, com base no equipamento de fabricação atual?

O processo de fabricação é de propriedade da empresa?

Qual é o histórico de segurança da empresa em suas operações de fábrica?

Existe algum problema com órgão como os de classe ou o Ibama?

Qual é a estabilidade das relações com os fornecedores da empresa?

Funcionários

Número total de funcionários por função.

Há um sindicato? Se houver um sindicato, quais as relações históricas dele com a empresa?

Alguma greve ou paralisação de trabalho?

Detalhes sobre o mercado de trabalho local.

Detalhes sobre as políticas de pessoal e salarial da empresa.

(*Continua*)

TABELA 14.2   LISTA DE VERIFICAÇÃO PARA ANÁLISE DE UM NEGÓCIO (Continuação)

A quantidade de colaboradores é fixa ou a força de trabalho pode variar facilmente dependendo do volume de negócios?

Qual é a rotatividade histórica de trabalhadores da empresa, especialmente na gerência?

Análise das condições de trabalho.

Análise do moral geral do colaborador.

A empresa já foi processada por violar leis federais — por exemplo, falta de segurança no trabalho, discriminação de minorias, práticas trabalhistas injustas?

Que benefícios adicionais oferece aos empregados, como período de férias, licença médica e assim por diante?

Instalações físicas

Lista de instalações usadas pela empresa, fornecendo localização, metragem quadrada e custo.

Quais instalações são próprias? Quais são alugadas?

Qual é a condição presente de todas as instalações, incluindo maquinário e equipamento?

Se alguma instalação for alugada, quais são os detalhes de prazo de vencimento, custo, opções de renovação de contrato e assim por diante?

As instalações atuais são adequadas às necessidades atuais e projetadas?

Algum problema maior ocorrerá caso uma expansão seja necessária?

Está sendo mantido um seguro adequado?

As instalações estão devidamente protegidas contra perda por acidentes; por exemplo, riscos de incêndio são prevenidos por meio de sistemas de *sprinkler*, há alarmes contra ladrões ou outras medidas?

As instalações são modernas e funcionais para o processo de trabalho dos funcionários?

As instalações possuem ar-condicionado e iluminação adequada, aquecimento, gás, água e serviço sanitário?

As instalações são facilmente acessíveis aos meios de transporte necessários?

Qual é o custo, valor líquido contábil e valor de substituição para os prédios e equipamentos de propriedade da empresa?

Propriedade

Lista de todos os proprietários atuais de ações ordinárias e preferenciais da empresa, por classe, se aplicável.

Lista de todas as pessoas com opções de exercício de compra futura de participações e os números de suas respectivas opções com preços e datas de vencimento.

Divisão de participação no capital por quantidade de cotas e porcentagem: real e proforma (assumindo que as garantias e opções de compra de ações tenham sido exercidas).

As ações ordinárias possuem direitos de preferência de liquidação, ou de dividendo?

As ações carregam uma carta de investimento?

Há restrições sobre a portabilidade das ações ou sobre a sua utilização como garantia?

Existe algum contrato de compra/venda?

Existe um plano de bonificação ou de compra de ações por colaboradores?

As ações são pagas integralmente?

Algum contrato de acionista está pendente?

Alguma ação foi vendida abaixo do valor nominal ou declarado?

Existe votação cumulativa?

Em relação às ações do proprietário principal, alguma ação foi doada ou depositada em confiança?

Quantas participações o acionista principal possui diretamente e beneficamente (incluindo familiares)?

Se todas as opções de ação e garantias forem exercidas, o acionista principal ainda controlará 51% da empresa?

Se um negócio estiver sendo comprado ou vendido, qual porcentagem do total de ações em circulação é necessária para a aprovação?

Financeiro

Três anos de demonstrações financeiras:

- Indicador corrente e indicador de liquidez imediata.
- Capital de giro líquido e ativos de liquidez imediata.

(Continua)

TABELA 14.2 LISTA DE VERIFICAÇÃO PARA ANÁLISE DE UM NEGÓCIO (*Continuação*)

- Total de dívida como uma porcentagem do capital próprio dos acionistas.
- Programas de aplicações financeiras incluindo origens.

Análise de indicadores de rotatividade e liquidez básica da empresa:

- Caixa como uma porcentagem de passivos correntes.
- Contas a receber e rotatividade de estoque.
- Idade das contas a pagar.
- Vendas para capital de giro líquido.

Se a empresa tiver subsidiárias (ou divisões), declarações de consolidação de lucros e perdas.

Verificação do saldo em caixa e dos saldos máximo e mínimo em caixa necessários ao longo do ano.

Se a empresa possuir títulos comercializáveis, qual o grau de liquidez (capacidade de venda) e quais os valores de mercado atuais?

Idade de todas as contas e notas a receber, qualquer concentração em clientes e adequação de reserva de inadimplência.

Base de custo para registrar estoques e quaisquer reservas de estoque; idade do estoque e relação ao custo de vendas (rotatividade).

Detalhes sobre todos os ativos fixos, incluindo data da compra, custo original, depreciação acumulada e valor de substituição.

Apreciações atuais de mercado em todos os ativos fixos, imóveis, maquinário e equipamentos.

Análise de quaisquer despesas antecipadas ou diferidas quanto à natureza e à amortização, ou adiantamento a afiliados; comparação do verdadeiro valor com o valor contábil; demonstrações financeiras.

Demonstrações financeiras pessoais dos principais acionistas.

Se a empresa portar algum patrimônio intangível, como patentes ou marcas comerciais, qual é seu verdadeiro valor (na medida do possível)? A empresa possui algum ativo intangível de valor não registrado nos livros, como um *mailing list* selecionado)?

Análise de todos os passivos correntes, incluindo idade de contas a pagar e detalhes de todos os débitos bancários e linhas de crédito, incluindo taxas de juros, prazos e garantias; contratos de empréstimo.

Detalhes de todas as dívidas de longo prazo pelo credor, incluindo convênios de contrato financeiro que possam afetar futuras operações.

Existe algum passivo contingente ou outros compromissos pendentes, como contrato de fornecedor de longo prazo?

Detalhes sobre franquia, locação e contratos de *royalties*

Contas de resultados para, pelo menos, três anos, e análise de qualquer variação significativa de porcentagem, ou seja, custo percentual de vendas.

Declarações fiscais da empresa — eles diferem das demonstrações financeiras? Que anos ainda podem estar sujeitos a auditoria?

Projeção de três anos de resultado e fluxo de caixa para razoabilidade de vendas futuras e lucros e para estabelecer necessidades financeiras.

Planos de pensão, de divisão de lucros e de bônus de ações para compromissos contratuais, e custos de responsabilidades pelo passado, não capitalizados.

Gerência

Detalhes sobre todos os executivos e diretores: tempo de serviço, idade, *background* empresarial, compensação e benefícios adicionais.

Participações na empresa: número de participações, opções de ações e garantias.

Detalhes semelhantes de outros gestores-chave que não sejam executivo nem diretor.

Organograma

Que benefícios adicionais, do tipo compensação, são oferecidos à gestão-chave: bônus, bônus de ações do plano de aposentadoria, seguro pago pela empresa, compensação diferida?

Qual é a reputação da equipe de gestão no setor?

Alguém da equipe de gestão possui alguma participação pessoal em outros negócios? Possui algum conflito de interesse?

A gestão-chave dedica 100% de seu tempo aos negócios?

Todos os contratos de trabalho: valor do salário, período, outros termos.

A gestão-chave concordou com a cláusula de não concorrência e de não divulgação de informações privilegiadas obtidas enquanto trabalhava na empresa?

(*Continua*)

14.5 ESTABELECENDO O VALOR DE UMA EMPRESA

OA5 Apresentar os principais pontos a serem considerados ao estabelecer um valor para a empresa.

Depois de usar a lista de verificação apresentada na Tabela 14.2, o empreendedor pode começar a examinar os diversos métodos usados para avaliar um negócio. O estabelecimento de um valor real é mais uma arte que uma ciência — estimativas, suposições e projeções são todas integrantes do processo. Os números quantificados são calculados com base, em parte, em valores e custos ocultos, como *goodwill*, despesas pessoais, membros da família na folha de pagamento, perdas planejadas e similares.[5]

Diversos métodos de valoração tradicionais são aqui apresentados, cada um usando uma abordagem particular que abrange esses valores e custos ocultos. Empregar esses métodos fornecerá ao empreendedor um entendimento geral de como funciona a análise financeira de uma empresa. Lembre-se também de que muitos desses métodos são usados simultaneamente, e que a determinação de valor *final* será o preço real acordado entre comprador e vendedor.

14.5a Métodos de valoração

OA6 Destacar os métodos disponíveis para valorar um empreendimento.

A Tabela 14.3 enumera os diversos métodos que podem ser usados para valoração do negócio. Cada método é descrito, e pontos-chave sobre eles são apresentados. Nesta seção, é dada atenção especial aos três métodos que são considerados as principais medidas usadas em avaliações correntes do negócio: (1) ativos tangíveis ajustados (valor de balanço patrimonial), (2) preço/lucro (valor de ganhos múltiplos) e (3) ganhos futuros descontados.

TABELA 14.3 MÉTODOS PARA VALORAÇÃO DE EMPREENDIMENTO

Método	Descrição/Explicação	Notas/Pontos principais
Preço fixo	Dois ou mais proprietários definem o valor inicial com base naquilo que eles "pensam" que o negócio vale. Usa dados de qualquer método ou uma combinação deles. Comum para contratos de compra e venda.	Há ineficiências em razão de estimativas pessoais. Deve permitir atualização periódica.
Valor contábil (conhecido como método de balanço patrimonial) 1. Tangível 2. Tangível ajustado	1. *Valor contábil tangível*: Definido pelo balanço patrimonial do negócio. Reflete o patrimônio líquido da empresa. Total de ativos menos total de passivos (ajustado para ativos intangíveis). 2. *Valor contábil tangível ajustado*: Usa a abordagem de valor contábil. Reflete o justo valor de mercado para certos ativos. Ajustes para baixo ou para cima em planta e equipamento, estoque e reservas para devedores inadimplentes.	Alguns ativos também se valorizam ou desvalorizam substancialmente, de modo que esta não é uma valoração precisa. Ajustes em ativos eliminam algumas das imprecisões e refletem um justo valor de mercado de cada ativo.
Múltiplos de resultados	Lucro líquido capitalizado usando uma proporção Preço/Lucro (receita líquida multiplicada por P/L). Taxa de capitalização de 15% muitas vezes utilizada (equivalente a um múltiplo P/L de 6,7, que é 1 dividido por 0,15). Negócios de alto crescimento usam taxa de capitalização mais baixa (por exemplo, 5%, que é múltiplo de 20). Negócios estáveis usam taxas de capitalização mais alta (por exemplo, 10%, que é múltiplo de 10). Valor derivado dividido pelo número de ações em circulação para obter valor por ação.	As taxas de capitalização variam de acordo com o crescimento da firma; portanto, as estimativas ou P/L usadas devem ser obtidas de corporação análoga de capital aberto.

(Continua)

TABELA 14.3 MÉTODOS PARA VALORAÇÃO DE EMPREENDIMENTO (*Continuação*)

Indicador Preço/Lucro (P/L)	Semelhante a uma abordagem de retorno sobre o investimento. Determinado pelo preço de ações ordinárias divididas pelos ganhos após os impostos. Empresas de capital fechado devem multiplicar a receita líquida por um múltiplo apropriado, em geral derivado de corporações análogas de capital aberto. Sensível a condições de mercado (preços de ações).	Mais comum com corporações públicas. Condições de mercado (preços de ações) afetam esse indicador.
Ganhos futuros descontados (fluxo de caixa descontado)	Tentativas de estabelecer o poder de futuros ganhos em dólares atuais. Projeta futuros ganhos (cinco anos), calcula o valor presente usando a taxa descontada. Com base no "calendário" projetado de rendimentos futuros.	Com base na premissa de que o fluxo de caixa é o fator mais importante. Método efetivo se (1) o negócio avaliado precisar gerar um retorno maior que o investimento e (2) só as entradas de caixa puderem fornecer dinheiro para reinvestir no crescimento.
Retorno sobre o investimento (ROI)	Lucro líquido dividido pelo investimento. Fornece um indicador de ganhos. Precisa calcular as probabilidades de ganhos futuros. Combina indicador de retorno, tabelas de valor presente e probabilidades ponderadas.	*Não* estabelecerá um valor para os negócios. Não fornece projeção de ganhos futuros.
Valor de substituição	Com base no valor de cada ativo, se ele tiver de ser *substituído* pelo custo atual. O patrimônio da empresa é calculado como se fosse construído do "zero". A inflação e a depreciação anual dos ativos são consideradas para levantar o valor acima do valor contábil relatado. *Não* reflete o poder de ganho ou os ativos intangíveis.	Útil para vender uma empresa que está buscando entrar em uma nova linha de negócio. Deixa de considerar os ganhos potenciais. Não inclui ativos intangíveis (marcas, patentes e assim por diante).
Valor de liquidação	Assume que o negócio cessa a operação. Vende ativos e paga os passivos. O montante líquido após o pagamento de todos os passivos é distribuído aos acionistas. Reflete o "valor mais baixo" de uma empresa. Indica o montante de dinheiro que poderia ser obtido por empréstimo com segurança. Tende a privilegiar o vendedor, porque todos os ativos são avaliados como se fossem convertidos em caixa.	Assume que cada divisão de ativos é vendida separadamente em leilão. Eficaz para dar o valor absoluto mais baixo, e abaixo do qual uma firma deve liquidar em vez de vender.
Ganhos excedentes	Desenvolvido pelo Tesouro dos Estados Unidos para determinar os ativos intangíveis de uma empresa (para fins de impostos sobre resultados). A intenção é que seja usado apenas quando não houver método melhor disponível. Serviço de receita interna refere-se a esse método como o último recurso. O método não inclui intangíveis com vida útil estimada, ou seja, patentes e direitos autorais.	Método de último recurso (se não houver outro método disponível). Usado muito raramente.
Valor de mercado	Precisa de um preço "conhecido" pago por um negócio semelhante. Dificuldade em encontrar comparações recentes. Os métodos de vendas podem ser diferentes — parcelas *versus* dinheiro vivo. Deve ser usado somente como referência.	Valioso somente como referência. Dificuldade de encontrar empresas semelhantes que tenham sido vendidas recentemente.

VALOR CONTÁBIL TANGÍVEL AJUSTADO

OA7 Examinar os três principais métodos atualmente adotados nas valorações de negócios.

Um método comum de se avaliar um negócio é calculando o seu valor líquido, como a diferença entre o total de ativos e de passivos. No entanto, é importante ajustar certos ativos, a fim de avaliar o verdadeiro patrimônio econômico, porque a inflação e a depreciação afetam o valor de alguns ativos.

No cálculo do **valor contábil tangível ajustado**, *goodwill*, patentes, custos de financiamento adiados e outros ativos intangíveis são considerados juntamente com os outros ativos e deduzidos ou adicionados ao patrimônio líquido. Esse ajuste ascendente ou descendente reflete o excedente do justo valor de mercado de cada ativo acima ou abaixo do valor relatado no balanço patrimonial. Veja um exemplo:

	Valor contábil	Valor justo de mercado
Estoque	$ 100.000	$ 125.000
Planta e equipamento	$ 400 mil	$ 600.000
Outros intangíveis		($ 50.000)
	—	—
	$ 500.000	$ 675.000

Excesso = $ 175.000

Lembre-se de que, em comparações do setor de valores ajustados, somente são incluídos os ativos usados na operação real do negócio.

Outros ajustes significativos de balanço patrimonial e de demonstrativos de resultados incluem (1) reservas contra inadimplência; (2) títulos de dívida de juros baixos e longo prazo; (3) investimentos em empresas coligadas; e (4) empréstimos e adiantamentos para executivos, funcionários ou outras empresas. Além disso, os ganhos devem ser ajustados. Somente os verdadeiros ganhos derivados das operações do negócio devem ser considerados. Os itens que ocorrem somente uma vez, como a venda de uma divisão ou de um ativo da empresa, devem ser excluídos. Além disso, se a empresa tem utilizado uma compensação de perda operacional líquida, de modo que seu resultado antes dos impostos não tenha sido totalmente tributado, isso também deve ser considerado.

Os ajustes de resultados para cima (ou para baixo) e do balanço patrimonial devem ser feitos para qualquer amortização de estoque ou inadimplência excepcionalmente grande e para certas práticas contábeis, como depreciação acelerada *versus* depreciação linear.

MÉTODO DA RELAÇÃO PREÇO/LUCRO (MÚLTIPLOS DE RESULTADOS)

A **relação preço/lucro (P/L)** é um método comum usado para avaliar empresas de capital aberto. A valoração é determinada dividindo-se o preço do mercado das ações ordinárias pelo lucro por ação. Uma empresa com 100 mil participações de ações ordinárias e um resultado líquido de 100 mil dólares teria ganhos por participação de 1 dólar. Se o preço em bolsa subir para 5 dólares por ação, o P/L seria 5 (5 dólares dividido por 1 dólar). Além disso, como a empresa possui 100 mil ações ordinárias, a valoração dela agora seria de 500 mil dólares (100 mil participações × 5 dólares).

A vantagem primária de uma abordagem preço/lucro é a sua simplicidade. No entanto, essa vantagem se aplica somente a empresas de capital aberto. Empresas de capital fechado não possuem preços no mercado aberto para suas ações e, portanto, devem contar com a utilização de um múltiplo derivado que compare a empresa a corporações públicas análogas. Essa abordagem possui quatro principais inconvenientes:[6]

1. A ação de uma empresa privada não é publicamente negociada. É ilíquida, ou seja, não registrada na Comissão de Valores Mobiliários, e sua venda pode, realmente, ser impedida. Assim, qualquer múltiplo P/L geralmente deve, por definição, ser subjetivo e menor que o múltiplo comandado por ações de capital aberto comparáveis.

2. O lucro líquido declarado de uma empresa privada pode não refletir realmente seu poder de ganho real. Para evitar ou adiar o pagamento dos impostos, muitos proprietários de negócios preferem manter o resultado antes dos impostos em um nível baixo. Além disso, a empresa de capital fechado pode estar "exagerando" nos benefícios adicionais (*fringe benefits*) instituídos primariamente para benefício do proprietário.

3. As ações ordinárias compradas e vendidas no mercado aberto costumam refletir apenas uma pequena parcela da propriedade total de um negócio. A venda de um bloco controlador de ações (em geral de negócios de capital fechado) demanda um prêmio.
4. É muito difícil encontrar uma empresa de capital aberto totalmente comparável, inclusive no mesmo setor. Indicadores de crescimento, concorrência, pagamentos de dividendos e perfis financeiros (liquidez e alavancagem) raramente serão iguais.

Segue-se um exemplo de como o método de múltiplos de resultados pode ser usado quando aplicado em uma empresa de capital fechado:

$$
\begin{aligned}
\text{Participações de ações comuns} &= 100.000 \\
\text{Resultado líquido de 2015} &= \$\ 100.000 \\
15\%\ \text{da taxa de capitalização assumida} &= 6{,}7\ \text{múltiplo de preço/lucro} \\
&\quad (\text{derivado dividindo 1 por 15 e multiplicando} \\
&\quad \text{o resultado por 100}) \\
\text{Preço por ação} &= \$\ 6{,}70 \\
\text{Valor da empresa} &= 100.000 \times \$\ 6{,}70 = \$\ 670.000
\end{aligned}
$$

MÉTODO DE FLUXO DE CAIXA DESCONTADO

A maioria dos analistas concorda que o valor real de qualquer empreendimento é seu poder de ganho em potencial. O **método de fluxo de caixa descontado**, mais que qualquer outro, determina o verdadeiro valor da empresa. Um exemplo de uma fórmula de precificação que usa o poder de gerar receita, bem como o valor contábil tangível ajustado, é ilustrado na Figura 14.2.

O PROCESSO EMPREENDEDOR

A valoração do Facebook: realidade ou fantasia?

Em maio de 2012, o site de rede social incrivelmente bem-sucedido, Facebook, tinha uma valoração inicial de mais de 100 bilhões de dólares. Alguns investidores pagaram a quantia de 45 dólares por participação para o Facebook no dia da abertura, que, por algum momento pelo menos, avaliou a empresa em mais de 133 bilhões de dólares — isso era equivalente ao valor da Amazon.com e excedia o valor da Hewlett-Packard e da Dell, combinadas. Especialistas argumentaram que a valoração era muito alta para uma empresa que, em 2011, tinha um lucro de 1 bilhão de dólares a partir de uma receita de 3,7 bilhões de dólares.

A maioria dos especialistas em valoração concordava que 50 bilhões de dólares teria sido um valor mais alinhado ao potencial de ganhos verdadeiros da empresa. A valoração teria colocado o preço da ação original mais perto de 20 dólares. Mas o fato de o Facebook ter muitos anunciantes e de ter construído uma gigantesca comunidade que segue suas plataformas forneceu uma sólida base para a construção de um negócio crescente.

Na oferta pública inicial, o Facebook levantou 16 bilhões de dólares. O preço de lançamento de suas ações foi cem vezes superior aos ganhos históricos, *em comparação com* o preço de ações da Apple, que é 14 vezes os ganhos históricos. Mesmo com esse preço extremamente alto, inúmeros investidores descobriram que o preço das ações dispararia ainda mais, porque o Facebook é líder em rede social com quase 1 bilhão de usuários (uma a cada sete pessoas no planeta).

Quando um erro de *software* na troca da Nasdaq OMX U.S. atrasou o início da comercialização em 30 minutos, as reclamações de "divulgação seletiva" que antecederam a abertura de capital sobre a desaceleração no crescimento da receita do Facebook lançaram controvérsias sobre a empresa. Em seguida, a percepção de alguns investidores foi de que as ações estavam demasiadamente caras no início.

O preço da ação do Facebook começou a cair à medida que circulavam as preocupações sobre as perspectivas comerciais de longo prazo da rede social e uma oferta inicial excessivamente cara. Em um ponto, o preço das ações caiu 10%, chegando a um mínimo de 28,65 dólares. Desde o dia da abertura, com o preço das ações a 38 dólares, e alguns investidores chegando a pagar 45 dólares, a empresa de oito anos perdeu aproximadamente 25 bilhões de dólares em valor.

Alguns analistas preveem que os desafios de ganhar dinheiro com usuários de *smartphones* e *tablets* pode causar dificuldades para o Facebook em garantir grandes anunciantes onde a maioria de sua receita se encontra. Terá o Facebook as métricas para comprovar lucratividade e crescimento no futuro? Só o tempo (e o mercado) dirá.

Fonte: Adaptado de Larry Magid, "Facebook's Real Value Has Nothing to Do with Its Stock Price", *Forbes*, 30 maio 2012. Disponível em: http://www.forbes.com/sites/larrymagid/2012/05/30/facebooks-real-value-has-nothing-to-do-with-itsstock-price. Acesso em: 31 maio 2012; Alistair Barr e Edwin Chan, "Facebook Shares Plumb New Depths, Valuation Questioned", *Reuters*, 29/maio/2012 (disponível em: http://www.reuters.com/article/2012/05/30/us-facebook-shares-idUS-BRE84S0VR20120530. Acesso em: 31 maio 2012.

FIGURA 14.2 — A FÓRMULA DA PRECIFICAÇÃO.

O processo passo a passo, a seguir, descreve a fórmula de precificação tradicional usada para calcular o valor de um negócio:

Passo 1. Determine o patrimônio líquido tangível ajustado do negócio, ou seja, o valor de mercado total de todos os ativos correntes e de longo prazo menos os passivos.

Passo 2. Estime quanto o comprador poderia ganhar atualmente caso investisse em outro lugar um montante igual ao valor do patrimônio líquido tangível (poder de ganho ou custo de oportunidade).

Passo 3. Adicione isso a um salário normal para um operador proprietário do negócio. Esse valor combinado fornece uma estimativa razoável do resultado que o comprador poderá ganhar em algum lugar com o investimento e o esforço envolvidos no trabalho no negócio.

Passo 4. Determine a média de ganhos líquidos anuais do negócio (lucro líquido antes de subtrair o salário do proprietário) nos últimos anos.

Isso é feito antes dos impostos sobre a receita, a fim de que seja comparável com os ganhos de outras fontes ou por indivíduos em diferentes categorias de impostos (as implicações fiscais de investimentos alternativos devem ser cuidadosamente consideradas).

Essa tendência de lucros é um fator-chave. Eles têm aumentado de forma estável, caído de forma estável, permanecido constante ou se mantido flutuante? O valor dos ganhos deve ser ajustado para refletir essas tendências.

Passo 5. Subtraia o total do poder de ganho (2) e o salário razoável (3) desse valor de ganhos médios líquidos (4) — isso dá o poder de ganho extra do negócio.

Passo 6. Use esse valor de ganhos extras para estimar o valor dos intangíveis. Isso é feito multiplicando-se os ganhos extras por aquilo que é denominado valor de "anos de lucro".

Esse multiplicador de "anos de lucro" gira em torno desses pontos. Qual a singularidade (qual é o grau de exclusividade) desses intangíveis oferecidos pela empresa? Quanto tempo demoraria para configurar um negócio semelhante e trazê-lo para esse estágio de desenvolvimento? Quais despesas e riscos estariam envolvidos? Qual é o preço do *goodwill* em empresas semelhantes? O vendedor assinará um contrato de não concorrência?

Se os negócios estiverem bem estabelecidos, um fator de cinco ou mais pode ser usado, especialmente se a empresa tiver nome, patente ou local valiosos. Um multiplicador de três pode ser razoável para uma empresa moderadamente sazonal. Já uma empresa mais jovem, mas lucrativa, pode ter meramente um valor de lucro de um ano.

Passo 7. O preço final é igual ao patrimônio líquido tangível ajustado mais o valor de intangíveis (ganhos extras vezes "anos de lucro").

Exemplo	Empresa X	Empresa Y
1. Valor ajustado do patrimônio líquido tangível (ativos menos passivos)	2.000.000	2.000.000
2. Poder de ganho (custo de oportunidade) em 8%[a] sobre um montante igual ao patrimônio líquido tangível ajustado, se investido em um negócio de risco comparável	160.000	160.000
3. Salário razoável para o proprietário operador do negócio	50.000	50.000
4. Ganhos líquidos do negócio nos anos recentes (lucro líquido antes de tirar o salário do proprietário)	255.000	209.000
5. Poder de ganho extra do negócio (linha 4 menos linhas 2 e 3)	45.000	(1.000)
6. Valor de intangíveis — usando o valor referente ao lucro de três anos para uma empresa moderadamente bem estabelecida (3 vezes a linha 5)	135.000	0
7. Preço final (linhas 1 e 6)	2.135.000	2.000.000 (ou menos)

Com a *Empresa X*, o vendedor recebe um valor por seu patrimônio intangível (*goodwill*) porque o negócio está moderadamente bem estabelecido e ganhando mais que o comprador poderia ganhar em outro lugar com riscos e esforços semelhantes.

Com a *Empresa Y*, o vendedor não recebe valor por patrimônio intangível porque o negócio, ainda que já exista por um tempo considerável, não está ganhando tanto quanto o comprador poderia ganhar por meio de investimentos e esforços externos. Na realidade, o comprador pode sentir que, mesmo um investimento de 2 milhões de dólares (o valor corrente avaliado de ativos líquidos) é muito, porque não poderá ter retorno suficiente.

a. Esse é um valor arbitrário, usado para ilustração. Um valor razoável depende da estabilidade e dos riscos relativos do negócio e do cenário de investimentos em geral. A taxa de retorno deve ser semelhante à que poderia ser obtida em outro lugar com o mesmo risco aproximado.

A ideia por trás de descontar os fluxos de caixa da empresa é que o dinheiro ganho no futuro (com base nas projeções) vale menos do que o dinheiro ganho hoje (por causa da perda do poder de compra). Com isso em mente, a "sincronização" do resultado projetado ou dos fluxos de caixa é um fator fundamental.

O PROCESSO EMPREENDEDOR

Conhecendo a valoração pré-dinheiro e pós-dinheiro de um empreendimento

Mesmo que a valoração final de qualquer empreendimento seja o preço final que o comprador estiver disposto a pagar e o vendedor, a aceitar, o mundo do capital de risco é repleto de termos e procedimentos na valoração que podem parecer confusos. Vamos examinar dois dos principais termos e métodos comuns ao mercado de capital de risco de hoje para novos empreendimentos em busca de valoração.

Valoração pré-dinheiro *versus* pós-dinheiro: Essa terminologia refere-se ao dinheiro que o investidor de risco coloca no novo empreendimento. Em outras palavras, é o tempo em que acontece a valoração. Tanto o pré-dinheiro quanto o pós--dinheiro são medidas de valoração de novos empreendimentos. Pré-dinheiro refere-se ao valor do empreendimento **antes** de receber financiamentos externos, enquanto pós-dinheiro se refere ao valor **depois** de ter recebido fundos externos. Por serem de conceitos fundamentais na valoração, é importante saber a qual dos dois a referência é feita.

Simplificando, a valoração é baseada em "antes" ou "depois" de o investidor colocar dinheiro no empreendimento. Por exemplo, um investimento de 2,5 milhões de dólares com base em uma valoração de 10 milhões de dólares deve ser esclarecido. Um empreendedor pode supor que o investidor de risco passou a deter 25% da empresa; no entanto, isso dependerá de a .valoração de 10 milhões de dólares ter sido pré-dinheiro ou pós-dinheiro. Se o investidor tiver baseado a valoração após a adição de 2,5 milhões de dólares, então isso quer dizer que a valoração pré-dinheiro teria sido de 7,5 milhões de dólares e, então, que o investidor de risco possui 33% do empreendimento. Já se a valoração de 10 milhões de dólares tiver sido considerada pré-dinheiro, então, após a adição de 2,5 milhões de dólares, o investidor de risco possuirá 25%.

Portanto, o valor pré-dinheiro mais o investimento é igual ao valor pós-dinheiro. Ou, dito de outra forma, o valor pós-dinheiro menos o investimento é igual ao valor pré-dinheiro. Isso pode soar simples, mas é extremamente importante, em qualquer negociação, ficar atento ao valor de um novo empreendimento. Aqui estão as equações formais para as avaliações pré-dinheiro e pós-dinheiro:

1. Valoração pré-dinheiro = (Valoração pós-dinheiro − Capital de risco investido)
2. Valoração pós-dinheiro = (Capital de risco investido) / Percentual de participação do investidor de risco

Usando essas equações, podemos fornecer mais um exemplo. Uma empresa de capital de risco fornece um investimento de 4 milhões de dólares a uma valoração pré-dinheiro de 6 milhões de dólares. Para determinar quanto o empreendimento cede em troca dos 4 milhões de dólares, use a equação 1:

6 milhões = (valoração pós-dinheiro − 4 milhões).

Resolvendo:

Valoração pós-dinheiro (pós-dinheiro = pré-dinheiro + investimento) = 10 milhões.

Em seguida, use a equação 2 para encontrar a porcentagem de participação da empresa de capital de risco:

10 milhões = 4 milhões / Porcentagem de propriedade de empresa de capital de risco (VCFOP — *Venture Capital Firm Ownership Percentage*).

Resolvendo para VCFOP (VCFOP = 4 milhões de dólares divididos por 10 milhões de dólares), que é igual a 40%.

A chave para trabalhar com qualquer investidor de capital de risco é entender a terminologia associada a suas técnicas de valoração.

Basicamente, o método de fluxo de caixa descontado para calcular o valor de um empreendimento usa um processo de quatro etapas:

1. **Estima-se o fluxo de caixa esperado.** Para empresas há muito estabelecidas, os dados históricos são indicadores efetivos, embora devam ser feitos ajustes quando os dados disponíveis indicarem que os fluxos de caixa futuros mudarão.

2. **Determina-se uma taxa de desconto apropriada.** O ponto de vista do comprador deve ser considerado no cálculo dessa taxa. Comprador e vendedor costumam discordar, pois cada um requer uma taxa específica de retorno e visualizará os riscos de maneira diferente. Outro ponto que acaba sendo menosprezado pelo vendedor é que o comprador terá outras oportunidades de investimento a considerar. Portanto, a taxa apropriada deve ser ponderada contra esses fatores.

3. **Determina-se uma expectativa de vida razoável para o negócio.** Todas as empresas possuem um ciclo de vida que depende de fatores como se o negócio fosse um único produto/mercado ou se compusesse de vários produtos/mercados.
4. **Determina-se o valor da empresa.** Esse valor é determinado descontando-se o fluxo de caixa estimado pela taxa de desconto apropriada durante a vida esperada do negócio.[7]

14.6 TERMOS DE CONDIÇÕES NA VALORAÇÃO DO EMPREENDIMENTO

Sempre que investidores estiverem examinando um empreendimento para potencial injeção de capital, o valor do empreendimento entra em jogo. Isso sempre envolve o que é chamado **termo de condições**. Esse documento descreve os termos e as condições do material de um contrato do empreendimento. (Consulte o Apêndice 14.A, no fim deste capítulo, para um exemplo completo de termo de condições.) Depois que um *termo de condições* estiver pronto, ele orientará o conselho jurídico na preparação de um contrato final proposto. Em seguida, ele orientará também os termos finais do contrato, embora não necessariamente se vincule a eles.

Os termos de condições são muito semelhantes a **cartas de intenção** (*letters of intent* — LOIs), porque ambos são preliminares na maioria dos documentos não vinculantes destinados a registrar as intenções de duas ou mais partes para entrar em um futuro acordo com base nos termos especificados, mas incompletos ou preliminares. Muitas LOIs contêm disposições que são vinculantes, como acordos de não divulgação, pacto para se negociar em boa-fé ou uma "stand-still" que promete direitos exclusivos para negociar.

Os propósitos de uma LOI podem ser:

- Esclarecer os pontos principais de uma transação complexa para a conveniência das partes.
- Declarar oficialmente que as partes estão atualmente em processo de negociação.
- Fornecer garantias no caso de um acordo entrar em colapso durante a negociação.

A diferença entre um termo de condições e uma LOI é sutil, e, na maioria das vezes, uma questão de estilo: uma LOI costuma ser escrita em forma de carta e concentra-se nas intenções, enquanto um termo de condições ignora a maioria das formalidades e simplesmente enumera os termos de transação na forma de itens. Para ajudar a esclarecer os conceitos dos termos de condições no processo de valoração, apresentamos as seguintes terminologias comuns a esses documentos.

Preço/Valoração. O valor de uma empresa é o que conduz o preço que os investidores vão pagar por uma parte dela. As informações usadas para determinar o valor vêm do processo de diligência devida e tem relação com o potencial da equipe de gestão, potencial de mercado e vantagem sustentável do produto e/ou serviço e retornos financeiros potenciais. Outra maneira de se examinar a valoração é pela quantidade de dinheiro necessária para tornar a empresa um sucesso. No fim, o valor de uma empresa é o preço pelo qual um comprador e um vendedor interessados podem concluir uma transação.

Totalmente diluída. A propriedade e a valoração costumam ser calculadas na base **totalmente diluída**. Isso significa que todos os títulos (incluindo ações preferenciais, opções e garantias) que podem resultar ações ordinárias adicionais são contados na determinação da quantidade total de ações em circulação para efeitos de determinação de propriedade ou valoração.

Tipo de título. Os investidores costumam receber ações preferenciais conversíveis em troca do investimento feito em um novo empreendimento. Esse tipo de ação possui prioridade sobre as ações ordinárias caso a empresa seja adquirida ou liquidada e seus ativos sejam distribuídos. A propriedade mais alta das ações preferenciais justifica um preço mais alto, comparado ao preço pago pelos fundadores para ações ordinárias. O termo *conversível* significa que as ações podem ser negociadas por um número fixo de ações ordinárias.

Preferência de liquidação. Quando a empresa for vendida ou liquidada, os acionistas preferenciais receberão certo montante fixo antes que qualquer ativo seja distribuído aos acionistas comuns; isso é conhecido como **preferência de liquidação**. Um acionista de *participação preferencial* não apenas receberá o montante fixo, mas também participará em montantes adicionais distribuídos a ações ordinárias.

Preferência de dividendos. Os dividendos são pagos primeiro a ações preferenciais e, em seguida, a ações ordinárias. Esse dividendo pode ser cumulativo, de modo que se acumule ano a ano até que seja totalmente pago, ou não cumulativo e discricionário.

Resgate. Ações preferenciais podem ser resgatadas ou retiradas por opção da empresa ou dos investidores ou em caráter obrigatório — frequentemente, por um valor pré-definido acima do preço de compra inicial das ações. Um motivo pelo qual as empresas de capital de risco desejam esse direito é a vida finita de cada parceria de investimento administrada pela empresa.

Direitos de conversão. As ações preferenciais podem ser convertidas em ações ordinárias a um preço determinado de conversão, geralmente sempre que o acionista escolher. A conversão também pode acontecer automaticamente, em resposta a certos eventos, como quando a empresa se torna pública.

Proteção antidiluição. O preço de conversão das ações preferenciais está sujeito ao ajuste de certos eventos de diluição, como divisões de ações ou dividendos de ações — isso é conhecido como **proteção antidiluição**. O preço de conversão costuma estar sujeito a "proteção de preços", que é um ajuste com base nas vendas futuras de estoque a preços abaixo do preço de conversão. A proteção de preço pode tomar qualquer formato, e um deles é chamado proteção *ratchet (catraca)*, que abaixa o preço de conversão para o preço pelo qual qualquer nova ação é vendida, independentemente do número de ações. Outra forma é a proteção de *média ponderada* ampla, que ajusta o preço de conversão de acordo com uma fórmula que incorpora o número das novas ações que estiverem sendo emitidas e seus respectivos preços. Em vários casos, certo número de ações é isento dessa proteção, que cobre as garantias antecipadas para os principais colaboradores, consultores e diretores.

Direitos de voto. As ações preferenciais têm um número de votos igual ao número de participações das ações ordinárias nas quais são conversíveis. As ações preferenciais geralmente conferem direitos especiais, como o de eleger um ou mais diretores da empresa ou de aprovar certos tipos de ações corporativas, como a emenda de artigos de incorporação ou a criação de uma nova série de ações preferenciais.

Direito de primeira recusa Os portadores de ações preferenciais normalmente têm o direito de comprar ações adicionais, quando emitidas pela empresa, até sua porcentagem de propriedade agregada atual.

Direito de *co-sale*. Os fundadores, muitas vezes, entrarão em um acordo de *co-sale* com os investidores. Um direito de *co-sale* dá aos investidores alguma proteção contra fundadores que vendem sua participação a uma terceira parte, dando aos investidores o direito de vender algumas de suas ações como parte dessa venda.

Direitos de registro. Em geral, os direitos de registro são dados a investidores preferenciais como parte do investimento. Esses direitos fornecem aos investidores liquidez, permitindo-lhes exigir que a empresa registre suas participações para o público, como parte de uma oferta já planejada pela empresa (denominada direitos *piggyback*) ou de uma oferta separada, iniciada mediante pedido do investidor (chamado direitos por demanda).

Aquisição de direitos sobre as ações do fundador. Uma porcentagem de ações do fundador, que diminui com o tempo, pode ser comprada pela empresa a preço de custo caso ele deixe a empresa. Isso protege os investidores contra fundadores que saem da empresa tão logo ela é fundada.[8]

14.7 FATORES ADICIONAIS NO PROCESSO DE VALORAÇÃO

OA8 Considerar os fatores adicionais que afetam a valoração do empreendimento.

Após a revisão desses métodos de valoração, o empreendedor precisa lembrar-se de que fatores adicionais interferem no processo de valoração e devem ser levados em consideração. A seguir, apresentamos três fatores que podem influenciar a valoração definitiva do empreendimento.

14.7a Evitar custos da fase de lançamento da empresa

Alguns compradores dispõem-se a pagar mais por um negócio que os métodos de valoração mostram ser o seu valor. Eles fazem isso na tentativa de evitar os custos associados à fase de start-up da empresa, e estão dispostos a pagar um pouco mais por uma empresa existente. O mais alto preço que eles pagam ainda será menor que os custos reais da fase de start-up de atividades, e também evitará problemas associados ao trabalho para estabelecer uma clientela. Portanto, para alguns compradores, uma mercadoria conhecida pode comandar um preço mais alto.

14.7b Precisão das projeções

As vendas e os ganhos de um empreendimento são sempre projetados com base em dados econômicos e financeiros históricos. Histórias curtas, mercados flutuantes e ambientes incertos são todos os motivos para compradores manterem projeções em perspectiva. É fundamental que examinem as tendências, as flutuações ou os padrões envolvidos em projeções para receitas de vendas (preços mais altos ou mais clientes?), o potencial de mercado (suposições otimistas ou realistas?) e o potencial de ganhos (custo exato/receita/dados de mercado?), porque cada área possui fatores específicos, que precisam ser entendidos ou medidos para a precisão da projeção.

14.7c Fator de controle

O grau de controle, ou **fator de controle**, que um proprietário possui legalmente sobre a empresa pode afetar sua valoração. Se a participação do proprietário for 100% ou o suficiente para que a operação completa da empresa fique sob sua influência, esse valor será igual ao valor da empresa. Se o proprietário não possuir esse controle, o valor será menor. Por exemplo, comprar 49% de um acionista não será eficaz no controle de um acionista de 51%. Além disso, dois acionistas de 49% são iguais até que o acionista dos 2% de "voto influente" se movimente. Obviamente, as participações minoritárias também devem ser descontadas em razão de falta de liquidez — uma participação minoritária em uma empresa privada é difícil de ser vendida. Em geral, é importante examinar o fator de controle como outra faceta na compra de qualquer participação em uma empresa.

RESUMO

Os empreendedores precisam entender como avaliar um negócio para suas compras ou vendas. Muitos gostariam de saber o valor de seus negócios. Algumas vezes, isso é para propósitos estritamente informativos; outras vezes, é para vender a operação. Em qualquer dos casos, existem inúmeras maneiras de se avaliar uma empresa.

A primeira etapa consiste em analisar as operações gerais do negócio com o objetivo de obter um entendimento abrangente dos pontos fortes e fracos da empresa — a Tabela 14.2 forneceu uma lista de verificação para esse propósito. A segunda etapa consiste em estabelecer um valor para a empresa — a Tabela 14.3 definiu dez métodos para a valoração de um empreendimento; destes, os três mais utilizados são: (1) ativos tangíveis ajustados, (2) P/L (múltiplo de ganhos) e (3) fluxo de caixa descontado.

O método de valor contábil tangível ajustado calcula o valor do negócio, reavaliando os ativos e, em seguida, subtraindo os passivos, em um processo direto bastante simples.

O método P/L divide o preço de mercado das ações ordinárias pelos lucros por participação e, depois, multiplica o resultado pelo número de participações emitidas. Por exemplo, uma empresa com preço/lucro múltiplo de 10 e 100 mil ações na bolsa seria avaliada em 1 milhão de dólares.

O método de fluxo de caixa descontado toma os fluxos de caixa estimados por um número predeterminado de anos e o desconta novamente no presente, usando uma taxa de desconto apropriada. Esse é um dos métodos mais populares de se avaliar um negócio. Outros fatores a serem considerados para avaliar um negócio inclui custos de início das atividades operacionais, precisão das projeções e fator de controle.

TERMOS-CHAVE

carta de intenção (*letter of intent* — LOI)
diligência devida
fator de controle
metas divergentes
método de fluxo de caixa descontado
preferência de liquidação
proteção antidiluição
relação preço/lucro (P/L)
subcapitalização
termo de condições
totalmente diluído
valor contábil tangível ajustado
valoração de negócios
viés emocional

PERGUNTAS DE REVISÃO E DISCUSSÃO

1. Identifique e discuta os três problemas subjacentes à valoração de um negócio.
2. Defina o termo *diligência devida*. Como ela é aplicada à aquisição de um empreendimento existente?
3. Para analisar um negócio, que tipos de questões ou preocupações o empreendedor deve resolver nas seguintes áreas: histórico do negócio, mercado e concorrência, vendas e distribuição, gestão e finanças?

4. Um dos métodos mais populares de valoração de negócios é o valor contábil tangível ajustado. Descreva como esse método funciona.
5. Explique como funciona o método de P/L de valoração. Exemplifique.
6. Quais são as etapas envolvidas no uso do método de fluxo de caixa descontado? Exemplifique.
7. Como funcionam os seguintes métodos de valoração de um empreendimento: preço fixo, múltiplos de ganhos, retorno sobre investimento, valor de substituição, valor de liquidação, ganhos excessivos e valor de mercado? Em cada caso, dê um exemplo.
8. Explique por que é importante considerar os seguintes fatores ao avaliar um negócio: custos da fase de lançamento, exatidão de projeções e grau de controle.

NOTAS

1. Veja, por exemplo: W. G. Sanders e S. Bovie, "Sorting Things Out: Valuation of New Firms in Uncertain Markets", *Strategic Management Journal*, n. 25, v. 2, fevereiro/2004, p. 167-86; e Saikat Chaudhuri e Behnam Tabrizi, "Capturing the Real Value in High- Tech Acquisitions", *Harvard Business Review*, n. 77, v. 4, setembro/outubro/1999, p. 1230-30.
2. "Acquisition Strategies — Part 1", *Small Business Reports*, janeiro/1987, p. 34, reproduzido mediante permissão de *Small Business Reports*; veja também Laurence Capron, "The Long-Term Performance of Horizontal Acquisitions", *Strategic Management Journal*, n. 20, v. 11, novembro/1999, p. 987-1018; e Mark Humphery- Jenner, "Takeover Defenses, Innovation, and Value Creation: Evidence from Acquisition Decisions", *Strategic Management Journal*, n. 35, v. 5, 2014, p. 668-90.
3. "Valuing a Closely Held Business", *Small Business Report*. Novembro, 1986. p. 30-31; veja também Hal B. Heaton, "Valuing Small Businesses: The Cost of Capital", *Appraisal Journal 66*, n. 1, janeiro/1998, p. 11-16; Alan Mitchell, "How Much Is Your Company Really Worth?" *Management Today*, janeiro/1999, p. 68-70; Patrick L. Anderson, "The Value of Private Businesses in the United States", *Business Economics*, n. 44, 2009, p. 87-108; e Stever Robins, "How to Value a Business?" *Entrepreneur*, 11 de Janeiro, 2004. Acesso em: 12 janeiro 2015.
4. Para *insights* adicionais, veja Ted S. Front, "How to Be a Smart Buyer", *D & B Reports*, março/abril/1990, p. 56-58; e Alfred Rappaport e Mark L. Sirower, "Stock or Cash? The Trade-Offs for Buyers and Sellers in Mergers and Acquisitions", *Harvard Business Review*, n. 77, v. 5, novembro/dezembro/1999, p. 147-58.
5. Gary R. Trugman, *Understanding Business Valuation: A Practical Guide to Valuing Small to Medium- Sized Businesses*. Nova York: American Institute of Certified Public Accountants, 1998; e Robert W. Pricer e Alec C. Johnson, "The Accuracy of Valuation Methods in Predicting the Selling Price of Small Firms", *Journal of Small Business Management*, n. 35, v. 4, outubro/1997, p. 24-35; veja também Wayne Lonergan, *The Valuation of Businesses, Shares and Other Equity*. Austrália: Allen & Unwin, 2003.
6. Adaptado de Albert N. Link e Michael B. Boger, *The Art and Science of Business Valuation*. Westport, CT: Quorum Books, 1999; e Stanley J. Feldman, "Business Valuation 101: The Five Myths of Valuing a Private Business", *SCORE*, 10/maio/2011. Acesso em: 12 janeiro 2015.
7. "Valuing a Closely Held Business", n. 34; veja também: "3 Ways to Value a Business for Sale", National Federation of Independent Business (NFIB), 23/setembro/2013. Acesso em: 12 janeiro 2015; e Ed Powers, "5 Key Numbers a Buyout Firm Uses to Value Your Company", *Inc.* 31 janeiro 2014.
8. Justin J. Camp, *Venture Capital Due Diligence*. Nova York: Wiley & Sons, 2002; veja também John B. Vinturella e Suzanne M. Erickson, *Raising Entrepreneurial Capital*. Burlington, MA: Elsevier, 2004.

APÊNDICE 14A — *Termo de Condições*

Este exemplo de documento é produto do trabalho de uma coligação de advogados especializados em financiamentos de capital de risco, trabalhando sob tutela da National Venture Capital Association (NVCA), nos Estados Unidos. Este documento destina-se a servir apenas como ponto de partida, devendo ser ajustado para atender aos seus requisitos específicos, e não deve ser interpretado como um aconselhamento jurídico para qualquer fato ou circunstância específica. Observe que esse exemplo apresenta uma gama de opções (em geral mutuamente excludentes) a respeito de provisões específicas de negociação.

Esse Termo de Condições resume os principais termos da Série A — Financiamento de ações preferenciais de [_____], Inc., uma corporação [Delaware] (a "**Empresa**"). Em consideração ao tempo e às despesas já dedicados e a serem dedicados pelos investidores a respeito desse investimento, as disposições Sem Negociar/Sigilo e Aconselhamento e Despesas desse Termo de Condições devem ser obrigações vinculadas da Empresa, independentemente de o financiamento ser consumado ou não. Nenhuma outra obrigação legalmente vinculada será criada até que os contratos definitivos sejam executados e entregues por todas as partes. Esse documento de Termos não é um compromisso de investir, e está condicionado à conclusão da diligência devida, do exame jurídico e da documentação que seja satisfatória aos investidores. Esse Termo de Condições deve ser regido em todos os aspectos pelas leis do [Estado de Delaware].

Termos de oferta

Data de fechamento:	**Logo** que possível, após a Empresa ter aceitado este Termo de Condições e as Condições de Fechamento ("Fechamento") terem sido satisfeitas. [*prever vários encerramentos, se aplicável*]
Investidores:	**Investidor** n. 1: [_____] ações ([_____]%), $[_____] **Investidor** n. 2: [_____] ações ([_____]%), $[_____] [**bem** como outros investidores mutuamente acordados pelos investidores e pela Companhia]
Montante levantado:	$[_____], [incluindo $[_____] da conversão do principal [e juros] em notas ponte].
Preço por ação:	$[_____] por ação (com base na capitalização da Empresa definida a seguir) (o "Preço de Compra Original").
Valoração pré-dinheiro:	O Preço de Compra Original é baseado em um valor pré-dinheiro totalmente diluído de $[_____] e uma valoração pós-dinheiro totalmente diluída de $[_____] (incluindo um grupo de colaboradores que representa [_____] % da capitalização pós-dinheiro totalmente diluída).
Capitalização:	A estrutura de capital da Empresa antes e depois do Fechamento é definida a seguir:

Título	Pré-financiamento		Pós-financiamento	
	# de ações	%	# de ações	%
Comum – Fundadores				
Comum – Colaborador				
Conjunto de ações				
Emitido				
Não emitido				

[Comum – Garantias]	
Série A Preferencial	
Total	

Estatuto[a]	
Dividendos:	[*Alternativa 1*: Dividendos serão pagos na Série A Preferencial em uma base convertida quando, como e se pago em Ações Ordinárias].
	[*Alternativa 2*: Dividendos não cumulativos serão pagos na Série A Preferencial em um montante igual a $[_____] por ação da Série A Preferencial quando e se declarado pelo Conselho.]
	[*Alternativa 3*: A Série A Preferencial vai carregar um dividendo anual cumulativo [_____]% [anualmente composto], pago no momento da liquidação ou do resgate. Para quaisquer outros dividendos ou distribuições, participação com ações comuns em base de conversão.][b]
Preferência de liquidação:	No caso de qualquer liquidação, dissolução ou encerramento da Empresa, os recursos devem ser pagos da seguinte maneira:
	[*Alternativa 1 (ação preferencial não participativa)*: Primeiro pagamento [um] vezes o preço de compra original [mais os dividendos acumulados] [mais os dividendos declarados e não pagos] a cada ação da Série A Preferencial. O saldo de qualquer recurso deve ser distribuído aos portadores de ações ordinárias.]
	[*Alternativa 2 (ação preferencial totalmente participativa)*: Primeiro pagamento [um] vezes o preço de compra original [mais os dividendos acumulados] [mais os dividendos declarados e não pagos] a cada ação da Série A Preferencial. Depois disso, a Série A Preferencial participará nas ações ordinárias com base no convertido].
	[*Alternativa 3 (tampão sobre os direitos de participação de ações preferenciais)*: Primeiro pagamento [um] vezes o preço de compra original [mais os dividendos acumulados] [mais os dividendos declarados e não pagos] a cada ação da Série A Preferencial. Depois disso, a Série A Preferencial participa com ações ordinárias com base no convertido até que os portadores da Série A Preferencial recebam um agregado de [_____] vezes o preço de compra original]. A fusão ou incorporação (que não aquela na qual os acionistas da Empresa possuam maioria pelo poder de voto das ações em circulação da corporação sobrevivente ou aquirida) e uma venda, arrendamento, transferência ou outra forma de alienação de todos, ou substancialmente todos, os ativos da Empresa serão tratados como uma preferência de liquidação descrita antes [a menos que os portadores de [_____]% da Série A Preferencial elejam o contrário].
Direitos de votação:	A Série A Preferencial deve votar com as Ações Ordinárias em uma base de conversão e não como uma classe separada, exceto (i) a Série A Preferencial, como uma classe, deve estar intitulada para eleger [_____] [(_____)] membros do Console (os "Diretores da Série A"), (ii) conforme fornecido em "Provisões de proteção", a seguir, ou (iii) conforme exigido por lei. O Certificado de Incorporação da Empresa admitirá que o número de ações autorizadas das Ações Ordinárias poderá ser aumentado ou diminuído com a aprovação da maioria das Ações Preferenciais e Ordinárias, votando juntamente como uma única classe, e sem um voto de classe separado pelas Ações Ordinárias.

---

a. Leis que protegem contra corretores inescrupulosos.
b. Uma regra no Securities Act em que o vendedor declara que não é um afiliado da empresa.

Disposições de proteção: Enquanto as [*insira o número fixo ou % ou "quaisquer"*] ações da Série A Preferencial estiverem em circulação, a Empresa não vai, sem o consentimento por escrito dos portadores de, pelo menos [_____]% da Série A Preferencial da empresa, diretamente ou por emenda, fusão, consolidação ou de outra maneira:

(i) liquidar, dissolver ou encerrar os assuntos da Empresa, ou efetuar qualquer Evento de Liquidação; (ii) retificar, alterar ou revogar qualquer provisão do Certificado de Incorporação ou Estatutos Sociais [de maneira adversa à Série A Preferencial]; (iii) criar ou autorizar a criação ou emitir qualquer outro título conversível ou exercível para qualquer título de capital próprio, tendo direitos, preferências ou privilégios seniores ou em paridade com a Série A Preferencial, ou aumentar o número autorizado de ações da Série A Preferencial; (iv) comprar, resgatar ou pagar qualquer dividendo sobre qualquer capital social antes da Série A Preferencial [que não sejam ações readquiridas dos antigos colaboradores ou consultores em conjunto com a cessação de seus empregos/serviço, no menor valor justo de mercado ou custo;] [em vez de aprovado pelo Conselho, incluindo a aprovação de [_____] Diretor(es) da Série A]; ou (v) criar ou autorizar a criação de qualquer título de dívida [se o endividamento agregado da Empresa exceder $[_____] [diferente dos aluguéis de equipamento ou linhas de crédito bancárias][diferente da dívida sem recurso de capital próprio][a menos que tal título de dívida tenha recebido a aprovação anterior do Conselho de diretores, incluindo a aprovação de [_____] Diretor(es) da Série A (s)]; (vi) aumentar ou diminuir o tamanho do Conselho de diretores.

Conversão opcional: A Série A Preferencial, inicialmente, converte 1:1 em Ações Ordinárias a qualquer momento, a critério do portador, sujeito a ajustes para dividendos de ações, divisões, combinações e eventos semelhantes e conforme descrito a seguir, sob o título "Disposições antidiluição".

Disposições antidiluição: Caso a Empresa emita títulos adicionais a preço de compra inferior ao preço de conversão corrente da Série A Preferencial, esse preço de conversão (PC2) deve ser ajustado de acordo com a seguinte fórmula:

[*Alternativa 1*: Média ponderada "típica":

$PC2 = PC1 * (A + B)/(A + C)$
$PC2$ = Novo preço de conversão da Série A
$PC1$ = Preço de Conversão da Série A em vigor imediatamente antes da nova emissão.
A = Número de quotas de ações ordinárias considerado em circulação imediatamente antes da nova emissão (inclui todas as quotas de ações, todas as cotas de ações preferenciais ordinárias em circulação com base na conversão, e todas as opções em circulação com base no exercício; e não inclui qualquer título conversível que converta esse processo de financiamento).
B = Consideração agregada recebida pela Empresa a respeito da nova emissão dividida por PC1.
C = Número de quotas de ações emitidas na transação sujeita].

[*Alternativa 2*: *Full-ratchet* — o preço de conversão será reduzido do preço em que as novas quotas são emitidas].

[*Alternativa 3*: Nenhuma proteção antidiluição baseada em preço].

As seguintes emissões não devem acionar ajuste antidiluição:

Disposições antidiluição:	(i) títulos passíveis de emissão após conversão de qualquer Série A Preferencial ou como dividendo ou distribuição na Série A Preferencial; (ii) títulos emitidos após a conversão de qualquer debênture, garantia, opção ou outro título conversível; (iii) ações ordinárias que podem ser emitidas após a divisão das ações, dividendo de ações ou qualquer subdivisão de quotas de ações ordinárias; e (iv) quotas de ações ordinárias (ou opções de compra dessas cotas de ações ordinárias) emitidas ou passíveis de emissão para empregados ou diretores ou consultores da Empresa, de acordo com qualquer plano aprovado pelo Conselho de Diretores da empresa [incluindo pelo menos [_____] Diretor(es) da Série A] [(v) quotas de ações ordinárias emitidas ou passíveis de emissão para bancos, locadores de equipamento mediante a um financiamento de dívida, locação de equipamento ou transação de locação de propriedade real aprovada pelo Conselho de diretores da corporação [incluindo pelo menos [_____] Diretor(es) da Série A].
Conversão obrigatória:	Cada ação da Série A Preferencial será automaticamente convertida em ação ordinária à taxa de conversão aplicável no caso de fechamento de uma oferta pública subscrita [firme compromisso] com um preço de [_____] vezes o preço de compra original (sujeito a ajustes para dividendos de ações, divisões, combinações e eventos semelhantes) e recursos [líquido/bruto] para a Empresa de não menos de $[_____] (a "QPO^c") ou (ii) após o consentimento por escrito dos portadores de [_____]% da Série A Preferencial.
Pay-to-play:	[A menos que os portadores de [_____]% da Série A decidam de outra forma], em qualquer rodada subsequente, todos os Investidores [Principais] são obrigados a participar na extensão total de seus direitos de participação (conforme descrito a seguir, em "Contrato de direitos do investidor — Direito de participar Pro Rata em futuras rodadas"), a menos que o requisito de participação seja dispensado para todos os Investidores [Principais] pelo Conselho [(incluindo voto de [uma maioria de] Diretor(es) da Série A)]. Todas as quotas da Série A Preferencial de qualquer Investidor [Principal] que deixe de fazer isso irão automaticamente [perder direitos antidiluição] [perder o direito de participar em futuras rodadas] [converter as ações comuns e perder o direito a uma cadeira no Conselho, se aplicável].
Direitos de resgate:	A Série A Preferencial deve ser resgatada dos fundos legalmente disponíveis para distribuição a critério dos portadores de, pelo menos, [_____]% da Série A Preferencial, iniciando, a qualquer momento, após o quinto aniversário do Fechamento a um preço igual ao de compra original [mais todos os dividendos acumulados, mas não pagos]. O resgate deve ocorrer em três partes anuais. Após um pedido de resgate dos portadores da porcentagem necessária da Série A Preferencial, todas as quotas da Série A Preferencial devem ser resgatadas [(exceto para qualquer portador da Série A que, afirmativamente, opte pela exclusão)].

---

c. Qualifying Public Offering (QPO) – significa oferta (de preço) pública mínima que qualifique para fechamento.

Contrato de compra de ações

Representações e garantias: Representações e garantias padrão pela Empresa. [Representações e garantias pelos fundadores a respeito de [propriedade de tecnologia etc.].

Condições para fechamento: Condições padrão para fechamento, que devem incluir, entre outras coisas, conclusão satisfatória da diligência devida financeira e jurídica, qualificação das ações sob as leis Blue Sky aplicáveis, o arquivamento de um Certificado de Incorporação, que estabelece os direitos e as preferências da Série A Preferencial e uma opção de suporte jurídico para a Empresa.

Honorários advocatícios e despesas: Honorários advocatícios do/da [Investidor/Empresa] para elaborar os documentos de fechamento. A empresa deve pagar todos os custos jurídicos e administrativos do financiamento [no Fechamento], incluindo tarifas razoáveis (que não excedam $[_____]) e despesas do suporte jurídico do Investidor [a menos que a transação não seja concluída em razão de os Investidores terem retirado seu compromisso sem motivo].
Honorários advocatícios da empresa: $[_____].
Honorários advocatícios do investidor: $[_____].

Contrato de direitos do investidor

Direitos de registro:

Títulos registráveis: Todas as quotas de ações ordinárias que puderem ser emitidas após a conversão da Série A Preferencial e [quaisquer outras ações ordinárias retidas pelos investidores] serão consideradas "Títulos registráveis".

Registro de demanda: Após o mais recente de (i) [três a cinco] anos após o Fechamento; ou (ii) [seis] meses seguindo a oferta pública inicial ("IPO"), as pessoas portadoras de [_____]% dos Títulos registráveis podem solicitar [um][dois] registros(consumados) pela Empresa de suas quotas. O preço de oferta agregada para tal registro não deve ser inferior a $[5 a 10] milhões. Um registro valerá para esse efeito somente se (i) todos os Títulos Registráveis que demandem registro forem registrados e (ii) forem fechados ou retirados a pedido dos Investidores (diferentemente daqueles resultantes de uma mudança adversa material para a Empresa).

Registro no Formulário S-3: Os portadores de [10 a 30]% dos Títulos Registráveis terão o direito de requerer que a Empresa registre no Formulário S-3, se disponível para uso pela Empresa, Títulos registráveis para um preço de oferta agregado de, pelo menos, $[1 milhão a 5 milhões]. Não haverá limite no número agregado desses registros no Formulário S-3, contanto que não haja mais de [dois] por ano.

Registro Piggyback: Os portadores de Títulos Registráveis terão os direitos de registro "piggyback" em todas as demonstrações de registro da Empresa, observado o direito, no entanto, de a Empresa e e seus subscritores reduzirem as quotas propostas para serem registradas para um mínimo de [30]% em uma base *pro rata* e para concluir a redução em um IPO a critério do subscritor. Em todos os casos, as ações a serem registradas pelos portadores dos Títulos registráveis serão reduzidas somente depois que todas as ações dos acionistas tiverem sido reduzidas.

Despesas:	As despesas de registro (exclusivas de taxas de transferência de ações, descontos de subscrição e comissões) serão incorridas pela Empresa, que também pagará taxas e despesas razoáveis [que não excedam $] de um conselho especial para representar todos os acionistas participantes.
Bloqueio:	Os investidores devem concordar juntamente com a IPO, se solicitado pelo subscritor da gerência, em não vender ou transferir qualquer quota de ações ordinárias da empresa [(excluindo as quotas adquiridas ou seguindo a IPO)] por um período de até 180 dias após a IPO (contanto que todos os diretores e executivos da Empresa e [1 a 5]% dos acionistas concordem com o mesmo bloqueio). Esse acordo de bloqueio deve admitir que qualquer isenção discricionária ou rescisão das restrições de tais acordos pela Empresa ou pelos representantes dos subscritores deve aplicar-se aos [Principais] Investidores, *pro rata*, com base no número de quotas retidas. Um "investidor principal" significa qualquer Investidor que compre, pelo menos, $[_____] da Série A Preferencial.
Rescisão:	Antes de [5] anos depois da IPO, após um evento de liquidação considerada ou quando todas as ações de um Investidor forem elegíveis para serem vendidas sem restrição sob a Regra 144(k)[3] em qualquer período de 90 dias. Nenhum direito de registro futuro pode ser concedido sem o consentimento dos portadores de uma [maioria] dos Títulos registráveis, a menos que subordinado aos direitos do Investidor.
Direitos de gerenciamento e de informações:	A carta de Direitos de Gerência da Empresa, em um formato razoavelmente aceito pelos Investidores, será entregue antes do Fechamento a cada Investidor que a solicite. Qualquer Investidor principal [(que não seja concorrente)] terá acesso às instalações da Empresa e ao seu pessoal durante o horário comercial normal e com anúncio prévio razoável. A Empresa entregará a esse Investidor principal (i) as demonstrações financeiras anuais, trimestrais [e mensais] e outras informações, conforme determinado pelo Conselho; (ii) 30 dias antes do fim do ano fiscal, um orçamento operacional abrangente, prevendo receitas, despesas e posição do caixa da Empresa com base mensal para o próximo ano fiscal; e (iii), seguindo prontamente o fim de cada trimestre, uma tabela de capitalização atualizada, certificada pela CFO.
Direito de participar pro rata de futuras rodadas:	Todos os [Principais] Investidores devem ter direito *pro rata*, com base em suas porcentagens de propriedade de capital próprio na Empresa (assumindo a conversão de todas as ações preferenciais em circulação nas ações ordinárias e o exercício de todas as opções em circulação nos planos de ações da Empresa), para participar nas suas emissões subsequentes de títulos de capital próprio (excluindo as emissões relacionadas no fim da seção "Provisões antidiluição" deste Termo de Condições e as emissões em conjunto com as aquisições pela Empresa). Além disso, caso algum [Principal] Investidor escolha não adquirir sua quota *pro rata* total, os [Principais] Investidores restantes devem ter o direito de comprar as cotas *pro rata* restantes.
Exigências da questão:	[Enquanto [_____]% da Série A Preferencial emitida originalmente permanecer pendente], a empresa não irá, sem aprovação do Conselho, cuja aprovação deve incluir o voto afirmativo de [_____] do(s) Diretores da Série A:

Aprovação do diretor investidor:	(i) fazer qualquer empréstimo ou adiantamento ou possuir qualquer ação ou outros títulos de qualquer subsidiária ou de outra corporação, sociedade ou de outra entidade, a menos que seja uma subsidiária integral da Empresa; (ii) fazer qualquer empréstimo ou adiantamento a qualquer pessoa, incluindo qualquer colaborador ou diretor, exceto adiantamentos e despesas semelhantes no curso normal dos negócios ou sob os termos de um plano de ações de colaboradores ou opção aprovada pelo Conselho de Diretores; (ii) Empresa ou qualquer subsidiária decorrentes do curso normal dos negócios; (iv) fazer qualquer investimento diferente dos investimentos em papel comercial de primeira linha, fundos de mercado monetário, certificados de depósito em qualquer banco dos Estados Unidos que tenha um patrimônio líquido que exceda 100 milhões de dólares ou obrigações emitidas ou garantias pelos Estados Unidos da América, em cada caso com um prazo que não exceda [dois anos]; (v) incorrer em qualquer endividamento agregado que exceda [____] dólares que ainda não esteja incluído em um orçamento aprovado pelo Conselho, diferente do crédito comercial incorrido no curso ordinário de negócios; (vi) inserir ou fazer parte de qualquer transação com qualquer diretor, executivo ou colaborador da Empresa ou qualquer "associado" (conforme definido na Regra 12b-2 promulgada sob a Lei Cambial) de qualquer pessoa desse tipo [exceto transações que resultem pagamentos para ou pela Empresa em um montante inferior a [60 mil] dólares ao ano], [ou transações feitas no curso ordinário dos negócios e consoantes com os requisitos razoáveis dos negócios da Empresa e sob termos justos e razoáveis, que são aprovados por uma maioria do Conselho de Diretores]; (vii) contratar, demitir ou alterar o salário de colaboradores executivos, incluindo aprovação de quaisquer planos de opção; (viii) alterar os negócios principais da Empresa, inserir novas linhas de negócios ou sair da linha atual de negócios; ou (ix) vender, transferir, licenciar, penhorar ou onerar a propriedade intelectual ou tecnológica, que não sejam licenças concedidas no curso normal do negócio.
Não concorrência e não solicitação e acordos:	Cada fundador e colaborador-chave entrará em um acordo de não concorrência e de não solicitação de [um] ano na forma razoavelmente aceita pelos Investidores.
Acordo de não divulgação e de desenvolvimentos:	Cada atual e antigo fundador, colaborador e consultor com acesso a informações confidenciais e/ou segredos comerciais da Empresa entrará em um acordo de cessão de direitos proprietários e de não divulgação de uma forma razoavelmente aceita pelos investidores.
Importância do conselho:	Cada Comitê do Conselho deve incluir, pelo menos, um Diretor da Série A. O Conselho de Diretores deve se reunir, pelo menos, [mensalmente] [trimestralmente], a menos que seja acordado por voto da maioria dos Diretores. A Empresa irá vincular o seguro D & O a um operador e em um montante satisfatório ao Conselho de Diretores. Em caso de fusão da Empresa com outra entidade, e se ela não for a corporação sobrevivente ou transferir todos os seus ativos, as provisões apropriadas devem ser feitas para que esses sucessores da Empresa assumam as suas obrigações em relação à indenização dos Diretores.

Opções de ações do funcionário:	Todas as opções dos colaboradores serão conferidas da seguinte maneira: [25% após um ano, com o restante conferindo mensalmente nos próximos 36 meses]. [Imediatamente antes do investimento de ações preferenciais da Série A, [_____] as quotas serão adicionadas ao conjunto de opções, criando um conjunto de opções não alocado de [_____] quotas].
Seguro de pessoa-chave:	A empresa adquire seguro de vida para os Fundadores [*nome de cada Fundador*] em um montante satisfatório para o conselho. Recursos a pagar para a Empresa.
[Quotas dirigidas pela IPO:	Na extensão permitida pela lei aplicável e política SEC, após uma IPO consumada um ano após o Fechamento, a Empresa deve usar os melhores esforços razoáveis para fazer que os subscritores designem [10]% da oferta como ações direcionadas, 50% das quais devem ser alocados pelos Principais investidores].
[Ações QSB:	A empresa deve usar seus melhores esforços para fazer que sua reserva de capital constitua as ações qualificadas de pequena empresa (Qualified Small Business Stock, ações de pequena empresa sujeita a privilégios), a menos que o Conselho determine que tal qualificação é inconsistente com os interesses da Empresa].
Rescisão:	Todos os direitos sobre o Acordo de Direitos do Investidor que não sejam os direitos de registro devem rescindir após o recebimento de uma IPO, um Evento de Liquidação ou uma transferência de mais de 50% do poder de votação da Empresa.

Direito de primeira recusa/Acordo *co-sale* e acordo de votação

Direito de primeira recusa/direito de co-sale (venda conjunta):	A Empresa, em primeiro lugar, e os Investidores, em segundo (até a extensão designada ao Conselho de Diretores), possuem o direito de primeira recusa a respeito de qualquer ação da reserva de capital da Empresa proposta à venda pelos Fundadores [e funcionários que possuam mais de [1]% de suas ações ordinárias (assumindo a conversão de ações preferenciais)], com um direito de integralização para os Investidores de ações não subscritas por outros Investidores. Antes que tal pessoa possa vender as ações ordinárias, será dada aos Investidores a oportunidade de participar dessa venda com base proporcional ao montante de títulos retidos pelo vendedor e aqueles retidos pelos Investidores participantes.
Conselho de diretores:	No Fechamento inicial, o Conselho deve consistir em [_____] membros compostos por (i) [Nome], como [representante designado por [_____], como Investidor líder, (ii) [Nome], como representante designado pelos demais Investidores, (iii) [Nome], como representante designado pelos Fundadores, (iv) a pessoa que serve como executivo chefe (CEO) da Empresa e (v) [_____] as pessoas que não sejam empregadas da Empresa e que sejam mutuamente aceitas [para Fundadores e Investidores][para os outros diretores].
Arraste:	Os portadores de ações preferenciais e as fundadores [e todos os portadores atuais e futuros de mais de [1]% de ações ordinárias (assumindo a conversão de ações preferenciais e se então mantidas ou sujeitas ao exercício de opções)] devem ser obrigados a entrar em um acordo com os Investidores que determine que esses acionistas votarão suas quotas a favor de um Evento de Liquidação com ou transação em que 50% ou mais do poder de votação da Empresa seja transferido, aprovado pelo [Conselho de Diretores] [e os portadores de uma [maioria][super maioria] das quotas em circulação das ações preferenciais, na base de conversão].

Rescisão:	Todos os direitos sob o Direito de primeira recusa/*Co-Sale* e Acordos de votação devem ser encerrados após uma IPO, um Evento de Liquidação ou uma transferência de mais de 50% do poder de votação da Empresa.

Outros Assuntos

Ações do fundador:	Todos os fundadores portadores de ações definitivas sujeitas ao direito de recompra pela Empresa a preço de custo. Direito de recompra por [_____]% para os primeiros [12 meses] após o Fechamento; depois disso, o direito decorre em iguais incrementos [mensais] nos [_____] meses seguintes.
[Ações preferenciais existentes:[20]	Os termos definidos a seguir para as ações da Série [_____] estão sujeitos a uma revisão de direitos, preferências e restrições para as ações preferenciais existentes. Quaisquer mudanças necessárias em conformidade com as ações preferenciais existentes a esse Termo de Condições serão feitas no Fechamento].
Sem compra/sigilo:	A Empresa concorda em trabalhar com boa-fé rapidamente em direção a um fechamento. A Empresa e os Fundadores concordam que não irão, por um período de [seis] semanas da data em que esses termos forem aceitos, tomar qualquer medida para solicitar, iniciar, encorajar ou ajudar na submissão de qualquer proposta, negociação ou oferta de qualquer pessoa ou entidade que não seja dos Investidores relativos à venda ou emissão de qualquer reserva de capital da Empresa [ou aquisição, venda, aluguel, licença ou outra disposição da Empresa ou qualquer material que seja parte das ações ou dos ativos da Empresa] e devem notificar os Investidores prontamente no caso de qualquer consulta por terceiros a respeito do supracitado. [Caso a Empresa viole essa obrigação *no-shop* e, antes de [_____], feche qualquer das transações referenciadas antes [sem fornecer aos Investidores a oportunidade de investir nos mesmos termos como outras partes para essa transação], a Empresa deve pagar aos Investidores $[_____] após o fechamento de tal transação como danos liquidados.] A Empresa não divulgará os termos desse Termo de Condições a qualquer pessoa que não seja executivo, membro do Conselho de Diretores ou contadores e advogados da Empresa e outros Investidores em potencial aceitos para [_____], como Investidor líder, sem consentimento por escrito dos Investidores.
Vencimento:	Este Termo de Condições vence em [__/__/____], caso não seja aceito pela Empresa até essa data.

EXECUTADO NO DIA ____ DE _____ DE _____.

[BLOCOS DE ASSINATURAS]

CAPÍTULO 15

Colhendo frutos da empresa empreendedora

OBJETIVOS DE APRENDIZAGEM

1. Apresentar o conceito de "colheita" como um plano para o futuro.
2. Examinar os principais fatores na sucessão da gestão de um empreendimento.
3. Identificar e descrever algumas das mais importantes fontes de sucessão.
4. Discutir o potencial impacto da legislação recente sobre a sucessão de negócios familiares.
5. Relacionar as maneiras de desenvolver uma estratégia de sucessão.
6. Examinar as especificidades de uma IPO como uma potencial estratégia de saída.
7. Apresentar a "venda total" como uma alternativa final na estratégia de colheita.

Pensamento empreendedor

Na mentalidade agrária existe uma janela ideal e definida para trazer uma colheita ao mercado. Se isso for feito muito cedo, o produto ainda não estará maduro. Ninguém o comprará. Se atrasar demais, poderá apodrecer, deteriorar-se e se perder. Por que não podemos adotar essa mesma abordagem com as empresas empreendedoras de hoje?

— Andrew J. Sherman, *Harvesting intangible assets*

15.1 COLHEITA DO EMPREENDIMENTO: FOCO NO FUTURO

OA1 Apresentar o conceito de "colheita" como um plano para o futuro.

Empreendedores devem perceber que o eventual sucesso de suas empresas os conduzirá a uma decisão sobre a futura operação e gestão dos negócios. Uma *estratégia de colheita* define como e quando proprietários e investidores vão obter um real retorno em dinheiro de seus investimentos. Observe que "colheita" não significa que os desafios e a responsabilidade do empreendedor terminaram. Há decisões desafiadoras a serem tomadas. Pode ser uma decisão referente ao controle e sucessão gerenciais para conseguir manter operações contínuas bem-sucedidas como uma empresa de capital fechado.[1] Pode ser um desejo de iniciar um evento de liquidez, por meio do qual a empresa é capaz de gerar um montante significativo de dinheiro para os investidores. Pode ser que o empreendimento tenha crescido para um estágio no qual a possibilidade de uma oferta pública inicial (IPO), discutida no Capítulo 8, seja uma realidade. Ou pode ser que a oportunidade mais realista seja vender o negócio. Em qualquer dessas situações, o empreendedor enfrenta uma infinidade de opções e possibilidades. Embora seja impossível a este capítulo fornecer respostas a todas as perguntas que um empreendedor encontra nesse ponto, pelo fato de cada empreendimento apresentar um conjunto único de circunstâncias, nosso objetivo final é revisar alguns dos desafios mais comuns que os empreendedores enfrentam durante esse estágio. Portanto, examinaremos o desafio de se formular uma estratégia de sucessão de gestão, e as duas estratégias de colheita mais significativas para os empreendimentos: a IPO e a venda do empreendimento.

15.2 A ESTRATÉGIA DE SUCESSÃO DE GESTÃO

OA2 Examinar os principais fatores na sucessão da gestão de um empreendimento.

Pesquisas mostram que muitas empresas de capital fechado deixam de existir após dez anos. Apenas três em cada dez sobrevivem a uma segunda geração e, de forma mais significativa, apenas 16% de todas as empresas de capital fechado chegam a uma terceira geração.[2] A expectativa de vida média para uma empresa de capital fechado é 24 anos, que é também o tempo médio de permanência dos fundadores de um negócio.[3] Um dos principais problemas que a maioria dos negócios de capital fechado enfrenta é a falta de preparo para passar o controle gerencial para a próxima geração. O fato cruel é que uma geração sucede a outra como inevitabilidade biológica, mas a maioria das empresas de capital fechado nunca formula planos de sucessão.

A **sucessão da gestão**, que envolve a transição da tomada de decisão gerencial em uma empresa, é um dos maiores desafios que proprietários e empreendedores enfrentam em empresas de capital fechado. À primeira vista, a sucessão não parece ser um grande problema; tudo o que um proprietário tem de fazer é designar qual sucessor herdará a operação, ou, melhor ainda, treinar um ou mais deles para ter o controle dos negócios durante a vida do fundador. Infelizmente, é mais fácil falar do que fazer, pois esse processo envolve inúmeros problemas, e um dos maiores é o proprietário. Em grande medida, o proprietário é o negócio; a personalidade do indivíduo e seus talentos transformam a operação no que ela é. Se essa pessoa tiver de ser removida do quadro, a empresa pode não ter como continuar. Além disso, esse indivíduo talvez não queira ser removido. Assim, se o proprietário/gestor começar a ter problemas de saúde ou ficar impossibilitado de gerenciar com eficácia, ele ainda poderá aguentar. O proprietário costuma enxergar qualquer tentativa externa de fazê-lo afastar-se, como esforços gananciosos de saquear a operação para ganho pessoal. E mais: ele e os membros da família podem sentir uma angústia quanto à morte, pois discutir esse tema remete a uma imagem negativa na mente de todos.

Outras barreiras para sucessão incluem rivalidade entre irmãos, medo dos membros da família de perder o *status* ou uma aversão completa à morte, por medo de perda ou abandono.[4] A Tabela 15.1 fornece uma lista de barreiras para a sucessão atribuídas ao proprietário e à família.

A regra básica para as empresas de capital fechado é a seguinte: o proprietário deve desenvolver um plano de sucessão. Como muitas pessoas desejam manter o negócio em família, as decisões devem ser tomadas a respeito dos herdeiros. Isso, em geral, é psicologicamente difícil. Escolher um herdeiro pode ser como comprar um lote no cemitério — é a aceitação da própria mortalidade. No entanto, proprietários que se recusam a enfrentar o problema da sucessão colocam uma carga desnecessária sobre aqueles a quem deixam para trás. Problemas de sucessores não são insuperáveis. Para nossa consideração desses problemas, o melhor lugar para começar é com uma identificação dos principais fatores na sucessão.

TABELA 15.1 BARREIRAS PARA O PLANEJAMENTO DA SUCESSÃO EM NEGÓCIOS DE CAPITAL FECHADO

Fundador/Proprietário	Família
Angústia da morte	Morte como tabu
Empresa como símbolo	• Discussão é um ato hostil
• Perda de identidade	• Medo da perda e/ou do abandono
• Preocupação quanto ao legado	Medo da rivalidade entre irmãos
Dilema da escolha	Mudança de posição do cônjuge
• Ficção de igualdade	
Inveja das gerações	
Perda de poder	

Fonte: Manfred F. R. Kets de Vries, "The Dynamics of Family-Controlled Firms: The Good News and the Bad News", *Organizational Dynamics*, inverno/1993, p. 68.

15.3 PRINCIPAIS FATORES NA SUCESSÃO

Tem sido dito que o conceito de "sucessão suave" em uma empresa de capital fechado é uma contradição em termos, e isso porque a sucessão é um problema de carga altamente emocional que requer não apenas mudanças estruturais, mas também culturais.[5] A sucessão familiar inclui a transferência de ética, valores e tradições, juntamente com o negócio real. O "negócio da família" e a "família de negócios" são dois componentes distintos, que devem ser tratados e desembaraçados caso o progresso em direção a sucessão tiver de ser feito.[6]

Inúmeras considerações afetam o problema de sucessão.[7] Uma maneira de examiná-las é em termos de pressão e de interesses dentro da empresa e fora dela. Outra maneira é examinando os eventos de pressão. E uma terceira maneira consiste em examinar as fontes de sucessão. Por fim, discutiremos as restrições legais que podem afetar as decisões quanto à sucessão.

15.3a Pressões de sucessão e interesses dentro da empresa

Dois tipos de pressão de sucessão originam-se em negócios de capital fechado (veja a Figura 15.1): um vem dos membros da família, e outro, dos colaboradores que não são da família.[8]

MEMBROS DA FAMÍLIA

Quando os membros da família também são colaboradores, pode haver inúmeros problemas relacionados ao tipo de sucessão. Um deles é que os membros da família podem querer que o negócio continue existindo para que eles e suas famílias sejam capazes de gerenciá-lo. Às vezes, isso evidencia membros que querem obter ou aumentar seu controle sobre as operações. Outro desenvolvimento comum é a pressão sobre o proprietário/gestor para que este designe um herdeiro. Um terceiro desenvolvimento possível é a rivalidade entre os vários ramos da família. Por exemplo, cada um dos filhos do proprietário pode sentir que o proprietário deve colocar ele — ou um de seus filhos — como responsável pela operação. Considerando que apenas um dos ramos da família pode ganhar essa briga, a rivalidade pode levar à venda ou à falência da empresa.

COLABORADORES QUE NÃO SÃO DA FAMÍLIA

Às vezes, os colaboradores de fora da família pressionam o proprietário/gestor, em um esforço para proteger seus interesses pessoais. Por exemplo, colaboradores antigos, muitas vezes, pensam que o proprietário deve dar-lhes a oportunidade de comprar uma participação na empresa ou acreditam que lhes deve ser dada uma porcentagem dos negócios no testamento do proprietário. Essas esperanças e expectativas, em geral, são transmitidas ao proprietário, podendo pressioná-lo para alguma forma de plano de sucessão. Além disso, tendo em vista que os colaboradores de fora da família se tornam fundamentais para o sucesso do empreendimento, essas demandas não podem ser ignoradas, de modo que o proprietário deve acomodar essas pessoas de alguma forma caso a empresa sobreviva.

FIGURA 15.1 PRESSÕES E INTERESSES EM UM NEGÓCIO FAMILIAR.

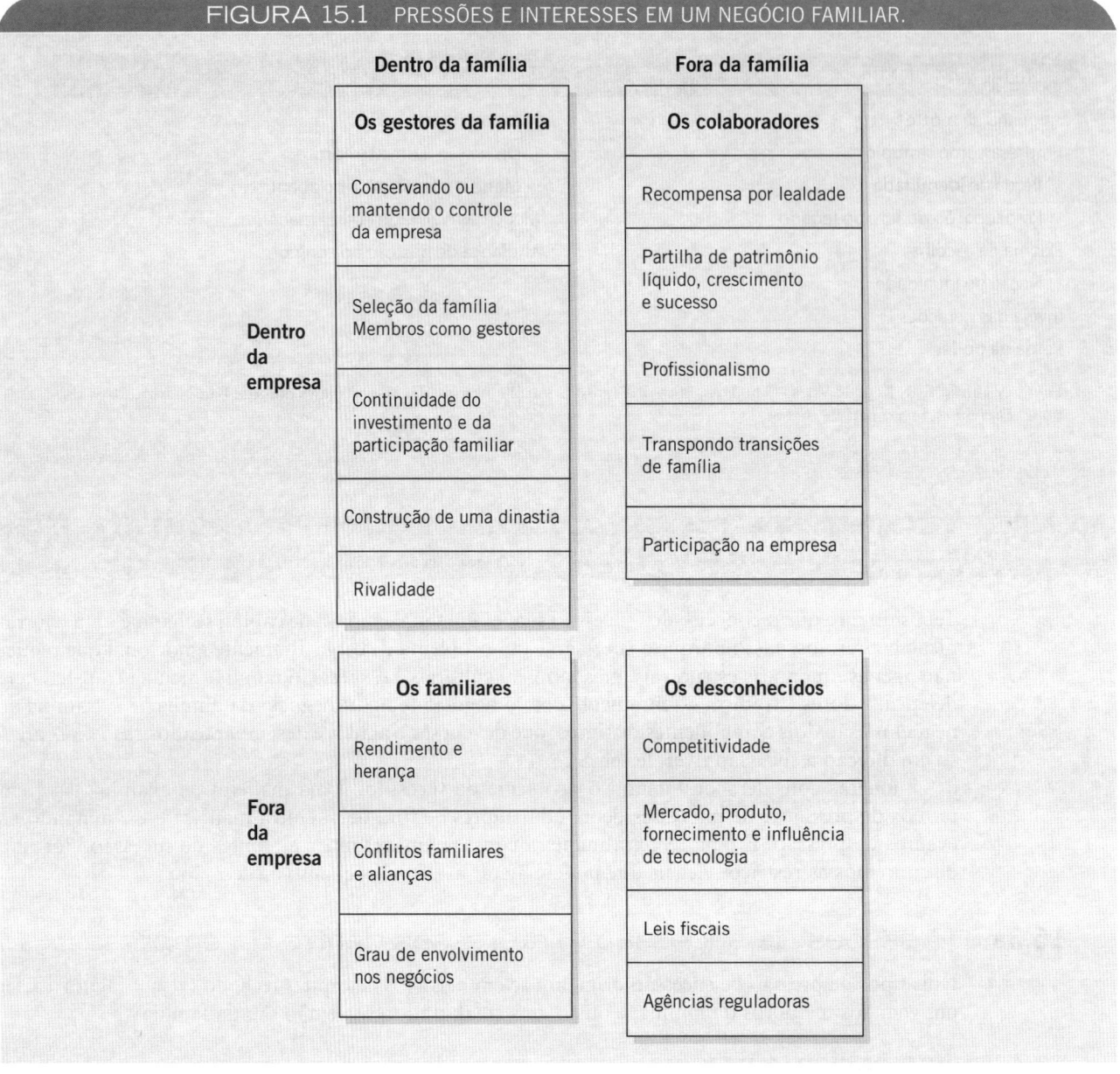

	Dentro da família	Fora da família
Dentro da empresa	**Os gestores da família** - Conservando ou mantendo o controle da empresa - Seleção da família Membros como gestores - Continuidade do investimento e da participação familiar - Construção de uma dinastia - Rivalidade	**Os colaboradores** - Recompensa por lealdade - Partilha de patrimônio líquido, crescimento e sucesso - Profissionalismo - Transpondo transições de família - Participação na empresa
Fora da empresa	**Os familiares** - Rendimento e herança - Conflitos familiares e alianças - Grau de envolvimento nos negócios	**Os desconhecidos** - Competitividade - Mercado, produto, fornecimento e influência de tecnologia - Leis fiscais - Agências reguladoras

Fonte: Adaptado e reproduzido com permissão da *Harvard Business Review*. Trecho de "Transferring Power in the Family Business", por Louis B. Barnes e Simon A. Hershon julho/agosto de 1976, p. 106. Copyright © 1976 pelo President and Fellows of Harvard College; todos os direitos reservados.

15.3b Pressões de sucessão e interesses fora da empresa

Fora da empresa, tanto os membros da família quanto os elementos que não são da família exercem pressão e mantêm interesse na sucessão da empresa.

MEMBROS DA FAMÍLIA

Mesmo quando os membros da família não representam um papel ativo nos negócios, eles podem exercer pressão. Muitas vezes, o interesse desses indivíduos está em garantir que irão herdar parte da operação, e eles pressionarão o proprietário/gestor nesse sentido. Em determinados casos, poderão pressionar para serem envolvidos nos negócios, e alguns membros da família chegarão a exercer pressão sobre o proprietário/gestor para que este os contrate. Tais apelos, contudo, são barrados, com base no fato de que a empresa não precisa de mais pessoas, ou que precisa de alguém com conhecimentos específicos, como capacidade de vendas ou habilidades técnicas, de modo que o proprietário se esquiva da solicitação.[9]

ELEMENTOS QUE NÃO SÃO DA FAMÍLIA

Outra grande fonte de pressão são os fatores ambientais externos. Um desses fatores são os concorrentes que mudam continuamente de estratégia, forçando o proprietário/gestor a ajustar-se a novas considerações de mercado. Outros fatores incluem clientes, tecnologia e desenvolvimento de novos produtos — essas forças mudam continuamente e o empreendedor deve responder a todas elas. Leis fiscais, agências reguladoras e tendências relacionadas às práticas de gestão ainda constituem elementos com os quais o proprietário/gestor deve lidar.[10] Dependendo da situação, qualquer uma dessas fontes de pressão pode trazer problemas.

Em um modelo de sistemas, a Figura 15.2 ilustra a distinção entre questões familiares e de negócios. Na interface dos sistemas familiares e de negócios, tanto um quanto outro respondem às interrupções em seus padrões transacionais regulares. Essas interrupções podem vir de fora da família e dos negócios ou de dentro deles. Fontes externas de interrupções incluem mudanças na política pública, turbulências econômicas e inovação tecnológica, e fontes internas incluem casamento, nascimento, morte e divórcio de membros da família. Essas interrupções podem ser boas ou más, e, em qualquer dos casos, requerem uma resposta da família e dos negócios.

A extensão da sobreposição entre os sistemas familiares e de negócios irá variar de uma empresa familiar para outra. Naquelas de capital fechado, em que a orientação predominante é manter família e negócios separados, há pouca sobreposição — esquematicamente, esse caso é ilustrado por uma pequena área de interface entre os dois sistemas. Por outro lado, em empresas de capital fechado, caracterizadas por grande sobreposição, a área de interface entre sistemas familiares e de negócios é considerável.

Sustentabilidade resulta da confluência do sucesso familiar, do sucesso comercial e das respostas apropriadas às interrupções. Em outras palavras, sustentabilidade exige uma análise da família, bem como do negócio, e também requer uma análise da capacidade de ambos cooperarem na resposta a interrupções, de maneira que um não impeça o sucesso do outro.[11]

FIGURA 15.2   MODELO DE NEGÓCIO FAMILIAR SUSTENTÁVEL.

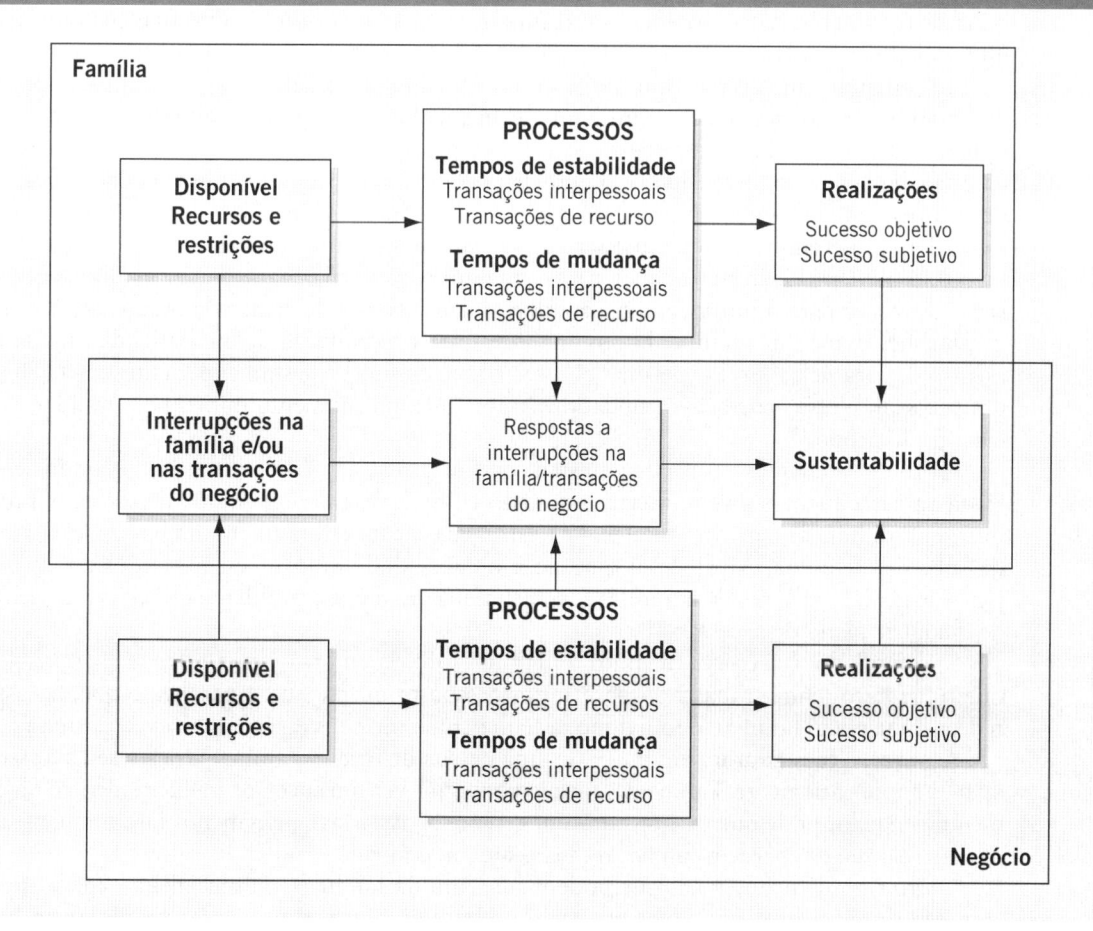

Fonte: Kathryn Stafford, Karen A. Duncan, Sharon Dane e Mary Winter, "A Research Model of Sustainable Family Business", *Family Business Review* 12, n. 3, setembro/1999, p. 197-208.

15.3c Eventos de pressão

Eventos de pressão são aqueles acontecimentos que levam à substituição do proprietário/gestor; eles requerem que o empreendedor se afaste e deixe alguém orientar o funcionamento da empresa.

A seguir, relacionamos os exemplos comuns de eventos de pressão:

- Morte, que leva os herdeiros a, imediatamente, ter de encontrar um sucessor para orientar o funcionamento da empresa.
- Doença ou alguma outra forma de incapacitação física não terminal.
- Distúrbio mental ou psicológico, o que leva o indivíduo a ter de retirar-se do negócio.
- Partida repentina, como quando um empreendedor decide, sem aviso prévio, afastar-se imediatamente.
- Problemas legais, como encarceramento por violação da lei (em geral, se esse período de confinamento for superior a algumas semanas, a sucessão torna-se necessária, se for somente nominal).
- Forte queda nos negócios, o que leva proprietário/gestor decidir abandonar o leme.
- Dificuldades financeiras, o que leva os credores a demandar a remoção do proprietário/gestor antes de emprestar os fundos necessários para a empresa.

Em geral, esses tipos de eventos são imprevistos e, raras vezes, a família possui um plano de contingência para lidar com eles. Como resultado, tais eventos, quando ocorrem, costumam criar um problema maior para o negócio.

Essas considerações influenciam o ambiente no qual o sucessor vai trabalhar. E, a menos que o indivíduo e o ambiente se ajustem bem, o sucessor não será muito eficiente.

15.3d Fontes de sucessão

OA3 Identificar e descrever algumas das mais importantes fontes de sucessão.

Um **sucessor empreendedor** é alguém com muita engenhosidade, criatividade e capacidade de direção. Essa pessoa, geralmente, fornece ideias fundamentais para o desenvolvimento de novos produtos e futuros empreendimentos. O **sucessor gerencial** é alguém que está interessado na eficiência, no controle interno e no uso eficaz de recursos; trata-se de um indivíduo que costuma fornecer a estabilidade e as instruções cotidianas necessárias para manter a empresa funcionando.

Ao procurar um sucessor interno, o empreendedor, em geral, foca em um filho, uma filha, ou um sobrinho ou sobrinha, com a intenção de, gradualmente, dar ao escolhido as responsabilidades operacionais seguidas por poder estratégico e de propriedade. Um fator importante no sucesso do empreendimento é se o fundador e o herdeiro podem se dar bem. O empreendedor deve ser capaz de se transformar de líder em *coach*, de agente em consultor. O herdeiro deve respeitar a ligação do fundador com o empreendimento e ser sensível aos sentimentos de posse dessa pessoa. Ao mesmo tempo, o herdeiro deve conseguir usar seu talento empresarial para iniciar as mudanças necessárias.[12] Ao olhar para o futuro, rumo à escolha de um sucessor de dentro da organização, o fundador, geralmente, treina uma equipe de gerentes executivos constituída de membros da família e de elementos de fora dela; isso lhe permite construir uma equipe de gestão experiente, capaz de produzir um sucessor. Nesse processo, o fundador assume que, no momento oportuno, um líder natural vá emergir do grupo.[13]

Há duas estratégias principais, e estas concentram-se em dois momentos: quando se dá a entrada da geração mais jovem interna e quando o "poder" realmente muda de mãos. A Tabela 15.2 ilustra as vantagens e as desvantagens da **estratégia da sucessão adiantada** em relação à **estratégia da sucessão atrasada**. A principal questão é a capacidade de o sucessor conquistar credibilidade junto aos colaboradores da empresa. A transferência real é um problema crítico na implementação de qualquer plano de sucessão.[14]

Se o fundador busca um membro da família fora da empresa, geralmente é porque ele prefere que o herdeiro tenha trabalhado para outra pessoa primeiro. Sua esperança é que, ao assumir as rédeas do negócio familiar, o indivíduo já tenha cometido seus erros de início de carreira.

Às vezes, o fundador irá em busca de uma pessoa de fora da família para ser seu sucessor, talvez apenas temporariamente. Também, por não conseguir ver um sucessor imediato dentro da empresa, o empreendedor pode querer contratar um gerente profissional, pelo menos interinamente, enquanto aguarda que um herdeiro amadureça e assuma o controle.

Outro tipo de profissional que pode vir de fora da família é o especialista experiente em tirar empreendimentos de dificuldades financeiras. Nesse caso, o fundador dá ao especialista o controle total da empresa e ele, posteriormente, entrega a empresa rejuvenescida a outro líder.

TABELA 15.2 COMPARAÇÃO DE ESTRATÉGIAS DE ENTRADA PARA SUCESSÃO EM NEGÓCIOS DE CAPITAL FECHADO

	Vantagens	Desvantagens
Estratégia da sucessão adiantada	Uma intimidade familiar com a natureza dos negócios e com os empregados é adquirida. Habilidades especialmente necessárias para o negócio são desenvolvidas. A exposição a outros nos negócios facilita a aceitação e a aquisição de credibilidade. Fortes relacionamentos com os integrantes são facilmente estabelecidos.	O conflito ocorre quando o proprietário tem dificuldade em ensinar ou em abrir mão do controle para o sucessor. Erros normais tendem a ser vistos como incompetência do sucessor. O conhecimento do ambiente é limitado e incorrem-se em riscos de consanguinidade.
Estratégia da sucessão atrasada	As habilidades do sucessor são julgadas com maior objetividade. O desenvolvimento da autoconfiança e o crescimento da independência da influência familiar são alcançados. O sucesso externo estabelece credibilidade e serve como base para aceitar o sucessor como um executivo competente. A perspectiva do ambiente de negócios é ampliada.	Conhecimento específico e compreensão dos principais fatores de sucesso da organização e cultura podem fazer falta. Padrões definidos da atividade externa podem entrar em conflito com os que prevalecem na empresa familiar. Pode haver ressentimentos quando sucessores avançam à frente de colaboradores antigos.

Fonte: Jeffrey A. Barach, Joseph Ganitsky, James A. Carson e Benjamin A. Doochin, "Entry of the Next Generation: Strategic Challenge for Family Firms", *Journal of Small Business Management*, n. 26, v. 2, abril/1988, p. 53.

Há, ainda, outra abordagem fora da família, que é o fundador encontrar alguém com os talentos necessários e trazer essa pessoa para a empresa como seu assistente, sabendo que, no final, ela se tornará presidente e proprietária do empreendimento. Talvez não existam herdeiros ou, talvez, nenhum membro qualificado da família esteja interessado.

O PROCESSO EMPREENDEDOR

Colheita de um negócio on-line

A venda de um negócio, também conhecida como a colheita de uma empresa, costuma ser uma experiência estressante e demorada para o empresário. Entre a diligência devida executada pelo comprador e o desgaste emocional sentido pelo empreendedor por deixar o negócio, o processo de vendas está muito mais complexo do que vender um carro ou mesmo uma casa. Os colaboradores devem ser considerados, as demonstrações financeiras devem estar organizadas e analisadas, e o empreendedor precisa compreender o que fazer depois que a empresa for vendida.

A compra de uma empresa é um procedimento complexo, difícil de simplificar; no entanto, as empresas que buscam facilitar a compra e a venda de negócios estão ganhando em popularidade. Essas empresas estão oferecendo serviços on-line designados a unir os empreendedores aos potenciais compradores. O objetivo é fornecer maior visibilidade para as empresas e eliminar muito da ansiedade sentida pelos empreendedores, resultante da conclusão da parte mais difícil do processo: localizar um interessado.

Corretores de negócios estiveram ao redor por décadas, e a maioria deles, se não todos, agora possui websites com diretórios de negócios que estão atualmente à venda, não muito diferentes daqueles dos fornecidos por mediadores. Esses corretores costumam manter suas listas privadas e limitam seu âmbito de atuação a uma determinada região. Os novos serviços planejam destacar-se dos demais, fornecendo listagens globais para maximizar a exposição dos empreendedores e estimular os compradores a frequentar seus sites. Além disso, esses sites irão oferecer a funcionalidade adicional de transmitir suas listagens para serviços de busca populares, como Craigslist e Google.

(Continua)

BizTrader.com, uma dessas empresas, é um provedor com tudo incluído para qualquer pessoa que procure comprar, vender ou avaliar um pequeno negócio. A empresa recebeu *feedback* positivo de agências de corretagem existentes, fato que é atribuído à contratação de um diretor operacional com experiência no comando de operações para serviços on-line de imobiliárias. Existem muitas semelhanças entre as tarefas de corretagem de negócios e a venda de imóveis, fato que a BizTrader.com tem explorado com êxito.

Outro site semelhante é BizBuySell.com, que está no ramo desde 1996. A empresa se gaba de possuir um cadastro de 45 mil empresas, e sua vantagem de pioneira posicionou-a como líder no setor. Embora o site não ofereça a mesma exposição global que a BizTrader.com está promovendo, o tamanho da BizBuySell.com a permite-lhe fornecer maior valor do que qualquer novo serviço.

Tanto a BizTrader.com quanto a BizBuySell.com fornecem funcionalidade valiosa para os empreendedores. As taxas são variáveis, dependendo dos serviços fornecidos. O propósito primário de cada um desses websites é fornecer à pequena empresa uma plataforma para inserir seus negócios à venda. Ambos os websites também fornecem serviços auxiliares, como ajudar empreendedores a encontrar oportunidades de financiamento e ajudar em avaliações de negócios. A taxa de corretagem da BizTrader.com é 49 dólares ao mês, com adesão gratuita, e ela também oferece duas opções de preços para a venda de anúncios comerciais. A opção padrão é grátis por 30 dias, com recursos limitados; no entanto, isso inclui uma avaliação. A opção *premium* da BizTrader.com para a publicidade requer a taxa única de 59 dólares e fica disponível até que o negócio seja vendido. A opção *premium* oferece mais recursos, além de publicar o anúncio em dez websites diferentes. Na BizBuySell.com, os planos de corretagem começam com 59,95 dólares ao mês, e o preço inicial de anúncios de venda 49,95 ao mês, com distribuição gratuita em 150 websites parceiros ou mais. A BizBuySell.com fornece ainda relatórios de avaliação, cujos preços variam de 19,95 dólares a 59,95 dólares, dependendo de quantos negócios forem analisados no relatório.

À medida que a publicidade on-line se torna cada vez mais importante para os negócios, os anúncios classificados nos jornais convencionais estão perdendo a popularidade. O sucesso da internet como fórum para a promoção de negócios é amplamente atribuído à oportunidade que ela dá aos empreendedores de promover mais efetivamente seus negócios a um custo reduzido.

Embora alguns especialistas encorajem fortemente que empreendedores foquem seus recursos em postagens da internet, empreendedores que venderam seus negócios tendem a utilizar todos os canais disponíveis. A noção de que mais é melhor certamente se aplica ao vender negócios, e serviços on-line, como a BizBuySell.com e a BizTrader.com, servem para aumentar os recursos à disposição do empreendedor.

Fonte: Adaptado de Konstantin Shishkin, "Selling Your Business? Click Here", *Fortune Small Business*, 14/abril/2008, http://money.cnn.com/2008/04/14/smbusiness/biztrader.fsb/index.htm. Acesso em: 17 abril 2008; e websites da empresa http://www.biztrader.com e http://www.bizbuysell.com. Acesso em: 30 jan. 2015.

15.3e Restrições legais

OA4 Discutir o potencial impacto da legislação recente sobre a sucessão de negócios familiares.

A primeira fonte de sucessão costuma vir de familiares ou de pessoas de dentro da empresa; no entanto, essas tradições de práticas de sucessão em empresas de capital fechado foram desafiadas no caso da *Empresa Oakland Scavenger*.

Nessa ação, trazida em 1984 por um grupo de trabalhadores negros e hispânicos da **Oakland Scavenger Company** (uma empresa de coleta de lixo), sediada na Califórnia, os colaboradores se queixavam de discriminação no emprego em razão de sua etnia. O Tribunal Distrital dos Estados Unidos do Norte da Califórnia rejeitou a ação com base no fato de não estar relacionado a leis antidiscriminação. No entanto, o Tribunal de Recursos da Nona Circunscrição dos Estados Unidos revisou a decisão e sustentou que "questões nepotistas não podem suplantar o objetivo primordial da nação de igual oportunidade econômica para todos".[15]

De acordo com o sumário jurídico da Oakland Scavenger, a questão concentrava-se na Quinta Emenda *versus* o Título VII da Lei de Direitos Civis de 1964: se a discriminação se sobrepuser à proteção da vida, da liberdade e da propriedade em relação à interferência irracional do estado, então os direitos dos pais de deixar suas propriedades e negócios para alguém podem ser abolidos. Essa decisão pode ter um efeito maior nos planos de sucessão de gestão de negócios de capital fechado.

O caso foi contestado pelo Supremo Tribunal. No entanto, antes que a sentença fosse dada, a Oakland Scavenger Company foi comprada pela Waste Management Corporation, e chegou-se a uma decisão extrajudicial de 8 milhões de dólares. A decisão alocou somas de, pelo menos, 50 mil dólares a 16 requerentes negros e hispânicos, dependendo do tempo de serviço de cada um, e também proporcionou pagamentos para uma classe de mais de 400 trabalhadores negros e hispânicos que a Oakland Scavenger empregara após 10 de janeiro de 1972.[16]

Como disse K. Peter Stalland, representante jurídico do Conselho Nacional de Negócios Familiares (National Family Business Council), "o efeito que esse caso pode ter na pequena empresa é enorme. Isso significa que, de forma concebível, quase qualquer pequeno negócio pode ser processado por um funcionário de uma origem étnica diferente daquela do proprietário, com base em o colaborador não ser tratado da mesma forma que é tratado um filho ou uma filha. O precedente é perigoso".[17] Portanto, **nepotismo** é algo que, agora, deve ser considerado seriamente à luz das ramificações legais.

O caso da Oakland Scavenger iniciou um movimento que, certamente, resultará em mais diretrizes e limitações para emprego da família, e as empresas de capital fechado deverão estar cientes desse desafio ao preparar seus planos de sucessão. (Para saber mais sobre esse tópico, veja "Empreendedorismo na prática: questões jurídicas a respeito do nepotismo".)

15.4 DESENVOLVENDO UMA ESTRATÉGIA DE SUCESSÃO

OA5 Relacionar as maneiras de desenvolver uma estratégia de sucessão.

Desenvolver uma estratégia de sucessão envolve três etapas importantes: (1) entender os aspectos contextuais, (2) identificar as qualidades do sucessor, e (3) desenvolver um plano de sucessão por escrito.[18]

15.4a Entendendo os aspectos contextuais de sucessão

A seguir apresentamos os cinco principais aspectos a serem considerados para uma sucessão efetiva.

TEMPO
Quanto antes o empreendedor começar a planejar o sucessor, melhores serão suas chances de encontrar a pessoa certa. O maior problema que o proprietário enfrenta é a perspectiva de eventos que forcem uma ação imediata e, em consequência, não haja tempo suficiente para encontrar o melhor substituto.

TIPO DE EMPREENDIMENTO
Alguns empreendedores são fáceis de ser substituídos, enquanto outros não podem ser substituídos. Em grande medida, isso é determinado pelo tipo de empresa. Será difícil substituir um empreendedor que seja a pessoa das ideias em uma empresa de alta tecnologia, assim como aquele cujos contatos pessoais no setor em que atua são os fatores-chave para o sucesso da empresa. Por outro lado, uma pessoa que comande uma empresa que exija um mínimo de conhecimento ou de competência, geralmente, pode ser substituída sem muitos problemas.

CAPACITAÇÕES DOS GESTORES
Habilidades, desejos e capacidades do substituto vão ditar o potencial futuro e a direção da empresa. À medida que o setor amadurece, as demandas feitas ao empreendedor também podem mudar. Setores comandados pela alta tecnologia costumam passar por mudanças em que o marketing se torna cada vez mais importante. Um empresário tecnologicamente qualificado e que entenda um pouco de marketing ou tenha capacidade para desenvolver uma orientação nesse sentido será mais valioso para a empresa que um empreendedor tecnologicamente qualificado, mas que não tenha interesse em marketing nem *background*.

VISÃO DO EMPREENDEDOR
A maioria dos empreendedores possui expectativas, esperanças e desejos para sua organização. Espera-se que um sucessor compartilhe essa visão, exceto, é claro, em casos em que os planos do empresário tenham levado a organização a problemas e uma nova visão seja necessária. Exemplos, hoje, são abundantes em razão do grande crescimento de empreendimentos ligados a biociências, a alta tecnologia e a outras tecnologias emergentes; empreendimentos em que o fundador possui a visão inicial para lançar a empresa, mas não tem experiência gerencial para fazer o empreendimento crescer. A experiência executiva externa é buscada porque o conselho administrativo pode sentir necessidade de um gerente empresarial que cuide mais do dia a dia, a fim de substituir o empreendedor altamente conceitual e analítico que fundou a empresa.

FATORES AMBIENTAIS
Às vezes, é necessário um sucessor porque o ambiente comercial muda e uma mudança paralela é necessária no topo da organização. Um exemplo é Edwin Land, da Polaroid — embora sua criatividade tecnológica tenha tornado o empreendimento bem-sucedido, Land, ao final, teve de dar espaço para alguém com mais habilidades de marketing. Em alguns casos, os proprietários têm permitido

que tipos financeiros assumam o controle da empresa, porque a eficiência interna é mais fundamental para a sobrevivência de curto prazo que a eficácia no mercado.

15.4b Identificando as qualidades do sucessor

O sucessor deve possuir muitas qualidades ou características. Dependendo da situação, algumas serão mais importantes que outras; no entanto, na maioria dos casos, todas terão algum grau de importância. Algumas das qualidades mais comuns a sucessores são conhecimento suficiente do negócio ou uma boa posição (especialmente em marketing ou finanças) de partida para adquirir esse conhecimento em um tempo aceitável; honestidade e capacidade fundamentais; boa saúde; energia, atenção e percepção; entusiasmo em relação à empresa; personalidade compatível com o negócio; alto grau de perseverança; estabilidade e maturidade; quantidade razoável de vigor; rigor e respeito a detalhes; capacidade de resolução de problemas; desenvoltura; capacidade de planejar e organizar; talento para desenvolver pessoas; personalidade de quem costuma começar e ir até o fim com iniciativas; e contrato adequado à filosofia do proprietário sobre o negócio.[19]

15.4c Escrevendo uma estratégia de sucessão

Esses elementos preparam o empreendedor para desenvolver uma política e uma estratégia de continuidade de gerenciamento. Uma política por escrito pode ser estabelecida usando uma das seguintes estratégias:

1. O proprietário controla inteiramente a *estratégia de continuidade de gestão*. Isso é muito comum, embora o conselho jurídico ainda seja necessário e recomendado.

2. O proprietário consulta membros seletos da família. Aqui, o consultor jurídico ajuda a estabelecer um *elo* entre a família e o proprietário na construção do mecanismo de sucessão.

3. O proprietário trabalha com consultores profissionais. Esse é um conselho consultivo real com elementos de diversas disciplinas profissionais e setores, que trabalha com o proprietário para estabelecer o mecanismo para a sucessão (às vezes, denominado "quasi-board").[20]

4. O proprietário trabalha com o envolvimento da família. Essa alternativa permite que o núcleo familiar (membros consanguíneos e cônjuges) participe ativamente e influencie nas decisões a respeito da sucessão.

Se o proprietário ainda for razoavelmente saudável e a empresa estiver em uma condição viável, as seguintes ações adicionais devem ser consideradas:

5. O proprietário formula **acordos de compra e venda** no início da empresa ou pouco depois de tê-la iniciado, e sempre que ocorrer uma grande mudança. Esse é também o momento de pensar em uma apólice de seguro adequada, em nome de indivíduos-chave, a qual forneceria o dinheiro necessário para adquirir o patrimônio do falecido.

6. O proprietário considera os **planos de compra de ações por colaboradores (ESOPs)**. Se o proprietário não tiver um sucessor direto em mente e respeitar a lealdade e a competência de seus colaboradores, um plano ESOP apropriado pode ser a melhor solução para passar o controle da empresa. Após a morte do proprietário, os colaboradores poderiam decidir sobre a hierarquia da gestão.

7. O proprietário aliena ou liquida o negócio quando perde o entusiasmo por ele, mas ainda é fisicamente capaz de continuar. Isso poderia fornecer o capital para iniciar outros negócios. Independentemente dos planos do proprietário, a empresa seria vendida antes de falhar em razão de desinteresse.

8. O proprietário aliena ou liquida depois de descobrir uma doença terminal, mas ainda tem tempo para transferir ordenadamente a gestão ou a propriedade.[21]

O aconselhamento jurídico é benéfico para todas essas estratégias; contudo, dispor de consultores (jurídicos ou não) que entendam as questões de sucessão e consigam recomendar um curso de ação é ainda mais benéfico.

Os empreendedores fundadores de empresas de capital fechado costumam rejeitar os pensamentos sobre a sucessão. No entanto, nem a ignorância nem a recusa vão mudar o inevitável, de modo que é crucial para os empreendedores desenvolver muito cuidadosamente um plano de sucessão. Esses planos impedem que as empresas de capital fechado que estão desabrochando hoje se tornem uma estatística de redução das dinastias familiares.

CONSIDERAR AJUDA EXTERNA

Promover a partir de dentro é uma filosofia de construção moral. No entanto, às vezes, constitui um erro. Quando a pessoa na chefia executa um trabalho fraco, promover o próximo indivíduo na fila resolve o problema? Esse último pode ser um clone do proprietário/gestor. Por outro lado, pense em empresas familiares que começam a superar a capacidade gerencial da pessoa na chefia. Alguém na empresa possui *realmente* as competências necessárias para cuidar do negócio? As perguntas que devem ser respondidas são: Como a empresa deve ser efetivamente conduzida? Quem possui habilidade para fazer isso? Às vezes, responder essas perguntas leva à conclusão de que é necessário trazer uma pessoa de fora da empresa. As empresas de capital fechado também enfrentam o fator sempre presente do ego. O proprietário/gestor tem a sabedoria necessária para se afastar e a coragem suficiente para deixar alguém tomar as decisões estratégicas? Ou o seu desejo pelo controle é tão grande que ele prefere correr os riscos decorrentes de gerenciar pessoalmente o negócio? A lição é clara para o observador objetivo; infelizmente, muitos proprietários tiveram de aprendê-la da maneira mais difícil.[22]

15.5 A ESTRATÉGIA DE SAÍDA: EVENTOS DE LIQUIDEZ

A verdade é que a maioria dos empreendedores está focada no lançamento e no aumento de seus empreendimentos e não em um plano para sair da empresa nos próximos anos. No entanto, uma estratégia de saída é sempre de fundamental importância para investidores externos. O comprometimento dos investidores de capital sempre reside na certeza de que vão recuperar seus investimentos iniciais com um lucro saudável. Os empreendedores precisam estar cientes de que uma estratégia de saída *para* o empreendimento pode implicar também que o empreendedor saia *da* empresa.

Uma **estratégia de saída** é definida como um componente do plano de negócios, em que um empresário descreve um método pelo qual os investidores podem obter um retorno tangível sobre o investimento. Questões como "quanto", "quando" e "como" precisam ser abordadas. Os investidores sempre desejam converter suas participações em uma forma mais "líquida", conhecida como **evento de liquidez**, que se refere ao posicionamento do empreendimento para a realização de um retorno de dinheiro para os proprietários e os investidores. Esse "evento" é conseguido com mais frequência por meio da IPO ou da venda completa do empreendimento. Em qualquer dos cenários, o empreendedor deve buscar consultoria profissional e aconselhamento jurídico em razão das regulamentações significativas e dos parâmetros legais envolvidos. Para os nossos propósitos, examinamos os conceitos básicos envolvidos nesses eventos de liquidez.

15.5a A Oferta Pública Inicial (IPO)

OA6 Examinar as especificidades de uma IPO como uma potencial estratégia de saída.

Conforme abordado no Capítulo 8, muitos empreendedores buscaram capital nos mercados abertos. Apenas para reiterar, o termo **oferta pública inicial (Initial Public Offering – IPO)** é usado para representar a oferta pública registrada dos títulos da empresa pela primeira vez. Conforme ilustrado no Capítulo 8, existe tremenda volatilidade no mercado de ações, e os empreendedores devem estar atentos às preocupações com as quais serão confrontados ao buscar abrir seu capital. Muitos empreendedores já começaram a reconhecer alguns dos complexos requisitos envolvidos na abertura de capital.[23] A tabela 15.3 fornece uma ilustração completa das etapas envolvidas em uma IPO.

A Securities and Exchange Commission* (SEC) requer o preenchimento de uma declaração de registro que inclua um prospecto completo sobre a empresa. A SEC, então, revisa o registro, assegurando que uma *full disclosure* (uma divulgação completa de todos os dados relevantes para o futuro da empresa) seja feita antes de conceder permissão para continuar. (Para obter uma apresentação do processo de registro, veja a Tabela 15.4.)

---

* No Brasil, o órgão correspondente a Securities and Exchange Commission (SEC) é a Comissão de Valores Mobiliários (CVM). (N. T.)

O PROCESSO EMPREENDEDOR

Usando contratos de compra e/ou venda

Muitos empreendedores devem seu sucesso contínuo às habilidades combinadas de dois ou mais proprietários. Porém, na concepção do empreendimento, algum proprietário considerou a continuação involuntária do negócio com um filho, com o ex-cônjuge ou com os credores do coproprietário? Provavelmente, não. Mas empreendedores inteligentes planejam adiante, para lidar com questões de controle que possam surgir de forma imprevisível em virtude de questões originalmente conhecidas como os "Quatro Ds", que, em inglês, referem-se a *Disability, Death, Dissolution e Debtorship* — ou seja, invalidez, morte, dissolução e endividamento. Caso o coproprietário fique incapacitado, morra, sofra uma dissolução conjugal ou tenha ativos confiscados por seus credores, a parte que lhe cabe no negócio pode correr o risco de ser transferida para um ou mais terceiros. Felizmente, as partes podem — e devem — tomar as medidas necessárias para assegurar que a transferência de qualquer parte do negócio se faça de um modo que proteja o futuro da empresa, as participações dos demais acionistas e a segurança financeira da família do proprietário que estiver saindo. Um contrato de compra e venda pode fornecer exatamente essa proteção. Ele assegura que, no caso de ocorrer um desses "fatos geradores", a participação em um negócio de capital fechado seja transferida de uma maneira vantajosa para todas as partes envolvidas. Esse tipo de contrato pode ser desenvolvido para assegurar o seguinte:

1. Que os demais acionistas possuam o primeiro direito de reter a participação acionária.
2. Que o proprietário de partida (ou seus beneficiários) receba um preço justo de mercado por sua participação acionária.
3. Que processos judiciais e litígios capazes de ameaçar a existência da empresa sejam evitados.
4. Que fundos fiquem disponíveis para comprar a participação acionária.

O aconselhamento jurídico é necessário para assegurar que o contrato de compra e venda aborde todas as circunstâncias exclusivas de uma empresa em particular.

Há dois tipos básicos de contratos: o contrato de compra cruzada, no qual os acionistas são obrigados a comprar as ações do proprietário que está saindo, e o contrato de resgate, no qual a empresa é obrigada a comprar as ações do proprietário que está saindo. Cada caso possui vantagens, desvantagens e implicações fiscais a serem consideradas, e alguns contratos incluem opções "combinadas" e obrigações para essas compras. Portanto, tanto um advogado quanto um contador fiscal devem ser consultados.

Fonte: Thomas Owens, "Buy–Sell Agreements", *Small Business Reports*, janeiro/1991, p. 57-61; e Mark E. Need, Elmore Entrepreneurship Law Clinic Director, Indiana University, Bloomington, 2015.

O prospecto deve divulgar totalmente as informações pertinentes à empresa e deve apresentar uma representação justa das verdadeiras perspectivas da empresa. Todas as informações negativas devem ser claramente destacadas e explicadas. A seguir, relacionamos algumas das informações detalhadas específicas que devem ser apresentadas.

- Histórico e natureza da empresa.
- Descrição da estrutura de capital de qualquer contrato material.
- Descrição dos títulos a serem registrados.
- Salários e títulos de participação dos principais executivos e diretores, e o preço que eles pagaram por estes títulos.
- Disposições de subscrição.
- Estimativa e uso de recursos líquidos.
- Demonstrações financeiras auditadas.
- Informações sobre a concorrência com uma estimativa das chances de sobrevivência da empresa.

A seguir, relacionamos alguns dos requisitos de divulgação mais importantes para os relatórios anuais:

- Demonstrações financeiras auditadas, incluindo balanços patrimoniais dos últimos dois anos e declarações de rendimentos e de caixa dos últimos três anos.
- Cinco anos de dados financeiros selecionados.
- Discussão e análise das condições financeiras e resultados das operações, pelo corpo gestor.
- Breve descrição do negócio.
- Divulgações das regras de negócio dos últimos três anos fiscais.
- Identificação dos diretores e executivos, com a ocupação principal e o empregador de cada um.
- Identificação do principal mercado em que os títulos da empresa são negociados.
- Variação dos preços de mercado e dos dividendos para cada trimestre dos dois últimos exercícios fiscais.

TABELA 15.3 O PROCESSO IPO

O processo inteiro de oferta pública inicial é, ao mesmo tempo, veloz e altamente estruturado, regido por um conjunto interligado de leis e regulamentações estaduais e federais e por regras de organizações autorreguladoras. Cada membro da equipe IPO possui responsabilidades específicas a serem cumpridas; no entanto, a empresa é quem, em última análise, define as jogadas que a equipe faz.

As seguintes etapas no processo de IPO aplicam-se tanto a empresas americanas quanto a estrangeiras.

Apresentar proposta ao conselho. O processo de IPO começa com a gestão fazendo uma apresentação para o conselho de diretores da empresa, completa com plano de negócios e projeções financeiras, propondo que a empresa ingresse no mercado público. O conselho deve considerar a proposta cuidadosamente.

Reafirmar as demonstrações financeiras e reenquadrar a empresa (*aplica-se somente a empresas que não estão em conformidade com a U.S. GAAP**). Se o conselho aprovar a proposta para abrir o capital, os livros e registros dos últimos dois ou três anos da empresa devem ser revisados. As demonstrações financeiras devem ser reiniciadas para aderir ao GAAP, a fim de serem certificadas. Quaisquer transações entre empresas, disposições de compensação e relacionamentos que envolvam a gestão ou o conselho que sejam habituais a uma empresa privada, embora impróprias para uma empresa pública, devem ser eliminadas, e as demonstrações devem ser apropriadamente reapresentadas. Além disso, as empresas devem considerar se alguma afiliação externa (operações relacionadas aos principais negócios da empresa) será percebida de forma negativa pelo mercado.

Encontrar um subscritor e executar uma "carta de intenções". Nesse ponto, a empresa deve selecionar um subscritor, se ainda não tiver envolvido um. O relacionamento da empresa com um subscritor deve então ser formalizado por meio de uma "carta de intenções" mútua, taxas de definição de escopo, faixas de preço de ações e número de ações, além de outras condições.

Esboçar o prospecto. Depois de executada a carta de intenções, os advogados de IPO podem começar a trabalhar no prospecto.

Responder à diligência devida. A próxima etapa é pedir ao seu banco de investimento e ao seu contador que comecem a elaborar a investigação da sua empresa (o processo da diligência devida). Seu subscritor examinará a gestão, as operações, as condições financeiras, o desempenho, a posição competitiva e o plano de negócios da sua empresa. Outros fatores abertos para análise são força de trabalho, fornecedores, clientes, credores e quaisquer terceiros envolvidos na viabilidade da empresa como entidade pública e que possam afetar a própria, verdadeira e adequada divulgação da sua condição no prospecto. A empresa de contabilidade examinará informações financeiras e documentos específicos, como contratos, faturas e recibos, a fim de assegurar a precisão e a adequação das demonstrações financeiras.

Selecionar uma gráfica financeira. Sua empresa deve selecionar uma gráfica financeira especializada — uma que esteja familiarizada com as regulamentações da SEC que regem a apresentação gráfica de um prospecto e tenha recursos para imprimir quantidades suficientes em regime de urgência.

Reunir o sindicato. Depois que o prospecto preliminar tiver sido apresentado ao SEC e estiver disponível para circulação entre os investidores em potencial, seu subscritor deve montar o "sindicato", constituído por bancos de investimento adicional, que colocarão partes das ofertas para atingir a distribuição desejada. Seu subscritor também deve angariar as "indicações de interesse" — solicitadas por meio de seus esforços bem como aqueles do sindicato — de instituições e corretores que abordaram seus clientes. Essas indicações garantem que a IPO é viável e ajudam a determinar o número final de participações a serem oferecidas e as alocações para os investidores.

Executar o *road show* (a demonstração itinerante). Em seguida, sua empresa e e seu banco de investimento devem projetar e executar o *road show*, que é uma série de reuniões com investidores em potencial e analistas em cidades-chave do país e, se apropriado, internacionalmente. A demonstração itinerante tornou-se cada vez mais importante não só para comunicar as informações-chave aos investidores, mas também para exibir o talento e o conhecimento empresarial que conduzirá a empresa.

Preparar, revisar e imprimir o prospecto. Enquanto isso, o prospecto preliminar deve estar preparado e revisado de acordo com os comentários da SEC e da National Association of Securities Dealers Regulations (NASDR). Após a conclusão dessas revisões, a empresa pode esperar que a NASDR emita uma carta dizendo que não possui objeções em relação à compensação, aos termos e às disposições da subscrição, e que a SEC indique sua intenção de declarar seus registros efetivos. O prospecto preliminar deve ser circulado para investidores em potencial pelo menos dois dias antes da data efetiva; em seguida, a versão final do prospecto pode ser impressa.

Precificar a oferta. Pouco antes de o contrato de subscrição ser assinado, um dia antes do registro se tornar efetivo e as vendas começarem, a oferta é precificada. O banco de investimento deve recomendar um preço por ação para a aprovação da gestão, considerando o desempenho financeiro da empresa e os prospectos competidores, o preço da ação de empresas comparáveis, as condições gerais do mercado de ações e o sucesso do *road show*, e assegurar manifestações de interesse. Embora a empresa queira precificar a oferta o mais alto possível, uma oferta que não venda ou que venda completamente não será muito interessante em si, mesmo para investidores, que descobrem que o preço da ação está caindo no mercado imediatamente após as compras iniciais. De fato, os investidores esperam, pelo menos, um aumento modesto no preço de mercado para reassegurá-los sobre sua decisão de investimento.

Determinar o tamanho da oferta. A equipe do banco de investimento também deve consultar a gestão a respeito do tamanho da oferta, considerando quanto capital a empresa precisa levantar, o grau desejado de controle corporativo e a demanda do investidor. Em geral, quanto mais quotas em circulação, maior a liquidez da ação, o que aumentará o interesse institucional.

Fonte: Adaptado de *Going Public* (New York: The NASDAQ Stock Market, Inc., 2005), p. 5-9; atualizado em fevereiro/2015 para garantir a exatidão.

---

* GAAP – *generally accepted accounting principles*, ou princípios geralmente aceitos de contabilidade. (N.R.T.)

TABELA 15.4 THE REGISTRATION PROCESS

Evento	Participantes	Agenda	Programação
Reunião preliminar para discutir a questão	Presidente, VP de Finanças, contadores independentes, subscritores, conselho	Discutir as necessidades financeiras; introduzir e selecionar o tipo de emissão para atender as necessidades.	1º de julho (início)
Seleção de formulário	Gestão, consultor jurídico	Selecionar o formulário apropriado para uso na declaração de registro.	3 de julho (3 dias)
Reunião inicial do grupo de trabalho	Presidente, VP de Finanças, contadores independentes, subscritor, advogados do subscritor, advogados da empresa	Atribuir tarefas específicas para cada pessoa no grupo de trabalho; discutir os problemas assumidos com essa emissão; discutir problemas contábeis com a emissão.	8 de julho (8 dias)
Segunda reunião do grupo de trabalho	O mesmo para a reunião inicial	Revisar as atribuições de trabalho; preparar a apresentação para o conselho de diretores.	22 de julho (22 dias)
Reunião do conselho de diretores	Conselho de diretores, membros do grupo de trabalho	Aprovar a questão proposta e o aumento da dívida ou do patrimônio líquido; autorizar a preparação de material.	26 de julho (26 dias)
Reunião do conselho da empresa com subscritores	Conselho da empresa, advogados dos subscritores, subscritores	Discutir os termos de subscrição e problemas com corretores inescrupulosos.	30 de julho (30 dias)
Reunião do grupo de trabalho	Os membros do grupo de trabalho revisam o material coletado e examinam as discrepâncias		6 de agosto (37 dias)
Conferência de pré-registro com a equipe da SEC	Membros do grupo de trabalho, equipe SEC e outros especialistas, se necessário	Revisar o registro proposto e os problemas associados: jurídico, financeiro e operacional.	9 de agosto (40 dias)
Reuniões adicionais do grupo de trabalho	Membros do grupo de trabalho	Preparar a declaração de registro final e os prospectos.	12 a 30 de agosto (61 dias)
Reunião com conselho de diretores	Conselho de diretores, membros do grupo de trabalho	Aprovar a declaração de registro e o prospecto; discutir os tópicos relacionados e os problemas.	6 de setembro (68 dias)
Reunião do grupo de trabalho	Membros do grupo de trabalho	Esboçar a declaração final de registro corrigida.	10 de setembro (72 dias)
Declaração de registro feita com a SEC	Consultor jurídico ou representante da empresa e equipe da SEC	Declaração de registro feita e pagamento de taxa.	12 de setembro (74 dias)
Distribuição do prospecto "red herring"[a]	Subscritores	Publicar oferta.	16 de setembro (78 dias)
Recebimento da carta de comentários	Membros do grupo de trabalho	Relatar as deficiências na declaração de registro.	15 de outubro (107 dias)

a. Prospecto "red herring" é um prospecto que informa a praça sobre uma emissão de ações, fornecendo informações importantes sobre a empresa emissora, mas sem informar o número de ações que serão emitidas nem o preço delas. (N.R.T.)

(Continua)

TABELA 15.4 THE REGISTRATION PROCESS (Continuação)

Reunião do grupo de trabalho	Membros do grupo de trabalho	Corrigir as deficiências e submeter as correções.	21 de outubro (113 dias)
Reunião da devida diligência	Representantes de gestão, contadores independentes, advogados da empresa, advogados do subscritor, subscritores e outros profissionais, se necessário	Compartilhar informações finais e discutir os problemas pertinentes relacionados à subscrição e a outras questões.	24 de outubro (116 dias)
Emenda de precificação	Gestão, subscritores	Adicionar os montantes para o preço real, para o desconto ou comissão do subscritor e recursos líquidos para a empresa à declaração de registro.	25 de outubro (117 dias)
Aviso de aceitação	Equipe da SEC	Relatório da equipe da SEC acerca da situação da aceitação da declaração do registro com o preço anexado	28 de outubro (120 dias)
A declaração se torna efetiva			30 de outubro (122 dias)

Fonte: De K. Fred Skousen, *An Introduction to the SEC*, 5. ed. © 1991 Cengage Learning; consulte também. K Fred Skousen, Steven Glover e Douglas Prawitt, *An Introduction to Corporate Governance and the SEC* (Mason, OH: Cengage Learning, 2004).

- Um compromisso de fornecer uma cópia gratuita do relatório de 10-K* para acionistas mediante pedido por escrito, a menos que o relatório atual já esteja em conformidade com os requisitos de divulgação do Formulário 10-K[24].

Seguem-se alguns dos formulários exigidos pela SEC:

- Formulário S-1: informações contidas no prospecto e dados financeiros adicionais.
- Formulário 10-Q: demonstrações financeiras trimestrais e resumo de todos os eventos importantes ocorridos durante cada trimestre.
- Formulário 8-K: relatório de fatos relevantes não planejados ou de alterações societárias consideradas importantes para o acionista e arquivadas junto à SEC no prazo de 15 dias após o final do mês em que tal fato significativo relevante aconteceu.
- Declarações de procuração: informações dadas em relação a solicitações de procuração.[25]

Empreendedores que optam pela emissão de títulos públicos devem estar preparados para a requisição desses relatórios e de declarações de divulgação, de controle e de propriedade compartilhados com acionistas externos.

15.6 VENDA COMPLETA DO EMPREENDIMENTO

OA7 Apresentar a "venda total" como uma alternativa final na estratégia de colheita.

Depois de considerar várias ideias de sucessão apresentadas neste capítulo, bem como o potencial para uma IPO, muitos empreendedores de capital fechado optam por uma **estratégia de colheita**, que envolve a venda completa do empreendimento. Se essa se tornar a escolha adequada para um empreendedor (tenha em mente que essa pode ser a melhor decisão para quem não possui membros da família nem colaboradores-chave interessados), então o proprietário terá de rever algumas considerações importantes. A ideia de "venda total" deve, na verdade, ser vista no sentido positivo de "colheita do investimento".

---

* Relatório exigido pela SEC que fornece um resumo abrangente do desempenho financeiro da empresa. (N.R.T.)

Empreendedores consideram a venda de seus empreendimentos por inúmeras razões. Com base em mil proprietários de negócios pesquisados, algumas dessas razões incluem (1) desmotivação e exaustão, (2) perda de capital operacional e de crescimento, (3) falta de herdeiros para quem deixar o negócio, (4) desejo de liquidez, (5) problemas de idade e saúde, e (6) desejo de perseguir outros interesses.[26]

Independentemente de essa decisão ser motivada por mudança de carreira, saúde debilitada, desejo de iniciar outro empreendimento ou aposentadoria, muitos empreendedores enfrentam a opção de venda total durante a sua vida empresarial. Essa estratégia de colheita precisa ser cuidadosamente preparada, a fim de se obter as recompensas financeiras adequadas.[27]

15.6a Etapas para a venda de um negócio

Em geral, oito etapas são recomendadas para a preparação, o desenvolvimento e a realização adequados da venda de um empreendimento.[28]

ETAPA 1: PREPARAR UMA ANÁLISE FINANCEIRA

O objetivo dessa análise é definir as prioridades e prever os próximos anos do negócio. Essas questões fundamentais devem ser respondidas:

- Qual será a necessidade por mais executivos e por outros empregados e como pagaremos por eles?
- Se o potencial de mercado for tão limitado que os objetivos não possam ser atingidos, devemos planejar uma aquisição ou desenvolver novos produtos para atender as metas de vendas e lucros?
- Devemos levantar o capital externo para crescimento contínuo? Quanto e quando?

ETAPA 2: SEGREGAR ATIVOS

Auditores fiscais e advogados podem sugerir as seguintes etapas para reduzir os impostos:

- Colocar imóveis em uma empresa separada, de propriedade individual ou de membros da família.
- Estabelecer uma subsidiária com direitos patrimoniais sobre máquinas e equipamentos de transporte e, em seguida, alugar essa propriedade para a empresa operadora.
- Dar algumas ou todas as ações do proprietário aos herdeiros quando os valores forem baixos, mas de modo que o proprietário retenha os direitos de voto; portanto, quando for realizada uma venda, uma parte, ou a totalidade, dos recursos pode ir diretamente para a outra geração sem tributação dupla.
- Manter os salários da gestão e os benefícios adicionais em níveis razoáveis para maximizar os lucros.

ETAPA 3: VALORAR O NEGÓCIO

Os diversos métodos usados para valorar um empreendimento foram discutidos no Capítulo 14. Naturalmente, estabelecer a valoração de uma empresa constitui uma das etapas mais importantes da sua venda.

ETAPA 4: IDENTIFICAR O MOMENTO APROPRIADO

Saber quando oferecer um negócio para venda é um fator fundamental; o momento certo pode ser decisivo. A seguir, algumas sugestões:

- Vender quando os lucros do negócio mostrarem uma forte tendência de crescimento.
- Vender quando a equipe de gestão estiver completa e experiente.
- Vender quando o ciclo de negócios estiver em ascensão, com compradores em potencial no clima correto e com excesso de capital ou crédito para aquisições.
- Vender quando você estiver convencido de que o futuro da sua empresa será brilhante.

ETAPA 5: PUBLICAR A OFERTA DE VENDA

Deve-se preparar breve prospecto sobre a empresa, que forneça informações suficientes para proporcionar interesse a potenciais investidores. Esse prospecto deve ser divulgado por meio de canais profissionais apropriados: banqueiros, contadores, advogados, consultores e corretores de negócios.

ETAPA 6: FINALIZAR A BUSCA POR COMPRADORES EM POTENCIAL

É necessário fazer consultas no ambiente empresarial a respeito dos potenciais compradores. O caráter e a reputação gerencial dos interessados devem ser avaliados para que se encontre o melhor comprador.

ETAPA 7: MANTER O ENVOLVIMENTO ATÉ O FECHAMENTO DA VENDA

Encontrar os potenciais compradores finais ajuda a eliminar as áreas de desentendimento e a negociar os principais requisitos de forma mais eficaz. Além disso, o envolvimento de profissionais como advogados e contadores geralmente exclui qualquer problema maior que apareça no fechamento.

ETAPA 8: COMUNICAR A VENDA

Os problemas entre o novo proprietário e a equipe de gestão restante precisam ser resolvidos para que seja feita uma transição sólida. A comunicação entre o vendedor e o comprador e entre o comprador e a equipe de gestão atual é uma etapa-chave.

Além dessas oito etapas, um empreendedor deve estar ciente das implicações tributárias que surgem a partir da venda de um negócio. Para uma consultoria profissional, deve-se consultar um contador especializado em avaliações de negócios e vendas.

As oito etapas aqui descritas, combinadas com as informações sobre avaliação fornecidas no Capítulo 14, ajudarão empreendedores a fazer a colheita de seus empreendimentos. As etapas fornecem um quadro claro em que os empreendedores podem estruturar uma negociação justa que conduza a uma venda. Se o propósito de uma valoração for vender o negócio, então o empreendedor deve planejar antecipadamente e seguir com cada etapa.

RESUMO

Este capítulo concentrou-se na colheita do empreendimento. Começando com a questão da sucessão da gestão como um dos maiores desafios para os empreendedores, inúmeras considerações que afetam a sucessão foram discutidas. Tendo como foco empresas de capital fechado, este capítulo identificou fatores fundamentais, como membros da família e de fora da família — tanto dentro quanto fora da empresa —, para mostrar as pressões exclusivas sobre o empreendedor. Alguns membros da família vão querer ser encarregados de orientar o funcionamento da empresa, enquanto outros vão apenas querer uma participação nela.

Há dois tipos de sucessores: um sucessor empreendedor fornece ideias inovadoras para o desenvolvimento de um novo produto, enquanto um sucessor gerencial aporta capacidade para as operações do dia a dia. Um empreendedor pode pesquisar dentro ou fora da família, bem como dentro ou fora do negócio. A transferência real de poder é uma questão crítica, e o momento de entrada para um sucessor pode ser estratégico.

O caso da Oakland Scavenger Company revelou as preocupações jurídicas que agora existem sobre a contratação somente de membros da família, e o nepotismo foi desafiado nos tribunais com base na discriminação.

O desenvolvimento de um plano de sucessão envolve a compreensão desses aspectos contextuais importantes: quando ela ocorre, tipo de empreendimento, capacidade dos gerentes, visão do empreendedor e fatores ambientais. Além disso, a força exercida por determinados eventos pode exigir a implementação de um plano de sucessão, independentemente de a empresa estar pronta ou não para implementar um. É por isso que é tão importante identificar as qualidades do sucessor e executar o plano de sucessão.

O capítulo termina com uma discussão da decisão do empreendedor em vender totalmente sua empresa. O processo foi visto como um método de "colheita" do investimento, e oito etapas específicas foram apresentadas para os empreendedores seguirem.

TERMOS-CHAVE

contratos de compra e venda
estratégia da sucessão adiantada
estratégia da sucessão atrasada
estratégia de saída
evento de liquidez
eventos de pressão

nepotismo
Oakland Scavenger Company
oferta pública inicial (IPO)
planos de compra de ações por colaboradores (*employee stock ownership plans* — ESOPs)

saída estratégica
sucessão de gestão
sucessor empreendedor
sucessor gerencial

PERGUNTAS DE REVISÃO E DISCUSSÃO

1. Quais são as possíveis opções que um empreendedor deve examinar à medida que o empreendimento amadurece?
2. Existem inúmeras barreiras para a sucessão em negócios de capital fechado. Usando a Tabela 15.1, identifique algumas das barreiras-chave.
3. Quais são as pressões que os empreendedores às vezes enfrentam dentro da família? (Use a Figura 15.1 em sua resposta.)
4. Quais são as pressões que os empreendedores às vezes enfrentam fora da família? (Use a Figura 15.1 em sua resposta.)
5. Um empreendedor pode fazer inúmeras escolhas a respeito de um sucessor. Usando a Tabela 15.2 como guia, discuta cada uma dessas opções.
6. De que maneira o caso Oakland Scavenger afeta as decisões de sucessão em pequenas empresas?
7. Quais são os três aspectos contextuais que devem ser considerados em um plano de sucessão eficaz?
8. De que maneira eventos de pressão podem resultar na substituição de um proprietário e/ou gestor? Cite três exemplos.
9. Quais são as cinco qualidades ou características que os sucessores devem possuir?
10. Por que empreendedores aguardam ansiosamente pelo dia em que poderão abrir o capital de sua empresa?
11. Quais são as oito etapas a serem seguidas para colher um negócio? Discuta cada uma delas.

NOTAS

1. Tammi S. Feltham, Glenn Feltham e James J. Barnett, "The Dependence of Family Businesses on a Single Decision-Maker", *Journal of Small Business Management* 43, n. 1, janeiro/2005, p. 1-15; veja também Timothy Bates, "Analysis of Young, Small Firms that Have Closed: Delineating Successful from Unsuccessful Closures", *Journal of Business Venturing*, n. 20, v. 3, maio/2005, p. 343-58.
2. John L. Ward, *Keeping the Family Business Healthy*. San Francisco: Jossey-Bass, 1987, p. 1-2.
3. Richard Beckhard e W. Gibb Dyer, Jr., "Managing Continuity in the Family-Owned Business", *Organizational Dynamics*, n. 12, v. 1, verão/1983, p. 7-8.
4. Manfred F. R. Kets de Vries, "The Dynamics of Family Controlled Firms: The Good News and the Bad News", *Organizational Dynamics*, n. 21, v. 3, inverno/1993, p. 59-71; e Richard A. Cosier e Michael Harvey, "The Hidden Strengths in Family Business: Functional Conflict", *Family Business Review* 11, n. 1, março/1998, p. 75-79.
5. Peter Davis, "Realizing the Potential of the Family Business", *Organizational Dynamics*, n. 12, v. 1, verão/1983, p. 53-54; e Thomas Hubler, "Ten Most Prevalent Obstacles to Family Business Succession Planning", *Family Business Review*, n. 12, v. 2, junho/1999, p. 117-22.
6. Michael D. Ensley e Allison W. Pearson, "An Exploratory Comparison of the Behavioral Dynamics of Top Management Teams in Family and Nonfamily New Ventures: Cohesion, Conflict, Potency, and Consensus", *Entrepreneurship Theory and Practice*, n. 29, v. 3, maio/2005, p. 267-84; Paul Westhead e Carole Howorth, "Ownership and Management Issues Associated with Family Firm Performance and Company Objectives", *Family Business Review*, n. 19, 2006, p. 301-16; e Michael H. Morris, Jeffrey A. Allen, Donald F. Kuratko e David Brannon, "Experiencing Family Business Creation: Differences Between Founders, Non-family Managers, and Founders of Nonfamily Firms", *Entrepreneurship Theory and Practice*, n. 34, v. 6, 2010, p. 1057-84.
7. Veja Donald F. Kuratko, "Understanding the Succession Challenge in Family Business", *Entrepreneurship, Innovation, and Change*, n. 4, v. 3, setembro/1995, p. 185-91; veja também Heather A. Haveman e Mukti V. Khaire, "Survival Beyond Succession? The Contingent Impact of Founder Succession on Organizational Failure", *Journal of Business Venturing*, n. 19, v. 3, maio/2004, p. 437-63.
8. Veja Neil C. Churchill e Kenneth J. Hatten, "Non-Market-Based Transfers of Wealth and Power: A Research Framework for Family Business", *American Journal of Small Business*, n. 12, v. 2, inverno/1987, p. 53-66; e Timothy P. Blumentritt, Andrew D. Keyt e Joseph H. Astrachan, "Creating an Environment for Successful Nonfamily CEOs: An Exploratory Study of Good Principals", *Family Business Review*, n. 20, 2007, p. 321-36.
9. Peter S. Davis e Paula D. Harveston, "The Influence of Family on the Family Business Succession Process: A Multi-Generational Perspective", *Entrepreneurship Theory and Practice*, n. 22, v. 3, primavera/1998, p. 31-54; Eleni T. Stavrou, "Succession in Family Business: Exploring the Effects of Demographic Factors on Offspring Intentions to Join and Take Over the Business", *Journal of Small Business Management*, n. 37, v. 3, 1999, p. 43-61; e Sue Birley, "Attitudes of Owner-Managers' Children Toward Family and Business Issues", *Entrepreneurship Theory and Practice*, n. 26, v. 3, 2002, p. 5-19.
10. Veja Donald F. Kuratko, Helga B. Foss e Lucinda L. Van Alst, "IRS Estate Freeze Rules: Implications for Family Business Succession Planning", *Family Business Review*, n. 7, v. 1, primavera/1994, p. 61-72; e Joseph H. Astrachan e Roger Tutterow, "The Effect of Estate Taxes on Family Business: Survey Results", *Family Business Review*, n. 9, v. 3, inverno/1996, p. 303-14.
11. Shaker A. Zahra, James C. Hayton e Carlo Salvato, "Entrepreneurship in Family vs. Nonfamily Firms: A Resource-Based Analysis of the Effect of Organizational Culture", *Entrepreneurship Theory and Practice*, n. 28,

12. v. 4, verão/2004, p. 363-82; e Matthew W. Rutherford, Lori A. Muse e Sharon L. Oswald, "A New Perspective on the Developmental Model for Family Business", *Family Business Review*, n. 19, 2007, p. 317-33.
12. Para uma perspectiva interessante, veja Kathryn Stafford, Karen A. Duncan, Sharon Dane e Mary Winter, "A Research Model of Sustainable Family Business", *Family Business Review*, n. 12, v. 3, setembro/1999, p. 197-208; veja também Lucia Naldi, Mattias Nordqvist, Karin Sjöberg e Johan Wiklund, "Entrepreneurial Orientation, Risk Taking, and Performance in Family Firms", *Family Business Review*, n. 20, 2007, p. 33-48; e Shaker A. Zahra, "Harvesting Family Firms' Organizational Social Capital: A Relational Perspective", *Journal of Management Studies*, n. 47, v. 2, 2010, p. 345-66.
13. Veja Kevin C. Seymour, "Intergenerational Relationships in the Family Firm: The Effect on Leadership Succession", *Family Business Review*, n. 6, v. 3, inverno/1993, p. 263-82; Eleni T. Stavrou e Paul Michael Swiercz, "Securing the Future of Family Enterprise: A Model of Offspring Intentions to Join the Business", *Entrepreneurship Theory and Practice*, n. 22, v. 2, inverno/1998, p. 19-40; e James P. Marshall, Ritch Sorenson, Keith Brigham, Elizabeth Wieling, Alan Reifman e Richard S. Wampler, "The Paradox for the Family Firm CEO: Owner Age Relationship to Succession-Related Processes and Plans", *Journal of Business Venturing*, n. 21, v. 3, 2006, p. 348-68.
14. Jeffrey A. Barach, Joseph Ganitsky, James A. Carson e Benjamin A. Doochin, "Entry of the Next Generation: Strategic Challenge for Family Firms", *Journal of Small Business Management*, n. 26, v. 2, 1988, p. 49-56; veja também Matthew W. Rutherford, Donald F. Kuratko e Daniel T. Holt, "Examining the Link Between Familiness and Performance: Can the F-PEC Untangle the Family Business Theory Jungle?" *Entrepreneurship Theory and Practice*, n. 32, v. 6: 1089-109; e Daniel T. Holt, Matthew W. Rutherford e Donald F. Kuratko, "Advancing the Field of Family Business Research: Further Testing the Measurement Properties of the F-PEC", *Family Business Review*, n. 23, v. 1, 2010, p. 76-88.
15. "Nepotism on Trial", *Inc.*, julho/1984, p. 29.
16. David Graulich, "You Can't Always Pay What You Want", *Family Business*, fevereiro/1990, p. 16-19.
17. "Feuding Families", *Inc.*, janeiro/1985, p. 38.
18. Donald F. Kuratko e Richard M. Hodgetts, "Succession Strategies for Family Businesses", *Management Advisor*, primavera/1989, p. 22-30; veja também Mark Fischetti, *The Family Business Succession Handbook*, Philadelphia: Family Business, 1997.
19. James J. Chrisman, Jess H. Chua e Pramodita Sharma, "Important Attributes of Successors in Family Business: An Exploratory Study", *Family Business Review*, n. 11, v. 1, março/1998, p. 19-34; e Franz W. Kellermanns, Kimberly A. Eddleston, Tim Barnett e Allison Pearson, "An Exploratory Study of Family Member Characteristics and Involvement: Effects on Entrepreneurial Behavior in the Family Firm", *Family Business Review*, n. 21, 2008, p. 1-14.
20. Adaptado de Harold W. Fox, "Quasi-Boards: Useful Small Business Confidants", *Harvard Business Review*, n. 60, n. 1, janeiro/fevereiro/1982, p. 64-72.
21. Glenn R. Ayres, "Rough Family Justice: Equity in Family Business Succession Planning", *Family Business Review*, n. 3, v. 1, primavera/1990, p. 3-22; Ronald E. Berenbeim, "How Business Families Manage the Transition from Owner to Professional Management", *Family Business Review*, n. 3, v. 1, primavera/1990, p. 69-110; e Michael H. Morris, Roy O. Williams, Jeffrey A. Allen e Ramon A. Avila, "Correlates of Success in Family Business Transitions", *Journal of Business Venturing*, n. 12, v. 5, 1997, p. 385-402.
22. Johannes H. M. Welsch, "The Impact of Family Ownership and Involvement on the Process of Management Succession", *Family Business Review*, n. 6, v. 1, primavera/1993, p. 31-54; e Veroniek Collewaert, "Angel Investors' and Entrepreneurs' Intentions to Exit Their Ventures: A Conflict Perspective", *Entrepreneurship Theory and Practice*, n. 36, v. 4, 2012, p. 753-79.
23. Veja *Going Public*, New York: The NASDAQ Stock Market, Inc., 2005, p. 5-9; veja também Richard C. Dorf and Thomas H. Byers, *Technology Ventures: From Idea to Enterprise*, 2. ed., New York: McGraw-Hill, 2008; e Moren Lévesque, Nitin Joglekar e Jane Davies, "A Comparison of Revenue Growth at Recent-IPO and Established Firms: The Influence of SG&A, R&D and COGS", *Journal of Business Venturing* 27, n. 1, 2012, p. 47-61.
24. K. Fred Skousen, *An Introduction to the SEC*, 5. ed., Mason, OH: Thomson/South-Western, p. 157; veja também Catherine M. Daily, S. Travis Certo e Dan R. Dalton, "Investment Bankers and IPO Pricing: Does Prospectus Information Matter?" *Journal of Business Venturing*, n. 20, v. 1, janeiro/2005, p. 93-11; e Ning Gao e Bharat A. Jain, "Founder Management and the Market for Corporate Control for IPO Firms: The Moderating Effect of the Power Structure of the Firm", *Journal of Business Venturing*, n. 27, v. 1, 2012, p. 112-26.
25. Para uma lista completa, veja Skousen, *An Introduction to the SEC*, 60; veja também Andrew J. Sherman, *Raising Capital*, Nova York: AMACOM, 2005.
26. James Fox e Steven Elek, "Selling Your Company", *Small Business Reports*, maio/1992, p. 49-58; veja também John B. Vinturella and Suzanne M. Erickson, *Raising Entrepreneurial Capital*, Burlington, MA: Elsevier, 2004; e Andrew J. Sherman, *Harvesting Intangible Assets*, New York: AMACOM, 2012.
27. Veja Donald Reinardy e Catherine Stover, "I Want to Sell My Business. Where Do I Begin?" *Small Business Forum*, inverno/1991, p. 1-24; veja também J. William Petty, "Harvesting Firm Value. Process and Results", *Entrepreneurship 2000*, Chicago: Upstart, 1997, p. 71-94; Dawn R. DeTienne, "Entrepreneurial Exit as a Critical Component of the Entrepreneurial Process: Theoretical Development", *Journal of Business Venturing*, n. 25, v. 2, 2010, p. 203-15; e Karl Wennberg, Johan Wiklund, Dawn R. DeTienne e Melissa S. Cardon, "Reconceptualizing Entrepreneurial Exit: Divergent Exit Routes and Their Drivers", *Journal of Business Venturing*, n. 25, v. 4, 2010, p. 361-75.

28. *Harvard Business Review*, "Packaging Your Business for Sale", por Charles O'Conor, March/April 1985, p. 52-58. Copyright © 1985 by President and Fellows of Harvard College; todos os direitos reservados; veja também Michael S. Long, *Valuing the Closely Held Firm*, Oxford: Oxford University Press, 2008; e James C. Brau, Ninon K. Sutton e Nile W. Hatch, "Dual-Track versus Single-Track Sell-Outs: An Empirical Analysis of Competing Harvest Strategies", *Journal of Business Venturing*, n. 25, v. 4, 2010, p. 389-402.

Apêndices – Casos

Mariana Paes da Fonseca Maia

APÊNDICE A

A marca como patrimônio imaterial: O caso da Cia. Hering

No Brasil, a regulação de direitos e obrigações referentes à propriedade industrial é determinada pela Lei nº 9.279/1996. Essa lei, alinhada aos tratados internacionais aos quais o Brasil aderiu em diversos momentos ao longo de sua história mais recente, incide sobre ativos de propriedade industrial como patentes, desenhos industriais, indicações geográficas e marcas.

O Título III dessa lei, compreendido pelos artigos 122 a 175, é dedicado a marcas, definindo que, no país, marca é "todo sinal distintivo, visualmente perceptível, que identifica e distingue produtos e serviços, bem como certifica a conformidade de tais bens com determinadas normas ou especificações técnicas". Invariavelmente, as marcas relacionam-se à qualidade percebida pelo consumidor ao longo do tempo e, por esse motivo, a todos os esforços diretos e indiretos de marketing e *branding* que as acompanham.

O artigo 130 da lei determina ao titular ou depositante da marca o direito de cedê-la a terceiros, em transação similar à de compra e venda de direitos; licenciá-la, na forma de locação em matéria de seus direitos; e zelar por sua integridade material ou por sua reputação. Os direitos sobre uma marca vigoram pelo prazo de dez anos, contados a partir da data de concessão do registro, e são prorrogáveis pelo mesmo período, sucessivas vezes. Desse modo, e diferentemente de como ocorre para os demais ativos de propriedade industrial, a marca pode ser eternamente de posse de uma empresa, desde que respeitadas as exigências da lei, uma das quais é seu uso efetivo e comprovado. Nesse sentido, e de acordo com o artigo 143 da citada lei, o registro de uma marca sofre caducidade – caso o uso de uma marca não tenha se iniciado no país após cinco anos de sua concessão, ou se seu uso tiver sido interrompido por um período superior a cinco anos ou se a marca estiver sendo utilizada de forma modificada, qualquer pessoa com legítimo interesse nela poderá requerer sua caducidade.

O uso da marca também deve compreender os produtos ou os serviços constantes do certificado. Estende-se a essa compreensão o fato de que um mesmo sinal distintivo pode ser utilizado por outro depositante, caso os produtos ou os serviços fabricados e/ou comercializados por este não gerem confusão ao consumidor no ato da compra (princípio da especialidade). Em outras palavras, a marca só protege produtos/serviços de determinada categoria ou atividade. Uma suposta marca nominal "Troço esquisito", por exemplo, registrada por um fabricante do setor alimentício, pode ser registrada também por outro depositante, desde que, nesse segundo caso, compreenda uma atividade bem distinta da primeira, como a comercialização de livros.

A única exceção a essa regra refere-se às marcas de alto renome, reconhecidas pelo Instituto Nacional de Propriedade Industrial (INPI), cujo escopo simbólico extrapola o original em prestígio, ou seja, mesmo que empregadas para distinguir produtos muito diferentes daqueles vinculados ao primeiro registro, ainda assim possibilitariam a confusão ao consumidor. "Fusca", "Sonho de Valsa" e "Petrobras" são alguns exemplos de marcas brasileiras de alto renome. Imagine que uma academia de ginástica queira utilizar "Sadia" como marca nominal – caso a marca "Sadia" não fosse reconhecida como de "alto renome", a academia poderia registrá-la porque dificilmente o consumidor relacionaria a academia à marca de produtos alimentícios.

O direito sobre as marcas também possui algumas limitações. O titular de uma marca não pode (a) impedir que ela seja usada por comerciantes ou distribuidores para fins de promoção e comercialização, desde que o façam com os sinais distintivos que lhes são próprios, ou seja, uma loja distribuidora de determinada marca de sorvetes não é impedida de usar a marca do seu fornecedor de sorvete para divulgar o produto, mas nunca poderá usá-la como nome de seu próprio estabelecimento; (b) impedir que fabricantes de acessórios a utilizem para sinalizar a destinação do produto (por exemplo, para identificar que determinado acessório deve ser usado em um console Xbox ou PlayStation, essas marcas têm de ser especificadas no próprio produto); (c) impedir a livre circulação do produto colocado no mercado interno, por si só ou por outrem, com o seu consentimento; (d) impedir a citação da marca em discursos, obras literárias ou científicas ou qualquer outro tipo de publicação, desde que destituídas de conotação comercial, como neste *case*.

No Brasil, as marcas podem ser registradas como nominativas, figurativas, mistas ou tridimensionais. As nominativas são compostas de palavras ou qualquer combinação entre letras e números, desde que não sejam descritivos; por exemplo, a palavra "cafeteira" não pode ser registrada como marca de uma cafeteira. Outros tipos de nomes, conforme destacados no artigo 124 da lei, são irregistráveis, como aqueles que ofendam à moral e aos bons costumes ou que indiquem falsamente origem e procedência. Já as figurativas podem ser compostas de imagens, desenhos, ideogramas, formas fantasiosas ou figurativas de letras ou algarismos e palavras compostas de letras de outros alfabetos. Em geral, as marcas figurativas, quando simbólicas e simples, permitem uma identificação mais forte do consumidor do que a verificada na marca nominativa; afinal, "uma imagem vale mais que mil palavras". As mistas, por sua vez, constituem a combinação entre as marcas nominativa e figurativa, e um clássico exemplo é a marca mista da "Coca-Cola", escrita com uma fonte tão exclusiva que, ainda que se escrevesse "Chique-Chique" com essa fonte, a leitura, instintivamente, seria "Coca-Cola". Por fim, a marca tridimensional refere-se à forma do produto na qual se encontra seu caráter distintivo: as embalagens dos produtos Nescau e Toblerone constituem um exemplo simples desse caso.

A Cia. Hering

Embora não seja reconhecida como uma marca de alto renome, dificilmente, no Brasil, alguém deixaria de atribuir o nome "Hering" ao setor de vestuário. A Cia. Hering, fundada em 1880 e registrada como pessoa jurídica em 1893, é uma organização de origem familiar, estabelecida na cidade de Blumenau, no estado de Santa Catarina, e sua história e sua evolução confundem-se facilmente com a da própria indústria têxtil brasileira.

Em 1929, a empresa tornou-se uma sociedade anônima, denominando-se, a partir de então, Companhia Hering. Seus negócios, sobretudo entre as décadas de 1970 e 1990, caracterizaram-se por forte diversificação e verticalização, com a criação da Ceval Agroindustrial, em 1970 (adquirida pelo Grupo Bunge, em 1997), e a constituição da *joint venture* Omino Hering S.A. com o grupo italiano Omino Di Ferro e Martaz, em 1973, no segmento de confecções.

A partir de 1990, a empresa atravessou um período de fortes transformações estratégicas. Sua reestruturação foi marcada principalmente por iniciativas de desverticalização da produção e pela criação de sua *holding*, a Hering Têxtil S.A. que, posteriormente, teve sua denominação social alterada para Cia. Hering, assim como era o seu nome original. Também detentora das marcas PUC e Dzarm, sua receita bruta cresceu 166% entre 2001 e 2009. Esse resultado se deve, entre outros motivos, à criação das redes de franquias Hering Family Store, em 1993, e Hering Store, em 2006. Em 2016, das 828 lojas que a Cia. Hering possuía no Brasil e no exterior, 728 eram franquias (a maioria delas da Hering Store, mas também havia franquias da Hering Kids, PUC, Hering for You e Dzarm), além de 17.600 pontos multimarcas.

O depósito da marca nominal "Hering" pela Cia. Hering data de 16 de julho de 1952 e encontra-se em vigor até hoje, nas classes NCL(8) 18 e NCL(8) 25, que compreendem, essencialmente, todo tipo de peças de vestuário e acessórios. Em 1982, a proteção estendeu-se também às categorias "propaganda; gestão de negócios; administração de negócios; funções de escritório" e "tecidos, roupa de cama, mesa, banho e cozinha e artigos têxteis para limpeza". Desde 1978, encontra-se sob a titularidade da empresa a marca figurativa que faz menção a dois peixes, empregada em sua logomarca (conforme processo nº 006724205[*]), especificamente para a categoria de "serviços de preparo, tratamento e beneficiamento de material de qualquer espécie".

A marca mista, conforme ilustrado no processo nº 006832512, foi concedida em 1979 para as classificações: roupas e acessórios do vestuário em geral e artigos de viagem; fios e materiais têxteis fibrosos em geral e tecidos em geral.

Em 1995, novo registro foi concedido para a marca mista, conforme ilustrado nos processos nºs 818318406 e 818318414, nas categorias "roupas e acessórios do vestuário em geral e artigos de

---

[*] Para ter acesso aos processos mencionados aqui, acesse o site indicado nas Referências bibliográficas, n. 7. Entre como anônimo, caso não tenha *login*, e consulte o processo pelo número.

viagem", "fios e materiais têxteis em geral e produtos para estofamento", "tecidos, roupa de cama, mesa, banho e cozinha e artigos têxteis para limpeza" e "tendas, barracas, lonas, guarda-sóis de praia e redes para descanso", estendendo-se ainda para as categorias "cortinas e tapetes em geral" e "artigos e artefatos de armarinho".

Em 2002, as marcas mistas referentes à "Hering Store", conforme ilustradas nos Processos nºs 821182102, 821182110, 200020781, 200020803, foram registradas nas categorias "vestuário, calçados e chapelaria" e "couro e imitações de couro, produtos nessas matérias não incluídos em outras classes; peles de animais; malas e bolsas de viagem; guarda-chuvas, guarda-sóis e bengalas; chicotes, arreios e selaria".

Em 2005, a Cia. Hering obteve a concessão da marca nominal "Dois peixinhos", cujo pedido fora depositado em 2000. Essa concessão se mantém em vigor até então, também e unicamente para a classe de "vestuário, sapatos e chapelaria". Isso se deve à grande notoriedade verificada em sua marca figurativa e que, por esse motivo, poderia ser empregada com má-fé por terceiros.

O caso das "Lojas Hering"

A disputa judicial pelo uso da marca nominal "Hering" e da marca figurativa dos "dois peixinhos" é um caso complexo, julgado pelo Tribunal de Justiça de Santa Catarina e pelo Superior Tribunal de Justiça (Processos nºs 008.99.020326-0 e 008.00.002107-2). Essa disputa se dá entre a Cia. Hering, titular efetiva da marca, conforme demonstrado anteriormente, e as Lojas Hering, ambas sediadas em Blumenau, SC.

Tudo começou quando, em 1999, a Cia. Hering ajuizou contra as Lojas Hering uma ação de abstenção do uso da marca e do nome comercial, além de um pedido de indenização, alegando que desde 1950 permitia o uso informal da marca pelas Lojas Hering, até que esta veio a construir um centro comercial (*shopping*) denominado "Centro Comercial Lojas Hering", permitindo o uso indevido da marca por terceiros e extrapolando a liberalidade concedida. Depois disso, as Lojas Hering acionaram a Cia. Hering exigindo que esta parasse de usar o nome "Hering Store" e também reivindicando os lucros auferidos com a sua utilização, uma vez que utilizavam tanto o nome "Hering" como a figura dos "dois peixinhos" desde 1880, e, portanto, antes do registro da marca, o que alegavam ser de conhecimento da própria Cia. Hering.

Embora a Cia. Hering tenha se sagrado vitoriosa em primeira instância, quando os processos foram analisados conjuntamente, as Lojas Hering apelaram à decisão referente à prescrição do direito de ação da Cia. Hering, apelação que foi acolhida, visto que o prazo para a reivindicação seria de dez anos (de acordo com o Código Civil vigente na época do julgamento), a contar do conhecimento do uso indevido pelo titular, o que não ocorreu, já que não houve oposição ao longo de um período muito maior. Ou seja, em todos os casos semelhantes a esse, a empresa detentora do registro de determinada marca possuía, a época, o prazo de dez anos para fazer valer seu direito de propriedade, o que supostamente não havia ocorrido, uma vez que as Lojas Hering empregavam a marca desde 1950.

Novamente, a Cia. Hering recorreu da decisão, dessa vez junto ao Supremo Tribunal de Justiça, que considerou cabível a contagem prescricional a partir da alegada mudança de postura da ré (Lojas Hering) com a criação do centro comercial e a cessão do nome a franquiados. Os autos, então, retornaram ao TJSC e aguardam nova posição; todavia, de acordo com o "Formulário de Referência – 2014", da Cia. Hering, suas chances de perda são dadas como "possíveis".

Questões para discussão

Conforme destacado na seção 9.3 do Capítulo 9, as marcas comerciais no Brasil, diferentemente do que ocorre nos Estados Unidos, são atribuídas mediante o registro formal, e não o uso. Visto isso, o caso você fosse o responsável pelo julgamento do caso apresentado, a quem favoreceria? Justifique.

Utilize os artigos pertinentes da Lei nº 9.279 (1996) e o Manual de Marcas do INPI para fundamentar argumentos a favor da Cia. Hering e das Lojas Hering.

Pesquise outros casos de litígio brasileiros que envolvam o direito marcário e analise o que eles têm em comum?

Referências bibliográficas

(*Sites acessados em outubro de 2016.*)

1. http://www.ciahering.com.br/novo/pt/empresa/relatorio
2. http://www.ciahering.com.br/novo/pt/empresa/historia
3. https://repositorio.ufsc.br/xmlui/bitstream/handle/123456789/123769/Economia292796.pdf?sequence=1&isAllowed=y
4. http://www.planalto.gov.br/ccivil_03/leis/L9279.htm
5. http://www.stj.jus.br/portal_stj/
6. http://www.tjsc.jus.br/file:///D:/Meus%20Documentos/Downloads/HGTX%20-%20FRE%202014_V11.pdf
7. http://manualdemarcas.inpi.gov.br/
8. https://gru.inpi.gov.br/pePI/jsp/marcas/Pesquisa_titular.jsp
9. http://www2.fct.unesp.br/pos/geo/dis_teses/04/04_ISABELA_ALBERTINA_BARREIROS_LUCLKTENBERG.pdf

APÊNDICE B

O Humor como ferramenta essencial de marketing no Brasil

Conforme enfatizado no Capítulo 10 deste livro, a área de marketing sofreu significativas transformações ao longo dos últimos anos. Embora isso, mais notoriamente, se deva à ampliação dos recursos e dos meios disponíveis, sobretudo de mídia, o que efetivamente mudou – e muito – foram os consumidores. E, ainda mais, sua paciência diante de ferramentas por vezes desgastadas e duvidosas de propaganda, publicidade e promoção.

O ingresso das gerações Y e Z no mercado consumidor constitui um forte impulsionador dessa mudança. Segundo o Ibope, as duas gerações compreendiam 41% da população brasileira em 2010, e, de acordo com dados da consultoria Booz Allen do mesmo ano, a geração Y sozinha vai compor 44% da população economicamente ativa em 2025.

A geração Y caracteriza-se por aqueles nascidos entre a década de 1980 e os anos 2000. Seu perfil de vida e consumo foi e ainda é amplamente estudado pela psicologia e pelas empresas de publicidade. Eles, em geral, casam-se e formam famílias mais tarde que as gerações anteriores; trabalham e estudam mais; preferem atividades de lazer interativas, como beber com amigos, ir a restaurantes e boates; e são muito consumistas. E, diferentemente das pessoas da geração X, sua antecessora, buscam por maiores desafios profissionais e são mais ambiciosos, ansiosos e impulsivos.

Já a geração Z, nascida a partir dos anos 2000, desconhece a vida desconectada. São imediatistas e, talvez por isso, mais velozes no aprendizado. Boa parte deles, embora ainda muito concentrada na classe C, tem os estudos como prioridade e almeja experiências de vida no exterior. Esses jovens também se preocupam de maneira mais ativa com o ambiente e com os problemas sociais, além de serem mais sensíveis a tudo o que é divertido e inovador, e divertem-se predominantemente com *games* e *streamings* em detrimento das atividades de caráter coletivo. Em maior grau que a geração Y, tendem ao ceticismo quanto ao que veem e ouvem e são mais preocupados com a saúde e a alimentação.

Alcançar essas gerações, naturalmente, exige esforços múltiplos de marketing, e o meio passa a ser mais importante do que, por vezes, a própria mensagem comunicada. Observam-se, por exemplo, a queda da televisão como meio principal de comunicação em ambas as gerações e o proporcional aumento do uso de *smartphones* e *tablets*. No entanto, a finalidade desses meios é diferente: a geração Y recorre a eles mais em busca de informação, enquanto a Z, por entretenimento. O declínio das mídias tradicionais reforça também o consumo por conteúdos via *streaming*, ou seja, o entretenimento em si passa a ser o meio, independentemente da plataforma.

Marketing de entretenimento

Em tempos de publicidade excessiva, por vias tradicionais ou inovadoras, oferecer conteúdo efetivamente capaz de prender a atenção do consumidor é um imperativo permanente para os decisores de marketing. Compartilha-se uma quantidade sem precedentes de informação a cada segundo nas redes sociais, o que é um prato cheio para aqueles que objetivam envolver o cliente-alvo com sua marca e seu produto ou serviço por meio das mais diversas experiências. Em alguns casos, quase não é mais possível distinguir o consumidor atingido de um fã. Dessa maneira, o marketing transcende o *status* de mera técnica de venda para o de regente social, político e de comunicação. Em uma perspectiva ainda mais ampla, converte quase qualquer cenário em um lugar propício à compra e à venda.

O maior esforço para construir a identidade da marca perante o consumidor-fã é permeado por estratégias direcionadas à criação de envolvimento emocional, desmembradas em processos interativos, que, quando bem-sucedidos, consolidam sua reputação. Todavia, com igual intensidade, também podem rapidamente conduzi-la ao fracasso. A imprevisibilidade, aspecto intrínseco da comunicação publicitária, faz-se presente como nunca.

O Conselho Nacional de Autorregulamentação Publicitária (Conar) tem por objetivo atuar sobre campanhas publicitárias de caráter enganoso ou que causem constrangimentos ao público. O crescente número de reclamações ao Conselho nos últimos anos chama a atenção sobre a linha tênue que separa a ironia da ofensa, e também demonstra a complexidade envolvida no processo de recepção da comunicação. Embora, em um primeiro momento, essa recepção se dê de modo inteiramente pessoal, sua incorporação é, invariavelmente, coletiva, agrupando diferentes pessoas em "tribos" de "*lovers*" ou "*haters*", que ora experimentam o papel de receptoras, ora o de emissoras da mensagem.

O marketing de entretenimento apoia e é apoiado pelo marketing viral, que dá ao consumidor a oportunidade de compartilhamento espontâneo de conteúdos, a princípio a pessoas de sua rede direta de contatos, tal como ocorre no processo biológico de transmissão de um vírus. Depois, de interação em interação, a mensagem pode alcançar todo o planeta, como uma espécie de epidemia. Entretanto, para que isso ocorra, a mensagem, além de conter conteúdo informativo, deve ter um toque humorístico.

Dessa maneira, lidar eficientemente com esse novo consumidor, que expressa de modo público a sua opinião e atinge outros tantos consumidores em poucos minutos, é uma *expertise* indispensável aos negócios. É necessário, acima de tudo, saber estar presente na rede e reagir e interagir no momento certo e da forma mais adequada a cada situação, principalmente porque a maior parte de tudo o que é comunicado não é produzida nem emitida pela empresa, principal interessada.

Canais do YouTube, blogues, fóruns e redes sociais, embora configurem meios de atingir a massa, são ainda mais eficazes em identificar nichos desejáveis ou evitáveis. Em geral, mas não sempre, esse processo começa com pessoas influentes nesses nichos, alçadas ao sucesso pelos próprios internautas e, por esse motivo, detentoras de uma quase inquebrantável credibilidade (ou, ao menos, de bons argumentos).

Marketing viral: a experiência brasileira

Há tempos, o Brasil é reconhecido na esfera publicitária internacional pela criatividade de suas campanhas. Uma característica singular desses projetos é a capacidade de abordar assuntos aparentemente sérios com bom humor e descontração, além de muita coragem.

O emprego do humor na propaganda possui uma função específica no processamento da informação pelo consumidor, uma vez que quebra a percepção seletiva deste (faz sorrir ou gargalhar) e o torna, assim, mais aberto à mensagem comunicada. Para que isso ocorra de forma eficaz, no entanto, o humor não deve se sobrepor à mensagem em si; além disso, há que se considerar que, em um primeiro momento, a propaganda age como um intruso – quase ninguém acessa a internet ou liga a TV à procura de comerciais. Observa-se, nesse ponto, um paradoxo importante: a propaganda deve ser um intruso agradável e, ao mesmo tempo, remeter direta e positivamente a um produto ou marca, não se esgotando na diversão *per se*.

Há quatro teorias aceitas para explicar o humor. A primeira delas corresponde à necessidade do ser humano de sobressair aos demais (teoria da superioridade), comportamento que tem sua prepotência e mal-estar relativizados pelo discurso bem-humorado – comerciais sexistas ou xenofóbicos costumam abusar desse tom. A segunda teoria remete ao alívio, tendo o humor, nesse caso, a função de suavizar as tensões vividas no dia a dia. Na terceira teoria, chamada teoria da incongruência, o cômico é resultado de uma quebra de expectativas. Por fim, a teoria conceitual trabalha a partir da compreensão do humor provocada pela dissonância cognitiva do efeito anterior – desfechos inesperados causam estranhamento e curiosidade.

O humor está presente na maioria dos conteúdos que viralizam. Na perspectiva científica, isso se deve por ocorrer na transição entre dois estágios: o explícito e o implícito. A capacidade de decodificar o conteúdo implícito de uma mensagem cômica permite a algumas pessoas compartilhar um conjunto de ideias, e isso promove uma sensação de intimidade entre elas. Note, o risco costuma ocorrer quando somente o que é explícito não transmite uma mensagem significativa, ou seja, quando o entendimento completo da mensagem perpassa por compreensões quase subliminares, e dependentes de um contexto cultural. Limitante ao conceito de intimidade é, desse modo, o de exclusividade. O fato de que apenas algumas pessoas são capazes de compreender a linguagem a torna, por si só, cômica em um contexto mais ou menos restrito.

O canal brasileiro Porta dos Fundos, um dos mais seguidos no YouTube, produz material humorístico com foco nas redes sociais e, por esse motivo, intensamente viral. Em 2012, o grupo publicou o vídeo intitulado "Fast Food", que fazia menção direta aos serviços prestados pela rede de restaurantes Spoleto. No vídeo, um funcionário da rede se mostra impaciente diante da indecisão de uma cliente quanto à escolha do pedido e, de modo estereotipado, começa a apressá-la, jogando agressivamente alimentos em seu rosto. Em meados de 2016, esse vídeo contava com mais de 12 milhões de visualizações e teve seu nome alterado para "Spoleto" a pedido da própria empresa. Em menos de 15 dias após seu lançamento, a empresa postou em seu canal o vídeo "Spoleto – parte 2", que, dessa vez, retratava a demissão do funcionário mal-educado e sua malsucedida busca por recolocação no mercado de trabalho, culminando com o seu retorno à rede, tempos depois. No fim, a empresa divulga informações sobre o seu serviço de atendimento a clientes, além de aproveitar para se desculpar pelos atendimentos que, eventualmente, tenham fugido ao seu controle.

Nota-se, nesse exemplo, vários elementos atribuídos ao marketing viral. Em primeiro lugar, a empresa deixa a critério do público aceitar ou não seus argumentos, valendo-se, para isso, do humor como ferramenta de aproximação. Em segundo, não reforça em nenhum momento os atributos positivos da marca, mas foca no estreitamento de suas relações com o público, trabalhando, desse modo, a teoria do alívio e, sobretudo, da incoerência, com uma reação atípica diante da crítica recebida. Por fim, a percepção de intimidade gerada pelo público, aliada à exclusividade do contexto, deu o tom necessário ao sucesso da "antipropaganda".

Em outro caso, o mesmo canal veiculou um vídeo que ironizava uma campanha promocional da Coca-Cola, que trazia nomes de pessoas em suas latinhas de refrigerante. A história abordava o diálogo entre uma consumidora insatisfeita diante da impossibilidade de comprar uma latinha com o seu nome e um funcionário de um supermercado, que lhe informava não existir latinhas da marca com "nomes de pobre"; ao fim do vídeo, a consumidora se vê convencida a comprar refrigerante de uma marca supostamente inferior, em cujas embalagens havia nomes considerados mais "populares". Como resposta a esse vídeo, a Coca-Cola divulgou a distribuição do produto tendo, nas latinhas, os mesmos nomes mencionados no fim do vídeo. Nesse caso, diferentemente do primeiro, predominou a teoria da superioridade, quando um grupo de consumidores se sentiu de algum modo privilegiado por ter seu nome em latinhas do refrigerante. No entanto, essa discriminação poderia causar impacto negativo na percepção da marca, motivo suficiente para que a empresa rapidamente se esforçasse na desconstrução dessa imagem.

O Porta dos Fundos também ajudou a promover uma polêmica mais recente, relacionada à disputa entre as redes de *fast food* Bob's e McDonald's pela reputação dos *milk-shakes* que utilizam o achocolatado Ovomaltine em sua fórmula. A bebida era tradicionalmente oferecida pelo Bob's desde 1959, mas, vencido o contrato de exclusividade com a marca do ingrediente principal, o McDonalds decidiu incorporá-lo ao seu menu de bebidas, também de forma exclusiva, e isso foi o suficiente para causar uma comoção geral nas redes sociais. Então, o Bob's emplacou a *hashtag* #MilkFake, compartilhada exaustivamente pelos internautas sempre que mencionavam a bebida da concorrente e seus atributos de qualidade supostamente duvidosos, e o Porta dos Fundos, de imediato, lançou um vídeo em que um personagem emblemático do McDonald's tentava, disfarçadamente, descobrir a fórmula da bebida produzida pelo Bob's enquanto era atendido em uma de suas lojas. Em meio à troca de indiretas entre as duas protagonistas, outras marcas, como Pizza Hut, Burger King e Giraffas, pegaram carona na polêmica e lançaram suas próprias campanhas correlatas, postando no Facebook mensagens como "E, no final, tudo acaba na Pizza Hut", "Calma, gente, Shake Crocante com aquele-ingrediente-que-não-deve-ser-nomeado aqui também tem. Já carne grelhada..." e "De boa, assistindo a treta com meus vários *milk-shakes*", respectivamente.

O papel dos blogueiros e outros *influencers*

Uma pesquisa conduzida em 2014 pela revista norte-americana *Variety* demonstrou que *youtubers* e *bloguers* estão entre as pessoas que mais influenciam jovens de 13 a 18 anos. Como já demonstrado, a geração Z é especialmente sensível às influências desse novo tipo de personalidade, vistas como mais francas quanto à sua percepção sobre produtos e serviços direcionados a essa faixa etária. No Brasil, verifica-se a mesma tendência, quando blogueiras como Camila Coutinho, Julia Petit, Lia Camargo, Evelyn Regly e Kéfera Buchman, entre muitas outras, chegam a faturar milhares de reais por mês por meio de parcerias comerciais e divulgação de opinião sobre produtos e serviços lançados no mercado por seus parceiros.

O número de brasileiros que se valem de blogues como um canal legítimo de comunicação cresce significativamente a cada ano. Trata-se de uma oportunidade importante para empresas que pretendem estreitar relacionamento com nichos de mercado específicos e desconfiados, além de ser uma alternativa econômica quando comparada a outras mídias. Nesses meios, também é possível obter *feedbacks* imediatos e sinceros, que permitem um direcionamento mais assertivo acerca de estratégias de posicionamento, portfólio de produtos e distribuição, por exemplo.

Um fator especialmente relevante na realidade brasileira é que, com os blogues, o controle rígido sobre a disseminação de informações pelas empresas vem caindo, dando voz e autoridade a qualquer pessoa, o que contribui para a democratização da informação. É importante ressaltar, no entanto, que isso está longe de significar o declínio absoluto das mídias tradicionais, uma vez que esses novos canais ainda dependem da informação disponibilizada por elas para fundamentar seu próprio conteúdo, mas de forma mais pessoal e crítica.

Ainda que abordando temas não diretamente relacionados a uma empresa específica, a blogosfera é capaz de moldar a opinião de uma comunidade em relação a temas que, direta ou indiretamente, interessam ao seu mercado. Além disso, a blogosfera também permite a formação de "tribos" de clientes "doutrinadores", ou seja, consumidores com perfil de fã, bem como proporciona à empresa posicionar-se como líder de pensamento em seu setor. Por esses motivos, as empresas devem tomar alguns cuidados específicos quanto ao emprego de blogues, sendo alguns deles:

- Ter clareza quanto ao público-alvo e suas características.
- Prover conteúdo relevante e informativo, não se limitando àqueles vinculados aos produtos e aos serviços que pretende divulgar.
- Ensinar e ajudar na solução de problemas reais
- Empregar, na informação, linguagem compatível com o público desejado.
- Ter discernimento quanto ao conteúdo da informação, cuidando para que não seja excessivamente técnico nem superficial demais.
- Cuidar para que toda informação esteja devidamente vinculada às ferramentas de pesquisa da internet, a fim de garantir que o conteúdo está sendo corretamente indexado.

Especialmente para novos negócios, os blogues têm provado ser uma ferramenta capaz de romper as barreiras a novos entrantes, criadas pelas grandes empresas já estabelecidas, além de já carregar no próprio formato a imagem de inovação e ruptura necessária, principalmente, em setores considerados mais tradicionais.

Um recente exemplo brasileiro dessa característica refere-se à bem-humorada divulgação do produto FreeCô, lançado pela jovem companhia brasileira Studio D'Essences. Diante de um vídeo publicado pela *youtuber* Jout Jout acerca do tabu que envolve o uso do banheiro enfrentado por jovens casais, a empresa, rapidamente, encarregou-se de enviar-lhe amostras do produto que prometia "bloquear odores sanitários". O vídeo da blogueira que relata sua experiência com o produto contou com mais de 500 mil visualizações em apenas poucos dias. Funcionando ou não, o produto tornou-se amplamente conhecido e comentado nas redes sociais.

Questões para discussão

1. Pesquise outros casos brasileiros em que o humor foi empregado com sucesso em campanhas publicitárias. Quais das teorias sobre o humor mais se aplicam a esses casos?
2. Levante situações em que o emprego do marketing viral por empresas brasileiras foi malsucedido. Em sua opinião, em que as empresas falharam?
3. Aponte as vantagens e as desvantagens do uso de blogues como ferramenta de divulgação de produtos e/ou serviços e de aproximação com o consumidor. Trata-se de uma tendência incontestável?
4. Em que as estratégias mencionadas no texto podem diferir quando utilizadas por start-up e por empresas já estabelecidas?

Referências bibliográficas

Ibope Mídia. "Gerações Y e Z: juventude digital". Disponível em: http://www4.ibope.com.br/download/geracoes%20_y_e_z_divulgacao.pdf. Acesso em: 21 out. 2016.

ESPM. "Jovens entre gerações". Disponível em: http://www2.espm.br/sites/default/files/pagina/jovens_entre_geracoes_midia_yr_copy.pdf. Acesso em: 21 out. 2016.

Núcleo de Tendências e Pesquisa do Espaço Experiência Famecos/PUCRS. "Projeto 18/34: ideias e aspirações do jovem brasileiro sobre conceitos de família". Disponível em: http://estaticog1.globo.com/2015/10/30/Apresentacao-Pesquisa-Familia-EE-2015.pdf. Acesso em: 21 out. 2016.

Fronteiras Estudos Midiáticos. "Entretenimento, sociabilidade e consumo nas redes sociais: cativando o consumidor-fã". Disponível em: http://www.revistas.unisinos.br/index.php/fronteiras/article/view/fem.2012.142.07/998. Acesso em: 21 out. 2016.

Fiqueiredo Neto, C.; Pereira, R. M. "Humor e persuasão na publicidade da televisão brasileira". Disponível em: http://www.mackenzie.br/fileadmin/Graduacao/CCL/Pesquisa_e_Extensao/HUMOR_E_PERSUASAO_NA_PUBLICIDADE_DA_TELEVISAO_BRASILEIRA.pdf. Acesso em: 21 out. 2016.

Guitarrari, B. "A ciência por trás do marketing viral". Disponível em: http://resultadosdigitais.com.br/blog/marketing-viral/. Acesso em: 21 out. 2016.

Lago, D. "O que preciso entender sobre bloggers e outros influencers digitais enquanto profissional de marketing e vendas?". Disponível em: https://www.atitudecom.com.br/o-que-eu-preciso-entender-sobre-o-mundo-dos-bloggers-e-outros-influencers-digitais-enquanto-profissional-de-marketing-e-vendas/. Acesso em: 21 out. 2016.

Bertolino, I. C. "O poder das jovens blogueiras como formadoras de opinião na atualidade". Disponível em: http://repositorio.uniceub.br/bitstream/123456789/1911/2/20726070.pdf. Acesso em: 21 out. 2016.

GLOSSÁRIO

Abandono Não uso de uma marca por cinco anos consecutivos, sem justificação ou declaração sobre o abandono da marca.

Abordagem de critérios de viabilidade A lista de critérios selecionados, a partir dos quais os empreendedores podem obter *insights* sobre a viabilidade de seu empreendimento.

Abordagem de margem de contribuição Abordagem comum à análise de equilíbrio, determinada pelo cálculo da diferença entre o preço de venda e o custo variável por unidade.

Abordagem de viabilidade abrangente Análise sistemática que incorpora fatores externos.

Abordagem nova-velha Abordagem inicial do negócio em que o conceito proporciona um novo ângulo para algo que já existe no mercado.

Acordo de não concorrência Acordo em que o proprietário anterior não participará de negócio igual, dentro de uma distância razoável, durante pelo menos cinco anos.

Adaptabilidade cognitiva Capacidade de ser dinâmico, flexível e permitir a autorregulação da própria cognição em ambientes dinâmicos e incertos.

Afirmação de papel Atos antiéticos que envolvem gestores/empreendedores que representam a empresa e que acreditam que podem ajudar os interesses de longo prazo da empresa.

Alianças internacionais Outra alternativa disponível ao empreendedor na área internacional. Existem três tipos principais de alianças estratégicas: alianças informais de cooperação internacional, alianças formais de cooperação internacional (international cooperative alliances, ICA) e joint ventures internacionais.

Análise do ponto de equilíbrio Técnica normalmente utilizada para avaliar a lucratividade esperada do produto, o que ajuda a determinar quantas unidades devem ser vendidas para empatar em determinado preço de venda.

Análise horizontal Observa os demonstrativos financeiros e o índice ao longo do tempo.

Análise SWOT Análise estratégica que se refere a pontos fortes, fracos, oportunidades e ameaças.

Análise vertical Aplicação da análise de indicadores para um conjunto de demonstrativos financeiros.

Aprendizagem interativa Ideias dentro de um ambiente inovador que atravessam as linhas tradicionais e funcionais na organização, além de gerar aprendizagem.

Aprendizagem validada Processo em que se aprende por meio da experimentação de uma ideia inicial e, então, pela medição dela para validar seu efeito.

Atividades de start-up O segundo estágio do ciclo de vida de um novo empreendimento, que engloba o trabalho necessário para criar um plano de negócios formal, buscar capital, realizar atividades de marketing e desenvolver uma equipe empreendedora eficaz.

Ativos fixos Terrenos, edifícios, equipamentos e outros ativos que deverão permanecer com a empresa por um período prolongado.

Balanço Demonstrativo financeiro que relata ativos, passivos e capital do proprietário no empreendimento em determinado ponto no tempo.

Bootlegging Trabalhar secretamente em novas ideias no âmbito da empresa, bem como aproveitando o tempo pessoal.

Bootstrapping Expressão tipicamente usada para novos negócios cujo investimento inicial é pequeno e próprio ("negócios de garagem").

Busca da segurança Hábito mental comum que inibe a criatividade e a inovação, por meio do impedimento de processos de pensamento criativo.

Capital de investidor anjo Investimentos em novos empreendimentos que vêm de indivíduos ricos denominados "anjos empresariais".

Capital do proprietário O que sobra depois que os passivos da empresa são subtraídos dos seus ativos.

Carta de intenção (*Letter of intent*, LOI) Documento não vinculativo destinado a registrar duas ou mais intenções das partes para entrar em um futuro acordo com base nos termos especificados (mas incompletos ou preliminares). Muitas LOIs contêm disposições que são vinculativas como acordos de não divulgação, pacto para negociar em boa-fé ou direitos exclusivos para negociar.

Código de conduta Declaração de práticas éticas ou orientações éticas a que um empreendimento deve aderir.

Cognição Refere-se a processos mentais. Esses processos incluem a atenção, memória, produção e compreensão da linguagem, resolução de problemas e tomada de decisões.

Cognição empreendedora Estruturas de conhecimento que as pessoas usam para fazer avaliações, julgamentos e tomar decisões que envolvem avaliação de oportunidades, criação de risco e crescimento.

Comportamento empreendedor Decisão de um empreendedor em iniciar o processo de formação do empreendimento.

Comprador credenciado Categoria utilizada no Regulamento D, que inclui investidores institucionais. Qualquer pessoa que compra pelo menos US$ 150.000 dos títulos oferecidos e cujo patrimônio líquido é de mais de US$ 1 milhão; uma pessoa cuja renda individual foi maior que US$ 200.000 nos últimos dois anos; diretores, sócios ou diretores de venda de valores mobiliários; certas organizações isentas de impostos com mais de US$ 500.000 em ativos.

Conceito da curva de aprendizagem O tempo necessário para aprender e dominar novos métodos ou procedimentos.

Contas a pagar Passivos incorridos quando as mercadorias ou os suprimentos são adquiridos a crédito.

Contas a receber Cobrança de uma empresa contra seus clientes para saldos não pagos sobre a venda de mercadorias ou a prestação de serviços.

Contratos de compra/venda Contratos destinados a lidar com situações em que um ou mais empresários querem vender sua participação no empreendimento.

Controle do franqueador O franqueador geralmente exerce um certo controle sobre a operação para garantir um grau de uniformidade de ações na franquia.

Copyright/direitos autorais Proteção jurídica que fornece direitos exclusivos de indivíduos criativos para a proteção das suas produções literárias ou artísticas.

Corporação Entidade legalmente separada dos indivíduos que a possuem, criada por autoridade das leis estaduais, em geral, formada quando uma transferência de dinheiro ou bens de acionistas potenciais ocorre em troca de ações na empresa.

Corporação S Antes denominado subcapítulo da corporação S, uma corporação S leva o nome do subcapítulo S do Código da Receita Federal, segundo o qual uma empresa pode evitar a imposição de impostos sobre a renda no nível corporativo, mas ainda mantém alguns dos benefícios de forma corporativa (em especial os de responsabilidade limitada).

Corrente de pensamento da formulação estratégica Corrente de pensamento empreendedor que enfatiza o processo de planejamento usado na formulação de um empreendimento de sucesso.

Corrente de pensamento da oportunidade empreendedora Corrente de pensamento empreendedor que se concentra na busca por fontes de ideias, no desenvolvimento de conceitos e na implementação de oportunidades empreendedoras.

Corrente de pensamento de desvio Corrente de pensamento empreendedor que se concentra em fenômenos grupais, tais como os ambientes políticos, culturais e econômicos.

Corrente de pensamento do ambiente Escola de pensamento empreendedor focada nos fatores externos e forças motrizes — valores, moral e instituições — que cercam o estilo de vida de um potencial empreendedor.

Corrente de pensamento do perfil empreendedor Uma corrente de pensamento empreendedor que se concentra em identificar traços comuns a empreendedores de sucesso.

Corrente de pensamento financeira/capital Corrente de pensamento empreendedor que foca nas formas em que os empreendedores procuram capital semente e fundos em crescimento.

Corretor de negócios Profissional especializado em oportunidades de negócio que muitas vezes pode fornecer pistas e ajudar a encontrar empreendimento à venda.

Crédito comercial Crédito concedido por um fornecedor que vende bens. Um acordo comum para a liquidação pode ser definido para um prazo de 30 a 90 dias.

Crescimento das vendas Padrão de aumento causado pelas vendas e pelos lucros de um novo empreendimento.

Criatividade Geração de ideias que resulta em uma melhoria no rendimento ou na eficácia de um sistema.

Cronograma de metas A parte de um plano de negócios que fornece calendários aos investidores para a realização de várias atividades, tais como a conclusão de protótipos, a contratação de representantes de vendas, recebimento dos primeiros pedidos, entregas iniciais e recebimento de primeiras contas a receber e a pagar.

Custo fixo Custo que não se altera, independentemente das mudanças que aconteçam em período de tempo.

Custo variável Custo que muda na mesma direção e na proporção direta das mudanças na atividade operacional.

Custos mistos Mistura de custos fixos e variáveis.

Dados primários Novos dados que muitas vezes são recolhidos através de métodos de observação ou questionamento.

Dados secundários Dados que já foram compilados. Exemplos são periódicos, artigos, informações de associação comercial, publicações governamentais e registros da empresa.

Declaração de renda Documento financeiro que relata as vendas, as despesas e os lucros da empresa durante determinado período (geralmente um ano).

Declarações pró-forma Projeções da posição financeira de uma empresa durante um período futuro (declaração de imposto de renda pró-forma) ou em uma data futura (balanço pró-forma).

Defensor No contexto do empreendedorismo corporativo, pessoa com visão inovadora e capacidade de compartilhá-la.

Demonstração de fluxo de caixa Demonstrativo financeiro que estabelece o montante e a data de entrada e/ou saída de caixa esperadas.

Departamento de marcas e patentes Departamento do governo federal por intermédio do qual todos os pedidos de patentes e marcas são arquivados (No Brasil, sob responsabilidade do Instituto Nacional de Propriedade Industrial)

Desenvolvimento de novo empreendimento Primeira fase do ciclo de vida de um empreendimento que envolve atividades, tais como criatividade e avaliação de risco.

Despesas Custo vencido qualquer item ou classe de custo (ou perda) na execução de uma atividade; gasto presente ou passado que cobre um custo operacional presente ou que representa um custo ou uma perda irrecuperável; item de despesas de capital amortizado ou reduzido; ou termo usado frequentemente com alguma expressão de qualificação que denota função, organização ou tempo, como uma despesa de venda, despesa de fabricação ou despesa mensal.

Despesas administrativas Despesas operacionais não relacionadas diretamente com venda ou tomada de empréstimo por apropriação.

Despesas financeiras Despesas com juros sobre empréstimos de longo prazo. Muitas empresas também incluem suas despesas com juros em obrigações de longo prazo como parte de suas despesas financeiras.

Despesas operacionais As principais despesas, retirados os custos dos produtos vendidos.

Despesas pré-pagas Despesas que a empresa já pagou, mas que ainda não foram utilizadas.

Devedor na posse de bem Quando um devedor continua a operar o negócio. Ver Capítulo 11.

Devedores insolventes Devedores que são incapazes de pagar as dívidas no vencimento.

Diligência devida Análise detalhada de todas as facetas do negócio existente.

Dinheiro Moeda, dinheiro e cheque à vista. Ele também inclui o dinheiro que a empresa tem em sua conta corrente e poupança.

Direito de propriedade intelectual Oferece proteções, tais como patentes, marcas comerciais ou direitos autorais, contra a violação de terceiros.

Disciplina empreendedora O empreendedorismo baseia-se nos mesmos princípios, quer o empreendedor seja uma instituição grande já estabelecida quer seja indivíduo que inicia um novo empreendimento.

Disponibilidade de produto Disponibilidade de um bem ou serviço com boa liquidez no momento em que o empreendimento abre suas portas.

Disponibilidade do cliente Ter clientes disponíveis antes de um empreendimento começar.

Distorção de papel Atos antiéticos cometidos em nome da "empresa", mesmo que não sejam, envolvendo gestores/empreendedores que, ao cometerem atos individuais, os racionalizam para que façam parte dos interesses da empresa a longo prazo.

Documento de divulgação de franquia (Franchise Disclosure Document, FDD) Documento de divulgação jurídica que deve ser apresentado a potenciais compradores de franquias durante o processo de pré-venda nos Estados Unidos. Ele foi originalmente conhecido como Circular de Oferta de Franquia (Uniform Franchise Offering Circular, UFOC)

Dor Apelido dado pelos capitalistas de risco para o problema que está sendo solucionado pelo empreendimento.

Doutrina *Fair Use* Uma exceção à proteção de direitos autorais que permite o uso limitado de materiais com direitos autorais.

Duplicação Um tipo de base de inovação, que envolve a replicação de um produto, serviço ou processo já existente.

Ecovisão Estilo de liderança para organizações inovadoras. Incentiva estruturas abertas e flexíveis que abrangem os funcionários, a organização e o meio ambiente, com atenção à evolução das demandas sociais.

Empreendedor Inovador ou desenvolvedor que reconhece e aproveita oportunidades; transforma essas oportunidades em ideias viáveis e/ou comercializáveis; agrega valor esforço, dinheiro ou habilidades ao longo do tempo; assume os riscos do mercado competitivo para implementar essas ideias; e colhe os frutos desses esforços.

Empreendedores globais Empreendedor que utiliza redes globais (internacionais) de recursos, projetos e distribuição.

Empreendedorismo Processo dinâmico de visão, mudança e criação. Ele exige a aplicação de energia e paixão para a criação e a implementação de ideias inovadoras e soluções criativas. Ingredientes essenciais incluem a disposição para assumir riscos calculados — em termos de tempo, capital oucarreira calculados; a capacidade de formar uma equipe empreendedora eficaz; a habilidade criativa para mobilizar os recursos necessários; a habilidade fundamental na construção de um sólido plano de negócios; e, por fim, a visão para reconhecer oportunidades onde outros veem caos, contradição e confusão.

Empreendedorismo ambiental Empreendedorismo de natureza ambiental, com ações empreendedoras que contribuem para a preservação do meio ambiente, incluindo a Terra, a biodiversidade e os ecossistemas.

Empreendedorismo centrado no projeto Na essência, o empreendedor aplica fases como métodos de projeto: ideação; participação no mercado; modelo de negócio.

Empreendedorismo coletivo Habilidades individuais integradas em um grupo em que a capacidade coletiva para inovar se torna algo maior do que a soma de suas partes.

Empreendedorismo corporativo Uma nova "revolução corporativa" que acontece graças à infusão do pensamento empreendedor em estruturas burocráticas.

Empreendedorismo estratégico A exposição de inovações em grande escala ou extremamente significativas, que são adotadas para se obter vantagem competitiva. Ao empregar abordagens de empreendedorismo estratégico, a inovação pode estar em qualquer uma das cinco áreas: a estratégia da empresa, ofertas de produtos, mercados atendidos, organização interna (ou seja, estrutura, processos e competências) ou modelo de negócios.

Empreendedorismo social Uma nova forma de empreendedorismo que exibe características de empresas sem fins lucrativos, governamentais e tradicionais. Ele aplica o foco tradicional (setor privado) do empreendedorismo na inovação, na tomada de riscos e na transformação em larga escala para a solução de problemas sociais.

Empreendimento corporativo Adição de novos negócios (ou segmentos de novos negócios mediante investimentos de capital) para a empresa. Isso pode ser feito através de três formas de implementação: investimento corporativo de risco interno, investimento corporativo de risco cooperativo e investimento corporativo de risco externo.

Empreendimento de alto crescimento Quando se considera que o crescimento de vendas e lucros sejam suficientes para atrair capital de risco e fundos por meio de financiamentos públicos ou privados.

Empreendimento de estilo de vida Uma pequena empresa em que as forças motrizes primárias incluem a independência, autonomia e controle.

Empreendimento sustentável É focado na preservação da natureza, no apoio à vida e à comunidade na busca de oportunidades percebidas para trazer à existência futuros produtos, processos e serviços para o ganho, sendo este ganho construído de forma ampla para incluir ganhos econômicos e não econômicos para indivíduos, economia e sociedade.

Empresa de responsabilidade limitada (Limited liability company, LLC) Forma híbrida de empresa que oferece a responsabilidade limitada dos sócios de uma corporação, mas as vantagens fiscais de uma sociedade.

Empresa empreendedora Aumenta a oportunidade para seus colaboradores, inicia mudança e incute o desejo de ser inovador.

Empresa individual Negócio pertencente a uma única pessoa e operado apenas por ela. A empresa não tem existência além de seu proprietário. Esse indivíduo tem o direito de todos os lucros e carrega toda a responsabilidade pelas dívidas e obrigações da empresa.

Empresa Oakland Scavenger Empresa de coleta de lixo situada na Califórnia, que estava envolvida em uma disputa legal sobre o nepotismo em um negócio de família.

Empresas de benefícios É exatamente o mesmo que empresas tradicionais, exceto por alguns elementos específicos que as tornam empresas socialmente mais sustentáveis: propósito, responsabilidade, transparência.

Empresas de financiamento Empresas que emprestam dinheiro, mas retém garantias, tais como recebíveis, equipamentos etc.

Empréstimo a pagar Parcela atual sobre uma dívida de longo prazo que deve ser paga este ano.

Empréstimo peer-to-peer (P2P) Comumente abreviado como P2P, consiste na prática de uma pessoa emprestar dinheiro a outra sem a utilização de instituição financeira oficial ou sem o laço de parentesco. Também conhecido como empréstimo *crowdfunding*, esses empréstimos acontecem on-line, nos sites das empresas de empréstimo *peer-to-peer* que usam várias plataformas de empréstimo diferentes.

Enquadramento Permite que a teoria do empreendimento se mova adiante identificando os elementos dinâmicos e estáticos de novas teorias, tipologias ou estruturas.

Equipe de gestão Fundadores de um novo empreendimento que planejam a gestão da empresa, assim como quaisquer consultores, ou membros de conselho de administração.

Equipe de inovação (I-Team) Equipe interna de uma empresa feita para criar inovações para a empresa.

Erro moral Essa forma de erro é uma violação da confiança interna.

Erro pessoal Forma de erro provocada por falta de habilidade ou aplicação.

Especificação O texto de uma patente. Pode incluir quaisquer ilustrações que a acompanham.

Estado falimentar Empreendimento que não consegue sobreviver devido ao gerenciamento inexperiente ou incompetente.

Estágio de crescimento O terceiro estágio do ciclo de vida de um empreendimento, que tipicamente envolve atividades relacionadas à reformulação de estratégias à luz da competição.

Estágio de estabilização O quarto estágio do ciclo de vida de um novo empreendimento, caracterizado pela estabilização da concorrência, indiferença do consumidor em relação ao produto ou serviço do empreendedor e saturação do mercado com uma série de "sósias e cópias". Durante esse estágio, o empresário começa a planejar a direção do empreendimento para os próximos três a cinco anos.

Estágios do ciclo de vida Ciclo de vida típico por meio do qual um empreendimento avança, incluindo seu desenvolvimento, atividades de start-up, crescimento, estabilização e inovação ou declínio.

Estereotipar Refere-se a padrões que as pessoas fabricam e, em seguida e ironicamente, empregam para tomar decisões como se fossem entidades existentes no mundo real.

Estratégia da sucessão adiantada Estratégia de sucessão que incentiva a geração mais jovem a entrar no negócio mais cedo para ganhar experiência dentro da empresa familiar.

Estratégia da sucessão atrasada Estratégia de sucessão que incentiva a geração mais jovem a entrar no negócio mais tardiamente para ganhar experiência fora da empresa familiar.

Estratégia de colheita Estratégia de como e quando os proprietários e os investidores obterão um real retorno em dinheiro de seus investimentos em um empreendimento.

Estratégia de marketing A filosofia de marketing geral da empresa deve ser definida para incluir os tipos de grupos de clientes a serem alvos do esforço de vendas inicial intensivo; grupos de clientes a serem alvos de esforços de venda posteriores; métodos de identificação e contratação de potenciais clientes nesses grupos; as características do produto ou serviço (qualidade, preço, entrega, garantia) a ser enfatizadas para gerar vendas. Além de conceitos inovadores (ou incomuns) de marketing, que melhorarão a aceitação do cliente.

Estratégia do melhor produto Inovação que abrange mercados novos ou já existentes.

Estratégias do poço d'água Referem-se à capacidade de reunir e explorar recursos especiais (terra, trabalho, capital, matérias-primas) a longo prazo.

Estratégias dos grandes líderes As habilidades ou os talentos especiais de um ou mais indivíduos em torno do(s) qual(is) a empresa é construída.

Estresse Função da discrepância entre as expectativas e a capacidade de uma pessoa para atender às demandas, bem como a discrepância entre as expectativas e a personalidade do indivíduo. Se uma pessoa é incapaz de cumprir exigências de função, então o estresse ocorre.

Ética Conjunto de princípios que prescrevem um código de comportamento que explica o que é bom e certo ou ruim e errado.

Evento de liquidez Posicionamento da empresa para a realização de um retorno de caixa para os proprietários e os investidores. Este "evento" é conseguido com mais frequência por meio de uma oferta pública inicial (IPO) ou da venda completa do empreendimento.

Eventos de pressão Acontecimentos que causam a substituição do proprietário/gestor.

Experiência empreendedora Os empreendedores surgem como uma função de romance, idiossincrática, e a natureza experimental do processo de criação de risco envolve três fenômenos paralelos que se interagem: o surgimento da oportunidade, a emergência do empreendimento e a emergência do empreendedor.

Exportação É o envio de um bem produzido internamente para o consumo em um destino estrangeiro. A exportação é importante para os empreendedores, porque, muitas vezes, significa aumento potencial de mercado.

Extensão Um tipo básico de inovação que envolve o prolongamento da vida de um produto, serviço ou processo já existente.

Factoring Venda de contas a receber.

Falência Processo legal para devedores insolventes que são incapazes de pagar suas dívidas no vencimento.

Falha de papel Atos antiéticos contra a empresa que envolvem uma pessoa que não desempenha seu papel gerencial, o que inclui avaliações de desempenho superficiais (não totalmente honestas), deixando de confrontar alguém que esteja fraudando as notas de despesas.

Falha incontrolável Forma de erro causada por fatores externos, que estão fora do controle dos trabalhadores, tais como limitações de recursos, orientação estratégica e mudanças do mercado.

Falta de confiança e de abertura Quando os pequenos proprietários/gestores são altamente sensíveis e reservados em relação a seus negócios e às decisões que os afetam.

Falta de conhecimento A incerteza de proprietários e gestores de pequenas empresas em relação aos componentes do processo de planejamento e a sequência destes em virtude de mínima orientação e desconhecimento do próprio processo.

Falta de experiência/competências Quando faltam conhecimentos e competências para o projeto de planejamento por parte de administradores de pequenas empresas.

Falta de tempo suficiente Falta de tempo e dificuldade de alocação de tempo para o planejamento em face de problemas operacionais contínuos do dia a dia.

Fase de start-up da empresa Velocidade com que a empresa consome recursos financeiros.

Fator de controle Grau de controle que um proprietário possui legalmente sobre a empresa, podendo influenciar sua valoração.

Fatores críticos Variáveis importantes para a viabilização de novos empreendimentos.

Filosofia direcionada à produção Filosofia de marketing com base no princípio de "produzir de forma eficiente e e se preocupar com as vendas mais tarde". (Veja também Filosofia direcionada ao consumidor e Filosofia direcionada às vendas).

Filosofia direcionada ao consumidor Filosofia de marketing que se baseia em pesquisa para descobrir as preferências dos consumidores, seus desejos e suas necessidades antes da produção realmente começar.

Filosofia direcionada às vendas Filosofia de marketing que se concentra na venda pessoal e publicidade para convencer os clientes a comprar o produto da empresa. (Veja também Filosofia direcionada ao produto e Filosofia direcionada ao consumidor).

Financiamento coletivo Fenômeno do século 21. Financeiras de bancos comerciais nem sempre estão dispostas a fazer empréstimos, deixando empresários desesperados em buscar novas opções de empréstimo. Dessa maneira, os portais de financiamento coletivo, ou *crowdfunding*, permitem que qualquer pessoa contribua com o desenvolvimento de novos produtos ou negócios, sem necessariamente receber algo em troca.

Financiamento de recebíveis Financiamento de curto prazo, que envolve tanto o compromisso dos recebíveis como a garantia para um empréstimo ou a venda definitiva dos recebíveis. (Veja também *Factoring*.)

Financiamento por capital próprio A venda de uma propriedade em um empreendimento a fim de obter capital para o início de uma empresa empreendedora.

Financiamento por dívida Pedir dinheiro emprestado para períodos de curto ou longo prazo para capital de giro ou para compra de propriedade e equipamentos.

Franqueado Indivíduo que compra e opera uma franquia.

Franqueador Indivíduo (ou empresa) que oferece para vender ou licenciar sua operação na forma de uma franquia.

Franquia Acordo em que o proprietário de uma marca, um nome comercial ou um direito autoral concede a outros a licença para os utilizarem para a venda de bens ou serviços.

Gazela Empresa com pelo menos 20% de crescimento de vendas por ano, iniciando com pelo menos 100 mil dólares.

Goodwill A quantidade de valor criado pelo proprietário de um negócio em termos de seu tempo, esforço e imagem pública com o próprio negócio.

Hemisfério cerebral direito A parte do cérebro que ajuda um indivíduo a entender analogias, imaginar coisas e sintetizar informações. (Veja também Hemisfério cerebral esquerdo).

Hemisfério cerebral esquerdo A parte do cérebro que ajuda uma pessoa a analisar, verbalizar e utilizar abordagens racionais para a solução de problemas. (Veja também Hemisfério cerebral direito).

Identificação de oportunidade Capacidade de reconhecer uma oportunidade viável de negócio dentro de uma variedade de boas ideias.

Implementar Um aspecto da estratégia *on-line* na criação de conteúdo gerado pelo usuário, a fim de iniciar um diálogo on-line significativo entre os diferentes consumidores.

Importação É a compra e o transporte de produtos produzidos em outros países para o consumo doméstico.

Impostos a pagar Passivos devidos ao governo federal, estadual e municipal.

Incoerências Sempre que existe uma lacuna ou diferença entre expectativa e realidade.

Indicadores Projetados para mostrar as relações entre as contas de demonstrativos financeiros.

Individualizar Um aspecto da estratégia global de mídia social que direciona mensagens personalizadas para usuários diferentes com base na localização, nas preferências e nos hábitos de compras.

Inovação Processo pelo qual os empresários convertem oportunidades em ideias comercializáveis.

Inovação incremental Evolução sistemática de um produto ou serviço em mercados novos ou maiores.

Inovação radical As descobertas inaugurais lançadas a partir da experimentação e da visão, que não são necessariamente geridas, mas devem ser reconhecidas e alimentadas.

Instrumento de avaliação do empreendedorismo corporativo (Corporate Entrepreneurship Assessment Instrument) (CEAI) Mede o papel dos funcionários nas atividades do empreendimento (desde meros seguidores a catalisadores).

Interagir Um aspecto da estratégia de mídia social global em envolver o usuário de forma interativa com um tipo de história ou jogo.

Intracapital Capital especial reservado para que o empreendedor corporativo o utilize sempre que o investimento for necessário para mais projetos de desenvolvimento.

Intraempreendedorismo Atividades empresariais que recebem sanção organizacional e compromissos de investimento para a obtenção de resultados inovadores dentro de uma corporação estabelecida.

Invenção Criação de um novo produto, serviço ou processo que, quando aceita pelo mercado, se torna uma inovação.

Inventário Ato de relacionar e catalogar produtos em um dado estoque.

Investidores-anjo Pessoas ricas à procura de oportunidades de investimento. Em geral, investem em start-ups com potencial de rápido crescimento.

Investidores de risco Indivíduos que fornecem uma gama completa de serviços financeiros para empreendimentos novos ou em crescimento, como o capital para arrancadas e expansão, pesquisa de mercado, consultoria de gestão, assistência na negociação de contratos técnicos e ajuda no recrutamento de funcionários e desenvolvimento de contratos de trabalho.

Investidores de risco informal Pessoas ricas nos Estados Unidos que estão à procura de oportunidades de investimento. Costumam ser chamados anjos de negócios ou capitalistas informais de risco.

Investidores sofisticados Indivíduos ricos que investem mais ou menos regularmente em empreendimentos novos e em estágios iniciais. Eles são bem informados sobre as oportunidades e os riscos técnicos e comerciais das empresas nas quais investem.

Investimento de impacto social Levantamento de fundos para causas sociais.

Investimento privado Forma de aumento de capital através de títulos; muitas vezes usado por pequenos empreendimentos.

Joint venture Ocorre quando duas ou mais empresas analisam os benefícios da criação de um relacionamento, do compartilhamento de seus recursos e da criação de uma nova entidade para realizar a atividade econômica produtiva.

L3C Empresa norte-americana de responsabilidade limitada e de baixo lucro que facilita investimentos em empreendimentos de benefício social com fins lucrativos. A L3C tem missão filantrópica primária explícita e preocupação com o lucro em segundo lugar, ao contrário de uma instituição de caridade. Uma L3C é livre para distribuir os lucros aos proprietários ou investidores após o pagamento de impostos.

Lado obscuro do empreendedorismo Um lado destrutivo que existe nos empreendedores bem-sucedidos.

Lei de falência Lei federal que dispõe de procedimentos específicos para tratar de devedores insolventes.

Lei de Sociedade Limitada Revisada e Uniforme (Revised Uniform Limited Partnership Act, RULPA) Lei que regulamenta sociedades limitadas e contém 11 artigos e 64 seções de diretrizes que abrangem áreas como (1) disposições gerais, (2) formação, (3) sócios limitados, (4) sócios gerais, (5) finanças, (6) distribuições e retiradas, (7) atribuição da participação da sociedade, (8) dissolução, (9) sociedades limitadas estrangeiras, (10) ações derivativas e (11) disposições diversos.

Leitura de cinco minutos Processo de seis etapas que capitalistas de risco utilizam quando estão revisando um plano de negócios para um potencial investimento.

Licenciamento Acordo de negócios em que o fabricante de um produto (ou uma empresa com direitos de propriedade sobre uma tecnologia ou marcas comerciais) concede permissão a um grupo ou indivíduo para fabricar esse produto em troca de direitos específicos ou outros pagamentos.

Liderança empreendedora Capacidade de um empreendedor de antecipar, visionar, manter a flexibilidade, pensar estrategicamente e trabalhar com outros para iniciar mudanças que criarão um futuro viável para a empresa.

Liquidação Veja Falência.

Litígios no orçamento Um orçamento realista para processar as violações sobre a patente.

Lócus externo de controle Ponto de vista em que os processos externos estão, por vezes, fora do controle do empreendedor individual.

Lócus interno de controle O ponto de vista no qual o potencial empreendedor tem a capacidade ou o controle para direcionar ou ajustar o resultado de cada grande influência.

Macroiteração No empreendedorismo centrado no projeto, a macroiteração retorna a um estágio anterior para maior desenvolvimento.

Macropanorama do empreendedorismo Ampla gama de fatores que se relacionam com o sucesso ou o fracasso de empreendimentos contemporâneos.

Marca comercial Nome, forma, símbolo para identificar o(s) produto(s) de uma empresa.

Marketing de guerrilha Aplicação de táticas não convencionais e práticas não ortodoxas em termos do desenvolvimento de marketing.

Marketing de mídia social Descreve o uso dessas ferramentas para o marketing. As ferramentas mais comuns de marketing de mídia social incluem Twitter, blogs, LinkedIn, Facebook, Flickr e YouTube.

Marketing móvel Permite um nível mais elevado de comunicação individualizada empresa-consumidor, orientando mensagens personalizadas para usuários diferentes com base na localização, nas preferências de gosto e nos hábitos de compras.

Matriz de estratégia empreendedora Avalia risco e inovação.

Mentalidade empreendedora Todas as características e os elementos que compõem o potencial empreendedor em cada indivíduo.

Mentalidades confusas Quando o pensamento criativo está bloqueado ou impedido.

Mercado acessível O grupo de clientes imediato que será alvo de um novo empreendimento.

Mercado dos blogues Análise do conteúdo do blog para identificar termos ou itens de destaque.

Mercado Grupo de consumidores (clientes potenciais) que tem poder de compra e necessidades. (Veja também Nicho de mercado).

Método de fluxo de caixa descontado Método que determina o verdadeiro valor da empresa com uma fórmula de precificação que inclui a capacidade de ganhar influência mercadológica, bem como o valor contábil tangível ajustado.

Método de valor presente líquido (Net present value, NVP) Técnica de gestão financeira utilizada para avaliar um investimento que envolve a determinação dos fluxos de caixa futuros e de desconto desses fluxos para se ter um valor presente equivalente às transações futuras.

Metodologia *Lean Start-up* Fornece uma abordagem científica para criar conceitos de empreendimento cuja entrega do produto desejado nas mãos dos clientes ocorre mais rapidamente. É orientada por pequenas hipóteses e os empreendedores devem trabalhar para reunir e incorporar o *feedback* dos clientes.

Métricas Hipóteses e cálculos utilizados para quaisquer projeções de receita.

Microiteração Em empreendedorismo centrado no projeto é a iteração dentro de cada estágio de ação para melhorar o resultado.

Micropanorama do empreendedorismo Examina os fatores que são específicos ao empreendedorismo e são parte do lócus interno de controle.

Modelo associado Gera receita por direcionar o tráfego, os *leads* ou as vendas para o website de outra empresa associada.

Modelo de assinatura Gera receita, exigindo que os usuários paguem uma taxa (geralmente mensal ou anual) para acessar um produto ou serviço.

Modelo de bens virtuais Gera receitas mediante a cobrança de bens virtuais, tais como *upgrades*, pontos ou presentes, em um site ou em um jogo.

Modelo de negócio Como um empreendimento é projetado para ganhar dinheiro, demonstrando um método claro de chegar ao mercado.

Modelo de previsão de falhas Baseado em dados financeiros de empreendimentos recém-fundados; presume que o processo de falência financeira seja caracterizado pela falta de condição de pagamento a credores e pouco financiamento de receita.

Modelo de publicidade Gera receita com a venda de anúncios tendo em vista o tráfego do site.

Modelo *Freemium* Gera receita através da oferta de um serviço básico gratuito, enquanto cobra por um serviço premium com recursos avançados.

Modelo metacognitivo Integra os efeitos combinados da motivação empreendedora e seu contexto, voltados para o desenvolvimento de estratégias metacognitivas aplicadas ao processamento de informações dentro de um ambiente empreendedor.

Motivação empreendedora O desejo de um empreendedor em sustentar o seu comportamento empreendedor.

Negociabilidade Reunião e análise de informações relevantes sobre um novo empreendimento para julgar o seu potencial sucesso.

Nepotismo Contratação de parentes em detrimento de outros candidatos mais qualificados.

Nicho de mercado Grupo homogêneo de consumidores com características comuns.

North American Free Trade Agreement (NAFTa) Acordo Internacional entre Canada, México e Estados Unidos que elimina barreiras comerciais entre esses três países.

Nota a pagar Nota promissória dada como reconhecimento tangível de Crédito de fornecida como reconhecimento tangível de um exigível do fornecedor ou uma nota fornecida em conjunto com uma aquisição dos fundos, como um empréstimo bancário.

Novíssima abordagem Abordagem inicial do negócio em que o conceito é uma ideia nova para o mercado.

Objetivos divergentes Quando o empreendedor tem uma visão para o risco que difere dos objetivos dos acionistas ou dos desejos dos investidores, causando assim conflitos internos na empresa.

Oferta pública direta (Direct public offering, DPO) Facilita as regulamentações para os relatórios e demonstrativos exigidos para a venda de ações a amigos, funcionários, clientes, familiares e profissionais locais.

Oferta pública inicial (Initial public offering, IPO) Colocação das ações de uma empresa no mercado das bolsas de valores.

Orçamento Demonstração das receitas e das despesas estimadas durante um período de tempo especificado.

Orçamento de capital Processo de orçamento utilizado para determinar as decisões de investimento. Ele depende fortemente de uma avaliação dos fluxos de caixa.

Orçamento de fluxo de caixa Orçamento que fornece uma visão geral de entradas e saídas de caixa durante um período de tempo específico.

Orçamento operacional Orçamento que estabelece a previsão de vendas e despesas para um período próximo.

Organização Mundial do Comércio OMC (World Trade Organization, WTO) Instituição que administra o sistema de comércio internacional. Sua função é supervisionar acordos comerciais internacionais, mas, ao contrário da crença popular, a OMC não substitui o Acordo Geral sobre Tarifas e Comércio (General Agreement on Tariffs and Trade, GATT).

Originalidade Características especiais e/ou conceitos de design que atraem o cliente para a empresa e devem fornecer desempenho ou serviço superior às ofertas dos concorrentes.

Países ricos Os países têm algo de que os outros precisam, formando assim a base de um sistema de comércio internacional interdependente.

Países ricos em mercado Os países têm algo de que os outros precisam, formando assim a base de um sistema de comércio internacional interdependente.

Parede de crescimento Barreira psicológica contra as mudanças propostas pelos empreendedores em relação ao desenvolvimento de habilidades de gestão para lidar com o crescimento do empreendimento.

Passivos Dívidas efetuadas por uma empresa por meio de operações normais ou do processo de obtenção de fundos para financiamento de operações.

Passivos de curto prazo (passivos correntes) Dívidas de negócios que devem ser pagas durante os próximos 12 meses (também chamado passivo circulante).

Passivos de longo prazo Dívidas de empresas que não são devidas e pagas dentro dos próximos 12 meses.

Patente Direito de propriedade intelectual concedido a um inventor, dando-lhe o direito exclusivo de fazer, usar ou vender uma invenção por um período de tempo limitado (no Brasil, 20 anos para patentes de invenção e 15 anos para modelos de utilidade).

Payback Técnica de gestão financeira usada para determinar o período de tempo necessário para pagar um investimento original.

Penetração Estabelecimento de preços a níveis tão baixos que os produtos são vendidos com perda. Permite ganhos rápidos na fatia de mercado, definindo-se um preço abaixo dos preços dos concorrentes.

Pensamento ou/ou As pessoas, muitas vezes, prejudicam-se no esforço para obter uma quantidade razoável de certeza na vida. A pessoa criativa, porém, aprende a aceitar uma quantidade razoável de ambiguidade em seu trabalho e em sua vida.

Pensamento probabilístico Baseia-se na probabilidade de se tomar decisões para alcançar a segurança.

Pequeno empreendimento lucrativo Empreendimento em que o empreendedor não quer que as vendas aumentem a ponto de ele ter de abrir mão do capital próprio ou da posição de propriedade e, assim, abandonar o controle sobre o fluxo de caixa e sobre lucros, que, ele espera, sejam substanciais.

Percepção de alto custo Quando os pequenos empresários acreditam que o custo associado com o planejamento é muito elevado.

Perdas e ganhos mais altos Dentro do domínio do capital financeiro, esse é o melhor ganho possível contra a pior perda possível. (Veja também Risco *versus* recompensa.)

Persistência empreendedora A escolha de um empreendedor em continuar com uma oportunidade empreendedora, independentemente de influências contrárias ou de outras alternativas atraentes.

Perspectiva funcional Visão das coisas e das pessoas em termos de como satisfazer as suas necessidades e ajudar a completar um projeto.

Pesquisa de marketing Coleta de informações sobre determinado mercado, seguida pela análise dessas informações.

Pesquisa qualitativa Precisa de uma amostra muito menor, já que envolve o pesquisador no processo e é capaz de aprofundar as perguntas com as pessoas que darão as respostas.

Pesquisa quantitativa Envolve avaliações empíricas que funcionam com medições numéricas e abordagens analíticas para comparar os resultados de alguma forma.

Pitch Breve apresentação oral, para a venda de um plano de negócios a potenciais investidores (convencionou-se dizer que ela deve ser rápida o suficiente para ser apresentada em um elevador, no breve tempo em que ele se desloca de um andar para o outro).

Pivotar Correção de curso estruturada para testar uma nova hipótese fundamental sobre o produto, a estratégia e o crescimento.

Planejamento estratégico O primeiro passo na determinação da futura direção de um negócio influenciado pelas habilidades do empreendedor, pela complexidade do empreendimento, bem como pela natureza da indústria.

Plano de negócios Documento escrito que detalha o empreendimento proposto. Deve descrever o *status* atual, as necessidades previstas e os resultados projetados do novo negócio.

Planos de compra de ações por funcionários (Employee stock ownership plans, ESOP) Passagem de controle da empresa aos empregados, se o proprietário não tem sucessor imediato em mente.

Posicionamento estratégico Processo de percepção de novas posições que atraem clientes de posições estabelecidas ou novos clientes no mercado.

Práticas abusivas Práticas comerciais que são desprovidas de ética e buscam ganhos pessoais a qualquer custo.

Precificação orientada pelo mercado Estratégia flexível que baseia as decisões de precificação ao nível de demanda para o produto.

Preço abaixo do custo Preços de produto abaixo do custo, na tentativa de atrair clientes para outros produtos (também conhecido no Brasil como "precificação predatória").

Preço ao consumidor Preços adequados para ganhar a parcela de mercado desejada.

Preferência de liquidação Quando a empresa for vendida ou liquidada, os acionistas preferenciais receberão certo montante fixo antes que qualquer ativo seja distribuído aos acionistas comuns.

Previsão de vendas Processo de projetar vendas futuras por intermédio da aplicação de técnicas estatísticas com dados de históricos de vendas.

Problemas da fase de arranque Problema percebido no estágio inicial, como a falta de formação profissional, dificuldades na obtenção de linhas de crédito e inexperiência de planejamento financeiro.

Problemas externos Relacionados ao contato com o cliente, conhecimento de mercado, planejamento de marketing, localização, preços, considerações sobre o produto, concorrência e expansão.

Problemas internos Envolve capital adequado, fluxo de caixa, instalações/equipamentos, controle de estoque, recursos humanos, liderança, estrutura organizacional e sistemas de contabilidade.

Procedimento de limpeza Fracasso de um titular de marca em fazer uma declaração que está em uso ou justificar sua falta de uso, no prazo de cinco anos de registro.

Processo criativo As quatro fases de desenvolvimento criativo: cultura ou acúmulo de conhecimento, processo de incubação, experiência da ideia e avaliação e implementação.

Produto Mínimo Viável (Minimun viable product, MVP) Essa é a versão inicial do produto que permite total conhecimento de seu ciclo com um mínimo de esforço.

Proteção antidiluição O preço de conversão das ações preferenciais está sujeito ao ajuste de certos eventos de diluição, como divisões de ações ou dividendos de ações. O preço de conversão costuma estar sujeito à "proteção de preços", que é um ajuste com base nas vendas futuras de estoque a preços abaixo do preço de conversão.

Protótipo Representação física do empreendimento que capta a essência de uma ideia em um meio que pode ser compartilhado com os outros para comunicação e *feedback* e que fecha a lacuna entre conceito e realidade.

Quadro de modelo de negócio/Canvas Ferramenta de coleta de ideias para os empreendedores usarem, a fim de definir e entender o foco estratégico e as perguntas que precisam ser respondidas em cada um dos nove blocos de construção de um negócio.

Racionalizações O que os administradores usam para justificar um comportamento questionável.

Receitas Vendas brutas feitas por uma empresa durante o período analisado.

Recuperação do pesar O processo tradicional de recuperar do pesar envolve focar-se na perda particular para a construção de uma explicação que responda o motivo da perda.

Redes de diáspora Relações entre os grupos étnicos que compartilham normas culturais e sociais.

Regressão linear simples Técnica estatística em que uma equação linear indica a relação entre as três variáveis utilizadas para estimar vendas.

Regulamentação D Regulamentação e isenção para relatórios e demonstrativos necessários para a venda de ações a particulares com base na quantidade de dinheiro que está sendo levantada.

Reivindicações Série de parágrafos curtos, cada um dos quais identifica uma característica ou combinação de características, protegidas por uma patente.

Relação de justaposição Relação entre as coisas e as pessoas existentes no mundo em relação a outras coisas e outras pessoas.

Relação preço/lucro (P/L) Método de avaliar uma empresa através da divisão das ações ordinárias no mercado pelos rendimentos por ação e da multiplicação do resultado pelo número de ações emitidas.

Rendimento líquido Excesso de receitas sobre as despesas durante determinado período.

Rendimentos retidos Rendimento líquido acumulado ao longo da vida da sociedade até o momento.

Rentabilidade da empresa Montante do lucro líquido que uma empresa produz após despesas.

Responsabilidade ilimitada O proprietário individual é pessoalmente responsável por todas as dívidas do negócio. Essa responsabilidade se estende a todas as suas propriedades.

Restrição legal de comércio Documento legal assinado pelo vendedor de um negócio que o restringe de operar no mesmo negócio por um período de tempo razoável e dentro de uma jurisdição geográfica razoável.

Revolução empreendedora O enorme aumento nos negócios empreendedores e pensamento empreendedor que tem se desenvolvido nos últimos 20 anos. Essa revolução será tão poderosa para o século 21 quanto foi a Revolução Industrial para o século 20 (se não mais).

Risco Envolve certos resultados ou eventos. Quanto maior a recompensa, maior o risco que os empreendedores geralmente enfrentam.

Risco de carreira Se um empresário será capaz de encontrar um emprego ou voltar para a antiga posição caso sua empresa venha a falir.

Risco familiar e social Iniciar um novo empreendimento requer muita energia e tempo do empreendedor. Empreendedores casados, especialmente aqueles com filhos, expõem suas famílias aos riscos de uma experiência familiar incompleta com possibilidade de cicatrizes emocionais permanentes. Além disso, velhos amigos podem desaparecer, eventualmente, pela falta de contato.

Risco financeiro Dinheiro ou recursos de risco para um novo empreendimento.

Risco psíquico O grande impacto psicológico sobre e o bem-estar do empreendedor que está criando um novo empreendimento.

Risco *versus* recompensa Examina os ganhos e as perdas totais para apontar a importância de se obter um retorno adequado sobre a quantidade de dinheiro arriscado.

Riscos políticos Incluem governos instáveis, interrupções causadas por conflitos territoriais, guerras, regionalismo, ocupação ilegal e diferenças político-ideológicas.

Segmentação de mercado A parte de um plano de negócios que descreve os aspectos do mercado, tais como o mercado-alvo, o tamanho do mercado e as tendências, a competição, a cota estimada de mercado, estratégia de mercado, preços e publicidade e promoção.

Segredos comerciais Listas de clientes, planos, pesquisa e desenvolvimento, informações sobre preços, técnicas de marketing e técnicas de produção. Geralmente, tudo que faz uma empresa individual única e tem valor para um concorrente pode ser um segredo comercial.

Síndrome do centralizador Existe quando um empreendedor não consegue delegar a responsabilidade aos empregados, centralizando, assim, todas as tomadas de decisão.

Síntese Tipo básico de inovação que envolve a combinação de conceitos e fatores existentes com nova formulação.

Skimming Estabelecer deliberadamente um preço alto para maximizar os lucros a curto prazo.

SkunkWork Empresa altamente inovadora que utiliza grupos que atuam fora das linhas tradicionais de autoridade.

Sociedade Associação de duas ou mais pessoas como co-proprietários de uma empresa para obtenção de lucro.

Sociedade de responsabilidade limitada (Limited liability partnership, LLP) Forma de parceria que permite aos profissionais os benefícios fiscais de uma sociedade, evitando responsabilidade pessoal pela negligência de outros sócios. Se um grupo profissional se organiza como LLP, sócios inocentes não são pessoalmente responsáveis pela irregularidade dos outros sócios.

Sociedade limitada Forma de organização empresarial que permite o investimento de capital sem a responsabilidade pela gestão e sem a responsabilidade por perdas além do investimento inicial.

Sociedade limitada de responsabilidade limitada (Limited liability limited partnership, LLLP) Variante da sociedade limitada. Uma LLLP elege status de responsabilidade limitada para todos os sócios, incluindo os gerais.

Stand still Período durante o qual ambas as partes não negociam com mais ninguém.

Subescapitalização A quantidade de investimento de capital é geralmente baixa (muitas vezes indicando um elevado nível de endividamento).

Sucessão da gestão A transição da tomada de decisão gerencial em uma empresa é um dos maiores desafios enfrentados por proprietários e empreendedores em empresas familiares.

Sucessor empreendedor Um sucessor para um empreendimento que é altamente dotado de talento, criatividade e direção.

Sucessor gerencial Sucessor de empreendimento que está interessado em eficiência, controle interno e uso eficaz de recursos.

Suporte da alta gestão Quando os gestores de nível superior em uma empresa podem se concentrar em ajudar os indivíduos dentro do sistema a desenvolver um comportamento mais empreendedor.

Taxa de franquia O valor inicial necessário para adquirir uma franquia.

Taxa interna de retorno TIR (Internal rate of return, IRR) Técnica de gestão financeira que envolve o desconto dos fluxos de caixa futuros para o presente a uma taxa que faz com que o valor presente líquido do projeto seja igual a zero.

Tendência de lucros Capacidade de uma empresa em gerar lucro durante um longo período.

Teoria da cognição social A cognição é usada para se referir às funções e aos processos mentais (pensamentos), além de estados mentais dos seres humanos inteligentes. A teoria da cognição social introduz a ideia de estruturas de conhecimento — modelos mentais (cognições) que são ordenados para otimizar a eficácia pessoal em dadas situações — para o estudo do empreendedorismo.

Termo de condições Documento que descreve os termos materiais e as condições do acordo de um empreendimento.

Totalmente diluído Todos os títulos — incluindo ações preferenciais, opções e garantias — que podem resultar em ações ordinárias adicionais são contados na determinação da quantidade total de ações em circulação para efeitos de determinação de propriedade ou valorização.

Triangular Usar para comparar os resultados obtidos por meio de dois outros métodos distintos.

Tripé da sustentabilidade (Triple bottom line, TBL) Estrutura contábil que vai além das medidas tradicionais de lucro, retorno sobre o investimento e valor do acionista para incluir dimensões ambientais e sociais.

União Europeia (UE) A UE é uma união econômica e política de 28 países-membros que estão localizados na Europa.

Valor compartilhado Benefício das ações compartilhado com as comunidades e as sociedades impactadas.

Valor contábil ajustado Método comum de avaliar um negócio calculando o seu valor líquido, como a diferença entre o total de ativos e o de passivos.

Valor social Contribuição para a prosperidade ou o bem-estar de uma dada comunidade.

Valoração do negócio O valor calculado do negócio, usado para rastrear seus aumentos ou suas diminuições.

Viabilidade técnica Produção de um produto ou serviço que satisfará as expectativas dos clientes em potencial.

Viés emocional Tendência a acreditar que a empresa vale muito mais do que pessoas de fora acham que vale.

ÍNDICE REMISSIVO

3M, 56, 67

A

Abandono, 204
Abbott Laboratories, 56
Abordagem de correntes de pensamento, 8-11
Abordagem de critérios de viabilidade, 134-135
Abordagem de margem de contribuição, 272-273
Abordagem dos estados dinâmicos, 13, 13 f1.3
Abordagem gráfica, 272
Abordagem integrativa, 11
Abordagem nova-velha, 150-151
Abordagens como um processo, 11-13
Ações
 empreendedor, 352-353
 estratégico, 352-353
Ações estratégicas, 352-353
Ações ordinárias, 177, 254
Ações preferenciais, 176-177, 254
Acontecimento inesperado, 107
Acordo *co-sale*, 401-402
Acordo de não concorrência, 156
Acordo de votação, 401-402
Acordo Geral sobre Tarifas e Comércio (GATT), 90
Adaptação cognitiva, 29
Administração de Pequenas Empresas dos EUA, 15-16, 173
Afirmação, realidade *versus*., 288t12.1
Afirmação de papel, 43
África, 91, 97
Ajustes de dívidas (Capítulo 13 Falência), 219
Alavancagem, 354t113.1
Alianças internacionais, 93-94, 93t4.3
Altos custos, percepção de, 351
Altos níveis de energia, 33
Amazon, 45, 189, 387
Ambiente *versus* estratégia, 361
Ambiguidade, tolerância para, 32
Analisando os negócios, 380-383
Análise de competitividade, 291-292
Análise de indicadores, 275-277
Análise de perfil, 134
Análise de riscos *versus* recompensa, 152
Análise de vendas, atual, 239-240

Análise do ponto de equilíbrio, 272-274
Análise horizontal, 275
Análise vertical, 275
Anjos corporativos, 189
Anjos de microgestão, 190
Anjos empreendedores, 189
Anjos entusiastas, 190
Anjos profissionais, 190
Anúncios de jornal, 154
Aparência, 286
Apelo do nome da marca, 161
Apêndice, 297
Apple, 32-33, 363
Aprendizagem, contínua, 367
Aprendizagem interativa, 61
Aprendizagem validada, 140
Aquisição de ações do fundador, 391
Aquisição do empreendimento, 375-376
Arenas de criatividades, 117
Armadilhas a serem evitadas, 281-282
Arthur Andersen, 115
Assistência financeira, 161
AT&T, 56,
Atividades de financiamento, 259
Atividades de investimento, 259
Atividades de start-up, 357
Atividades empreendedoras, 368–369 68
Ativos, 249t11.1, 254
 valor de, 251
Ativos correntes, 249t11.1, 251-253
Ativos fixos, 253
Ativos intangíveis, 251
Atos moralmente questionáveis, 43
Autoconfiança, 31
Autonomia, 70, 361
Autonomia no trabalho, 68
Avaliação, 366
Avaliação de empreendimento, 384-390
 empreendedorismo centrado no projeto, 138-139
 metodologia de design, 137-138
 metodologia lean start-up, 139-140
 métodos para, 384-385t14.3
Avaliações, 111
 do plano de marketing, 240-242
 objetivo, 126
 processo de, 134-137

B

Babson College, 20
Baby boomers, 16
balanço patrimonial, 252
Balanço pró-forma, 294
Balanços, 249t11.1, 250-256
Balanços projetados, 294
Bancos, comercial, 173-174
Barreiras não tarifárias, 96
Benetech, 81
BizBuySell.com, 410
BizTrader.com, 410
Bootstrapping, 179
Brainstorm, 115
Burocratização, 361
   versus descentralização, 361
Busca da segurança, 116
Business Week, 60, 191t8.7
   tipos de, 190-191

C

Cadeia de valor, 238
Caixa, 252
Cálculo do ponto de equilíbrio, 272-274
Campeões, 67, 72
Canais de distribuição, 96
Caos, 64
Capa e página de título, 286-287
Capital, 172, 249t11.1
Capital contribuído, 254
Capital de giro, 249t11.1
Capital de risco (VC), 9, 18, 60
capital de risco, investimento anjo, 19, 189-191
Capital próprio do proprietário, 250-251
Capitalismo, 5, 85,88
Capitalismo verde, 85
Capitalists Venture (VC), 181
Cartas de intenção (LOI), 390
China, 310
Ciclo de construir-medir-aprender, 140
City Year, 81
Clientes-alvo, 316
Clima inovador, 365
Clima político, 96
Coca-Cola, 205
Código de conduta, 45-46
Código de receita Federal, 215
Cognetics, Inc., 17, 18
Cognição empreendedora, 28-34
Colheita, 409-410
Colocações privadas, 178-180

Comissão de Valores Mobiliários (SEC, Securities and Exchange Commission), 174, 415
Complexidade, 230
   de decisões, 44-45
Comportamento, empreendedor, 28, 62-64
Comportamento antiético, 44, 47
Comportamento do consumidor, 237-239
Comportamento empreendedor, 28
Comportamento Tipo A, 38
Comprador credenciado, 179
Compreensão financeira, 126-127
Compromisso, 29, 30, 46
Comunicação, 37-38, 419
Comunidade Econômica Europeia, 91
Conceito da curva de aprendizagem, 92-93
Conceitos baseados no conhecimento, 108
 Concorrência, 60, 96, 158
Conhecimento, falta de, 351
Conhecimento e aprendizagem, 108-109
Conhecimento específicos
   falta de, 351
Conhecimento técnico, 9 Compreensão técnica, 126
Consciência ambiental, 85
Conselho Consultivo, 317
Conservação, 84
Construção da equipe, 33
Construção de confiança, 231
Construir redes, 296
Consultores, 362
Consumidores, 225
Contabilidade
   regime de caixa de, 250t11.1
   regime de competência, 250t11.1
Contas a pagar, 253
Contas a receber, 177, 251, 255
Contas não cobráveis, permissão para, 251
Contradição, 360-361
Contrato de compra de ações, 398
Contratos de compra/venda, 414
Contratos de direitos do investidor, 398-401
Controle, 360
   fator, 392
   necessário para, 40
Controle do franqueador, 162
Controle Externos, 40
Copyrights, 202-203
Corporação de opção de fiscal, 215,
Corporação S, 215-216
Corporações, 211-213
   desvantagens de, 212-213
   formas de, 214t9.3
   vantagens de, 212
Corporações B, 87-88

Corrente de pensamento das pessoas, 10
Corrente de pensamento do ambiente, 9
Corrente de pensamento financeiro ou do capital, 9
Costumes locais, 96
Couro Inglês, 203
Crédito, 255
Crédito comercial, 175
Crescimento
   cultura, mantendo, 362
   força-tarefa, 362
   gerenciando, 356
   nas vendas, 129
   parede, 361-362
   planejando por, 362
Crescimento empreendedor, gerenciando, 356-364
Criatividade, 33, 109
   clima para, 117-118
   desenvolvendo, 112-113
Criatividade de eventos, 117
Criatividade de ideias, 117
Criatividade de organização, 117
Criatividade de relacionamentos, 117
Criatividade espontânea, 117
Criatividade interior, 117
Criatividade material, 117
Cultura, 96
Cúpula de empreendedores sociais, 81
Custo, vantagens de, 314
Custo das mercadorias vendidas, 249t11.1, 258
Custo em questão (QC), 272-273
Custo fixo, 263
Custo variável, 249t11.1, 263
Custos da fase de lançamento, evitando, 391
Custos mistos, 263
Cyberlei, 207

D

Dados, interpretando e relatando, 227
Dados primários, 226-227
Dados secundários, 226
Debêntures conversíveis, 176
Débito, 255
Decisão, complexidade de, 44-45
Decisões estratégicas, 230
Declarações de resultados, 249t11.1, 256-258, 294
Declarações pró-forma, 266, 267t11.10
Defesa do próprio território, 57
Delegação, 367
Delegando, 39
Demonstração de fluxo de caixa, 259, 294-295
Demonstração de lucros e prejuízos, 256
Demonstração financeiro pessoal, 249t11.1

Demonstrativos Financeiros, 250-259, 249t11.1
Departamento de Direitos Autorais da Biblioteca do Congresso dos EUA, 206
Departamento de Marcas e Patentes (EUA), 202, 206
Depreciação, 249t11.1
Depreciação acumulada
   de construção, 253
   de equipamento, 253
Descentralização, 361
Desconfiança 40
Desenvolvimento de empreendimento novo, 356-357
   armadilhas na escolha, 126-127
   avaliação de propostas, 185-187
   criando, 150-153
   desafios de start-up, 125-126
   fatores para criação, 127-130
   lista de verificação (checklist), 128t6.1
Design, 292
Deslocamento cultural, 9
Deslocamento econômico, 9
Deslocamento político, 93.1
Despesas, 250t11.1, 257, 264t11.8
   jurídico, 219-220
   mensal, 152
Despesas administrativas, 258
Despesas com vendas, 258
Despesas financeiras, 258
Despesas jurídicas, 220
Despesas mensais, 153t7.2
Despesas operacionais, 258 Resultado operacional, 258
Despesas pré-pagas, 252-253
Devedor insolvente, 218
Devedor na posse de bem, 219
Diferença cognitiva, 29
Dificuldades financeiras, 130
Dificultadores, 115
Dilemas éticos no e-commerce, 45
Diligência devida, 376-379
   realizando, 376-379t14.1
Direito de *co-sale*, 391
Direito de primeira recusa, 401-402
Direitos de conversão, 391
Direitos de registro, 391
Direitos de voto, 391
Diretrizes a serem lembradas, 287-288
Disciplina empreendedora, 21
Discriminação no emprego, 410
Disponibilidade de produto, 129
Disponibilidade de tempo, 68
Disponibilidade do cliente, 129-130

Distorção de papel, 43
Diversidade, 86
Dívida, 173
Divisão Conexão e Desenvolvimento da Future Works, 62
Doações, 367
Doutrina Fair Use, 203
Dun & Bradstreet, 159
Duplicação, 119

E

E-commerce, dilemas éticos online em, 45
Economia, 14, 15, 56
Economia empreendedora, 15
Educação empreendedora, 20
Eficiência, 60
    vantagens de, 314
Ego 39-41
Employee to Entrepreneur (Mulvehill), 136
Empreendedor, 284
    capacidade gerencial, 361
Empreendedor, 305
    características comuns de, 30-34
    conhecimento, 236
    distinção, 3
    inovação e o, 118-120
    visão, 411
    visão experimental de, 35-36
Empreendedores corporativos, 46-48
Empreendedores globais, 89
Empreendedorismo
    abordagens para, 8-13
    econômicos e, 4-5
    EUA e, 15-17
    evolução de, 4-5
    mitos de, 5-8
    no século 21, 363-365
    o lado obscuro do, 36-41
    teoria de 8
    visão macro de, 9-10
    visão micro de, 10-11
Empreendedorismo ambiental, 85
Empreendedorismo centrado no projeto, 138-139
Empreendedorismo coletivo, 72
Empreendedorismo estratégico, 59
Empreendedorismo independente, 60
Empreendedorismo interno 60
Empreendedorismo social, 19, 81-83
Empreendimento corporativo (EC), 19, 56, 59
    definições conceitos de, 59-60
    desenvolvimento de visão, 65
    estratégias, 62-64

    estruturação do ambiente 67-68
    natureza de, 58-61
    necessário para 60
    obstáculos para, 60-61
    sustentação, 73-74
Empreendimento de alto crescimento, 129
Empreendimento lucrativos pequenos, 129
Empreendimento sustentável, 85
Empreendimentos, estabelecidos
    adquirindo, 154-160
    avaliação de, 155-156
    perguntas a serem feitas, 156-159
    realizando a negociação, 159-160
    vantagens de adquirir, 154
Empreendimentos de estilo de vida, 129
Empreendimentos sociais, 83
Empresa de benefícios, 87-88
Empresa de manufatura, 262
Empresa de responsabilidade limitada (LLC), 216-217
Empresa Oakland Scavenger, 410-411
Empresa social
    desafios, 85
    ex-presidiários e, 83
    forma jurídica para, 88
Empresas adaptável, construção, 375
Empresas de financiamento, 176
Empresas empreendedoras, 18-19, 364
    elementos para, 364-365
Empréstimo a pagar, 253
Empréstimo bancário, 253
Empréstimo *Peer-To-Peer* (P2P), 174-175
E-Myth: Por que a maioria dos negócios não funciona e o que fazer quanto a isso (Gerber), 7
Encorajados, 56-57
Energia Eólica Hidráulica, LLC, 307-345
Ênfase em análise financeira, 10t1.1
entendimento, 251-254
Entendimento de mercado, 126-127
Entrepreneur (revista), 164
Entusiasmo, 41, 163, 305, 412-413
Equator Technologies, Inc., 120
Equilíbrio gerencial *versus* empreendedora, 358
Equipamento, 253
Equipe de gestão, 305
Equipe executiva
    conselho consultivo, 317
    gestão inicial, 317
Equipes do empreendimento, 365
Erro moral, 360
Erro pessoal, 360
Escolas para empreendedorismo, 20
Especificação, patente, 200

Especificidade do porte, 366-367
Estabilidade, 64
Estado, falhas/erros, 376 57 , 115
    de novos empreendimentos, 130–134 130-134
    formas de, 376
    preparando , 70
Estágio de estabilização, 357
Estágios de crescimento, 132, 357, 360
    desafios de, 360
    entendendo o, 360
    parede de crescimento, 361-362
    principais fatores de, 360
Estágios de desenvolvimento de empreendimento, 356
Estágios do ciclo de vida, 356
Estatísticas anjo, 191t8.6
Estatuto, 395-397
Estereótipos, 116
Estoque, 252
Estratégia da sucessão adiantada, 408
Estratégia da sucessão atrasada, 408
Estratégia de desenvolvimento, 314-315
Estratégia de sucessão , 412-413
Estratégia de sucessão
    aspectos contextuais de, 411-412
    desenvolvimento, 411-413
    identificando as qualidades do sucessor, 412
Estratégia de sucessão de gestão, 404-405
    fatores principais em, 405-411
Estratégia de venda, 417-418
Estratégia do poço d`água, 11
Estratégias de entrada, 316, 409t15.2
Estratégias de melhores produtos, 11
Estratégias do poço d´água 11
Estratégias dos grandes líderes, 11
Estresse, 37-39
    definido, 37-38
    fontes de, 38-39
    lidando com39
estresse da função, 37
Estrutura organizacional, 63
Estruturas jurídicas, 207
Ética, 41
    códigos de conduta, 45-46
    racionalizações, 42-43
Ética empreendedora, 41
Eventos de liquidez, 413-418
Eventos de pressão, 408
Exercício, 39,115
Experiência da ideia, 111
Experimentação, 227
Exportação, 92-93
Extensão, 118

F

Facebook, 150, 231
    Valoração do, 387
Factoring, 175
Falência, 218-219
    ajuste de dívidas (Capítulo 13), 219-220
    direto, 218
    reorganização (Capítulo 11), 218
    tipos de, 219t9.5
Falência direta (Capítulo 7), 218
Falha incontrolável, 360
Falta de tempo, 350
Família e risco social, 37
Fase pós-arranque 127
Fase pré-arranque, 127
Fases, 127
Fatores ambientais, 411-412
Federal Trade Commission (FTC), 164
FedEx, 107
Feedback 31, 57
Fellows Ashoka, 81
Felony Franks, 83
Ferramentas tecnológicas, 234-235
Filosofia, corporativa, 58
Filosofia direcionada à produção, 236
Filosofia direcionada às vendas, 236
Filosofia dirigida ao consumidor, 236
Finanças verossímeis, 266
Financiamento adicional, 304
Financiamento *Crowdfunding*, 179-180
Financiamento da dívida, 173-176
Financiamento de empreendimento, 19
Financiamento por capital próprio, 176-180
Findlaw, 206
Flexibilidade, 365
Fluído hidráulico, 318
Fluxo de caixa, 250t11.1
Fluxos de caixa operacional, 259
Foco no curto prazo, 236
Fontes comerciais, 154
Fontes profissionais, 154
Formulação estratégica
    corrente de pensamento, 11
    teoria, 10
Fortune, 60, 190
Fórum Econômico, 81
Fórum Econômico Mundial, 81
Franqueado, 160
Franqueador, 160
Franquias, 160-168
    avaliação, 164
    desvantagens de, 161-162
    promessas não cumpridas, 163-164
    recém-graduados e, 163

taxas, 162
  vantagens de, 160-161
Fundação Schwab, 81
Fundação Skoll, 81
Fundos de confiança e abertura, falta de, 351

G

Ganhos altos, 152
Garantia, 175, 250t11.1
Gastos de abertura, 153, 153t7.2
GATT. *Consulte* Acordo Geral sobre Tarifas e Comércio (GATT)
Gazelas, 17-18
General Electric, 19
Gerenciamento de tempo, 366-367
Gerenciando o paradoxo e a contradição, 360-361
Gerentes de nível sênior, 73
Gerentes de primeira linha, 73
Gerentes intermediários, 73
Gestão de fluxo de caixa, 255
Gestão do erro, 70
Gestão estratégica, 352-353
  processo, 350f13.1
Gestão Inicial, 317
Gestores,
  empreendedores, 362-363
Global Entrepreneurship Monitor (GEM), 14-15
Glossário financeiro, 249-250t11.1
Goodwill, 157
Google, 32, 231, 238
  fundadores da, 32
Grameen Banco, 81
Grupo de Trabalho de Suporte Técnico do Pentágono (TSWG, Pentagon's Technical Support Working Group), 120
Grupos focais, 235

H

Harvard Business Review, 82
Hemisfério cerebral direito, 113
hemisfério cerebral esquerdo, 113
Heróis diferentes, Os, 81
Humor, 115

I

Imaginação e criatividade, 109-113
Imersão nos negócios, 38 Implantação, 111
Importação, 92
Imposto Verde, 86
Impostos a pagar, 253

Impostos sobre rendimento estimado, 258
Impostos verdes, 86
Incentivando empreendedores no Chile, 98
Incoerências, 107
Incorporação na web, 212
Incubação, 110-111
Independência, 33
Indicadores financeiros, 276-277t11.12
Informações competitivas, 238
Informações financeiras, importância de, 249
Infraestrutura, 96
Iniciativa, 30t2.1
Inovação, 56-57, 354, 363
  aberta, 62
  Campeões (I-Team), 72
  conceitos errados de, 119
  declínio ou, 357
  empreendedores e, 118
  fontes de ideias, 107
  incentivo, 66-67
  princípios de, 119-120
  processo de, 118
  radical, 66t3.4, 66
  tipos de, 118-119
Inovação aberta, 62
Inovação incremental, 66
Instituto de Informações Legais da Escola de Direito de Cornell, 206
Instituto OneWorld Health, 81
Instrumento de Avaliação do Empreendedorismo Corporativo (Corporate Entrepreneurship Assessment Instrument) (CEAI), 68
Integridade, 30t2.1
Intensidade empreendedora, 12
Internacionalização, 91-92
Internet, 238
Intracapital, 69
Intraempreendedorismo, 56
Invenções, 118
Investidores de risco, 3179, 182, 187t8.4, 188t8.5,
Investidores sofisticados, 179
Investimento, capital, 129
Investimento de capital, 129
Investimento de impacto social, 85
Investimento estrangeiro direto, 94
Irrelevância, 230
IRS. *Consulte* Serviço de receita interna (IRS)
I-Teams, 72

J

Joint ventures, 93-94
  desvantagens de, 94
  vantagens de, 93

K

Kauffman Index of Entrepreneurial Activity 16
Kendon Corporation
  balanço, 252t11.2
  demonstração de resultados, 257t11.3
Kraft Food Company, 40

L

Lean Launchpad, 139
lean manufacturing, 139
Lei de Copyright, A, 202
Lei de Falência, 218
Lei de franquia, 164
Lei de responsabilidade de estado 42-43
Lei Federal de Diluição de Marcas Comerciais, 204
Leitura de cinco minutos, 285
Liberdade, 56-57
Licenciamento, 94-95
Liderança
  empreendedor, 367-369
  estratégica, visionária e gerencial, 368t13.4
Liderança empreendedora, 21, 367-369
Limites, organizacionais, 68-69
Links, website, 235
Liquidação, 218
Litígios no orçamento, 200
Livre iniciativa, 5
Lócus externo de controle, 9
Lócus interno de controle, 10, 31-32
Lucro, 250t11.1
Lucro bruto, 250t11.1
Lucro líquido, 250t11.1, 257

M

Macroiteração, 139
Manuseando custos questionáveis, 272-274
Marcas coletivas, 204
Marcas comerciais, 95, 204-207
  abandono de, 204
  armadilhas em, 206
  cancelamento de, 204
  Proteção na Internet de, 207
  violação de,

Marketing
  estratégia, 292
  filosofia de, 236
  pesquisa, 225-229
  segmentação, 236
  segmento, 291
  sistemas de informação, 239
Marketing de guerrilha, 234
Marketing de mídia social, 230-233
  desenvolvendo, 231-233
  principais distinções de, 231
Marketing móvel, 234
Massachusetts Institute of Technology (MIT), 18
Matadoras de Negócios, 183
Matriz de estratégia empreendedora, 354-355
McDonald's, 166
Mecanismos de aprendizagem, 138
Mecanismos de pesquisa, 233
Medidas principais
  de desempenho ambiental, 87
  de desempenho econômico, 86-87
  de desempenho social, 87
Medo, 40, 136
Mentalidade
  empreendedora, 3-4, 28, 56, 363-364
  gerencial, 364t13.3
Mentalidade confusa, 114-115
Mentalidade empreendedora, 3-4, 28, 57, 363-364
Mercado, 308
Método de fluxo de caixa descontado, 387-389
Método de relação preço/lucro (P/L), 386-387
Método de valor presente líquido (VPL), 269-270
Método de viabilidade abrangente, 135-137
Método múltiplo de resultados, lucro, 386-387
Método *payback*, 269
Metodologia de design, 138
Metodologia Lean Start-up, 139
Metodologia Lean Start-up, 139
Métricas, 305
  MVP, 140
Microiteração, 138-139
Modelo de negócio familiar sustentável, 407f15.2
Modelo de previsão de falhas, 132
Modelo do Plano de Viabilidade, 144-148
Modelo em pequena escala, 314-315
Modelo metacognitivo, 29
Monitoramento de blogue, 235
Moralidade, 43-44
Motivação empreendedora 29,49
Motivações, 125
Motivo de lucro 36
motivos para a aquisição, 375
Motorola, 238
Movimento empreendedor global, 20
Mudança, 360

Mudanças de percepção, 108
Mudanças demográficas, 108
Mudanças financeiras, 304
Mudanças na indústria e no mercado
Mudando de empreendedor para gerencial, 357-360
Mulheres e minorias empreendedoras, 19

N

NAFTA. *Consulte* North American Free Trade Agreement (NAFTA)
Natural Capitalism: Creating the Next Industrial Revolution, 85
Natureza interdisciplinar, 8
Necessidade de realização, 38
Necessidades de processo, 107
Negociação, 159-160
Negócios
    analisando, 380-383
    avaliação, 375
    corretores, 154, 409-410
    descrição, 289
    estabilização, 357
    estruturas, 214t9.3
    imersão em, 38
    lista de verificação de análise, 380-383, 383t14.2
    modelo, 282, 305, 315-316 venda, etapas para, 418-419
Negócios, venda completa de, 418-419
Negócios familiares, 20
Nepotismo, 411
networking, 40, 238
New York Times, 82
Nicho de mercado, 291-292
Níveis de energia, 33
Nomes de domínio, 207
Norma 504, 505 e 506, 178
Norma de Divulgação de Franquias, 167
Normas governamentais, 96
North American Free Trade Agreement (NAFTA – Acordo Norte-Americano de Livre Comércio), 90-91
Nota a pagar, 253
Novíssima abordagem, 150
Novos produtos, 239
Nucor Steel, 19

O

Objetivos, 126, 365
    divergente, 380
    do comprador e do vendedor, 375
Objetivos divergentes, 380

Obrigações sociais, 84t4.1
Observação do cliente, 235
Oferta pública inicial (IPO), 177, 413-417, 415t15.3
Ofertas públicas, 177-178
Operações flexíveis, 365
Oportunidade de empreendimento
    corrente de pensamento, 10-11
    teoria, 10
Oportunidades, 353, 365
    avaliação de, 154
    identificação de, 107
    percepção da, 365
Orçamento, 260, 268-269
Orçamento de capital/ operacional 260, 268-272
Orçamento de fluxo de caixa, 260, 263, 265t11.9
Orçamento de produção, 262, 263t11.7
Orçamento operacional, 260-263, 264t11.8
Orçamentos financeiros, 260-266
    preparando, 260-266
Organização Mundial do Comércio (OMC), 89-90
Organizações globais, 89-91
Otimismo, 41
Overseas Private Investment Corporation (OPIC), 97

P

Padrões comuns, insights em, 235
Pais superprotetores, 163
Países Exportadores, 92
Países ricos em mercado, 92
Paixão, 33
Palavras genéricas, 204
Paradoxo, 360-361
Paródia, 205
Participação, empreendedor, 360-361
Participação de mercado, 291-292
Passivos, 250t11.1, 251
Passivos correntes, 250t11.1, 251, 253
Passivos de curto prazo, 251
Passivos de longo prazo, 251, 253
Pastilhas para tosse Smith Brothers, 204
Patentes, 95 ,200-203
Patrimônio líquido, 250t11.1, 251
Pensamento criativo, 109-113
Pensamento global, 89
Pensamento ou/ou, 115
Pensamento probabilístico, 116
Perda, 86
Perdas, 250t11.1
Perdas e ganhos mais altos, 153
Período, 286
Permissão para contas não cobráveis, 251

Perseverança, 31
Perspectiva funcional, 113
Pesquisa, 290. Consulte também Propósitos e objetivos da pesquisa de marketing, 225-226
Pesquisa com usuário especial, 235
Pesquisa de mercado, 225-229
    Atual, 239
    inibidores da, 229-230
    perguntas típicas, 229
Pesquisa em arquivos, 235
Pesquisa qualitativa, 227
Pesquisa quantitativa, 227
Pesquisas, 227
Pesquisas baseadas na Internet, 235
Pioneirismo 5
Pitch, 304
Pivotar, 140
Pizza Hut, Inc29
Planejamento do cargo, 365
Planejamento estratégico, 349-355
    carência de, 350-351
    visões críticas no, 351-352
Planilha de retorno esperado, 268t11.11
Plano de comercialização, 315-317
Plano de desenvolvimento, 314-315
Plano de marketing de guerrilha, 241
Plano de Publicidade, 292
Planos de colheita, 404
Planos de compra de ações por colaboradores (ESOPs), 412
Planos de marketing
    desenvolvimento, 239-242
    estrutura preços, 242
Planos de negócios, 282, 304
    afastando do, 296
    apresentação de, 304-306
    armadilhas a serem evitadas, 281-282
    atualizando, 304
    benefícios de, 284-285
    descrição completa, 290t12.2
    desenvolvendo, bem concebido, 285-289
    dicas úteis, 297-298t12.3
    diretrizes, 287-288
    divulgação, 175
    elementos de, 289-303
    erros comuns, 293
    escrita objetiva, 288-289
    exemplo prático de, 304
    ferramenta de avaliação 298-303t12.4
    fontes financeiras, 284
    pesquisa, projeto e desenvolvimento, 292
    segmento de cronograma de metas, 295
    segmento de estratégia de colheita, 295
    segmento de gestão, 294
    segmento de operações, 293
    segmento de risco crítico, 295
    segmento financeiro, 294-295
Políticas de recursos humanos, 69
Pontos de vista, 358
Portadores de direito de primeira recusa, 391
Posicionamentos estratégicos, 353
Práticas abusivas, 158
Precificação
    do ciclo de vida do produto, 242-243
    estratégias, 242-244
    Política de, 292
Preço, 390
Prédio, 253
    depreciação acumulada de, 253
Preferência de dividendos, 390
Preferências de liquidação, 390
Preferências pessoais, 154
Prêmio, subsídios das invenções da Fundação MacArthur, 81
Preocupações gerenciais, 365-367
Pressão competitiva, 236
Pressões da comunidade, 367
Previsões de vendas, 240, 260
Princípio do corredor 7, 11
Priorização, 366
Problemas com pessoas, 38
Problemas da fase de arranque, 132
Problemas de gestão, 130
Problemas de produto/mercado, 130
Problemas externos, 132
Problemas internos, 132
Procedimento de limpeza, 203
Procedimentos, criação de, 366
Procedimentos de cancelamento, 204
Processo criativo, 109-111
Processo de busca de capital, 9
Processo de formação de empreendimento, 282-283
Processo de planejamento do empreendimento, armadilhas a serem evitadas, 281-282
Processo empreendedor, 49
Processo metacognitivo, 29
Processos, 64
Procter & Gamble 62
Produto Mínimo Viável (MVP), 140
Produtos de conveniência, 237
Produtos em prateleira, 237
Produtos especiais, 238
Produtos não procurados, 239
Produtos relacionados, 238
Produtos relacionados, 238
Programa de Treinamento de Inovação Corporativa, 71

Projeções, precisão das, 391-391
Propriedade intelectual
    copyrights, 202-203
    direitos para, 200
    formas de, 208-209t9.2
Propriedades individuais, 210-211
Proprietários de pequenas empresas, 3
Proteção antidiluição, 391
Proteção de propriedade intelectual Fontes de
    informações da Internet, 206-207
    marcas comerciais, 203-207
    patente, 200-202
Protótipo, 138
Psicologia cognitiva, 28
Public Broadcasting Service (PBS), 81
Punição, 57

Q

Quadro de modelo de negócios, 282-283
Questionários, 227

R

Racionalizações, 42-43
Racionalizações éticas, 42-43
Ralph's Big Burgers, 160
Razões, 275
Receita bruta, 257
Receita para estratégia de precificação, 243-245
Receitas, 256-257
Receitas de vendas, 258
Recompensas, 57, 68
Reconhecer Relações, 112
Reconhecimento, 365
Redes de diáspora, 89
Redução, 60
Reforço positivo, 57
Regime de caixa de contabilidade, 250t11.1
Regime de competência de contabilidade, 250t11.1
Registro Principal do Departamento de Patente e
    Marca comercial, 204
Regressão linear simples, 260
Regulamentação D, 178-179
Regulamentos de importação de governo
    estrangeiros, 96
Reivindicações, patente, 202
Relação de justaposição, 112
Renda Líquida, 257
Rendimentos retidos, 254
Rentabilidade da empresa, 158
Reorganização (Capítulo 11), 218
Resgate, 391

Resolução de problemas, 31
Responsabilidade, 360
    individual, 57
Responsabilidade ilimitada, 210
Responsabilidade individual, 57
Responsabilidade social, 85
Restrição legal de comércio, 156
Resumo executivo, 286-287, 289, 307
Resumo financeiro, 318-321
Return on investiment (ROI), 183
Reunião de informações, 110
Revised Uniform Limited Partnership Act (RULPA -
    Lei de Sociedade Limitada Revisada e Uniforme),
    213
Revised Uniform Partnership Act (RUPA - Lei de
    Sociedade Revisada e Uniforme), 210
Revolução industrial, 4
Revoluções empreendedoras 15
Risco, 8, 36, 354
Risco de carreira, 37
Risco de indústria, 317-318
Risco físico 37
Riscos da tecnologia alternativa, 318
Riscos econômicos, 96
Riscos financeiros, 37, 96
Rotação selecionada, 69

S

Saída estratégica, 317
    eventos de liquidez, 413-417
Segmentação de mercado, 236-237
Segmento de bibliografia, 298t12.3
Segmento de cronograma de metas, 295
Segmento de estratégia de colheita, 295
Segmento de gestão, 294
Segmento de operações, 293
Segmento de risco crítico, 295
Segmento financeiro, 294-295
Segredos comerciais, 207
Serviço de receita federal dos EUA (IRS), 215,
Signo de Corporation, 72
Simulação, 314-315
Simulação em grande escala, 315
Simulação em média escala, 315
Síndrome do centralizador, 366
Singularidade, 127
Síntese, 119
Sistema de transmissão hidráulica (HTW), 311-312
Sistemas de gestão de reputação, 45
Sistemas de recompensas, 365
Skunk Works, 61
Smilor, Ray, 27

Sociedade limitada de responsabilidade (LLLP), 213, 215t9.4
Sociedades, 210-211
    desvantagens das, 211
    formas de, 214t9.3
    vantagens das, 211
Sociedades limitadas, 213, 215t9.4
Software de acompanhamento, 255
Solidão, 38
Sonho americano, 19
Sonhos, 115
Sorte, 6
Source Translation and Optimization, 206
Stanford Social Innovation Review, 82
Subcapitalização, 380
Subcapítulo S do Código da Receita Federal, 215
Sucessão
    barreiras para o planejamento, 405t15.1
    eventos de pressão, 408
    fontes de, 408-409
    pressões externas, 406-407
    pressões internas, 405-406
    restrições legais, 410-411
Sucesso, 32-33, 41
Sucesso, 41
Sucessor empreendedor, 408
Sucessor gerencial, 408
Sucessores, tipos de, 405-406
Sumário, 287
suporte da alta gestão, 66
Suporte da gerência, 68
Suposição de custo fixo, 274f11.2
Suposição de custo variável, 274t11.3
Sustentabilidade, 85
SWOT (strengths, weaknesses, opportunities, threats - força, fraqueza, oportunidades, ameaças) análise, 238, 350

T

Tamanho da quantidade de capital, 177
Tamanho do mercado, 96
Tarefas, 366
Tarifas, 86
TEACHFORAMERICA, 81
Técnicos, 7
Tecnologia, 309-310
    oportunidade, 310
    tendências em, 107
Tendência de lucros, 158
Tendências, 107
    na pesquisa empreendedora, 19-20
Tendências econômicas, 107
Tendências governamentais, 107
Tendências sociais, 107

Teoria da cognição social, 28
Termos de condições, 389, 394-402
Termos de oferta, 394
Terreno, 253
Terrorismo, 120
The Registration Process, 416-417t15.4
THINKubator, 115
Título, tipo de, 390
Tomada de risco calculada, 33
Tomadores de risco, 29
Totalmente diluído, 390
Trabalho de desenvolvimento, 292
Transação de crédito, 254
Transição empreendedora *versus* empresarial, 358
Tripé de sustentabilidade, 86

U

U.S. News and World Report, 60
União Europeia (UE), 91
Unidade de geração central, 313
Uniform Franchise Offering Circular (UFOC), 167

V

Validação externa, 313
Valor, estabelecendo, 384-390
Valor contábil ajustado, 384-385
Valoração, 390-391
    empreendimento, 384-390
    fatores adicionais em, 391-392
Valoração pós-dinheiro, 389
Valoração pré-dinheiro, 389
Vantagem competitiva, 314
Venda de ações, 254
Viabilidade, 136-137
Viabilidade técnica, 135-136
Visão, 33, 63, 365
Visão macro, 8-9 Estratégia de continuidade de gestão, 412
Visão micro, 10-11
Visionários ousados (Smilor), 27

W

Waste Management Corp., 410
West's Legal Environment of Business, 209
Whirlpool Corporation, 75

Y

Yahoo!, 238

Impressão e Acabamento
Bartira
Gráfica
(011) 4393-2911